भारतीय कला

शिल्पशास्त्र एवं प्राचीन स्थापत्य

शिल्पशास्त्रीय अध्ययन के
समर्थकों एवं
पोषकों को

अनुक्रम

आकृति-सूची

अध्याय-3
वैदिक कला

अध्याय-5
मौर्यकालीन कला

अध्याय-6
शुङ्ग - सातवाहनकालीन कला
भरहुत स्तूप

साँची स्तूप

अमरावती स्तूप

नागार्जुनीकोण्ड

अध्याय-7

शैलोत्कीर्ण गुफाएँ

अध्याय-8

गुप्तकालीन कला

अध्याय-10

चालुक्यकालीन कला

अध्याय-11

पल्लव कला

●●●

आमुख

''शिल्पविद्या सदा श्रेष्ठा सर्वानन्ददायिका''—शिल्पशास्त्रीय अध्ययन सदा श्रेष्ठ है तथा सम्पूर्ण प्रकार के आनन्द का दायक है। यह कथन चिर सत्य है। हर्ष का विषय है कि शिल्पशास्त्र विषयक यह ग्रन्थ मेरे सतत प्रयास एवं अध्ययन के परिणामस्वरूप प्रकाशन की स्थिति में आ सका है। अब तक प्रायः लोग कला विषयक ग्रन्थ में शिल्पशास्त्र को उतना महत्त्व नहीं देते थे, परन्तु इस ग्रन्थ में मूलतः शिल्पशास्त्रीय अध्ययन बड़ी गहराई के साथ किया गया है। इस दृष्टिकोण को अपनाने में हमें कालिदास का सुप्रसिद्ध कथन बार-बार स्मरण हो आता है कि बड़े-बड़े मर्मज्ञ भी अपने अभिनय की सफलता के विषय में आश्वस्त नहीं हो पाते (बलवदभिशिक्षिकानामपि आत्मन्यप्रत्यय चेतः)।

पन्द्रह अध्यायों में विभाजित इस ग्रन्थ में विषय के सांगोपांग अध्ययन का भरपूर प्रयास किया गया है। इस ग्रन्थ में पहली बार अछूते विषयों का भी निरूपण किया जा रहा है। उदाहरणार्थ पश्चिमी घाट की शैलोत्कीर्ण गुफाओं के वास्तु का परिचय प्रदान करने के अतिरिक्त गुप्तकालीन कला का दिग्दर्शन करते हुए नागर, द्राविड़ एवं वेसर शैलियों का विशद शास्त्रीय आलोचनात्मक विवरण प्रस्तुत किया गया है।

इस अध्ययन को यथासम्भव विषय के महत्त्वपूर्ण पक्षों के ज्ञान के उद्देश्य से, चालुक्य-कला के विवेचनात्मक विवरण से पाठकों को परिचित कराने का प्रयास किया गया है। विषय के सम्पूर्ण परिचय के लिए खजुराहो की कला एवं उड़ीसा की वास्तुगत विशेषताओं का शिल्पशास्त्रीय अध्ययन भी यहाँ उपलब्ध कराने का प्रयास किया गया है।

मैं उन सभी अर्वाचीन एवं प्राचीन ग्रन्थकारों का ऋणी हूँ जो इसके प्रबन्ध प्रणयन में किसी रूप में सहायक सिद्ध हुए हैं। खजुराहो के कला-विषयक परिच्छेद के प्रणयन में अपने शिष्य डॉ० हरि नारायण दुबे को आशीष प्रदान करता हूँ। अपनी पत्नी श्रीमती निर्मला राय को भी धन्यवाद देना चाहूँगा जिन्होंने विशेष रूप से गृह-कार्यों में व्यस्त रहते हुए भी इस ग्रन्थ को पूर्ण बनाने की परिस्थितियाँ उत्पन्न की हैं। इस ग्रन्थ के प्रकाशन को सम्भव बनाने में उन्होंने समय-समय पर जो प्रोत्साहन दिया है, तन्निमित्त वे मेरे आशीर्वचन की पात्र हैं। विद्वज्जनों का संतोष ही मेरी सफलता है।

यह ग्रन्थ अपने पवित्र उद्देश्य की पूर्ति में सफल सिद्ध हो, यही मेरी कामना है और यही है ईश्वर से अभ्यर्थना भी—

''सरस्वती श्रुतिमहतां महीयताम्।''

मौनी अमावस्या
21 जनवरी, 2004

उदय नारायण राय

जनवरी, 2006

अध्याय-1

हड़प्पा संस्कृतिकालीन कला

स्थापत्य कला का प्राथमिक उन्मेष ताम्राश्म काल

भारतीय इतिहास में सैन्धव सभ्यता काल युगान्तर का प्रवर्तक था। यह ताम्रयुगीन सभ्यता हमारे देश की प्रथम नागरिक सभ्यता का प्रतिनिधित्व करती थी, जो पाश्चात्य मनीषियों के भी अनुसार, कलात्मक विकास, अभियान्त्रिकी एवं अर्थ संघटन की दृष्टि से मेसोपोटामिया एवं मिस्र-सदृश देशों की तत्कालीन उन्नत सभ्यताओं की तुलना में भी कहीं अधिक बढ़-चढ़कर थी। इसकी प्राचीनता पर प्रकाश डालते हुए पुरातत्त्व-सुविज्ञ सर जॉन मार्शल ने इसकी तिथि 3250 ईसा पूर्व से लेकर 2750 ईसा पूर्व के बीच निर्दिष्ट की थी।[1] परन्तु कालान्तर के वैज्ञानिक उत्खननों के आधार पर प्रमाणित किया गया कि इस लोकविश्रुत सभ्यता की सम्भावित काल-सीमा 2500 ईसा पूर्व एवं 1500 ईसा पूर्व के मध्य निर्धारित करना ज्ञात तथ्यों के आलोक में कहीं अधिक समीचीन होगा।[2] सिन्धु-उपत्यका में सुशोभित ताम्रयुगीन नगरों की तिथि-संबंधी यह अवधारणा अब क्रमशः सर्वमान्य सिद्ध हो रही है। इसके मूलभूत तत्त्व प्रमाणित करते हैं कि आज से लगभग साढ़े चार हजार साल पहले भारतीय शिल्पियों एवं अभियन्ताओं द्वारा प्रदर्शित श्लाघनीय उपलब्धियाँ समकालीन विश्व में अद्वितीय थीं तथा उनका अध्ययन जिज्ञासुओं के लिए सर्वथा रोचक एवं ज्ञानवर्द्धक है।[3]

सिन्धु-उपत्यका में नगर-सन्निवेश

इस सभ्यता के विकास में सिन्धु एवं उसकी सहायक नदियों का विलक्षण योगदान था। इनकी उपत्यकाओं में अवस्थित हड़प्पा एवं मोहनजोदड़ो-सदृश भव्य नगर ताम्रयुग के आदर्श ऐतिहासिक केन्द्र थे। हड़प्पा नामक पुर पश्चिमी पंजाब (सम्प्रति पाकिस्तान) के मांटेगोमरी जिले में रावी नदी के तट पर स्थित था, जिसके स्थान पर आज वहाँ एक विशाल ग्राम बसा हुआ है। इसके भग्नावशेषों में प्राप्य प्राचीन ईंटें स्थानीय नागरिकों द्वारा गृह-निर्माण के अभिप्राय से बहुशः स्थानान्तरित की गयी थीं। लाहौर-मुल्तान रेलवे के निर्माण-कार्य में भी वहाँ की ईंटों को उपयोग में लाया गया था। इसका समकालीन एवं समकक्ष नगर मोहनजोदड़ो, सिन्ध के लाड़खान जिले में सिन्धु नदी के तट पर बसा हुआ था। भारतवर्ष के ये दोनों ही आदिपुर वास्तुकला के समान आदर्शों एवं सिद्धान्तों के आधार पर निर्मित थे। इससे प्रमाणित होता है

---

1. जॉन मार्शल, मोहनजोदड़ो एण्ड दी इंडस सिविलाइज़ेशन, पृष्ठ 106।
2. मार्टिमर ह्वीलर, दी इंडस सिविलाइज़ेशन, पृष्ठ 86।
3. यहाँ उल्लेखनीय है कि अद्यतन संशोधित मत इस सभ्यता का काल-सम्पुट 2750 ई० पू० से 1750 ई० पू० तक एक सहस्त्राब्द निर्धारित करता है।

कि उस युग में भारतीय शिल्पी नगर-मापन की निश्चित विधि से अवगत हो चुके थे। यह विशेषता विचारणीय हो जाती है, क्योंकि विश्व के कई देश अभी ग्राम-स्तर से ऊपर नहीं उठ पाये थे।

सामान्य विशेषताएँ—इन दोनों ही स्थानों पर बसे हुए पुर अपने युग के महानगर थे, जिनके निर्माण की कला में कतिपय मूलभूत विशेषताएँ स्पष्ट रूप में द्रष्टव्य थीं। दोनों ही लगभग तीन मील के घेरे में बसे हुए थे। इनमें से प्रत्येक के दो भाग थे—एक तो दुर्ग भाग, जो नगर का पश्चिमी हिस्सा था तथा दूसरा अवम नगर (लोवर सिटी)। पुर-निर्माण की यह ऊर्ध्वाधर-योजना (उच्चस्थ एवं अवरस्थ) निर्माण पद्धति थी, जो भारतीय अभियन्ताओं की मौलिक देन थी। दुर्ग-भाग महापुर का विशिष्ट भाग था, जिसमें राजसत्ता एवं अधिकारीमण्डल के आवास तथा विशिष्ट भवन विद्यमान थे। इसका निर्माण धरातल से 40 फीट ऊँचे एक चबूतरे पर किया गया था।[1] इसके चतुर्दिक् सुरक्षा-भित्ति, प्रहरी-कक्ष एवं अट्टालक (बुर्ज) निर्मित थे। दुर्ग-सन्निवेश की क्रिया में शिल्पियों ने सतर्कता एवं कुशलता प्रदर्शित की थी। दुर्ग का आकार समान्तर चतुर्भुज होने के कारण भव्य लगता था। अवरस्थ नगर में सामान्य जनता निवास करती थी। अतएव पुर का यह भाग प्राकार-युक्त नहीं था तथा इसके निर्माण में उस कोटि का शिल्प एवं उत्कृष्टता अप्राप्य है। दोनों ही स्थानों के दुर्ग उत्तर से दक्षिण की ओर 400 गज से लेकर 500 गज तथा पूर्व से पश्चिम की ओर 200 गज से 300 गज की दूरी में प्रसरित थे। उपर्युक्त रोचक समानताएँ इस तथ्य के ज्वलन्त प्रमाण हैं कि सभ्यता के उस आदिम युग में भारतीय अभियन्ताओं ने नगर-निर्माण की एक सुव्यवस्थित योजना का आविष्कार कर लिया था।

हड़प्पा

सन्निवेश का स्वरूप कतिपय विद्वानों (रमेशचन्द्र मजूमदार, वासुदेवशरण अग्रवाल एवं मार्टिमर ह्वीलर) ने हड़प्पा का समीकरण ऋग्वेद में उल्लिखित 'हरियूपीया' (6, 17, 5) से किया है, जहाँ पर वृचीवन्त, अभ्यवर्ती चायमान द्वारा परास्त किये गये थे। वृचीवन्त जाति का उल्लेख मात्र यहीं पर ही हुआ है। इस ग्रन्थ में यदि कहीं अन्यत्र भी इसका सन्दर्भ आता, तो वर्णनों के आधार पर इसकी पहचान की समस्या यथार्थ रूप में सुलझायी जा सकती थी। ह्वीलर का अनुमान है कि वृचीवन्त का तात्पर्य वरशिख से हो सकता है, जो इन्द्र का शत्रु था। इन्द्र आर्यों के एक प्रमुख देवता थे। अतएव हड़प्पा (हरियूपीया) एक ऐसे स्थान का प्रतिनिधित्व करता है, जहाँ आर्य जाति ने अनार्य जाति को परास्त किया था। इधर विद्वानों का विश्वास बढ़ता जा रहा है कि आर्यों ने ही हड़प्पा के दुर्ग का संहार किया था। उक्त समीकरण के संबंध में अभी कुछ निश्चयात्मक निर्णय देना दुष्कर है। इस विषय पर अन्तिम निष्कर्ष निकालने के पूर्व गहराई के साथ छानबीन की आवश्यकता है; क्योंकि हड़प्पा, हरियूपीया का अपभ्रंश हो सकता है, यह कुछ विश्वसनीय नहीं लगता तथा दोनों के तादात्म्य के संबंध में स्पष्ट प्रमाणों का शोचनीय अभाव है।[2]

हम इस बात की ओर पहले ही ध्यान आकृष्ट कर चुके हैं कि हड़प्पा का नगर दो भागों में विभक्त था—(1) ऊर्ध्व नगर एवं (2) निम्न नगर (अधःस्थपुर)। इस प्रकार यह 'ऊर्ध्वाधर'—योजना के अन्तर्गत

---

1. मार्टिमर ह्वीलर, दी इंडस सिविलाइज़ेशन, पृष्ठ 16।
2. मार्टिमर ह्वीलर, दी इंडस सिविलाइजेशन, पृष्ठ 26 (प्रथम संस्करण); इस मत के संबंध में अब विद्वानों की अवधारणा होती जा रही है कि आर्य शब्द जातिबोधक नहीं है तथा हड़प्पा से तात्पर्य हरियूपीया से ही है। द्रष्टव्य, भगवान सिंह, वैदिक हरप्पन्स, पृष्ठ 113-35।

आता था। दुर्ग—भाग पुर का सबसे महत्त्वपूर्ण एवं आकर्षक अंग था। इसे हम अपने देश के एक प्राचीनतम किले के रूप में ग्रहण कर सकते हैं, जिसमें दुर्ग-सन्निवेश की मूलभूत विशेषताएँ बीज रूप में वर्तमान थीं। इसके स्थान पर अब एक उच्च टीला वर्तमान है, जिसे पुराविदों ने 'माउण्ड ए-बी' की संज्ञा प्रदान की है। यह आकार में समान्तर चतुर्भुज के तुल्य था, जो उत्तर से दक्षिण की ओर 460 गज एवं पूर्व से पश्चिम की ओर 215 गज था।[1] हड़प्पा के दुर्ग का स्वरूप भारतीय वास्तुशास्त्र के इतिहास में महत्त्वपूर्ण स्थान रखता है। समान्तर चतुर्भुज-सदृश आकृति शुभ एवं श्रेयस्कर मानी जाती थी। यही कारण है कि ऐतिहासिक काल के नगरों का आकार बहुधा इसी रूप में निर्धारित होता था। उदाहरणार्थ मेगस्थनीज के अनुसार लोक-विश्रुत एवं भव्य पाटलिपुत्र नगर समान्तर चतुर्भुज के तुल्य था।

यह दुर्ग एक चबूतरे पर बना हुआ था, जो धरातल से 20 फीट से 25 फीट तक ऊँचा तथा अंशतः मिट्टी एवं कच्ची ईंटों द्वारा सुदृढ़ निर्मित था। इसके भीतर राजकीय भवन, कर्मचारियों के आवास तथा श्रमिकों के गृह बने हुए थे। चौड़े राजमार्ग सुव्यवस्थित योजना के अनुसार निर्मित थे तथा देखने में भव्य थे। सुरक्षा की दृष्टि से यह दुर्ग मिट्टी की एक दीवाल (प्राचीर) द्वारा चतुर्दिक् परिवेष्टित था, जो अपने आधार पर 45 फीट चौड़ा था। इस प्रकार की सुरक्षा-भित्ति (प्राकार) के निर्माण की परम्परा हमारे देश में चिरकाल तक वर्तमान थी। इस कोटि के 'प्राकार' को प्राचीन भारतीय साहित्य में 'पांसुप्राकार' अथवा 'मृद्दुर्ग' कहा गया है, जिसको कालान्तर में (मध्य-काल में) धूल-कोट कहने लगे थे। हड़प्पा का प्राकार, मृद्दुर्ग का प्राचीनतम भारतीय उदाहरण था। इस सुरक्षा-भित्ति में द्वार एवं बुर्ज बने हुए थे। यहाँ विचारणीय है कि इस परम्परा के आधार पर युग-युगान्तर में भारत के प्रत्येक भाग में नगर प्राकार द्वारा (गोपुर) एवं बुर्ज (अट्टालक) से युक्त हुआ करते थे। महाभारत एवं रामायण में हस्तिनापुर, इन्द्रप्रस्थ, मथुरा एवं अयोध्या आदि महापुरियों के वर्णन-प्रसंग में गोपुरों एवं अट्टालकों से युक्त प्राकारों के मनोरम विवरण प्राप्य हैं। यही तथ्य इस बात का प्रमाण है कि हड़प्पा के दुर्ग की निर्माण-विधि ने सुनिश्चित वास्तुशैली का रूप धारण किया था, जिसके आदर्श ने गंगा-घाटी तथा यहाँ तक कि दक्षिणापथ के नगरों की भी रूपरेखा को निर्धारित किया था।

अग्रतर सुरक्षा की दृष्टि से हड़प्पा का दुर्ग चतुर्दिक् एक खाईं (परिखा) के द्वारा भी परिवेष्ठित किया गया था। हड़प्पाकालीन यह पद्धति ऐतिहासिक काल में अभियन्ताओं द्वारा आदर्श रूप में ग्रहण कर ली गयी थी। महाभारत, रामायण, हरिवंश, कौटिल्य-प्रणीत अर्थशास्त्र, शुक्रनीति, समरांगणसूत्रधार एवं युक्ति-कल्पतरु में दुर्ग-सन्निवेश के प्रसंग में गहरी एवं चौड़ी परिखाओं के मनोरम एवं आह्लादित वर्णन उपलब्ध होते हैं। उक्त दृष्टान्तों से प्रमाणित है कि भारतीय वास्तुशास्त्र के इतिहास में हड़प्पा की दुर्ग-निर्माण पद्धति का स्थान विशिष्ट एवं प्रभावोत्पादक है।

दुर्ग के ठीक उत्तर की दिशा में लगभग 300 गज के पेटे में त्रिविध निर्माण किया गया था। इस क्षेत्रफल में 30 फीट ऊँचा एक टीला वर्तमान है, जिसे 'माउण्ड एफ' की संज्ञा प्रदान की गयी थी। इसके उत्खनन की क्रिया में तीनों ही कोटि के निर्माण प्रकाश में लाये गये। प्रथम वर्ग के निर्माण-कार्य के पुरातत्त्वीय प्रमाण सबसे पहले दुर्ग के समीप ही उत्तर-दिशा में प्राप्य हैं। इस कोटि में श्रमिकों के घर आते थे, जो दो पंक्तियों में निर्मित थे। उत्तर की पंक्ति में सात एवं दक्षिण की पंक्ति में आठ गृहों के वर्तमान होने के दृष्टान्त प्राप्य हुए हैं। ये श्रमिक-आवास राजकीय योजना के अनुसार निर्मित थे। ये आयताकार (54 फीट × 24 फीट) हैं तथा इनके निर्माण की पद्धति ठीक एक जैसी है। साधारण चहारदीवारी द्वारा

1. ह्वीलर, दी इंडस सिविलाइजेशन, पृष्ठ 26 ।

ये घिरे भी थे। प्रत्येक दो घर तीन से लेकर चार फीट गली (वीथिका) द्वारा परस्पर विभक्त थे। इनमें तीन कमरे (कोष्ठ) एवं एक छोटा आँगन प्राप्य था। घर के भीतर की फर्श पर पकी ईंटों की ठोस चुनाई की गयी थी।[1]

इन श्रमिक-गृहों के समीप ही 16 भट्ठियों के वर्तमान होने के प्रमाण उपलब्ध हुए हैं। इनमें अनुमानतः कोयले एवं गोबर के द्वारा ईंधन (समिधा) का कार्य लिया जाता था। अग्नि को प्रज्वलित करने के निमित्त सम्भवतः धौंकनी प्रयोग में लायी जाती थी। इन भट्ठियों में काँसे को गलाने का काम लेते रहे होंगे।

इनकी समीपस्थता इस बात का प्रमाण है कि उक्त आवास श्रमिक-गृह ही रहे होंगे। इन गृहों की शिल्पविधि की एकरूपता तथा दुर्ग के साथ उनका सान्निध्य सूचित करता है कि वे राज्य की ओर से ही निर्मित थे। बहुत संभव है कि उनके निवासी श्रमिक, सरकार के द्वारा ही नियुक्त किये गये हों। अतएव राजकीय निर्माणों में उनकी सेवाओं का लाभ उठाया जाता होगा। एक सम्भावना यह भी हो सकती है कि वेतन अथवा दैनिक पारिश्रमिक प्रदान करने के अतिरिक्त राज्य उनसे बेगार भी लेता रहा हो।

यहाँ उल्लेखनीय है कि इस प्रकार की परम्परा दजलाफरात घाटी एवं नीलउपत्यका के नगरों में भी प्रचलित थी। श्रमिकों के आवास मुख्य नगर के बाहर कहीं एकान्तिक स्थान पर पृथक् रूप में बने होते थे। उदाहरणार्थ तेल-एल-अमर्ना (चौदहवीं शताब्दी ईसा पूर्व) में समाधि-निर्माताओं के घर प्रधान नगर से लगभग एक मील की दूरी पर बने थे। देर-एल-मदीनह (सोलहवीं शती ईसा पूर्व) में मिस्र-सम्राटों की समाधियों के निर्माता शिल्पियों के गृह सबसे अलग बने हुए थे। गिजेह में पिरामिड बनानेवाले स्थापत्यकार रहते थे। इन श्रमिकों एवं शिल्पियों से राज्य विष्टि (बेगार) ले सकता था। यह प्रथा-साम्य सैन्धव सभ्यता तथा मिस्र एवं मेसोपोटामिया की समकालीन सभ्यताओं के पारस्परिक सम्पर्क को अभिव्यंजित करता है।[2]

हड़प्पा में उक्त श्रमिक-आवासों के ठीक उत्तर में द्वितीय कोटि के निर्माण किये गये थे, जिसमें गोल चबूतरे आते थे। इनमें अठारह चबूतरों के प्रमाण उत्खनन-क्रिया में उपलब्ध हुए थे। इनका व्यास दस से ग्यारह फीट के लगभग था। ये श्रमिक-चबूतरे एक केन्द्रीय, चार अथवा कभी पाँच वृत्त के रूप में थे तथा ठोस ईंटों द्वारा सुदृढ़ निर्मित थे। इनके नाभि-स्थान में एक गोलाकार गड्ढा छोड़ दिया गया था, जिसमें लकड़ी की ओखली बिठायी गयी थी। उत्खनन-क्रिया में इनमें अन्न एवं भूसे के प्रमाण उपलब्ध हुए हैं। इससे लगता है कि ये चबूतरे अनाज को कूटने के प्रयोजन से बनाये गये थे। अन्न कूटने का कार्य लकड़ी के मूसल से लिया जाता था। यह काम उन्हीं श्रमिकों से लिया जाता था, जो इनके समीपस्थ आवासों में रहते थे। इस प्रकार का एक गोल चबूतरा (संख्या 16) मार्टिमर ह्वीलर के द्वारा 1946 ईसवी में प्रकाश में लाया गया था। इसके प्रमाण से स्पष्ट है कि लकड़ी की ओखली एवं मूसल द्वारा अन्न कूटने की परम्परा भारतवर्ष में सैन्धव सभ्यता-काल से ही चली आ रही थी।

इन गोल चबूतरों के ठीक उत्तर लगभग एक सौ गज की दूरी पर अन्न के बखार 900 वर्ग फीट के क्षेत्र में रावी नदी के तट के समीप ही निर्मित थे। इनकी संख्या कुल बारह थी। ये दो पंक्तियों में वर्तमान थे। प्रत्येक पंक्ति में इनकी संख्या छह थी। इनका परिमाण भी लगभग समान था (50 फीट × 20 फीट)। इनकी शिल्प-विधि का सादृश्य सूचित करता है कि ये राजकीय निर्माण-योजना के अन्तर्गत आते थे। रावी-तट के सन्निकट इनकी अवस्थिति प्रमाणित करती है कि जल-मार्ग द्वारा अन्न मँगाया एवं बाहर भेजा जाता होगा।

1. ह्वीलर, दी इंडस सिविलाइजेशन, पृष्ठ 27।
2. वही, पृष्ठ 29-30।

हड़प्पा के नागरिक जीवन में इन धान्यागारों का स्थान महत्त्वपूर्ण था। ये राजकीय कोष-विभाग के अन्तर्गत आते थे तथा इनके निर्माण के उद्देश्य विविध थे। मुद्रा-विहीन युग होने के कारण तत्कालीन आर्थिक जीवन वस्तुविनिमय पर आश्रित था। अतएव राज्य को अन्न के बड़े बखारों की आवश्यकता थी, जिससे कर्मचारियों को वेतन एवं श्रमिकों को दैनिक मजदूरी देना सम्भव हो सके। राजकीय कर भी अन्न के रूप में एकत्र होते थे। परिणामतः विशाल अन्नागारों का निर्माण आवश्यक प्रतीत हुआ, जिनमें प्रभूत मात्रा में अन्न-संचय का अवकाश सम्भव हो सके। दुर्भिक्ष एवं आकस्मिक अवसरों पर भी अनाज के इन गोदामों का एक विशेष महत्त्व था। उनका अस्तित्व सूचित करता है कि उस समय के नगर-जीवन का मूलाधार अन्न ही था। यहाँ उल्लेखनीय हो जाता है कि दजला-फरात घाटी के नगरों में भी उस समय अन्न के विशाल कोठारों के निर्माण की परम्परा विद्यमान थी। उर के एक लेख (लगभग 2130 ईसा पूर्व) से ज्ञात होता है कि वहाँ के एक ताम्रयुगीन धान्यागार से 4020 दिनों तक श्रमिकों को दैनिक पारिश्रमिक दिया जा सकता था। उर के एक अन्य प्राचीन लेख (लगभग 2000 ईसा पूर्व) के अनुसार वहाँ के किसी धान्यागार का अधीक्षक इससे 10,930 श्रमिकों की दैनिक मजदूरी के वितरण की व्यवस्था करता था। बड़े धान्यागारों में आपसी शर्तों के आधार पर लेन-देन की प्रथा प्रचलित थी। एक ताम्रयुगीन लेख के अनुसार मेसोपोटामिया के लुलमू नामक स्थान के एक अन्नागार के ऋण में दिए हुये अनाज को सूद-सहित संबंधित धान्यागार को लौटाया था। आभिलेखिक साक्ष्य के अनुसार सीरिया में नरमसिन नामक स्थान पर 2300 ईसा पूर्व में एक कोष्ठागार विद्यमान था। मिस्र में भी कर-संग्रह के उद्देश्य से इस समय विशाल धान्यागार निर्मित थे।[1]

राजकीय कोठारों के निर्माण की उक्त सैन्धव सभ्यता-परम्परा ऐतिहासिक काल में दूरतर विकसित हुई थी। पालि साहित्य से ज्ञात होता है कि राजकीय कोष (स्टेट बैंक) के तीन विभाग होते थे—धनकोष्ठागार (मुद्रा-कोष), धान्य कोष्ठागार (अन्न का गोदाम) एवं वस्तु कोष्ठागार (जिसमें जीवनोपयोगी वस्तुएँ संगृहीत हों)। इनमें से प्रथम दो कोटि के राजकीय कोषों का उल्लेख बँगलादेश के बोगरा जिले में स्थित महास्थान से प्राप्त शिलालेख (तृतीय शताब्दी ईसा पूर्व के मौर्य-अभिलेख) में उपलब्ध है। इसके अनुसार महामात्रों को आदेश दिया गया था कि वे इन्हें गण्डक (मुद्राओं) एवं धान्य (अन्न) द्वारा परिपूर्ण करने का अनवरत प्रयास करें।[2] इस प्रमाण से स्पष्ट है कि दुर्भिक्ष एवं अन्य संकटकालीन परिस्थितियों का सामना करने के निमित्त राज्य कितना सतर्क एवं प्रयत्नशील रहता था।

यहाँ उल्लेखनीय है कि सोहगौरा के लेख में वंशग्राम (आधुनिक बाँसगाँव जो इस नाम के विश्रुत तहसील का मुख्य अधिष्ठान है एवं जो सोहगौरा के समीप ही पश्चिम में स्थित है) के दो कोष्ठागारों का उल्लेख हुआ है। कतिपय विद्वानों ने इस लेख को प्राक्-मौर्ययुगीन माना था, परन्तु लिपि के आधार पर अब इतिहासकारों की अवधारणा दृढ़मूल होती जा रही है कि यह अशोक के समय का एक ऐतिहासिक अभिलेख है। इसके अनुसार ये दोनों ही कोष्ठागार तीन मंजिलों ('त्रिगर्भ' अथवा 'त्रितल') से युक्त थे। कांस्यपट पर उत्कीर्ण इस लेख के ऊर्ध्वांश में तीन मंजिलों से युक्त दो घरों की आकृतियाँ प्रदर्शित की गयी हैं। मेरे अनुसार ये गृह वस्तुतः उन्हीं दोनों कोष्ठागारों के प्रतिनिधि हैं, जिनका उल्लेख इस अभिलेख में हुआ है। सम्भव है कि इन कोष्ठागारों की त्रिमंजिलों में उपर्युक्त तीनों प्रकार के राजकीय कोष पृथक्-पृथक् विद्यमान रहे हों। इस अभिलेख में श्रावस्ती (आधुनिक सहेठ महेठ) के महामात्रों को आज्ञा दी गयी

1. मार्टिमर ह्वीलर, दी इंडस सिविलाइजेशन, पृष्ठ 34 ।

2. सरकार दिनेशचन्द्र, सेलेक्ट इंसक्रिप्शंस, पृष्ठ 80 ।

है कि दुर्भिक्ष आदि संकटजन्य आपदाओं (आत्यायिक) से बचने के निमित्त इनमें अधिकाधिक धनधान्य एकत्र कर दिये जायँ।[1]

हड़प्पा के पुर-सन्निवेश के सिद्धान्तों के अनुसार दुर्ग के दक्षिण का भाग श्मशान-भूमि (शवाधान-स्थान) के रूप में निर्दिष्ट था। इसका वर्गीकरण प्रायः दो भागों में किया जाता है—(1) खण्ड-समाधियाँ ('सिमेटरी एच') एवं (2) पूर्ण-समाधियाँ ('सिमेटरी आर 37')। प्रथम वर्ग की कब्रगाह (शवाधिस्थान, 'सिमेटरी एच') दुर्ग के ठीक दक्षिण में विद्यमान था, जिसमें धरातल की दो परतें प्राप्त हुई हैं। निचली परत (स्ट्रेटम 2) आधुनिक धरातल से छह फीट नीचे थी, जो अधिक प्राचीन थी। उत्तरी सतह (स्ट्रेटम) वर्तमान भूतल से तीन फीट नीचे थी। इसका काल निचली परत के उपरान्त के समय का द्योतक था। दोनों में ही शव बिना किसी तैयारी के ही विसर्जित कर दिये गये थे। लगता है कि संक्रामक रोग अथवा भयावह युद्ध के अवसरों पर जो व्यक्ति भीषण संहार के शिकार हुए, उनके शव कुछ समय तक खुले मैदान में पड़े रहे। जब शान्ति-काल की पुनः स्थापना हुई, उस समय अस्थिपंजरों के अवशेष शीघ्रतापूर्वक समाधि-भूमि (सिमेटरी एच) की दोनों परतों में दो विभिन्न कालों में गाड़ दिये गये थे।

इसके प्रतिकूल समाधि-भूमि (सिमेटरी आर 37) में पूर्ण-समाधियों के प्रमाण उपलब्ध हैं। यह शवाधिस्थान 'एच' के ठीक दक्षिण में वर्तमान था। इनमें मृतकों को दैनिक जीवन की उपयोगी सामग्रियों (उदाहरणार्थ चूड़ियाँ, कण्ठाभरण, अँगूठी, दर्पण आदि शृंगार-सामग्री) के साथ विधिपूर्वक गर्भित किया गया था। इससे लगता है कि भारतवर्ष के लोग उस समय में भी परलोक के अस्तित्व में विश्वास करते थे। इस प्रकार की अवधारणा कतिपय बाह्य सभ्यताओं में भी प्राप्य थी। उदाहरणार्थ मिस्र एवं मेसोपोटामिया में शव के साथ खाद्य-सामग्री एवं शृंगार-प्रसाधन के गाड़ने की परम्परा प्रचलित थी। जनविश्वास था कि मृतात्मा को लोकोत्तर जीवन में ये उपयोगी सिद्ध हो सकती हैं।

यहाँ पर एक अन्य तथ्य भी विशेष रूप से विचारणीय है। नगर-मापन के नियमानुसार श्मशान-भूमि पुर के बाहर दक्षिण दिशा में निर्दिष्ट होती थी। कौटिल्य के अर्थशास्त्र में नगर-निवेशन के प्रसंग में इस प्रकार की व्यवस्था का स्पष्ट निर्देश हुआ है। पुर-मापन के इस सिद्धान्त की परम्परा का स्रोत सैन्धव सभ्यता-काल में निर्दिष्ट किया जा सकता है। हड़प्पा के दुर्ग-निर्माण की पद्धति की मूलभूत विशेषताओं का अनुकरण कालान्तर में गंगा-घाटी के शिल्पियों द्वारा किया गया। इस सांस्कृतिक केन्द्र की वास्तुकला मौलिक कोटि की थी, जिसमें स्वदेशीयता की छाप बहुशः परिलक्षित होती है। इस प्रकार भारतीय स्थापत्य के विकास में सैन्धव सभ्यता का स्थान महत्त्वपूर्ण माना जा सकता है।

मोहनजोदड़ो

सन्निवेश का स्वरूप

हम पीछे इस तथ्य की ओर ध्यान आकृष्ट कर चुके हैं कि मोहनजोदड़ो के नगर का भी सन्निवेश उन्हीं मूलभूत आदर्शों द्वारा निर्धारित था, जिनके आधार पर हड़प्पा के पुर-मापन की क्रिया सम्पन्न हुई थी। इस सादृश्य से स्पष्ट है कि सैन्धव सभ्यता-काल तक भारतीय अभियन्ताओं ने प्रामाणिक नगर-निर्माण-पद्धति का सृजन कर लिया था। मोहनजोदड़ो का नगर भी दो प्रधान भागों में विभक्त था—(1) दुर्ग-भाग

1. सरकार दिनेशचन्द्र, सेलेक्ट इंसक्रिप्शंस, पृष्ठ 83।

एवं (2) नीचस्थ-पुर (लोवर सिटी)[1]। इस प्रकार यह पुर भी 'ऊर्ध्वाधर द्वयंग नगर-निर्माण की पद्धति का ही एक अति प्राचीन भारतीय दृष्टान्त था। दुर्ग-भाग नगर के पश्चिम में वर्तमान था। इसके ध्वंसावशेषों का प्रतिनिधित्व उच्च टीलों द्वारा किया जाता था। इस नगर-भाग में राजपुरुषों के आवास एवं विशिष्ट नागरिकों के गृह वर्तमान थे। नीचस्थ-पुर (अवम नगर अर्थात् 'लोवर सिटी') पूर्व की दिशा में स्थित था, जिसमें सामान्य पुरवासी निवास करते थे। यह दुर्ग भी समान्तर चतुर्भुज की आकृति के सदृश था तथा इसके भी निर्माण की क्रिया में शिल्पियों ने उच्च प्रतिभा का परिचय दिया था। यह एक उन्नत कृत्रिम स्थान (चबूतरे) पर बसा हुआ था, जिसकी ऊँचाई उत्तर दिशा में धरातल से 40 फीट एवं दक्षिण में 20 फीट के लगभग रही होगी। यह मूलतः मिट्टी एवं अंशतः ईंटों द्वारा भी ठोस निर्मित था। इसके चतुर्दिक् मिट्टी का थूहा खड़ा किया गया, जो 43 फीट के लगभग चौड़ा था। महाभारत,[2] अर्थशास्त्र,[3] युक्तिकल्पतरु[4] एवं समरांगणसूत्रधार[5] के 'वप्र' (उन्नत एवं विस्तृत वेदिका) के साथ यह समीकरणीय है। मोहनजोदड़ो के थूहे (वप्र) के ऊपर सुरक्षा-भित्ति निर्मित की गयी, जिसकी तुलना हम प्राचीन भारतीय साहित्य के 'प्राकार' (परकोटे) से कर सकते हैं। कौटिल्य के अर्थशास्त्र में उल्लिखित है कि 'वप्र' के ऊपर 'प्राकार' (परकोटे) का निर्माण किया जाय (वप्रस्योपरि प्राकारम्)।[6] इस रूप में यह प्रथा अतिप्राचीन प्रमाणित हो जाती है। मिट्टी के इस 'प्राकार' को 'पांसुप्राकार'[7] अथवा 'मृद्दुर्ग'[8] कहा जाता था।

मोहनजोदड़ो के प्राकार में शिखर (अट्टालक) भी निर्मित थे। दुर्ग के दक्षिण-पूर्व कोने पर पकी ईंटों द्वारा निर्मित शिखर (अट्टालक) के अवशेष प्राप्य हैं। इसके पश्चिम किनारे पर भी एक तत्कालीन बुर्ज (कंगूरा या मीनार) के खण्डहर उपलब्ध हैं, जो ईंटों द्वारा निर्मित थे। इसकी ऊँचाई अब भी दस फीट के लगभग है। नगर-प्राकार में प्रत्येक प्रधान दिशा में द्वार (गोपुर) खोले गये थे, जिनके समीप भीतर की ओर प्रहरी-कक्ष बने हुए थे। सुरक्षा-व्यवस्था की यह परम्परा हमारे देश में मध्यकाल तक वर्तमान थी। चौड़े राजमार्गों द्वारा यह दुर्ग सुविभक्त था। प्राचीन भारतीय साहित्य में इस प्रकार के राजपथों के लिए 'महापथ'[9] एवं 'महारथ्या'[10] शब्दों का प्रयोग हुआ है। दुर्ग के भीतर चौड़ी एवं सुथरी गलियाँ भी खुली थीं, जो शिल्पशास्त्रों की 'वीथी' अथवा 'वीथिका' का स्मरण दिलाती हैं। इन प्रमाणों से सिद्ध होता है कि प्राचीन भारतीय नगर-निर्माण-पद्धति के बीज सैन्धव सभ्यता के पुर-सन्निवेश में प्राप्य हैं। हड़प्पा एवं मोहनजोदड़ो के दुर्ग यूनानी गढ़ियों (ऐक्रोपोलिस, जिनके निर्माण की परम्परा आठवीं शताब्दी ईसा पूर्व में स्थापित हुई थी) का स्मरण दिलाते हैं। सम्भव है कि इन भारतीय महानगरों का राजनीतिक संघटन भी यूनानी नगर-राज्य ('पोलिस') के सदृश रहा हो, जो समस्त राज्य का केन्द्र विन्दु हुआ करता था। यहाँ पुनः स्मरणीय

---

1. मार्टिमर ह्वीलर, दी इंडस सिविलाइजेशन, पृष्ठ 27।
2. महाभारत, शान्ति पर्व, अध्याय 87।
3. 'खाताद्वप्रं कारयेत्' अर्थशास्त्र, पृष्ठ 51 (शामा शास्त्री–संस्करण)।
4. युक्तिकल्पतरु, पृष्ठ 24।
5. समरांगणसूत्रधार, पृष्ठ 40।
6. अर्थशास्त्र, पृष्ठ 52 (शास्त्री–संस्करण)।
7. हरिवंश, हरिवंशपर्व, अध्याय 54, पंक्ति 116।
8. महाभारत, शान्ति पर्व, अध्याय 87।
9. ब्रह्माण्ड पुराण, अध्याय 7, पंक्ति 225।
10. अष्टमार्ग महारथ्याम हरिवंश, विष्णु पर्व, अध्याय 97।

है कि हड़प्पा एवं मोहनजोदड़ो के तुल्य गढ़-निर्माण का आदर्श पूर्णतः स्वदेशी था, जो हमारे देश के अभियन्ताओं की विलक्षण सूझ-बूझ एवं मौलिक मेधा का परिचायक है।

विशिष्ट निर्माण

दुर्ग के भीतर के महत्त्वपूर्ण विन्यासों में विशाल स्नानागार, बृहत् धान्यागार एवं सभामण्डप उल्लेखनीय हो जाते हैं। ये अपने निर्माण की उत्कृष्टता एवं मौलिक योजना के लिए इतिहासकारों के ध्यान को तत्काल आकृष्ट कर लेते हैं। पुरवासियों के सामाजिक एवं सांस्कृतिक जीवन में उनका स्थान महत्त्वपूर्ण था तथा दुर्ग की शोभा के वे महाप्राण थे। अपनी वैज्ञानिक निर्माण-पद्धति के कारण तत्कालीन वास्तुकला के इतिहास में उनका स्थान सर्वथा अद्वितीय था।

1. विशाल स्नानागार

विद्वानों ने दुर्ग के भीतर सबसे विशिष्ट निर्माण प्रायः इसी भवन को माना है। उत्तर से दक्षिण की ओर यह 180 फीट तथा पूर्व से पश्चिम की ओर 108 फीट तक विस्तृत था। इसकी बाहरी दीवालें अपने आधार पर 7 से 8 फीट तक चौड़ी थीं। इसके केन्द्रीय खुले आँगन के मध्य में एक जलकुण्ड वर्तमान था; जो 29 फीट लम्बा, 23 फीट चौड़ा एवं 8 फीट गहरा था। आँगन के चतुर्दिक् बरामदे बने हुए थे, जिनमें तीन के पीछे गलियारे एवं कोठरियाँ बनी थीं। दक्षिण के बरामदे के दोनों कोनों पर एक छोटी कोठरी एवं गलियारा वर्तमान था। उत्तरी बरामदे के पीछे छोटे-बड़े कई कमरे बने हुए थे। पूर्वी बरामदे के पीछे एक ही पंक्ति में कई छोटी कोठरियाँ निर्मित थीं, जिनमें से एक (कमरा-संख्या 16) में जलकूप खुदा हुआ था। इस कुएँ से कुण्ड के भीतर जल भरने की व्यवस्था की गयी थी।[1] स्नानागार की भीतरी दीवालें जल को रोकने में पूर्णतया समर्थ थीं। इन भित्तियों की ईंटों में एक विशेष प्रकार का मसाला लगाया गया था, जिसमें बिलोचिस्तान में पाये जानेवाले चट्टानों का चूर्ण (बिटूमेन), बालू (ऐसफाल्ट) एवं खड़िया मिट्टी की बुकनी मिलायी जाती थी। इस स्नान-कुण्ड के दक्षिण-पश्चिम कोने पर एक छिद्र बना हुआ था, जिसका मुख समीपस्थ नाले की ओर खुलता था। इस प्रकार की व्यवस्था के कारण आवश्यकतानुसार कुण्ड का जल बाहर निकाल दिया जाता था। यह तत्कालीन उन्नत अभियान्त्रिकी का ज्वलन्त प्रतीक है। इष्टका-निर्मित इस सुदृढ़ भवन की कोठरियों में सीढ़ियों के निर्माण के प्रमाण उपलब्ध हैं, जिससे प्रतिपादित होता है कि इसमें कम-से-कम एक मंजिल और भी अवश्य रही होगी। इस गृह के अवशेषों में राख एवं लकड़ी के कोयलों के भी उदाहरण प्राप्य हैं। इससे स्पष्ट है कि इस भवन के निर्माण में अभियन्ताओं ने काष्ठ-शिल्प का भी प्रयोग किया था। जॉन मार्शल का अनुमान है कि लकड़ी की कारीगरी में शिल्पियों ने काट-छाँट के काम का अच्छा दृष्टान्त प्रस्तुत किया होगा, क्योंकि काष्ठ-शिल्प भारत की एक अति प्राचीन परम्परा थी।

यहाँ उल्लेखनीय है कि यह भवन मूलतः इष्टका-निर्मित ही था। इसके ध्वंसावशेषों में प्राप्य ईंटें बताती हैं कि उनके निर्माण की कला उस युग में कितनी विकसित दशा में थी। मोहनजोदड़ो के विशाल स्नानागार के विन्यास का प्रयोजन अभी तक यथातथ्य निर्धारित होने से रह गया है। यह कोई वैयक्तिक

---

1. उसकी फर्श में गढ़ी हुई पकी ईंटें उनके किनारों के सहारे बिठाई गयी थीं। उनके बीच खड़िया मिट्टी का गारा देकर काफी मज़बूती लायी गयी थी। कुण्ड के भीतर उतरने एवं चढ़ने के उद्देश्य से सीढ़ियाँ बनी थीं तथा उनके निचले भाग के सन्निकट स्नानकर्त्ताओं की सुविधा के निमित्त छोटी वेदिकाएँ निर्मित थीं।

गृह था अथवा सार्वजनिक, यह भी इतिहास का एक विवादास्पद प्रश्न है। कतिपय पाश्चात्य विद्वानों का अनुमान है कि इसका संबंध नगर के धार्मिक जीवन से किसी रूप में रहा होगा। अवसर-विशेष पर इसमें स्नान करना पवित्र कृति के रूप में परिगणित किया जाता होगा।[1] मार्टिमर व्हीलर का तो यहाँ तक अनुमान है कि इस भवन की कोठरियों में पुजारी लोग निवास करते थे, जो धार्मिक प्रक्षालन के अभिप्राय से निश्चित समय पर जलकुण्ड में उतरते रहे होंगे।[2] दुर्ग-प्रांगण में इस स्नानागार की अवस्थिति अभिव्यंजित करती है कि ये पुजारी राज्य की ओर से नियुक्त थे। एक अन्य सम्भावना यह भी हो सकती थी कि यह एक राजकीय भवन था, जो विशेष पर्वों पर पुरवासियों के सार्वजनिक प्रयोजन-निमित्त सुनिर्मित हुआ हो।

एक द्वितीय स्थिति यह भी सम्भाव्य थी कि धनसम्पन्न विशिष्ट नागरिकों द्वारा यह निर्मित रहा हो। इस स्नानागार का प्रयोग सम्भवतः उन्हीं तक सीमित रहा हो। इस प्रकार की परम्परा ऐतिहासिक काल में विद्यमान थी। छठी शताब्दी ईसा पूर्व में लिच्छवियों द्वारा निर्मित वैशाली का सुप्रसिद्ध तटाक मात्र उन्हीं के स्नान-प्रयोजन से निर्मित था। इस सिद्धान्त का पालन बड़ी कड़ाई के साथ किया जाता था। उन्होंने इस जलकुण्ड पर लोहे की एक घनी चादर बिछा रखी थी, जिससे पशु-पक्षियों तक का जल के साथ सम्पर्क असम्भव था। उनके आदेशानुसार उक्त लौह पर्दा खोला एवं ढका जाता था। सरोवर-निर्माण गंगा-घाटी के नगर-मापन का एक अभिन्न अंग था। प्राचीन भारतीय साहित्य एवं अभिलेखों में सरोवर के निमित्त वापी, पुष्करिणी, सर एवं तटाक आदि शब्द प्रयुक्त मिलते हैं। महाभारत के अनुसार हस्तिनापुर पुष्करिणी से सुशोभित था (सर्वपुष्करिणीभिश्च)।[3] इस ग्रन्थ में वर्णन मिलता है कि इन्द्रप्रस्थ के नगर में सरोवर सुशोभित थे, जिनका जल खिले हुए कमलों के द्वारा सुगन्धित हो उठता था। इनकी कमनीय छटा हंस, कारण्डव एवं चक्रवाक आदि पक्षियों के कारण दर्शनीय थी।[4]

473 ईसवी के मन्दसौर के लेख के अनुसार दशपुर (मध्य प्रदेश के सिवनी नदी के तट पर स्थित आधुनिक दसोर) में मनोरम 'सर' (जलकुण्ड) बने हुए थे, जिनमें निरन्तर राजहंस तैरते रहते थे। इनके तट पर उगे हुए वृक्षों के पुष्पों के गिरने के कारण इन सरोवरों का जल विभिन्न रंगों से युक्त कान्ति को धारण कर लेता था। इनमें कमल खिले हुए थे, जिनके बीच तैरते हुए राजहंस पद्मों के पराग से भूरे हो जाते थे। अन्यत्र ये 'अम्बुरुह' (पद्म) अपने ही केसरों के भार से झुक जाते थे।[5] सार्वजनिक लाभ के ही उद्देश्य

---

1. अल्विन, दी बर्थ ऑफ इंडियन सिविलाइजेशन, पृष्ठ 246।
2. व्हीलर, दी इंडस सिविलाइजेशन, पृष्ठ 26-27।
3. ''सर्वपुष्करणीभिश्च उद्यानैश्च समावृताम्।''
   —महाभारत, आदिपर्व, अध्याय 96, पंक्ति 115।
4. ''सरोभिरतिरम्यैश्च पद्मोत्पलसुगन्धिभिः।
   हंसकारण्डवयुतैश्चक्रवाकोपशोभितैः॥''
   —वही, आदिपर्व, अध्याय 199।
5. ''तटोत्थ-वृक्ष-च्युतनैक-पुष्प-
   विचित्र-तीरान्त-जलानि भान्ति।
   प्रफुल्ल-पद्माभरणानि यत्र।
   सरांसि कारण्डव-संकुलनि॥''
   —सरकार, सेलेक्ट, इंसक्रिप्शंस, पृष्ठ 301।

से मौर्य-काल में सुराष्ट्र प्रान्त में सुदर्शन-तटाक का निर्माण कराया गया, जिसका स्थान पुरवासियों के आर्थिक एवं सांस्कृतिक जीवन में सदियों तक विशिष्ट था। उपर्युक्त से प्रतिपादित हो जाता है कि पुर-मापन के प्रसंग में तटाक-निर्माण की परम्परा सैन्धव काल से ही चली आ रही थी।

विचारणीय है कि मोहनजोदड़ो का जलकुण्ड एक विलक्षण कोटि का निर्माण था। तटाक होने के अतिरिक्त यह एक आवासगृह भी था। यह विशेषता अन्यत्र अप्राप्य थी। अतएव इसे स्नानागार की संज्ञा प्रदान करना कहीं अधिक सार्थक होगा। जल को भरने एवं खाली करने की व्यवस्था, चतुर्दिक् सीढ़ियों एवं वेदिकाओं के निर्माण तथा भीतरी दीवालों में जल को रोकने की क्षमता के वर्तमान होने की दृष्टि से स्थापत्य का यह ताम्रयुगीन भारतीय उदाहरण समकालीन किसी भी उच्च सभ्यता से अप्राप्य था। अपने निर्माण की उत्कृष्टता के कारण इसने विदेशी विद्वानों को भी स्वतः स्वीकार एवं घोषित करने के निमित्त बाध्य किया था कि अभियान्त्रिकी का यह एक मौलिक दृष्टान्त था, जिसकी तुलना समकालीन विश्व में अनुपलब्ध थी। इससे प्रतिपादित होता है कि सैन्धव सभ्यता एक स्वदेशी सभ्यता थी। कतिपय विदेशी मनीषियों द्वारा इसे बाह्य सभ्यता की देन निर्दिष्ट करने की जो भ्रान्तिमूलक अवधारणा प्रतिपादित की जाती है, वह उपर्युक्त वास्तु-दृष्टान्त से निर्मूल सिद्ध हो जाती है।[1]

2. धान्यागार (धान्यकुसूल)

मोहनजोदड़ो के दुर्ग-प्रांगण में द्वितीय विलक्षण निर्माण वहाँ का विशाल धान्यागार था। यह हड़प्पा के बखारों से कहीं विस्तृत था। मार्शल महोदय इसका केवल आंशिक उत्खनन कर पाये थे। उन्हें पाँच फीट की ऊँचाई में ईंटों से निर्मित कई सुदृढ़ खण्ड दिखायी दिये थे, जिनसे संशय हो गया था कि वे हमाम रहे होंगे। परन्तु उन्हें भी अपनी इस अवधारणा पर सन्देह था। जब कालान्तर में 1950 ईसवी में मार्टिमर ह्वीलर ने इसके पूर्ण भाग का उत्खनन किया, उस समय पहली बार यह ज्ञात हुआ कि यह खण्डहर वहाँ पर निर्मित किसी विशाल धान्यागार का मूलाधार (चबूतरा) था। इसकी बाहरी दीवालें इतनी ठोस एवं ढालुआ कोटि की हैं कि वे किले की दीवाल-सदृश लगती हैं। सम्पूर्ण धान्यागार की लम्बाई अपने मूल काल में 150 फीट एवं चौड़ाई 75 फीट रही होगी। इसके भीतर समान रूप, किन्तु भिन्न परिमाण वाले इष्टका-निर्मित अन्न के 27 खत्ते (कुठले) विद्यमान थे। प्रत्येक दो खत्तों (कोठारों) के बीच आने-जाने के रास्ते भी छोड़ दिये गये थे। इस धान्यागार के गर्भ-भाग के नीचे वैज्ञानिक पद्धति पर वायु-संचार की अपेक्षित व्यवस्था की गयी थी। इस प्रकार इसमें अन्न भरने एवं खाली करने का भी सुप्रबन्ध था। इन रूपों में इसका बृहत् वास्तु-दर्शकों एवं कठिन आलोचकों को भी प्रभावोत्पादक सिद्ध होता है। ईंटों के प्रयोग के अतिरिक्त इसके निर्माण में काष्ठ-शिल्प के वैभव का भी प्रदर्शन द्रष्टव्य था।

मोहनजोदड़ो के नगर के राजनीतिक एवं आर्थिक जीवन में इस धान्यागार का स्थान हड़प्पा के कोठारों के सदृश ही महत्त्वपूर्ण था। परन्तु जहाँ तक इसके स्थापत्य का प्रश्न है, यह हड़प्पा के बखारों से कहीं

---

1. यहाँ उल्लेखनीय है कि इस स्नानागार के उत्तर की दिशा में समीप ही 8 स्नानगृह (एक कमरे के गुसलखाने) बने हुए थे, जो दो पंक्तियों में विभक्त थे। इनमें से प्रत्येक 9½ फीट लम्बा एवं 6 फीट चौड़ा था। दोनों पंक्तियों के बीच एक नाला विद्यमान था, जिसमें इन गुसलखानों का पानी बहाया जाता था। इन स्नानगृहों में सीढ़ियाँ बनी हैं, जिनसे व्यक्त होता है कि ये कम-से-कम एक ऊपरी मंजिल से भी संयुक्त थे। इनके प्रवेश-द्वार इस रूप में बने थे कि भीतर की एकान्तता भंग न हो सके। कुछ लोगों का अनुमान है कि विशाल स्नानागार एवं ये आठों स्नानगृह मोहनजोदड़ो के किसी देवालय से सम्पृक्त थे। इन स्नानगृहों के ऊपरी कमरों में मंदिर के पुरोहित रहते होंगे। इस मत के लिए देखिए—ह्वीलर, इंडस सिविलाइजेशन, पृष्ठ 31, दी वंडर दैट वाज इंडिया, पृष्ठ 18 ।

अधिक विषम एवं संकुलित था। अन्नागार-निर्माण की परम्परा, कालान्तर में, नगर से लेकर ग्राम तक विशेष रूप से प्रचलित हो गयी। प्राचीन भारतीय साहित्य में कुशूल, कुसूल, धान्यकुसूल, शाला, धान्यशाला, कौष्ठी एवं कोष्ठागार शब्द बहुशः प्राप्य हैं। अन्न की कोठी के निमित्त कुशूल (कुश + ऊलच) शब्द हितोपदेश में पठनीय है (को धन्यो बहुभिः पुत्रैः कुशूलापूरणाढकैः)। पाणिनि ने अन्न के कोठार के निमित्त कुसूल (धान्यकुसूलं) एवं शाला (धान्यशाला) आदि शब्दों का प्रयोग किया है (सूत्र 6, 2, 102)। मनु ने 'धान्यकुसूल' का उल्लेख किया है (कुसूलधान्यको वा स्यात् कुम्भीधान्यक एव वा)। शतपथ ब्राह्मण में 'कौष्ठी' शब्द का उल्लेख प्राप्य है (1, 1, 2, 7)। अन्न के गोदाम को आजकल कहीं-कहीं 'कुठला' या 'कोठी' भी कहा जाता है, जो इसी 'कौष्ठी' शब्द से उद्भूत है। ऐतिहासिक काल से राजकीय कोष्ठागारों के अतिरिक्त व्यक्तिगत एवं सार्वजनिक अन्नागारों के भी निर्माण की परम्परा विशेष रूप से व्यापक हो गयी थी।

3. सभा-मण्डप

मोहनजोदड़ो के दुर्ग-सन्निवेश में वहाँ के सभा-मण्डप का भी स्थान महत्त्वपूर्ण था। यह एक 90 फीट वर्गाकार भवन था। अपनी कोटि का यह प्रथम पुरातत्त्वीय उदाहरण था। आद्योपान्त सुदृढ़ ईंटों द्वारा इसका विन्यास किया गया था तथा अपने युग में एक विशिष्ट निर्माण के रूप में यह प्रसिद्ध रहा होगा। इसमें 4 पंक्तियों में ईंटों से बने हुए 20 स्तम्भ प्राप्य हैं। प्रत्येक पंक्ति में स्तम्भ-संख्या 5 है। अनुमान किया जाता है कि विशिष्ट जनों के बैठने के निमित्त इसमें आसन भी निर्मित थे। सम्भवतः प्रधान व्यक्ति के बैठने के उद्देश्य से मुख्य आसन की भी व्यवस्था पृथक् रूप से कर दी गयी थी। दुर्ग के भीतर इसकी स्थिति प्रमाणित करती है कि मोहनजोदड़ो के नगर-जीवन में इसका स्थान अत्यन्त विशिष्ट रहा होगा। सम्भव है कि सार्वजनिक लाभ के ध्येय से यह स्वयं राज्य द्वारा ही निर्मित रहा हो। नृत्य, वाद्य अथवा विशेष पर्वों एवं समारोहों का आयोजन तथा विशिष्ट पुरवासियों की सभा एवं बैठक आदि की व्यवस्था इसमें की जाती होगी। मोहनजोदड़ो के उत्खनन में प्राप्त सुप्रसिद्ध नर्तकी-मूर्ति इस बात का स्पष्ट प्रमाण है कि तत्कालीन नागरिक नृत्य एवं वाद्य के कार्यक्रम द्वारा पारस्परिक मनोविनोद करते रहे होंगे। इस सभा-भवन के निर्माण का प्रयोजन जन-समुदाय का लाभ एवं कल्याण रहा होगा। कालान्तर में 'शतस्तम्भीय मण्डप' ('हाल ऑफ हंड्रेड कॉलम्स') एवं 'साहस्री महाकक्ष' ('हॉल ऑफ थाउजेंड कॉलम्स') के निर्माण की परम्परा आरम्भ हुई। ईरान में हखामीनश सम्राटों ने 'शतस्तम्भीय महाकक्ष' का विन्यास कराया था, जिनमें उनका दरबार लगता था। मोहनजोदड़ो का उक्त मण्डप इस कोटि के महामण्डपों का पूर्वगामी था।

उपर्युक्त के अतिरिक्त एक अन्य सम्भावना यह भी हो सकती है कि सैन्धव सभ्यता-कालीन यह मण्डप राजसभा अथवा राजपुरुषों या कुलीन वर्ग के विशिष्ट सदस्यों की बैठक के निमित्त बना हो। बुद्धकालीन कपिलवस्तु, कुशीनगर एवं वैशाली-सदृश प्रधान नगरों में सभाभवन (संस्थागार, पाली 'संथागार') निर्मित थे, जिनमें गण-मुख्य प्रधान राजकीय प्रश्नों पर विमर्श करते थे। राजप्रासाद के प्रांगण में भी सभामण्डपों के निर्माण की परम्परा विशेष प्रचलित होने लगी थी। तक्षशिला-उत्खनन में मार्शल को दो महाकक्षों के प्रमाण उपलब्ध हुए थे। प्रथम महाकक्ष 27 फीट 10 इंच लम्बा एवं 20 फीट 5 इंच चौड़ा था। यह प्रस्तर-खण्डों द्वारा सुदृढ़ निर्मित था। इसमें राजा के परम स्नेह भाजन एवं विश्वसनीय व्यक्ति ही प्रवेश पाते थे। द्वितीय विशाल कक्ष में, जिसका परिमाण लगभग इसके ही सदृश था राजा का दरबार लगता था जिसमें वह सम्मानित लोगों से मिलता भी था। इन दोनों महाकक्षों की तुलना मुगलों के 'दीवानेखास' एवं 'दीवानेआम' से क्रमशः की जा सकती है जो दिल्ली के लाल किले में अब भी दर्शनीय हैं। कहने का तात्पर्य यह है कि सैन्धव-काल में सभामण्डप के निर्माण की जिस परम्परा का आरम्भ हुआ,

उसका निर्वाह भारतवर्ष के नागरिक जीवन में सदियों तक (यहाँ तक कि मध्य-काल पर्यन्त) चलता रहा। कुमारगुप्त द्वितीय के राज्यकाल के मन्दसौर-लेख (473 ईसवी) से ज्ञात होता है कि लाट-प्रदेश (केन्द्रीय गुजरात) में मनोरम सभा-गृह विद्यमान थे।[1] बृहस्पति ने नागरिकों के सामूहिक कल्याण-निमित्त सभा-मण्डप का निर्माण करना श्रेयस्कर निर्धारित किया था।[2]

अवम नगर

पहले निर्दिष्ट किया जा चुका है कि अवम पुर (लोवर सिटी) मोहनजोदड़ो के नगर का पूर्वी भाग था, जिसका प्रतिनिधित्व आधुनिक निम्न किन्तु विस्तृत क्षेत्र में प्रसरित टीलों द्वारा किया जाता है। पुरातत्त्ववेत्ताओं का अनुमान है कि यह पुरभाग न तो प्राकारयुक्त था और न परिखा परिवेष्टित ही था। इससे स्वाभाविक निष्कर्ष यह निकलता है कि इसमें जनसाधारण के निवासगृह वर्तमान थे। यही कारण है कि इसके चतुर्दिक् सुरक्षा-भित्ति के उठाने की आवश्यकता नगर-मापन के अधिकारियों को प्रतीत नहीं हुई थी। तथापि इस नगर-भाग का भी सन्निवेश सतर्कतापूर्वक सुव्यवस्थित योजना द्वारा किया गया था। विशेषतः राजमार्गों के निर्माण में अभियन्ताओं ने कार्य-कुशलता का श्लाघनीय परिचय प्रदान किया था। पुरातत्त्वीय योजना द्वारा प्रकाश में लायी गयी, वहाँ की सड़कें एक-दूसरे के समानान्तर तथा परस्पर समकोण पर विभक्त करती हुई देखी जा सकती थीं। इस विशेषता ने पाश्चात्य पुराविदों को अभिमत प्रभावित किया था। चत्वरों पर प्रहरी-कक्ष निर्मित थे। इस निर्माण-पद्धति द्वारा अवम नगर सम परिमाण के आयताकार मण्डलों में विभक्त हो गया था। प्रत्येक मण्डल लगभग 400 गज लम्बा एवं 270 गज चौड़ा था। पुरातत्त्वीय उत्खननों द्वारा सात पुर-मण्डल प्रकाश में लाये गये थे। इन मण्डलों का पारस्परिक विभाजन सुनिर्मित ठोस राजमार्गों द्वारा किया गया था, जिनमें से कुछ तो 30 फीट तक चौड़े थे। प्रत्येक मण्डल 5 फीट से लेकर 10 फीट चौड़ी वीथिकाओं द्वारा उपमण्डलों में विभक्त हो गया था।

पुराविद् मार्टिमर ह्वीलर ने अवम नगर के गृहसन्निवेश एवं स्वच्छता-व्यवस्था की विशेषताओं की उच्च प्रशंसा की है। राजमार्गों के किनारे पकी ईंटों द्वारा निर्मित नालियाँ विद्यमान थीं, जिनके माध्यम से पुर की गन्दगी बाहर निकाल दी जाती थी। सड़कों की पटरियों अथवा उनके बगल में यथोचित स्थानों पर कूड़ा फेंकने के निमित्त व्यवस्था की गयी थी। राजकीय स्वच्छता-श्रमिकों द्वारा एकत्र अशौच समयानुसार स्थानान्तरित कर दिया जाता था। प्रत्येक घर का गन्दा पानी मिट्टी के प्रणालक अथवा व्यक्तिगत नालियों द्वारा राजमार्गों के किनारे की नालियों में पहुँचाया जाता था। इस कोटि की स्वच्छता-व्यवस्था तत्कालीन जगत् में सर्वथा अद्वितीय थी। यह पद्धति उस प्राचीन युग में ही, भारतीय अभियन्ताओं की प्रवीणता एवं विज्ञानपरक मेधा का विलक्षण परिचय प्रदान करती है। यहाँ उल्लेखनीय हो जाता है कि अवम नगर की निर्माण-पद्धति कतिपय दृष्टियों से सदोष भी थी। उदाहरणार्थ, गृह-मुख राजमार्गों की ओर न होकर गलियों की ओर खुले हुए थे। स्पष्ट है कि यह योजना अवैज्ञानिक एवं हानिकर थी। कालान्तर में ऐतिहासिक

---

1. ''कुसुमभरानततरुवर-दैवकुल-सभा-विहार-रमणीयात्।
लाटविषयान्नगावृत-शैलाज्जगति-प्रथितशिल्पाः॥''

—सरकार, सेलेक्ट, ईंस्क्रिप्शंस, पृष्ठ 301।

2. ''सभाप्रपादेवतटाकारामसंस्कृतिः।
तथानाथदरिद्राणां संस्कारो यजनक्रिया॥''

—बृहस्पति, वीरमित्रोदय, पृष्ठ 425।

युग के शिल्पियों ने इस परम्परा का परित्याग कर दिया था। शिल्पशास्त्रों एवं राजनीति-विषयक ग्रन्थों में स्पष्ट निर्दिष्ट किया गया है कि नागरिक अपने-अपने घरों का मुख अनिवार्य रूप से सड़कों की ओर ही खोलें।[1]

अवम नगर की निर्माण-पद्धति में एक अन्य दोष यह भी इंगित किया जा सकता है कि उसकी सड़कें कच्ची एवं मटियारी थीं। यद्यपि अन्य देशों की तुलना में उस समय सिन्धु-उपत्यका में ईंटों के निर्माण का व्यवसाय विकसित अवस्था में था, तथापि शिल्पियों ने पक्की सड़कों के निर्माण की ओर ध्यान नहीं दिया। इन दोषों के होते हुए मोहनजोदड़ो का नगर-मापन उस युग के लिए उन्नत कला एवं अभियान्त्रिकी का एक ज्वलन्त प्रतीक था। कतिपय पाश्चात्य पुराविदों के अनुसार हड़प्पा एवं मोहनजोदड़ो के नगर तत्कालीन विश्व के लन्दन एवं वेस्टमिस्टर थे। लैम्ब्रिक का अनुमान है कि मोहनजोदड़ो की जनसंख्या कुल पैंतीस सहस्र (35,000) के लगभग रही होगी। उनकी यह अवधारणा उस गणना पर अवलम्बित है, जिसके अनुसार सिन्ध में 1841 ईसवी में समान परिमाण के नगर की औसत जनसंख्या इसी के लगभग हुआ करती थी। हड़प्पा के नगर का विस्तार मोहनजोदड़ो के ही सदृश था। अतएव इस पुर की भी जनसंख्या इसी के लगभग रही होगी।[2]

नागरिक शालाओं के निर्माण

वास्तु-सिद्धांत

पुरातत्त्वीय प्रमाणों से अभिव्यंजित होता है कि सैन्धव सभ्यता काल में ही गृह-सन्निवेश की सुनियोजित शैली भारतीय शिल्पियों द्वारा आविर्भूत की जा चुकी थी। उस समय के स्थपतियों का दृष्टिकोण व्यावहारिक एवं उपयोगितावादी था। ये भवन मनुष्य के दैनिक जीवन की आवश्यकताओं की सम्पूर्ति में सक्षम थे। हड़प्पा एवं मोहनजोदड़ो के गृह हमारे देश के सुखद आवासों के प्राचीनतम उदाहरण माने जा सकते हैं। इन भवनों के विन्यास में सादगी के सिद्धांत का प्रतिबिंब स्पष्ट रूप में परिलक्षित होता है। प्रयोगवादी भावना के कारण ही अभियन्ताओं ने इनके वास्तु में अलंकरण अथवा सजावट को महत्त्व नहीं प्रदान किया था। इस तथ्य की ओर ध्यान आकृष्ट करते हुए सर जॉन मार्शल ने प्रतिपादित किया था कि इन भवनों में प्रयुक्त काष्ठ-शिल्प में ही कारीगरों द्वारा काट-छाँट अथवा विशेष बारीकी को उभाड़ने का प्रयास किया गया था। स्थापत्य के इस पहलू का संभावित कारण यह हो सकता है कि लकड़ी की महीन गढ़ाई का कार्य भारतवर्ष की अति प्राचीन लोकप्रिय परम्परा थी। यही कारण है कि वर्द्धकी (बढ़ई) के व्यवसाय को प्राचीन ग्रन्थों में बड़ी श्रद्धा की दृष्टि से देखा गया है। परन्तु जहाँ तक इनके वास्तु के अवशिष्ट पक्षों का प्रश्न था, उनमें अलंकरण के प्रयास से बचने की प्रवृत्ति द्रष्टव्य है।

यद्यपि ये भवन सादगी के सिद्धान्त पर निर्मित थे, तथापि वे अपनी सुदृढ़ता एवं निर्माण की उत्कृष्टता के लिए प्रख्यात थे। इनकी नींव काफी गहराई तक दी गयी थी। अनगढ़ ईंटें आधारवाले भाग में ही प्रायः बिठायी गयी थीं। परन्तु धरातल के ऊपर की भवन-भित्ति में गढ़ी हुई पकी ईंटों की चुनायी की गई थी।

---

1. ''राजमार्गमुखानि स्युः गृहाणि सकलान्यपि।
   गृहपृष्ठे सदा वीथिर्मलनिर्हरणस्थलम्॥'' —शुक्रनीति, अध्याय 9, श्लोक 267।
2. अल्चिन, दी बर्थ ऑफ इंडियन सिविलाइजेशन, पृष्ठ 245-46।

विशाल आवास-गृहों की दीवालें अपेक्षाकृत ऊँची थीं। उनके ऊपर प्रायः मिट्टी का लेप चढ़ाने की परम्परा प्रचलित थी। बालू, शिलाचूर्ण, चूना एवं खड़िया मिट्टी से मिश्रित किसी प्रकार के विशेष मसाले का सम्भवतः उस समय आविष्कार हो चुका था। बाहरी एवं भीतरी दीवालों को प्रायः सीधी उठाने की प्रथा विद्यमान थी। सुदृढ़ता के अभिप्राय से कभी-कभी बड़े भवनों की बाहरी दीवालें तिरछी उठायी जाती थीं। परन्तु यह प्रथा अति सीमित थी। भवन-भित्तियों को प्रायः लम्बवत् (प्रलम्ब) ही निर्मित किया जाता था। कतिपय भवनों की भित्तियों के बाह्य रूप में ईंटों को रगड़कर सहज प्रभा उभाड़ दी जाती थी। यह प्राचीन प्रथा भारतवर्ष में मध्यकाल तक कतिपय क्षेत्रों में प्रचलित थी।

स्थापत्य-विशेषताएँ

प्रत्येक घर के मुख्य द्वार (प्रवेश-द्वार) के भीतर घुसते ही भवन का भीतरी दृश्य सामने आ जाता था। केन्द्रीय स्थान में एक खुला आँगन हुआ करता था, जिसके चतुर्दिक् बरामदे एवं कोठरियाँ बनी होती थीं। धनिक नागरिकों अथवा सत्ताधारियों के घरों में गलियारे एवं बड़े कक्ष हुआ करते थे। इन्हीं के सिद्धान्तों के आदर्श पर कालान्तर में ऐतिहासिक काल में 'चतुश्शाल-गृह' निर्मित होने लगे, जिनका वर्णन प्राचीन साहित्य में बहुशः प्राप्य है। भवनों की छत प्रायः सपाट हुआ करती थी। इसके भार को सँभालने के निमित्त लकड़ी की कड़ियाँ एवं बड़ेरें बिठायी जाती थीं। यह प्रथा हमारे देश में अब भी विद्यमान है। कच्चे घरों की छत खपरैलों से छायी जाती थी। आदर्श घरों की फर्शों में मजबूती पकड़ने के लिए पकी ईंटों की चुनाई की प्रथा प्रचलित थी। स्नानगृह की फर्श को अधिक सुदृढ़ करने का प्रयास किया जाता था, क्योंकि उनका प्रयोग विशेष रूप में हुआ करता था। मार्शल का अनुमान है कि सैन्धव सभ्यताकालीन महत्त्वपूर्ण गृहों में शिखरों के निर्माण की भी प्रथा प्रचलित रही होगी। इस तथ्य की अभिव्यंजना उनकी दीवालों की स्थूलता, ऊँचाई एवं सुरक्षा-उपायों से उपलब्ध होती है। मार्शल को 97 फीट लम्बे एवं 85 फीट चौड़े नागरिक शालाओं के पुरातत्त्वीय दृष्टान्त उपलब्ध हुए थे। इनकी बाहरी दीवालें सामान्यतया 4 से 5 फीट तक चौड़ी हुआ करती थीं।

मार्शल के अनुसार इस कोटि के कतिपय घरों के आँगन कभी-कभी 32 फीट लम्बे एवं इतने ही चौड़े भी थे। इनकी फर्श में ठोस ईंटें जड़ दी गयी थीं एवं उनके किनारे-किनारे नालियाँ बनी होती थीं। उनका मत है कि सिन्धु-उपत्यका के नगर-निवासी अपने देवालयों को भी विशाल मापदण्ड पर निर्मित करते थे। उनके अवशेषों में अँगूठी की आकृति से सादृश्य रखनेवाले गोल पत्थर सम्भवतः पूजा एवं आराधना के विषय थे। समकालीन मेसोपोटामिया के नगरों में भी प्रासाद-तुल्य विशाल मन्दिरों के निर्माण की प्रथा प्रचलित थी। यह तथ्य उभय सभ्यताओं के पारस्परिक सम्पर्क को अभिव्यंजित करता है। कतिपय भवन चहारदीवारी से युक्त हुआ करते थे। जल की सुविधा की दृष्टि से इनमें कुआँ भी हुआ करता था। भवन के जिस प्रकोष्ठ में कूप विद्यमान होता था, वहाँ कभी-कभी बाहर से पहुँचने के निमित्त रास्ता भी खोल देते थे जिससे आवश्यकता पड़ने पर बाहरी व्यक्तियों द्वारा भी उनका प्रयोग सम्भव हो सके। यह व्यवस्था उन्हीं नागरिकों के गृहों में प्राप्य थी, जो जनकल्याण अथवा सार्वजनिक लाभ को भी महत्ता प्रदान करते थे। सिन्धु-उपत्यका की नगर-शालाओं का निर्माण अंशतः ईंटों और अंशतः लकड़ी द्वारा भी हुआ था। अर्द्ध काष्ठ-निर्मित भवनों के दृष्टान्त साँची एवं भरहुत की कला में भी अंकित हैं। सर जॉन मार्शल के अनुसार उनका स्थापत्य सैन्धव वास्तु की परम्परा में ही आता था।

प्रासाद-मंजिल

मोहनजोदड़ो एवं हड़प्पा के अवशेषों द्वारा सोपानों के निर्माण के प्रमाण भी प्रकाश में आये हैं, जिनसे अनुमान लगाया जा सकता है कि वे कम-से-कम एक ऊपरी मंजिल से भी युक्त अवश्य ही रहे होंगे। सुविधा की दृष्टि से इनके सोपानों के दोनों ही किनारों पर लकड़ी अथवा ईंटों के कठघरे निर्मित होते थे। तत्कालीन जीनों का निर्माण सदोष केवल इसी दृष्टि से था कि इनकी सीढ़ियाँ पतली एवं किंचित् झुकी होती थीं, परन्तु अन्य अर्थों में इनका वास्तु उस युग के अनुसार अनवद्य था। सम्भव है कि कतिपय भवनों में सीढ़ियाँ सम्पूर्ण रूप से लकड़ी की ही बनी हों। परन्तु प्रचलित प्रथा के अनुसार ईंटों के ही सोपान बहुधा निर्मित हुआ करते थे। ऊपरी मंजिलों पर भी शयन-कक्ष, स्नान-गृह एवं विविध प्रयोजनों के निमित्त कमरे (प्रकोष्ठ) निर्मित थे। सबसे ऊपरी मंजिल की छत पर किनारे-किनारे सुरक्षा की दृष्टि से वेदिका अथवा ईंटों के कठघरे बने होते थे। इन भवनों की ऊपरी छत हवादार हुआ करती थी, जिसके एकान्तिक वातावरण में अन्तःपुर के सदस्यों के मनबहलाव के लिए व्यवस्था उपलब्ध हो जाती थी।

स्वच्छता-व्यवस्था

सैन्धव सभ्यता-काल के शिल्पी गृह-सन्निवेश की क्रिया में स्वच्छता के उपायों को प्रधानता दिया करते थे। यही कारण है कि प्रत्येक गृह में ईंटों की व्यक्तिगत नालियाँ बनी होती थीं, जिन्हें वैज्ञानिक रूप प्रदान करने के निमित्त ऊपर से ढक दिया जाता था। इनका मुँह राजमार्गों के समीप की मोड़ियों से लगा होता था। ऊपर की मंजिलों के स्नानगृहों से पानी को बहाने के निमित्त पाइप के सदृश आकार की पकी मिट्टी की नालियाँ निर्मित की जाती थीं। टूटने से बचाने के निमित्त मिट्टी की दोहरी परत द्वारा ईंटों की खोल चढ़ाकर चारों ओर से इन्हें ढक भी दिया जाता था। कभी-कभी भवन-भित्तियों के निर्माण के समय ही उनकी चौड़ाई में मोटे छिद्र नाली के रूप में बना दिये जाते थे, जिनके माध्यम से ऊपर का गन्दा पानी सड़कों की नालियों में गिरा दिया जाता था। राजमार्गों के दोनों किनारों पर वर्तमान इन मोड़ियों द्वारा समस्त दूषित तत्त्वों को नगर के प्रमुख परनालों में बहाने की व्यवस्था कर दी जाती थी। यह स्वच्छता-व्यवस्था सिन्धु-उपत्यका के शिल्पियों के मस्तिष्क की मौलिक देन थी, जिसकी तुलना समकालीन बाह्य सभ्यताओं में अप्राप्य थी। पाश्चात्य विद्वानों ने तत्कालीन भारतीय अभियन्ताओं के वैज्ञानिक दृष्टिकोण की प्रचुर प्रशंसा की है। स्वच्छ वायु एवं प्रकाश की सुव्यवस्था के निमित्त चौड़े दरवाजों के निर्माण की प्रथा प्रचलित थी। इन्हें बन्द करने के लिए लकड़ी के कपाट बने होते थे। घर की भीतरी दीवालों में खिड़कियों के अधिक खोलने की परम्परा विद्यमान थी। इस प्रकार की सुव्यवस्था द्वारा भवन के भीतर हवा एवं उजाले का प्रबन्ध संभव हो जाता था। बाहरी दीवालों में भी खिड़की एवं कभी-कभी रोशनदान भी बनाये जाते थे, परन्तु यह प्रथा अभी सीमित ही थी। इन्हें बन्द करने के निमित्त काष्ठ-फलक हुआ करते थे।

ताम्रयुगीन-जन-सन्निवेशों का विस्तार

क्षेत्र

पहले लोगों की सामान्य अवधारणा यह थी कि लौह से परिचय के अभाव में दो ही नगर (हड़प्पा एवं मोहनजोदड़ो) इस समय विकसित हो सके थे, जिनका विस्तार सिन्धु-उपत्यका तक ही सीमित था। इसी कारण भारत की प्रथम नगरीय सभ्यता का नाम सैन्धव सभ्यता रखा गया। पर स्वतंत्रता-प्राप्ति (1947 ई०) के उपरान्त पिछले कई दशकों में हड़प्पा-प्रकार के कई जन-सन्निवेश क्रमानुसार प्रकाश में आये,

जो कि सिन्धु नदी के अतिरिक्त कई अन्य नदियों एवं उनकी सहायक सरिताओं के किनारे स्थित थे (यथा—घग्घर-प्राचीन सरस्वती, दृषद्वती-सतलज, व्यास, चेनाब, यमुना, गोदावरी)। इस प्रकार के नगरीय केन्द्र उत्तर में मांडा (जम्मू) से लेकर दक्षिण में दैमाबाद (महाराष्ट्र) तक, पश्चिम में सुत्केजोन्दोर (बलूचिस्तान) से लेकर पूर्व में हुलास (पश्चिमी उत्तर प्रदेश) तक फैले हुए थे। उत्तर से दक्षिण 1400 किमी० तथा पश्चिम से पूर्व तक 1550 किमी० के विस्तृत क्षेत्र में ताम्रयुगीन पुरा-स्थलों का जाल विस्तृत था। 2750 ई०पू० से 1750 ई०पू० तक एक सहस्राब्द के इस काल-सम्पुट में हड़प्पा-संस्कृति का देशगत विस्तार मिस्र देश के नील नदी के उपकण्ठ से दजला फरात घाटी तक की अन्तर्वेदी में विकसित समकालीन ताम्रयुगीन संस्कृति-क्षेत्र से भी बढ़-चढ़कर था। इन जन-सन्निवेशों की एक विशेषता यह थी कि हड़प्पा-मोहनजोदड़ो-सदृश समकालीन प्रथम भारतीय नगरों में अधिकांश सामान्यतया प्राकार-युक्त तो थे, पर परिखा-सदृश परिवेष्टन का इनमें अभाव था। इस तथ्य का कारण इस युग में लौह से परिचय एवं उसके बहुविध प्रयोग का अभाव था। चूँकि इनका विस्तार-क्षेत्र इतनी अधिक नदियों के उपत्यकाओं में प्रसरित था तथा उनमें हड़प्पा सबसे प्रमुख एवं प्राचीन था, अतएव अब विद्वान् इसे बहुधा सैन्धव सभ्यता के स्थान पर हड़प्पा-सभ्यता के नाम से जानने लगे हैं।[1]

उल्लेखनीय स्थान

संस्कृति के कतिपय उल्लेखनीय पुरा-स्थल इस प्रकार थे :—

सुत्केजोन्दर (बलूचिस्तान), मांडा (जम्मू), कोटडिजी (सिन्ध), चन्हूदड़ो (सिन्ध), रोपड़ (प्राचीन नाम रूपनगर, पंजाब के अम्बाला जिले में सतलज के तट पर स्थित), कालीबंगा (राजस्थान), लोथल (गुजरात प्रान्त के अहमदाबाद जिले में भोगहो एवं साबरमती नदियों के संगम पर), रंगपुर (गुजरात, लोथल से 30 मील दक्षिण-पश्चिम), सुरकोट्डा (गुजरात के कच्छ जनपद में अदेसर से 12 किमी० उत्तर-पूर्व), आलमगीरपुर (उत्तर प्रदेश के मेरठ जनपद में जमुना की सहायक नदी हिंडन के तट पर), रोजडी (गुजरात प्रान्त के राजकोट से लगभग 55 किमी० दूर मादर नदी के दक्षिण), बनावली (बाणावली), (हरयाणा, हिसार जनपद का फतेहाबाद संभाग, प्राचीन सरस्वती की उपत्यका), राखीगढ़ी (हरयाणा, जीन्द जनपद), मिताथल (हरयाणा के भिवानी से उत्तर-पश्चिम में स्थित मिथावल), दाबरकोट (बलूचिस्तान, जोब घाटी), देसरपुर (गुजरात प्रान्त का कच्छ जनपद), दैमाबाद (महाराष्ट्र, गोदावरी की सहायक प्रवरा नदी), हुलास (सहारनपुर जनपद, पश्चिमी उत्तर प्रदेश), धौलावीरा (गुजरात), प्रभास-पाटण (गुजरात), संघोल (लुधियाना, पंजाब) भगवानपुर (हरयाणा, कुरुक्षेत्र), आहार (प्राचीन आघाट, राजस्थान उदयपुर के सन्निकट)।

पुर-विनाश

इन आदि भारतीय नगरों का विनाश किस प्रकार हुआ, यह भारतीय इतिहास का एक विलक्षण रहस्य है। आपाततः समस्या अवतरित होती है कि यह लोप क्या कोई आकस्मिक घटना थी, अथवा इन पुरों के विघटन में क्रमिक वृत्तान्तों, अवस्थाओं या कालावधि का योगदान था? विश्व के महानगरों के विलय के सम्भावित कारणों में जलप्लावन, अग्निदाह, राजनीतिक एवं आर्थिक महत्त्व का ह्रास तथा भूकम्प या महामारी-सदृश आकस्मिक परिस्थितियाँ निर्दिष्ट की जा सकती हैं। यद्यपि बाँध-निर्माण (सेतुबन्ध) की

---

1. द्रष्टव्य : ग्रिगोरी एल पोसेल—सम्पादित हड़प्पा-सभ्यता, 1982 ई०; बी०बी० लाल, फ्रंटियर्स ऑफ दी इंडस सिविलाइजेशन (सर मार्टिमर ह्वीलर स्मृति ग्रन्थ) 1984।

पद्धति प्राचीन भारतीय अभियन्ताओं को सुष्ठु रूप में ज्ञात थी, तथापि कभी-कभी बाढ़ को रोकने की उत्कृष्ट व्यवस्था नहीं भी हो पाती थी। फलतः नगर प्रायशः जलप्लावन के शिकार हो जाया करते थे। प्राचीन भारतीय इतिहास में इसके उदाहरण प्राप्य हैं। पुराणों में पाण्डव-राजधानी हस्तिनापुर के विनाश का कारण गंगा की बाढ़ को उल्लिखित किया गया है। (गंगयापहते पुरे)।[1] तदुपरान्त पाण्डव हस्तिनापुर को छोड़कर कौशाम्बी चले आये थे। महापरिनिब्बानसुत्त में पाटलिपुत्र के विनाश के सम्भावित कारणों में जलप्लावन (उदकतो) का उल्लेख प्राप्य है।[2] कनिंघम का मत है कि यह पुर सत्य ही गंगा की बाढ़ द्वारा बहा दिया गया था।[3]

जहाँ तक अग्निदाह का प्रश्न है, यह भी महानगरों के आकस्मिक विनाश का कारण सिद्ध हुआ करता था। महापरिनिब्बानसुत्त का रचयिता अग्निदाह (अग्गितो) के कारण भी पुर-संहार से परिचित था।[4] हूण-आक्रान्ताओं (उल्दीन, रुगिला एवं अत्तिल आदि) ने रोम-साम्राज्य के कई नगरों को जला डाला था। श्वेत हूणों के इस कोटि के अमानुषिक व्यवहारों के कारण उन्हें प्राचीन भारतीय साहित्य में बर्बर एवं नृशंस के रूप में देखा गया है। कभी-कभी स्वाभाविक कारणों से भी नगरों में भयानक आग लग जाती थी। कौटिल्य के अर्थशास्त्र में हुतवह (भयानक अग्नि) से घिरे (परीत) नगर को इसके खतरे से बचाव-निमित्त विविध उपायों के वर्णन प्राप्य हैं। राजधानी के स्थानान्तरण की परिस्थितियों में भी पुर-विनाश हुआ करता था। राजगृह से पाटलिपुत्र में मगध-राजधानी के परिवर्तन के परिणामस्वरूप यह नगर ह्रासोन्मुखी हो उठा था। राजधानी के स्थानान्तरण के कारण अवध-राजधानी अयोध्या के उजड़ने का मार्मिक वर्णन रघुवंश में प्राप्य है। नवीन विशिष्ट वाणिज्य-पथों के खुलने पर प्राचीन व्यापारिक मार्गों की महत्ता समाप्त हो जाती थी। परिणामतः उनके किनारे स्थित नगर क्रमशः वीरान होने लगते थे। भूकम्प द्वारा जनसन्निवेशों का विनाश इतिहास का एक सुविदित वृत्तान्त है।

पहले विद्वानों का ऐसा अनुमान था कि सिन्धु एवं रावी नदियों की बाढ़ के कारण ही हड़प्पा एवं मोहनजोदड़ो के नगर ध्वस्त हुए थे। कतिपय चिन्तकों द्वारा इस वृत्तान्त में भूकम्प-सदृश आकस्मिक कारण की भी आशंका की जाती थी। एक सामान्य प्रचलित अवधारणा यह थी कि आक्रान्ता आर्य ही इनके संहार के वास्तविक उत्तरदायी थे। ऋग्वेद में दुर्गों के विध्वंस के जो उल्लेख मिलते हैं, उनसे तात्पर्य वस्तुतः उन गढ़ियों के संहार से है जो उक्त स्थानों में निर्मित थे। इस ग्रंथ में दास एवं दस्युओं के वर्णन प्राप्य हैं। वे कृष्ण वर्ण के थे। आर्यों के कर्मकाण्डों एवं धार्मिक विश्वासों के प्रति उनकी कोई श्रद्धा नहीं थी। वे संगठनबद्ध होकर प्राचीर-परिवेष्टित दुर्गों में निवास करते थे। वे समृद्ध जन थे। संभवतः वे लिंगोपासक भी थे।[5]

इन 'दास' एवं 'दस्युओं' की पहचान उपर्युक्त नगरों के निबासियों के साथ करना समीचीन होगा। अनुमान किया जाता है कि वहाँ के पुरवासी 'प्रोटोआस्ट्रोलायड' जाति के थे, जो कृष्ण वर्ण के हुआ करते थे। ऋग्वेद के अनुसार 'दास' एवं 'दस्यु' काले रंग के थे। आर्यों के देवता इन्द्र 'पुरन्दर' (दुर्गविनाशक)

---

1. विष्णु पुराण, चतुर्थ अंश, अध्याय 21, 81।
2. दीघ निकाय; 1, 16, 28।
3. जर्नल ऑफ बिहार एण्ड उड़ीसा रिसर्च सोसाइटी, 1920, पृष्ठ 32।
4. दीघ-निकाय; 1, 16, 28।
5. पिगट, प्री-हिस्टारिक इंडिया, पृष्ठ 261-62।

कहलाते थे। उनकी अवधारणा के अनुसार सुदृढ़ दुर्गों के संहार की विलक्षण प्रतिभा एवं शक्ति से वे युक्त थे। इस देवता के ऋग्वेद-वर्णित गुण सिन्धु-उपत्यका के दुर्गों के संहार की ओर संकेत करते हैं। उनके निवासियों के साथ आर्यों का गहरा संघर्ष हुआ होगा तथा इन गढ़ियों को जीतने में उन्हें जटिलताओं का अनुभव हुआ होगा। अतएव ऋग्वेद में उल्लिखित दुर्ग-विनाश से वास्तविक तात्पर्य हड़प्पा एवं मोहनजोदड़ो के विनाश से लगता है।[1] इन नगरों के निवासियों के पास सुरक्षा-शस्त्रों का अभाव था। अतएव वे अन्ततोगत्वा पराजित हो गये होंगे। आर्यों ने अपने अश्वों की गतिशीलता द्वारा उन्हें चमत्कृत कर दिया होगा। इन्द्र द्वारा दुर्गों को आग से जलाने के उल्लेख ऋग्वेद में बहुशः प्राप्य हैं। सम्भव है कि आर्यों ने इन केन्द्रों के किलों को जलाने का प्रयास भी किया हो।[2] उन्होंने पथों पर अवरोध लगाकर अन्य स्थानों से इनके सम्पर्क को छुड़ा दिया होगा। रणनीति के अतिरिक्त आर्यों की यह कुशल नीति भी उक्त भारतीय नगरों के विलय में सक्रिय हुई होगी।

□□□

1. पिगट, प्री-हिस्टारिक इंडिया, पृष्ठ 263।
2. वही, पृष्ठ 263।

अध्याय-2

आर्यों की मूलदेश विषयक वैदिक कला

भ्रान्तिमूलक अवधारणा

यहाँ विचारणीय हो जाता है कि हमारे देश की प्रथम नगरीय सभ्यता जो एक सहस्राब्द के काल-सम्पुट (2750-1750 ई.पू.) में पल्लवित होती रही तथा उत्तर में मांडा (जम्मू) से लेकर दक्षिण में दैमाबाद (महाराष्ट्र) तक तथा पश्चिम में सुत्केजोन्दोर (बलूचिस्तान) से लेकर पूर्व में हुलास एवं आलमगीरपुर (पश्चिमी उत्तर प्रदेश) तक एक विशाल भू-क्षेत्र में प्रसरित थी, उसका विघटन एवं विनाश किसी आकस्मिक कारण या विदेशी आक्रान्ता (आर्य जाति) के आक्रमण के फलस्वरूप एक ही समय सहसा घटित हो गया, इस प्रकार की अवधारणा असंभाव्य थी। इस मत की असमीचीनता मात्र इतने से ही प्रतिपादित हो जाती है। जहाँ तक हड़प्पा-कालीन नगरों पर आर्य जाति के आक्रमण-संबंधी सिद्धान्त का प्रश्न है, यह काल्पनिक होने के अतिरिक्त राजनीति प्रेरित भी है। सर विलियम जोन्स एवं मैक्समूलर (1881 ई०) आदि विद्वानों ने तुलनात्मक भाषा-विषयक कल्पना के आधार पर इण्डो-आर्य (आर्य) जाति की कल्पना की, जो धीरे-धीरे समतावादी भाषा-विज्ञान के प्रति सम्मान रखनेवाले विद्वानों द्वारा समर्थित किया गया। परिणामस्वरूप आर्य शब्द ने जाति-बोधक रूप धारण कर लिया, जिसका प्रयोग इस अर्थ में रूढ़ हो चला।[1]

वैदिक साहित्य से लेकर संस्कृत, पालि, प्राकृत या किसी भी साहित्य में आर्य-आक्रमण; जैसे विदेशी आक्रान्ता का उल्लेख नहीं मिलता। जाति-बोधक अर्थ में आर्य शब्द का प्रयोग यूरोपीय विद्वानों की कोरी कल्पना है, जो कि 19वीं शती के अन्तिम चरण में प्रचलित की गयी। उसके पूर्व यह शब्द वस्तुतः संस्कृति-बोधक शब्द था। यह एक सम्मान-सूचक शब्द है, जिसका परंपरित प्रयोग प्राचीन ग्रंथों में आदरणीय, सम्माननीय, कुलीन, नियम एवं धर्म के प्रति निष्ठावान्, गुणवान्, चरित्रवान् तथा संबोधन की आदरणीय पद्धति के अर्थ में होता रहा। संस्कृत नाटकों में नट-नटी संवाद में 'आर्य', 'आर्ये' एवं 'आर्यपुत्र'—सदृश संबोधन श्रेष्ठ जनों के प्रति प्रयुक्त है। इसके आलोक में सिद्ध होता है कि जाति-बोधक रूप में आर्य शब्द का प्रयोग एक मिथक है, न कि वास्तविकता। जाति के अर्थ में इस शब्द का प्रयोग धीरे-धीरे इतना रूढ़ हो चला कि कुछ लोग अब भी इससे असहमत होने में घबड़ाते हैं, जबकि इसके प्रतिकूल हाल के वर्षों में स्पष्टवादी विचारक खुलकर बोलने लगे हैं कि आर्य शब्द का जाति-बोधक सिद्धान्त ब्रिटिश एवं यूरोपीय विद्वानों द्वारा साम्राज्यवादी नीति के समर्थन से अनुप्रेरित है।[2]

---

1. द्रष्टव्य : भगवान सिंह, वैदिक हरप्पन्स, पृष्ठ 113-35।
2. स्वराज प्रकाश गुप्त, आर्य—ए मिथ ऑर रियल्टी, पृष्ठ 19।

इस सम्बन्ध में यह भी विचारणीय है कि नृविज्ञान सुविज्ञ भी अब इस बात की ओर झुकने लगे हैं कि आर्य-आक्रमण के कारण हड़प्पा-सभ्यता का विनाश संबंधी मत भ्रान्तिमूलक है। उदाहरणार्थ केनीथ के०आर० केनेडी (कार्नेल विश्वविद्यालय, संयुक्त राज्य अमेरिका) ने उन नरकंकालों का बड़ी गहराई के साथ अध्ययन किया, जिनका विनाश बाह्य-आक्रमण के कारण माना जाता है। उनका मत है कि इसमें से किसी पर भी चोट के लक्षण नहीं हैं।[1] बर्कले विश्वविद्यालय के प्रोफेसर जी०एफ० डेल्थ का मत है कि मोहनजोदड़ो से प्राप्त नरकंकाल विभिन्न कालों के हैं और सिन्ध नदी में अलग समयों में बाढ़ आने के कारण इस नगर का विनाश हुआ। परिणामतः ये अस्थिपंजर पृथक् स्तरों से प्राप्त होते हैं।[2]

मानवमिति के विशेषज्ञों का ऐसा अनुमान है कि सिन्धु-उपत्यका से प्राप्त 325 नरकंकाल आधुनिक सिन्ध एवं लोथल से प्राप्त अस्थिपंजरों से साम्य रखते हैं। यदि हड़प्पा एवं मोहनजोदड़ो पर विदेशी आक्रमण होते, तो पश्चिमोत्तर सीमा से बाहर से अस्थिपंजरों के किसी वर्ग-विशेष (मंगोलाइड, नार्डिक एवं मेडिटरेनियन) से मेल खाते।[3] अमलानन्द घोष ने भी स्वीकारा कि सिन्ध एवं लोथल के अस्थिपंजर आधुनिक सिन्धी एवं गुजराती नरकंकालों से सादृश्य रखते हैं।[4]

स्वदेशी उद्भव एवं कृतित्व

भारतीय नगर-जीवन का यह प्रथम उद्भव पूर्णतः स्वदेशी था। कुछ विद्वानों ने समकालीन ताम्रयुगीन सभ्यताओं से साम्य रखने के कारण इस सभ्यता पर बाह्य प्रभाव निर्दिष्ट किया था। पर यह भ्रामक एवं सारहीन है। हड़प्पा-सभ्यता में कुछ ऐसे विशिष्ट देशीय लक्षण दृष्टिगोचर होते हैं, जो इसकी स्वतंत्र उत्पत्ति एवं स्थानीय विकास को प्रमाणित करते हैं। गृह्य पशुओं का पालन, विशाल स्नान-कुण्ड की स्थापत्य-विशेषताएँ, बर्तनों को अलंकृत करने की शैली, रूई का प्रयोग, मौलिक लिपि एवं स्वच्छता-व्यवस्था तथा नगर-मापन की मौलिक शैली आदि इसकी स्वतंत्र प्रकृति को इंगित करते हैं।

हड़प्पा संस्कृति के कृतित्व के प्रश्न के संबंध में अमलानन्द घोष ने सरस्वती एवं दृषद्वती की उपत्यकाओं को गहराई के साथ छानबीन की थी। उनका स्पष्ट मत है कि यह सभ्यता अद्वितीय एवं लाक्षणिक स्वदेशी विशेषताओं से युक्त थी, जिसकी समता अन्यत्र (भारत के बाहर) अप्राप्य थी। यह भारत की स्थानीय भूमि का ही सृजन थी एवं इस देश के मूल जनों द्वारा विकसित की गयी थी। सैन्धव सभ्यता क्षेत्र के कुछ प्रतिनिधि नरकंकालों का अध्ययन सिद्ध करता है कि इस प्रकार की शारीरिक विशेषताएँ आज भी प्रादेशिक जनों में अक्षुण्ण हैं।[5] अतएव किसी बाहर से आनेवाली जाति के साथ इसके उद्गम के प्रश्न को संबद्ध नहीं किया जा सकता। इस सभ्यता की मौलिक विशेषताएँ इस बात की प्रमाण हैं कि इस पर बाह्य प्रभाव निर्दिष्ट करना ज्ञात तथ्यों के आलोक में एक विरोधाभास है।

---

1. हड़प्पन सिविलाइजेशन, केनेडी, के०आर० स्कल्स, आर्यन्स एण्ड फ्लोइंग ड्रेन्स, ग्रिगोरी पोसेल द्वारा संपादित, पृष्ठ 289-90।
2. हड़प्पन—सिविलाइजेशन, ग्रिगोरी आर० पोसेल्स द्वारा संपादित, पृष्ठ 97-107, डेल्थ का 'मोहनजोदड़ो एण्ड मिस्लेनरी' शीर्षक लेख।
3. वरद पाण्डे का लेख 'आर्यन इनवेजन एक मिथक' शीर्षक; राधाकान्त वर्मा—संपादित ग्रन्थ 'आर्यन्स-मिथ एण्ड रियैल्टी, पृष्ठ 24-33।
4. इंडियन प्री-हिस्ट्री, 1964, पृष्ठ 113-114।
5. द्रष्टव्य : अमलानन्द घोष का लेख 'दी इंडस सिविलाइजेशन; इट्स ओरिजिन्स आथर्स, एक्सटेण्टै' शीर्षक पृष्ठ 113-134, इंडियन प्रीहिस्ट्री (1964), दक्कन कालेज पूना सीरीज, न० 32।

द्वैतसिद्धान्त का विश्लेषण

ऋग्वैदिक सभ्यता के ग्रामीण स्वरूप तथा सैन्धव सभ्यता के नगरीय कलेवर-संबंधी वैषम्य को लेकर दोनों में विभाजन करते हुए कृतित्व-भेद का जो प्रश्न यूरोपीय विद्वानों द्वारा खड़ा किया गया, वह भी क्रमश; इतना रूढ़ हो चला कि उससे असहमति व्यक्त करने में अब भी कुछ लोग संकोच खाते हैं, परन्तु दोनों का ही तुलनात्मक अध्ययन इसके प्रतिकूल प्रमाणित करता है कि वस्तुतः द्वैत न होकर समकालीन थीं तथा साथ-साथ पनपती रहीं। ग्राम एवं नगर का सह-अस्तित्व एवं सहभागिता आज भी स्वाभाविक है। दोनों में भेद मात्र आर्थिक संघटन की दृष्टि से है। ग्राम नगर को अपना अतिरिक्त खाद्यान्न प्रदान करता है तो नगर इसके बदले में ग्राम को अपने अतिरिक्त व्यावसायिक उत्पादन की आपूर्ति करता है। यही विशेषता ग्राम-नगर-संबंध में उक्त सभ्यताओं में भी द्रष्टव्य थी।

ऋग्वेद में 'पुर' शब्द के उल्लेख मिलते हैं, जिसका अर्थ आरम्भ में मैकडानेल, कीथ एवं पिशेल ने मिट्टी के दुर्ग (अर्थेन पैलीसेड) के रूप में लिया था, जो सुरक्षा की दृष्टि से ग्राम के मध्य में निर्मित किये जाते थे। पर वस्तुस्थिति तो कुछ और ही थी। उनसे तात्पर्य ऐसे नगरों से था जो सुरक्षा-प्राकार से परिवेष्टित थे। यह विशेषता हड़प्पा की सुरक्षा-व्यवस्था की ओर संकेत करती है। 'पुर' शब्द के प्रयोग द्वारा ऋग्वेद नगर से अपना परिचय इंगित करता है। दोनों की सभ्यताएँ असंबद्ध न होकर वस्तुतः एक ही थीं और दोनों के कर्त्ता एक थे। हड़प्पा-सभ्यता के नगरों में (यथा—स्वयं हड़प्पा, रंगपुर, लोथल, कालीबंगा में) हवनकुंड, अग्निशाला या वेदी के प्रमाण मिलते हैं, जो इसकी वैदिक उत्पत्ति को प्रमाणित करते हैं। विचारणीय है कि ऋग्वेद में प्राप्य अयस एवं अश्मन शब्द क्रमानुसार ताँबे एवं प्रस्तर के बोधक हैं, जो ताम्राश्मकाल (सैन्धव सभ्यता काल) की ओर संकेत करता है जिसमें ताँबे, काँसे या पत्थर के प्रयोग होते थे।

हड़प्पा-संस्कृति की परंपरानुकूलता के विषय में विद्वानों ने पहले भी संकेत किया था। उदाहरणार्थ—इस दिशा में कार्य करते हुए लक्ष्मण स्वरूप ने सैन्धव सभ्यता को ऋग्वैदिक सभ्यता का उत्तर विकास निर्दिष्ट किया था।[1] समान मत का प्रतिपादन कालान्तर में पुसालकर ने भी प्रतिपादित किया था।[2] इन विद्वानों के अनुसार ऋग्वैदिक ग्रामीण जीवन का कालान्तर में नगर-सन्निवेश में रूपान्तरित होना स्वाभाविक था।

प्रथम नगरीय सभ्यता का वैदिक स्वरूप

हड़प्पा-सभ्यता के नगरीय जीवन के वैदिक स्वरूप के विषय में कुछ अन्य तथ्यों पर भी यहाँ विचार प्रासंगिक होगा, जिनमें धौलावीरा-उत्खनन विषयक प्रमाणों का सन्दर्भन वांछनीय है। धौलावीरा (कच्छ जनपद, गुजरात) के उत्खनन-कर्त्ता (1993 ई०) आर०एस० विष्ट ने इस नगर के ध्वंसावशेषों के साक्ष्य एवं ऋग्वेद के प्रासंगिक सन्दर्भों के तुलनात्मक अध्ययन के आधार पर इसे वैदिक पुर होने का दृष्टान्त माना है। उत्खनन-क्रम में इस नगर के तीन भागों में विभक्त होने की संभावना प्रकाश में आयी—

(1) *केन्द्रीय पुर-भाग*—इसमें दुर्ग (कोट) आता था, जो कि चतुर्दिक् भित्ति द्वारा सुरक्षित था। यह परकोटा आधार पर 18 मीटर एवं शीर्ष पर 10 से 12 मीटर चौड़ा था। इसमें अट्टालक (बुर्ज), प्रहरीकक्ष एवं द्वार (4 से 7 फीट ऊँचे) बने हुए थे।

---

1. ऐनाल्स ऑफ भंडारकर ओरियेंटल रिसर्च इंस्टीट्यूट, जिल्द 17, भाग 4, पृष्ठ 385-95।
2. इंडियन कल्चर, जिल्द 4, पृष्ठ 149-168।

(2) *मध्यवर्ती भाग*—दुर्ग के उत्तर की ओर एक सुदृढ़ सुरक्षा-भित्ति द्वारा परिवेष्टित था, जिसमें चारों कोनों पर बुर्ज बने थे तथा केन्द्र में दरवाजे खोले गये थे।

(3) *तीसरा पुर-भाग*—मध्यवर्ती भाग के पूरब की दिशा में विद्यमान था, जिसे हम अवम पुर की संज्ञा दे सकते हैं। इसकी विशेषता यह थी कि यह भी चतुर्दिक् प्राकार-परिवेष्टित था।

धौलावीरा के तीन उक्त पुर-भाग ऋग्वेद में वर्णित पुर-निर्माण व्यवस्था से समीकरणीय हैं। इसके अनुसार यह उत्तम, मध्यम एवं अवम इन तीन भागों में विभाजित था (5. 60. 6.)। इन तीन पुर-भागों को ऋग्वेद में अन्यत्र अवम, परम एवं मध्यम (10. 15. 1) तथा परम, मध्यम एवं अन्तम् की संज्ञा दी गयी है (1. 27. 5)। अवम अवरम या अन्तम् से तात्पर्य किसी निम्न पुर भाग से नहीं है, जो कि साधारण जनसंख्या के निवास-निमित्त बना हुआ था। इसका समर्थन धौलावीरा के अवम पुर-भाग की निर्माण पद्धति से होता है, जो कि सुरक्षा-भित्ति द्वारा परिवेष्टित था। स्पष्ट है कि यह भी एक विशिष्ट पुर-भाग था, जहाँ सुरक्षा की दृष्टि से किलेबन्दी की गयी थी। अवरम, अवम, अन्तम पुर-भाग से तात्पर्य नये पुर-भाग या सीमान्त पुर-खण्ड अथवा विवर्द्धित नगर-खण्ड से है। कालान्तर में जनसंख्या के बढ़ने की दशा में पुरवर्द्धन या सीमान्त पुर के बसाने की व्यवस्था हुआ करती थी। इस प्रकार ऋग्वैदिक साक्ष्य एवं धौलावीरा के पुरातत्त्वीय सामग्री का तुलनात्मक अध्ययन हड़प्पा-संस्कृति के देशगत विस्तार-क्षेत्र में आनेवाले इस सौराष्ट्र नगर (धौलावीरा) को वैदिक नगर प्रमाणित करता है। इस साक्ष्य के आलोक में भी आर०एस० विष्ट के मत के समर्थक भगवान सिंह ने इस सभ्यता के प्रतिनिधि जनों को 'वैदिक हरप्पन्स' की संज्ञा दी है।[1]

हड़प्पा-सभ्यता के वैदिक स्वरूप के विषय में ऋग्वेद में उल्लिखित हरियूपीया-संग्राम-विषयक वृत्तान्त भी विचारणीय है। वासुदेवशरण अग्रवाल ने सबसे पहले इंगित किया था कि ऋग्वेद में संदर्भित हरियूपीया (6. 27. 5) हड़प्पा का प्राचीन नाम था। यह आधुनिक नाम इस प्राचीन नाम का अपभ्रंश है। ऋग्वेद के अनुसार यह स्थान ययावती (आधुनिक रावी) के किनारे स्थित एक नगर था, जिसका अन्य नाम ऊर्णावती एवं परुष्णी भी था। यहाँ 'वरशिख'—वंशज वृचीवान ने अपनी सेना के साथ चायमान-पुत्र अभ्यवर्ती द्वारा आयोजित यज्ञ को नष्ट करने के निमित्त आक्रमण किया था। इस अनुष्ठान में पात्रों को नष्ट करने के प्रयास-कर्त्ता (पात्रा भिन्दाना) वृचीवान के 103 कवचधारी (त्रिंशच्छतं वर्मिण) पुत्रों (त्रिंशच्छतं वृचीवन्तः) को इस यज्ञ में आहूत इन्द्र ने नाश कर डाला था (ऋग्वेद, 6. 27. 5-6)। इससे इस पुर (हरियूपीया—हड़प्पा) का वैदिक नगर होना प्रमाणित होता है।[2] इस तादात्म्य के आधार पर हड़प्पा-सभ्यता का शुद्ध नाम हरियूपीया-सभ्यता लगता है, जो कि वैदिक नाम है। हरियूपीया विषयक यह वृत्तान्त हड़प्पा-

1. द्रष्टव्य : भगवान सिंह, वैदिक हरप्पन्स, प्रथम संस्करण, 1995।

2. ''वधादिन्द्रो वरशिखस्य शेषोऽभ्यावर्तिने चायमानस्य शिक्षन्।
वृचीवन्तः यद हरियूपीयायां हन पूर्वे अर्धे मियसापरो दर्त।
त्रिच्छतं वर्मिणं इन्द्र साकं ययावत्यां पुरुहूत श्रवस्या।
वृचीवन्तः शखे पत्यमानाः पात्राः भिन्दाना न्यर्थान्यायन्।''

—ऋग्वेद, 6. 27. 5-6।

संस्कृति का वैदिक स्वरूप प्रमाणित करता है।[1] यहाँ उल्लेखनीय है कि कालान्तर में मार्टिमर ह्वीलर ने भी स्वीकार किया कि आधुनिक नाम हड़प्पा ऋग्वेद (6. 27. 5) में उल्लिखित हरियूपीया लगता है, जहाँ अभ्यवर्ती चायमान ने वृचीवन्तों को परास्त किया था।[2]

इस संबंध में ऋग्वेद के कतिपय अन्य साक्ष्यों पर भी विचार करना प्रासंगिक होगा। यह ग्रन्थ प्रायः दुर्ग की सुरक्षा का उल्लेख करता है न कि उसके विनाश का—"हे इन्द्र! शत सुदृढ़ दुर्गों के द्वारा आप हमारी रक्षा करें।" सिन्धु-उपत्यका में प्राप्त देव-प्रतिमाएँ वैदिक देवताओं के लक्षण से मेल खाती हैं। ऋग्वेद में विषाणयुक्त त्रिमुख देव का उल्लेख मिलता है तथा अश्वत्थ वृक्ष का सन्दर्भन भी प्राप्य है। इसके दो श्लोकों में प्राप्य शिश्नदेव से तात्पर्य लिंगोपासना से है। इस ग्रंथ में प्रतिमा-पूजा का उल्लेख प्राप्य है। इसके एक श्लोक (4. 24. 10) में इन्द्र की प्रतिमा को दस गायों में बेचने का उल्लेख मिलता है। कालीबंगा से प्राप्त हवनकुण्ड इस बात के प्रमाण हैं कि हड़प्पा-संस्कृति के लोग याज्ञिक क्रियाओं से परिचित थे तथा अग्नि के उपासक थे। इससे सैन्धव वैदिक सभ्यता लगती है। ऋग्वेद की प्रधान नदी सरस्वती थी, जो कि 1800 ई०पू० के लगभग सूख चुकी थी। सैन्धव सभ्यता के अधिक नगर सरस्वती की उपत्यका में प्राप्य थे, जो कि यमुना एवं सतलज के बीच बहती थी। अतएव सैन्धव सभ्यता का सारस्वत सभ्यता नामकरण कहीं अधिक समीचीन होगा।[3]

नगर-जीवन का तथाकथित विष्कम्भक काल

प्रचलित अवधारणा के अनुसार 1750 ई०पू० से 750 ई०पू० के बीच का एक सहस्राब्दीय काल-सम्पुट नगरीय जीवन के इतिहास में विष्कम्भक या खण्ड-काल का बोधक था।[4] यह मत उस भ्रान्तिमूलक अवधारणा पर अवलम्बित है, जिसके अनुसार आर्य शब्द जाति-बोधक (इंडोआर्यन) का बोधक है। इस काल-सम्पुट में आर्य-आक्रमणकारियों का संघर्ष-क्रम मूल निवासियों के साथ सप्त-सैन्धव एवं सरस्वती-दृषद्वती क्षेत्र में सत्ता की स्थापना-निमित्त निरन्तर चलता रहा। उनका जीवन इस दीर्घ कालावधि में न तो व्यवस्थित हो सका और न ही राजनीतिक दृष्टि से क्षेत्र-विशेषज्ञ के साथ दृढ़ संबंध के अभाव में सुरक्षा के साधनों से युक्त गढ़ियों के रूप में स्थापित हो सका था। वे एक हज़ार वर्षों (1750-750 ई०पू०) के इस काल-सम्पुट में सत्ता-स्थापना की निरन्तर लड़ाई लड़ते रहे। इस मत की मीमांसा के संबंध में पहली बात तो यह विचारणीय है कि आर्य शब्द जाति-बोधक नहीं है, जिसका प्रतिपादन पूर्व तथ्य-समीक्षा में किया जा चुका है। यह शब्द मात्र सम्मान-सूचक संबोधन है, जिसका प्रयोग श्रेष्ठ एवं आदरणीय व्यक्ति के सन्दर्भ में हुआ करता था। दूसरी बात जो इस मत के विषय में ध्यातव्य एवं गहराई के साथ मन्थन-योग्य है, वह यह कि यदि एक ओर सैन्धव उपत्यका, तो दूसरी ओर सरस्वती एवं दृषद्वती उपत्यकाओं में विकसित यह सभ्यता पश्चिमोत्तर भारत की मूलभूमि में उद्भूत एवं विकसित हुई थी। यही कारण है कि वह अपने आप में मूलभूत विशेषताओं को सँजोये हुए है जिसकी समता अन्यत्र अनुपलब्ध है।[5] तीसरी बात विचारणीय

---

1. भगवान सिंह, वैदिक हरप्पन्स (प्रथम संस्करण, 1995), पृष्ठ 84-85।
2. मार्टिमर ह्वीलर, इंडस सिविलाइजेशन (तृतीय संस्करण), पृष्ठ 27।
3. राधाकान्त वर्मा, आर्यन्स—ए मिथ आर रियैल्टी, वरद पाण्डे (एन०आर०) का लेख, पृष्ठ 32-33।
4. अमलानन्द घोष, दि सिटी इन अर्ली हिस्टारिकल इंडिया, पृष्ठ 2।
5. द्रष्टव्य : अमलानन्द घोष का लेख, इंडस सिविलाइजेशन; 'इट्स ओरिजिन्स आथर्स, एक्सटेण्ट' शीर्षक, दी इंडियन प्री-हिस्ट्री, 1964, पृष्ठ 113-124।

है कि इसी कारण इस सभ्यता के पुरातत्त्वीय अवशेष इस भौगोलिक क्षेत्र के विभिन्न पुरा-स्थलों से प्राप्त होते हैं। इस सभ्यता के कर्त्ताओं को ऋग्वैदिक जनों से पृथक् मानकर उक्त एक सहस्र वर्षीय काल-सम्पुट में सत्ता संघर्ष की अवधारणा काल्पनिक होगी।

नगर-जीवन का सातत्य

नगर-जीवन के सातत्य-मीमांसा के संबंध में गंभीरता के साथ विचारणीय हो जाता है कि सैन्धव सभ्यता के विलय एवं विघटन के पश्चात् यदि एक हजार वर्षों तक (1750-750 ई० पू०) भारत में नगर-जीवन का अभाव रहता और सामाजिक एवं आर्थिक संघटन ग्रामों एवं कृषि तक ही सीमित होता, तो इस दीर्घान्तर के उपरान्त एक अधिक उन्नत एवं विकसित नगर-निर्माण पद्धति के सहसा उद्गम होने का प्रश्न ही नहीं खड़ा होता। इस काल-सम्पुट में नगर-जीवन के खंडित होने पर समस्त सैन्धवकालीन अभियान्त्रिकी का ज्ञान ही समाप्त हो जाता। अतएव भारतीय इतिहास का यह काल नगर एवं नगर-जीवन का विष्कम्भक-काल न होकर नगर के उद्भव एवं विकास का सातत्य-काल था।

नगर-जीवन के सातत्य के विषय में विचार प्रकट करते हुए बी०पी० सिन्हा ने अपने एक विचारपूर्ण लेख में प्रतिपादित किया था कि सैन्धव सभ्यता ठीक 1750 ई० पू० में उल्का या पुच्छलतारा की भाँति सहसा लुप्त होनेवाला आकाशीय दृश्य या चमत्कारिक घटना नहीं थी, जिसका बाद में कोई चिह्न ही नहीं रह गया था।[1] इस संबंध में यह भी विचारणीय है कि पश्चिमी उत्तर प्रदेश में आलमगीरपुर, हुलास, आम्बखेड़ी एवं बारा आदि हड़प्पा-संस्कृति के पूर्वतम सीमान्त हैं। पुराविदों की अवधारणा है कि जखेड़ा एवं अत्रंजीखेड़ा-सदृश पुरा-स्थल चित्रित-धूसर-मृण्भाण्डकाल (पी०जी०डब्ल्यू० स्तरों में) में विस्तृत जन-सन्निवेश का स्वरूप धारण करने लगे थे।[2] कौशाम्बी के प्रारम्भिक स्तर में हड़प्पा-प्रकार की पकी इष्टका-निर्मित सुरक्षा-भित्ति के प्रमाण उपलब्ध होते हैं। स्वयं पुराविद् मानते हैं कि हड़प्पा-सभ्यता के विनाश के उपरान्त वहाँ के निवासी भारत के अन्य भागों में फैलने लगे और इस प्रसरण-क्रिया में वे गांगेय घाटी में भी आकर बस गये।[3] यही कारण है हड़प्पा-संस्कृति में प्राप्य धर्म एवं जन-विश्वास-विषयक लक्षण उत्तर काल में हिन्दू धर्म में समाहित होने लगे। इसी प्रसरण-क्रिया में हड़प्पा-कालीन वास्तु एवं अभियान्त्रिकी के मूल तत्त्वों के प्रभाव गांगेय उपत्यका के नगर-मापन में दृष्टिगोचर होने लगते हैं। हस्तिनापुर, इन्द्रप्रस्थ, कांपिल्य, अहिच्छत्र एवं कौशाम्बी आदि नगरों की सुरक्षा-व्यवस्था में अट्टालक (बुर्ज) एवं गोपुर (नगर-द्वार)—युक्त प्राकार से नगर को परिवेष्टित करने की परंपरा इस क्षेत्र के पुर-मापन में प्राप्य थी।

इस संबंध में प्रोफेसर जी०आर० शर्मा के मत को यहाँ सन्दर्भित करना प्रासंगिक होगा, जिसके अनुसार कौशाम्बी की प्रारंभिक सुरक्षा-भित्ति (1025 ई०पू०) हड़प्पा की दुर्ग-व्यवस्था का स्मरण दिलाती है। इसकी वास्तुगत विशेषताएँ हड़प्पा-प्राकार की किलेबन्दी से प्रभावित लगती हैं। उनके अनुसार कौशाम्बी के तत्कालीन नगर-प्राकार के भीतर मिट्टी का ठोस जमाव देकर ऊपर से पकी ईंटों का आच्छादन या कंचुक सुदृढ़ता हेतु पहनाया गया था। इसमें ईंटों के चिनाई तथाकथित 'इंगलिश बांड' पद्धति (क्रमिक

---

1. बी०पी० सिन्हा, 'हड़प्पन फाल आउट इन दी मिड-गैंजेटिक वैली' शीर्षक लेख पोसेल—ग्रिगोरी संपादित ग्रन्थ; हड़प्पन सिविलाइजेशन, पृष्ठ 135-140।
2. एम०डी० साही, ऐस्पेक्ट्स ऑफ इंडियन आर्क्यालॉजी, पृष्ठ 77।
3. पोसेल ग्रिगोरी एल, हड़प्पन सिविलाइजेशन, पृष्ठ 136।

स्तरों में लम्बाई एवं चौड़ाई में बैठायी गयी व्यवस्था) के अनुसार की गयी थी। कौशाम्बी के परकोटे का भी मुहार हड़प्पा के प्राकार के मुखौटे के सदृश ढालुआ था। इस प्राकार के समान अन्तर पर निर्मित बुर्ज एवं आयताकार मीनारें हड़प्पा के दुर्ग-विन्यास-पद्धति का स्मरण दिलाने लगती हैं। इससे प्रमाणित होता हैं कि प्रथम सहस्राब्द ईसा पूर्व के आरंभ होने से कुछ पूर्व ही (11वीं शती ई०पू० में) हड़प्पा की दुर्ग-निर्माण-संबंधी अपनी योजना में कोटले से बाहर निकलता भूमिगत रास्ता आपातकाल में प्रयोगार्थ गुप्त मार्ग या सुरंग का कार्य करता था।[1] इसी प्रकार के भूमिगत मार्ग को ऐतिहासिक काल में कौटिल्य ने छन्नपथ या प्रधावनिका की संज्ञा दी है।[2] मानना पड़ेगा कि कौशाम्बी के किले में वर्तमान यह भूमिगत निष्क्रमणपथ प्रधावनिका या छन्नपथ (सुरंग) का प्रारंभिक उदाहरण था। यदि यमुना की सहायक हिंडन नदी के तट पर स्थित आलमगीरपुर तक हड़प्पा की नगरीय संस्कृति का प्रवेश एवं विस्तार हो चुका था, तो स्वयं प्रधान नदी यमुना के तट पर स्थित प्राचीन नगर कौशाम्बी तक इसका प्रसार कोई आश्चर्य का विषय नहीं हो सकता। वैदिक साहित्य में भी इसका उल्लेख प्राप्य है। यह आलमगीरपुर से मात्र 300 मील पूर्व में स्थित है।[3]

गांगेय उपत्यका में नगरीकरण के वैदिक साक्ष्य

यहाँ उत्तर वैदिक साहित्य में प्राप्त उन उल्लेखों पर भी विचार उचित होगा जिनमें गांगेय उपत्यका में नगरीकरण के प्रयास सन्दर्भित हैं। तैत्तिरीय ब्राह्मण (1, 7, 75), ऐतरेय ब्राह्मण (1, 22, 2, 11) तथा शतपथ ब्राह्मण (3, 4, 4, 3) में 'पुर' शब्द पर विचार अभिव्यक्त करते हुए मैकडानेल एवं कीथ ने पहले ही निर्दिष्ट किया था कि यहाँ यह शब्द प्राकार एवं परिखा से परिवेष्टित नगर का बोधक है।[4] तैत्तिरीय संहिता (1, 2, 31, 4) में प्राप्य 'नगर' शब्द 'पुर' का समानार्थी है। यजुर्वेद संहिता (1, 7, 1-3) में 'महापुर' शब्द का भी उल्लेख मिलता है, जिस पर अपना मत व्यक्त करते हुए मैकडानेल एवं कीथ ने कहा था कि 'महापुर' कोई काल्पनिक सन्दर्भ नहीं माना जा सकता। 'पुर' एवं 'महापुर' में अन्तर आकार की दृष्टि से था।[5]

'महापुर' की ओर संकेत करते हुए उत्तर वैदिक साहित्य में 'नवद्वारपुर' एवं 'एकादशद्वारपुर' का उल्लेख मिलता है; यथा—श्वेताश्वतरोपनिषद् (3, 18) एवं कठोपनिषद् (1, 5, 1)। यह सही है कि प्रत्यक्षतः ये लाक्षणिक या अन्योक्ति सन्दर्भ-सदृश लगते हैं, पर इससे इतना तो स्पष्ट है कि लेखक ने ऐसे नगरों को देखा होगा, जिसके परकोटे में एक से अधिक द्वार वर्तमान था। जहाँ तक सुरक्षा-भित्ति या परकोटे का प्रश्न है जिनमें द्वार खुले हुए थे, विचारणीय है कि शांखायन श्रौतसूत्र (16, 18, 14) में 'प्राकार' शब्द का प्रयोग नगर की दीवाल के अर्थ में हुआ है। इसके अतिरिक्त 'रैम्पर्ट' के अर्थ में प्रयुक्त 'वप्र' शब्द (अथर्ववेद, 7, 71, 1) का भी सन्दर्भन तत्कालीन सुरक्षा-व्यवस्था के विषय में प्रासंगिक है,

---

1. एक्सकैवेशन्स ऐट कौशाम्बी, पृष्ठ 33; इस मत से असहमत होनेवाले विद्वानों में विशेष रूप से अमलानन्द घोष (1973) एवं बी०बी० लाल (1982 ई०) उल्लेखनीय हैं, द्रष्टव्य—ग्रिगोरी जी, पोसेल-संपादित ग्रंथ (हड़प्पा-सभ्यता), पृष्ठ 135-136।
2. अर्थशास्त्र; 2, 3, 14।
3. जी०आर० शर्मा, एक्सकैवेशन्स ऐट कौशाम्बी, पृष्ठ 6।
4. वैदिक इंडेक्स, जिल्द 1, पृष्ठ 539।
5. वैदिक इंडेक्स, जिल्द 1, पृष्ठ 2, 1, 51।

जो परकोटे के आधारभूत उच्छ्रित थूहे पर निर्मित होता था। उत्तर वैदिक साहित्य में प्राप्त 'देही' शब्द परिखा के अर्थ में प्रयुक्त है (कात्यायन श्रौत सूत्र, 2, 1, 22 तथा कौशिक सूत्र 3, 5)।

गंगा की उपत्यका में शोभायमान उत्तर वैदिककालीन नगरों में काम्पील, कौशाम्बी, अयोध्या एवं आसन्दीवन्त के उल्लेख तत्कालीन साहित्य में सन्दर्भित हैं। तैत्तिरीय-संहिता में काम्पील (कांपिल्य) में रहने-वाली महिला को 'काम्पील-वासिनी' (7, 4, 19, 1) कहा गया है। इसी प्रकार मैत्रायिणी संहिता (3, 12, 20) में सुभद्रिका नामक महिला को इस नगर की निवासिनी कहा गया है। (सुभद्रिका काम्पील-वासिनी)। यहाँ पंचाल की राजधानी थी। कौशाम्बी के सन्दर्भ में पहले ही कहा जा चुका है कि शतपथ ब्राह्मण (12, 2, 2, 3) एवं गोपथ ब्राह्मण (1, 2, 24) में 'कौशाम्बेय' शब्द का उल्लेख मिलता है। (प्रोतिर्हिकौशाम्बेयः)। हरिस्वामी की शतपथ ब्राह्मण-टीका के अनुसार इसका अर्थ कौशाम्बी का निवासी होता है। अयोध्या शब्द का उल्लेख ऐतरेय ब्राह्मण (12, 3, 1) में प्राप्य है। आसन्दीवन्त का सन्दर्भ जन्मेजय परीक्षित की राजधानी के रूप में व्यवहृत है।[1] भारतीय नगर-जीवन के इतिहास में इन नगरों की भूमिका विभिन्न कालों में उल्लेखनीय थी।

□□□

---

1. वैदिक इंडेक्स; 1, 72।

अध्याय-3
वैदिक कला

काल-समस्या

सैन्धव सभ्यता-काल के उपरान्त भारतीय इतिहास के पृष्ठों में आदि वैदिक सभ्यता का प्रारम्भ हुआ, जिसका प्रतिबिम्ब ऋग्वेद में प्राप्य है। यह हमारे देश का सबसे प्राचीन ग्रन्थ माना जाता है। उपर्युक्त दोनों ही सभ्यताएँ एक-दूसरे का विपर्यय थीं। सैन्धव सभ्यता स्वभावतः यदि नागरिक सभ्यता थी, तो इसके प्रतिकूल ऋग्वैदिक सभ्यता मूलतः ग्रामीण सभ्यता थी। इन सभ्यताओं में अन्य दृष्टियों से भी मूलभूत अन्तर प्राप्य थे। सिन्धु-उपत्यका के नागरिक धातुओं में सुवर्ण को प्रधानता देते थे, परन्तु प्रारम्भिक वैदिक जन-सभ्यता में उसके स्थान को चाँदी ने ग्रहण कर लिया था। सैन्धव सभ्यता के लोग यदि सुरक्षा-शस्त्रों के प्रयोग से अपरिचित थे, तो इसके विपरीत ऋग्वेदकालीन वैदिक जन ढाल, कवच एवं कुंडल आदि के उपयोग से भली-भाँति अवगत थे। आर्य-सभ्यता में नारी-तत्त्व गौण था, पर सैन्धव सभ्यता में इसकी प्रधानता स्पष्ट रूप में परिलक्षित होती है। सिन्धु-उपत्यका के पुरवासियों के जीवन में अश्व का कोई मूल्य नहीं था, पर प्रारम्भिक वैदिककालीन वैदिक जन घोड़े की सवारी के विशेष प्रेमी थे। वैदिक जन धेनु की पूजा करते थे, पर सिन्धु-घाटी के लोगों के जीवन में इसकी महत्ता लवलेश भी नहीं थी।[1]

दोनों सभ्यताओं का यह वैषम्य किञ्चित् काल के लिए विचारकों को तर्क-वितर्क की परिस्थिति में डाल देता है। आभास होने लगता है कि भारतवर्ष के अभियन्ता एवं शिल्पी एक समय पुर-मापन से परिचित होकर कालान्तर में उसे भूल गये। पकी ईंटों द्वारा निर्मित विशाल भवनों के स्थान पर उन्हें उटज-विन्यास से ही सन्तुष्टि होने लगी तथा शिव एवं मातृ-देवी की आराधना उसने कालान्तर में छोड़ दी थी।[2] इस समस्या के स्पष्टीकरण में डॉ० लक्ष्मण स्वरूप ने सुझाव रखा था कि ऋग्वैदिक वैदिक जन-सभ्यता, सैन्धव सभ्यता से अधिक प्राचीन थी।[3] इस मत का समर्थन करते हुए श्री पुसालकर ने भी वैदिक जन को सैन्धव सभ्यता का कर्त्ता माना है। उनके अनुसार इस सभ्यता को ऋग्वैदिक वैदिक जन-सभ्यता का उत्तर विकास कहना असंगत नहीं होगा।[4] श्री वेंकटेश्वर ने भी ऋग्वैदिक सभ्यता को सैन्धव सभ्यता का पूर्वगामी निर्दिष्ट किया था।[5] यह मत किञ्चित् काल के लिए तर्कसंगत एवं विश्वसनीय प्रतिभासित होने लगता है। ग्राम-

---

1. मार्शल. मोहनजोदड़ो एण्ड इंडस सिविलाइजेशन, पृष्ठ 110-11।
2. लेखक का ग्रन्थ, प्राचीन भारत में नगर तथा नगर-जीवन, पृष्ठ 11 (प्रथम संस्करण)।
3. इंडियन कल्चर, जिल्द 4, पृष्ठ 149-68।
4. एनाल्स ऑफ भंडारकर ओरियेंटल रिसर्च इंस्टीट्यूट, जिल्द 17, भाग-4, पृष्ठ 385-95।
5. दी कल्चरल हेरिटेज ऑफ इंडिया, जिल्द 3, पृष्ठ 53-63।

जीवन के स्तर से ऊपर उठकर कालान्तर में नगर-जीवन की अवस्था पर पहुँचना तथा उटज एवं कुटीरों के स्थान पर अट्टालिकाओं का निर्माण स्वाभाविक ही है।[1]

इस प्रकार के निष्कर्ष के समर्थन के कारण हम अपने को कठिन समस्याओं एवं उलझनों में डाल देते हैं। यदि सैन्धव सभ्यता, ऋग्वैदिक सभ्यता की अनुगामिनी है, तो सैन्धव सभ्यता में अश्वों एवं रक्षा के शस्त्रों के प्रयोग का अभाव क्यों दृष्टिगोचर होता है तथा गाय के आदरपूर्ण स्थान को बैल कैसे ग्रहण कर लेता है? हम पहले निर्दिष्ट कर चुके हैं कि वैदिक जन के जीवन में धेनु का स्थान अत्यन्त महत्त्वपूर्ण था। इसी प्रकार कतिपय अन्य भी मूलभूत समस्याएँ एवं ग्रन्थियाँ, इस मत को सही मान लेने पर, उपस्थित हो जाती हैं जिनका कोई स्पष्ट सुझाव एवं सन्तोषजनक उत्तर नहीं मिल पाता।[2] यह वस्तुस्थिति प्रमाणित करती है कि सैन्धव एवं ऋग्वैदिक सभ्यताओं के कर्त्ता एक जाति के नहीं माने जा सकते तथा दोनों ही सभ्यताएँ परस्पर असंबद्ध हैं। जब उभय संस्कृतियों का स्रोत एक नहीं है, तो ऐसी परिस्थिति में सैन्धव वास्तुकला को वैदिक स्थापत्य का उत्तर विकास प्रमाणित करना भ्रान्तिमूलक होगा।

प्रारम्भिक वैदिककालीन कला

ग्राम-सन्निवेश

वैदिक जन कृषक एवं पशुचारक थे तथा उनका प्रारम्भिक जीवन भ्रमणप्रधान एवं पर्यटनशील था। आदिकाल में वे नगर तथा नगर-जीवन से अवगत नहीं थे। ऋग्वेद में 'पुर' शब्द का उल्लेख प्राप्य है। परन्तु इसका अर्थ नगर के रूप में लेना भ्रान्तिमूलक होगा। ऋग्वेद के पुर शब्द से वास्तविक तात्पर्य मिट्टी के उन दुर्गों से हो सकता है, जिसे संकट-काल में वैदिक जन अपनी रक्षा के निमित्त ग्राम के भीतर अथवा बाहर बनाते थे। ऋग्वेद में 'पुर' शब्द का बहुशः उल्लेख अभिव्यञ्जित करता है कि उनकी संख्या प्रचुर थी एवं वे व्यापक क्षेत्र में निर्मित थे। वैदिक जन-संस्कृति ग्रामीण संस्कृति थी। उनके गाँव आकार में लघु हुआ करते थे। वैदिक जन-ग्राम वस्तुतः कुछ ही घरों का समूह हुआ करता था। प्रत्येक ग्राम अपने में आत्म-निर्भर था। इनके सन्निवेश में स्वच्छता एवं सादगी के सिद्धान्तों को प्रधानता दी गयी थी।

सुरक्षा-व्यवस्था

अपने ग्रामों की सुरक्षा की दृष्टि से लोग उनके चतुर्दिक् एक चहारदीवारी खींचते थे। लकड़ी अथवा बाँस के चुने लट्ठों को बराबर दूरी पर गाँव के चारों ओर गोलाई में गाड़ दिया जाता था। तदुपरान्त बाँस के लट्ठों अथवा लकड़ी के बल्लों को तिरछा बैठाकर उन्हें मूँज (मुञ्ज) की रस्सी से बाँध देते अथवा छेद बनाकर भीतर खपाचियाँ गाड़ देते थे (आकृति 1)। इस प्रकार की व्यवस्था द्वारा गोलाकार (वृत्ताकार) सुरक्षा-भित्ति प्रस्तुत होती थी, जिसे 'वंशवेदिका' अथवा 'काष्ठवेदिका' की संज्ञा प्रदान की जा सकती है (आकृति 2)। भारतीय वास्तुकला के क्षेत्र में इस वेदिका का विशेष महत्त्व है। कालान्तर में गंगा-घाटी के नगरों की काष्ठ-वेदिकाओं के स्वरूप को वैदिक जन-वेदिका की विशेषताओं ने प्रभावित किया था।

---

1. लेखक का ग्रन्थ, प्राचीन भारत में नगर तथा नगर-जीवन, पृष्ठ 12 (प्रथम संस्करण)।
2. वही, पृष्ठ 12 (प्रथम संस्करण)।

मेगस्थनीज़ लिखता है कि पाटलिपुत्र के चतुर्दिक् लकड़ी की एक चहारदीवारी बनी हुई थी, जिसके निर्माण की विशेषताओं द्वारा वह आश्चर्यचकित हो गया था। वैदिक वेदिका के मूलभूत सिद्धान्तों को लेकर कालान्तर में प्रस्तरवेदिकाएँ निर्मित होने लगी थीं। साँची एवं भरहुत की प्रस्तर-वेदिकाओं का आदर्श वैदिक काष्ठवेदिकाएँ अथवा वंशवेदिकाएँ थीं।

वैदिक जन ग्राम-वेदिका में द्वार खोलते थे, जिन्हें 'गोपुर' कहा जाता था। उनके पशु इन्हीं दरवाजों से होकर चरागाहों की ओर जाते एवं वापस लौटते थे। अतएव वैदिक द्वार का यह नाम (अर्थात् गोपुर) पड़ गया, जो दरवाजे का प्रामाणिक नाम विश्रुत हो गया था। इसी के आधार पर नगर-द्वार का नाम 'गोपुर' पड़ गया था (पुरद्वारंतुगोपुरम्)[1]। वैदिक द्वारों का स्थापत्य सरल सिद्धान्तों पर आधारित था। निर्धारित चौड़ाई में दोनों कोनों पर बाँस के लट्ठे गाड़ दिये जाते थे। उनकी ऊँचाई पर बाँस के गढ़े हुए तीन लट्ठों को तिरछा बिठाकर मूँज की रस्सी से उन्हें मजबूती के साथ बाँध दिया जाता था। कभी-कभी लकड़ी के बल्लों द्वारा भी इसी नमूने के वैदिक द्वार निर्मित होते थे (आकृति 1)। भारतीय वास्तुशास्त्र के इतिहास में वैदिक द्वार के स्वरूप का विशेष स्थान है। कालान्तर में इन्हीं आदर्शों को दूरतर विकसित कर ग्राम-द्वार, पुर-द्वार एवं वेदिका-द्वार निर्मित होने लगे थे। साँची एवं भरहुत के तोरण (द्वार), वंश अथवा काष्ठ-निर्मित वैदिक द्वारों की पाषाणानुकृतियाँ हैं। बौद्ध धर्म के प्रवेश एवं विस्तार के साथ इस प्रकार के द्वार चीन, जापान, जावा एवं सुमात्रा आदि देशों में भी निर्मित होने लगे थे।

बाँस की लकड़ी अथवा चहारदीवारी के अतिरिक्त कभी-कभी मिट्टी की दीवाल द्वारा भी ग्राम को परिवेष्टित किया जाता था। इसको हम महाभारतकालीन 'पांसुप्राकार'[2] (मिट्टी का परकोटा) का पूर्वगामी कह सकते हैं। दूरतर सुरक्षा की दृष्टि से ग्राम के चतुर्दिक कँटीली झाड़ियाँ एवं वृक्ष आदि भी आरोपित किये जाते थे। इसी प्रथा के अनुसार गंगा-घाटी के नगरों में 'अरण्य' के उगाने की परम्परा स्थापित हुई थी। कौटिल्य ने 'वनदुर्ग'[3] शब्द का उल्लेख किया है। वाल्मीकि के रामायण के अनुसार अयोध्या के चतुर्दिक् 'सालमेखला'[4] (साल वृक्षों की चहारदीवारी) वर्तमान थी। यह परम्परा क्रमशः दक्षिणी भारतवर्ष में भी प्रचलित हो गयी थी। मदुरा के चतुर्दिक् एक कदम्ब-वन विद्यमान था। ग्राम एवं उसकी वेदिका के बीच की भूमि को स्वच्छ एवं कंटकरहित बनाकर प्रदक्षिणामार्ग भी बनाया जाता था (आकृति संख्या 6)। वैदिक जन अपने ग्रामों की परिक्रमा करते थे। वैदिक ग्राम की वेदिका एवं प्रदक्षिणापथ के आदर्श पर बौद्ध स्तूपों की वेदिका एवं प्रदक्षिणामार्ग की रूपरेखा निर्धारित हुई थी।

गृह-सन्निवेश

वैदिक जनों के घर वास्तुकला के साधारण सिद्धान्तों के अनुसार निर्मित थे। उनके घर सामान्यतया दो कोटि के थे। प्रथम वर्ग में वे घर आते थे, जो पारिवारिक सदस्यों के ही निवास-स्थान के रूप में निर्मित थे। इनके लिए ऋग्वेद में 'गृह'[5] शब्द का उल्लेख प्राप्य है। परन्तु द्वितीय कोटि के घरों का आकार इनसे

---

1. अमरकोष, पृष्ठ 77, देखिए : मेरा ग्रन्थ 'प्राचीन भारत में नगर तथा नगर जीवन', पृष्ठ 249 (प्रथम संस्करण)।
2. लेखक का ग्रन्थ, 'प्राचीन भारत में नगर तथा नगर-जीवन', पृष्ठ 245 (प्रथम संस्करण)।
3. वही, पृष्ठ 259 ।
4. 'महतीं सालमेखलाम्' रामायण, बालकाण्ड, सर्ग 5, पंक्ति 24 ।
5. मैकडानेल तथा कीथ, वैदिक इंडेक्स, पृष्ठ 229 ।

निश्चित बड़ा था। इनमें उनकी अग्निशाला (अग्निशरण) एवं पशुशाला भी बनी होती थीं।[1] जहाँ तक आकार का प्रश्न है, वैदिक जन बहुधा वृत्ताकार घर ही बनाते थे (आकृति 3 एवं 4)। यह आकार कालान्तर में अत्यधिक लोकप्रिय सिद्ध हुआ था। पुरातत्त्वीय प्रमाणों से ज्ञात होता है कि गंगा-घाटी के अति प्राचीन नगर राजगृह के घर गोलाकार थे। इसके अतिरिक्त आयताकार घरों के भी निर्माण की परम्परा वर्तमान थी (आकृति 5)। ऐतिहासिक काल में सभा-मण्डपों का स्वरूप प्रायः आयताकार हुआ करता था। नागार्जुनी एवं बराबर की पहाड़ियों की गुफाओं के भीतर वृत्ताकार एवं आयताकार प्रकोष्ठ बने हुए हैं। उनका स्वरूप वैदिककालीन परम्परा में आता था। इन घरों के निर्माण की सामग्री में तृण (घास-फूस), मुञ्ज (मूँज), शर (सरपत) एवं वंश (बाँस) आदि उल्लेखनीय हैं।

ऋग्वेद में कतिपय ऐसे शब्द आते हैं, जिनके द्वारा वैदिक वास्तु-शैली के विषय में आभास होता है। वैदिक साहित्य के आधार पर मैकडानेल, कीथ एवं जिमर महोदयों ने वैदिक जन गृह-निर्माण शैली की संरचना का प्रयास किया है। गृह-निर्माण के निमित्त संकलित भूमि में लकड़ी के चार स्तम्भ गाड़ दिये जाते थे, जिन्हें 'उपमित' कहा जाता था। इनके ऊपर तिर्यक् बल्लियाँ बिठा दी जाती थीं। इनके निमित्त ऋग्वेद में 'परिमित' शब्द प्राप्य है। इन्हीं बल्लियों को आधार बनाकर लकड़ी की धरनें फैला दी जाती थीं, जिन्हें वैदिक साहित्य में 'प्रतिमित' कहा गया है। इसके उपरान्त छत बनाने की क्रिया प्रारम्भ होती थी। तन्निमित्त शर (सरपत) एवं तृण (घास-फूस) को पृथ्वी पर बिछा दिया जाता था। इनके ऊपर एवं नीचे समान अन्तर पर चिरी हुई बाँस की खपाचियों (वंश-आयाम) को फैला दिया जाता था। तदुपरान्त उन्हें मूँज की मोटी रस्सी (प्राणाः, यून) से बाँध दिया जाता था। इस रूप में बनाये हुए ठट्टर को 'अक्षु' कहते थे, जो ऊपर की बड़ेरों (विषुवत्) पर बिठा दी जाती थीं।[2] उल्लेखनीय है कि यह वैदिककालीन परम्परा अद्यपर्यन्त चली आ रही है। भारतीय ग्रामों में छप्पर अब भी इसी प्रकार छानी जाती है।

घरों की दीवालें बाँस अथवा लकड़ी के लट्ठों द्वारा निर्मित थीं। लट्ठों की बीच की दूरी में घास, सरपत एवं पुआल (पलद) भर दी जाती थी। लट्ठों एवं उनके बीच में भरी वास्तु-सामग्री मोटी रस्सी (परिष्वञ्जल्य) की गाँठ (संदंश) द्वारा दृढ़ संयुक्त होती थी (आकृति 3 एवं 4)।[3] बराबर की पहाड़ी में सुदामा की बाहरी दीवाल पर गोलाकार वैदिक गृह का दृष्टान्त अंकित है। इस भवन की बाह्य भित्तियों के निर्माण में प्रयुक्त बाँस के लट्ठे स्पष्ट रूप में अंकित देखे जा सकते हैं। वैदिक गृहों की छत धनुषाकृति अथवा घोड़े की नाल की भाँति अर्द्धवृत्ताकार होती थी (देखिए, आकृति संख्या 3)। भारतीय वास्तुशास्त्र के इतिहास में इस स्थापत्य-स्वरूप का भी स्थान महत्त्वपूर्ण है। बौद्ध देवालयों के गवाक्षों के रूप का आदर्श इसी पर आधारित था।

परवर्ती वैदिक काल

इस समय वैदिक जन ने अपने वास्तु-ज्ञान को पूर्व-काल की तुलना में कहीं अधिक परिवर्द्धित कर लिया था। इसका मूलभूत कारण यह था कि इनकी युद्ध-क्रिया क्रमशः समाप्त हो गयी तथा व्यवस्थित जीवन प्रारम्भ हुआ। अतएव इन लोगों को स्थायी गृहों एवं बस्तियों के निर्माण की आवश्यकता प्रतीत हुई।

---

1. मैकडानेल तथा कीथ, वैदिक इंडेक्स, पृष्ठ 230।
2. वही, पृष्ठ 230।
3. वही, पृष्ठ 231।

इनका आदर्श मूल निवासियों के भवन एवं नगर थे। इनके विन्यास में उन्होंने इनकी सहायता भी प्राप्त की होगी, क्योंकि वास्तु-क्षेत्र में उनकी गति सुविशेष थी। इस प्रयास की क्रिया में ग्रामीण जीवन से अभ्यस्त पशुचारक वैदिक जनों ने पुरनिर्माण की अवस्था को क्रमशः अधिगत कर लिया।[1]

पुर एवं नगर

फलतः उत्तर वैदिक साहित्य में 'पुर' शब्द का उल्लेख नगर-सदृश जन-सन्निवेश के अर्थ में प्राप्त होता है। उदाहरणार्थ तैत्तिरीय ब्राह्मण (1, 7, 75), ऐतरेय ब्राह्मण (1, 23, 2, 11) तथा शतपथ ब्राह्मण (3, 4, 4, 3) में 'पुर' शब्द का उल्लेख प्राप्य है (तेनेमां मानुषीं पुरं जयन्ति)। पिशेल का मत है कि यहाँ पुर शब्द से तात्पर्य प्राकार एवं परिखा द्वारा परिवेष्टित नगर से है।[2] तैत्तिरीय संहिता में नगर शब्द का उल्लेख पुर के भाव में हुआ है।[3] यजुर्वेद संहिता (1, 7, 1, 3) तथा गोपथ ब्राह्मण (2, 2, 7, 2) में 'महापुर' शब्द का उल्लेख मिलता है। मैकडानल के अनुसार 'पुर' एवं 'महापुर' में अन्तर दोनों के विस्तार एवं निर्माण-शैली के आधार पर रहा होगा।[4] श्वेताश्वतरोपनिषद् (3, 18) में मानव तन की उपमा नगर से बाँधते हुए 'नवद्वारपुर' (नव दरवाजों से युक्त नगर) का वर्णन हुआ है। इसी प्रकार कठोपनिषद् (1, 5, 1) में उपमा-प्रसंग में ग्यारह द्वारों से युक्त पुर का उल्लेख हुआ है (पुरमेकादशद्वारम्)। इन सन्दर्भों से स्पष्ट है कि इनका रचयिता नगर-द्वारों से भली-भाँति परिचित रहा होगा।

स्थापत्य

उत्तर वैदिक साहित्य में कतिपय पारिभाषिक शब्द मिलते हैं, जिनके द्वारा पुर-मापन के विविध अंगों पर प्रकाश पड़ता है। शांखायन श्रौतसूत्र (16, 18, 14) में 'प्राकार' शब्द का प्रयोग नगर के परकोटे के अर्थ में हुआ है। अथर्ववेद (7, 71, 1) में 'वप्र' (रैम्पर्ट) शब्द का उल्लेख मिलता है। कात्यायन श्रौतसूत्र (2, 1, 22) तथा कौशिक सूत्र (3, 5) में 'देही' शब्द का सन्दर्भ प्राप्य है। पिशेल, मैकडानल एवं कीथ के अनुसार इससे तात्पर्य नगर-परिखा से है। इन प्रमाणों से अभिव्यञ्जित होता है कि वैदिक-नगरों के निर्माण के मूलभूत आदर्श एवं सिद्धान्त वे ही थे, जो हड़प्पा एवं मोहनजोदड़ो के पुर-मापन में प्राप्य थे।

तत्कालीन नगर

उत्तर वैदिक काल में उपर्युक्त पद्धति के आधार पर वैदिक जनों द्वारा गंगा घाटी में जिन नगरों का निर्माण किया गया, उनमें काम्पिल्य, कौशाम्बी एवं अयोध्या उल्लेखनीय हैं। ये गंगा, यमुना तथा सरयू की उपत्यकाओं के प्राचीनतम नगर थे। काम्पिल्य में पाञ्चाल-जनपद की राजधानी प्रतिष्ठित थी। इसकी पहचान आधुनिक कांपिल से की जाती है, जो फर्रूखाबाद जिले में स्थित है। तैत्तिरीय संहिता (7, 4, 19, 1) में इस पुर में निवास करनेवाली एक महिला का उल्लेख मिलता है। मैत्रायिणी संहिता (3, 12, 70) में सुभद्रिका नामक महिला को इस पुर की निवासिनी कहा गया है (सुभद्रिका काम्पिल्यवासिनी)। शतपथ

---

1. लेखक का ग्रन्थ, 'प्राचीन भारत में नगर तथा नगर-जीवन', पृष्ठ 14 (प्रथम संस्करण)।
2. वैदिक इंडेक्स, जिल्द 1, पृष्ठ 539।
3. ''नैतमृषिं विदित्वा नगरं प्रविशेत्'' तैत्तिरीय संहिता; 1, 2, 18, 31, 4।
4. वैदिक इंडेक्स; 2, 151।

ब्राह्मण (12, 2, 2, 13) तथा गोपथ ब्राह्मण (1, 2, 24) में 'कौशाम्बेय' शब्द का उल्लेख प्राप्य है (प्रोतिर्हि कौशाम्बेयः)। इससे तात्पर्य कौशाम्बी के निवासी से है। ऐतरेय ब्राह्मण (12, 3, 1) में अयोध्या का उल्लेख हुआ है। उपर्युक्त नगरों के अतिरिक्त आसन्दीवन्त का भी सन्दर्भ उत्तर वैदिक साहित्य में प्राप्य है। वहाँ जन्मेजय की राजधानी थी।

गृह-सन्निवेश

इस समय की गृह-निर्माण शैली भी पूर्व काल की तुलना में उन्नत दशा में थी। उत्तर वैदिक साहित्य में 'प्रासाद' शब्द का उल्लेख राजमहल के अर्थ में हुआ है (अद्‌भुद ब्राह्मण, 2, 44)। इसके अतिरिक्त 'सदन' एवं 'हर्म्य' शब्दों के भी उल्लेख इसमें उपलब्ध होते हैं। हर्म्य से तात्पर्य प्रासाद से है। ये कई मंजिलों से युक्त भी हुआ करते थे। उदाहरणार्थ एक स्थान पर तिमंजिले भवन (त्रिधातुशरण) का उल्लेख प्राप्य है। सदन तत्कालीन प्रामाणिक एवं जनप्रिय वैदिक गृह का बोधक था। ईंटों का यह एक पक्का आवासगृह था, जिसमें सामने के भाग में एक बैठक (मण्डप) हुआ करता था, जिसे 'सदस' कहा जाता था। यह कमरा आकार में अपेक्षाकृत अन्य कमरों से बड़ा होता था। सभा-मण्डप के लिए भी सदस शब्द का प्रयोग प्राप्य है। आधुनिक सदस्य शब्द इसी सदस (सद + असि) शब्द से उद्‌भूत हुआ होगा। भीतरी कमरों के लिए 'पत्नीसदन' शब्द का प्रयोग मिलता है। ये अन्तःस्थ कमरे मिलकर अन्तःपुर का प्रतिनिधित्व करते थे। इस प्रकार ये घर ऐतिहासिक काल के 'द्विवासगृह' (मर्दानी बैठक एवं अन्तःपुर से युक्त गृह, जिसका उल्लेख वात्स्यायन-प्रणीत कामसूत्र में हुआ है), का पूर्वज था। अग्निशाला (अग्निशरण) भी निवास-गृहों में ही बनी होती थी।

तत्कालीन-घरों के आँगन चौकोर रहते थे तथा उनके चारों ओर बरामदे एवं भीतर की कोठरियाँ बनी होती थीं। इन्हीं घरों की परम्परा में कालान्तर के 'चतुःशालगृह' आते थे। वैदिक जन अपने मण्डपों को विशेष उत्साह एवं तैयारियों के साथ निर्मित करते थे। सौ स्तम्भों से युक्त मण्डप (शतभुजी सदस) तथा सहस्त्र स्तम्भों से युक्त (सहस्त्रस्थूण) सदस (मण्डप) के सन्दर्भ इस समय के साहित्य में प्राप्य हैं। स्थूण (स्थूणा, सतून, स्तम्भ = घर का पोल या खंबा) शब्द महत्त्वपूर्ण आभासित होता है। भोजपुरी का 'थुन्हीं' शब्द इसी स्थूण (थून) शब्द से उद्‌भूत है। कतिपय विद्वानों के अनुसार वैदिक साहित्य के इस प्रकार के उल्लेख अतिशयोक्तिपूर्ण हैं। यहाँ उल्लेखनीय हो जाता है कि सहसा इस प्रकार का निष्कर्ष निकालना समुचित नहीं होगा। लेखकों ने किसी प्रकार के दृष्टान्तों के आधार पर उपर्युक्त वर्णन किया होगा। सम्भव है कि उक्त कोटि के वैदिककालीन मण्डप ही कालान्तर के शतस्तम्भ तथा सहस्त्रस्तम्भ-युक्त मण्डपों अथवा सभा-मण्डपों के पूर्वगामी रहे हों। गृह-वर्णन के प्रसंग में 'शिक्य' शब्द का उल्लेख प्राप्य है, जो महत्त्वपूर्ण लगता है। इससे तात्पर्य आधुनिक 'सिकहर' अथवा 'सिकहरा' से है, जिसमें गाँवों में घी-दूध के मटके अथवा अन्य खाद्य सामग्री के भाण्ड सुरक्षा की दृष्टि से लटकाये जाते हैं। रस्सी से बुने हुए आधुनिक छींके, झोले एवं बहँगी की प्राचीनता परवर्ती वैदिक काल तक निर्दिष्ट की जा सकती है। वस्तुतः आधुनिक छींका शब्द इसी 'शिक्य' शब्द का आधुनिक रूप है। वैदिक साहित्य से लगता है कि प्रशस्त गृह-निर्माण भारतीय गृहस्थ-जीवन का एक पुनीत कार्य अथवा महत्त्वपूर्ण उत्तरदायित्व था। भवन-सन्निवेश का प्रारम्भ पूजाविधि के साथ सम्पन्न होता था। तन्निमित्त उचित भू-संकलन को प्रधानता दी जाती थी। उत्तर वैदिक साहित्य के वर्णनों से लगता है कि तत्कालीन शिल्पी इस समय अपनी कला में तुलनात्मक दृष्टि से अधिक प्रवीण हो चुके थे। दृढ़ स्तम्भ, छत, फर्श, चौड़े द्वार, वातायन एवं रोशनदान आदि की निर्माण-विधि से वे अवगत हो चुके थे।

चिति-निर्माण

परवर्ती वैदिक वास्तुकला के अध्ययन-प्रसंग में चिति (अग्निचिति अथवा वेदी) के निर्माण पर विचार कर लेना भी अति प्रासंगिक होगा। स्तेला क्रैमरिश का कथन है कि भारतीय धार्मिक स्थापत्य के प्राचीनतम स्मारक वैदिक वेदिकाएँ मानी जा सकती हैं। वे धार्मिक निर्माण के प्रथम भारतीय जन-प्रयास का प्रतिनिधित्व करती हैं। चिति (चित् + क्तिन्) का शाब्दिक अर्थ चुना हुआ, समुच्चय, पुञ्ज, टाल अथवा टीला होता है। उत्तर वैदिक साहित्य में इसका प्रयोग वेदी (विद् + इन्) अथवा वेदिका (वेदी + कन् + टाप) के अर्थ में हुआ है, जो धार्मिक कृत्यों के सम्पादन के उद्देश्य से निर्मित होते थे। इष्टका-निर्मित विभिन्न कोटि की चितियों के वर्णन तैत्तिरीय संहिता में प्राप्य हैं। आपस्तम्ब, कात्यायन एवं बौधायन ने ईंटों के आकार-प्रकार का भी निरूपण किया है, जिनके द्वारा इनका निर्माण सम्पन्न किया जाता था। इन चितियों का स्वरूप पशु-पक्षी अथवा उन आकारों के आदर्श द्वारा निर्धारित होता था, जिनसे वैदिक जन परिचित हुआ करते थे। पशु-पक्षियों के रूप में सादृश्य रखनेवाली निम्नलिखित चितियाँ उल्लेखनीय हो जाती हैं —

1. **श्येन-चिति**—इस चिति की आकृति श्येन (श्यै + इन्) के सदृश होती थी। इसका निर्माण स्वर्ग-प्राप्ति की अभिलाषा से किया जाता था (सुवर्गकामः)। तैत्तिरीय संहिता के अनुसार इसका निर्माता व्यक्ति साक्षात् श्येन (बाज़) का रूप धारण कर स्वर्गलोक की ओर उड़ जाता है (श्येन एव भूत्वा सुवर्गं लोकं पतति)।

2. **कङ्क-चिति**—कङ्क (कङ्क + अच्) से तात्पर्य सारस से है। अतएव इस कोटि की चिति की आकृति इसी पक्षी के सदृश रही होगी। तैत्तिरीय संहिता के अनुसार इसका निर्माता व्यक्ति लोकोत्तर में श्रेष्ठ स्थान को प्राप्त करता है (कङ्कचितं चिन्वीत यः कामयेत शीर्षण्वानमुष्मिंल्लोके)।

3. **अलज-चिति**—(अल + जन + ङ) से तात्पर्य बगुला पक्षी है। इस प्रकार की चिति का स्वरूप इसी पक्षी के समान रहा होगा। इसके निर्माता को परम शक्ति एवं विलक्षण यश की प्राप्ति होती है (अलज-चितं चिन्वीत चतुःसीतं प्रतिष्ठाकामः)।

4. **द्रोण-चिति**—(द्रुण + अच) से अभिप्राय काक से है। इस कोटि की चिति की आकृति कौवे के सदृश हुआ करती थी। इसका निर्माण प्रभूत धनधान्य की प्राप्ति के निमित्त हुआ करता था (द्रोणचितं चिन्वीतान्नकामो)।

5. **कूर्म-चिति**—इसका स्वरूप कछुए के समान हुआ करता था।

चितियों का स्वरूप कभी-कभी वैदिक जनों के लोकप्रिय प्रतीकों एवं अपने जीवन में अभ्यस्त आकृतियों के अनुरूप होता था :—

1. **प्रउग चिति**—इसकी आकृति समबाहु त्रिभुज की भाँति होती थी। इसका निर्माण शत्रु-विनाश के अभिप्राय से किया जाता था (प्रउगन्वितं चिन्वीत भातृव्यवान्)।

2. **उभयतः प्रउग-चिति**—दो समबाहु त्रिभुजों को अपने आधार पर मिला देने पर जो आकृति बनती है, उसी के सदृश इस चिति का स्वरूप हुआ करता था। इसके भी निर्माण का उद्देश्य शत्रु-विनाश था (उभयतः प्रउगं चिन्वीत यः कामयेत प्रजातान्भातृव्यान्नुदेय)।

3. **परिचाय्य-चिति**—परिचाय्य (परि + चि + ण्यत्) का शाब्दिक अर्थ 'यज्ञाग्नि' अथवा

'कुण्ड में स्थापित करना' होता है। इस शब्द से ही ऐसी वेदिका का तात्पर्य निकलता है, जहाँ धार्मिक कृत्यों का सम्पादन होता था। इस चिति का स्वरूप एक केन्द्रीय छह वृत्तों के आकार-तुल्य हुआ करता था। तैत्तिरीय संहिता के अनुसार इसका निर्माता अधिक ग्राम-विजय की अभिलाषा रखता था (परिचाय्यं चिन्वीत ग्रामकामो)।

4. **समूह्य-चिति**—समूह्य (सम् + ऊह + ण्यत्) का शाब्दिक अर्थ 'एक प्रकार की यज्ञाग्नि' होता है। इस शब्द से कर्मकाण्ड के कार्यान्विति-हेतु निर्मित वेदी का भाव अभिव्यञ्जित होता है। यह वेदिका भी गोलाकार होती थी, जो गीली मिट्टी अथवा ईंटों द्वारा निर्मित थी। इसके विन्यास का अभिप्राय पशु-संख्या की अभिवृद्धि थी (समूह्यं चिन्वीत पशुकामः)।

ऋग्वैदिक धार्मिक एवं सांस्कृतिक जीवन में निम्नलिखित चितियों का भी स्थान महत्त्वपूर्ण था :—

1. **श्मशानचिति**—सम्भव है कि इसकी भी आकृति परिमण्डलाकार (गोल) रही हो, क्योंकि श्मशानों की आकृति बहुधा गोल हुआ करती थी। इस पर कृत्य-सम्पादन पितृसद्म का प्रदायक समझा जाता था (श्मशानचितं चिन्वीत यः कामयेत पितृलोकः)।
2. **छन्दचिति**—छन्द का शाब्दिक अर्थ 'प्रसन्न करना' अथवा 'तुष्ट करना' होता है। यह चिति गोधन की अभिवृद्धि की प्रदायिका थी (छन्दश्चितं चिन्वीत पशुकामः)।
3. **रथचक्रचिति**—इसकी आकृति रथ के पहिये की भाँति होती थी। यह दो प्रकार की होती थी। प्रथम प्रकार की आकृति में रथ की तीलियाँ अथवा अर दिखाये जाते थे। परन्तु द्वितीय कोटि में इनका अभाव रहता था। तैत्तिरीय संहिता के अनुसार (जिसमें उक्त सभी प्रकार की चितियों की सूची प्राप्य है) इस चिति का उद्देश्य वज्र की भाँति शत्रुओं का उच्छेदन था (रथचक्रचितं चिन्वीत भातृव्यवान् वज्रो वै रथो वज्रमेव भ्रातृव्येभ्यः प्रहरति)।[1] चैत्य (चित्य + अण्) शब्द का संबंध चिति शब्द से लगता है। चैत्य का प्रयोग स्तूप, स्मारक, समाधि-प्रस्तर, यज्ञ-मण्डप, धार्मिक पूजा का स्थान, वेदी एवं देवालय आदि अर्थों में हुआ है। अतएव चैत्य से संबंधित धार्मिक विश्वासों का संबंध वैदिक चिति के विषय में प्रचलित मान्यताओं के साथ निर्दिष्ट करना यत्किञ्चित् स्वाभाविक-सा लगता है।

□□□

1. तैत्तिरीय संहिता, ब्राह्मण खण्ड; 5, 4, 11।

अध्याय-4

महाजनपद एवं बुद्धकालीन कला

विकास की परिस्थितियाँ

भारतीय स्थापत्य के विकास के इतिहास में इस युग की महत्ता अविस्मरणीय रहेगी। इस समय की बहुविध कलात्मक प्रगति का स्रोत तत्कालीन राजनीतिक एवं आर्थिक परिस्थितियों में निर्दिष्ट किया जा सकता है। जहाँ तक विकास के राजनीतिक कारणों का प्रश्न है, विचारणीय है कि उस काल में सार्वभौम सत्ता का अभाव था तथा देश अनेक राज्यों में विभाजित था। पालिग्रन्थों के अनुसार इनकी संख्या सोलह थी; उदाहरणार्थ— काशी, कोशल, अङ्ग, मगध, वृज्जि, मल्ल, चेदि, वत्स, कुरु, पाञ्चाल, मत्स्य, शूरसेन, अश्मक, अवन्ति, गान्धार तथा कम्बोज। इनमें इन्हें महाजनपदों के नाम से अभिहित किया गया है। इनका राजनीतिक संगठन कभी-कभी तो यूनानी नगर-राज्यों का स्मरण दिलाने लगता है। इन महाजनपदों में से प्रत्येक ने अपनी राजधानी किसी अनुकूल भाग में बनायी। यह प्रधान राजनीतिक अधिष्ठान सम्पूर्ण महाजनपद का केन्द्रविन्दु हुआ करता था। परिखा एवं प्राकार आदि सुरक्षा के साधनों से युक्त तथा राजप्रासाद एवं भव्य अट्टालिकाओं से सुशोभित पुष्कलावती, तक्षशिला, कौशाम्बी, श्रावस्ती, वैशाली एवं राजगृह आदि नगरों की व्युत्पत्ति इन्हीं राजनीतिक परिस्थितियों में हुई थी।[1]

तत्कालीन कला एवं स्थापत्य के विकास में आर्थिक परिस्थितियों का विशेष योगदान था। इस समय मुद्राएँ क्रय-विक्रय का साधन बनायी जा चुकी थीं। महाभारत एवं बौद्ध जातकों में 'निष्क' एवं 'सुवर्ण' आदि मुद्राओं के वर्णन प्राप्य हैं। सभापर्व में युधिष्ठिर अपने राजकोष की प्रशंसा करते हुए घोषित करते हैं कि मेरे राजकोष में राजकीय प्रतीकों से अंकित सहस्र सुवर्ण मुद्राओं की सौ पेटियाँ भरी हैं।[2] सभापर्व में अन्यत्र वे कहते हैं कि मेरे यहाँ ताँबे के पात्रों में आहत सुवर्ण से भरी हुईं चार सौ निधियाँ वर्तमान हैं। इनमें से प्रत्येक सुवर्ण की तौल पाँच द्रोण के बराबर है।[3] पालिग्रन्थों में सुवर्ण-मुद्रा के निमित्त निष्क, सुवर्ण, सुवर्णमासक तथा हिरण्य आदि शब्दों का उल्लेख प्राप्य है। इनमें ताम्र-मुद्राओं को 'कार्षापण' कहा गया

---

1. मेरा ग्रन्थ, प्राचीन भारत में नगर तथा नगर-जीवन, पृष्ठ 26 (प्रथम संस्करण)।
2. ''इमे निष्कसहस्रस्य कुण्डिनो भरिताः शतम्।
   कोशो हिरण्यमक्षय्यं जातरूपमनेकशः॥''

   —महाभारत, सभापर्व, अध्याय 54, 8।
3. ''ताम्रलोहैः परिवृता निधयो मे चतुःशता।
   पञ्चद्रौणिक एकैकः सुवर्णस्याहतस्य वै॥''

   —वही, सभापर्व, अध्याय 54, 28।

है।[1] पाणिनि की अष्टाध्यायी में निष्क, सुवर्ण, सुवर्णमासक, शतमान, शाण तथा कार्षापण आदि मुद्राओं के उल्लेख प्राप्य हैं।[2]

कला एवं संस्कृति के विकास के द्योतक विशिष्ट व्यापार-पथ इस काल में प्रसिद्धि में आ चुके थे। इनमें सर्वप्रमुख 'उत्तरपथ' था, जिसका उल्लेख अष्टाध्यायी में प्राप्य है। इसी मार्ग को जातकों में 'उत्तरापथ' कहा गया है। यह व्यापार-पथ बंगाल के समुद्र-तट पर स्थित ताम्रलिप्ति के बंदरगाह से प्रारम्भ होकर उत्तर-पश्चिम में तक्षशिला एवं पुष्कलावती तक जाता था। उत्तर-पथ के पुष्कलावती-वाह्लीक भाग को 'हैमवतपथ' कहा जाता था।[3] इस पर पाटलिपुत्र, वैशाली, कौशाम्बी, वाराणसी, कान्यकुब्ज, मथुरा एवं शाकल आदि कई विशिष्ट पुर स्थित थे। द्वितीय महाजनपथ पश्चिम में भृगुकच्छ (भड़ौंच) के बंदरगाह से प्रारम्भ होकर उज्जयिनी एवं विदिशा से होते हुए कौशाम्बी में उत्तर-पथ से मिल जाता था। इस प्रकार इसका सम्बन्ध कौशाम्बी के पूर्व में स्थित ताम्रलिप्ति तक के नगरों के साथ स्वाभाविक रूप से हो जाता था। इसी मार्ग को पालि-साहित्य में 'पुब्बन्ता-परन्त' (पूर्वापरन्त = पूर्व-पश्चिम) महाजनपथ कहा गया है। तृतीय महाजनपथ दक्षिण में प्रतिष्ठान (पैठन) से होकर उत्तर में श्रावस्ती से होता हुआ कपिलवस्तु तक चला जाता था। इस मार्ग का जो भाग 'विन्ध्य-वन' से होकर जाता था, उसे पाणिनि ने 'कान्तार-पथ' की संज्ञा प्रदान की है।[4]

इन महाजनपथों के प्रकाश में आने के कारण व्यापारिक विकास का होना नितान्त स्वाभाविक ही था। इन वाणिज्य-मार्गों पर सौदागरों का लम्बा कारवाँ (सार्थ) चलता था। कारवाँ (सार्थ) के नेता को 'सार्थवाह' (पालि 'सत्थवाह') कहा जाता था। जातकों में सार्थ (कारवाँ) के रोचक वर्णन प्राप्य हैं। ताम्रलिप्ति से पाटलिपुत्र, श्रावस्ती से विदिशा एवं वाराणसी से उज्जयिनी तथा इसी प्रकार दूरस्थ भागों तक प्रस्थान करनेवाले व्यापारियों के मण्डल के बहुशः उल्लेख पालिग्रन्थों में प्राप्य हैं। महाभारत के वनपर्व में 'महासार्थ' (विशाल कारवाँ) का सजीव एवं मनोरम वर्णन प्राप्य है। इसके अनुसार इसमें माल से भरे हुए शकट, रथ, हाथी, घोड़े, एवं ऊँट चल रहे थे। उसमें युवक, संन्यासी, बालक तथा स्त्रियाँ भी सम्मिलित थीं। चोर एवं डाकुओं से सुरक्षा-निमित्त इस मण्डल के साथ सशस्त्र रक्षक भी गतिशील थे। इस सार्थ (कारवाँ) के व्यापारियों (सार्थिकों) का सामूहिक जीवन सुखमय था। महाभारत के अनुसार सार्थ, सार्थिक का उसी प्रकार मित्र है, जिस प्रकार घर पर गृहस्थ का मित्र उसकी भार्या है।[5] इस समय सहभागिता (साझेदारी) के सिद्धान्त पर भी व्यापार होने लगा था, जिसे 'सम्भूय-समुत्थान-व्यवहार' कहते थे। अनुबन्ध के अनुसार साझेदारों को लाभ एवं हानि में भाग मिलता था। तत्सम्बन्धी नियमों का पालन कड़ाई के साथ होने लगा था। सार्थ का नेता (सार्थवाह) अपने वर्ग का प्रधान था। वही 'श्रेष्ठि' (सेठ) नाम से भी प्रसिद्ध था। वह अतुल धनराशि का स्वामी हुआ करता था। एक जातक के अनुसार किसी सेठ के कोष में 80 करोड़ मुद्राएँ वर्तमान थीं।[6] अपनी सम्पन्नता के कारण वह राजा के द्वारा भी समादृत (राजपूजित) था। सामुद्रिक व्यापार के विकास के कारण जलपोत (जहाज) का निर्माण इस समय का प्रिय व्यवसाय था।

---

1. लेखक का ग्रन्थ, प्राचीन भारत में नगर तथा नगर-जीवन, पृष्ठ 30 (प्रथम संस्करण)।
2. अग्रवाल, पाणिनिकालीन भारतवर्ष, पृष्ठ 258-66।
3. मोतीचन्द्र, सार्थवाह (भूमिका), पृष्ठ 3।
4. अग्रवाल, इंडिया ऐज़ नोन टू पाणिनि, पृष्ठ 242।
5. ''सार्थं प्रवसतो मित्रं भार्या मित्रं गृहे सतः'', महाभारत, वनपर्व, 297, 45।
6. जातक, 4, 128।

भृगुकच्छ (भड़ौंच), शूर्पारक (सोपारा) एवं ताम्रलिप्ति (तामलुक) आदि बन्दरगाहों के द्वारा सामुद्रिक व्यापार संचालित होता था।

यह युग व्यावसायिक विकास का भी काल था। जातक ग्रन्थों में 18 प्रकार के व्यवसायियों के उल्लेख मिलते हैं; उदाहरणार्थ—तन्तुवाय (जुलाहे), बढ़ई, लोहार, स्वर्णकार, चर्मकार, कुम्हार, तेली, हाथीदाँत पर काम करनेवाले (दन्तकार), रँगरेज, जौहरी, चित्रकार, धनुषकार, रजक, खनक, कम्बलकार, पीतल पर काम करनेवाले, गन्धिक एवं रस्सी बनानेवाले (रज्जुकार)। वाल्मीकि के रामायण में अयोध्या के प्रमुख व्यवसायियों की एक लम्बी सूची प्राप्य है; यथा सुनार (स्वर्णकार), जौहरी (मणिकार), कपड़ा बुननेवाले (सूत्रकर्मविशेषज्ञाः), कुम्हार (कुम्भकार), हथियार बनानेवाले (शस्त्रोपजीविनः), मोर की पूँछ से पंखा बनानेवाले (मायूरकाः), आराकस (क्राकचिकाः), मोतियों में छेद बनानेवाले (बेधकाः), रंगसाज (रोचकाः), हाथीदाँत पर काम करनेवाले (दन्तकाराः), चूना बनानेवाले (सुधाकाराः), गन्धी (गन्धोपजीविनः), कम्बल बुननेवाले (कम्बलकारकाः), धूप बनानेवाले (धूपकाः), शराब बनानेवाले (शौण्डिकाः), दर्जी (तुन्नवाय) तथा धोबी (रजक)।[1] इस समय श्रम-विभाजन के सिद्धान्त का विकास हो चुका था तथा व्यावसायिक पैतृक आधार पर उद्योग-धन्धों का अवलम्बन करने लगे थे। प्रत्येक शिल्प के अनुयायी संगठनबद्ध रहने लगे। पालिग्रन्थों में व्यावसायिक समितियों के लिए 'श्रेणी' शब्द का प्रयोग मिलता है। इसका प्रधान ज्येष्ठक (जेट्ठक) कहलाता था। उपर्युक्त राजनीतिक एवं आर्थिक परिस्थितियों के परिणामस्वरूप नगर एवं नगर-वास्तु का श्लाघनीय विकास हुआ। इस समय पश्चिम में भृगुकच्छ (भड़ौंच) से लेकर पूर्व में ताम्रलिप्ति (तामलुक) तक तथा उत्तर में पुष्कलावती एवं तक्षशिला से लेकर दक्षिण में प्रतिष्ठान (पैठन) तक भारत-भूमि पर अनेक समृद्धिशाली पुर आकाश-मण्डल में तारों की भाँति सुशोभित थे।

शिल्पी

इस समय के नगर पारंगत शिल्पियों की खान थे। महाभारत के अनुसार हस्तिनापुर में नाना प्रकार के शिल्पी रहते थे (सर्वशिल्पविदस्तत्र वासायभ्यागमस्तदा)[2]। रामायण के अनुसार अयोध्या के नगर में सम्पूर्ण प्रकार के शिल्पी रहते थे (सर्वयन्त्रायुधवतीमुषितां सर्वशिल्पिभिः)[3]। इस समय के साहित्य में विविध कोटि के शिल्पियों के उल्लेख प्राप्य हैं; उदाहरणार्थ स्थपति[4] (थवई), वर्द्धकि[5] (पालि 'वड्ढकि' = बढ़ई), तक्षक[6] एवं चित्रकार[7]। इनमें स्थपति का स्थान सर्वप्रमुख था। योजना-निर्माण एवं उसकी सफल कार्यान्विति का उत्तरदायित्व उसी पर निर्भर था। नगर-निर्माण, प्रासाद-मापन एवं गृह-सन्निवेश आदि विभिन्न वास्तु-विषयों का वह मर्मज्ञ था। जातक ग्रन्थों में इसे 'वत्थुविज्जाचरिय' (वास्तुविद्याचार्य) कहा गया है।[8] वह उस

---

1. रामायण, अयोध्याकाण्ड, सर्ग 83, श्लोक 12-15।
2. महाभारत, आदिपर्व, अध्याय 199, पंक्ति 76।
3. रामायण, बालकाण्ड, सर्ग 5, पंक्ति 30।
4. "स्थपतिर्बुद्धिसम्पन्नो वास्तुविद्याविशारदः।
   इत्यब्रवीत् सूत्रधारः सूतः पौराणिकस्तदा॥"

   —महाभारत; 1, 51, 15।
5. जातक; 2, 18।
6. जातक; 1, 478।
7. जातक; 2, 151।
8. जातक; 1, 297।

युग का प्रधान अभियन्ता था, जो अभियान्त्रिकी से सम्बन्धित समस्त कार्यों का पर्यवेक्षण करता था। उपर्युक्त अन्य कलाकार उसके सहायक थे। वाल्मीकि के रामायण में राजमार्गों एवं महापथों के निर्माण में दक्ष शिल्पियों की सूची एवं उनकी कार्य-पद्धति का सरस वर्णन प्राप्य है। इस ग्रन्थ में उन्हें 'वर्त्मकर्मणि कोविदाः' (मार्ग-निर्माण का विशेषज्ञ) कहा गया है। इन कारीगरों (कर्मान्तिकों) में स्थपति (थवई), सूत द्वारा नाप-जोख करनेवाले (सूत्रकर्मविशारद), निर्माण-सम्बन्धी यन्त्रों का प्रयोग करनेवाले (यन्त्रकाः), मार्गावरोधक वृक्षों को काटनेवाले (मार्गिणो वृक्षतक्षकाः), बढ़ई (वर्धकि), कुआँ बनानेवाले (कूपकाराः) तथा बाँस एवं चमड़े का कार्य करनेवाले (वंशचर्मकृतः) शिल्पी सम्मिलित थे।[1] जिस समय भरत रामचन्द्र जी के दर्शनार्थ जा रहे थे, इन कारीगरों ने राजकीय आज्ञा द्वारा उनकी सुविधा के उद्देश्य से भव्य मार्ग का निर्माण किया था। ये शिल्पी ऊँचे तथा नीचे धरातल को सम करने में प्रवीण थे।[2] उन्होंने निर्माण-क्रिया में लता, वल्ली, गुल्म, काँटे एवं पत्थरों को मार्ग से हटा दिया तथा बाधा डालनेवाले वृक्षों को काट डाला। सामने पड़नेवाले थूहों को समाप्त कर दिया तथा इस रूप में दुर्गम स्थान को भी चलने के योग्य बना दिया। रास्ते में वर्तमान कुएँ पाट दिये गये। मार्ग में पड़नेवाली नदियों पर पुल बाँध दिये गये। जहाँ की कँकड़ीली भूमि चूर कर देने योग्य थी, वह चूर कर दी गयी तथा जो स्थान काटने लायक थे, वे काट दिये गये। निर्जन स्थान में उत्तम कूप खोद दिये गये तथा तालाबों एवं उनके समीप चबूतरों का निर्माण किया गया। ये चबूतरे पक्के एवं चूने से पुते हुए थे। यथास्थान भरत के विश्राम-निमित्त शिविर बना दिये गये। निपुण कारीगरों द्वारा निर्मित वह मार्ग उसी प्रकार सुशोभित हो रहा था, जिस प्रकार रात्रि में निर्मल आकाश चन्द्रमा एवं तारिकाओं से युक्त होने पर सुशोभित होता है।[3] रामायण के इस वर्णन से स्पष्ट है कि उस युग के शिल्पी अपने कार्यों में किस प्रकार अत्यन्त दक्ष थे। यह निरूपण कभी-कभी तो आधुनिक अभियन्ताओं की कार्यपद्धति का स्मरण दिलाने लगता है।

नगर-मापन

महाभारत के शान्ति-पर्व के 87वें अध्याय में पुरनिर्माण-पद्धति एवं नगर के मूलभूत लक्षणों के मनोरम विवरण प्राप्य हैं। इसके अनुसार नवनिर्मित पुर को सुरक्षा की दृष्टि से दुर्ग का रूप प्रदान करना सर्वथा वाञ्छनीय है (दुर्गसम्पन्नम्)। जनकल्याण-हेतु इसे धनधान्य से परिपूर्ण एवं शस्त्रागारों से समन्वित होना चाहिए (धान्यायुधसमन्वितम्)। शत्रुभय के विवर्जनार्थ इसे सुदृढ़ 'प्राकार' एवं गहरी 'परिखा' द्वारा परिवेष्टित होना अनिवार्य है (दृढ़प्राकारपरिखम्)।

राजधानी होने के कारण वहाँ सम्राट् के मन्त्रियों के आवास (अमात्यवल) तथा हथिसार, मन्दुरा (तुरंगशाला) एवं रथशाला वर्तमान हों (हस्त्यश्वरथसंकलम्)। उसमें विद्वान्, धार्मिक एवं सच्चरित्र नागरिक एवं शिल्पी बहुसंख्या में प्राप्य हों। समारोह एवं उत्सवों के सम्पादन के कारण उनका वातावरण सर्वदा प्रफुल्लित रहता है (समाजोत्सवसम्पन्नम्)। उनमें भाण्डागारों एवं आयुधागारों का वर्तमान होना आवश्यक

---

1. अयोध्याकाण्ड; 80, 1-4।
2. ''क्रियतां शिल्पिभिः पन्थाः समानि विषमाणि च।''

—रामायण, अयोध्याकाण्ड, 79, पंक्ति 25।

3. ''सचन्द्रतारागणमण्डितं यथा नभः क्षपायाममलं विराजते।
नरेन्द्रमार्गः स तदा व्यराजत क्रमेण रम्यः शुभशिल्पिनिर्मितः॥''

—वही, अयोध्याकाण्ड, 80, 22।

होता है (भाण्डागारायुधागारम्)। वहाँ के चौराहे एवं बाज़ारें चित्ताकर्षक हों (चत्वरापणशोभितम्)। चिकित्सक, स्थपति, आचार्य, पुरोहित, प्राज्ञ, ऋत्विक्, मेधावी, दक्षशूर, बहुश्रुत, कुलीन एवं सत्त्वसम्पन्न व्यक्तियों का पुरियों एवं महानगरों में प्राप्य होना जन-सन्निवेश की शोभा का प्राण है।[1]

दुर्ग-भेद

महाभारत के शान्तिपर्व में दुर्ग-भेद के विषय पर श्लाघनीय प्रकाश डाला गया है। इसमें युधिष्ठिर भीष्म से जिज्ञासा प्रकट करते हुए पूछते हैं कि किस प्रकार का पुर-निर्माण राजा के निवास-निमित्त मंगलदायक सिद्ध हो सकता है।[2] इस पर भीष्म उनके समक्ष छह प्रकार के दुर्ग-निवेशन का सुझाव देते हैं, जो सम्पूर्ण सम्पत्ति के प्रदायक (सर्वसंपत्प्रधानं) एवं बहुगुणों से सम्पन्न (बाहुल्यं) प्रमाणित होते हैं। ये दुर्ग-भेद इस प्रकार हैं :—(1) धन्वदुर्ग, (2) महीदुर्ग, (3) गिरिदुर्ग, (4) मनुष्यदुर्ग, (5) मृद्दुर्ग तथा (6) वनदुर्ग। इनमें चार (धन्वदुर्ग, महीदुर्ग, गिरिदुर्ग एवं वनदुर्ग) प्राकृतिक दुर्ग थे तथा अवशिष्ट दो (मनुष्यदुर्ग एवं वनदुर्ग) कृत्रिम दुर्ग थे।

1. **धन्वदुर्ग**—धन्व (धन्व् + कनिन्) से तात्पर्य ऊसर अथवा मरुभूमि से है। मरुस्थल के उपकण्ठ पर दुर्ग-निर्माण के कारण उसे सुरक्षा का एक प्राकृतिक साधन मिल जाता है। राजपूताना के प्राचीन एवं मध्यकालीन किले इसी परम्परा में आते थे।
2. **महीदुर्ग**—यह दुर्ग सम्पन्न प्रदेश में बना होता था। इसके विन्यास की पद्धति हड़प्पा एवं मोहनजोदड़ो की गढ़ियों की परम्परा में आती थी, जो मिट्टी (मही) के कृत्रिम चबूतरे एवं मिट्टी की दीवाल द्वारा चतुर्दिक् परिवेष्टित थे।
3. **गिरि-दुर्ग**—इस कोटि का दुर्ग किसी पर्वत के समीप स्थित अथवा गिरि-श्रेणियों द्वारा परिवेष्टित हुआ करता था। गिरिव्रज (मगध का नगर) एवं गिरिनगर (सुराष्ट्र का नगर) इसी वर्ग में सम्मिलित थे। महाभारत के अनुसार यह पुर वैराह, वाराह, वृषभ, ऋषिगिरि एवं चैत्यगिरि नामक पाँच पर्वत-मालाओं द्वारा घिरा हुआ था।[3] गिरिनगर ऊर्जयत (रैवतक) नामक पर्वत के उपकण्ठ पर सुशोभित था। महाभारत के अनुसार यह गुजरात (सुराष्ट्र) का पुण्यगिरि था, जो विविध कोटि के पशु-पक्षियों द्वारा रम्य था।[4] कृष्ण एवं

---

1. ''सत्कृताश्च प्रयत्नेन आचार्यर्त्विक्पुरोहिताः।
महेश्वासाः स्थपतयः सांवत्सरचिकित्सकाः॥
प्राज्ञा मेधाविनो दान्ताः दक्षाः शूराः बहुश्रुताः।
कुलीनाः सत्त्वसम्पन्नाः युक्ताः सर्वेषु कर्मसु॥''
—महाभारत, शान्ति पर्व, अध्याय 87, श्लोक 16-17।

2. ''कथं विधं पुरं राजा स्वयमावस्तुमर्हति।
कृत्वा वा कारयित्वा वा तन्मे ब्रूहि पितामह॥''
—वही, शान्ति पर्व, अध्याय 87, श्लोक 1।

3. ''वैराहो विपुलो शैलो वाराहो वृषभस्तथा।
ऋषिगिरिस्तात शुभाश्चैत्यकपञ्चमाः॥''
—महाभारत, सभा पर्व, अध्याय 29, श्लोक 2।

4. ''पुण्ये गिरौ सुराष्ट्रेषु मृगपक्षिनिषेविते।
उज्जयन्ते स्म तप्तांगो नाकपृष्ठे महीयते॥''
—महाभारत; 3, 88, 25-26।

अर्जुन यहाँ पर विहार-यात्रा के प्रसंग में आये थे।[1]

4. **मनुष्य-दुर्ग**—इससे तात्पर्य उस दुर्ग से है, जो सुरक्षा के प्राकृतिक साधनों से युक्त था; उदाहरणार्थ उच्च प्राकार एवं गहरी खाईं।

5. **मृद्दुर्ग**—इससे अभिप्राय उस किले से है, जो मिट्टी की दीवाल से घिरा होता था। इसको महाभारत में 'पांसुप्राकार' भी कहा गया है। मध्यकालीन 'धूलकोट' प्राचीन 'मृद्दुर्ग' की परम्परा में आते थे।

6. **वनदुर्ग**—यह चतुर्दिक अरण्य द्वारा परिवेष्टित होता था। नगर के किलेबन्दी के इसी सिद्धान्त को लेकर उसके चारों ओर तरुसमूह आरोपित किये जाते थे। उदाहरणार्थ रामायण से विदित होता है कि अयोध्या के चतुर्दिक सालवृक्षों का वन था (सालमेखला)।[2] शत्रुभय से सुरक्षा की दृष्टि से कौटिल्य ने नगर-सीमाओं पर अरण्य का उगा देना अति आवश्यक माना है।

प्राकार-भेद

प्राकार-निर्माण, नगर-सुरक्षा का अभिन्न अंग था। इस समय तक तीन प्रकार के प्राकार (परकोटे) के निर्माण की परम्परा स्थापित हो चुकी थी—(1) पांसु-प्राकार (मिट्टी की दीवाल), (2) इष्टका-प्राकार (ईंटे की दीवाल) तथा (3) प्रस्तर-प्राकार (पत्थर की दीवाल)। बड़े नगरों में तीनों ही कोटि के प्राकार वर्तमान थे। उदाहरणार्थ जातकों के अनुसार लिच्छवियों की राजधानी वैशाली में एक-एक गव्यूति की दूरी पर तीन प्राकार वर्तमान थे (तिहि पाकारेहि परिक्खितम्)। ये तीनों ही उपर्युक्त कोटि के प्राकारों के प्रतिनिधि रहे होंगे। इनमें यथास्थान दरवाजे (गोपुर) एवं बुर्ज (अट्टालक) सुशोभित थे।[3] इस समय के प्राकार की प्रामाणिक ऊँचाई अठारह हाथ (अट्ठरस हत्थ) हुआ करती थी। जातक ग्रन्थों के अनुसार कपिलवस्तु के प्राकार की ऊँचाई यही थी।[4]

परिखा-भेद

इस काल की परिखाएँ (खाईं) पूर्व काल की तुलना में कहीं अधिक विस्तृत हुआ करती थीं। महाभारत[5] एवं हरिवंश[6] के अनुसार जल से लबालब भरी परिखाएँ अपनी विशालता के कारण गंगा एवं सिन्धु नदियों तथा कभी-कभी तो साक्षात् समुद्र का ही स्मरण दिलाने लगती थीं। इस समय तक तीन कोटि की परिखाओं के निर्माण की परम्परा प्रारम्भ हो चुकी थी—(1) उदक-परिखा (जल से भरी खाईं),

---

1. "तौ विहृत्य यथाकामं प्रभासे कृष्णपाण्डवौ।
महीधरं रैवतकं वासायैवाभिजग्मतुः॥"

—महाभारत; 1, 218।

2. रामायण, बालकाण्ड, सर्ग 5, पंक्ति 24।
3. जातक; 1, 504।
4. जातक; 1, 63।
5. "सागरप्रतिरूपाभिः परिखाभिरलंकृताम्।"

—महाभारत, आदि पर्व, अध्याय 199, पंक्ति 57।

6. "गंगासिन्धुप्रकाशाभिः परिखाभिर्वृतांपुरीम्।'

—हरिवंश, विष्णु पर्व, अध्याय 98, पंक्ति 22।

(2) कर्दम-परिखा (कद्दम = कीचड़ से परिपूर्ण खाईं) तथा (3) शुष्क-परिखा (सुक्ख = सूखी खाईं)। महाउम्मग-जातक के अनुसार मिथिला के नगर में उपुर्यक्त तीनों ही कोटि की परिखाएँ विद्यमान थीं।[1]

सन्निवेश-भेद

पूर्व काल की तुलना में इस समय नगर-सन्निवेश वास्तुकला का एक अधिक महत्त्वपूर्ण अंग बन चुका था। पुर-निर्माण के निमित्त दीघनिकाय[2] एवं महा-उम्मग जातक[3] में 'नगर-मापन' शब्द का प्रयोग हुआ है। भूमि को समतल एवं स्वच्छ बना देने के उपरान्त प्रधान अभियन्ता (स्थपति) अपनी योजना के अनुसार पुर-भूमि में लोहे की कीलों को गाड़ देता था तथा सूत द्वारा उन्हें बाँधकर एक-दूसरे से मिला देता था। इन्हीं सूतों का सहारा लेकर वह समस्त पुर-भूमि को रेखांकित कर देता था। इस रूप में निर्दिष्ट रेखाओं को प्राचीन साहित्य में 'नगर-चिह्वानि' कहा गया है। निर्माण-कार्य को प्रारम्भ करने के पूर्व ही इस प्रकार शिल्पी भली-भाँति निर्दिष्ट कर देते थे कि किस पुर-भाग में प्राकार, परिखा, राजप्रासाद, राजपथ एवं नागरिक शालाएँ निर्मित की जायँगी। जो भूमि परिखा-निर्माण के निमित्त निर्दिष्ट होती थी, उसे पाणिनि ने 'पारिखेयी भूमि'[4] कहा है। उनके सुप्रसिद्ध ग्रन्थ अष्टाध्यायी में 'प्राकारीयः देशः'[5] एवं 'प्रासादीया भूमि'[6] का उल्लेख प्राप्य है। इनसे तात्पर्य उन भूप्रदेशों से है, जो शिल्पियों द्वारा क्रमशः नगर-प्राकार एवं राजमहल के निर्माण-हेतु शिल्पियों द्वारा निर्दिष्ट किये जाते थे। समस्त नगरों के निर्माण की पद्धति एक जैसी होती थी; तथापि सन्निवेश के कतिपय मूलभूत सिद्धान्तों एवं विशेषताओं की दृष्टि से उनमें कहीं-कहीं विभेद भी था, जिन्हें निम्नलिखित रूप में निर्दिष्ट किया जा सकता है—

1. **राजधानी**—इस कोटि का नगर सबसे बड़ा जन-सन्निवेश था। सम्राट् का प्रधान अधिष्ठान होने के कारण इसमें परिखा, प्राकार, गोपुर, अट्टालक, राजमार्ग, उपवन, सरोवर, राजपुरुषों के आवास एवं नागरिक शालाओं का विशेष सतर्कतापूर्वक निर्माण स्वाभाविक ही था।[7]
2. **पत्तन**—इससे तात्पर्य समुद्री बंदरगाहों से था। शूर्पारक (सोपारा), भृगुकच्छ (भड़ौंच) एवं कल्याण आदि नगर इसी कोटि में सम्मिलित थे। यहाँ पर मालों का आयात एवं निर्यात हुआ करता था। अतएव 'पत्तन' को 'पण्यपत्तन' भी कहते थे। जैन साहित्य में इसे 'जलपट्टन' कहा गया है।[8] बन्दरगाह के नामों में पत्तन शब्द जोड़ने की परम्परा अब भी चली आ रही है; उदाहरणार्थ विशाखापत्तन, कावेरीपत्तन एवं मसुलीपत्तन।[9]

---

1. जातक; 6, 46।
2. ''पाटलिगामे नगरं मापेन्ति''; दीघ निकाय; 2, 16, 1, 26।

   ''मिथिला च विदेहानम् चम्पा अङ्गेसु मापिता।
   वाराणसी च कासीनम् एते गोविन्द-मापितेति॥''

   —वही; 19, 36।
3. ''नगरं वेदेहेन सुमापितम्।''

   —महाउम्मग जातक; 6, 448।
4. अष्टाध्यायी; 3, 1, 17।
5. वासुदेवशरण अग्रवाल, पाणिनिकालीन भारतवर्ष, पृष्ठ 143।
6. वही, पृष्ठ 143।
7. लेखक का ग्रन्थ, 'प्राचीन भारत में नगर तथा नगर-जीवन', पृष्ठ 18 (प्रथम संस्करण)।
8. मोतीचन्द्र, सार्थवाह, पृष्ठ 163।
9. लेखक का ग्रन्थ, प्राचीन भारत में नगर तथा नगर-जीवन, पृष्ठ 20 (प्रथम संस्करण)।

3. **पुटभेदन**—इससे तात्पर्य बड़े व्यापारिक नगरों से है, जो महाजनपथों पर स्थित थे। ऐसे पुर में विदेशों से भी माल आता था। बौद्ध साहित्य में शाकल (स्यालकोट) को पुटभेदन कहा गया है।[1] महापरिनिब्बानसुत्त में पाटलिपुत्र को 'पुटभेदन' कहा गया है।[2] इन व्यापारिक नगरों में थोक माल की मुहरबन्द गाँठें दूर-दूर से थोक-विक्रेता लाते थे। फुटकर व्यापारियों के समक्ष विक्रयार्थ ये मुहरें तोड़ी जाती थीं। अतएव ऐसे व्यापारिक नगर 'पुटभेदन' नाम से विश्रुत हो गये थे। अमरकोष के अनुसार जहाँ माल की गाँठों के ढक्कन अथवा मुहरें तोड़ी जायँ, वही केन्द्र पुटभेदन कहलाता है (पुटाः भाण्डवासनानि भिद्यन्तेऽस्मिन् पुटभेदनम्)।[3]
4. **द्रोणीमुख**—इससे तात्पर्य ऐसे जन-सन्निवेश से है, जो द्रोणी (नदी की घाटी) के मुख (मुहाने) के समीप स्थित होता है। जैन-साहित्य में इसे द्रोणमुख कहा गया है।[4] यहाँ पर जलमार्ग एवं स्थलमार्ग, दोनों से ही माल उतारे जाते थे। बंगाल का समुद्रतटवर्ती ताम्रलिप्ति (आधुनिक तामलुक) इसी कोटि का नगर था।[5]
5. **निगम**—इससे तात्पर्य बहुधा व्यापारिक समितियों एवं समुदायों से था। परन्तु कभी-कभी इससे अभिप्राय नगर से भी था। अमरकोष में निगम को नगर-विशेष कहा गया है।[6] वैशाली (बसाढ़) की एक मुहर पर 'कलिक-निगम' शब्द उत्कीर्ण है। डॉ० भण्डारकर एवं डॉ० मजूमदार का कथन है कि इससे वास्तविक प्रयोजन कारीगरों के नगर से है। बौद्ध साहित्य में शिल्पियों के नगर एवं ग्रामों के प्रायशः उल्लेख मिलते हैं। उदाहरणार्थ एक जातक में वाराणसी के समीपस्थ ग्राम का उल्लेख प्राप्य है, जहाँ एक हजार बढ़ई (वर्द्धकि = वड्ढकि) रहते थे।[7] एक अन्य जातक में कारीगरों के एक बहुत बड़े पुरवे का उल्लेख प्राप्य है, जिनमें उनकी संख्या लगभग एक सहस्र थी।[8]

सन्निवेश-परिचय

इस बात का निर्देश किया जा चुका है कि उत्तर में पुष्कलावती एवं तक्षशिला से लेकर दक्षिण में प्रतिष्ठान तक तथा पश्चिम में भृगुकच्छ से पूर्व में ताम्रलिप्ति तक भारतभूमि में अनेक समृद्धिशाली नगर सुशोभित थे। इनके साहित्यिक शब्द-चित्रण में तत्कालीन वास्तु-ज्ञान एवं उन्नत अभियान्त्रिकी का प्रतिबिम्ब मिलता है। उदीच्यनगरों में पुष्कलावती, तक्षशिला एवं शाकल उल्लेखनीय हैं। रामायण के अनुसार इसकी स्थापना का श्रेय भरत-पुत्र पुंक को था।[9] वहाँ पश्चिमी गन्धार की राजधानी वर्तमान थी। इसके समकक्ष

---

1. ''नानापुटभेदनं सागलं नाम नगरम्''; मिलिन्दपञ्हो, पृष्ठ 2।
2. ''पाटलिपुत्तं पुटभेदनम्''; दीघनिकाय; 2, 72।
3. अमरकोष (हरदत्त शर्मा—सम्पादित); पृष्ठ 74।
4. सार्थवाह, पृष्ठ 163।
5. लेखक का ग्रन्थ, प्राचीन भारत में नगर तथा नगर-जीवन, पृष्ठ 21 (प्रथम संस्करण)।
6. अमरकोष (हरदत्त शर्मा—सम्पादित), पृष्ठ 74।
7. ''महावड्ढकिगामो''; जातक, 4, 159।
8. ''कम्मारगामो''; जातक, 3, 281।
9. रामायण 7, 114, 201।

नगर तक्षशिला की नींव भरत के तक्ष नामक पुत्र ने डाली थी।[1] महाभारत के अनुसार परीक्षित के ज्येष्ठ-पुत्र जन्मेजय का नाग-यज्ञ वहीं पर हुआ था।[2] टालमी, एरियन एवं पेरिप्लस आदि विदेशी लेखकों ने भी इन दोनों नगरों की परिखा, प्राकार एवं समृद्धि की प्रचुर प्रशंसा की थी। शाकल का प्रथमोल्लेख महाभारत में प्राप्य है। इस ग्रन्थ के अनुसार वहाँ पर मद्र देश की राजधानी वर्तमान थी।[3] कर्टियस के अनुसार वहाँ एक ऊँची दीवाल एवं गहरी खाईं वर्तमान थी। एरियन ने इस पुर की परिखा को झील कहा था।[4]

प्रतीच्य नगरों में हस्तिनापुर, मथुरा, उज्जयिनी, भृगुकच्छ, द्वारका एवं प्रभास उल्लेखनीय हैं। महाभारत के अनुसार इसकी नींव हस्तिन् नामक व्यक्ति ने डाली थी (जज्ञे हस्ती। य इदं पुरं निर्मापयामास तस्माद्हास्तिनपुरत्वम्)।[5] इस ग्रन्थ में वर्णन मिलता है कि विभिन्न शस्त्रों द्वारा सुरक्षित होने के कारण इस पुर के भीतर शत्रुओं का प्रवेश पाना दुष्कर था।[6] इसके उन्नत प्राकार में गोपुर बने हुए थे, जो अपनी विशालता द्वारा आकृष्ट कर लेते थे।[7] नगर का भीतरी भाग कई राजमार्गों द्वारा विभक्त था।[8] विस्तृत राजपथों के दोनों ओर हर्म्य, प्रासाद एवं आपण सुशोभित थे।[9] राजप्रासाद पुर के मध्य में सुशोभित था।[10]

मथुरा का उल्लेख पाणिनि की अष्टाध्यायी में हुआ है। महाभारत में एक प्राचीन परम्परा का उल्लेख मिलता है, जिसके अनुसार वन को काटकर इस पुर का निर्माण किया गया था। इस अरण्य का नाम मधुवन था, जिसमें मधु नामक एक राक्षस रहता था। इस दानव का संहार शत्रुघ्न ने किया था।[11] इस पुर में शूरसेनों की राजधानी वर्तमान थी। हरिवंश के अनुसार यह पुर अर्द्धचन्द्राकार एवं यमुना-तट पर सुशोभित था।[12] इसके चतुर्दिक् गहरी खाईं (परिखा-कलमेखला) एवं मिट्टी का एक प्राकार (प्रांशुप्राकारवसना) तथा

---

1. ''तक्षस्य दिक्षु विख्याता रम्या तक्षशिला पुरी।''
   —रामायण, 7, 114, 201।
2. महाभारत; 1, 3, 20।
3. कनिंघम, ऐंशेट ज्याग्रफी, पृष्ठ 368।
4. वही, पृष्ठ 370।
5. महाभारत, आदि पर्व, अध्याय 3, पंक्ति 37।
6. ''शतघ्नीचक्रयन्त्रैश्च गुप्तामन्यैर्दुरासदाम्।''
   —महाभारत, आदि पर्व, अध्याय 96, पंक्ति 108।
7. ''कैलासशिखराकरैर्गोपुरैः समलंकृताम्।''
   —वही, आदि पर्व, अध्याय 96, पंक्ति 112।
8. ''राजमार्गेण महता सुविभक्तेन शोभिताम्।''
   —वही, आदि पर्व, अध्याय 96, पंक्ति 111।
9. ''हर्म्यप्रासादसम्वाधां नानापण्यभूषिताम्।''
   —वही, आदि पर्व, अध्याय 96, पंक्ति 109।
10. ''एतस्मिन्नगरमध्ये तु राजवेश्मप्रतिष्ठितम्।''
   —वही, आदि पर्व, अध्याय 96, पंक्ति 122।
11. ''तस्मिन्मधुवनस्थाने मथुरा नाम सा पुरी।
   शत्रुघ्नेन पुरा सृष्टा इत्वा तं दानवं रणे॥''
   —हरिवंश; विष्णु पर्व, अध्याय 58, श्लोक 56।
12. ''अर्द्धचन्द्रप्रतीकाशा यमुनातीरशोभिता।''
   —वही, हरिवंश पर्व, अध्याय 54, पंक्ति 120।

भीतर सुन्दर प्रासाद (प्रासादवरकुण्डला), रमणीक उपवन (उद्यानवनसम्पन्ना) तथा सुन्दर आपण (पुण्यापण्यवती) वर्तमान थे।[1]

उज्जयिनी में अवन्ति (मालवा) के प्रद्योत वंश की राजधानी स्थित थी। गौतम बुद्ध के काल में वहाँ चण्डप्रद्योत नामक नरेश राज्य कर रहा था, जिसकी महान् शक्ति के कारण बहुत-से समकालीन नरेश आतंकित रहते थे। उसके समय में यह पुर वाणिज्य-पंथों द्वारा उत्तर-पूर्व भारतवर्ष के सुप्रसिद्ध व्यापारिक केन्द्रों एवं नगरों के साथ घनिष्ठ रूप से सम्बद्ध था; उदाहरणार्थ कौशाम्बी, वाराणसी एवं पाटलिपुत्र।[2] जातकों के अनुसार उज्जयिनी एवं वाराणसी के व्यापारियों के बीच प्रतियोगिता वर्तमान रहती थी।[3] महाभारत एवं हरिवंश में द्वारका का मनोरम वर्णन प्राप्य है। इसके चतुर्दिक श्वेत वर्ण का एक उच्च प्राकार वर्तमान था तथा एक गहरी खाईं भी थी जिसमें कमल खिले थे तथा हंस एवं कारण्डव आदि तैरते रहते थे।[4] जनसंख्या की विशालता के कारण नगर के भीतर कोलाहल मचा रहता था।[5] इसके श्रेष्ठ प्रासादों की चोटियाँ अमृत-तुल्य धवल थीं।[6] पुर के भीतर सरोवर विद्यमान थे, जिनमें सुगन्धियुक्त कमलों की पंक्तियाँ खिली हुई थीं।[7] इन सरोवरों के तट पर वृक्षों का आरोपण किया गया था। नगर के भीतर आठ मार्ग एवं सोलह चत्वर सुशोभित थे। कवि आलंकारिक ढंग से कहता है कि द्वारका को देखने से लगता था, मानो किसी आयत नेत्रवाली वनिता ने चारों ओर से अपने अंगों को सिकोड़ लिया था।[8]

इस समय भृगुकच्छ पश्चिमी समुद्र-तट पर स्थित सबसे बड़ा बन्दरगाह था। भृगुपुर, भरुकच्छ तथा भृगुतीर्थ आदि अन्य नामों से भी यह प्रसिद्ध था। विदेशी लेखकों ने इसे बैरूगाजा, बैरीगाजा तथा बैर्गोसा भी कहा है। सुप्पारक जातक में इस बन्दरगाह के वणिकों की नौका-यात्रा का उल्लेख मिलता है (भरुकच्छा पयातानं वणिजानं धनेसिनम्। नावाय विपणत्थाय····)। इसके अनुसार बोधिसत्त्व ने सात सौ मित्रों के साथ मणियोंवाले समुद्र के लिए इस बन्दरगाह से प्रस्थान किया था। प्रभास का प्रथम उल्लेख महाभारत में प्राप्य है। इस ग्रन्थ में इसे 'उदधि-तीर्थ' कहा गया है। यह सौराष्ट्र का देवनगर माना जाता था (तीर्थंत्रिदशानाम्)।[9] महाभारत के अनुसार भारतवर्ष के पश्चिमी समुद्र-तट पर स्थित तीर्थों में इसकी ख्याति सुविशेष थी।[10]

---

1. ''अर्द्धचन्द्रप्रतीकाशा यमुनातीरशोभिता।''

   —हरिवंश; हरिवंश पर्व, अध्याय 54।
2. मललसेकर; 1, 344।
3. जातक; 2, 248।
4. हरिवंश, विष्णु पर्व, अध्याय 58, पंक्ति 105।
5. ''पृथिव्यां पृथुराष्ट्रायां जनौधप्रतिनादिता'';

   —वही, विष्णु पर्व, अध्याय 98, पंक्ति 75।
6. महाभारत, सभा पर्व, अध्याय 57, पंक्ति 19।
7. ''पद्माकुलजलोपेतैः रक्तसौगन्धिकोत्पलाः।
   मणिमौक्तिकबालूकाः पुष्करिण्यः सरांसि च॥
   तासां परमकूलानि शोभयन्ति महाद्रुमाः॥''

   —महाभारत, सभा पर्व, अध्याय 57, पंक्ति 42-43।
8. ''समन्ततः संवृताङ्गी वनितेवायतेक्षणा।''

   —हरिवंश, विष्णुपर्व, अध्याय 58, पंक्ति 94।
9. महाभारत, सभा पर्व, अध्याय 94, श्लोक 3।
10. ''समुद्रे पश्चिमे यानि तीर्थान्यायतनानि च।
    तानि सर्वाणि गत्वा स प्रभासमुपजग्मिवान॥''

    —वही, आदि पर्व, अध्याय 239, श्लोक 2।

इस ग्रन्थ में इसे आकर्षक एवं परम रमणीय तीर्थ के रूप में देखा गया है (सुपुण्यं रमणीयञ्च)। श्रीकृष्ण एवं अर्जुन वहाँ पर विहार के निमित्त आये हुए थे (तौ विहृत्य यथाकामं प्रभासे कृष्णपाण्डवौ)।[1]

प्राच्य नगरों में इस समय कौशाम्बी, वाराणसी, श्रावस्ती, कपिलवस्तु, कुशीनगर, पावा, वैशाली, पाटलिपुत्र, राजगृह, चम्पा, मिथिला एवं ताम्रलिप्ति प्रसिद्धि में आ चुके थे। कौशाम्बी में वत्सराज उदयन की राजधानी थी। इसकी गणना तत्कालीन छह प्रसिद्ध नगरों में होती थी। यमुना-तट पर स्थित होने के कारण यह व्यापार का एक प्रतिष्ठित केन्द्र था तथा महापथों के साथ संबद्ध था। यही कारण है कि यह पुर 'वत्सपत्तन' नाम से भी सुविख्यात था। वाराणसी में काशी-जनपद की राजधानी वर्तमान थी। बौद्ध ग्रन्थों में इसे 'कासिनगर', 'कासिपुर', 'ब्रह्मवर्द्धन', 'पुष्पवती', 'रम्म नगर' (रम्य नगर) तथा 'सुदस्सन' (सुदर्शन) कहा गया है। गुट्टिल जातक में वाराणसी को भारतवर्ष का सर्वश्रेष्ठ नगर अभिहित किया गया है। जातक ग्रन्थों के अनुसार समकालीन नरेशों के बीच यह पुर प्रलोभन एवं झगड़े का कारण था। डॉ० रायचौधरी का कथन है कि प्राचीन बैबीलोन एवं रोम की भाँति यह पुर भी पड़ोसी राज्यों के बीच संघर्ष का मूल सिद्ध हुआ था।[2] बुद्धकालीन छह प्रसिद्ध नगरों में इसका स्थान समादरणीय था। गहरी जल-परिखा द्वारा परिवेष्टित इस पुर के चतुर्दिक् एक प्राकार था, जिसमें चार दरवाजे वर्तमान थे। यदि यात्री रात्रि-वेला में विलम्ब से पहुँचते थे, तो उन्हें दरवाजों के समीप प्रातःकाल तक नगर के भीतर प्रवेश पाने के निमित्त प्रतीक्षा करनी पड़ती थी। पुर के विभिन्न भागों में पृथक् जातियों एवं व्यवसायों के अवलम्बन करनेवाले नागरिक रहते थे। बहेलियों एवं अन्य निम्न व्यवसायवालों को पुर के बाहर रहना पड़ता था। इससे स्पष्ट है कि गंगा-घाटी में इस समय तक जाति एवं व्यवसाय के आधार पर पुर-भूमि के वितरण-सिद्धान्त का सूत्रपात हो चुका था।

श्रावस्ती कोसल-जनपद का एक प्रमुख नगर था (कोसलानं पुरी)। अचिरावती (श्रावस्ती) के तट पर स्थित इस पुर की गणना तत्कालीन छह प्रधान नगरों में की जाती थी। बौद्ध ग्रन्थों में इस नगर की परिखा, प्राकार एवं नगर-द्वारों का प्रचुर उल्लेख प्राप्य है। उदाहरणार्थ मज्झिम निकाय में कोसल-नरेश प्रसेनजित पुण्डरीक नामक हाथी की पीठ पर बैठकर नगर के बाहर निकलता हुआ प्रदर्शित किया गया है।[3] इसी ग्रन्थ में एक दूसरे स्थान पर उक्त नरेश को घोड़ों द्वारा खींचे जाते हुए रथ में आरूढ़ होकर नगर-द्वार से बाहर निकलता हुआ प्रदर्शित किया गया है। पपञ्चसूदनी में इसे सर्वदा रमणीक (रम्मां), दर्शनीय (दस्सनीयं), मनोरम एवं धनधान्य से सम्पन्न (अन्नपानसमायुतं) कहा गया है।[4]

कपिलवस्तु में शाक्य-नृपति शुद्धोधन की राजधानी वर्तमान थी। परम्परानुसार इस नगर के स्थान पर पहले महर्षि कपिल ने तपस्या की थी (पुरं महर्षेः कपिलस्य वस्तुः)। महावस्तु में अतिशयोक्ति के साथ कहा गया है कि यह नगर सात प्राकारों द्वारा परिवेष्टित था (सप्तहि पाकारेहि)। इसके प्रधान प्राकार की ऊँचाई अठारह हाथ थी (अट्ठावसहट्ठुब्बेधम् पाकारम्)। यहाँ से एक जनपथ कुशीनगर की ओर जाता था।

---

1. "समुद्रे पश्चिमे यानि तीर्थान्यायतनानि च।
तानि सर्वाणि गत्वा स प्रभासमुपजग्मिवान॥"

—वही, आदि पर्व, अध्याय 239, श्लोक 21।

2. पोलिटिकल हिस्ट्री ऑफ ऐंशेंट इंडिया, पृष्ठ 98।

3. "पुण्डरीकं नागं अधिरूहित्वा सावत्थिया निय्याति।"

—मज्झिम निकाय, 1, 112।

4. वही; 1, 149।

वहाँ मल्लों की राजधानी थी, जो गौतम बुद्ध के बहुत बड़े भक्त थे। साँची, भरहुत एवं अमरावती की कला में इस पुर की दीवाल, परिखा एवं नगर-द्वार का अंकन प्राप्य है। इस नगर से तीन गव्यूति की दूरी पर पावा नगर स्थित था। वहाँ के मल्लों में गौतम बुद्ध के प्रति अगाध श्रद्धा, असीम भक्ति एवं प्रगाढ़ आत्मीयता थी। यही कारण है कि उनके परिनिर्वाण के उपरान्त उन्होंने उनके देहावशेष का एक भाग माँगा था। कला एवं स्थापत्य की दृष्टि से भी इस पुर का भी महत्त्व कुशीनगर के ही समान था।

पावा से पूर्व में 'उत्तर-पथ' नामक महाजनपथ से होकर आगे बढ़ने पर यात्री वैशाली पहुँचते थे। वहाँ लिच्छवियों की राजधानी थी। रिज डेविड्स के अनुसार भारतवर्ष का सबसे श्रेष्ठ पुर यही नगर था। बौद्ध ग्रन्थों में इस महानगर की जनसंख्या को सुविशाल निर्दिष्ट किया गया है। इनके अनुसार इस पुर में नाना प्रासाद, केलिवन एवं तटाक विद्यमान थे।[1] इनमें से एक सरोवर मात्र लिच्छवियों के ही प्रयोग-निमित्त था। उस पर लोहे की एक जाली का ढक्कन लगा था, जो उनके आदेशानुसार खोला एवं बन्द किया जाता था। इस नगर के चतुर्दिक् एक गव्यूति की दूरी पर तीन दीवालें वर्तमान थीं, जिनमें शिखरयुक्त गोपुर विद्यमान थे।[2] ललितविस्तर में वैशाली को महानगर कहा गया है।

इस ग्रन्थ के अनुसार यह नगर परम रमणीय, बहुत-से मनुष्यों से परिपूर्ण तथा पुष्पवाटिकाओं एवं सरोवरों से युक्त था। इसमें हर्म्य, कूटागार (छत के ऊपर निर्मित विशाल कमरा) तथा प्रासादों का निर्माण किया गया था, जिनमें गवाक्ष बने हुए थे।[3] इस नगर के बाहर एक प्राकृतिक वन था। इसकी सुविशालता के कारण इसे 'महावन' की संज्ञा प्रदान की गयी थी। इसमें एक 'महाविहार' बना हुआ था, जो कूटागार-युक्त था। यही कारण है कि इसे 'कूटागारशाला' भी कहा जाता था।[4] हुएनसांग ने इस नगर के पूर्व वैभव का वर्णन करते हुए लिखा है कि वैशाली की परिधि 14 मील के लगभग थी। नगर के केन्द्रीय भाग को इसने 'प्रासाद-नगर' (पैलेस सिटी) कहा है। यह एकमात्र लिच्छिवि-कुल के सदस्यों के लिए ही निर्मित था।[5]

'उत्तरपथ' नामक महाजनपथ द्वारा वैशाली से पूर्व की ओर बढ़ने पर पाटलिपुत्र नामक नगर विद्यमान था। दीघनिकाय के अनुसार लिच्छवियों के विनाश की तैयारी में अजातशत्रु ने सुनीध एवं वस्सकार नामक महामन्त्रियों की सहायता से गंगा एवं शोण (सोन) के संगम पर इसका निर्माण एक दुर्ग के रूप में किया था।[6] यही दुर्ग पाटलिपुत्र नगर के विकास का केन्द्रविन्दु बन गया। गौतम बुद्ध के काल में यह भारत का 'महानगर' था। दीघनिकाय में इसे 'अग्गनगर' (अग्रनगर = सर्वश्रेष्ठपुर) कहा गया है।[7] इस ग्रन्थ में इसे

---

1. मललसेकर; 2, 941।
2. ''वेसालीनगरम् गावुतगावुतन्तरे तिहि पाकारेहि परिक्खितम् , तिस स्थानेषु गोपुरट्टालोकयुत्तम् ।''
   —जातक; 1, 504।
3. ''इयं वैशाली महानगरी ऋद्धा च स्फीता च क्षेमा च सुभिक्षा च रमणीया चाकीर्णबहुजनमनुष्या च विदर्दिनिर्यूहतो रणगवाक्ष हर्म्यकूटागारप्रासादतलसमलंकृता च पुष्पवाटिका वनराजिसंकुसुमिता च अमरभवन-पुरप्राकाश्या।''
   —ललितविस्तर, अध्याय 3।
4. देखिए, मेरा ग्रन्थ, प्राचीन भारत में नगर तथा नगर-जीवन, पृष्ठ 142 (प्रथम संस्करण)।
5. वाटर्स; 2, 79।
6. ''सुनीध-वस्सकारा मगधमहामत्ता पाटलिगामे नगरं मापेन्ति वज्जीनम् पटिवाहाय ।''
   —दीघ निकाय; 2, 16, 1, 26।
7. ''इदं अग्गनगरं भविस्सति''; वही, 2, 16, 1, 26 (प्रथम संस्करण)।

'पुटभेदन' (प्रसिद्ध व्यापारिक नगर) कहा गया है।[1] विनय-टीका के अनुसार पाटलिपुत्र में चार प्रधान द्वार (गोपुर) थे, जिनसे 40 लाख कार्षापणों की दैनिक आय हुआ करती थी। यह आय उस शुल्क द्वारा होती थी, जिसे बाहर से आनेवाले व्यापारी नगर-द्वार पर चुंगी के रूप में देते थे।[2]

राजगृह में मगध की मौलिक राजधानी वर्तमान थी। इस पुर का प्रारम्भिक नाम 'गिरिव्रज' था। यह नगर पाँच पर्वतश्रेणियों द्वारा परिवेष्टित था। इसीलिए हुएनसांग ने इसे 'गिरिनगर' (माउण्टेन सिटी) कहा है।[3] पालिग्रन्थों के अनुसार इस नगर की परिधि तीन मील के लगभग थी।[4] बुद्ध-काल में यह पुर चम्पा, श्रावस्ती, साकेत, कौशाम्बी एवं वाराणसी आदि नगरों की समकक्षता में आता था। इसमें बेलुवन नामक एक प्रसिद्ध उद्यान था, जिसे मगध-सम्राट् बिम्बिसार ने भिक्षु-संघ को दान कर दिया था। अश्वघोष-प्रणीत बुद्धचरित नामक ग्रन्थ में इस नगर को पर्वतों द्वारा सुरक्षित (शैलैः सुगुप्तं), रमणीक (विभूषितं) तथा तपोधनों के चरणरज से पवित्र (पूतं च शिवैस्तपोदैः) कहा गया है।[5]

राजगृह के समीपस्थ नगर चम्पा में अंग जनपद की राजधानी वर्तमान थी। अङ्ग का उल्लेख अथर्ववेद में प्राप्य है।[6] दीघनिकाय के अनुसार इस नगर का निर्माण गोविन्द नामक कलाकार ने किया था, जिसने दन्तपुर, पोतन, माहिष्मती, रोरुक, मिथिला एवं वाराणसी आदि पुरों का भी मापन किया था।[7] इस ग्रन्थ में इसे महापुर के रूप में उल्लिखित किया गया है। जातकों के अनुसार यह खाईं एवं प्राचीर द्वारा परिवेष्टित था।[8] पालिग्रन्थों में इस पुर में स्थित 'गग्गरापोखरणी' नामक सरोवर का उल्लेख मिलता है, जिसका निर्माण गग्गरा नामक साम्राज्ञी ने कराया था। इसके तट पर चम्पक वृक्षों का एक गुल्म था, जिसके कारण आसपास के क्षेत्र में सौरभयुक्त वायुमण्डल का प्राधान्य था।[9] हुएनसांग के अनुसार इस नगर की परिधि 7 मील के लगभग रही होगी।[10]

मिथिला में विदेह जनपद की राजधानी स्थित थी। महाउम्मग जातक के अनुसार इस पुर के चतुर्दिक् तीन प्रकार की परिखाएँ विद्यमान थीं :—(1) उदक-परिखा (जल से भरी खाईं), (2) कद्दम-परिखा

---

1. "पाटलिपुत्तं पुटभेदनम्।"

—दीघ निकाय; 2, 16, 1, 26।

2. मेरा ग्रन्थ, प्राचीन भारत में नगर तथा नगर-जीवन, पृष्ठ 153 (प्रथम संस्करण)।
3. वाटर्स; 2, 153।
4. रिज़ डेविड्स, बुद्धिस्ट इंडिया, पृष्ठ 37।
5. बुद्धचरित, अध्याय 10।
6. अथर्ववेद; 5, 22, 14।
7. दन्तपुरं कलिंगानामस्सकानाञ्च पोतनम्।
माहिस्मती अवन्तीनम् सोवीराञ्च रोरुकम्॥
मिथिला च विदेहानम् चम्पा अंगेसु मापिता।
वाराणसी च कासीनम् एते गोविन्द मापितेति॥"

—दीघनिकाय; 19, 16।

8. जातक; 4, 454।
9. मललसेकर; 2, 724।
10. वाटर्स; 2, 181।

(कीचड़ से भरी खाईं) तथा (3) सुक्ख-परिखा (सूखी खाईं)। इसके चतुर्दिक् ऊँची दीवाल थी, जिसमें सुदृढ़ बुर्ज एवं द्वार बने हुए थे। नगर के भीतर सुन्दर राजमार्ग, मनोरम वाटिकाएँ एवं सरोवर निर्मित थे।[1] बंगाल के समुद्र-तट पर ताम्रलिप्ति (तामलुक) नामक बन्दरगाह स्थित था। इस नगर का सामान्य वातावरण बौद्ध धर्म से प्रभावित था। कालान्तर में फाहियान चम्पा से 50 योजन की दूरी तय करता हुआ ताम्रलिप्ति पहुँचा था। यह महाजनपथ 'उत्तर-पथ' के सबसे पूर्वी छोर पर विद्यमान था। उपर्युक्त साहित्यिक उल्लेखों एवं विवरणों में बुद्धकालीन कला एवं स्थापत्य का सुन्दर प्रतिबिम्ब प्राप्य है। नगर-मापन के प्रसंग में जातकों में 'उप्पलवीथि' एवं 'रजकवीथि' आदि वीथियों के उल्लेख प्राप्य हैं। इनसे तात्पर्य उन गलियों एवं पुर-भागों से है, जहाँ कमल बेचनेवाले दूकानदार एवं धोबी रहते थे। तत्कालीन जनसन्निवेशों में परिखा एवं प्राकार की संख्या बढ़ा दी गयी। यह अभियान्त्रिकी के भूयः विकास का परिचायक है। सुदृढ़ राजमार्ग, रम्य चत्वर, उपवन, पुष्करिणी एवं अट्टालिकाएँ बुद्धकालीन स्थापत्य-विकास की विशेषताओं के प्रतीक थे।

सामान्य विशेषताएँ

उत्तर-वैदिककालीन नगर-निर्माण का रूप साधारण था। परन्तु इसकी तुलना में महाजनपदयुगीन पुर-मापन अधिक विकसित एवं संकुलित था। यह इस बात का द्योतक है कि लोग इस समय नगर-निर्माण कला में विशिष्टता एवं विशेषज्ञता प्राप्त कर रहे थे। यहाँ एक विशिष्ट तथ्य विचारणीय हो जाता है। जिन स्थलों पर इन नगरों का निर्माण हुआ था, वे प्रायः विविक्त एवं निर्जन स्थान थे। खाण्डवप्रस्थ नामक अरण्य को काटकर इन्द्रप्रस्थ का निर्माण किया गया था। इसी प्रकार मथुरा का भी विन्यास वहाँ पर वर्तमान मधुवन को काटकर किया गया था। महाभारत एवं हरिवंश से ज्ञात होता है कि द्वारकापुरी के निर्माण के पूर्व इसका स्थल एक निर्जन एवं विविक्त स्थान था। रिक्त एवं शून्य स्थानों में यह अधिष्ठान-क्रिया, उत्तर वैदिककाल के उपरान्त उत्तर-पूर्व एवं दक्षिण-पश्चिम भारतवर्ष में लोगों के अधिकाधिक प्रसरण एवं उपनिवेशन की परिचायिका है। सौराष्ट्र मण्डल में द्वारका का निर्माण इस क्षेत्र में लोगों के औपनिवेशीकरण को अभिव्यक्त करता है। उन्होंने अपने महानगरों का मापन कतिपय मूलभूत सिद्धान्तों के अनुसार किया था :—

1. परिखा एवं प्राकार द्वारा परिवेष्टित नगरों के गोपुरों (पुर-द्वारों) की सुरक्षा विविध उपायों द्वारा करते थे। रामायण के अनुसार नगरों के वप्रयुक्त प्राकारों के गोपुर शतघ्नी द्वारा सुरक्षित थे।[2] महाभारत में वर्णन मिलता है कि हस्तिनापुर का नगर शतघ्नी आदि चक्रयंत्रों द्वारा रक्षित होने के कारण शत्रुओं के लिए अगम्य था।[3] इस ग्रन्थ से विदित होता है कि इन्द्रप्रस्थ के रक्षा-

---

1. मेरा ग्रन्थ, प्राचीन भारत में नगर तथा नगर-जीवन, पृष्ठ 180।
2. ''शतघ्नीशतसंकुलाम्'' रामायण, बालकाण्ड, सर्ग 5।
   ''वप्रप्राकारजघनां विपुलाम्बुवनाम्बराम्।
   शतघ्नीकेशान्तामट्टालवतंसकाम्॥''
   —वही, सुन्दरकाण्ड, सर्ग-2, 21।
3. ''शतघ्नीचक्रयंत्रैश्च गुप्तामन्यैर्दुरासदाम्'';
   —महाभारत, आदि पर्व, अध्याय 98, पंक्ति 108।

विधान के अभिप्राय से तीक्ष्णांकुश, शतघ्नी, यंत्रजाल, आयास एवं महाचक्र आदि शस्त्रों की व्यवस्था की गयी थी।[1] हरिवंश के अनुसार नगर-सुरक्षा का कार्य शक्तिशालिनी सेना द्वारा सम्पन्न होता था।[2]

2. इस काल तक प्रतिष्ठित हो चुका था कि सरोवर एवं उद्यान पुर-शोभा के प्राण हैं। यही कारण है कि समस्त नगरों के निरूपण में इनको बहुत बड़ा स्थान प्रदान किया गया है। लंका-पुरी के वर्णन में रामायण में 'हंसकारण्डव कार्णं' वापियों एवं 'पद्मोत्पलावृत' रमणीय जलाशयों का उल्लेख प्राप्य है।[3] महाभारत में इन्द्रप्रस्थ-वर्णन के प्रसंग में 'अम्भपूरित' वापियों, 'पद्मोत्पलसुगन्धित' सरों, 'हंसकारण्डवयुक्त' एवं 'चक्रवाकशोभित' पुष्करणियों तथा 'रम्यः' तटाकों का उल्लेख पठनीय है।[4] लगता है कि एक-दूसरे के पर्यायवाची (वापी, सर, पुष्करिणी एवं तटाक आदि) शब्दों में विभेद, लेखक ने उनके परिमाण एवं निर्माणपद्धति की दृष्टि से किया है। इसी प्रकार इन्द्रप्रस्थ के संबंध में लाल कमल (रक्तोत्पल) से सुशोभित पुष्करिणी एवं खिले पद्मों से सुशोभित जल से युक्त (पद्माकुलजलोपेता) सरों के वर्णन महाभारत की पंक्तियों में प्राप्य हैं।[5] इस ग्रन्थ के अनुसार इन्द्रप्रस्थ, मथुरा एवं हस्तिनापुर आदि सभी नगरों के भीतर एवं उनके सीमा-प्रान्तों पर भी रम्य उद्यान सुशोभित थे; जिनमें पुष्प एवं फल-भार से अवनत शाल, ताल, तमाल, वकुल, केतक, आम्र, अशोक, चम्पक, पुन्नाग, नागपुण्य, लिकुच एवं पनस आदि विविध वृक्ष बहुसंख्या

---

1. "विविधैरपि निवर्द्धः शस्त्रोपेतैः सुसंवृतैः।
शक्तिभिश्चावृतं विद्धि द्विजिह्वैरिव पन्नगैः॥
तल्पैश्चाभ्यासिकैर्युक्तं शुशुभे योधरक्षितम्॥
तीक्ष्णांकुशशतघ्नीभिर्यन्त्रजालैश्च शोभितम्।
आयासैश्च महाचक्रैः शुशुभे तत्पुरोत्तमम्॥"

—महाभारत, आदि पर्व, अध्याय 199, श्लोक 32-33।

2. "समृद्धवलवाहना"; हरिवंश, हरिवंशपर्व, अध्याय 54।

3. रामायण, सुन्दरकाण्ड, सर्ग 2, पंक्ति 22।

4. "वापिभिर्विविधाभिश्च पूर्णाभिः परमाम्भसा॥
सरोभिरतिरम्यैश्च पद्मोत्पलसुगन्धिभिः।
हंसकारण्डवयुतैश्च चक्रवाकोपशोभितैः॥
रम्याश्च विविधास्तत्र पुष्करिण्यो वनावृताः।
तड़ागानि च रम्याणि वृहन्ति च महान्ति च॥"

—महाभारत, आदि पर्व, अध्याय 199, पंक्तियाँ 88-92।

5. "विहिता वासुदेवेन तत्रैव च महाद्रुमाः।
पद्माकुलजलोपेता रक्तसौंधिकोत्पलाः॥
मणिमौक्तिकबालूकाः पुष्करिण्यः सरांसि च।
तासां परमकूलानि शोभयन्ति महाद्रुमाः॥"

—महाभारत, सभा पर्व, अध्याय 57, श्लोक 42-43।

में उगे हुए थे।[1] महाभारत एवं हरिवंश में प्राप्य विवरणों के आधार पर ब्रह्मवैवर्त पुराण[2] एवं विष्णुधर्मोत्तर पुराण[3] में भी मथुरा, द्वारका एवं अयोध्या आदि के सम्बन्ध में नाना प्रकार के सरोवरों एवं उपवनों के आह्लादक वर्णन प्राप्य हैं।

3. इस समय राजमार्गों के निर्माण में भी शिल्पियों ने मौलिकता प्रदर्शित की थी। सम्पूर्ण नगरों के अन्तर्भाग में राजमार्गों को विशाल तथा विस्तृत निर्दिष्ट किया गया है। इस समय के साहित्य में सड़कों के लिए 'वीथि' एवं 'रथ्या' शब्दों का भी प्रयोग मिलता है। वे एक-दूसरे के समानान्तर होती थीं तथा परस्पर समकोण पर विभक्त करती थीं। नगर के आकार के अनुसार राजमार्गों की संख्या निर्धारित होती थी। हरिवंश के अनुसार द्वारका के राजमार्गों की संख्या आठ एवं चत्वरों की संख्या सोलह थी।[4] रामायण के अनुसार अयोध्या-पुरी में सुन्दर राजमार्ग एवं रम्य चत्वर सुशोभित थे। उन पर नित्य ही फूल बिखेरे जाते थे एवं जल का छिड़काव होता था।[5] हरिवंश में भी राजमार्गों की सफाई का वर्णन प्राप्य है।[6]

---

1. ''उद्यानानि च रम्याणि नगरस्य समन्ततः।
आम्रैराम्रतकैर्नीपैरशोकैश्चंपकैस्तथा॥
पुन्नागैर्नागपुण्यैश्चलिकुचैः पनसैस्तथा।
शालतालतमालैश्च वकुलैश्च सकेतकैः॥
मनोहरैः सुपुष्पैश्च फलभारावनतमितैः॥''

—महाभारत, आदि पर्व, अध्याय 199, पंक्तियाँ 77-81।

समीकरणीय :–
''उद्यानवनसंपन्ना सुसीमा सुप्रतिष्ठिता।''

—हरिवंश, हरिवंश पर्व, अध्याय 54, 57।

''सर्वपुष्पकरणीभिश्च उद्यानैश्च समावृताम्।''

—महाभारत, आदिपर्व, अध्याय 96, श्लोक 57।

2. ''सरोवरसहस्त्रैश्च परितः परिशोभिताम्।''

—ब्रह्मवैवर्तपुराण, अध्याय 72, पंक्ति 11।

''नानाप्रकारश्रीयुक्तां पुष्पोद्यानकोटिभि।
नानापुष्पैः पुष्पिताभिर्युक्ताभिर्मधुसूदनैः॥''

—वही, अध्याय 72, श्लोक 21।

3. ''मनोहरैः सपद्मैश्च सहितैः मधुव्रतैः।
शोभितां सर्वतोभद्रैः पुष्पोद्यानत्रिलक्षकैः॥''

—ब्रह्मवैवर्त पुराण, अध्याय 104, पंक्ति 16-17।

''उद्यानशतसंवाधा।'' —विष्णुधर्मोत्तर पुराण, अध्याय 13, पंक्ति 12।

4. ''अष्टमार्गमहारथ्यां महाषोडशचत्वराम्।''

—हरिवंश, विष्णुपर्व, अध्याय 98, 28।

5. ''राजमार्गेण महता सुविभक्तेन शोभिता।
मुक्तपुष्पावकीर्णेन जलसिक्तेन नित्यशः॥''

—रामायण, बालकाण्ड, सर्ग 5, 8।

6. ''शुभ्रराजपथोत्तरा''; हरिवंश, विष्णुपर्व, अध्याय 58, पंक्ति 95।

4. पूर्व काल की अपेक्षा इस समय बड़े राजमार्गों का निर्माण हुआ। अयोध्या के परिमाण का अतिरंजित वर्णन करते हुए इस पुर को, वाल्मीकि-रामायण में बारह योजन लम्बा तथा तीन योजन चौड़ा निर्दिष्ट किया गया है।[1] इसी प्रकार हरिवंश में द्वारका की लम्बाई एवं चौड़ाई क्रमशः बारह एवं आठ योजन के लगभग निर्दिष्ट की गयी है।[2] यह सही है कि यह वर्णन भी अतिशयोक्तिपूर्ण है, पर इनसे अभिव्यंजित होता है कि कवि विशाल नगरों से परिचित था, जो अपने परिमाण के कारण दर्शकों को प्रभावोत्पादित कर देते थे। इनमें से अधिकांश महापुरों के आकार एवं प्रकार का सतर्क वर्णन कालान्तर में विदेशी यात्रियों द्वारा किया गया है। मेगस्थनीज के अनुसार पाटलिपुत्र का नगर साढ़े नव मील लम्बा एवं पौने दो मील चौड़ा था। हुएनसांग लिखता है कि चम्पा की परिधि 7 मील एवं वैशाली की परिधि 14 मील के लगभग थी।

5. इन महानगरों का वातावरण ठाटबाट की सामग्री से परिपूर्ण था। वाल्मीकि के अनुसार अयोध्या में नागरिकों के मनोविनोद-हेतु नाट्यशालाएँ बनी थीं।[3] इस पुर में समृद्ध नागरिकों के गृह मनोहर चित्रशालाओं से सुशोभित थे।[4] इन नगरों के वायुमंडल में बौद्धिक, व्यावसायिक, व्यापारिक एवं धार्मिक वातावरण का प्राधान्य प्रायः सभी लेखकों द्वारा उल्लिखित किया गया है। उदाहरणार्थ रामायण के अनुसार अयोध्या में बहुश्रुत नागरिकों का बाहुल्य था।[5] महाभारत में हस्तिनापुर को धन-धान्य से समृद्ध नागरिकों एवं अध्ययनशील विद्वानों का निवास-स्थान कहा गया है।[6] इसमें नाना यंत्रों एवं आयुधों के निर्माता शिल्पी रहते थे।[7] रामायण में अयोध्या को सम्पूर्ण कोटि के शिल्पों में मर्मज्ञ कलाकारों का केन्द्रविन्दु कहा गया है।[8] इन भारतीय महानगरों में नाना देशों के निवासी वणिक्, सुसंयत, धर्मशील,

---

1. ''आयता दश च द्वे च आयतानि महापुरी।
श्रीमती त्रीणि विस्तीर्णा सुविभक्तमहापथा॥''
—रामायण, बालकाण्ड, सर्ग 5, 7।

2. ''अष्टयोजनविस्तीर्णामचलां द्वादशायताम्।
द्विगुणोपविशां च ददर्श द्वारकां पुरीम्॥''
—हरिवंश, विष्णु पर्व, अध्याय 98, 27।

3. ''वधूनाटकसंघैश्च संयुक्तां सर्वतः पुरीम्॥''
—रामायण, बालकाण्ड, सर्ग 5, पंक्ति 23।

4. ''मनोहरैः चित्रगृहैस्तथा जगति पर्वतैः।''
—महाभारत, आदि पर्व, अध्याय 199, पंक्ति 87।

5. रामायण, बालकाण्ड, सर्ग 6, पंक्ति 27।

6. महाभारत, आदिपर्व, अध्याय 199, पंक्ति 76।

7. ''सर्वशिल्पविदस्तत्र वासायभ्यागमंस्तदा।''
—वही, आदि पर्व, अध्याय 199, पंक्ति 76।

8. ''सर्वयंत्रायुधवतीमुषितां सर्वशिल्पिभिः।''
—रामायण, बालकाण्ड, सर्ग 5, पंक्ति 30।

अमलात्मा, होमपरायण, दानशील, अधर्मभीरु, सूत, मागध एवं बन्दी निवास करते थे।[1]

प्रासाद-मापन

प्रासाद-मापन भारतीय वास्तुशास्त्र का एक महत्त्वपूर्ण अंग था। तत्कालीन साहित्य में प्रासाद, हर्म्य, राजप्रासाद, राजगृह, राजभवन, राजगेह, राजवेश्म एवं राजनिवेशन आदि शब्द राजमहल के लिए प्रयुक्त मिलते हैं। पालि साहित्य में इसे 'पासाद', 'दीघपासाद' एवं 'हम्मिअ' आदि शब्दों द्वारा अभिहित किया गया है। पुरभूमि का केन्द्रीय भाग पुर-निर्माण के निमित्त संकलित किया जाता था। महाभारत के अनुसार हस्तिनापुर का राजप्रासाद पुर के मध्य भाग में निर्मित था।[2] जितनी भूमि में राजप्रासाद का निर्माण करना होता था, उसके किनारे-किनारे शिल्पी चिह्न लगा देते थे। इसको काशिका में 'प्रासादीया भूमि' कहा गया है। यह भूमि विशाल हुआ करती थी। अर्थशास्त्र के अनुसार जो भूमि राजप्रासाद-निर्माण के निमित्त चुनी जाय, वह विस्तार में नगर का नवांश हो।[3] प्रासाद-मापन-निमित्त प्रचुर तैयारियाँ की जाती थीं। उदाहरणार्थ ईंटें भली-भाँति पका ली जाती थीं। इन्हें काशिका में 'प्रासादीयाः इष्टकाः' कहा गया है। अरण्य से यथेष्ट लकड़ियाँ एकत्र की जाती थीं, जिन्हें काशिका में 'प्रासादीयं दारु' कहा गया है।[4]

राजमहलों में कई खण्ड हुआ करते थे, जिन्हें 'कक्ष्या' कहा जाता था। रामायण के अनुसार अयोध्या के राजमहल में कई 'कक्ष्याएँ' थीं, जो काफी विशाल थीं। रामायण में, दशरथ के महल की प्रथम कक्ष्या में रामचन्द्र रथ पर चढ़कर जाते हुए एवं बाद की दो कक्ष्याओं में पैदल जाते हुए प्रदर्शित किये गये हैं।[5] इस साक्ष्य एवं अन्य सूत्रों से भी स्पष्ट है कि राजमहल की प्रथम कक्ष्या में सम्राट् के व्यक्तिगत वाहन प्रवेश पा सकते थे। कभी-कभी हस्तिशाला एवं तुरंगशाला (मन्दुरा) प्रथम कक्ष्या में ही वर्तमान थीं। बौद्ध ग्रन्थों में भी कक्ष्याओं के महत्त्वपूर्ण वर्णन प्राप्य हैं। उदाहरणार्थ सौन्दरनन्द में कपिलवस्तु के राजप्रासाद की कक्ष्याओं को सुविशाल कहा गया है। द्वार पर खड़े गौतम बुद्ध से मिलने के निमित्त राजमहल के भीतर से जब नन्द चलते हैं, उस समय शीघ्र न पहुँच पाने के कारण कक्ष्याओं की विशालता को वे धिक्कारते हैं।[6]

---

1. ''कृतयज्ञैश्च विद्वद्भिरग्निहोमपरैः सदा।
वर्जिताकार्यकरणैः दानशीलैर्दयापरैः॥
अधर्मभीरुभिः सर्वैः सर्वलोकजिगीषुभिः॥''
—महाभारत, आदि पर्व, अध्याय 96, श्लोक 58-59।

''संस्तूयमानो ···· सूतमागधवन्दिभिः।'' —वही, आदि पर्व, अध्याय 96, पंक्ति 120।

2. ''एतस्मिन्नगरमध्ये तु राजवेश्मप्रतिष्ठितम्।''
—महाभारत, आदि पर्व, अध्याय 96, पंक्ति 122।

3. ''नवभागे ···· वा कारयेत्।''
—अर्थशास्त्र, पृष्ठ 55 (शास्त्री)।

4. पाणिनिकालीन भारतवर्ष, पृष्ठ 143।

5. ''स कक्ष्या धन्वभिर्भुप्रस्तिस्रोऽतिक्रम्य वाजिभिः।
पदातिपरे कक्ष्ये द्वे जगाम नरोत्तमः॥''
—रामायण, अयोध्याकाण्ड; 17, 20।

6. ''प्रासादसंस्थो भगवन्तमन्तः प्रविष्टमश्रौषमनुग्रहाय।
अपस्त्वरावानहमभ्युपेतो गृहस्यकक्ष्यामहतोऽभ्यसूयन्॥''
—सौन्दरनन्द; 6, 8।

वाल्मीकि के रामायण में अयोध्या के राजप्रासाद की उच्चता का उल्लेख किया गया है। काव्यात्मक वर्णन करते हुए दशरथ के राजमहल को कैलास की चोटी की भाँति उच्च (कैलास-शृंगाभम्)[1] अथवा शिखर-तुल्य उत्तुंग (शिखरप्रख्यम्)[2] निर्दिष्ट किया गया है। सम्राट् के व्यक्तिगत प्रयोग के कमरे ऊपरी मंजिल पर बने होते थे। रामायण के अनुसार दशरथ से मिलने के अभिप्राय से वशिष्ठ एवं राम सीढ़ियों (सोपान) से चढ़कर ऊपर गये थे।[3] बौद्ध ग्रन्थों के अनुसार राजमहल के सबसे ऊपरी मंजिल के ऊपर 'कूटागार' निर्मित होता था। पालि साहित्य में इस शब्द का बहुशः उल्लेख प्राप्य है। यह एक आयताकार हवादार कमरा होता था, जो प्रासाद की सबसे ऊपरी मंजिल की छत पर बना होता था। कूटागार की छत दक्षिणी भारतवर्ष के बौद्ध चैत्य-मन्दिरों के छत के तुल्य हुआ करती थी। साँची एवं भरहुत की कला में कूटागार का अंकन किया गया है। सुमंगलविलासिनी में 'हर्म्यकूटागार' तथा 'प्रासादकूटागार' का उल्लेख प्राप्य है।[4]

गृह-सन्निवेश

महाभारत एवं रामायण में गृहनिर्माण-संबंधी काव्यात्मक एवं आलंकारिक वर्णन प्राप्त होते हैं। रामायण में अयोध्या की ध्वजायुक्त उत्तुंग अट्टालिकाओं के विवरण प्राप्य हैं।[5] हरिवंश के अनुसार मथुरा के श्रेष्ठ एवं उत्तुंग प्रासादों में मीनार (अट्टालक) सुशोभित थे।[6] महाभारत में इन्द्रप्रस्थ के पाण्डु वर्ण के महलों का वर्णन मिलता है।[7] इस ग्रन्थ के शान्ति पर्व में द्वारका के भवनों की चोटियों को अमृत-तुल्य धवल निर्दिष्ट किया गया है।[8] महाभारत के आदि पर्व में पाण्डुभवनों से सुशोभित द्वारका की उपमा चमकते हुए आकाश तथा गृह-शृंगों की उपमा गिरि-शिखरों से बाँधी गयी है।[9] इस ग्रन्थ के अनुसार कैलास पर्वत के शिखरों के तुल्य गोपुरों द्वारा हस्तिनापुर सुशोभित था।[10] उपर्युक्त वर्णन कवि द्वारा देखे गये किसी सत्य

---

1. "स तं कैलासशृंगाभं प्रासादं रघुनन्दन।
आरुरोह नृपं द्रष्टुं सहसा तेन राघव॥"
—रामायण, अयोध्याकाण्ड, सर्ग 3, पंक्ति 72-73।
2. "सिताभ्रशिखरप्रख्यं प्रासादमधिरुह्य च।
समीयाय नरेन्द्रेण शक्रेणेव बृहस्पतिः॥"
—वही, अयोध्याकाण्ड, सर्ग 5, श्लोक 22।
3. रामायण, अयोध्याकाण्ड।
4. सुमंगलविलासिनी, 1, पृष्ठ 309।
5. रामायण, बालकाण्ड, सर्ग 5, पंक्ति 22।
6. "अट्टालकेयूरा प्रासादवरकुण्डला।"
—हरिवंश, हरिवंशपर्व, अध्याय 54, 59।
7. "विरोचमानं विविधैः पाण्डुरैर्मवनोत्तमैः।"
—महाभारत, आदि पर्व, अध्याय 199, पंक्ति 68।
8. "सुधापाण्डुशृंगैश्च।"
—वही, आदि पर्व, अध्याय 227, पंक्ति 39।
9. "रत्नसानुमहाशृंगैः सर्वरत्नसमन्वितैः।"
—वही, सभापर्व, अध्याय 57, श्लोक 20।
10. "कैलासशिखराकारैर्गोपुरैः समलंकृताम्।"
—वही, आदि पर्व, अध्याय 96, पंक्ति 112।

पर आधारित हैं, जिसके अनुसार इस समय के महानगर भव्य नागरिक शालाओं द्वारा सुशोभित थे। वाल्मीकि के रामायण में अयोध्या के 'विमान-गृहों' का वर्णन प्राप्य है।[1] 'विमान' शब्द से तात्पर्य यहाँ पर प्रासाद-मंजिलों से है। इस ग्रन्थ में प्रासादों के मंजिलों की उत्तुंगता की ओर लक्ष्य कर उन्हें पर्वताकार कहा गया है (पर्वतैरिव शोभिताम्)[2]। हरिवंश में द्वारका के भवनों की विशालता एवं ऊँचाई का आलंकारिक वर्णन करते हुए कहा गया है कि उनके कारण द्रष्टा को चारु मेघों द्वारा सुशोभित आकाश-मण्डल का स्मरण हो आता था।[3] महाभारत के अनुसार इस नगर के कान्तियुक्त भवन संगीत से प्रतिध्वनित एवं पताकाओं से युक्त थे।[4]

बौद्ध साहित्य में कहीं अधिक प्रामाणिक एवं शुद्ध सूचनाएँ, तत्कालीन गृह-निर्माण-पद्धति के विषय में उपलब्ध होती हैं। इस कोटि के ग्रन्थों से ज्ञात होता है कि उस समय के भवन 'चतुःशालगृह' के दृष्टान्त थे। इनमें केन्द्रीय आँगन, चारों ओर बरामदे, पीछे गलियारे एवं कमरे, मर्दाना बैठका एवं बाहर के बरामदे आदि सुव्यवस्थित ढंग से निर्मित थे। इनका एक मुख्य प्रवेश-द्वार होता था। धनिक नागरिकों के गृहों में वहाँ द्वारपाल भी नियुक्त होता था। गृह-प्रांगण में प्रवेश-द्वार के समक्ष एक चबूतरा बना रहता था, जिसे 'अलिन्द' कहते थे। बरामदे स्तम्भ-युक्त हुआ करते थे। हस्तिमुख की शीर्षाकृति से युक्त (हत्थिनखकं) स्तम्भों के उल्लेख जातकों में प्राप्य हैं। भीतरी कमरे चौकोर (चतुरस्सगब्भ), आयताकार (दीघगब्भ) अथवा कभी-कभी पालकी की आकृति के तुल्य भी हुआ करते थे जिनके दोनों सिरे कुछ झुके होते थे (शिविकागब्भ)।

रिज डेविड्स एवं ओल्डेबर्ग की यह अवधारणा कि महाजनपदकालीन गृहों में खिड़कियों का अभाव था, सर्वथा भ्रान्तिमूलक है। नागरिक शालाओं में खिड़कियों के निर्माण की परम्परा सैन्धव सभ्यता-काल से ही चली आ रही थी। बौद्ध साहित्य में खिड़कियों के लिए 'वातपान' शब्द आता है, जो संस्कृत के 'वातायन' शब्द का समानार्थी है। ललितविस्तर में 'गवाक्ष' शब्द का प्रयोग खिड़की के निमित्त हुआ है।[5] बौद्ध ग्रन्थों के अनुसार वातपान (वातायन) तीन कोटि के हुआ करते थे—(1) वेदिका वातपान, (2) जालक वातपान एवं (3) सालक वातपान। प्रथम कोटि की खिड़की अधिक लोकप्रिय थी। इसमें छज्जा बना होता था तथा सुविधा की दृष्टि से यह कठघरे से युक्त हुआ करता था। जालक का शाब्दिक अर्थ फन्दा होता है। परन्तु यहाँ पर जालक से तात्पर्य गवाक्ष अथवा खिड़की से है। जालक वातपान में लोहे की जाल बिठायी जाती थी (जालवदधं)। साल एक प्रकार का वृक्ष था। यह शब्द चहारदीवारी या परकोटे के अर्थ में भी प्रयुक्त हुआ करता था। यह लकड़ी की जाल से ढका होता था तथा इसमें कठघरा एवं छज्जा भी हुआ करता था। वातपानों (वातायनों) की आकृतियाँ कार्ले, भाजा, नासिक एवं अजन्ता की बौद्ध कला में उत्कीर्ण हैं। बौद्ध ग्रन्थों में तीन प्रकार के सोपानों के भी वर्णन प्राप्य हैं; उदाहरणार्थ प्रस्तर-निर्मित सोपान,

---

1. ''सर्वरत्नसमाकीर्णा विमानगृहशोभिताम्।''
—रामायण, बालकाण्ड, सर्ग 5, पंक्ति 30।

2. ''प्रासादैः रत्नविकृतैः पर्वतैरिव शोभिताम्।'' —वही, बालकाण्ड, सर्ग 5, पंक्ति 27।

3. ''ददृशे द्वारका चारुमेघघौरिव संवृता।''
—हरिवंश, विष्णु पर्व, अध्याय 98, पंक्ति 75।

4. ''गीतघोषमहाघोषैः प्रासादप्रवरैः शुभा।''
—महाभारत, सभापर्व, अध्याय 57, पंक्ति 34।

5. ललितविस्तार, अध्याय 3।

ईंटों का सोपान एवं लकड़ी की सीढ़ी। सुविधा की दृष्टि से इनके दोनों ही किनारों पर कठघरे भी हुआ करते थे। चुल्लवग्ग में इसे 'आलम्बबाहु' (बाँहों का सहारा) कहा गया है।

इस समय सम्भवतः तहखानों के भी निर्माण की परम्परा प्रारम्भ हो गयी थी। पालिग्रन्थों में राजप्रासादों एवं नागरिक शालाओं के वर्णन-प्रसंग में 'गुहा' शब्द का उल्लेख प्राप्य है। यह शब्द सामान्यतया गुफा या कन्दरा अथवा छिपने के स्थान के रूप में प्रयुक्त होता था। परन्तु बौद्ध साहित्य में गृह-स्थापत्य के सन्दर्भ में प्रयुक्त इस शब्द से वास्तविक तात्पर्य भूगर्भ में निर्मित प्रकोष्ठों (तहखानों) से है। बौद्ध ग्रन्थों में चार प्रकार की गुहाओं के निरूपण प्राप्य हैं—(1) इट्ठकगुहा, (2) सिलागुहा, (3) दारुगुहा एवं (4) पांसुगुहा। इट्ठकगुहा से तात्पर्य उस भूगर्भ-प्रकोष्ठ से हो सकता था; जिसकी दीवालों, फर्श एवं छत पर ईंटों की चुनाई की गयी थी। इसी प्रकार सिलागुहा से भाव उस तहखाने से हो सकता है, जिसमें भित्तियों आदि पर प्रस्तर-खण्ड चुने गये होंगे। तृतीय कोटि (दारुगुहा) में सम्भवतः गढ़े हुए काष्ठ की बल्लियाँ एवं तख्ते बिठाये जाते थे। पांसु-गुहा में प्रकोष्ठ की दीवालों एवं छत तथा फर्श को समतल एवं स्वच्छ कर कच्चा छोड़ा गया होगा।

पालिग्रन्थों में प्रासाद-मंजिल को 'उपरिप्रासाद' कहा गया है, जिसका अंकन साँची की बौद्ध कला में देखने को मिलता है। जातकों में 'द्विभूमिकपासाद' (दुमंजिला) एवं तिभूमिक-पासाद' (तिमंजिला) के वर्णन मिलते हैं। यहाँ तक कि 'षडभूमिक-पासाद' (छह मंजिला) एवं 'सतभूमिकपासाद' (सतमंजिला) के भी सन्दर्भ उनमें उपलब्ध हैं। 'सतभूमिकपासाद' से रिज डेविड्स को भ्रम हो गया था कि उनके निर्माण की अवधारणा काल्डिया, बैबीलोनिया एवं असीरिया के 'जिग्गुरत' से अपनायी गयी होगी, जो सात मंजिलों से युक्त हुआ करते थे। उल्लेखनीय है कि यह मत वास्तविक तथ्यों पर अनाधारित है। जिग्गुरत का स्थापत्य विभिन्न था। यह एक प्रकार की प्रयोगशाला हुआ करती थी, जो नक्षत्रों की गतिविधि के अध्ययनार्थ निर्मित थी। उनका आकार यत्किंचित् मीनारों के तुल्य हुआ करता था। इसके प्रतिकूल भारतीय 'सतभूमिकपासाद' महलों के रूप में हुआ करता था, जिसके निर्माण का उद्देश्य एकमात्र निवास संबंधी था। अनेक मंजिलोंवाले प्रासादों के रूप साँची एवं भरहुत की बौद्ध कलाओं में उत्कीर्ण हैं। इनकी वास्तुशैली जिग्गुरत की निर्माणशैली से स्पष्टतया पृथक् है। बौद्ध ग्रन्थों में 'प्रासाद-तल' एवं 'प्रासाद-भूमि' शब्दों के अनेकत्र उल्लेख उपलब्ध होते हैं। इनसे अभिप्राय विशाल एवं उत्तुंग अट्टालिकाओं के मंजिलों से है। ललितविस्तर में 'प्रासादभूमि' के सन्दर्भ में कूटागार (सबसे ऊपरी मंजिल पर स्थित विशाल कक्ष), गवाक्ष (वातायन) एवं निर्मूह (मीनार) के भी उल्लेख मिलते हैं। इससे स्पष्ट है कि विशाल प्रासाद शिखर-युक्त हुआ करते थे।

बौद्ध धर्म से संबंधित समस्त नगरों में इस समय विहार वर्तमान थे। ये भवन संघाराम के रूप में थे, जिनकी निर्माण-शैली चतुःशालगृहों के तुल्य थी। इनका निर्माण ईंटों द्वारा हुआ था। इनमें केन्द्रीय स्थान पर खुला आँगन हुआ करता था, जिसके चतुर्दिक् बरामदे बने होते थे। इन सभी बरामदों के पीछे भिक्षुओं के निवास-निमित्त कोठरियाँ बनी थीं, जिनमें उनके प्रयोग के अभिप्राय के आसनों का निर्माण हुआ था। बौद्ध साहित्य में घोषिताराम, कुक्कुटाराम एवं कालकाराम आदि कई विहारों का उल्लेख हुआ है, जो बुद्ध के जीवन से संबंधित थे। हाल के उत्खननों द्वारा इस कोटि के कतिपय संघारामों के अवशेष प्रकाश में लाये गये हैं, जिनके आधार पर इनके स्थापत्य के विषय में व्यावहारिक परिचय प्राप्त होता है।

तत्कालीन साहित्य (विशेषतः बौद्ध ग्रन्थों) में गृहों में प्रयुक्त चारपाइयों, आसन एवं कुर्सियों के भी उल्लेख यत्र-तत्र प्राप्य हैं। सामने के बरामदे अथवा गृह-वाटिका में बैठने के निमित्त आरामदेह आसन

(भद्रपीठम्) निर्मित थे। धनिक नागरिकों के बैठकखानों में तकियेदार आरामकुर्सी (आसन्दी) अथवा तिपाई (पीठिका) एवं बड़े आसनों (सत्तंगों) का प्रबन्ध था। बौद्ध साहित्य के पल्लंक (संस्कृत पल्यंक) से तात्पर्य बड़ी चारपाइयों से है, जो तत्कालीन रईसों के प्रयोग में आती थीं। आधुनिक पलँग शब्द इसी पल्लंक शब्द से उद्भूत है। उपर्युक्त उदाहरणों से स्पष्ट है कि स्थापत्य के क्षेत्र में महाजनपद-काल सर्वांगीण विकास का युग था। तत्कालीन महानगर, प्रासाद, अट्टालिकाएँ एवं संघाराम इस युग के कलाकारों के हस्तलाघव के ज्वलन्त प्रतीक थे।

❑❑❑

अध्याय-5

मौर्यकालीन कला

प्रारम्भिक मौर्य काल

शिल्प-महत्त्व

वास्तुशास्त्र के विकास के इतिहास में मौर्य-काल को महत्त्वपूर्ण युग के रूप में हम ग्रहण कर सकते हैं। इस राजवंश का संस्थापक चन्द्रगुप्त मौर्य विलक्षण प्रतिभा से सम्पन्न था। साम्राज्य-निर्माता एवं प्रशासकीय गुणों से युक्त होने के अतिरिक्त वह कला एवं स्थापत्य के विकास का उन्नायक भी था। इस तथ्य का प्रतिबिम्ब यूनानी राजदूत मेगस्थनीज के विवरण एवं कौटिल्य के अर्थशास्त्र के विविध उल्लेखों में भी प्राप्य है। मौर्य-युग में कारीगरों (कारु) एवं शिल्पियों को अत्यधिक राजकीय प्रश्रय प्राप्त था। कौटिल्य लिखता है कि कोई भी नागरिक किसी भी शिल्पी के व्यावसायिक प्रतिभा (कर्मगुण), आजीविका (आजीव), उनके द्वारा निर्मित वस्तुओं के क्रय-विक्रय अथवा उनकी संस्थाओं के सामूहिक विकास (सम्भूय-समुत्थान) को क्षति (उपघात) पहुँचाने की चेष्टा करे, तो ऐसे व्यक्ति को कम-से-कम एक सहस्त्र मुद्राओं के दण्ड (सहस्त्रं दण्डः) का निर्धारण किया जाय।[1] मेगस्थनीज लिखता है कि यदि कोई व्यक्ति किसी कारीगर के कार्य अथवा उसकी आमदनी एवं व्यवसाय में बाधा पहुँचाने का प्रयास करता था, तो उसे अंगच्छेद की सजा दी जाती थी। यदि वह उसे किसी प्रकार की शारीरिक क्षति पहुँचाने की चेष्टा करता था, तो राज्य उसे प्राणदण्ड भी देता था।[2] इस कथन से स्पष्ट है कि मौर्यकालीन समाज में शिल्पियों का स्थान समादरणीय था। वह अपनी उपयोगिताओं के कारण राजपूजित, नगरपूजित एवं जनपदपूजित भी था। मेगस्थनीज ने पाटलिपुत्र की नगर-सभा की एक ऐसी समिति का उल्लेख किया है, जिसका कार्य कला एवं शिल्प का समुचित निरीक्षण एवं उनके विकास का यथेष्ट प्रयत्न करना था।[3]

विकास-लक्षण

मौर्यकालीन स्थापत्य की प्रगति स्वयं मेगस्थनीज के ही उल्लेखों से स्पष्ट है। चन्द्रगुप्त मौर्य की राजधानी पाटलिपुत्र के विषय में वह लिखता है कि वह साढ़े नव मील लम्बा एवं पौने दो मील चौड़ा

---

1. ''कारुशिल्पिनां कर्मगुणापकर्षमाजीवं विक्रयं क्रयोपद्यातं वा सम्भूय समुत्थापयतां सहस्त्रं दण्डः'';
अर्थशास्त्र, प्रकरण 76।

2. मेक्रिण्डिल, मेगस्थनीज़ एण्ड एरियन, खण्ड 26।

3. वही।

था।[1] इससे स्पष्ट है कि हर्यंक-वंशियों (अजातशत्रु एवं उदायी) द्वारा स्थापित यह नगर चन्द्रगुप्त मौर्य के शासनकाल में भारतवर्ष के महानगर के रूप में परिवर्तित हो उठा था। इसकी ख्याति अन्तर्राष्ट्रीय रूप धारण कर चुकी थी। इस समय भारतीय अभियन्ताओं ने अपेक्षाकृत अधिक विशाल जन-सन्निवेशों का निर्माण प्रारम्भ कर दिया था। कौटिल्य हमारे देश का प्रथम लेखक है, जिसने पुरभूमि के वितरण (वास्तुविभाग) की एक विस्तृत योजना निर्धारित की थी।[2] इससे लगता है कि हमारे देश के अभियन्ता अधिक प्रौढ़ एवं परिपक्व हो चुके थे। विशालतर नगरों की स्थापना के कारण पुर-जनसंख्या का विस्तार स्वाभाविक ही था। मेगस्थनीज का विवरण नगर-जनसंख्या की सरकारी लेखा का प्रथम ऐतिहासिक प्रमाण है। वह लिखता है कि पाटलिपुत्र की नगर-सभा में एक ऐसी समिति थी, जो इस मौर्य-राजधानी की जनसंख्या का हिसाब अपने खातों में सुरक्षित रखती थी। पुर में घटित जीवन एवं मरण का विस्तृत ब्यौरा इसके कार्यालय में दर्ज रहता था। इसके कर्मचारी इस बात के लिए सतर्क रहते थे कि इस संबंध में कोई भी तथ्य राजकीय खातों में छूटने न पाये।[3]

कौटिल्य ने अपने विश्रुत अर्थशास्त्र नामक ग्रन्थ में जनगणना-कार्यालय का उल्लेख किया है। उन्होंने दो कर्मचारियों के कार्यों का वर्णन भी किया है, जो जनगणना के सही विवरण-निमित्त उत्तरदायी थे—(1) गोप तथा (2) स्थानिक। समस्त पुर दस, बीस अथवा चालीस कुलों के हिसाब से मण्डलों में विभक्त कर दिया जाता था। गोप अपने मण्डल के प्रत्येक परिवार के सदस्यों की जाति, गोत्र, नाम एवं व्यवसाय का पूर्ण विवरण अपने खाते में दर्ज करता था।[4] स्थानिक जनगणना का सर्वप्रमुख कर्मचारी था। उसके कार्यालय में समस्त पुर की जनसंख्या का हिसाब सुरक्षित रहता था।[5] इस अधिकारी को पुर से बाहर से आनेवाले व्यक्तियों का भी नाम एवं पता सुरक्षित रखना पड़ता था। धर्मशालाओं के संचालक उनमें रुकने-वाले यात्रियों का नाम तथा पता आदि पूर्ण विवरण जनसंख्या के प्रमुख कार्यालय में भेजते थे।[6] नागरिकों को भी अपने अतिथियों की सूचना जनसंख्या के अधिकारियों के पास भेजनी पड़ती थी।[7] यह व्यवस्था नगर-निर्माण के विकास का वास्तविक रूप हमारे समक्ष उपस्थित करती है।

मापन का स्वरूप

कौटिल्य के अर्थशास्त्र मे उल्लिखित पुरनिर्माण-पद्धति, वस्तुतः चन्द्रगुप्त मौर्य की राजधानी पाटलिपुत्र के विन्यास पर प्रकाश डालती है। कौटिल्य ने नगर-सन्निवेश के सन्दर्भ में परिखा (खाईं), वप्र (रैम्पर्ट), प्राकार (परकोटा), अट्टालक (बुर्ज) एवं गोपुर (पुरद्वार) आदि का स्पष्ट उल्लेख किया है। कौटिल्य ने तीन परिखाओं द्वारा पुर को परिवेष्टित करने का उल्लेख किया है। वे एक-दूसरे से एक दण्ड अर्थात्

---

1. मेक्रिण्डिल, मेगस्थनीज़ एण्ड एरियन, खण्ड 25।
2. अर्थशास्त्र, पृष्ठ 55 (शास्त्री)।
3. मेक्रिण्डिल, मेगस्थनीज़ एण्ड एरियन, खण्ड 27।
4. ''दशकुली गोपो विंशतिकुलीं चत्वारिंशत्कुलीं वा। स तस्यां स्त्रीपुरुषाणां जातिगोत्रनामकर्मभिः जंघाग्रमायव्ययो विद्यात्''; अर्थशास्त्र, प्रकरण 56।
5. ''एवं दुर्गचतुर्भागं स्थानिकश्चिन्तयेत्''; वही, प्रकरण 56।
6. वही, प्रकरण 56।
7. वही, प्रकरण 56।

6 फीट की दूरी पर निर्मित थीं।[1] यहाँ पर लेखक का तात्पर्य परिखा के तीन प्रकारों से है—जल-परिखा; शुष्क परिखा एवं कर्दम परिखा (दलदल से भरी खाईं)। कौटिल्य के अनुसार परिखा के मूल (अर्थात् निचले भाग) तथा उसकी दीवालों में या तो ईंटों की चुनाई की जाय अथवा पाषाण-खण्ड जड़ दिये जायँ।[2] मेगस्थनीज ने पाटलिपुत्र की जल-परिखा का उल्लेख किया है (द्रष्टव्य चित्र संख्या-1)। उसके अनुसार इसमें पकी ईंटें लगायी गयी थीं।[3] वह लिखता है कि यह 600 फीट चौड़ी एवं 15 फीट गहरी थी।[4] नगर-परिखा की गहराई के विषय में मेगस्थनीज का यह कथन विचारणीय हो जाता है। पाणिनि के एक सूत्र के उदाहरण में काशिका में परिखा की गहराई 'त्रिपुरुषी' (तीन पुरुसा) बतायी गयी है। इस कथन से स्पष्ट है कि परिखा की गहराई को नापने में पुरुष अथवा पुरुसा नामक माप का प्रयोग किया जाता था। अर्थशास्त्र में परिखा की गहराई को नापनेवाले इस माप को 'खातपौरुष' कहा गया है। इस ग्रन्थ में 'खातपौरुष' को 84 अंगुल (5 फीट 3 इंच) लम्बा निर्दिष्ट किया गया है। इस प्रकार 'त्रिपुरुषी परिखा' की गहराई 15 फीट 9 इंच निर्धारित होती है। इससे एवं मेगस्थनीज के उक्त साक्ष्य से लगता है कि परिखा की आदर्श गहराई लगभग 15 फीट हुआ करती थी। कौटिल्य ने जल-परिखा को 'पद्मवती' (कमलयुक्त) निर्दिष्ट किया है।[5] इससे अभिव्यञ्जित होता है कि पाटलिपुत्र की खाईं के जल में कमल उगे हुए थे। कौटिल्य ने जल-परिखा में घड़ियालों को छोड़ने का उल्लेख किया है, जिससे शत्रु उसे सरलतापूर्वक पार न कर सकें। इस प्रकार की परिखा को उन्होंने 'ग्राहवती परिखा' कहा है।[6]

परिखा-निर्माण के समय खोदी गयी मिट्टी इसके किनारे लगभग 4 दण्ड (24 फीट) की दूरी पर एकत्र की जाती थी।[7] इसके ऊपर हाथी एवं बैलों को चलवाकर मिट्टी को भली-भाँति बैठा दिया जाता था।[8] इस प्रकार जो टीला प्रस्तुत होता था, उसे अर्थशास्त्र में 'वप्र' कहा गया है।[9] इस ग्रन्थ के अनुसार इसके किनारों पर कँटीली एवं विषैली झाड़ियाँ लगाकर उसे शत्रुओं के लिए अगम्य बना देने की चेष्टा की जाती थी।[10] वप्र-निर्माण के समय बाँस-बल्ली आदि की पाड़ बाँधने से जो छेद (वास्तुच्छिद्र) छूट जाते थे, उन्हें अलग मिट्टी से भर दिया जाता था।[11] इस प्रकार जो वप्र तैयार होता था, वह अर्थशास्त्र के अनुसार

---

1. ''तस्य परिखास्तिस्रो दण्डान्तराः कारयेत्'';
अर्थशास्त्र (यौली), भाग 1, पृष्ठ 31।
2. ''पाषाणेष्टकाबद्धपार्श्वा वा'';
अर्थशास्त्र (शास्त्री-सम्पादित), पृष्ठ 51।
3. मेक्रिण्डिल, खण्ड 26।
4. वही, खण्ड 26।
5. अर्थशास्त्र (शास्त्री-सम्पादित), पृष्ठ 51।
6. वही, पृष्ठ 51।
7. ''चतुर्दण्डावकृष्टं परिखायाः ···· वप्रं कारयेत्'';
अर्थशास्त्र, पृष्ठ 51 (शास्त्री)।
8. ''हस्तिभिर्गोभिश्च क्षुण्णम्''; वही, पृष्ठ 51 (शास्त्री)।
9. ''खातद्वप्रं कारयेत्''; वही, पृष्ठ 51 (शास्त्री-सम्पादित)।
10. कंटकगुल्मविषवल्लीप्रतानवन्तम्'';
वही, पृष्ठ 51 (शास्त्री-सम्पादित)।
11. ''पांसुविशेषेण वास्तुच्छिद्रं वा पूरयेत्'';
वही, पृष्ठ 52 (शास्त्री-सम्पादित)।

6 दण्ड (36 फीट) ऊँचा तथा 12 दण्ड (72 फीट) चौड़ा होता था।[1]

यही 'वप्र' नगर के प्राकार (परकोटे) का आधार होता था। कौटिल्य ने स्पष्ट शब्दों में कहा है कि वप्र के ऊपर प्राकार का निर्माण किया जाय (वप्रस्योपरि प्राकारम्)।[2] अर्थशास्त्र के अनुसार नगर के परकोटे को अधिकाधिक ऊँचा बनाया जाय, ताकि शत्रु उसे पार न कर सकें। सुदृढ़ता लाने के निमित्त उसमें ईंटों की चुनाई की जाय। इस प्रकार के परकोटे को कौटिल्य ने 'ऐष्टक प्राकार' कहा है।[3] कौटिल्य के अनुसार पुर के बाहर की भूमि में अरियों से सुरक्षा-निमित्त गड्ढे बना दिये जायँ एवं कँटीली झाड़ियाँ उगा दी जायँ। गतिविधि के अवरोध-निमित्त यथास्थान थूहे भी खड़े कर दिये जायँ।[4] अर्थशास्त्र से विदित होता है कि प्राकार की चोटी पर नगर की सुरक्षा के निमित्त आक्रमणकारी यन्त्र सुरक्षित किये जायँ; उदाहरणार्थ—पाषाण (पत्थरों के टुकड़े), कुद्दाल (कुदार), कुठारी (कुठार), मुसृष्ठि (मूसर), मुद्‌गर (मुगदड़), दण्ड (डंडा), शतघ्नी (सैकड़ों को मारनेवाला यन्त्र) तथा अग्निसंयोग (अग्निबाण)।[5]

कौटिल्य के अनुसार नगर-प्राकार में चारों ही दिशाओं में समान दूरी पर 'अट्टालक' (बुर्ज) बनाये जायँ।[6] उनका मत है कि दो अट्टालकों के बीच तीस दण्ड (180 फीट) की दूरी वांछनीय है।[7] मेगस्थनीज लिखता है कि पाटलिपुत्र के मुख्य परकोटे में 570 बुर्ज बने हुए थे।[8] इससे आभास होता है कि चन्द्रगुप्त मौर्य की राजधानी पाटलिपुत्र के प्रधान प्राकार की परिधि (180 फीट = 60 गज × 570) 34200 गज (20 मील) के लगभग रही होगी। इसकी सम्पुष्टि एक दूसरे रूप में हो जाती है। मेगस्थनीज के अनुसार पाटलिपुत्र का नगर 9½ मील लम्बा एवं 1¾ मील चौड़ा था।[9] इस गणना के आधार पर मौर्य-राजधानी के घेरे का विस्तार (9½ + 1¾ + 9½ + 1¾ मील) 22½ मील के लगभग निर्धारित होता है। उपर्युक्त दोनों स्वतंत्र गणनाओं के आधार पर पाटलिपुत्र की मौर्यकालीन विस्तार अथवा सम्पूर्ण घेरा 20 मील या 22½ मील के आसपास ही रहा होगा। यह पुर अपने युग का सबसे विशाल पुर था। मेगस्थनीज के अनुसार पाटलिपुत्र का आकार समान्तर चतुर्भुज के तुल्य था।[10] इससे लगता है कि इस महानगर का खाका

---

1. ''षड्दण्डोच्छ्रितमवरुद्धं तद्विगुण विषकम्भम्'';
   अर्थशास्त्र, पृष्ठ 52 (शास्त्री-सम्पादित)।
2. वही, पृष्ठ 52 (शास्त्री-संस्करण)।
3. वही, पृष्ठ 52 (शास्त्री-संस्करण)।
4. ''बहिर्जानुभंगिनीं त्रिशूलकूटवयातकण्टकम्प्रतिसराहिपृष्ठतालपत्र-श्रृंगाटकश्वदंष्ट्रार्गलोपस्कन्दपादुकाम्बरीषोदयानकैः छन्नपथं कारयेत्''; वही, पृष्ठ 52 (शास्त्री-संस्करण)।
5. ''तासुपाषाणकुद्दालकुठारीकाण्डकल्पनाः।
   मुसृष्ठिमुद्गरा दण्डचक्रयन्त्रशतघ्नयः॥
   कार्याकार्मारिकाश्शलावेधनाग्राश्चवेणकः।
   उष्ट्रग्रीव्याऽग्निसंयोगाः कुप्यकुल्पे च योऽवधिः॥''
   अर्थशास्त्र, पृष्ठ 54 (शास्त्री-संस्करण)
6. वही, पृष्ठ 52 (शास्त्री-सम्पादित)
7. ''त्रिंशद्दण्डान्तरं च द्वयोरट्टालकयोर्मध्ये''
   वही, पृष्ठ 52 (शास्त्री-संस्करण)
8. मेक्रिण्डिल, मेगस्थनीज, खण्ड 26 ।
9. मेक्रिण्डिल, वही, खण्ड 26 ।
10. मेक्रिण्डिल, वही, खण्ड 26 ।

नगरमहापालिका के कार्यालय में वर्तमान था, जिस पर यूनानी लेखक का उक्त कथन आधृत रहा होगा। यहाँ पर एक विशेष तथ्य विचारणीय हो जाता है।

मेगस्थनीज के अनुसार इस पुर के चतुर्दिक् एक लकड़ी की चहारदीवारी (Timber Palisade) थी।[1] मौर्य-युग के पहले से ही उत्तर-पूर्व भारत के नगरों में 'साल-मेखला' (साल वृक्षों की चहारदीवारी) बनी होती थी। इस संबंध में विचारणीय है कि वाल्मीकि के अनुसार अयोध्या के चतुर्दिक् 'सालमेखला' वर्तमान थी।[2] अवध से लेकर मगध क्षेत्र में अब भी साल वृक्ष प्रचुर रूप में उगे हुए देखे जा सकते हैं। गोरखपुर के सीमान्त पर आधुनिक कुसुमी जंगल में साल वृक्षों (सेखुआ) का बाहुल्य है। इसकी लकड़ी काफी मजबूत होती है तथा गृह-निर्माण में (धरन, बल्ली एवं दरवाजे आदि के निर्माण में) यह अत्यन्त उपयोगी सिद्ध होती है। लगता है कि 'सालमेखला' को ही मेगस्थनीज ने भूल से 'टिम्बर पैलीसेड' कह दिया, जिसे विद्वानों ने लकड़ी की चहारदीवारी समझ लिया था।[3] कौटिल्य प्रासाद एवं गृह-निर्माण में लकड़ी के प्रयोग के विरुद्ध था, क्योंकि इसमें आग शीघ्र लग जाती है। विचारणीय है कि चन्द्रगुप्त मौर्य अपने ही अमात्य की मंत्रणा के विरुद्ध अपनी ही राजधानी को लकड़ी की चहारदीवारी से क्यों परिवेष्टित करता? वस्तुस्थिति यह थी कि अयोध्या के तुल्य पाटलिपुत्र के भी चतुर्दिक् एक 'साल-मेखला' विद्यमान रही होगी, जिसे मेगस्थनीज ने भ्रमवश 'टिम्बर-पैलीसेड' लिख दिया था।[4] कौटिल्य का मत है कि राजधानी के चारों ओर वन उगा (वनदुर्ग) दिया जाय। 'सालमेखला', 'वनदुर्ग' की परम्परा में आती थी। कौटिल्य ने प्राकार-निर्माण के प्रसंग में 'छन्नपथ' के निर्माण का निर्देश किया है। छन्न शब्द का अर्थ छिद्र भी होता है। अतएव छन्नपथ से तात्पर्य सुरंग से लगता है। इससे लगता है कि आपत्ति-काल में किले के बाहर एवं भीतर आने-जाने के निमित्त गुप्त पथ भी बना रहता था। अतएव दुर्ग में सुरंग-निर्माण की प्राचीनता मौर्य-काल में निर्दिष्ट की जा सकती है।

कौटिल्य के मतानुसार नगर-प्राकार में चार विशाल द्वार खोले जायँ। इस प्रकार के द्वार के निमित्त उनके ग्रन्थ (अर्थशास्त्र) में 'गोपुर' शब्द का प्रयोग मिलता है। उनका निर्देश है कि इनमें से प्रत्येक हर प्रधान दिशा में निर्मित होना चाहिए। इस प्रकार के चारों द्वारों को उन्होंने ब्राह्म द्वार, ऐन्द्र द्वार, याम्य द्वार तथा सेनापत्य द्वार कहा है।[5] ब्राह्म द्वार से तात्पर्य उत्तरी द्वार से है, क्योंकि इस लेखक ने ब्राह्मणों का निवास-स्थान तथा ब्रह्मा के मन्दिर की स्थापना उत्तर दिशा में श्रेयस्कर माना है। ऐन्द्र द्वार नगर के पूर्वीद्वार का प्रतिनिधि था, क्योंकि परम्परानुसार इन्द्र पूर्वी दिशा के अधीश्वर माने जाते हैं। याम्य द्वार दक्षिणी द्वार का बोधक था, क्योंकि यम दक्षिणी दिशा का स्वामी है। सेनापत्य द्वार नगर के पश्चिमी द्वार को अभिव्यञ्जित करता है। सम्भव है कि यहाँ पर सेनापति देवता से तात्पर्य वरुण से हो, जो परम्परानुसार पश्चिम के दिग्पाल थे।

इन चार प्रधान द्वारों के अतिरिक्त गौण द्वारों (प्रतोली) के भी खोलने का निर्देश अर्थशास्त्र में प्राप्य है। इनकी संख्या अधिक हुआ करती थी। मेगस्थनीज के अनुसार पाटलिपुत्र के प्राकार में 64 द्वार वर्तमान

---

1. मेक्रिण्डिल, वही, खण्ड 26।
2. रामायण, बालकाण्ड, सर्ग 5, पंक्ति 24।
3. देखिए, मेरा ग्रन्थ 'स्टडीज़ इन ऐंशेंट इंडियन हिस्ट्री एण्ड कल्चर'; पृष्ठ 73-74।
4. वही, पृष्ठ 73-74।
5. ''ब्राह्मैन्द्रयाम्यसेनापत्यानि द्वाराणि'';

—अर्थशास्त्र, पृष्ठ 56 (शास्त्री)।

थे।[1] इनमें से 4 'गोपुर' एवं 60 'प्रतोली' द्वार रहे होंगे। 'गोपुर' आकार में 'प्रतोली' से कई गुना बड़े होते थे। अर्थशास्त्र के अनुसार गोपुर, प्रतोली से छह गुना विशाल होना चाहिए।[2] इस ग्रन्थ में गोपुरों (प्रधान नगर-द्वारों) के शीर्षस्थान पर बुर्ज (अट्टालक) बनाने का निर्देश मिलता है। इसमें सुरक्षा की दृष्टि से प्रहरी नियुक्त होते थे। कौटिल्य के अनुसार प्रत्येक दो 'अट्टालकों' (बुर्जों) के बीच एक 'इन्द्रकोश' हुआ करता था। यह एक प्रकार का कमरा था, जिसमें तीन धनुषधारी पहरेदारों के बैठने के निमित्त व्यवस्था की जाती थी।[3] नगर-प्राकार की ऊँचाई पर 'देवपथ' के भी निर्माण का आदेश उक्त राजनीतिज्ञ द्वारा प्रदान किया गया है। यह देवताओं के मार्ग के रूप में परिकल्पित होता था, जिसकी चौड़ाई आठ हाथ हुआ करती थी।[4]

सुरक्षा-व्यवस्था (परिखा, प्राकार एवं गोपुर तथा अट्टालकों के निर्माण) के उपरान्त राजमार्गों का निर्माण, कौटिल्य के अनुसार, युक्तिसंगत था। उनका मत है कि राजमार्ग (रथ्या, महापथ) उत्तर से दक्षिण तथा पूर्व से पश्चिम एक-दूसरे के समान्तर निर्मित हों। वे इतने चौड़े हों कि उन पर रथ, तुरंग, कुञ्जर एवं मनुष्यों के गमनागमन की पूर्ण सुव्यवस्था सम्भव हो सके। उनके निर्देशानुसार महापथों की चौड़ाई भरसक 4 दण्ड (24 फीट) होनी चाहिए।[5] राजमार्गों के निर्माणोपरान्त नगर-भूमि विभिन्न भागों में इस दृष्टिकोण से विभाजित की जाती थी कि किस भाग में राजप्रासाद का निर्माण होगा तथा किन भागों में मन्त्रियों एवं विभिन्न नागरिक वर्गों के घर बनाये जायँगे।[6]

कौटिल्य के अनुसार नगर का केन्द्रीय भाग राजप्रासाद-निर्माण के निमित्त सबसे उपयुक्त है। यह भूखण्ड सम्पूर्ण पुर-भूमि का नवांश होना चाहिए।[7] यहाँ उल्लेखनीय हो जाता है कि मेगस्थनीज के अनुसार पाटलिपुत्र का राजप्रासाद नगर के केन्द्रवर्ती भाग में बना हुआ था। कौटिल्य का कथन है कि राजप्रासाद के प्रांगण के समीप ही अपराजित, अप्रतिहत, जयन्त, वैजयन्त, शिव, वैश्रवण तथा आश्विन आदि विभिन्न देवताओं के मन्दिर भी बनाये जायँ। इस प्रकार का निर्देश सम्राट् के कल्याण को दृष्टि में रखते हुए किया गया होगा।

कौटिल्य के अनुसार केन्द्रीय भाग के ठीक उत्तरवाले पुर-भाग में राजदेवता एवं नगरदेवता के मन्दिर तथा ब्राह्मणों, मणिकारों एवं लौहकारों के घर बने हों। उसके और उत्तरवाला भाग श्मशान-भूमि के निमित्त निर्दिष्ट किया जाय। केन्द्रीय भाग के दक्षिणवाले भाग में नगर के विशिष्ट पदाधिकारियों एवं सैनिक कर्मचारियों के घर, मदिरा तथा मांस की दूकानें, वेश्याओं तथा गायकों के गृह विद्यमान हों। केन्द्रीय भाग

---

1. मेक्रिण्डिल, मेगस्थनीज, पृष्ठ 66 ।
2. अतोली षट्तुलान्तरं द्वारं कारयेत्'';
   अर्थशास्त्र, पृष्ठ 53 (शास्त्री)।
3. ''त्रिधानुष्काधिष्ठानं ···· इन्द्रकोशं कारयेत्'';
   अर्थशास्त्र, प्रकरण 21, पृष्ठ 33 (यौली)।
4. अष्टहस्तायतं देवपथं कारयेत्'';
   वही, पृष्ठ 33 ।
5. ''चतुर्दण्डान्तरा रथ्या' ;
   अर्थशास्त्र, पृष्ठ 54 (शास्त्री)।
6. द्रष्टव्यः मेरा शोध-प्रबन्ध 'प्राचीन भारत में नगर तथा नगर-जीवन', पृष्ठ 255 (प्रथम संस्करण)।
7. ''नवभागे ···· वा कारयेत्'';
   अर्थशास्त्र, पृष्ठ 55 (शास्त्री)।

के पूर्ववर्ती भूखण्ड में गन्ध, फूलों की माला, विभिन्न प्रकार के धान्य तथा रस आदि बेचनेवाले व्यापारियों, प्रधान कारीगरों एवं क्षत्रियों के घर बने हों। उसके और पूर्ववाला भाग श्मशान-भूमि के रूप में निर्दिष्ट हो। राजप्रासाद के पश्चिमवाले भाग में जुलाहे, वंशकार एवं शस्त्र बनानेवाले कारीगरों एवं शूद्रों के घर निर्मित हों। केन्द्रीय भाग के उत्तर-पूर्ववाले भाग में आचार्यों, पुरोहितों एवं मन्त्रियों के घर बनाए जायँ।[1]

उसके और उत्तर-पूर्ववाले भाग में कोष, अश्वशाला तथा गोशाला बनी हो। केन्द्रीय भाग के दक्षिण-पूर्ववाले भाग में महानस (भोजनशाला), हस्तिशाला तथा कोष्ठागार आदि वर्तमान हों। उसके और दक्षिण-पूर्ववाले भाग में कुप्यगृह (जंगली वस्तुओं के संग्रह-निमित्त बना हुआ घर) तथा आयुधागार वर्तमान हों। केन्द्रीय भाग के दक्षिण-पश्चिमवाले भाग में खर (गधे) एवं उष्ट्र (ऊँट) के रहने के लिए घर तथा प्रयोगशालाएँ (कर्मगृह) विद्यमान हों।[2] केन्द्रीय भाग के उत्तर-पश्चिम में यानशाला तथा रथशाला बनायी जायँ।[3] उसके और उत्तर-पश्चिमवाले भाग में दूकानें (पण्यगृह) एवं औषधालय बने हों।[4] "पाखण्डियों एवं चण्डालों के घर श्मशान के बाहर बनाये जायँ।[5] कौटिल्य की यह योजना चन्द्रगुप्त मौर्यकालीन पाटलिपुत्र के निर्माण-स्वरूप से संबंधित लगती है। उसके उपर्युक्त निर्देश इस राजनीतिविशारद के उन व्यावहारिक अनुभवों पर आधारित लगते हैं (जिन्हें उसने भारतवर्ष के इस सर्वश्रेष्ठ नगर में प्राप्त किये थे)। इनसे स्पष्ट है कि चन्द्रगुप्त मौर्य के राज्यकाल में भारतीय नगर-वास्तु, समकालीन पाश्चात्य सभ्यताओं की तुलना में कहीं अधिक सुविकसित अवस्था को प्राप्त कर चुका था। मेगस्थनीज लिखता है कि पाटलिपुत्र शूषा (सूसा) एवं एकबतना आदि ईरानी नगरों से भी कहीं अधिक भव्य एवं सुनियोजित था। यूनानी लेखक के इस निष्पक्ष विवरण द्वारा भारतीय अभियन्ताओं की मर्मज्ञता एवं स्थापत्य के क्षेत्र में उनकी परिपक्वता प्रतिपादित हो जाती है। वह इस नगर में राजदूत के रूप में निवास करता था तथा इसके सन्निवेश की विशेषताओं से व्यक्तिगत रूप में परिचित था। अतएव उसके विवरणों की उपादेयता एवं प्रामाणिकता ऐतिहासिक दृष्टि से श्रद्धेय हैं। उसके अनुसार यह पुर समान्तर चतुर्भुज के तुल्य लगता था। इस महानगर के आकार का यह निर्धारण मौर्य-शिल्पियों की मौलिकता एवं सूझ-बूझ का सुन्दर परिचायक है।

मौर्य-प्रासाद

मेगस्थनीज ने चन्द्रगुप्त मौर्य के राजप्रासाद की उच्च प्रशंसा की है। उसके अनुसार यह पुर के मध्य में स्थित था तथा यूनानी प्रासादों एवं हखामनीश सम्राटों के ईरानी राजमहलों से भी कहीं अधिक चित्ताकर्षक एवं प्रभावोत्पादक था। इसमें स्तम्भयुक्त विशाल मण्डप (महाकक्ष) बने हुए थे। खम्भे देवदार एवं साल (सेखुआ) की लकड़ियों द्वारा निर्मित थे। उन पर भव्य नक्काशी एवं गढ़ायी की गयी थी। उन पर सुनहले

---

1. देखिए, मेरा ग्रन्थ 'प्राचीन भारत में नगर तथा नगर-जीवन', पृष्ठ 259 (प्रथम संस्करण)।
2. वही, पृष्ठ 260 ।
3. "पश्चिमोत्तरं भागं यानरथशालाः"
   अर्थशास्त्र, पृष्ठ 55 ।
4. "उत्तरपश्चिमं भागं पण्यभैषज्यगृहम्"
   वही, पृष्ठ 55 ।
5. "पाषाणचण्डालानां श्मशानान्ते वासः"
   वही, पृष्ठ 56 ।

रंग की पालिश चढ़ायी गयी थी तथा नयनाभिराम आकृतियाँ चित्रित की गयी थीं। मेगस्थनीज ने भारतीय काष्ठ-शिल्प की उच्च प्रशंसा की है। उसके स्थापत्य-विवरण हमारे देश के वर्द्धकि (वड्ढकी = बढ़ई) की कलामर्मज्ञता पर महत्त्वपूर्ण प्रकाश डालते हैं। कौटिल्य एवं मेगस्थनीज के सम्मिलित साक्ष्यों से लगता है कि चन्द्रगुप्त मौर्य के काल में भारतीय शिल्पियों ने श्लाघनीय प्रौढ़ता अधिगत कर ली थी।

अशोक-काल

कला एवं स्थापत्य के क्षेत्रों में अशोक-काल युगान्तर का प्रवर्तक था। उसके समय से शिला-टंकित वास्तु के प्रचुर एवं उत्कृष्ट दृष्टान्त मिलने लगते हैं, जिनकी प्रशंसा फाहियान एवं हुएनसांग-सदृश विदेशी पर्यटकों ने मुक्त कण्ठ से की है। यह मौर्य-नरेश यदि एक ओर धर्म एवं प्रशासन के अभिनन्दीय सिद्धान्तों एवं उनकी सफल कार्यान्विति के लिए सुप्रसिद्ध है, तो दूसरी ओर नगर-सन्निवेश (पुर-मापन), प्रासाद-निर्माण (प्रासाद-निवेशन) तथा स्तम्भ (शिलाथम), वेदिका (सिलाविगड भीचा = शिलाविकृतभित्तिका), गुहा (कुभा), बौद्ध विहार एवं स्तूप (थूप) आदि के निर्माण-हेतु भी प्रख्यात है। देश के विभिन्न ऐतिहासिक एवं सांस्कृतिक केन्द्रों से उपलब्ध तत्कालीन विविध प्राप्त स्मारक अशोक के कलानुराग, संरचनात्मक प्रतिभा तथा मौर्य-शिल्पियों की मर्मज्ञता के ज्वलन्त प्रतीक हैं।

भ्रान्तिपूर्ण अवधारणाएँ

कतिपय इतिहासकारों (उदाहरणार्थ विंसेण्ट स्मिथ, कुमारस्वामी, रोलैण्ड एवं पर्सी ब्राउन) ने अशोक-कला एवं स्थापत्य को विदेशी कला (यूनान-पारसीक प्रभाव) की देन माना है। इनके अनुसार अशोक का पूर्वकालीन भारतीय स्थापत्य मूलतः काष्ठ-वास्तु का उदाहरण था। स्वयं मेगस्थनीज ने ही लिखा है कि इसके पितामह चन्द्रगुप्त मौर्य का प्रासाद काष्ठ-निर्मित था तथा उसकी राजधानी पाटलिपुत्र के चतुर्दिक् लकड़ी की चहारदीवारी (प्राचीर) विद्यमान थी। सर्वप्रथम, अशोक के समय से ही प्रस्तर-वास्तु के भव्य उदाहरण मिलने लगते हैं। प्रश्न यह उठता है कि काष्ठ-वास्तु के स्थान को सहसा प्रस्तर-स्थापत्य ने किस प्रकार ग्रहण कर लिया? इस संबंध में एक अन्य तथ्य भी विचारणीय हो जाता है। अशोक-स्तम्भों के निर्माण की उत्कृष्टता निर्दिष्ट करती है कि ये उन्हीं कलाकारों द्वारा निर्मित हुए होंगे, जिन्हें कई पीढ़ियों एवं शताब्दियों से प्रस्तर-वास्तु का उच्च ज्ञान था। इससे आभास होता है कि मौर्य-लाटें विदेशी अभियन्ताओं एवं शिल्पियों द्वारा ही निर्मित रही होंगी, जहाँ प्रस्तर-कला उस समय उच्चस्तरीय विकास प्राप्त कर चुकी थी।

ये शिल्पी यूनानी एवं पारसीक रहे होंगे। उक्त अवधारणा के समर्थक विद्वानों का कथन है कि अशोक द्वारा यवन कारुओं की नियुक्ति कोई आश्चर्यजनक बात नहीं हो सकती थी। सिकन्दर ने 'सप्त-सिन्धवः' क्षेत्र में सिन्धु एवं उसकी सहायक नदियों के किनारे तथा उनके संगम पर भी अलेक्जेंड्रिया नामक नगरों (यूनानी बस्तियों) की स्थापना की थी, जिनका भारतीय एवं विदेशी साहित्य में उल्लेख यत्र-तत्र प्राप्य है। इनमें वितस्ता-तट पर स्थित 'बूकाफेला', वितस्ता-कूल पर ही विद्यमान पोरस के साथ युद्ध-स्थल पर 'निकाइया', सिन्धु एवं चन्द्रभागा (चेनाब) के संगम पर 'अलेक्जेंड्रिया' (सिकन्दरिया) तथा सिन्ध-प्रदेश में 'सोग्डिआन-अलेक्जेंड्रिया' आदि प्रमुख थे। महावंश एवं मिलिन्दपञ्हो में इन्हीं में किसी यवन नगर को 'अलसन्द' कहा गया है। इनमें से कई यवन-बस्तियाँ कालान्तर में भी विद्यमान थीं। पेरिप्लस ने 'बूकाफेला-अलेक्जेंड्रिया' का उल्लेख किया है। अशोक के लेखों में भी उत्तर-पश्चिम भारतवर्ष की यवन बस्तियों का

उल्लेख सामान्य रूप से हुआ है। यवनराज अन्तियोक (सीरिया का ऐंटायकस द्वितीय 261-246 ई०पू०) के पास उसने सद्भावना-सन्देश भेजा था। यवनराज तुषास्फ को उसने सुराष्ट्र-प्रान्त का राज्यपाल नियुक्त किया था।

मौर्य-युग में उत्तर-पश्चिम भारत के सिकन्दरिया नामक नगरों में यवन कलाकार रहते होंगे, जो तक्षण-कला में पारंगत थे। सम्भव है कि इन्हीं यूनानी स्थपतियों एवं तक्षकों द्वारा उसने अपने स्तम्भों का निर्माण कराया हो। यह भी सम्भव था कि विदेशी यवन नरेशों ने उसका सन्देश पाने पर निपुण यूनानी अभियन्ताओं को पाटलिपुत्र भेजा हो। उनके संरक्षण में उसने अपनी लाटों का निर्माण कराया हो। यही कारण है कि इनके स्थापत्य एवं तक्षण में इतनी उत्कृष्टता प्राप्य है। अशोक ने अपने त्रयोदश शिलालेख (शाहबाजगढ़ी के लेख) में अन्तियोक (सीरिया-नरेश ऐंटायकस; 261-246 ई०पू०), तुरयमाय (मिस्र का टालमी द्वितीय; 285-247 ई०पू०), मक (उत्तरी अफ्रीका का मग; 282-258 ई०पू०) एवं अलिकसुन्दर (एपिरस का अलेक्जेंडर; 272-252 ई०पू०)—इन चार यवन नरेशों का उल्लेख किया है। उसके पितामह चन्द्रगुप्त मौर्य ने सेल्यूकस-कन्या से पाणिग्रहण किया था। यूनानी राजदूत मेगस्थनीज उसकी राजधानी में रहता था, जिससे यवनों के साथ मौर्यों का निकट सांस्कृतिक सम्पर्क अभिव्यञ्जित होता है। अतएव, इन परिस्थितियों में यदि यवन-कला का मौर्य-कला पर प्रभाव पड़ा हो, तो यह कोई आश्चर्यजनक तथ्य नहीं माना जा सकता।

उपर्युक्त विद्वानों का कथन है कि उसने अपने स्तम्भों के निर्माण में ईरानी अभियन्ताओं एवं स्थपतियों की भी सहायता ली थी। मौर्य-साम्राज्य पश्चिमोत्तर में अपने विस्तार के कारण पारसीक साम्राज्य को स्पर्श करता था। फलतः मौर्य-काल में ईरान के साथ भारतीय सम्पर्क बढ़ गया। वहाँ हखामनीश (साखामनीष) वंशियों (दारयवहुश = दारा एवं क्षाशायार्श = जरक्सीज) ने प्रभावोत्पादक स्तम्भों के निर्माण कराये थे। इनमें एवं अशोक की लाटों के स्थापत्य में समानता है। विशेष रूप से स्तम्भ-यष्टि तथा शीर्षक का अवाङ्मुख पद्म हखामनीश (साखामनीष)-स्तम्भों की यष्टि एवं घण्टे (पर्सिपोलिटन बेल) के स्वरूप से प्रचुर साम्य रखते हैं। यह तथ्य अभिव्यञ्जित करता है कि पर्सिपोलिस के स्तम्भों से ही अशोक ने अपनी विशाल लाटों के निर्माण की प्रेरणा प्राप्त की थी। बहुत सम्भव है कि उसका आमन्त्रण पाने पर ईरान से कुशल शिल्पी भारतवर्ष आये हों। यूनानी राजदूत मेगस्थनीज ने स्पष्ट लिखा है कि मौर्य-राजप्रासाद के प्रांगण में विदेशी जाति के वृक्ष आरोपित थे। उसने पाटलिपुत्र के महल के प्रसंग में शूषा (सूसा) एवं एकबतना में वर्तमान ईरानी महलों का भी उल्लेख किया है। इन प्रमाणों से स्पष्ट है कि अशोक विदेशी सभ्यताओं की विशेषताओं के अनुकरण के पक्ष में था। वह भव्य हखामनीश-स्तम्भों के आदर्श पर अपनी लाटों का निर्माण करा सकता था। उसने अपने लेखों में कई विदेशी नरेशों का उल्लेख भी किया है। इससे व्यक्त होता है कि गुणग्राही एवं उदारचेता अशोक के समय की स्थापत्य एवं तक्षण-कलाएँ यवन-पारसीक कलाओं द्वारा प्रभावित हैं।

मत-समीक्षा

इस स्थल पर विचारणीय है कि अशोक-स्तम्भों की निर्माण-शैली के प्रश्न पर अन्तिम निर्णय देने के पूर्व, प्रमुख एवं विशिष्ट तथ्यों की गहराई के साथ छानबीन की आवश्यकता है। इस प्रसंग में हखामनीश-स्तम्भों एवं अशोक की लाटों के स्थापत्य की विशेषताओं का सतर्क तुलनात्मक विवेचन वाञ्छनीय हो जाता है। इसके अतिरिक्त काष्ठ-वास्तु की चिराधिष्ठित भारतीय परम्पराओं तथा मौर्यकालीन वेदिका, गुहा एवं प्रतिमाओं आदि के निर्माण की विशिष्टताओं पर भी ध्यान देना होगा। उपर्युक्त वस्तुस्थिति

से संबंधित निम्नलिखित वास्तविकताओं पर गम्भीर चिन्तन एवं तदनुसार स्वाभाविक तथ्यों का दोहन ही प्रमाणसंगत एवं विश्वसनीय माना जा सकता है—

1. मौर्य-स्तम्भ अपने अथ से इति तक सर्वतोभद्र एवं एकाश्मक हैं तथा खुले आकाश रूपी चँदोवे के नीचे बिना किसी आश्रय के ही स्वतंत्र रूप से स्थापित एवं विलसित हैं। इसके प्रतिकूल हखामनी-स्तम्भ टंकित गोल प्रस्तरखण्डों को जोड़कर निर्मित हैं। वे राजप्रासादों एवं राजकीय अट्टालिकाओं के अंग हैं; जबकि अशोक-स्तम्भ अपने में पूर्ण तथा सर्वथा अपने पृथक् एवं स्वाधीन अस्तित्व का वाचन करते हैं।

2. हखामनी एवं अशोक-स्तम्मयष्टियों का स्थापत्य-भेद निर्विवाद है। ईरानी यष्टियाँ आद्योपान्त सौन्दर्यवर्द्धन के उद्देश्य से गरारियों, उच्चित्रों एवं शिल्पाकृतियों से सुसज्जित हैं। हखामनी तक्षकों ने इस प्रकार के अलङ्करण-प्रयास द्वारा कलात्मक वैभव को उभाड़ने का भरपूर प्रयास किया है। परन्तु इसके प्रतिकूल अशोक की गोलाकार लाटें सादी एवं सपाट हैं तथा उनमें उच्चित्रों के उभाड़ने का कोई भी प्रयास नहीं मिलता। वे उल्टे गजशुण्ड की भाँति अथवा ताड़ के ऊँचे पेड़ के तने-सदृश नीचे अधिक वृत्ताकार तथा ऊपर क्रमशः कम गोल हैं। सर्वथा चिक्कण ये स्तम्भ-यष्टियाँ विशाल एवं चित्ताकर्षक हैं। मौर्य-यष्टियाँ पूर्वकालीन काष्ठ-यष्टियों की पाषाणानुकृतियाँ हैं। उनका निर्माण वैदिक यूपों अथवा स्थूणों (लकड़ी के स्तम्भों) की स्थापत्य-परम्परा के अन्तर्गत आता था। काष्ठ-वर्द्धकियों (दारु-वड्ढकी) ने प्राङ्-मौर्यकाल में जो स्थापत्य-वैभव समय-समय पर प्रदर्शित किया, उन्हीं विशेषताओं का सफल अनुकरण अशोक-काल में राजकीय शैल वर्द्धकियों (सिलावड्ढकी) द्वारा स्तम्भ-यष्टियों के निर्माण में किया गया।

   सौभाग्यवश इसका एक पुरातत्त्वीय प्रमाण भी उपलब्ध है। लौरियानन्दनगढ़ के उत्खनन में एक श्मशान-यूप का उदाहरण उपलब्ध हुआ। यह शाल (साल) की लकड़ी के सादे एवं गोल खम्भे के रूप में है। यह वैदिक यज्ञीय यूपों के स्थापत्य का प्रतिनिधित्व करता है। इसी के आदर्श पर बुद्ध-काल से चैत्य-यूप (स्तूपों के पास निर्मित स्तम्भ) स्थापित होने लगे। अशोक की स्तम्भ-यष्टियाँ इन्हीं की परम्परा में आती थीं। लौरियानन्दनगढ़ की स्तम्भ-यष्टियों का स्थापत्य इस स्थान से प्राप्त श्मशान-यूप (लकड़ी के सादे एवं गोल खम्भे) के वास्तु से समीकरणीय है। यह पुरातत्त्व-प्रमाण मात्र ही सिद्ध करने को पर्याप्त है कि अशोक-यष्टियाँ (लट्ठि = लाटें) स्वदेशी वास्तु-परम्परा के ही अन्तर्गत आती थीं। आधुनिक 'लाठी' या 'लौर' शब्द इसी यष्टि शब्द से उद्भूत है। उल्लेखनीय है कि लौरियानन्दनगढ़-स्तम्भ को स्थानीय जनता 'लौर बाबा' के रूप में ग्रहण कर उसे पूजती है।[1]

3. इसी प्रकार दोनों ही देशों के स्तम्भ-शीर्षकों के निर्माण में भी स्पष्ट अन्तर देखा जा सकता है। हखामनी शीर्षकों में अश्वसमूह अथवा सिंह-समूह के आसीन स्वरूप उत्कीर्ण हैं। इन उच्चित्रों में इन पशुओं के अर्द्धकाय (पुरोभाग) निर्मित हैं। यह अंकन मिस्र (कार्नाक-केन्द्र) के स्तम्भ-शीर्षकों का स्मरण दिलाता है, जिनमें मूर्धन्य स्थान पर सिंह-समूह कोरे गये हैं। इनमें इन पशुओं के अर्द्धविग्रह मात्र ही उत्कीर्ण हैं। ये स्फिंक्स-शैली में निर्मित हैं, जिनमें पशुविग्रह एवं मानव मुख निरूपित हैं। पर्सिपोलिस के स्तम्भ-शीर्षकों की अश्वप्रतिमाओं की

---

1. वासुदेवशरण अग्रवाल, भारतीय कला, पृष्ठ 133।

अलंकरण-शैली मिस्त्रशीर्षक शैली से तुलनीय है। दोनों में ही चतुरस्त्र फलक पशु-प्रतिमाओं के ऊपर मंडित हैं। इसके प्रतिकूल मौर्य स्तम्भ-शीर्षकों में चतुरस्त्र अथवा गोल फलक पशु-प्रतिमाओं के पादमूल (चरण चौकी) के रूप में हैं। इनमें यष्टि एवं अवांङ्मुख पद्म के बीच बिन्दुमाला अथवा मनकों की माला रस्सी एवं घिरनी के रूप में तराशी गयी हैं। पद्म एवं फलकों के बीच दृढ़ता के साथ बरी हुई (मरोड़दार) रस्सी के गोल नमूने अलंकृत हैं।

4. अशोक-स्तम्भों के जिस भाग को 'ईरानी घंटी' की अभिधा प्रदान की जाती है, वह वस्तुतः अधोमुख पद्म हैं जिनमें उभाड़ी गयी पंखुड़ियों की संख्या विविध है। भारतीय अवधारणा के अनुसार कमल एक शुभ प्रतीक था। पद्मदल (पंखुड़ियों) की संख्या सौ तक (शतदल) मानी जाती थी। यष्टि की चोटी पर मध्य भाग में बेलनाकार कीलक यष्टि एवं शीर्षक को संयुक्त करता था। यह विशेषता भारतीय अभियान्त्रिकी की मौलिक देन थी।

5. मौर्य स्तम्भ-शीर्षकों में कोरे गये प्रतीक स्वदेशी हैं। रामपुरवा, लौरियानन्दनगढ़ एवं साँची के फलक भाग के किनारों पर चुगते हुए राजहंसों के भव्य चित्र उत्कीर्ण हैं। इन मांगलिक अभिप्रायों के अङ्कन द्वारा पशुहत्या-निषेध एवं अहिंसा के सिद्धान्त का प्रतिपादन किया गया है। अन्य केन्द्रों के फलक के किनारों पर तालपत्र, प्रफुल्ल पद्म, त्रिरत्न, सुगन्धित पुष्पों तथा पत्तियों, लता एवं बेलि के सुन्दर उच्चित्र प्राप्य हैं। बिहार प्रान्त के चम्पारन जिले (रामपुरवा, लौरियानन्दनगढ़ एवं लौरिया अरराज) के स्तम्भ-शीर्षकों के पादमूल-फलकों पर शास्त्रवर्णित 'लताप्रतान' (लता का प्रसरण) अथवा 'लताप्रतानवलय' (लता का घेरा; अभिज्ञानशाकुन्तलम्, अंक-7, श्लोक 11) का अंकन देखा जा सकता है। इसमें किसी भी विद्वान् को संशय नहीं होना चाहिए कि इनके अंकन की प्रेरणा सर्वथा भारतीय थी। शीर्षस्थ पशु-मूर्तियाँ भारतीय कला परम्परा में आती थीं। मकरध्वज (मकरस्तम्भ), गरुड़ध्वज (गरुडस्तम्भ) तथा चक्रध्वज आदि के निर्माण की परम्परा प्राचीन थी। शीर्षस्थ पशु-प्रतिमाओं से युक्त अशोक-स्तम्भ सिंहध्वज एवं वृषभध्वज के दृष्टान्त माने जा सकते हैं। कतिपय का अनुमान है कि लौरिया अरराज का स्तम्भ गरुडस्तम्भ (गरुडध्वज) का ही दृष्टान्त था।[1] त्रिरत्न एवं चक्र बौद्ध धर्म के प्रतीक थे। उड़ीसा के धौली नामक स्थान पर शैलोत्कीर्ण गजप्रतिमा भारतीयता की छाप अपने अंग-प्रत्यंग में सँजोये हुए है। कालसी की शिलाटंकित गजाकृति श्रेष्ठ कला का प्रतीक है। इसके नीचे उत्कीर्ण लेख 'गजतम' (श्रेष्ठ हस्ती) इसकी अद्वितीयता की ओर संकेत करता है। सारनाथ-स्तम्भ के फलक के किनारों पर उत्कीर्ण गज, सिंह, वृषभ एवं अश्वों आदि के उच्चित्र दिग्पालों के द्योतक हैं। अतएव, अशोक-कला के प्रतीकों को विदेशी कला की देन कहना अनैतिहासिक एवं भ्रान्तिमूलक होगा।

6. मौर्य-स्तम्भों की पालिश (श्लक्षण) विश्व-कला के इतिहास में सर्वथा अद्वितीय है। राजकीय तक्षकों ने यष्टियों को बारीकी के साथ चिकना कर उसे चमकदार बना दिया था। इस तथ्य की प्रशंसा करते हुए चीनी पर्यटकों ने लिखा है कि अशोक-स्तम्भ शीशे की भाँति प्रभामय एवं चमकदार थे। विशेष प्रकार से माठकर उन्हें इस रूप में ओपदार बना देना हखामनी शिल्पियों को अज्ञात था। लगता है कि इस क्रिया में मौर्य-कलाकार किसी विशेष प्रकार के मसाले का प्रयोग करते थे, जिसका रहस्य विदेशों में अज्ञात था। उत्तरी काले चमकीले भाण्ड,

---

1. चन्द्रा राम प्रसाद, बिगिनिंग्स ऑफ आर्ट इन ईस्टर्न इंडिया, पृष्ठ 31-33।

चित्रित धूसर मिट्टी के बर्तन तथा लाल चमकीले भाण्ड इस बात के प्रमाण हैं कि मौर्य युग के शताब्दियों पहले से ही भारतवासियों को शीशे की भाँति चमकती पालिश चढ़ाने की विशेष विधियाँ भली-भाँति ज्ञात थीं।

7. यूनानी राजदूत मेगस्थनीज ने भारतीय शिल्पियों की प्रशंसा करते हुए लिखा था कि पाटलिपुत्र का नगर शूषा (सूसा) एवं एकबतना आदि हखामनी पुरों से कहीं अधिक ठाटदार एवं बढ़-चढ़कर था। चन्द्रगुप्त मौर्य का राजप्रासाद, उसके भीतर वर्तमान स्तम्भयुक्त विशाल कक्ष तथा उसकी राजधानी की किलेबन्दी के सिद्धान्त अप्रतिम थे। उसके अनुसार यूनान, मिस्र एवं ईरान के राजप्रासाद मौर्य-प्रासाद की तुलना में फीके थे। फाहियान ने अशोक के महल (जो इसके आगमन के समय पाटलिपुत्र में विद्यमान था) में प्रयुक्त पत्थर की कारीगरी की प्रचुर प्रशंसा की है। ये निष्पक्ष प्रमाण मौर्य-वास्तुकला की तुलनात्मक श्रेष्ठता एवं उसकी भारतीय उत्पत्ति पर प्रकाश डालते हैं।

8. कला के अभिप्राय बौद्ध एवं वैदिक—दोनों ही धर्मों से संबंधित थे। अपने 'धम्म' की अवधारणा के समान ही यदि अशोक ने ब्राह्मण एवं श्रमण दोनों को ही श्रद्धा (ब्राह्मणस्थविर-शुश्रूषा) दिखायी, तो दूसरी ओर बौद्ध प्रतीकों (त्रिरत्न एवं धर्मचक्र) एवं वैदिक मांगलिक चिह्नों (चक्रवाक, प्रफुल्ल पद्म, लतावल्ली) के अंकन द्वारा सभी धर्मों के प्रति आस्था प्रकट की। इससे स्पष्ट है कि अशोक के कलात्मक प्रतीक उसकी व्यक्तिगत अभिरुचि एवं प्रवृत्तियों द्वारा निर्धारित थे।

9. अशोककालीन वेदिकाएँ मौर्य-शिल्पियों की मौलिक देन थीं। ये स्तम्भों की भाँति एकाश्मक थीं तथा भारतीय विशेषताओं से युक्त थीं। मौर्य-गुहाओं का स्थापत्य भी पूर्वकालीन भारतीय वास्तु-परम्पराओं के ही अन्तर्गत आता था। आयताकार मण्डप, अभ्यन्तरवर्ती गोलगृह (गोलम्बर), कमानीदार अथवा पीपानुमा छतों की आकृतियाँ, लकड़ी के प्रतिरूपों के पत्थर में परिवर्तित स्वरूप मात्र हैं। इनकी बाहरी एवं भीतरी दीवालों पर माठने (श्लक्षण) की क्रिया द्वारा उत्पन्न चमकती पालिश मौर्य-कला का अभिन्न अंग थी।

10. शूषा (सूसा) के प्रासाद-लेख की 41वीं पंक्ति के अनुसार दारयवौश (दारा) ने अपने राजमहल के निर्माण-हेतु, भारतवर्ष (हिन्दुश) से हाथीदाँत मँगवाया था एवं साथ ही शिल्पियों को भी आमन्त्रित किया था। यह प्रमाण, स्वयं हखामनी स्थापत्य पर ही भारतीय प्रभाव की सम्भावनाओं को अभिव्यञ्जित करता है।

11. राजगृह एवं कौशाम्बी आदि ऐतिहासिक स्थलों के उत्खनन ने प्रस्तर-वास्तु की प्राचीनता पर अभिनव प्रकाश डाला है। राजगृह (गिरिव्रज) हमारे देश का अति प्राचीन नगर था। इसके चतुर्दिक् (आठवीं-छठी शताब्दी ई०पू० में) प्रस्तर-प्राकार (पत्थर की चहारदीवारी) के होने के प्रमाण मिलते हैं। कौशाम्बी-उत्खनन में हाल ही में राजप्रासाद की सुरक्षा-भित्ति के अवशेषों में गढ़े हुए पत्थरों (66 × 53 × 20 से०मी०) के प्रयोग के प्रमाण (छठी शताब्दी ई०पू० में ही) प्राप्य हुए हैं।[1] इन प्रस्तरों के दृष्टान्तों से अभिव्यञ्जित है कि मौर्य-युग के कम-से-कम दो शताब्दियों पूर्व ही हमारे देश के कुशल तक्षकों ने शिलाटंकण का सूक्ष्म एवं दक्ष कार्य सीख लिया था।

---

1. कुषाण-स्टडीज, पृष्ठ 11।

12. प्रारम्भिक जैन एवं बौद्ध साहित्य से ज्ञात होता है कि पशुध्वज (पशुशीर्षक स्तम्भ) के निर्माण की परम्परा हमारे देश में अति प्राचीन थी। जिस देश में जो पशु पूज्य होता था, उसकी मूर्ति द्वारा ऐसे स्तम्भों को मण्डित किया जाता था। इसी आदर्श पर कालान्तर में मकर, वृष एवं गरुड-शीर्षक प्रस्तर-स्तम्भ निर्मित होने लगे। भारतीय अवधारणा के अनुसार वे क्रमानुसार गंगा, शिव एवं विष्णु के वाहन थे। आदि पशुध्वज (पशुस्तम्भ) अथवा 'पशुयूप' लकड़ी अथवा वंश (बाँस) द्वारा निर्मित थे, जो नष्ट हो चुके थे। अशोककालीन पशुशीर्षक स्तम्भ इन्हीं पशु-ध्वजों के प्रस्तर-रूपान्तर थे। मौर्य-लाटें सिंहध्वज (सिंह शीर्षक), वृषध्वज (वृषशीर्षक) तथा हस्तिध्वज (हस्तिमण्डित) स्तम्भों के शैलोत्कीर्ण दृष्टान्त हैं। आदि काष्ठध्वजों में पशुओं के स्थान पर कभी-कभी आराध्य एवं पूज्य वृक्ष भी शीर्षस्थान पर मण्डित किये जाते थे; उदाहरणार्थ तालद्रुम अथवा कल्पवृक्ष। तालवृक्ष का प्रतिनिधित्व, तालपत्र-समूह एवं इसके फल-गुच्छकों के अंकन द्वारा किया जाता था। शुंगकालीन विदिशा-स्तम्भ इसी भारतीय परम्परा के अन्तर्गत आता था। इस विवेचन से स्पष्ट है कि अशोक-कला एवं स्थापत्य को यवन-पारसीक प्रभावों की देन कहना भ्रान्तिमूलक होगा।

हर्ष का विषय है कि अब विदेशी विद्वान् भी इस बात का प्रतिपादन करने लगे हैं कि अशोक-काल के पहले से ही हमारे देश में प्रस्तर-स्तम्भों के निर्माण की परम्परा वर्तमान थी। उदाहरणार्थ विक्टोरिया-संग्रहालय लंदन के प्राच्य विभाग के अध्यक्ष प्रोफेसर जॉन इरविन का कथन है कि जिन प्रस्तर-स्तम्भों के निर्माण का श्रेय अशोक को दिया जाता है, उनमें से कतिपय उसके समय के पूर्व ही स्थापित किये गये थे। उनका विभाजन हम दो भागों में कर सकते हैं—(1) प्राक्-अशोकस्तम्भ तथा (2) अशोक-कालीन स्तम्भ। यह ऐतिहासिक तथ्य दिल्ली-तोपरा-स्तम्भलेख (सातवाँ प्रस्तर-लेख) से भली-भाँति स्पष्ट है। इसके अनुसार कुछ स्तम्भों का निर्माण उसने स्वयं कराया था, जिन्हें उक्त लेख में 'धर्म स्तम्भ' कहा गया है (धंम-थंभानि कटानि)। इनके अतिरिक्त कतिपय शिला-स्तम्भ (सिला-थंभानि) एवं शिलाफलक (सिलाफलकानि) पहले से ही चले आ रहे थे। इस प्रकार के शिला-स्तम्भों पर भी उसने अपनी धर्मलिपियों को उत्कीर्ण कराया (इयं धंम-लिवि अथि सिला-थंभानि वा सिला-फलकानि वा वत कटविया येन येस चिल-ठितिके सिया)।

प्रोफेसर इरविन का मत है कि जिन स्तम्भों पर शीर्ष-प्रतिमाएँ गज एवं वृषभ की हैं तथा जो स्तम्भ किसी आधार पर नहीं टिके हैं, उनका निर्माण अशोक के पहले ही हो चुका था। इस प्रकार के स्तम्भ पृथ्वी को फाड़कर धरातल पर उगते हुए दिखाये गये हैं। उनके अनुसार वे सृष्टि की उत्पत्ति-संबंधी परम्परित अवधारणा का प्रतिनिधित्व करते हैं। ऋग्वेद में वर्णन मिलता है कि इन्द्र ने द्युलोक एवं पृथ्वी (नृलोक) को पृथक् करने के उद्देश्य से सर्ग-स्तम्भ (Cosmic Pillar) का निर्माण किया। इस अवधारणा को लेकर इन्द्रध्वज (इन्द्रस्तम्भ) के विन्यास की परम्परा वैदिक काल में प्रारम्भ हुई। ये सर्ग-स्तम्भ (Cosmic Pillar) का प्रतिनिधित्व करते थे। आरम्भ में काष्ठस्तम्भ (इन्द्रध्वज) निर्मित हुए। कालान्तर में इनकी पाषाणानुकृतियाँ प्रस्तुत होने लगीं। प्राक्-अशोकस्तम्भ इसी परम्परा में आते थे। इनकी शीर्षस्थ गज-प्रतिमा ऐरावत का द्योतक है जो इन्द्र का वाहन है। ये स्तम्भ पूजा के विषय थे और इस प्रकार धार्मिक स्थापत्य के उदाहरण थे। यही कारण है कि अशोक ने अपनी धर्म-लिपियों को उत्कीर्ण कराने के उद्देश्य से इन्हें चुन लिया। जिन स्तम्भों में शीर्षस्थ प्रतिमाएँ सिंह की हैं और जिनका निचला भाग किसी फलक (Plinth) पर कसा हुआ है, वे अशोककालीन हैं। इन्हें उसने अपने लेखों में 'धर्मस्तम्भ' कहा है। इससे स्पष्ट है कि अशोकनिर्मित शिला-स्तम्भ, स्तम्भ-पूजा (Pillar-cult) की परम्परा में आते थे। विभिन्न उपलब्ध प्रस्तर-स्तम्भों की यष्टियों (निचले भाग = शैफ्ट) के निर्माण में अन्तर के प्रमाण मिलते हैं। यह तथ्य इस बात

का द्योतक है कि वे चुनार अथवा किसी एक केन्द्र में निर्मित न होकर विविध स्थानों एवं विभिन्न समयों में निर्मित हुए। इससे भी प्रस्तर-स्तम्भों (सिला-थब) के निर्माण की प्राचीनता प्राक्-अशोककाल में निर्दिष्ट की जा सकती है।[1]

स्तम्भ-यष्टि के निचले भाग को दृढ़ आधार (फलक) पर कसना एक भारतीय परम्परा थी, जिसका निर्वाह मौर्योत्तर-कालों में विद्यमान था। उदाहरणार्थ मेघदूत में इस तथ्य का काव्यात्मक वर्णन करते हुए कहा गया है कि इस गीतिकाव्य के नायक यक्ष के घर के समक्ष अशोक एवं मौलसिरी वृक्षों के बीच सुवर्ण-निर्मित स्तम्भ-यष्टि (काञ्चनी वासयष्टि) विद्यमान थी, जो स्फटिक की चौकी (स्फटिकफलक) पर कसी थी। नये बाँस के समान चमकीली मणियाँ इसके मूल (पेंदी) में जड़ दी गयी थीं (मूले बद्धा मणिभिरनतिप्रौढ़वंश-प्रकशैः)। इस यष्टि के शीर्ष पर नित्य ही सायंकाल मयूर (नीलकण्ठ) आकर बैठता था, जिसे यक्ष-पत्नी अपने घुँघरूदार कड़े हाथों से तालियाँ बजाकर नचाती थी (तालैः शिञ्जावलयसुभगैर्नर्तितः)[2]। इस काव्यात्मक वर्णन से निष्कर्ष निकलता है कि इस ग्रन्थ का लेखक स्तम्भचौकी, स्तम्भयष्टि एवं उनके मूल में चिनाई के स्थापत्य-सिद्धान्तों से भली-भाँति अवगत था। स्तम्भ-निर्माण की यह विधि भारतीय शिल्पियों की प्रतिभा की मौलिक देन थी।

सर्वोत्कृष्ट दृष्टान्त

अपने अवयवों की संरचना में संतुलन, समन्वय एवं एकरूपता के तत्त्वों को सँजोये; नयनाभिराम एवं आसेचनक अशोक-स्तम्भ उसके कलात्मक प्रयास के चूड़ान्त निदर्शन हैं। शृंग-तुल्य इनकी उत्तुंगता इस मौर्य-सम्राट् के व्यक्तित्व की विशालता का प्रतिनिधित्व करता है। प्राचीन भारतीय साहित्य एवं अभिलेखों में प्रांशुध्वज (ऊँची लाट), महाध्वज (विशाल स्तम्भ) एवं उन्नत जयस्तम्भ के प्रासंगिक उल्लेख प्राप्य हैं। लम्बी एवं सुडौल मौर्य-लाटें इस कोटि के स्तम्भों के ज्वलन्त पुरातत्त्वीय उदाहरण हैं। इनके गगन-चुम्बन एवं प्रभावोत्पादक शक्ति पर कम-से-कम एक प्राचीन समालोचक की स्मरणीय उक्ति प्राप्य है। इलाहाबाद के किले में वर्तमान अशोक-स्तम्भ अपने मूल काल में कौशाम्बी में स्थापित किया गया था तथा कालान्तर में गुप्त-काल में इस पर समुद्रगुप्त के सान्धिविग्रहिक सचिव हरिषेण द्वारा निबद्ध इस सम्राट् की विजयगाथा मौर्य-लेख के नीचे उत्कीर्ण की गयी थी। इस लेखक के अनुसार यह स्तम्भ मानो पृथ्वी का बाहु था (भुवो बाहुरयमुच्छ्रितः स्तम्भः), जो सम्पूर्ण अवनितल में विचरण करनेवाले समुद्रगुप्त के यश को अब मानो स्वर्गलोक में ही सूचित कर रहा था (ललितसुखविचरणमाचक्षाण इव)। हरिषेण के इस कथन में इस अशोक-लाट की गगनस्पर्श करनेवाली उत्तुंगता की ओर संकेत किया गया है।

इसी प्रकार कालान्तर में मालव-नरेश यशोधर्मा के आश्रित कवि वासुल ने उसके मन्दसौर-स्तम्भ की उपमा पृथ्वी के नयनाभिराम उच्च भुजा से बाँधी है (उच्चैर्भुज इव रुचिमान्यः पृथिव्या विभाति)। विशाल पशु-आकृतियों द्वारा स्तम्भ-शीर्षकों के मण्डन की अवधारणा, सारनाथ एवं सलेमपुर की चौमूर्तियाँ (सिंहचतुष्टय एवं वृषचतुष्टय), फलकों के ओजपूर्ण उच्चित्र, शिल्पियों की तकनीकी दृष्टि, कोरने एवं माठने की निपुणता, सौन्दर्यसृष्टि की कल्पना, व्याघ्रों के अयाल एवं केशगुच्छकों का सफल एवं सविस्तार चित्रण, पशुमूर्तियों की उभड़ी शिराएँ एवं खिंची पेशियाँ आदि—समस्त कलात्मक विशेषताओं में भारतीय सौन्दर्यबोध एवं तक्षणकला-संबंधी रीतिबद्ध स्वदेशी परम्पराओं का श्लाघनीय प्रतिबिम्ब मिलता है।

---

1. प्रयाग-विश्वविद्यालय के प्राचीन इतिहास विभाग में प्रोफेसर इरविन का दिनांक 26.12.75 का व्याख्यान।
2. उत्तरमेघ, श्लोक 19।

पर्यटकों का स्तम्भ-वर्णन

अशोक द्वारा निर्मित स्तम्भों का उल्लेख चीनी पर्यटकों (फाहियान एवं हुएनसांग) ने किया है। हुएनसांग का वर्णन अधिक पूर्ण एवं विस्तृत है। उसने अपने विवरण में 15 अशोक-स्तम्भों का उल्लेख किया है—सांकाश्य-1, श्रावस्ती-2, क्रकुच्छन्द-1, निगालीसागर-1, रुमिनदेई-1, कुशीनगर-2, वाराणसी-1, सारनाथ-1, महाशाल (महासार = मसाढ़)-1, वैशाली-1, पाटलिपुत्र-2, राजगृह-1 (कुल संख्या = 15)। उल्लेखनीय है कि फाहियान एवं हुएनसांग के विवरणों में साम्य भी मिलता है। उनके द्वारा किया हुआ स्तम्भों का स्थापत्य-वर्णन इनके आज के स्वरूप के पर्याप्त अनुकूल है।

सर्वप्रथम उसने सांकाश्य (संकिशा = संकिसा) के स्तम्भ का वर्णन किया है। उसके अनुसार इस स्थान पर अशोक-निर्मित स्तम्भ पर गहरे नीले रंग की ज्वलन्त आभा प्रस्फुटित होती थी। इसके शीर्ष स्थान पर आगे झुककर बैठे हुए सिंह की प्रतिमा कोरी गयी थी। इस स्तम्भ पर नक्काशी का सुन्दर कार्य किया गया था। इसके ऊपरी, मध्यवर्ती एवं अधःस्थ भागों में दर्शक को अपने अच्छे एवं बुरे कर्मों के अनुसार आकृतियाँ दर्पण-तल की भाँति दिखायी देती थीं। इसके आसपास बौद्ध मन्दिर एवं स्तूप निर्मित थे।[1] उल्लेखनीय है कि इस स्तम्भ का वर्णन फाहियान ने भी किया है। वह लिखता है कि इस स्थान पर अशोक-निर्मित विहार के समीप तत्कालीन एक स्तम्भ भी था, जो 30 हाथ ऊँचा था। उसके अनुसार भी यह सिंहशीर्षक था। इसकी यष्टि-तलों में बुद्ध-प्रतिमाएँ अंकित थीं। इस झलकदार एवं चमकते हुए स्तम्भ से वैदूर्य (नीले बहुमूल्य रत्न) की आभा निकलती थी।[2] उल्लेखनीय है कि उक्त दोनों ही यात्रियों ने इस स्तम्भ के शीर्ष-स्थान पर सिंह-प्रतिमा के होने का वर्णन किया है। यहाँ पर आकस्मिक रूप से दोनों ने ही समान भूलें की हैं। जिस समय (1862 ईसवी में) कनिंघम ने इस स्तम्भ को देखा था, उस समय इस पर गजशीर्षक विद्यमान था। उसकी सूँड़ एवं पूँछ टूटी हुई थी। अब भी वह यथावत् प्राप्य है। सम्भव है कि यह गज-प्रतिमा फाहियान एवं हुएनसांग के समय में भी इस रूप में भग्न (शुण्ड एवं पुच्छविहीन) रही हो। परिणामतः दोनों ही यात्रियों ने भूल से इसे सिंह-प्रतिमा समझ ली हो (फलक संख्या 1)।

हुएनसांग ने श्रावस्ती में दो अशोक-स्तम्भों के विद्यमान होने का उल्लेख किया है। ये जेतवन विहार के पूर्वी द्वार के दोनों किनारों पर वर्तमान थे। उसके अनुसार इनमें से प्रत्येक 70 फीट ऊँचा था। दाहिने किनारेवाला स्तम्भ वृषभ-शीर्षक था तथा बायीं ओर के स्तम्भ की चोटी पर धर्मचक्र उत्कीर्ण था।[3] स्पष्ट है कि इन स्तम्भों की ऊँचाई के संबंध में चीनी यात्री का वर्णन अतिरंजित है। यह उल्लेख उसने किसी तत्कालीन प्रचलित जनश्रुति के आधार पर कर दिया होगा। अशोक-स्तम्भों की औसत ऊँचाई 30 फीट के लगभग हुआ करती थी। उल्लेखनीय है कि इन स्तम्भों के प्रसंग में फाहियान का वर्णन समान है। वह लिखता है कि श्रावस्ती के दक्षिणी द्वार से बाहर लगभग बारह सौ कदम जाने पर एक विहार वर्तमान था, जिसका निर्माण वैश्य-जाति के प्रमुख (सुदत्त) ने कराया था। जब इसका प्रवेश-द्वार खुलता था, उस समय अशोक-निर्मित दो स्तम्भों का दृश्य सामने आ जाता था। बायीं ओरवाले स्तम्भ पर धर्मचक्र की आकृति टंकित थी तथा दायीं ओर के स्तम्भ पर वृषभ-प्रतिमा कोरी गयी थी।[4] चीनी यात्रियों के वर्णन से लगता है कि स्तम्भ-शीर्ष पर कभी-कभी पशु-प्रतिभा के स्थान पर धर्मचक्र का ही निर्माण किया जाता था।

---

1. वाटर्स, युवान च्वांग, जिल्द 1, पृष्ठ 334।
2. लेग्गे, ट्रैवेल्स ऑफ फाहियान, पृष्ठ 50।
3. वाटर्स, युवान च्वांग, जिल्द 1, पृष्ठ 383।
4. लेग्गे, फाहियान, पृष्ठ 56।

हुएनसांग लिखता है कि कपिलवस्तु के दक्षिण 10 मील की दूरी पर वह पवित्र स्थान वर्तमान था, जहाँ (पूर्व बुद्ध) क्रकुच्छन्द (पालि = क्रकुसन्ध) उत्पन्न हुए थे। यहाँ एक स्तूप विद्यमान था, जहाँ बुद्ध की अस्थियाँ गड़ी हुई थीं। उसी के समक्ष अशोक-निर्मित एक प्रस्तर-स्तम्भ विद्यमान था, जो 30 फीट ऊँचा था। इसके शीर्ष स्थान पर एक सिंह-प्रतिमा निर्मित थी। इस लाट पर बुद्ध के परिनिर्वाण की कथा उत्कीर्ण थी।[1] इस स्थान से लगभग 30 ली (6 मील) उत्तर-पूर्व वह स्थान था, जहाँ कनकमुनि उत्पन्न हुए थे। वहाँ एक स्तूप विद्यमान था, जिसमें कनकमुनि बुद्ध की अस्थियाँ रखी हुई थीं। यहाँ पर भी एक प्रस्तर-स्तम्भ था, जो सिंह-शीर्षक था। यह 20 फीट ऊँचा था। इसका निर्माण अशोक ने कराया था। इस पर बुद्ध के परिनिर्वाण का उल्लेख प्राप्य था।[2] उल्लेखनीय है कि इससे तात्पर्य आधुनिक निगालीसागर से है, जहाँ पर अशोक-स्तम्भ विद्यमान है। इस पर उत्कीर्ण लेख के अनुसार देवानांप्रिय प्रियदर्शि राजा (अशोक) अपने राज्यकाल के 14वें वर्ष (255 ई०पू०) में वहाँ आये थे। उन्होंने वहाँ पर विद्यमान कनकमुनि-स्तूप को दुगुना बढ़ा दिया (थुबे दुतियं वढिते)। अपने राज्यकाल के 20वें वर्ष (249 ई०पू०) वे पुनः वहाँ आये थे। उन्होंने वहाँ एक शिलास्तम्भ का निर्माण कराया (सिलाथंभे च उसपापिते)। यह वस्तुतः वही स्तम्भ है, जिस पर उपर्युक्त आशय का लेख उत्कीर्ण है। हुएनसांग के आगमन के समय इस लेख की लिपि एवं सामग्री को लोग भूल चुके थे। अतएव इसके विषय में परम्परा प्रचलित हो गयी थी कि वह बुद्ध की मृत्यु से संबंधित है। यही कारण है कि हुएनसांग ने लेख के विषय में उपर्युक्त भूल की है।

हुएनसांग ने लुम्बिनी (रुमिनदेई) के अशोक-स्तम्भ का भी उल्लेख किया है। उसके अनुसार यह एक प्रस्तरनिर्मित स्तम्भ था, जिसके शीर्ष-स्थान पर अश्वप्रतिमा उत्कीर्ण थी। उसके आगमन के अवसर पर यह टूट चुकी थी। परम्परा प्रचलित थी कि किसी दुष्ट नागराज के वज्रपात के कारण यह भग्न हुई थी और इसी तथ्य को लेकर इस प्रकार का जनविश्वास उत्पन्न हो गया था। इस चीनी यात्री ने इस स्तम्भ की न तो ऊँचाई का ही उल्लेख किया है और न ही इस पर प्राप्य अशोक-लेख का। उसके अनुसार इस स्तम्भ के समीप एक सरोवर भी था, जहाँ बुद्ध के जन्म के उपरान्त माया देवी ने स्नान किया था। चीनी यात्री लिखता है कि यह देवनिर्मित था, जो मूल काल में शुद्ध तेल द्वारा लबालब भरा हुआ था। उसके आगमन के समय यह जल-सरोवर के रूप में परिवर्तित हो गया था।[3]

हुएनसांग द्वारा उल्लिखित अशोक-स्तम्भ अब भी अपने स्थान पर विद्यमान है। इस पर उत्कीर्ण लेख के अनुसार अपने राज्यकाल के 20वें वर्ष में (वीसति वसाभिसितेन) (अर्थात् 249 ईसा पूर्व में) अशोक लुम्बिनीग्राम (रुमिनदेई) आया हुआ था। यह वही स्थान था, जहाँ शाक्यमुनि बुद्ध उत्पन्न हुए थे (हिद बुधे जाते सक्यमुनी)। उसने वहाँ एक शिलास्तम्भ स्थापित किया (सिलाथंभे च उसपापिते)। इसके चतुर्दिक् उसने पत्थर की वेदिका (सिला-विगड-भोचा) भी निर्मित की (कालापित)। इससे निष्कर्ष निकलता है कि अशोक-स्तम्भ प्रस्तर-वेदिका द्वारा परिवेष्टित हुआ करते थे। हुल्श एवं कार्पेण्टियर ने 'सिला-विगड-भीत्ता' के स्थान पर 'सिला विगडभीचा' पाठ किया था। उनके अनुसार इसका अर्थ 'अश्व को धारण करनेवाला प्रस्तर' होता है। इसके द्वारा हुएनसांग के उस कथन की सम्पुष्टि होती है, जिसके अनुसार लुम्बिनी का अशोक-स्तम्भ अश्वशीर्षक था।

---

1. वाटर्स, युवान च्वांग, जिल्द 2, पृष्ठ 5।
2. वाटर्स, वही, जिल्द 2, पृष्ठ 6।
3. वाटर्स, वही, जिल्द 2, पृष्ठ 14-15।

हुएनसांग ने कुशीनगर के शालवन में अशोक-स्तम्भ के विद्यमान होने का उल्लेख किया है। यह बुद्ध के महापरिनिर्वाण-मन्दिर के समीप खड़ा किया गया था। इस देवालय में बुद्ध की एक लेटी प्रतिमा विद्यमान थी। उनका सिर उत्तर दिशा में प्राप्य था। इसी मन्दिर के समीप लगभग 200 फीट ऊँचा एक स्तूप भी वर्तमान था। अशोक-स्तम्भ पर बुद्ध के परिनिर्वाण की परिस्थितियाँ उत्कीर्ण थीं।[1] चीनी यात्री ने इस स्तम्भ की ऊँचाई एवं निर्माण की विशेषताओं का उल्लेख नहीं किया है। यह स्तम्भ अभी तक प्राप्त नहीं हो सका है। हुएनसांग ने कुशीनगर में विद्यमान एक द्वितीय अशोक-स्तम्भ का भी उल्लेख किया है। यह भी प्रस्तरनिर्मित था। इस पर एक लेख खुदा हुआ था, जिसमें बुद्ध की अस्थियों के विभाजन की परिस्थितियों का वर्णन प्राप्य था। इसके अत्यन्त समीप एक स्तूप भी विद्यमान था, जो ठीक उस स्थान पर वर्तमान था, जहाँ बुद्ध की अस्थियों का बँटवारा भारतवर्ष के आठ नरेशों के बीच हुआ था। वे उनके शिष्य एवं परम प्रशंसक थे। चीनी यात्री ने इस स्तम्भ की ऊँचाई एवं स्थापत्य की विशेषताओं का उल्लेख नहीं किया है।[2] यह स्तम्भ भी अभी तक अप्राप्य है।

हुएनसांग के विवरण में तदुपरान्त वाराणसी-स्तम्भ का वर्णन प्राप्य है। यह वरुणा (पो-लो-ना) के पश्चिमी तट पर स्थित था। इससे हरे रंग की कान्ति प्रस्फुटित होती थी एवं यह दर्पण की भाँति चमकदार था। इसमें बुद्ध का रूप सतत प्रतिबिम्बित था। इस स्थान से 10 'ली' (लगभग डेढ़ मील) की दूरी पर मृगवन-महाविहार वर्तमान था।[3] इस स्तम्भ के भी स्थापत्य के विषय में हुएनसांग मौन है। तदुपरान्त उसने सारनाथ-स्तम्भ का उल्लेख किया है। उसके अनुसार यह विशेष रूप से ('जेड' की भाँति) चिकना था तथा इससे निरन्तर भास्कर कान्ति प्रस्फुटित होती थी। यह 70 फीट ऊँचा था। इसमें लोगों को विविध कृष्ण आकृतियाँ दृष्टिगोचर होती थीं, जिससे शुभ एवं अशुभ का ज्ञान होता था। यह ठीक उसी स्थान पर था, जहाँ उन्होंने अपना प्रथम प्रवचन दिया था। इसके सम्मुख अशोक-निर्मित एक प्रस्तर-स्तूप भी था, जिसका अधिकांश भाग धँस गया था। केवल 100 फीट के लगभग इसका ऊर्ध्व भाग धरातल पर दृष्टिगोचर होता था। इस स्तम्भ के समीप एक अन्य स्तूप भी उस स्थान पर वर्तमान था, जो कौण्डिन्य एवं उसके चार साथियों की तपश्चर्या से संबंधित था।[4] स्पष्ट है कि हुएनसांग ने इस स्तम्भ की ऊँचाई का उल्लेख करने में अशुद्धि की है। इसके प्राप्त खण्डों से ज्ञात होता है कि यह अधिकतम लगभग 50 फीट ऊँचा रहा होगा।

सारनाथ से वैशाली जाते समय उसने महाशाल (मो-ह-शो-लो) नामक पुर के स्तम्भ का वर्णन किया है, जिसकी पहचान शाहाबाद जिले में स्थित वर्तमान मसाढ़ से की जाती है। हुएनसांग के अनुसार इस नगर में गंगा नदी के उत्तरी तट पर नारायण-मन्दिर वर्तमान था; जो भव्य शिखर, मण्डप एवं प्रस्तरमूर्तियों द्वारा अलंकृत था। इसके पाँच मील (30 ली) पूर्व एक अशोकनिर्मित स्तूप था, जिसका आधा भाग धँस चुका था। इसी स्तूप के समक्ष एक प्रस्तर-स्तम्भ विद्यमान था, जो सिंहशीर्षक था। इस पर एक लेख भी खुदा हुआ था, जिसके अनुसार इसी स्थान पर बुद्ध ने कतिपय असुरों का दमनकर उन्हें अपना मतावलम्बी बना लिया था। इसके समीप कई बौद्ध मठ भी थे, जिनमें महायान धर्म के अनुयायी रहते थे।[5] इस स्तम्भ के उपलब्ध भाग सम्प्रति पटना-संग्रहालय में प्राप्य हैं।

---

1. वाटर्स, युवान च्वांग, जिल्द 2, पृष्ठ 28।
2. वही।
3. वही, जिल्द 2, पृष्ठ 42।
4. वही, जिल्द 2, पृष्ठ 50।
5. वही, जिल्द 2, पृष्ठ 60।

उल्लेखनीय है कि कुशीनगर से वैशाली जाते समय हुएनसांग वाराणसी एवं सारनाथ से होकर गुजरा था। परन्तु उसके पूर्वगामी चीनी यात्री फाहियान ने दूसरा मार्ग पकड़ा था। वह कुशीनगर से पूर्व की दिशा को पकड़कर वैशाली गया था। यह वही कुशीनगर-वैशाली पथ था, जिसके द्वारा अन्तिम समय में बुद्ध वैशाली से होकर कुशीनगर आये थे। यह लौरिया एवं पावा (देवरिया जिले में स्थित आधुनिक फाजिलनगर) होकर जाता था। फाहियान लिखता है कि कुशीनगर से दक्षिण-पूर्व बारह योजन आगे बढ़ते हुए वह उस स्थान पर पहुँचा, जहाँ बुद्ध के साथ लिच्छवि उनकी वैशाली-कुशीनगर-यात्रा में आये थे। वे उनके साथ (परिनिर्वाण-स्थल) कुशीनगर तक आना चाहते थे। परन्तु बुद्ध ने उन्हें और आगे बढ़ने से मना कर दिया। उनके आध्यात्मिक प्रभाव से वहाँ एक चौड़ी एवं गहरी खाईं खुद गयी, जिन्हें उत्साही एवं परम बुद्ध-भक्त लिच्छवि पार न कर सके तथा फलतः निराश होकर उन्हें वैशाली लौट आना पड़ा। इसी स्थान पर अशोकनिर्मित एक प्रस्तर-स्तम्भ वर्तमान था, जिस पर उपर्युक्त आशय का एक लेख खुदा हुआ था।[1] हुएनसांग के विवरण में इस स्तम्भ का उल्लेख अप्राप्य है। इस स्तम्भ से तात्पर्य लौरियानन्दनगढ़ अथवा लौरिया अरराज में से किसी एक स्तम्भ से है, जो चम्पारन जिले में वर्तमान है। यह कुशीनगर-वैशाली-पथ पर विद्यमान था।

हुएनसांग लिखता है कि वह गंगा नदी पारकर वैशाली (फे-शे-ली) पहुँचा था। उसने इस नगर में कई प्राचीन संघाराम, सरोवर एवं स्तूपों के वर्तमान होने का वर्णन किया है। इन्हीं स्तूपों में एक अस्थि-स्तूप भी था, जिसमें बुद्ध की अस्थियाँ गड़ी हुई थीं। यह लिच्छवियों द्वारा निर्मित था। कालान्तर में अशोक ने इन अस्थियों का 90 प्रतिशत भाग, कई केन्द्रों में स्तूप-निर्माण के उद्देश्य से निकलवा लिया था। इसी अस्थि-स्तूप के समीप अशोकनिर्मित एक प्रस्तर-स्तम्भ विद्यमान था, जो 50 फीट ऊँचा था। यह सिंह-शीर्षक था।[2] इसकी पहचान बखिरा (बसाढ़) स्तम्भ से की जाती है।

पाटलिपुत्र में उसने दो अशोक-स्तम्भों के वर्तमान होने का उल्लेख किया है। इनमें से एक बुद्ध-मन्दिर के समीप था, जिसमें बुद्ध के पद-चिह्न से युक्त प्रस्तर सुरक्षित था। इसी के समीप एक अस्थि-स्तूप भी वर्तमान था। उक्त प्रस्तर-स्तम्भ 30 फीट ऊँचा था। इस पर एक लेख भी उत्कीर्ण था, जिसके अनुसार अशोक ने जम्बू-द्वीप को तीन बार भिक्षु-संघ को दान कर दिया था।[3] हुएनसांग के इस कथन से भी स्पष्ट है कि उस समय तक लोग मौर्य-लिपि को भूल चुके थे, जिस कारण लेख की सामग्री के विषय में ठीक ज्ञान के स्थान पर भ्रान्तिमूलक जनपरम्परा प्रचलित हो गयी थी। इसी स्तम्भ का उल्लेख फाहियान ने भी किया है। उसके अनुसार भी यह बुद्ध के पदचिह्न-मन्दिर के अत्यन्त समीप था तथा 30 फीट ऊँचा था। इसकी परिधि 14-15 फीट के लगभग थी। इस पर उत्कीर्ण लेख के अनुसार अशोक ने जम्बू-द्वीप को भिक्षुसंघ को दान कर दिया था तथा उसके उपरान्त उसे प्रभूत धन देकर उन्मुक्त करा लिया था।[4] इस प्रमाण से स्पष्ट है कि लेख के संबंध में उपर्युक्त भ्रान्तिपूर्ण जनश्रुति गुप्त-काल में ही प्रचलित हो गयी थी।

पाटलिपुत्र का दूसरा स्तम्भ अशोक निर्मित बन्दीगृह के समीप था। यह नगर के उत्तरी सीमान्त पर

---

1. लेग्गे, फाहियान, पृष्ठ 72।
2. वाटर्स, युवान च्वांग, जिल्द 2, पृष्ठ 65।
3. वाटर्स, युवान च्वांग, जिल्द 2, पृष्ठ 93।
4. लेग्गे, फाहियान, पृष्ठ 40।

वर्तमान था और उसके अनुसार करीब 30 फीट ऊँचा था।[1] इसी स्तम्भ का उल्लेख फाहियान ने किया है। उसके अनुसार अशोक ने इस नगर से लगभग 400 कदम दूर एक अन्य नगर (ने-ले नामक) बनवाया था। लगता है कि यह पाटलिपुत्र का कोई प्रत्यन्त (सीमावर्ती) पुर था। फाहियान के अनुसार यह स्तम्भ यहीं पर विद्यमान था तथा लगभग 30 फीट ऊँचा था। यह सिंह-शीर्षक स्तम्भ था। इस पर एक लेख भी उत्कीर्ण था, जिसमें अशोकनिर्मित (ने-ले नामक) पुर की स्थापना की तिथि (वर्ष, मास एवं दिन-सहित) तथा वृत्तान्त प्राप्य था।[2]

हुएनसांग ने राजगृह के उत्तरी सीमान्त पर भी एक अशोक-स्तम्भ के वर्तमान होने का वर्णन किया है। इस स्तम्भ के समीप एक वंश-उद्यान एवं सरोवर (कलन्द-तटाक नामक) भी था, जिसका जल उस समय सूख चुका था। इसी के समीप अशोक-निर्मित एक स्तूप भी था। स्तम्भ 50 फीट ऊँचा था, जिसके शीर्ष-स्थान पर गज-प्रतिमा कोरी गयी थी। इस पर एक लेख भी खुदा हुआ था, जिसमें स्तूप के निर्माण की परिस्थितियों का विवरण प्राप्य था। इसके उत्तर-पूर्व से राजगृह का नगर प्रारम्भ हो जाता था, जिसकी सुरक्षा-भित्ति उस समय तक विनष्ट हो चुकी थी।[3]

स्तम्भ-स्थापना

हुएनसांग के वर्णन से स्पष्ट है कि अशोक ने अधिकांशतः उत्तर प्रदेश एवं बिहार में ही स्तम्भों का निर्माण किया था। पुरातत्त्वीय प्रमाणों से भी इस तथ्य की सम्पुष्टि होती है। इसका कारण यह है कि स्तम्भों की स्थापना ठीक उन स्थानों पर की गयी, जो गौतम बुद्ध के जीवन से संबंधित थे; उदाहरणार्थ लुम्बिनीग्राम (जन्मस्थान) एवं सारनाथ (मृगदाव, धर्मचक्रप्रवर्तन-स्थल)। सुप्रसिद्ध बौद्ध तीर्थों में उसने अनिवार्य रूप से स्तम्भों की स्थापना की थी; उदाहरणार्थ सांकाश्य (संकिशा = संकिसा), वैशाली (बखिरा), कुशीनगर एवं कौशाम्बी आदि। इसके अतिरिक्त उसने उन स्थलों पर भी स्तम्भों की स्थापना की, जो बौद्ध तीर्थों के मार्ग में पड़ते थे। उदाहरणार्थ चम्पारन जिले में उसने चार स्तम्भों की स्थापना की थी; लौरियानन्दनगढ़, लौरिया अरराज तथा रामपुरवा के वृषभ एवं सिंह-स्तम्भ। ये स्थान कुशीनगर एवं वैशाली के मार्ग में पड़ते थे। स्तम्भों के समीप स्तूपों का भी उसने निर्माण कराया। मठ, स्तूप एवं स्तम्भ उसकी सुनियोजित योजना के अंग थे।

स्तम्भ वस्तुतः पूजा का विषय माना जाता था। इसका संबंध वैदिक युग से निर्दिष्ट किया जा सकता है, जो कि धार्मिक अनुष्ठान एवं कृत्य से सम्पृक्त था। बौद्धों के अतिरिक्त जैन मतावलम्बी भी आध्यात्मिक लाभ के निमित्त स्तम्भ-निर्माण कराते थे। स्कन्दगुप्त-कालीन कहाँव के स्तम्भ-लेख (गुप्त संवत् 141 = 460 ईसवी) के अनुसार मद्र नामक नागरिक ने इस स्थान पर इस लाट का निर्माण कराया तथा इसके आधार पर 5 जैन तीर्थङ्करों की मूर्तियों को उत्कीर्ण कराया। ये आकृतियाँ इस स्तम्भ में अब भी प्राप्य हैं। शुभ निर्माण के पूर्व कभी-कभी स्तम्भ (मूलस्तम्भ) की स्थापना की जाती थी तथा उसमें देवत्व की कल्पना की जाती थी। हर्षचरित में स्तम्भ को शिव का रूप माना गया है (मूलस्तम्भाय शम्भवे)। कृष्णदेव राय के उदयम्बकम-ताम्रपट में नगर-निर्माण के पूर्व स्तम्भ-स्थापना को क्षेमकारक माना गया है (नगरारम्भमूलस्तम्भाय भवे)[4]।

---

1. वाटर्स, युवान च्वांग, जिल्द 2, पृष्ठ 88।
2. लेग्गे, फाहियान, पृष्ठ 80।
3. वाटर्स, युवान च्वांग, जिल्द 2, पृष्ठ 162।
4. एपिग्राफिआ इंडिका, जिल्द 14, पृष्ठ 170।

स्तम्भ को देवताओं अथवा देव-मन्दिरों को संकल्पित भी किया जाता था। मौर्य-काल के उपरान्त जिन शिलामय ध्वजस्तम्भों को स्थापित किया गया, उनकी पृष्ठभूमि में प्रतिष्ठापक की श्रद्धात्मक भावना सन्निहित थी। शुंग-काल (मागभद्र के राज्यकाल के 14वें वर्ष) में तक्षशिला के यवन राजदूत हेलिओडोरस (हेलियोदोर) ने बेसनगर (विदिशा) में गरुड-ध्वज की स्थापना की थी। गुप्त-काल में गरुड-स्तम्भों का निर्माण अतिपुनीत कृतित्व समझा जाता था। अशोककालीन लौरिया-नन्दनगढ़ के स्तम्भ को अब भी स्थानीय जनता पूजा चढ़ाती है। स्तम्भ-स्थापना वस्तुतः एक वैदिक धार्मिक परम्परा थी, जिसका अवलम्बन कालान्तर के ऐतिहासिक कालों में किसी-न-किसी रूप में प्रचलित था। भारतीयों की श्रद्धात्मक भावना अशोककालीन लाटों के निर्माण का एक सम्भावित कारण प्रतीत होती है।

निर्माण की अवस्थाएँ

सौभाग्यवश अशोक-निर्मित स्तम्भों के उदाहरण विभिन्न प्राचीन ऐतिहासिक केन्द्रों से उपलब्ध हैं। इनमें अधिकांश उत्कीर्ण लेखों से युक्त हैं तथा कतिपय सादे (लेख-विहीन) ही हैं। अशोक के कुछ लेखों में प्रसंगतः उसके राज्य-काल के वर्षों का भी उल्लेख मिलता है। इससे उसके स्तम्भों के निर्माण के कालानुक्रम-निर्धारण में यत्किञ्चित् सहायता उपलब्ध होती है। इन लाटों की स्थापत्य-शैली के आधार पर भी इनकी स्थापना के तिथि-क्रम पर प्रकाश पड़ता है। तक्षण की विशेषताओं की दृष्टि से बखिरा (बसाढ़)-स्तम्भ, मौर्य-शिल्पियों की प्रथम संरचना अभिव्यञ्जित होता है। इसकी शीर्ष-प्रतिमा (सिंह-प्रतिमा) प्रभावोत्पादक होने से वञ्चित रह जाती है। मूर्धन्य पशु-मूर्ति की आयताकार चरणचौकी के घेरे पर किसी प्रकार की नक्काशी अथवा गढ़ाई का कार्य नहीं मिलता। अपने समग्र रूप में यह स्तम्भ सादा एवं अनलंकृत है। इन विशेषताओं के आधार पर यह स्तम्भ मौर्य-शिल्पियों के स्तम्भ-निर्माण के प्राथमिक प्रयास को अभिव्यञ्जित करता है।

स्थापत्य की माध्यमिक अवस्था का प्रतिनिधित्व सांकाश्य (संकिशा = संकिसा) गज-स्तम्भ एवं रामपुरवा के वृष-स्तम्भ द्वारा किया जाता है। इनके टंकण में मौर्य-तक्षकों ने अपनी कला का उच्चतर दृष्टान्त प्रस्तुत किया था। सांकाश्य-स्तम्भ में शीर्ष-प्रतिमा की चरणचौकी गोलाकार है एवं इसके पार्श्वों में भव्य अलंकरण-प्रतीक, शिल्पियों द्वारा तराशे गये हैं। अवाङ्मुख पद्म की पंखुड़ियाँ अधिक उभड़ी हुई हैं। रामपुरवा-स्तम्भ (वृषभ-शीर्षक एवं तिथि-विहीन) में पशु-प्रतिमा, पादमूल (चरणचौकी), शोभा-पट्टिकाएँ, अलंकरण-प्रतीक एवं अधोमुख उत्पल आदि की टंकण-क्रिया (शैलकर्म्म = सेलकम्म) में मौर्य-कलाकारों (शैलवर्द्धकि = सेलवड्ढकी) ने प्रगतिशीलता का परिचय दिया था। लौरियानन्दनगढ़ एवं सारनाथ के स्तम्भ शिलाथब (पाषाणटंकित स्तम्भ) की निर्माण-शैली के चरमोत्कर्ष को व्यक्त करते हैं। विशेष रूप से सारनाथ स्तम्भ अशोककालीन शिलाथब का सर्वोत्तम दृष्टान्त है। इसकी शीर्ष-प्रतिमाओं, मूर्द्धाभिषिक्त चक्र, गोल चौकी एवं पुष्पाकृति आदि के सफल टंकण में मौर्य-शिल्पियों ने परिपक्वता का श्लाघनीय परिचय प्रस्तुत किया था। ऋषिपत्तन (इसिपत्तन) एवं धर्मचक्रप्रवर्तन के इस ऐतिहासिक केन्द्र को कलाविभूषित कर, उन्होंने इसे प्रभावोत्पादक रूप प्रदान किया था।

स्तम्भ अवयव

अशोक-स्तम्भ एकाश्मक एवं चुनार के श्वेत बलुएदार पत्थर को तराशकर निर्मित हैं। इससे अभिव्यञ्जित होता है कि मौर्य-काल में इस केन्द्र में अथवा इसके सन्निकट ही टंकण अधिष्ठान एवं तत्संबंधी विभाग के अभियन्ता एवं शिल्पी नियुक्त किये गये होंगे। तक्षणोपरान्त ये स्तम्भ विभिन्न स्थानों पर स्थापना

के उद्देश्य से स्थानान्तरित किये गये। इन स्तम्भों को मुख्यतया दो भागों में विभक्त किया जा सकता है— (1) अधोभाग (स्थूण अथवा यष्टि = 'शैफ्ट') तथा (2) ऊर्ध्वभाग (शीर्षक = 'कैपिटल')। इन दोनों प्रमुख भागों का टंकण पृथक् रूप में किया गया। तदुपरान्त उनके जोड़वाले भाग पर छिद्र तराशकर उनमें ताँबे का चूल (ताम्रकीलक, अर्गलाबन्ध) बिठा दिया गया। यह ताम्र-अर्गला ढिबरीदार पेंच के रूप में थी। इसके द्वारा दोनों भाग एक-दूसरे के साथ दृढ़बद्ध कर दिये गये। उनको संयुक्त करने के लिए किसी प्रकार के जोड़ के मसाले (पलस्तर) का प्रयोग नहीं है। ताम्रकीलक के उपयोग का प्रमाण रामपुरवा के स्तम्भ में प्राप्य है। लोहे के स्थान पर ताँबे के जोड़वाले पेंच का प्रयोग इस धातु के स्थायित्व की ओर संकेत करता है। धरातल पर टंकित प्रस्तर-शिला के आधार को स्थापित कर लिया जाता था। तदुपरान्त इसके केन्द्रीय भाग में गहरा छिद्र काटकर लाट के मूल (पेंदी) को दृढ़तापूर्वक कस दिया जाता था।

स्तम्भ-यष्टि (स्थूण) 30 से लेकर 40 फीट तक ऊँची है। इनकी आकृति ऊँचे ताड़ के वृक्ष के तने जैसी लगती है। यह गोलाकार है तथा नीचे मोटा एवं ऊपर क्रमानुसार पतला होता गया है। सम्भव है कि इसके निर्माण की कल्पना इसी वृक्ष के तने के आधार पर ही की गयी हो। इसकी अवधारणा की सम्पुष्टि शुंगकालीन विदिशा (बेसनगर) के स्तम्भ से होती है, जिसके शीर्षक पर नयनाभिराम तालपत्र (ताड़ के पत्ते) शिल्पियों के द्वारा बारीकी के साथ उभाड़े गये हैं। वृक्ष-स्थूण से प्रेरणा-ग्रहण हमारे ध्यान को अरण्य की ओर आकृष्ट करता है, जिसके सघन तरुओं की छाया में बैठकर तपस्वी अध्यात्म-चिन्तन में संलग्न रहते और शान्ति एवं आध्यात्मिक लाभ उपलब्ध करते थे। इस रूप में स्तम्भ-प्रतिष्ठा मानव के धार्मिक जीवन से संबद्ध आभासित होती है। यही कारण है कि कतिपय विचारकों के अनुसार ध्वजस्तम्भ, शिलास्तम्भ अथवा स्तम्भ-यष्टि ही हमारे देवसद्म एवं मन्दिरों के पूर्वगामी थे।[1] मौर्य-तक्षकों ने अपनी छेनी के कुशल प्रयोग द्वारा इन्हें समतल कर इतनी सफल मठाई की कि इनसे एक चमकती हुई विलक्षण आभा आज दिन भी प्रस्फुटित होती है। उच्च कला का यह एक चूडान्त निदर्शन है, जो मौर्य-अभियन्ताओं एवं कारुओं के मजिष्ट ज्ञान एवं उच्च प्रतिभा का परिचायक है। ये यष्टियाँ सादी हैं तथा इन पर नक्काशी अथवा शिल्पाकृतियाँ नहीं उत्कीर्ण की गयीं। तथापि श्लक्षण (माठने की क्रिया) की उत्कृष्टता के कारण इनका समग्र रूप चित्ताकर्षक एवं आह्लादवर्द्धक है।

स्तम्भ-शीर्षक शिल्पाकृतियों से भरपूर एवं सज्य हैं। शीर्षभाग के चार उप-भाग है। पहला उप-भाग अधोमुख पद्म है, जिसे पाश्चात्य विद्वानों ने भ्रमवश ईरानी स्तम्भों के घण्टे (पर्सिपोलिटन बेल) से समीकरणीय माना है। यह वस्तुतः औंधे कमल की आकृति है, जिसमें उसकी पंखुड़ियों (पद्मपत्रों) को उभाड़ दिया गया है। शतदल हमारे देश का एक परम्परित मांगल्य प्रतीक था। शीर्षक का द्वितीय उप-भाग पादमूल (चरणचौकी अथवा पादपीठिका = अबेकस) था। यह कभी आयताकार (दीर्घायत) तथा कभी चौकोर (चतुरस्र) एवं वृत्ताकार (वर्तुल) भी हुआ करता था। प्राचीन शिल्प-शास्त्रों में इन्हें शुभाकार माना गया है। इसकी बाजुओं में सिंह, वृषभ, अश्व एवं गज आदि पशुओं की आकृतियाँ अंकित हैं (चित्र 8 एवं 9)। इनके बीच 'धर्मचक्र' भी उत्कीर्ण हैं। कभी-कभी त्रिरत्न चिह्न भी कोरे गये हैं। इनके अतिरिक्त राजहंस, ऊर्ध्वमुख प्रस्फुटित कमल, सूर्यमुखी पुष्प, चम्पक-प्रसून, ताड़पत्र एवं मनकों आदि के चित्र भी तराशे गये हैं (चित्र 1-7)। इस प्रकार की आकृतियाँ बिहार प्रान्त के चम्पारन जिले के अशोक-स्तम्भों में बहुधा टंकित हैं (चित्र 3, 4 एवं 5)। तीसरा उपभाग शीर्षस्थ पशु-प्रतिमा के रूप में था, जो चरणचौकी (पादपीठ) के ऊपर कोरी गयी थी। यह प्रतिमा गज, अश्व, वृषभ एवं सिंह में किसी एक की हुआ करती थी। चतुर्थ

---

1. पर्सी ब्राउन, इंडियन आर्किटेक्चर, पृष्ठ 9 ।

उपभाग 'धर्मचक्र' था, जो मूर्धन्य पशु-मूर्ति के ठीक ऊपर विलसित था। यष्टि (स्थूण) एवं शिरोभाग (शीर्षक) को मिलाकर अशोक-स्तम्भों की ऊँचाई 40 से लेकर 50 फीट के समीप थी।

तात्पर्य-बोध

बौद्ध मतावलम्बी होते हुए भी अशोक जिस प्रकार सभी धर्मों को आदर की दृष्टि से देखता था, उसी प्रकार उसने अपनी कला में भी बौद्ध मांगलिक चिह्नों के अतिरिक्त पूर्व-काल से चले आनेवाले वैदिक प्रतीकों को भी स्थान प्रदान किया था। कलहंस एवं पद्म, शोभाप्रतीक होने के अतिरिक्त मांगल्यप्रतीक भी थे। अतएव अशोक-कला में उन्हें समादरणीय स्थान प्रदान किया गया है। प्राचीन भारतीय साहित्य एवं अभिलेखों में कमल एवं हंस का एकत्र निरूपण बहुशः प्राप्य है। उदाहरणार्थ महाभारत में इन्द्रप्रस्थ के रम्य सरोवरों में प्रस्फुटित सुगन्धित पद्मोत्पल (कमल की पंखुड़ियों) एवं उनके बीच तैरते हुए हंस, कारण्डव तथा चक्रवाक आदि पक्षियों के मनोरम वर्णन प्राप्य हैं।[1] हरिवंश के अनुसार द्वारका की जलपरिखा में हंस एवं पद्मखण्ड (सनाल पद्म) दोनों ही सुशोभित थे।[2] मालव-संवत् 529 (472 ईसवी) की मन्दसौर-प्रशस्ति के अनुसार मालव नगर दशपुर (आधुनिक मन्दसौर) के सरोवरों के जल में कारण्डव तैरते रहते थे तथा वे प्रफुल्ल पद्मों के कारण सुशोभित हो उठते थे।[3] इन सरों में तैरते हुए कलहंस चंचल लहरों के थपेड़ों से गिरते हुए कमल-पराग द्वारा पिञ्जरित (भूरे वर्ण के) हो जाते थे। इनमें प्रस्फुटित कमल अपनी ही पंखुड़ियों के पराग से अवनत दृष्टिगोचर होते थे।[4] इन दृष्टान्तों से स्पष्ट है कि अशोक स्तम्भ-शीर्षक के जिस भाग को पाश्चात्य विद्वान् ईरानी घंटा ('पर्सिपोलिटन बेल) समझते हैं, वे भ्रम में हैं। यह वस्तुतः अधोमुख पद्म की पंखुड़ियों का प्रतिनिधित्व करता है। उत्पल भारतीयों के धार्मिक एवं सांस्कृतिक जीवन में प्रेरणा के सबल स्रोत सर्वदा ही सिद्ध हुए हैं। शतदल (कमल की पंखुड़ियों) को मौर्य-शिल्पियों ने जिस सफलता के साथ उभाड़ा है, वह उनके द्वारा स्थापित अभिनव कीर्तिमान का श्लाघनीय दृष्टान्त था। इससे अभिव्यञ्जित है कि अशोक ने विदेशी कला-प्रतीकों को न ग्रहण कर स्वदेशी मांगल्य प्रतीकों को ही समादरणीय स्थान प्रदान किया है। अशोक-कला में कमल का अंकन प्राचीन साहित्य के 'पद्माभरण' (शोभा के रूप में प्रयोग) का स्मरण दिलाता है।

---

1. ''सरोभिरतिरम्यैश्च पद्मोत्पलसुगन्धिभिः।
   हंसकारण्डवयुतैश्चक्रवाकोपशोभितैः ॥''

   महाभारत, आदि पर्व, अध्याय 199, श्लोक 77।

2. ''पद्मखण्डाकुलाभिश्च हंससेवितवारिभिः''

   हरिवंश, विष्णुपर्व, अध्याय 98, पंक्ति 21।

3. ''प्रफुल्लपद्माभरणानि यत्र।
   सरांसि कारण्डवसंकुलानि ॥''

   सरकार, दिनेश चन्द्र, सेलेक्ट इंसक्रिप्शंस, पृष्ठ 301।

4. ''विलोलवीचीचलितारविन्द-
   पतद्रजः-पिञ्जरितैश्च हंसैः।
   स्वकेसरोदार-भरावमुग्नैः
   क्वचित्सरांस्यम्बुरुहैश्च भान्ति ॥''

   सरकार, वही, पृष्ठ 301।

अब प्रश्न उठता है कि अपने स्तम्भों के शिरोभाग के मूल में उसने ऊर्ध्वमुख कमल के स्थान पर अधोमुख पद्म को क्यों स्थान दिया? इसके पीछे एक पूर्वकालीन भारतीय अवधारणा रही होगी, जिसका प्रतिबिम्ब हमें श्रीमद्भगवद्गीता के पञ्चदश अध्याय में प्राप्त होता है। इसमें संसार की तुलना एक औंधे (अवाङ्मुख) पीपल वृक्ष (अश्वत्थ) से की गयी है, जिसकी जड़ गगनमण्डल में (ऊर्ध्वमूल) है किन्तु शाखाएँ नीचे लटकी हैं (अधःशाखम्)। इस अधोमुख वृक्ष की जड़ों को आकाश में निर्दिष्ट इसलिए किया गया कि संसार के मूल (उत्पत्ति के कारण) परमेश्वर हैं, जो अविनाशी (अव्ययम्) है। वेदों के छन्द इसके पत्ते हैं (छन्दांसि यस्य पर्णानि)।[1] इस साक्ष्य के आधार पर संसार-वृक्ष के ऊर्ध्वमूल एवं अधःशाखाओं (नीचे लटकी डालियों) से युक्त होने की कल्पना प्राचीन सिद्ध हो जाती है। अवाङ्मुख वृक्ष के पत्तों के अधोमुखी होने की कल्पना इस रूप में स्वाभाविक ही है। बौद्ध कला में सनाल पद्म बुद्ध के जन्म का प्रतीक माना गया है। अवाङ्मुख वृक्ष, पुष्प एवं पर्ण की पूर्वकालीन भारतीय अवधारणा के आधार पर अशोक-कला में पद्म को अधोमुखी कर दिया गया। साँची के स्तूप-संख्या-2 की भूमिगत वेदिका में एक स्थान पर अधोमुख कमल पर गजलक्ष्मी का चित्र अंकित है, जिसे घटाभिषेक कराया जाता हुआ निरूपित किया गया है। सम्भव है कि गजलक्ष्मी से तात्पर्य स्वयं माया देवी से हो, जिसे दोनों ओर से गज घटाभिषेक कर रहे हैं। अतएव अशोक-कला के अवाङ्मुख पद्म को ईरानी घंटे (पर्सिपोलिटन बेल) के रूप में लेना एक ऐतिहासिक भूल होगी। उक्त भारतीय परम्परा के कारण ही पद्मदलों (पर्णों) को अशोक-स्तम्भों में उल्टा चित्रित किया गया है।

रामपुरवा एवं सारनाथ के स्तम्भों की कला में अधोमुख पद्म की पंखुड़ियों की संख्या कुल 12 है। संख्या का यह निर्धारण भी विचारणीय हो जाता है। सम्भव है कि यह उस प्राचीन भारतीय परम्परा से संबद्ध हो, जिसके अनुसार सम्पूर्ण 12 राशियों के क्षेमकर होने की कामना की जाती थी। कमल की 12 पंखुड़ियों को निम्न मुख उभाड़ना द्वादश राशियों का धरातल पर उतरकर मानव कल्याण की अवधारणा का निरूपण हो सकता था। अधोमुख पद्मांकन के अन्य सम्भावित कारण निम्नलिखित हो सकते हैं :—

1. कमल की पंखुड़ियों को उल्टी दशा में उभाड़ने से यह पुष्प एक अभिनव सौन्दर्य को धारण करता प्रतिभासित होता है। इसका आसेचनक रूप दर्शक को सद्यः आकृष्ट कर लेता है।
2. अशोक-स्तम्भों में पद्म वस्तुतः शीर्षक का आधार है, जिस पर पशु-प्रतिमा एवं उसकी चरणचौकी (पादपीठिका) का भार टिका हुआ है। ऊर्ध्वकमल की पंखुड़ियों को प्रदर्शित करने पर भविष्य में उनके टूटने की आशङ्का हो सकती थी।
3. अधोमुख पंखुड़ियों की संख्या अधिकतर 12 है। परन्तु कहीं पर यह संख्या 16 तथा कहीं 22 भी है। लौरियानन्दनगढ़ में 16 (पद्मदल = पंखुड़ियाँ) कोरी गयी हैं। उसके शासन-काल के जिस वर्ष में जो स्तम्भ स्थापित किया गया, सम्भव है कि उस वर्ष-संख्या के आधार पर ही पंखुड़ियों की संख्या भी निर्दिष्ट की गयी हो। उसके राज्यकाल का 12वाँ वर्ष अधिक महत्त्वपूर्ण लगता है। यही कारण है कि इस वर्ष का उल्लेख (द्वादशवसाभिसितेन) उसके अभिलेखों में बहुशः प्राप्य है। सम्भवतः इसीलिए उसके स्तम्भों में पंखुड़ियों की संख्या 12 ही है। उदाहरणार्थ रामपुरवा के सिंह-शीर्षक स्तम्भ में पंखुड़ियों की संख्या 12 है। इस पर उत्कीर्ण लेख में उसके राज्यकाल के 12वें वर्ष का सन्दर्भ प्राप्य है।

---

1. ''ऊर्ध्वमूलमधःशाखमश्वत्थं प्राहुरव्ययम्।
छन्दांसि यस्य पर्णानि यस्तं वेद स वेदवित्॥''

श्रीमद्भगवद्गीता, अध्याय 15, श्लोक 1।

4. छाते के रूप में शतदल (पद्मातपत्र) का वर्णन प्राचीन साहित्य में यत्र-तत्र हुआ है। उदाहरणार्थ रघुवंश के अनुसार देवी लक्ष्मी (पद्मा) अदृश्य होकर रघु के मस्तक (जिसके चतुर्दिक प्रकाश का घेरा = छाया मण्डल) पर कमल के छत्र (पद्मातपत्र) का आवरण किये थीं।[1] छाते के रूप में पद्म की कल्पना अवाङ्मुख शतदल की अवधारणा की परिचायिका है।

चरणचौकी (पादमूल) की बाजुओं में चित्रित चक्र 'धम्मचक्क' (धर्मचक्र) के प्रतीक हैं। इनके बीच में अंकित वृषभ, अश्व, गज एवं सिंह की आकृतियाँ दिग्पालों के द्योतक हैं। वृषभ वरुण का वाहन है तथा वरुण पश्चिमी दिगीश्वर हैं। यही कारण है कि वृषभाकृति पश्चिमाभिमुख है। इसके विपरीत गज पूर्वाभिमुख है। यह ऐरावत गज का बोधक है, जो पूर्वी दिगीश्वर इन्द्र का वाहन है। अश्व गगनविहारी सूर्य के रथ का वाहन है। उत्तराभिमुख सिंह उत्तरी दिग्पाल का बोधक है। इस प्रकार ये अंकित चित्र वैदिक प्रतीकों एवं अवधारणाओं की ही परम्परा में आते हैं। चम्पारन (चम्पकारण्य) जिले के अशोक-स्तम्भों पर चम्पक पुष्प का निरूपण स्वाभाविक ही था। बुद्ध सूर्यवंशी थे। अतएव सांकाश्य (संकिशा) के स्तम्भ की चरणचौकी के पार्श्वांगों पर सूर्यमुखी पुष्प उत्कीर्ण हैं। बौद्धकथाओं के अनुसार इसी स्थान पर बुद्ध अपनी माता को उपदेशार्थ त्रयस्त्रिंग स्वर्ग से अवतरित हुए थे।

रामपुरवा के स्तम्भ-फलक (चरणचौकी) की भुजाओं में सनाल सूर्यमुखी पुष्प उत्कीर्ण हैं। ये गौतम बुद्ध के सूर्यवंशी क्षत्रिय होने की ओर संकेत करते हैं। इस स्तम्भ की कला में प्रफुल्ल ऊर्ध्व पद्म के दोनों पार्श्वों में अंकित सनाल सूर्यमुखी पुष्प रविरश्मियों द्वारा कमल के प्रस्फुटित होने की ओर इंगित करते हैं, जिसका प्रचुर वर्णन प्राचीन भारतीय साहित्य में प्राप्य है (सूर्यांशुभिर्भिन्नमिवारविन्दम्, कुमारसम्भव)। रामपुरवा-स्तम्भ की वृषभ-प्रतिमा मौर्यों की प्रभविष्णुता एवं प्रबलता को अभिव्यञ्जित करती है। सांकाश्य की मूर्धन्य गज-प्रतिमा उनके चक्रवर्तित्व तथा सारनाथ की शीर्षस्थ सिंह-प्रतिमाएँ वीर्यवान् एवं शक्तिमत् मौर्य-नरेश के साम्राज्य की प्रबलता, प्रताप, वैभव एवं गरिमा के परिचायक हैं। अशोक-कला में बौद्ध प्रतीक त्रिरत्न (धम्म, बुद्ध एवं संघ) का निरूपित होना स्वाभाविक ही था। अशोक-स्तम्भों की शिरोमण्डित पशुप्रतिमाओं पर विलसित बौद्ध प्रतीक धर्मचक्र प्रभावोत्पादक एवं औत्सुक्यवर्द्धक है। इस प्रकार स्पष्ट हो जाता है कि बौद्धकला के प्रतीक पूर्णतया भारतीय हैं, न कि विदेशी चिह्नों एवं दृष्टान्तों के अन्धानुकरण अथवा किञ्चिदपि आसन्न अनुकरण ही।

स्तम्भ-परिचय

अब तक अशोक के प्राप्त स्तम्भों की निर्विवाद संख्या चौदह (14) है; जिनमें 6 उत्तर-प्रदेश, 5 बिहार, 2 दिल्ली एवं 1 मध्य-प्रदेश से प्राप्य हैं। उत्तर-प्रदेश से प्राप्त छह लाटों में सांकाश्य, रुमिनदेई (लुम्बिनी), निगाली सागर, कौशाम्बी, इलाहाबाद एवं सारनाथ के स्तम्भ आते हैं। सांकाश्य बौद्धों का एक पवित्र तीर्थ-स्थल था। यह गजशीर्षक स्तम्भ का एक उत्कृष्ट उदाहरण है। हस्ति-प्रतिमा से युक्त यह अकेली अशोककालीन लाट है। इस प्रतिमा की गोल चरणचौकी (पादमूल) के मेखलाबन्ध पर प्रफुल्ल ऊर्ध्व पद्म, त्रिरत्न, सनाल सूर्यमुखी पुष्प एवं तिनपतिया का सुगन्धित फूल (हनीसकिल) उत्कीर्ण हैं। इसके नीचे

---

1. ''छायामण्डललक्ष्येण तमदृश्या किल स्वयम्।
पद्मा पद्मातपत्रेण भेजे साम्राज्यदीक्षितम्॥''

रघुवंश, सर्ग 4, श्लोक 5।

अधोमुख कमल सुशोभित है। इसकी यष्टि भी अशोक-शैली में ही निर्मित है (चित्र 1)। हम पहले कह आये हैं कि इस स्तम्भ का उल्लेख फाहियान एवं हुएनसांग ने भी अपनी भारतीय यात्रा के प्रसंग में किया है। लगता है कि उनके आगमन के समय ही इस गज की सूँड़ (शुण्ड) टूट चुकी थी। अतएव उन दोनों ने ही भ्रमवश इस गजशीर्षक को सिंहशीर्षक लिख दिया था। वैदिक हस्तिध्वज (गजस्थूण) का यह श्लाघनीय दृष्टान्त है। जहाँ तक रुमिनदेई (लुम्बिनी) के स्तम्भ का प्रश्न है, हुएनसांग के अनुसार यह अश्व-शीर्षक था जो बिजली के गिरने के कारण टूट गया था। इस पर उत्कीर्ण लेख के अनुसार अपने राज्यकाल के बीसवें वर्ष (249 ई०पू० में) अशोक यहाँ आया था। यहाँ पर शाक्यमुनि उत्पन्न हुए थे। अतएव उनके प्रति श्रद्धा के कारण उसने यहाँ सिलाथभ (शिलास्तम्भ) स्थापित किया (उसपापिते) तथा इसके चतुर्दिक् एकाश्मक वेदिका (सिलाविगडभीचा) का भी निर्माण कराया।

हुएनसांग के अनुसार निगालीसागर (निगलीवा)-स्तम्भ की चोटी पर सिंह-प्रतिमा निर्मित थी। इस स्तम्भ पर उत्कीर्ण लेख के अनुसार अशोक यहाँ दो बार आया हुआ था। सर्वप्रथम वह अपने राज्यकाल के चौदहवें वर्ष (255 ई॰पू॰) में वहाँ आया था। यहाँ वर्तमान बुद्ध (कनकमुनि) के स्तूप को उसने द्विगुणित करा दिया था (थुबे दुतिए वढिते)। अपने राज्यकाल के बीसवें वर्ष (249 ई॰पू॰) में वह यहाँ दुबारा आया हुआ था। इस अवसर पर उसने स्तम्भ-निर्माण कराया (सिलाधमे च उसपापिते)। कौशाम्बी में पहले दो स्तम्भ वर्तमान थे, जिनमें से एक अब भी अपने मूल स्थान पर इस ऐतिहासिक केन्द्र में विद्यमान है। इसका शिरोभाग भग्न हो चुका है तथा यह लेखविहीन है। दूसरा कौशाम्बी-स्तम्भ मुगल-काल में गंगा-यमुना के संगम पर किले की स्थापना के पश्चात् इलाहाबाद में इस दुर्ग के प्रांगण में स्थानान्तरित किया गया। फलतः अब यह इलाहाबाद-स्तम्भ के नाम से विश्रुत है। इस पर अशोककालीन दो लेख प्राप्य हैं। इनमें से एक में उसकी पत्नी एवं तीवरमाता कारुवाकी के दान का उल्लेख है तथा दूसरा कौशाम्बी महामात्रों को सम्बोधित करते हुए अशोक की राजाज्ञा के रूप में है जिसका लक्ष्य भिक्षुसंघ में बढ़ते हुए भेद को रोकना था। उल्लेखनीय है कि उपर्युक्त दोनों ही स्तम्भों का उल्लेख हुएनसांग ने नहीं किया है, यद्यपि वह कौशाम्बी आया हुआ था।

सारनाथ-स्तम्भ अशोक-स्तम्भ का सर्वोत्तम उदाहरण है। इसके समस्त भाग (यष्टि, प्रतीप पद्म, वर्तुलाकार चरणचौकी, सिंह-प्रतिमाएँ एवं धर्मचक्र) 'शिलाथब' (प्रस्तर-स्तम्भ) के आदर्श दृष्टान्त हैं। यह लगभग 50 फीट ऊँचा रहा होगा। पद्मदल (कमल की पंखुड़ियाँ) आकर्षक हैं। गोलाकार चरणचौकी के पार्श्व-तलों पर चार दिशाओं में चक्राकृतियाँ तथा उनके बीच वृषभ, सिंह, गज एवं अश्व-विग्रह अंकित हैं। पीछे निर्दिष्ट किया जा चुका है कि वे दिगीश्वरों (दिग्पालों) की आकृतियाँ हैं। चौकी पर सिंह-चतुष्टय (चार व्याघ्र-प्रतिमाएँ) निर्मित हैं, जो भारतीय कला में ही नहीं, अपितु विश्व-कला में भी अद्वितीय हैं। वे अपने पीठ को एक-दूसरे से सटाये स्वाभाविक मुद्रा में आसीन हैं। ये व्याघ्र-प्रतिमाएँ प्रभविष्णु मौर्य-सम्राट् अशोक के प्रताप एवं गौरव के परिचायक हैं। इनके अयाल एवं केशगुच्छक बारीकी के साथ उत्कीर्ण हैं तथा इनकी मुखमुद्रा में सहज ओजस्विता का प्रतिबिम्ब प्राप्य है। इनके मस्तक पर विराजमान रथचक्र सारनाथ के 'धम्मचक्कपवत्तन' (धर्मचक्रप्रवर्त्तन) का प्रतिनिधित्व करता है (चित्र 2)।

इन स्तम्भों के अतिरिक्त एक अन्य अशोक-स्तम्भ वाराणसी में क्वीन्स कालेज (सम्प्रति सम्पूर्णानन्द संस्कृत-विश्वविद्यालय) के प्रांगण में विद्यमान था, जो कुशीनगर से सारनाथ जाते समय इसी नगर में हुएनसांग के मार्ग में पड़ा था। सम्भवतः 1908 ईसवी के दंगे में यह नष्ट हो गया था।[1] इनके अतिरिक्त

---

1. अग्रवाल, वासुदेवशरण, भारतीय कला, पृष्ठ 35।

कतिपय अन्य भी स्तम्भ उत्तर-प्रदेश में विद्यमान थे, जिनकी चर्चा हुएनसांग ने अपने वर्णन में की है; उदाहरणार्थ श्रावस्ती के दोनों स्तम्भ जो जेतवन विहार के प्रांगण में थे, कुशीनगर के दोनों स्तम्भ जिनमें से एक शालवन में महापरिनिर्वाण-मन्दिर के समीप खड़ा किया गया था तथा कपिलवस्तु का समीपस्थ सिंह-शीर्षक क्रकुच्छन्द (पूर्वबुद्ध)-स्तूप।

बिहार प्रान्त से प्राप्त स्तम्भों में वृषभ-प्रतिमायुक्त रामपुरवा-स्तम्भ (लेख-विहीन) सिंहमण्डित रामपुरवा-स्तम्भ (लेखयुक्त), लौरियाअरराज-स्तम्भ एवं लौरिया-नन्दनगढ़ स्तम्भ उल्लेखनीय हैं। ये चारों ही स्तम्भ बिहार प्रान्त के चम्पारन जिले में प्राप्य हैं। रामपुरवा एवं लौरिया, वैशाली-पावा-कुशीनगर के पथ पर पड़ते थे। इन पर सौदागरों का सार्थ (कारवाँ) तथा बौद्ध श्रमणों एवं पथिकों का आना-जाना लगा रहता था। अतएव अशोक ने बौद्ध तीर्थों के मार्ग पर स्थित इन स्थानों को स्तम्भ-निर्माण के लिए विशेष रूप से चुना। वहाँ स्तूप एवं मठ भी रहे होंगे; क्योंकि 'धब', 'थूप' एवं 'विहार' उसकी निर्माण-योजना के अभिन्न अंग थे। रामपुरवा के सुप्रसिद्ध वृषभमण्डित स्तम्भ पर कोई लेख तो नहीं है, पर स्थापत्य की दृष्टि से यह सुप्रसिद्ध है। इसके विभिन्न भाग—स्थूण (ऊर्ध्व यष्टि), अधोमुख पद्मोत्पल, त्रिरत्न, प्रफुल्ल ऊर्ध्व पद्माभरण, पुष्पमालिका, तिनपतिया का सुगन्धित फूल (हनी-सकिल) एवं कटहरी तथा ताड़पत्र आदि से विभूषित वृत्ताकार चरणचौकी (पादमूल) आदि-आह्लादकारी हैं। मूर्धन्य वृषभ-विग्रह शिल्पियों द्वारा कुशलतापूर्वक तराशा गया है। इसमें मध्यम राशि का हृष्ट-पुष्ट वृष (साँड़) अपनी सहज एवं शान्तिपूर्ण मुद्रा में विलसित है। यह लाट वैदिक वृष-ध्वज (वृषभ-स्थूण) का ज्वलन्त उदाहरण है (चित्र 3)।

रामपुरवा का द्वितीय स्तम्भ (सिंहप्रतिमा-मण्डित) शास्त्रवर्णित सिंहध्वज से समीकरणीय है। इसमें दो लेख प्राप्य हैं। प्रथम लेख उसके राज्यकाल के छब्बीसवें वर्ष (सडवीसतिवसाभिसितेन = 243 ई०पू०) का है। लगता है कि यह उसके राज्यकाल का कोई महत्त्वपूर्ण वर्ष था। लेख के अनुसार उसने इस वर्ष में शुक, सारिका, चक्रवाक, हंस, नन्दीमुख, श्वेत-कपोत, ग्राम-कपोत, मत्स्य, सूकर एवं कुक्कुट आदि का वध अपनी राजाज्ञा द्वारा रोक दिया था। इस स्तम्भ पर प्राप्य दूसरा लेख उसके राज्यकाल के बारहवें वर्ष (द्वाडस-वसाभिसितेन = 256 ई०पू०) का है। इस धर्मलिपि में सर्वलोक के हित एवं सुख की कामना की गयी है। उल्लेखनीय है कि रामपुरवा के इस स्तम्भ की चरणचौकी के पार्श्व-तलों में कलहंस-पंक्ति उत्कीर्ण है। इसमें वे दाने चुगते हुए प्रदर्शित हैं। इस अंकन द्वारा पक्षी-हत्या-निषेध की भावना का समर्थन किया गया है। यह स्तम्भ भी पूर्ण रूप से अशोक-शैली में ही निर्मित है। शीर्षक में अधोमुखी कमल, गोल चौकी एवं सिंहप्रतिमा प्राप्य हैं। इसका मुखभाग कुछ भग्नावस्था को प्राप्य है। सिंह के अयाल एवं केशगुच्छक गर्दन तथा गले पर बिखरे प्रदर्शित हैं (चित्र 4)। श्री चन्द्रा का अनुमान है कि लौरिया-अरराज का स्तम्भ गरुड़-मूर्ति से मंडित रहा होगा। परन्तु मेरे अनुसार विश्वसनीय सम्भावना यह हो सकती है कि वह मयूर की मूर्ति से सुशोभित था।

पीछे हम इस बात का निर्देश कर आये हैं कि कुशीनगर-वैशाली-पथ पर स्थित जिस स्तम्भ का उल्लेख चीनी यात्री फाहियान ने किया है, उससे तात्पर्य लौरिया-अरराज अथवा लौरिया-नन्दनगढ़ के स्तम्भों में से किसी एक से है। लौरिया-नन्दनगढ़-स्तम्भ सिंह-प्रतिमा से मण्डित है। वैदिक सिंह-ध्वज (व्याघ्र-स्थूण) का यह श्लाघनीय उदाहरण है। कतिपय विद्वानों ने सारनाथ-स्तम्भ के उपरान्त इसी लाट को अशोक का द्वितीय सर्वश्रेष्ठ स्तम्भ माना है। शैली में यह बहुत-कुछ रामपुरवा के सिंहांकित स्तम्भ से साम्य रखता है। परन्तु अपने समग्र रूप में यह अधिक आकर्षक है। इसके अधोभाग (यष्टि), उल्टे बिठाये कमल की पंखुड़ियों, गोल चरणचौकी एवं शीर्षासीन सिंह-प्रतिमा के अंकन में मौर्य-तक्षणकारों ने कहीं अधिक निपुणता का परिचय दिया है। रामपुरवा-स्तम्भ की भाँति इस स्तम्भ की चरणचौकी के

पार्श्वतलों पर चुगते कलहंस सुशोभित हैं। इनके अंकन में भी जीवहत्या-निषेध की अवधारणा प्राप्य है (चित्र 5)।

मुज़फ्फरपुर जिले में बखिरा (बसाढ़)-स्तम्भ के विविध अंग (यष्टि, अधोमुखी कमल, पादमूल एवं शीर्ष-प्रतिमा) अशोक-शैली के प्रतिनिधि थे। यह एक सिंह-प्रतिमांकित स्तम्भ है, जिसकी चरणचौकी गोल न होकर आयताकार है। इसकी बाजुओं पर अन्य स्तम्भों की चौकियों की भाँति किसी प्रतीक अथवा पुष्प आदि शोभा अभिप्रायों का अंकन नहीं मिलता। मूर्धन्य सिंह-प्रतिमा के अंकन में शिल्पियों ने अधिक कुशलता का परिचय नहीं दिया। यही कारण है कि बखिरा-स्तम्भ को मौर्य-तक्षकों के स्तम्भ-निर्माण के प्राथमिक प्रयास का परिचायक माना जाता है। बहुत सम्भव है कि मौर्य-शिल्पियों द्वारा निर्मित सर्वप्रथम स्तम्भ यही रहा हो (चित्र 6)। हुएनसांग द्वारा उल्लिखित वैशाली-स्तम्भ यही रहा होगा।

इस चीनी यात्री द्वारा उल्लिखित बिहार के चार स्तम्भ अपने स्थानों पर अप्राप्य हैं—

(1) महाशाल (शाहाबाद जिले में स्थित आधुनिक मसाढ़) का सिंह-प्रतिमा से युक्त स्तम्भ जो उसके सारनाथ-वैशाली मार्ग पर पड़ा था;

(2) पाटलिपुत्र में बुद्ध के पदचिह्न-मन्दिर का समीपस्थ लेखयुक्त स्तम्भ;

(3) पाटलिपुत्र में अशोकनिर्मित बन्दीगृह का निकटवर्ती स्तम्भ जिसका उल्लेख हुएनसांग के अतिरिक्त फाहियान ने भी किया था; इस गुप्तकालीन चीनी यात्री के अनुसार यह सिंहशीर्षक स्तम्भ था।

(4) राजगृह का स्तम्भ जिसके शीर्ष पर सिंह-प्रतिमा निर्मित थी। निहार रंजन रे एवं वासुदेवशरण अग्रवाल ने पटना-संग्रहालय में वर्तमान निम्नलिखित स्तम्भों का उल्लेख किया है, जो अशोक-शैली के अन्तर्गत आते हैं। इन पर ओपदार श्लक्षण प्राप्य है, जो मौर्य-स्तम्भों की विशेषता थी।

उक्त चारों स्तम्भ इस प्रकार हैं—

(1) सिंहप्रतिमांकित एवं चमकदार स्तम्भ जो शाहाबाद जिले के प्रमुख नगर आरा के पास स्थित मसाढ़ नामक ग्राम से मिला था; इसकी पहचान हुएनसांग द्वारा उल्लिखित महाशाल (मसाढ़) के सिंह-मण्डित स्तम्भ से की जा सकती है;

(2) वृषचतुष्टय (चतुर्वृषभ)-मण्डित स्तम्भ जिस पर देदीप्यमान मौर्य-प्रभा विराजमान है; इसका केवल शीर्षक ही अवशिष्ट है। यह बिहार-प्रान्त के मुजफ्फरपुर जिले में सलेमपुर नामक ग्राम से मिला था। अतएव इसे सलेमपुर-स्तम्भ कहना समुचित होगा। इसका निर्माण चुनार के बालूदार प्रस्तर द्वारा हुआ है। इस पर प्राप्य चमकदार पालिश इसे मौर्यकालीन निर्दिष्ट करती है। इस स्तम्भ-शीर्षक में सादे वर्गाकार फलक पर सारनाथ की चौमूर्तियों की भाँति चार वृष (बैल) पीठ में पीठ सटाये आसीन हैं।[1]

---

1. इसका अशोक-स्तम्भ होने में मुझे कुछ संशय लगता है। कारण यह है कि हुएनसांग ने इसका उल्लेख नहीं किया, जबकि उसने मुजफ्फरपुर जिले के बखिरा (बसाढ़)-स्तम्भ का वर्णन किया है। सम्भव है कि किसी मौर्योत्तर-काल में यह स्तम्भ मौर्य-शैली में ही निर्मित हुआ हो। इस स्तम्भ का प्रमाण अशोक-कलाशैली के निर्वाह की सूचना प्रदान करता है। निहार रंजन रे एवं वासुदेवशरण अग्रवाल इसे मौर्यकालीन ही मानते हैं। अतएव प्रस्तुत परिच्छेद में इस स्तम्भ का भी विवरण दिया गया है।

(3) पटना से प्राप्त वृषभ-प्रतिमांकित स्तम्भ-खण्ड, इसके तादात्म्य के संबंध में कुछ निश्चयात्मक कहना दुष्कर है; इसकी पहचान हुएनसांग द्वारा उल्लिखित उस स्तम्भ से नहीं हो सकती जो उस समय अशोक के बन्दीगृह के समीप वर्तमान था। यह स्तम्भ तो सिंह-शीर्षक था।

दिल्ली में अशोक के दो स्तम्भ प्राप्य हैं, जिनमें से एक फिरोज़शाह तुगलक के काल में मेरठ से दिल्ली मँगाया गया था तथा दूसरा अम्बाला जिले में वर्तमान टोपरा नामक स्थान से वहाँ लाया गया था। इस स्तम्भ की यष्टि के उत्तरीमुख पर तीन लेख प्राप्य हैं, जिनमें से एक उसके राज्यकाल के छब्बीसवें वर्ष (सडवीसति-वस-अभिसितेन = 243 ई॰पू॰) का है। दूसरे लेख में उसने धर्म के विषय में अपनी स्वतंत्र परिभाषा दी है। तृतीय लेख में उसने कोप, नैष्ठुर्य, क्रोध, दम्भ एवं ईर्ष्या आदि दुर्गुणों के परित्याग का वर्णन किया है। चौथा लेख इस स्तम्भ के पश्चिमीमुख पर प्राप्य है। यह लेख भी उसके राज्यकाल के छब्बीसवें वर्ष का है (सडवीसति-वस-अभिसितेन)।

मध्य प्रदेश में सम्प्रति रायसेन जिले (भूतपूर्व भोपाल रियासत) में वर्तमान साँची (प्राचीन ग्राम काकबाट) से भी उसका एक स्तम्भ प्राप्य है। इस लेखयुक्त लाट में संघभेद के विरुद्ध उसकी राजाज्ञा उत्कीर्ण है। इस स्तम्भ की निर्माण-शैली सारनाथ की स्तम्भ-शैली से प्रचुर साम्य रखती है। इसके अवाङ्मुख-पद्म (पंखुड़ियों के उभाड़-सहित), गोल चौकी एवं शीर्ष-प्रतिमा आदि स्तम्भ-अवयव सारनाथ-स्तम्भ के समान वास्तुगत अंगों के अति सन्निकट हैं। इसकी मूर्धन्य प्रतिमा सारनाथ-स्तम्भ की शीर्ष-प्रतिमा के तुल्य चार सिंहों के समूह के रूप में है, जो अपनी चरणचौकी पर पीठ-से-पीठ सटाये आसीन हैं। उनके गर्दन एवं गले के केशसमूह गुच्छकों के रूप में हैं, जो बारीकी के साथ उत्कीर्ण हैं। चरणचौकी के बाजूबन्द में रामपुरवा एवं लौरिया-नन्दनगढ़ के स्तम्भों की गोलचौकी की भाँति कलहंस-समूह एवं त्रिरत्न-चिह्न अंकित हैं। साँची-स्तम्भ का शीर्षक सारनाथ-स्तम्भ के शिरोभाग का बार-बार स्मरण दिलाता है। यह सही है कि साँची की सिंह-प्रतिमाएँ उतना उत्कृष्ट होने से पीछे छूट जाती हैं, जितना सारनाथ की व्याघ्र मूर्तियाँ कही जा सकती हैं, तथापि तक्षण एवं अलंकरण-प्रयास की दृष्टि से ये उनके अति सन्निकट हैं।

उपर्युक्त प्रमाणों से स्पष्ट है कि अशोक के स्तम्भ प्रायशः सिंह-मण्डित ही हैं। सिंह-प्रतिमा को उसने विशेष रूप से क्यों चुना, इसका एक विशेष कारण था। अपने लेखों में उसने पराक्रम पर बल दिया है। सिंह शक्ति एवं पराक्रम का प्रतीक है। कालान्तर में सदियों उपरान्त गुप्त-सम्राटों ने भी इस पर महत्त्व देते हुए 'व्याघ्रपराक्रम', 'सिंहपराक्रम' एवं 'सिंहविक्रान्त' की उपाधियाँ धारण की थीं। पराक्रम ही पुरुषत्व है तथा सफलता का यथार्थ स्रोत है। इस तथ्य को दृष्टि में रखते हुए इस मौर्य-सम्राट् ने सिंह-प्रतिमाओं से अपने स्तम्भ-शीर्षकों को मण्डित किया था।

चैत्यगृह

अशोक-काल गुहा-वास्तु के लिए भी महत्त्वपूर्ण माना जाता है। गया से 19 मील की दूरी पर बराबर एवं नागार्जुनी की पहाड़ियों में मौर्यकालीन सात गुहाएँ प्राप्त हुई हैं, जिनमें लेख भी उत्कीर्ण हैं। इनसे ज्ञात होता है कि गया आजीविक सम्प्रदाय का एक विशिष्ट केन्द्र था। इनमें उपलब्ध अभिलेखों में इन गुफाओं के निमित्त 'कुभा' शब्द प्राप्य है, जो संस्कृत के गुहाशब्द का प्राकृत समानार्थी है। इन सात गुफाओं में चार अशोककालीन हैं और बराबर-पहाड़ी की गुहाओं में खुदी हुई हैं। इनमें प्राप्य लेखों से ज्ञात होता है

कि बराबर-पहाड़ी का प्राचीन नाम 'खलतिक पर्वत' था। यह नाम पतञ्जलि के महाभाष्य में भी आता है। बराबर की पहाड़ी के मौखरि-लेखों के अनुसार इसका एक अन्य नाम 'प्रवरगिरि' भी था।[1] मौर्योत्तरकालीन लेखों में खलतिक पहाड़ी (गंजी पहाड़ी) को यत्र-तत्र गोरथगिरि (गोरधगिरि) भी कहा गया है।[2]

इनमें से पहली गुफा का निर्माण अशोक के राज्यकाल के बारहवें वर्ष में हुआ था (लाजिना पियदसिना दुवाड़सवसाभिसितेन)। इससे सिद्ध होता है कि इसका निर्माण 275 ई॰पू॰ के लगभग हुआ होगा। इसमें प्राप्य लेख के अनुसार इसका नाम 'निगोह-कुभा' (न्यग्रोध-गुहा) था। कालक्रम की दृष्टि से अशोकनिर्मित यह पहली गुहा ज्ञात होती है। इस कोटि के स्थापत्य-क्षेत्र में मौर्य-शिल्पियों के प्रथम प्रयास का यह प्रतिनिधित्व करती है। इसकी लम्बाई 33½ फीट, चौड़ाई 14½ फीट एवं ऊँचाई 6 फीट है। इसके संबंध में दो तथ्य विचारणीय हो जाते हैं—

(1) यह गुहा चैत्य-गृह का प्राचीनतम उदाहरण मानी जा सकती है तथा

(2) लकड़ी के नमूने की यह पाषाणानुकृति है।

दूसरी सुदामा-गुफा के नाम से विश्रुत है। इसके भीतर एक लेख प्राप्य है, जिसमें बराबर की पहाड़ी का नाम 'खलतिक पर्वत' उल्लिखित है। इसके अनुसार इसका निर्माण अशोक ने कराया था (लाजिना पियदसिना)। इसका भी निर्माण उसके राज्यकाल के बारहवें वर्ष (दुवाडससाभिसितेन) अर्थात् 257 ई॰पू॰ में हुआ था। इससे भी सम्पुष्टि होती है कि यह उसके शासनकाल का कोई महत्त्वपूर्ण वर्ष था, जिसमें वह संरचनात्मक कार्यों में संलग्न था। यह गुफा भी आजीविकों के प्रयोग-निमित्त (आजीविकेहि) तराशी गयी थी।

तीसरी लोमश (लोमष) ऋषि-गुहा के नाम से प्रख्यात है। इसके भीतर भी एक अशोककालीन लेख प्राप्य है, जिसके अनुसार इसका निर्माण उसके राज्यकाल के उन्नीसवें वर्ष (अर्थात् 250 ई॰पू॰) में हुआ था (एकुनवीसति-वसाभिसिते)। इस लेख में भी बराबर की पहाड़ी को 'खलतिक-पर्वत' कहा गया है। वर्षा-ऋतु के आगमन पर (जलधोसागमे) आजीविकों के वास-निमित्त (स्थातवे) इसका निर्माण हुआ था। भीतर के लेख में इस गुहा को 'सुप्रिय' कहा गया है। सुदामा एवं लोमश ऋषि की गुहाओं के अभ्यन्तर में दो कक्ष प्राप्य हैं—पहला बाह्य प्रकोष्ठ जो आयताकार कोष्ठ (कमरे) के रूप में है; इसे हम 'मुखमण्डप' कह सकते हैं। प्रवेश-द्वार से घुसते ही यह सबसे पहले पड़ता था। वैदिककालीन आयताकार मण्डप का यह पाषाणानुकरण था। इस कोष्ठ की छत ढोलाकार अथवा पीपानुमा थी। दूसरा अन्तःप्रकोष्ठ के रूप में है, जिसे हम 'गर्भ-गृह' कह सकते है।। यह गोल कमरे (प्रकोष्ठ) के रूप में है, जिसकी छत अर्द्धवृत्ताकार है।

सुदामा की गुफा का बाह्य प्रकोष्ठ एक आयताकार कमरे के रूप में है। यह 32 फीट 9 इंच लम्बा, 19 फीट 9 इंच चौड़ा एवं 12 फीट 3 इंच ऊँचा है। इसके उपरान्त गुफा का अन्तःप्रकोष्ठ विद्यमान है। इस गोल प्रकोष्ठ (कमरे) की छत अर्द्धवृत्ताकार अथवा आकाश के चँदोवे की भाँति है। आधार पर इसका व्यास 19 फीट है। अपने केन्द्रीय स्थान पर यह 12 फीट 3 इंच ऊँचा है। स्थापत्य के विकास की दृष्टि से इसका वास्तु महत्त्वपूर्ण माना गया है। शिल्पियों ने इसके प्रत्येक भाग का निर्माण तत्सदृश उन काष्ठादर्शों पर किया, जिनका प्रचलन हमारे देश में वैदिक काल से ही चला आ रहा था। विचारणीय है

1. सरकार, दिनेश चन्द्र, सेलेक्ट इंसक्रिप्शंस, पृष्ठ 76, पादटिप्पणी 2।
2. लाहा बिमल चरण, प्राचीन भारत का ऐतिहासिक भूगोल, पृष्ठ 384।

कि सुदामा की गुहा की बाहरी दीवाल पर लकड़ी (काष्ठ) के लट्ठों (यष्टि) के अंकन प्राप्य हैं, जो वैदिक युग के बाँस एवं लट्ठों का प्रतिनिधित्व करते हैं जिनका प्रयोग लोग अपनी झोपड़ियों अथवा घासफूस के गोलगृहों की दीवालों के निर्माण में करते थे।

हम पीछे निर्दिष्ट कर चुके हैं कि वैदिक-वास्तुकला में अर्द्धवृत्त (अथवा आकाश-वितान के स्वरूप) का स्थान महत्त्वपूर्ण था। वैदिक जन आकाश-देवता के पुजारी थे। इसी स्वरूप के आदर्श पर स्तूपों के अंड का भी रूप आकाश के चँदोवे के ही तुल्य निर्धारित हुआ था। न्यग्रोधगुहा की तुलना में सुदामा की गुफा के स्थापत्य में अधिक सुधार देखने को मिलता है। इसके वास्तु की एक अन्य विशेषता इसकी सादगी भी है। इसकी दीवालों पर शिल्पकारों ने तक्षणकार्य इतनी बारीकी के साथ किया है कि अशोक-स्तम्भों की भाँति इन पर भी कान्तियुक्त आभा दृष्टिगोचर होती है। वैदिक युग से लेकर मौर्य-काल तक भारतीय वास्तुशास्त्र के विकास का यदि अध्ययन करना हो, तो इस गुफा के अवयवों के स्थापत्य पर विमर्श करना चाहिए जो अपने भीतर पूर्वकालीन वास्तुगत परम्पराओं की कड़ियों को अपने अंग-प्रत्यंग में सँजोये है।

मौर्य-गुहावास्तु भारतीय अभियन्ताओं के मस्तिष्क की मौलिक कल्पना है। इनका नमूना प्रमाणित करता है कि अशोककालीन प्रस्तरवास्तु, हमारे देश के ही 'तक्षकों' (प्रस्तर को तराशनेवाले कारीगरों) के हस्तलाघव के प्रतीक हैं। वे इस समय तक अपनी कला में बहुत-कुछ आगे बढ़ चुके थे। इस गुहा का वास्तु उस भ्रान्तिमूलक अवधारणा का पुनः खण्डन करता है, जिसके अनुसार मौर्यकालीन प्रस्तर-स्थापत्य का उद्‌गम ईरानी एवं यूनानी कलाकारों के सहयोग द्वारा हुआ था। सूसा के प्रासाद-लेख की पंक्ति-संख्या 34 के अनुसार दारा ने इस स्थान पर निर्मित अपने प्रासाद के मापन हेतु गन्धार-देश से शिल्पियों को आमन्त्रित किया था। यदि इस प्रमाण पर गम्भीरतापूर्वक विचार किया जाय, तो भारतीय स्थापत्यकारों की कलामर्मज्ञता एवं अपने क्षेत्र में मौलिकता के विषय में कोई संशय नहीं रह जाता।

पहले निर्दिष्ट किया जा चुका है कि लोमश (लोमष) चित्र नं॰-7 ऋषि-गुफा को इसके भीतर के लेख में 'सुप्रिय गुहा' (आकर्षक गुफा) कहा गया है। इस उल्लेख का कारण इसका सौन्दर्य हो सकता है। प्रवेश-द्वार समापित होने के कारण आसेचनक है (चित्र 7)। इस गुहा के वास्तु में शिल्पियों द्वारा अलंकरण-प्रयास के दृष्टान्त मिलते हैं। यदि सुदामा की गुफा अपनी सादगी के लिए प्रख्यात है, तो इस गुफा के स्थापत्य में सजावट के नमूने उपलब्ध होते हैं। परन्तु इसके निर्माण के मूलभूत सिद्धान्त ठीक वे ही हैं, जो सुदामा की गुहा-निर्माण में प्राप्य हैं। इसका प्रवेश-द्वार मेहराबदार है। अतएव कतिपय विद्वानों का यह आग्रह कि भारतवर्ष में मेहराब अथवा तोरणद्वार के निर्माण की परम्परा मुसलमानी कला की देन है, निर्मूल सिद्ध हो जाती है। लोमश (लोमष)-ऋषि की गुफा का तोरणद्वार इस बात का प्रमाण है कि मेहराब के विन्यास की प्रथा मौर्य-युग में दृढ़मूल थी।

गुफा के भीतर का बाह्य प्रकोष्ठ (मुखमण्डल) एवं अन्तःप्रकोष्ठ (गर्भगृह) का स्थापत्य सुदामा की गुफा के आयताकार कक्ष एवं गोलगृह के ही तुल्य है। इस गुफा के भीतर उच्चित्र भी प्राप्य हैं, जिनमें गजसमूह का अंकन विशेष रूप से उल्लेखनीय है। इस उच्चित्र में गज स्तूप-पूजा के भाव में प्रदर्शित हैं। बाह्य कक्ष (मुखमण्डप) की पार्श्वदीवालें अधिक सतर्कता से तराशी हुई एवं ओपदार हैं। बराबर-समूह की चतुर्थ गुहा 'विश्व-झोपड़ी' नाम से विश्रुत है। इसमें भी बाह्यकोष्ठ एवं गर्भगृह हैं। परन्तु उनके स्थापत्य में पूर्णता नहीं आ पायी है। बाह्यकक्ष में प्राप्य उत्कीर्ण लेख में इस गुहा को अशोक-दान का वर्णन मिलता है। यह गुहा भी भारतीय चैत्य-गृह का अति प्राचीन उदाहरण है। इसकी भी दीवालों पर चमकती हुई कान्ति उभाड़ी गयी है।

नागार्जुनी-समूह में तीन गुहाएँ मिलती हैं, जिनका निर्माण इस मौर्य-सम्राट् के पौत्र दशरथ ने कराया

था। इनमें उसके तीन लेख मिले हैं, जिनमें इन तीन गुहाओं के नाम दिये गये हैं—(1) वहियका-कुभा (गुहा); (2) गोपिका-कुभा (गुहा) तथा (3) वडथिका-कुभा (गुहा)। इन लेखों के अनुसार उसने अपने राज्याभिषेक (अभिषितेन) के समय (लगभग 220 ई॰पू॰ में) इनका निर्माण आजीविकों के निमित्त (आजीविकेहि) वर्षावास (वाष-निसिद = वर्ष-निषध) के रूप में कराया था। इन गुहाओं में सबसे प्रसिद्ध 'गोपिका-गुहा' मानी जाती है। यह कुल 44 फीट लम्बी एवं 19 फीट चौड़ी है। अन्य चैत्य-गृहों की भाँति इसकी भी छत पीपानुमा (बैरेल-वाल्टेड) है। बराबर समूह की चार एवं नागार्जुनी-समूह की तीन गुहाएँ मिलकर 'सात घर' अथवा 'सातघरा' कहलाती हैं। नागार्जुनी-समूह की गुहाओं में भी मौर्यकालीन ओपदार आभा देखने को मिलती है। इन गुहाओं में प्राप्य लेखों से स्पष्ट है कि गया आजीविक-सम्प्रदायियों का विशेष केन्द्र रहा होगा। बराबर एवं नागार्जुनी-समूह बिहार-प्रान्त के गया जिले की जहानाबाद तहसील में स्थित हैं। पटना-गया रेलपथ पर बेला स्टेशन से सात मील पूरब की दिशा में ये वर्तमान हैं। अशोक-द्वारा चैत्य-गृहों के निर्माण की जो परम्परा चलायी गयी, उसने कालान्तर की वास्तुकला को भी प्रभावित किया। उसके पौत्र दशरथ द्वारा निर्मित गुहाएँ इस तथ्य के प्रमाण हैं। अशोक के चैत्यगृहों के आदर्श ने पश्चिमी घाट की हीनयान शैलोत्कीर्ण गुहाओं के वास्तु को प्रभावित किया। अजन्ता की गुहाओं (हीनयान एवं महायान धर्मों में संबंधित) का भी वास्तु अशोककालीन गुहा-स्थापत्य से प्रभावित है। मौर्य-काल के उपरान्त गुहा-वास्तु की परम्परा दक्षिणी भारतवर्ष में अधिक लोकप्रिय हो गयी थी।

स्तूप

भारतीय इतिहास में अशोक स्तूप-निर्माण के लिए भी विश्रुत था। एक बौद्ध परम्परा के अनुसार उसने 84,000 स्तूपों का निर्माण कराया था। स्पष्ट है कि यह संख्या अतिरञ्जित है। चीनी पर्यटकों (फाहियान एवं हुएनसांग) ने अशोक-निर्मित स्तूपों के उल्लेख किये हैं। उनके विवरण से लगता है कि इस मौर्य-सम्राट् ने बौद्ध तीर्थों एवं प्रसिद्ध ऐतिहासिक नगरों (जो बुद्ध के धर्म-प्रचार से संबंधित थे अथवा जहाँ इस मत का प्रभाव विशेष था) में स्तूपों का निर्माण कराया। वे स्मारक एवं संकल्पित (समर्पित अथवा चढ़ावा)—दोनों ही स्तूप-प्रकारों से संबंधित रहे होंगे। लगता है, अशोक ने अपने पूर्वकालीन मिट्टी के बने स्तूपों का आकारवर्द्धन किया था। इसका कम-से-कम एक अभिलेखीय प्रमाण तो अवश्य ही मिलता है। निगाली-सागर के स्तम्भ-लेख के अनुसार उसने अपने राज्य-काल के चौदहवें वर्ष में कनकमुनि के स्तूप को द्विगुणित किया था (दुतियं वढिते)।

उसके द्वारा निर्मिति ईंटों के बने थे। ये अपने आधार पर गोलाकार थे तथा इनका अंड-भाग अर्द्धवृत्ताकार था। उनके शीर्षविन्दु पर हर्मिका एवं छत्र विराजमान थे। अंड के चतुर्दिक् तोरणयुक्त वेदिका हुआ करती थी। स्तूप एवं वेदिका के बीच एक प्रदक्षिणा-मार्ग भी हुआ करता था। बौद्ध विहार, स्तूप एवं स्तम्भ—ये तीनों ही उसकी निर्माण-योजना के अंग थे। यही कारण है कि अशोक की लाटों के समीप मौर्यकालीन स्तूपों एवं मठों के अवशेष भी प्रायः मिलते हैं। फाहियान एवं हुएनसांग के विवरणों से भी लगता है कि बौद्ध धर्म से प्रभावित नगरों में एक ही प्रांगण में उक्त तीनों ही निर्माण प्राप्य थे। उदाहरणार्थ, यह वास्तुगत विशेषता श्रावस्ती में प्राप्य थी। निगालीसागर के अशोक-स्तम्भलेख में स्तूप एवं स्तम्भ दोनों का ही उल्लेख हुआ है।

वेदिका

स्तूप-निर्माण के साथ वेदिका-निर्माण की भी परम्परा अशोक-काल में व्यापक हो गयी। रुमिनदेई के

स्तम्भ-लेख में प्रस्तरवेदिका (शिलाविगडभीचा = शिलाविकृतभित्तिका) का उल्लेख हुआ है। इसका पुरातत्त्वीय प्रमाण सारनाथ की एकाश्मक एवं परिमण्डल (गोल) वेदिका है, जिस पर मौर्यकालीन चमकीली कान्ति (पालिश) मिलती है। इसमें आलम्बन (पेंदी का पत्थर), थम (स्तम्भ), सूचियाँ एवं उष्णीष (शीर्षस्थ मुँड़ेरी) आदि निपुणता के साथ टंकित हैं। अशोक की लाटों की भाँति एक ही विशाल चट्टान को टंकित कर यह निर्मित थी। वैदिककालीन वंशवेदिका अथवा अपने पूर्ववर्ती एवं समकालीन काष्ठवेदिका का यह प्रस्तर-रूपान्तर है। इसी के आदर्श पर साँची एवं भरहुत के महास्तूपों की वेदिकाएँ निर्मित थीं। सारनाथ-वेदिका का दृष्टान्त भी अशोक-कला की भारतीय उत्पत्ति को प्रमाणित करता है।

बोधिमण्ड

अनुश्रुति के अनुसार अशोक ने बोधगया में बोधिमण्ड का निर्माण किया था। इसके स्वरूप की कल्पना सुप्रसिद्ध भरहुत-उच्चित्र के बोधिमण्ड के आधार पर हम कर सकते हैं जिस पर उत्कीर्ण लेख में शाक्य-मुनि की सम्बोधि (भगवतो सक्य-मुनिनो बोधो) का उल्लेख मिलता है। यह 'बोधिमण्ड' गोलवेदिका के रूप में है तथा अशोक निर्मित चौकोर (परिमण्डल) वेदिका का प्रतिनिधित्व करता है जिसे इस मौर्य-सम्राट् ने बोधगया में उस स्थान के चतुर्दिक् स्थापित किया था, जहाँ बुद्ध को ज्ञान की प्राप्ति हुई थी। भरहुत-उच्चित्र के बोधिमण्ड (चित्र-10) में भी आलम्बनपिण्डिका, स्तम्भ, सूची एवं उष्णीष आदि भाग कोरे गये हैं। स्पष्ट है कि यह पूर्वकालीन काष्ठ-प्रतिकृति का प्रस्तर-रूपान्तर है।

वासुदेवशरण अग्रवाल का कथन है कि जिस स्थान पर बुद्ध को सम्बोधि की प्राप्ति हुई थी, वहाँ अशोक ने एक स्तम्भ का भी निर्माण करवा रखा था। मैं डॉ॰ अग्रवाल की इस अवधारणा से सहमत नहीं हूँ। हुएनसांग ने भी बोधिमण्ड का उल्लेख किया है। उसके अनुसार इसे 'बोधिमण्डल' (सम्बोधि का प्राचीरबन्ध, चीनी नाम 'ताओ-चंग') भी कहते थे। इसके भीतर ठीक उस स्थान पर जहाँ बुद्ध को ज्ञान की प्राप्ति हुई थी, 'वज्रपीठ' ('ऐडेमेण्ट सीट', चीनी नाम 'चिन-कंग') बना हुआ था। इस पर्यटक ने वहाँ किसी भी लाट के वर्तमान होने की कोई भी चर्चा नहीं की है, जबकि अशोकनिर्मित सभी स्तम्भों का उसने सतर्कता के साथ उल्लेख किया है। उसके अनुसार बोधिमण्ड इस सम्राट् के आदेश द्वारा तराशी गयी शिलाटंकित वेदिका के रूप में था, जिसकी ऊँचाई 10 फीट के लगभग थी। बोधिमण्ड का सम्पूर्ण घेरा 100 पादन्यास (पग) के लगभग था।

लगता है, हुएनसांग द्वारा उल्लिखित 'वज्रपीठ' पत्थर की चौकी के रूप में था, जिसे अशोक ने अपने शिल्पियों द्वारा निर्मित कराकर बुद्ध के सम्बोधि-स्थल पर जड़वा दिया था। इस चीनी जिज्ञासु-पर्यटक ने तत्कालीन किसी प्रचलित अनुश्रुति का उल्लेख किया है, जिसके अनुसार इस कल्प के एक सहस्त्र बुद्धों ने इसी स्थल पर वज्रसमाधि ग्रहण की थी तथा इस रूप में बोधि की दशा को अधिगत किया था। अतएव इस स्थान को 'बोधिमण्डल' अथवा 'बोधिमण्ड' (बोधि-एरेना) कहा जाता था। हुएनसांग के अनुसार अशोक ने इस वेदिका के अतिरिक्त ईंटों की एक विस्तृत चहारदीवारी भी खिंचवा दी थी, जो बोधि-वृक्ष के सम्पूर्ण प्रांगण की सुरक्षा-भित्ति (प्राकार) का कार्य करती थी। इस रूप में 'बोधिमण्ड' इस 'इष्टका-प्राकार' (ईंटे की दीवाल) के भीतर आता था। यह बड़ा प्राकार (प्राचीरबन्ध) आयताकार था। इसका घेरा 500 पादन्यास (पग) के लगभग था। बोधिमण्ड एवं ईंटे की चहारदीवारी की परिधि का अनुमान उसने अपनी प्रदक्षिणा की क्रिया में लगाया होगा। यह आयताकार दीवाल पूर्व से पश्चिम की ओर अधिक लम्बी तथा उत्तर-दक्षिण में कम चौड़ी थी। इसका प्रधान द्वार पूर्व की दिशा में निरंजना नदी की ओर खुलता था। इसके उत्तरी द्वार

के समक्ष एक विशाल मठ था।[1] हुएनसांग के अनुसार इस सुरक्षा-भित्ति एवं बोधिमण्ड को शशाङ्क ने बोधिवृक्ष को नष्ट करने की क्रिया में तुड़वा दिया था। वह लिखता है कि इस घटना के कुछ ही महीनों पश्चात् अशोक के अन्तिम उत्तराधिकारी पूर्णवर्मा (मगध-नरेश) ने एक नवीन सुरक्षा-भित्ति एवं अभिनव बोधिमण्ड को निर्मित कराया, जिसकी ऊँचाई 24 फीट के लगभग थी।[2]

राजप्रासाद

अशोक की लाटों की भाँति उसके राजप्रासाद के स्थापत्य-आकलन के विषय में भी कतिपय इतिहासकारों ने एकांगी दृष्टिकोण अपनाया है। उनका अनुमान है कि दारयवौष (दारा) एवं क्षाशायार्श (जरक्सीज) द्वारा निर्मित शूषा (सूसा), पर्सिपोलिस एवं नक्श-ए-रुस्तम के हखामनी-प्रासादों के स्थापत्य द्वारा अशोक का प्रासाद-मापन प्रभावित रहा होगा। इसके महामण्डप, विविध कक्ष, सभा-गृह, स्तम्भ तथा उच्चित्रों की निर्माणशैली हखामनी विधि से प्रभावित रही होगी। उल्लेखनीय है कि सहसा इस प्रकार का मत-निर्धारण न्यायोचित एवं प्रमाणदृष्ट न होगा। चीनी यात्री फाहियान के आगमन के समय पाटलिपुत्र में अशोक का महल विद्यमान था। वह इसे देखकर आश्चर्यचकित हो उठा था। उसे आभास हुआ कि इसका निर्माण देवलोक के शिल्पियों द्वारा सम्पन्न हुआ था। इसकी भित्तियाँ, द्वार एवं उपद्वार पत्थर की कारीगरी के दृष्टान्त थे। उनमें जो भव्य नक्काशियाँ एवं उच्चित्र उभाड़े गये थे, वह विश्व के किसी भी मानव से सम्भव नहीं था।

भरहुत एवं साँची की नक्काशियों में प्रासाद के विविध अंग (बरामदे, वेदिका, द्वार, स्तम्भ एवं वातायन आदि) निरूपित हैं। साँची-कला में बौद्ध साहित्य में वर्णित तिमञ्जिले (त्रिभूमिक) से लेकर सतमञ्जिले (सप्तभूमिक) तक के राजमहलों के अंकन मिलते हैं। इस कोटि के उच्चित्रों में उनका बहिर्मुख (फैकेड) स्पष्ट दिखायी देता है। इसी प्रकार भाजा, कार्ले, बेडसा, नासिक एवं कोन्दाने की कला में भी प्रासाद-मुखों (पैलेस-फैकेड) के चित्रण प्राप्य हैं। इनका स्थापत्य भारतीय वास्तु-परम्परा में आता था। उक्त केन्द्रों की कला में निरूपित प्रासादों की निर्माण-शैली मौर्य-प्रासाद-मापन पर प्रकाश डालती है। अतएव यह कहना कि अशोक-प्रासाद हखामनी-शिल्पियों द्वारा निर्मित था, ऐतिहासिक तथ्यों से रहित होगा।

प्रभाव

पहले विद्वानों का अनुमान था कि अशोक काल की कला इस सम्राट् के ही साथ समाप्त हो गयी। कलामर्मज्ञ निहार रंजन रे ने भी इस विचारधारा का समर्थन करते हुए निर्दिष्ट किया था कि 'धम्म' के ही तुल्य अशोक-कला भी उसकी व्यक्तिगत अभिरुचि, विश्वास, अवधारणा एवं प्राथमिकता की देन थी। यदि वह सामाजिक पृष्ठभूमि अथवा समूहेच्छा की उपज होती, तो उसमें स्थायित्व गुण आ सकता था। परिणामतः उसके उपरान्त इतने विशाल मापदण्ड पर स्तम्भ-निर्माण की परम्परा समाप्त हो गयी। इस मत के प्रसंग में निम्नलिखित ऐतिहासिक तथ्य गम्भीरतापूर्वक विचारणीय हो जाते हैं—

1. जहाँ तक गुहा-स्थापत्य का प्रश्न है, उसके वंशज दशरथ ने लयन-निर्माण क्रिया का सुचारु रूप से निर्वाह किया। उसने आजीविकों के निवास-निमित्त नागार्जुनी-पहाड़ी में गुहाओं को

---

1. वाटर्स, युवान च्वांग; 2, 123।

2. वही; 2, 115।

टंकित कराया। उनमें प्राप्य आयताकार कक्ष एवं गोलकक्ष अशोक-निर्मित सुदामा की दरी में प्राप्य प्रतिकृतियों के यथार्थ एवं अन्धानुकरण हैं। इनकी निर्माण-शैली भी अभिव्यञ्जित करती है कि सुदामा-गुहा के अन्तःकक्षों के तुल्य इनके भी स्थापत्य की कल्पना लकड़ी या फूस की वैदिककालीन कोठरियों के आदर्श पर अवलम्बित थी। दशरथ-गुहा की बाहरी एवं भीतरी दीवालों पर चमकदार मौर्य-पालिश प्राप्य है। मौर्य-काल के उपरान्त उड़ीसा, गुजरात एवं पश्चिमी घाट (सह्याद्रि) में गिरिशृंखलाओं के चट्टानखण्डों को तराशकर जैन एवं बौद्ध विहारों का निर्माण किया गया। इनके निर्माण की मूलभूत प्रेरणा समान थी तथा स्थापत्य-सिद्धान्त मौर्यगुहा-टंकणविधि के उत्तर विकास थे।

2. मौर्यकालीन सारनाथ-वेदिका के आदर्श पर कालान्तर की वेदिकाएँ निर्मित हुई थीं। भारहुत एवं साँची की वेदिकाओं में वे ही वास्तुगत विशेषताएँ परिलक्षित होती हैं। उनका भी स्थापत्य अभिव्यञ्जित करता है कि वे काष्ठ अथवा वंश-वेदिकाओं के प्रस्तर-रूपान्तर हैं।

3. अशोक की लाटों की उत्तुंगता ने कालान्तर की कला को प्रांशु-ध्वज (उच्च स्तम्भ) निर्मित करने की प्रेरणा प्रदान की थी। मेहरौली के स्तम्भ-लेख में प्रांशु-ध्वज का उल्लेख प्राप्य है (प्रांशुर्विष्णुपदे गिरौ भगवतः भक्त्या ध्वजः स्थापितः)। बेसनगर (विदिशा) के सुप्रसिद्ध शुंगकालीन गरुडस्तम्भ में अवाङ्मुख कमल अपनी पंखुड़ियों के उभाड़-सहित तराशा गया है। इस फलक में कटहरी-पुष्प के रूप उत्कीर्ण हैं। साँची के गुप्तकालीन मन्दिर के स्तम्भों में अवाङ्मुख पद्म में पंखुड़ियों के उभाड़ प्रदर्शित हैं। कार्ले के चैत्यगृह में भी अवाङ्मुख पद्म-युक्त स्तम्भ निर्मित हैं। उनके ऊपर की चरणचौकी पर आसीन भव्य पशु-प्रतिमाएँ तराशी गयी हैं।

4. लोक-कला में भी अशोक-स्तम्भों के आदर्श पर लाटों की संरचना को स्थान मिला। हाल ही में कौशाम्बी के पार्श्ववर्ती मैनहाई नामक स्थान से प्राप्त शुंगकालीन स्तम्भों में अशोक-स्तम्भों की स्थापत्य-विशेषताएँ परिलक्षित होती हैं। इनमें यष्टि, अधोमुख पद्म, चरणचौकी, बाजुओं में उत्कीर्ण उच्चित्र एवं शीर्ष-प्रतिमाएँ मौर्य-शैली में तराशी गयी हैं। ये स्तम्भ लोक-कला के दृष्टान्त हैं। इनसे स्पष्ट है कि मौर्योत्तर-काल में जनमानस अशोककालीन स्थापत्य एवं तक्षण-विधि के नमूनों द्वारा कितना प्रभावित था।

5. साँची की कला में अशोक शैली में स्तम्भों का अंकन प्राप्य है। उदाहरणार्थ इस केन्द्र के स्तूप-संख्या 2 की वेदिका के एक स्तम्भ पर एक लाट का नमूना उत्कीर्ण है, जिसके चतुर्दिक् एक चौकोर चहारदीवारी निरूपित है। इस लाट की यष्टि एवं शीर्षक अशोक-स्तम्भों के प्रतिरूपों से समीकरणीय हैं। शीर्षक में अवाङ्मुख पद्म एवं चोटी पर गज-प्रतिमाएँ (एक-दूसरे से पीठ सटाये) कोरी गयी हैं। सर्वोच्च विन्दु पर धर्मचक्र विराजमान है। इसे हम 'शिलामय गजस्तम्भ' का उदाहरण मान सकते हैं (आकृति-संख्या-11)। इसी प्रकार साँची-स्तूप संख्या-3 की एक वेदिका-स्तम्भ में जिस लाट का नमूना उत्कीर्ण है, वह अशोक की कला-शैली के ही अन्तर्गत आता है। इसके आधार पर चौकोर घेरा प्राप्य है। इसकी यष्टि अनलंकृत है। शीर्षक पर अवाङ्मुख पद्म एवं शिरोभाग पर सारनाथ-स्तम्भ की भाँति चार सिंह-प्रतिमाएँ एक-दूसरे से पीठ सटाये आसीन हैं। सर्वोच्च-विन्दु पर धर्मचक्र विलसित है (आकृति-12)

6. मौर्य-स्तम्भों की चमकदार आभा भारतीय अभियन्ताओं एवं शिल्पियों की मौलिक देन थी।

महाभारत के सभापर्व में स्थापत्य-संबंध में 'भास्वर प्रभा'[1], 'अर्कसम प्रभा'[2] एवं 'तैजसी सभा'[3] तथा शिल्प-प्रसंग में चमकदार बर्तनों (मणिमय भाण्ड)[4] के उल्लेख प्राप्य हैं। इनसे स्पष्ट है कि हमारे देश के कारीगर ओपदार कान्ति उभाड़ने में कितने प्रवीण थे तथा प्रस्तर-खण्डों को माठकर भास्वर-प्रभा के उगाने की भारतीय परिपाटी हमारे देश में अक्षुण्ण थी।

उपर्युक्त विवेचन विश्वास दिलाता है कि अशोक निर्मित प्रभावोत्पादक स्तम्भ, वेदिकाएँ, बोधिमण्ड, गुहा-गर्भ में वर्तमान आयताकार मण्डप एवं ओपदार गोलगृह तथा उनकी छतों के स्वरूप आदि पूर्वकालीन वंश एवं काष्ठ-प्रतिरूपों के वस्तुतः प्रस्तर-रूपान्तर ही थे। स्थापत्य एवं तक्षण की ये विशेषताएँ भारतीय कला के स्वाभाविक अभ्युत्थान के अन्तर्गत आती थीं। अतएव, यह अवधारणा सर्वथा भ्रान्तिमूलक होगी कि मौर्ययुगीन वास्तुगत स्वदेशी प्रवृत्तियाँ उत्तर कालों में अवरुद्ध हो गयीं तथा उनके स्थान को नूतन अभिनव विकासों ने ग्रहण कर लिया। कालान्तर के कलात्मक आदर्शों, प्रेरणाओं एवं विकासों का अविच्छिन्न संबंध, परम्परित स्थापत्य-सिद्धान्तों को अपने स्वरूप में समाविष्ट करनेवाली अशोक की संरचनात्मक शिल्प-दृष्टान्तों एवं वास्तु-कृतियों में निर्दिष्ट किया जा सकता है।

□□□

---

1. ''शक्रस्य तु सभा दिव्या भास्वरा कर्मभिर्जिता।
   स्वयं शक्रेण कौरव्य निर्मितार्कसमप्रभा ॥''

   महाभारत, सभापर्व, अध्याय 7, श्लोक 1
2. प्रतिघ्नतीव प्रभया प्रभामर्कस्य भास्वराम् ।''

   महाभारत, वही, अध्याय 3, श्लोक 21 ।
3. ''तैजसी सा सभा राजन्बभूव शतयोजना ।''

   महाभारत, वही, अध्याय 8, श्लोक 2
4. ''कृतं मणिमयं भाण्डां रम्यं बिन्दुसरः प्रति ।''

   महाभारत, वही, अध्याय 3, श्लोक 2

अध्याय-6

शुङ्ग - सातवाहनकालीन कला

भरहुत

भरहुत का स्तूप एक महास्तूप का उदाहरण है। बौद्ध ग्रन्थों में पुष्यमित्र शुंग बौद्ध धर्म का कट्टर शत्रु कहा गया है; उदाहरणार्थ—आर्य मंजुश्री मूलकल्प, दिव्यावदान आदि। परन्तु भरहुत का स्तूप इस मत का खण्डन करता है। पहली बात यह है कि यह शुंग-काल में ही बना है। दूसरे यह कि इस सम्बन्ध में एक आभिलेखिक उदाहरण भी मिलता है (शुगनम रजे) ''शुंगानाम् राज्ये'' शुंगराजा धनभूति के उक्त लेखानुसार संबंधित तोरण-द्वार शुंगों के ही समय में बनवाया गया था, जो कि पुष्यमित्र शुंग का छठा वंशज था। धनभूति का शासनकाल 180 ईसा पूर्व से 150 ईसा पूर्व के बीच माना जाता है। भरहुत एक ग्राम है जो उँचहरा स्टेशन से 6 मील उत्तर-पूर्व तथा सतना स्टेशन (म०प्र०) से 9 मील दक्षिण में स्थित है। यह एक विशिष्ट वाणिज्यपथ पर स्थित था। इसके निर्माण में सार्थवाह, धनिक श्रेष्ठियों एवं व्यापारियों का योगदान था। इनके दान के सूचक छोटे-छोटे लेख भी प्राप्त होते हैं।

जिस समय कनिंघम ने 1870 ई० में इसे देखा उस समय यह स्तूप प्रायः नष्ट हो चुका था। भरहुत ग्रामवासी इसे अपने-अपने प्रयोग के लिए अवशेषों के अंश खोदकर ले गये थे। अवशेषों से पता चलता है कि किसी समय इसमें दीप रखने के लिए (दीपालय) बने थे। अनुमान किया जाता है कि कुल मिलाकर इन दीपालयों में छह सौ (600) दीप जलाये जाते थे। भरहुत के स्तूप की वेदिका की ऊँचाई 9 फीट के लगभग थी। पूर्वी एवं पश्चिमी द्वार में अठपहल और उत्तर तथा दक्षिण के द्वार के खम्भे चौकोर बने थे। भरहुत के तोरणों में लगी बड़ेरियों के सिरे पर उनमें मगरमच्छ की आकृतियाँ उकेरी गयी थीं। बचे हुए नमूनों से कनिंघम एवं बरुआ महोदयों ने वेदिका स्तम्भों को प्राप्त किया, जो उस स्थान पर बिखरे पड़े थे (चित्र सं० 1)। उन्होंने 47 स्तम्भों को एकत्रित किया। तोरणद्वार के ऊपरी हिस्से में तीन धरण या बड़ेरियाँ बनी हैं जिनके सिरों पर मगरमच्छ की आकृतियाँ तराशी गयी हैं (चित्र सं० 2)। सबसे ऊपरवाली धरण के ऊपर मुचकुन्द (हनीसकिल) आकारित हैं। उनके सर्वोच्च शिखर पर धर्मचक्र बना है। इसके अतिरिक्त उनके अगल-बगल (त्रिरत्न) आकारित हैं, जो बौद्ध-धर्म के प्रतीक हैं। बड़ेरियों के बीच में लघुस्तम्भ, अश्वाकृतियाँ, हाथियों की आकृति आदि रूपायित हैं।

वेदिका के स्तम्भ एकाश्मक (एक ही के कटाव से बने) हैं। भरहुत के स्तूप-शिल्प परिचय का प्रश्न है; उनमें जातकों के दृश्य, यक्ष, नाग-अप्सराएँ तराशी गयी हैं। यक्षों की आकृतियों के नीचे एक स्थान पर कुपिरो (यरवो), सिरिमा, चक्रवाक, नाग, यक्ष एवं यक्षिणियों की आकृतियों के सिर पर शुंग-युग की पगड़ी का लाक्षणिक दृश्यांकन मिलता है। कुछ स्थान पर शालभंजिका का दृश्यांकन मिलता है (चित्र सं० 3)। इसे कुछ लोग दोहद भी मानते हैं। इसमें यक्षिणी दाहिने हाथ से वृक्ष-शाखा को अवनमित

करती और बायें पैर से वृक्ष के तने को आलंगित करती हाथी के मस्तक पर अपने पैर को टिकाये दिखायी गयी है। कुपिरो (कुबेर) को यक्षाधिपति कहा गया है। ये यक्षों के राजा तथा धन के राजा माने जाते हैं (चित्र सं० 3)।

हस्तिपृष्ठ पर राजा एवं रानी आरूढ़ राजकीय वेश में दृश्यांकित हैं (चित्र सं० 4)। एक स्थान पर बोधि-मंड (बोधिवृक्ष) का टंकन प्राप्य है (चित्र सं० 5), जिसे लोग बोधिवृक्ष का लाक्षणिक रूपांकन मानते हैं। भरहुत कला में नगर, ग्राम एवं अरण्य-जीवन के छिटपुट रूपांकन मिलते हैं। व्यापारियों के सम्मिलित प्रयत्नों के द्वारा निर्मित होने के कारण नगरीय विषयों के दृश्यांकन यत्र-तत्र देखे जा सकते हैं; उदाहरणार्थ—वहाँ एक शिलापट्ट पर इस केन्द्र की दुकानों का रूपायन प्राप्य है (चित्र सं० 6)। इस संबंध में बाजार का उच्चित्रण करते हुए कुछ दुकानों में क्रय-विक्रय के वातावरण का निरूपण हुआ है। एक दुकान में कोई ग्राहक एक बर्तन लिये खड़ा है, जिसमें दुकानदार भाण्ड को उलटकर उसमें भरी सामग्री को खाली कर रहा है, जिसे संबंधित व्यक्ति खरीदना चाहता है। क्रेता एवं विक्रेता दोनों ही शुंगकाल की लाक्षणिक पगड़ी सिर पर धारण किये निरूपित हैं (चित्र सं० 7 एवं 8)। बगल में ही एक दूसरा व्यक्ति खड़ा दिखाया गया है, जिसके हाथ में बहँगी है, जिसके दोनों सिकहरों में दो बड़े मटके दिखायी दे रहे हैं। इसके मुँह पर ढक्कन चिपकाये गये हैं। स्पष्ट है कि इसमें माल की आपूर्ति दुकानदार के आदेश पर हुई थी। यह श्रमिक भी उसी शैली में पगड़ी बाँधे हुए है। इससे व्यक्त होता है कि सिर पर समान पगड़ी का बाँधना शुंगकाल की वेश-भूषा का अंग था। यह शिलापट्ट इस समय भारतीय संग्रहालय कलकत्ता (कोलकाता) में शुंगकालीन वीथिका में प्रदर्शित है। भरहुत के एक दूसरी दुकान का उच्चित्रण इसी शिलापट्ट पर हुआ है। इसमें व्यापारी एवं उसके सहायक कर्मचारी देखे जा सकते हैं। दुकानदार के सामने बन्द माल की गाँठ है तथा नीचे की ओर केले की घौद रखी हुई है। उसके सामने दो व्यक्ति खड़े हैं जो संभवतः उसे खरीदना चाहते हैं एवं एक-दूसरे से राय-बात कर रहे हैं। उक्त इन दोनों ही पार्श्ववर्ती दुकानों का एकत्र रूपांकन यहाँ देखा जा सकता है।

कुछ ऐतिहासिक व्यक्तियों का भी निरूपण हुआ है; उदाहरणार्थ—जिसमें एक में कोशल के राजा प्रसेनजित बुद्ध के दर्शनार्थ आये एवं उनकी वंदना करते दिखाये गये हैं। एक अन्य ऐतिहासिक दृश्यांकन में मगधनरेश अजातशत्रु लम्बे जुलूस के आगे दिखाये गये हैं, हस्तिरोही ये सम्राट् हाथी से उतरकर अञ्जलि बाँधकर वज्रासन की वंदना करते दिखाये गये हैं। उसके सामने इस आशय का एक लघु लेख भी प्राप्य है (अजातशत्रु भगवतो वन्दते)। इसमें एक अन्य रूपांकन में ऐरावत नाग बुद्ध की वंदना करता निरूपित है। सम्बन्धित चित्र में एक लघु लेख भी उच्चित्रित है। प्रसिद्ध उच्चित्रणों में बुद्ध के जन्म से संबंधित मायादेवी के स्वप्न का निरूपण मिलता है। इसमें वे प्रासाद मञ्ज़िल के ऊपर हाथी के रूप में स्वर्ग से उतरते हुए उनके गर्भ में प्रवेश करना चाहते हैं। एक अन्य उच्चित्रण में लक्ष्मी का घटाभिषेक दिखाया गया है। अन्यत्र एक उच्चित्रण में हास्यमुद्रा में कुम्भोदर यक्ष रूपायित है जिसके नाक को एक चमचे में बाँधकर कुछ बंदर खींचते हुए दिखाये गये हैं। वस्तुतः भरहुत का वास्तविक नाम भारहुत है, परन्तु इसका अब भी भरहुत नाम ही प्रचलित है (चित्र सं० 9)। इसे भारहुत प्रचलित करने की आवश्यकता प्रासंगिक एवं यथोचित है।

साँची

साँची, मध्य प्रदेश की राजधानी भोपाल के निकट विदिशा में स्थित है। भोपाल से विदिशा मात्र साढ़े पाँच मील के अन्तर पर है। यह भेलसा के नाम से भी विश्रुत है। शौभाग्यवश साँची के स्तूप बहुत

अच्छी अवस्था में मिले हैं, अशोक अपने पिता के शासन-काल में ही उज्जयिनी के एक वाइसराय के रूप में नियुक्त था, और इस स्थान से बहुत ही प्रभावित था। वहाँ उसने देवी नामक श्रेष्ठि कन्या से विवाह किया, जिससे महेन्द्र एवं संघमित्रा का जन्म हुआ। वैसे साँची तथा उसके आस-पास कुल मिलाकर स्तूपों की संख्या 61 के लगभग है (सोनारी 8, सतधारा 5, अम्बेर 3, भोजपुर 37 एवं खास साँची में 8) इनमें प्रधान रूप से तीन सबसे प्रसिद्ध हैं—स्तूप एक (चित्र सं० 1), दो एवं तीन। स्तूप संख्या तीन में बुद्ध के दो शिष्यों (सारिपुत्र एवं मौद्गल्यायन) की अस्थियों के अवशेष गर्भित किये गये हैं। यही स्तूप साँची के महास्तूप के नाम से प्रसिद्ध है। महास्तूप की कला एवं स्थापत्य के कारण इसकी विशेष प्रसिद्धि है।

स्तूप संख्या दो पहाड़ी के ऊपर इसके पास ही स्थित है। स्तूप संख्या तीन पहाड़ी के नीचे वर्तमान है। महास्तूप के चारों ओर बड़े तोरणद्वार शोभायमान हैं (चित्र सं० 2)। स्तूप संख्या तीन में मात्र एक तोरणद्वार है जबकि स्तूप संख्या दो में कोई तोरणद्वार नहीं बना है (चित्र सं० 3)।

साँची की कला में उच्चित्रित दृश्यांकनों में राजकुमार वेस्सन्तर के त्याग की उक्त जातक कथा का आलेखन करते हुए शिल्पियों ने वेस्सन्तर की राजधानी जेतुत्तर का निरूपण कई स्थानों पर किया है (चित्र सं० 4); उदाहरणार्थ—महास्तूप के मुखभाग की मध्यवर्ती बड़ेरी के वाम पार्श्व भाग में इस नगर का अंकन प्राप्य है। इस दृश्यांकन में प्रस्तर-प्राकार के ऊपर अट्टालक (बुर्ज) एवं इन्द्रकोश (कंगूरे), शिखर-युक्त गोपुर (प्रधान नगर-द्वार) का सुन्दर प्रदर्शन मिलता है। गोपुर का शिखर भाग कई मंजिलों से युक्त है जिसमें सशस्त्र पहरेदारों की नियुक्ति की व्यवस्था है। प्राकार के बाहर जलपरिखा उच्चित्रित है, जिसमें उगे हुए सनाल पद्म उसकी शोभा को विवर्धित करते हैं। नगर-द्वार से हाथ में घड़े लेकर पुर सुन्दरियाँ परिखा से जल भरने के उद्देश्य से बाहर निकलती देखी जा सकती हैं। परिखा के तट पर नगरोद्यान का भी दृश्यांकन हुआ है। उसके जल में प्रफुल्ल पद्मों के बीच राजहंस नगर के बाहरी दृश्य भी शोभा के प्राण से आभासित होते हैं। प्राकार के भीतर नगर का बाह्य रूप शिल्पांकित है। इसमें विविध छज्जों, अटारियों तथा वातायनों से युक्त नागरिक शालाएँ उच्चित्रित की गयी हैं। इसके उच्चित्रण में जेतुत्तर का भव्य रूप बड़ी ही कुशलता के साथ शिल्पियों ने उभाड़ने का प्रयास किया है।[1]

इस नगर का द्वितीय भव्य रूप साँची की स्तूप संख्या एक के उत्तरी तोरण-द्वार के मुख भाग की निचली धरन के ऊपर शिल्पित है (चित्र सं० 5)। कुछ समीक्षकों ने साँची की कला का सर्वोत्तम शिल्पांकन इसी उदाहरण को माना है। इससे वेस्सन्तर-जातक की कथा का पूरा निरूपण दृष्टिगोचर होता है। इस उच्चित्रण में नगर-द्वार, अट्टालिकाओं, छज्जों पर बैठी पुर-सुन्दरियों एवं राजमार्ग पर चलते वाहनों के रूपायन प्राप्य हैं। राजकुमार वेस्सन्तर के जन्म से लेकर दान-पारमिता की घटनाओं का निरूपण करते हुए उसके निष्कासन, माता-पिता से विदा लेकर रथ में आरूढ़ होकर नगर से बाहर निकलना तथा राजकीय हस्ती, घोड़ों और सर्वस्व दान एवं परित्याग का एकत्र निरूपण करने का प्रयास किया गया है। पूरे नगर में वास्तु-विन्यास तथा नागरिकों की वेश-भूषा, अलंकार-प्रसाधन एवं अश्वयोजित रथों के उच्चित्रण, साँची के शिल्पियों की छेनी के कुशल प्रयोग एवं तराशने की शैली के ज्वलंत साक्ष्य हैं। कंगूरों से युक्त प्रस्तर-प्राकार एवं उसके पृष्ठ भाग में वेदिकायुक्त छज्जों में बैठकर नीचे के दृश्य को देखती पुर-सुन्दरियाँ प्रदर्शित की गयी हैं। राजमार्ग पर हस्तिपृष्ठ पर आरूढ़ राजकुमार जेतुत्तर एवं हाथियों के पीठ पर बैठे अनुचर शिल्पांकित हैं।

इस केन्द्र की कला में धातु-युद्ध का निरूपण करते हुए बुद्ध की निर्वाण भूमि कुशीनगर का उच्चित्रण तीन स्थानों पर किया गया है (चित्र सं० 6)। स्तूप संख्या एक के दक्षिण-द्वार के निचली बड़ेरी के पृष्ठ-

---

1. देखिये : लेखक का ग्रंथ-प्राचीन भारत में नगर तथा नगर जीवन पृष्ठ 344-45

तल पर मल्ल-राजधानी कुशीनगर के वास्तु-विन्यास का अच्छा अंकन किया गया है। इस नगर के प्रस्तर-प्राकार तथा जल-परिखा को उच्चित्रित करते समय इसमें उगे सनाल पद्म एवं बीच में तैरते राजहंस आकारित हैं। प्राकार के बीच में यथास्थान अट्टालक युक्त नगर-द्वार बने हैं, जिनके समक्ष एवं ऊपर सशस्त्र रक्षक कुशीनगर के घेरे के समय पुर-रक्षा में संलग्न दिखाये गये हैं। नगर-द्वारों के समक्ष प्रदर्शित शत्रु-सेनाओं में हाथियों एवं रथ में बैठे आक्रान्ता सम्मिलित हैं, जो पुर-रक्षा के प्रयास को विफल करने में संलग्न हैं। युद्ध के दृश्य को कोठे-अटारियों में बैठे नागरिक देखते अंकित हैं। युद्ध के उपरान्त अपने अस्थि-भाग को लेकर वे रथ एवं हाथियों की पीठ पर बैठे राजा (वैशाली, राजगृह, अलकप्प, रामग्राम, पावा, कपिलवस्तु आदि) विजय-मुद्रा में स्तूप-निर्माण के उद्देश्य से अपनी राजधानी की ओर लौटते दिखाये गये हैं। इस नगर के मुखभाग को प्रदर्शित करने में साँची के शिल्पियों का सफल प्रयास परम श्लाघनीय है। साँची तोरणद्वार के दक्षिणी कोष्ठक में निर्मित शालभञ्जिका मूर्ति नयनाभिराम है (चित्र सं० 7)।

साँची स्तूप-संख्या एक के पश्चिमी ऊपरी बड़ेरी के पृष्ठतल पर कुशीनगर के बहिर्मुख का निरूपण मिलता है। अस्थि-युद्ध के समय बुद्ध के शिष्य नरेश अपने भाग की माँग रखते हुए इस नगर पर आक्रमण कर देते हैं। शत्रु-सेनाओं में हाथी एवं घोड़ों पर सवार नायक एवं पदाति सैनिक इस दृश्यांकन में दृष्टिगोचर होते हैं। व्यक्ति-विशेष जिनके सिर पर छत्र का आवरण दृष्टिगोचर होता है, उनका तादात्म्य उन नरेशों से किया जा सकता है, जिन्होंने बुद्ध का शिष्यत्व स्वीकार किया था। नगर-द्वार के समक्ष मल्ल-सेना के योद्धा नगर की रक्षा करते संलग्न हैं। इस रूपायन में नगर के प्रस्तर-प्राकार का एक भाग देखा जा सकता है, जिसमें पत्थरों की चिनाई की गयी है। प्राकार शीर्ष पर कपिशीर्ष या इन्द्रकोश बने हुए हैं, जिनमें सशस्त्र योद्धाओं के बैठने तथा ऊपर से ही छिपकर आक्रामक सेना पर बाण चलाने की व्यवस्था थी। नगर-द्वार के ऊपर बने अट्टालकों में नियुक्त शस्त्रधारी योद्धा दृष्टिगोचर होते हैं। कोठे और अटारियों में बैठे मल्ल सरदार नीचे के युद्ध को देखते आकारित हैं।

साँची-स्तूप एक के पश्चिमी तोरण-द्वार की मध्यवर्ती बड़ेरी के पृष्ठतल पर कुशीनगर के प्राकार-परिखा एवं अन्दर के भाग में बने गोलम्बर एवं आयताकार नागरिक शालाएँ आकारित हैं। साँची की कला में निरूपित प्रस्तर-प्राकार के दृश्यांकन का यह सर्वोत्कृष्ट उदाहरण माना जा सकता है। समान आकार की पत्थर की गढ़ी हुई ईंटें एक-दूसरे पर दृढ़ता के साथ न्यस्त हैं। इसकी तुलना हम कौटिल्य के अर्थशास्त्र के पाषाणेष्टका से कर सकते हैं। प्राकार की ऊँचाई पर इन्द्रकोश (कंगूरों) के भव्य उदाहरण द्रष्टव्य हैं। ये भी अपने वर्ग के सर्वोत्कृष्ट रूप में ग्रहण किये जा सकते हैं। इन्द्रकोश के इतने सुन्दर दृष्टान्त अन्यत्र दुर्लभ हैं। साँची की कला से लगता है वेसर शैली के भवन मौर्य-शुंग काल से ही लोकप्रिय थे। इसमें छत की बनावट बेलनाकार होती थी, जिसे शिल्पशास्त्रों में द्वयस्त्र कहा गया है। वस्तुतः वेसर शब्द इसी शब्द से समुद्भूत है। नगर के चतुर्दिक् अस्थियुद्ध के समय शत्रु-सेनाओं का उच्चित्रण द्रष्टव्य है। इस दृश्यांकन में हाथियों की पीठ पर बैठे बुद्ध के शिष्य नरेश अस्थियों का अपना भाग हाथ में धारण किये स्तूप-निर्माण के उद्देश्य से बाहर निकलते देखे जा सकते हैं। यह शिल्पांकित दृश्य भी तत्कालीन नगर-वास्तु का सुन्दर परिचय प्रदान करता है।

साँची-स्तूप एक के पूर्वी तोरण की मध्यवर्ती बड़ेरी पर शाक्य राजधानी कपिलवस्तु के नगर-वास्तु का निरूपण करते समय शिल्पियों ने परिखा, प्राकार एवं पीछे की ओर नागरिक शालाओं का उच्चित्रण करते समय उसके बाह्यरूप को प्रदर्शित किया है (चित्र सं० 8)। गोपुर (पुर-द्वार) से गौतमबुद्ध महाभिनिष्क्रमण के उद्देश्य से अश्वपृष्ठ पर आरूढ़ निकलते हुए दिखाये गये हैं। उनके पीछे सारथी छन्दक छत्रावरण करते देखा जा सकता है। नगर-प्राकार का एक लघु भाग एवं उसके बाहर नगरोद्यान भी

शिल्पांकित है, जिसे शुद्धोधन ने सिद्धार्थ के मनोविनोद के हेतु समर्पित किया था। पुरद्वार से मटके एवं कमण्डलु हाथ में धारण किये पुर-ललनाएँ परिखा से जल भरने के उद्देश्य से निकलती प्रदर्शित हैं। परिखा पर इसे पार करने के निमित्त पुल भी बना हुआ है। कपिलवस्तु से सिद्धार्थ के अभिनिष्क्रमण का दृश्य चार बार अंकित किया गया है। अट्टालिकाओं में बैठे नागरिक इस राजकुमार के बहिर्गमन को भावुकतापूर्ण मुद्रा में देखते रूपायित हैं। अन्तिम दृश्य में सारथी छन्दक उन्हें विदाकर लौटता उच्चित्रित है।

इस स्तूप के पूर्वी तोरणद्वार (चित्र सं० 9) के उत्तरी पार्श्वस्तम्भ के पृष्ठ-तल पर शुद्धोधन की राजधानी एवं उनके राजप्रासाद का भव्य रूप उच्चित्रित है (चित्र सं० 10)। इसी प्रकार नगर द्वार के बुर्ज पर सशस्त्र प्रहरी का दृश्य भी उल्लेखनीय है (चित्र सं० 11)। उकेरी का यह भाग चार अलंकरण बन्धों में विभाजित है। शीर्षस्थ अलंकरण बन्ध में उनके राजप्रासाद के ऊपरी मंजिल पर चन्द्रशालिका आकारित है, जिसमें जातकों में वर्णित बुद्ध-जननी मायादेवी के स्वप्न की घटना दिखायी गयी है, जिसमें हाथी का रूप धारणकर त्रयस्त्रिंग स्वर्ग से बोधिसत्त्व उनकी कुक्षि में प्रविष्ट होने के उद्देश्य से अवतरित होते देखे जा सकते हैं। दूसरे अलंकरण-बन्ध में हाथियों की पीठ पर आरूढ़ शाक्य एवं उनके भवनों के उपरितल का निरूपण किया गया है। क्रमानुसार तृतीय अलंकरण-बन्ध में शुद्धोधन अपने दल-बल के साथ प्रधान पुर द्वार से अश्व-योजित रथ में आरूढ़ होकर बाहर निकलते दिखाये गये हैं। जुलूस में उनके अनुचर हस्तिपृष्ठ पर बैठे एवं पैदल आगे-पीछे चलते प्रदर्शित हैं। निचले भाग में एक प्रमदोद्यान शिल्पांकित है, जिसे शुद्धोधन ने राजकुमार सिद्धार्थ को विहारार्थ समर्पित किया था। पालि-साहित्य में इसे न्यग्रोध-उपवन की संज्ञा दी गयी है। चतुर्थ एवं निम्नतल अलंकरण-बन्ध में वेदिकायुक्त बोधिवृक्ष के समक्ष श्रद्धावनत उपासक रूपायित हैं। प्रासाद के ऊपरी झरोखे से झाँकती युवतियों का दृश्यांकन बहुत ही मनोहारी है (चित्र सं० 12)। साँची स्तूप-संख्या एक के उत्तरी तोरण के पश्चिमी स्तम्भ पर क्रमानुसार टंकित चौथे निम्न अलंकरण बन्ध में श्रावस्ती के बहिर्मुख के एक भाग का भव्य अंकन हुआ है। इस दृश्यांकन में इसका प्रमुख नगर-द्वार एवं नगर परकोटे के पीछे नागरिकशालाएँ आदि रूपायित हैं। पुर-द्वार के मस्तक पर तिमंजिले शिखर की नक्काशी मिलती है। इसकी भी छत बेलनाकार बनी है, जो वेसर शैली का सुन्दर दृष्टान्त है। नगर-द्वार कोशलाधिप एवं बुद्ध-शिष्य अश्वारूढ़ प्रसेनजित सज-धजकर जेतवन में उनके दर्शनार्थ जाता रूपायित है। उसके पीछे पुर-द्वार से निकलते अश्वपृष्ठ पर आरूढ़ अनुचर तथा आगे की ओर वाद्य बजाते हुए पदातिगण रूपायित हैं। परकोटे के पीछे अट्टालिकाओं में बैठे नागरिक राजमार्ग पर ठाठ-बाट के परिवेश से सम्पन्न जुलूस के दृश्य को देखते प्रदर्शित हैं।

साँची-स्तूप के पूर्वी-तोरण के दक्षिणी पार्श्व-स्तम्भ पर आकारित एक दृश्यांकन में कोशल की राजधानी श्रावस्ती के नगर-वास्तु का एक भाग बहुत सुन्दर ढंग से आकारित है। कोशलाधिप प्रसेनजित अश्वयोजित रथ में आरूढ़ होकर बुद्ध की अस्थियों के स्वकीय भाग को स्तूप में गर्भित करने के निमित्त एक प्रमुख द्वार से अस्थि-पेटिका को हाथ में धारणकर बाहर निकलते दिखाये गये हैं। इस उच्चित्रण में शुंगकाल की शैली में पगड़ी बाँधे उनके अनुचर नगाड़े और अन्य अनुयायी वाद्यों को बजाते हुए उनकी सवारी के आगे चलते प्रदर्शित हैं। पूरे जुलूस का राजकीय ठाठ-बाट एवं वैभव का वातावरण शिल्पियों ने बहुत सुन्दर ढंग से रूपायित किया है। आदर्श नगर-द्वार की निर्माण-शैली पर उकेरी द्वारा अच्छा प्रकाश पड़ता है (चित्र सं० 13)। द्वार के मस्तक पर मंजिलों में विभाजित बुर्ज भी दिखाये गये हैं, सर्वोच्च विन्दु पर वेसर शैली में निर्मित ढोलनाकार छत, जिसकी पीठ पर कलश दिखायी देते हैं, उच्चित्रित हैं (चित्र सं० 14)। प्राकार के पीछेवाले भाग में नागरिक शालाओं की ऊपरी मंजिलों में वेदिकायुक्त छज्जे दृष्टिगोचर होते हैं, जिनमें बैठे पुरवासी, राजमार्ग पर गतिशील एवं सज्जा से युक्त हाथियों की पीठ पर बैठे शोभायमान राजकीय पदाधिकारियों को देखते रूपायित हैं (चित्र सं० 15)।

नगरीय रूपांकन का समान दृश्य मगध-राजधानी राजगृह से संबंधित है, जो साँची-स्तूप (संख्या-1) के पश्चिमी तोरण पर आकारित है (चित्र सं० 15)। इस उच्चित्रण में मगध-नरेश अजातशत्रु अश्व-योजित रथ पर आरूढ़ होकर बुद्ध की अस्थियों के अपने भाग को स्तूप में गर्भित करने के उद्देश्य से प्रधान नगर-द्वार से निकलते प्रदर्शित है। पुर-द्वार पर शीर्षस्थ अट्टालकों का दृश्यांकन भी अपने धर्म का एक अच्छा दृष्टांत माना जा सकता है। उनके ऊपर वेसर-शैली में बना बेलनाकार छत शोभायमान है, जिसकी पीठ पर कलश-सदृश प्रतीक निर्मित है। प्राकार के पीछे बनी नागरिक शालाओं की खिड़कियों, छज्जों और वेदिकाओं में बैठे पुर-नागरिक नीचे देखते रूपायित हैं। इस जुलूस में हाथियों की पीठ पर बैठे अजातशत्रु के अनुचर एवं पदातिगण हर्षोल्लास के साथ पुर-द्वार की ओर धीरे-धीरे बढ़ते हुए बाहर निकलने के भाव में प्रधान राजमार्ग पर देखे जा सकते हैं। अजातशत्रु के रथ के आगे वाद्य बजाते हुए राजगृह नागरिक उच्चित्रित हैं। अस्थि-कलश को गर्भित करने के समस्त वातावरण को राजगृह के वैभव की पृष्ठभूमि में साँची-शिल्पियों ने अति सीमित क्षेत्र में उच्चित्रित करने का सुन्दर प्रयास किया है। इतना ही नहीं साँची शिला में विभिन्न प्रकार के बरामदों को भी दर्शाया गया है (चित्र सं० 16)। [1]

नगर-वास्तु के अतिरिक्त इस केन्द्र की कला में ग्राम एवं ग्राम-जीवन तथा अरण्य-जीवन के भी प्रचुर रूपांकन देखे जा सकते हैं। साँची के एक लेख गुप्त संवत् 93 (412 ई०) से ज्ञात होता है कि आर्मकार्द्व नामक पदाधिकारी ने इस केन्द्र में स्थित एक बौद्ध मठ को ईश्वर-वासक नामक ग्राम एवं 25 दीनार दान-स्वरूप दिया था। उल्लेखनीय बात यह है कि इस मठ का नाम काकनादबाट महाविहार कहा गया है। इससे साँची का शुद्ध नाम काकबाट प्रमाणित होता है (काक लोगों का निवास-स्थान)। इससे अभिव्यंजित होता है कि काकगण (जिसका नाम समुद्रगुप्त की प्रयाग-प्रशस्ति में भी आया है) यही (पूर्वी मालवा) पर राज्य करता था।

महलों के वातायनों में बैठी पुर-सुन्दरियों का निरूपण भारतीय साहित्य एवं कला का प्रिय विषय था; उदाहरणार्थ—मथुरा की कला में वातायनों में बैठी ललनाओं के बाहर देखने का अंकन नगरीय रूपांकन का एक वांछित अंग था। यहाँ से प्राप्त एक शुंगकालीन शिलापट्ट पर जो इस समय भारत कला-भवन वाराणसी में प्रदर्शित है, एक सुन्दरी खिड़की से बाहर के दृश्य को निरखती उच्चित्रित है (चित्र सं० 17)। उसके केश-पाश मथुरा कला की शुंगकालीन विशेषता से मेल खाती है। मथुरा की कला का एक अन्य तत्कालीन उदाहरण एक चौमुखी प्रकाश-स्तंभ है जिसका एक भाग उपलब्ध है (चित्रं सं० 18)। यह तीन तलों में विभाजित है, जिसमें अलग-अलग दीपालय बने हुए हैं। इसमें एक ही समय कई दीपक एक साथ जलाये जा सकते थे। प्रत्येक में प्रकाश जलाने की व्यवस्था थी। इससे लगता है कि इस प्रकार के प्रकाश गृह नगर-चत्वर या किसी केन्द्रीय महत्त्वपूर्ण भाग में विद्यमान होते थे। इस दीपालय के द्वारा ही चारों ही दिशाओं में यथेष्ट प्रकाश को फैलाने का प्रबन्ध किया गया था। मथुरा के ही कला में एक नगर-द्वार से बाहर निकलता एक जुलूस दिखाया गया है, जिसमें लोग हाथों में विभिन्न वाद्य बजाते बाहर निकलते दिखाये गये हैं। एक मठ में भिक्षु हाथ में बर्तन लिये भोजन प्राप्त करते एवं वहाँ से निकलते बड़े अनुशासित ढंग से प्रदर्शित हैं।

मथुरा के एक कुषाणकालीन स्तम्भ के उच्चित्रण में वहाँ के विलासपूर्ण जीवन का प्रतिबिंब प्राप्य है। इस कुषाणकालीन स्तंभ पर उच्चित्रित अलंकरण-बन्धों में नन्द-सुन्दरी द्वारा मदिरा-पान, प्रणय कुपिता सुन्दरी के साथ अनुनय-विनय करते नन्द एवं स्नानोपरान्त की श्रृंगार-रचना में संलग्न प्रसाधिकाओं का भव्य

---

1. देखिये : लेखक का ग्रंथ-प्राचीन भारत में नगर तथा नगर जीवन पृष्ठ 348

रूपायन हुआ है। एक अन्य अलंकरण-बन्ध में 'वेत्रासन' पर बैठी सुन्दरी के मण्डन का दृश्य उच्चित्रित है। एक अन्य मण्डन-दृश्य में सद्यःस्नाता सुन्दरी का नन्द स्वयं अपने हाथों से केश-प्रसाधन करते दर्शाये गये हैं। सुन्दरी के समक्ष एक प्रसाधिका शृंगार-पेटिका लिये अंकित है। इसकी तुलना 'वेणीप्रसाधन' से की जा सकती है, जिसका वर्णन अश्वघोष ने सौन्दरनन्द में किया है। इसके नीचेवाले अलंकरण-बन्ध में नन्द-सुन्दरी के 'मधुपान' का दृश्य दिखाया गया है। दोनों ही आसन पर बैठे एक-दूसरे को मदिरा-पात्र का आदान-प्रदान करते रूपायित हैं। सुन्दरी अपने गले में पड़ी एक मोटी माला को बायें हाथ से पकड़े निरूपित है। इस प्रकार की गलमाल मथुरा के वेदिका-स्तम्भों पर उच्चित्रित सुन्दरियों के गले में लटकते बहुशः रूपायित हैं। सुन्दरी के केश-विन्यास की शैली आधुनिक द्वितल-विभाजित केश-सज्जा की विधा का स्मरण दिलाता है। कुषाण-काल की मथुरा-कला से ज्ञात होता है कि पुर-ललनाओं के केश-विन्यास की यह एक लाक्षणिक शैली थी, जो तत्कालीन विभिन्न सामाजिक मुद्राओं को प्रदर्शित करनेवाली यक्षिणी-प्रतिमाओं में भी देखा जा सकता है।

अमरावती का महास्तूप तथा नागार्जुनीकोण्ड

(धान्यकटक का महाचेतिय)

अमरावती स्तूप के आविर्भाव की कथा अति रोचक है। द्वितीय-तृतीय शती में यह अपने जिस पूर्ण स्वरूप में था, विश्व की महान् कलाकृतियों में स्थान पाने योग्य था। किन्तु अब उसका वह प्रभावोत्पादक भव्य रूप समाप्त हो गया है। 1234 ई० तक वह अपने पूर्ण विकसित रूप से सुरक्षित था, परन्तु उसके बाद शनैः-शनैः ऐसा नष्ट हुआ कि मूल स्थान पर प्रायः कुछ भी अवशिष्ट नहीं रह गया।

अमरेश्वर शिव के नाम पर अमरावती छोटा नया ग्राम है। कृष्णा सागर संगम से साठ मील ऊपर नदी के दाहिने तट पर गुण्टूर से 18 मील पर बस्ती से दक्षिण की ओर अमरावती बौद्ध महास्तूप था। आधे मील पश्चिम की ओर धरणिकोट नामक स्थान है, जो किसी समय सातवाहनों की धान्यकटक नाम की राजधानी थी। इसे पता लगाने एवं 1797 में इसकी स्थिति को प्रकाश में लाने का श्रेय कर्नल मेकेंजी को है। इससे कई वर्ष पूर्व एक स्थानीय राजा ने इसके अनेक शिलापट्टों को अपने राजमहल में उपयोग करने के उद्देश्य से हटा लिया था। इस स्थानान्तर की क्रिया में बहुत से भाग नष्ट हो गये थे। मेकेंजी ने इसकी सूचना एशियाटिक सोसाइटी बंगाल को दिया था। इस समय अमरावती के स्तूप के विषय में हमें जो कुछ पता है, उसके तीन साधन हैं—एक वे शिलापट्ट एवं मूर्तियाँ जो मद्रास संग्रहालय में प्रदर्शित हैं, दूसरा ब्रिटिश म्यूजियम लंदन में जो सामग्रियाँ रखी हैं, उनसे भी हमें महत्त्वपूर्ण जानकारियाँ मिलती हैं एवं तीसरा मेकेंजी द्वारा प्राप्त अवशेष (शिलापट्ट एवं मूर्तियों के रेखाचित्र आदि)। मेकेंजी का यह प्रयास परम श्लाघनीय है। इन रेखाचित्रों को मेकेंजी महोदय ने 1816 ई० में बनाये थे, जिस समय वे भारत के पुरातत्त्व सर्वेक्षण विभाग के अध्यक्ष होकर पुनः मद्रास आये, इनकी प्रस्तुति में पूरे दो वर्ष लग गये थे। उन्होंने इन (रेखाचित्रों) की भी तीन प्रतियाँ बनायीं, जिनमें से एक कामनवेल्थ कार्यालय में सुरक्षित है।

अमरावती के अवशिष्ट भाग वहीं पर खुले आकाश में पड़े रहे। फलतः धूप एवं बरसात का सामना करना पड़ा। कुछ समय बाद उन्हें लंदन के एक गोदाम में रख दिया गया, तदुपरान्त 1830 ई० में राबर्टसन ने कुछ प्राप्त मूर्तियाँ मद्रास भेजीं, जहाँ से 1855 ई० में वे लंदन भेज दी गयीं। तत्पश्चात् 1876 ई० में शिवेल नामक पदाधिकारी ने अनपढ़ मजदूरों से पुनः खुदाई कराकर बहुत-से शिलापट्ट प्राप्त किये। 1879-80 ई० में मद्रास के राज्यपाल बकिंघम के ड्यूक ने उस स्थान की पूरी सफाई का आदेश दिया,

जिससे स्तूप की स्मृति स्थायी बनाने में सहायता मिली। 1881 ई० में बर्गेस को पुनः उत्खनन में 300 मूर्तियाँ मिलीं। तत्पश्चात् अन्य प्राप्त अवशेषों में 1883 ई० में ग्यारह शिलापट्ट, 1891 ई० में 128 एवं 58 शिलापट्ट मद्रास म्यूजियम भेजे गये। 1905-06 ई० से 1908-09 ई० एलेक्जेण्डर री ने फिर खुदाई करायी और जो नयी सामग्री मिली उसे मद्रास संग्रहालय में भेज दिया।

अमरावती स्तूप के स्वरूप का ज्ञान उसके बचे हुए अवशेषों से तथा मेकेंजी, बर्गेस एवं शिवेल के द्वारा प्रस्तुत रेखाचित्र तथा स्तूप से शिलापट्टो पर आकारित आकृति द्वारा विशिष्ट सूचना मिलती है (द्रष्टव्य चित्र सं० 01)।

यह स्तूप एड़ी से चोटी तक विशेष रूप से अलंकृत था (चित्र सं० 02-03)। इसके तोरणद्वार भरहुत एवं साँची के तोरणद्वार से भिन्न थे, भूमिगत वेदिका में चार द्वार बने थे, जो खुली हुई बरसाती (पोर्टिको) के तुल्य था। प्रत्येक तोरणद्वार के सामने आर्यक-मंच एवं उन पर स्तंभ बने हुए थे। इस प्रकार की योजना सर्वथा नयी थी। ऊपर की वेदिका में प्रत्येक दिशा में पाँच आर्यक-स्तम्भ शीर्ष-स्थान पर बने हैं। यह परंपरा सर्वथा नयी थी। स्तूप के गल-भाग पर माला तराशी गयी है, जिसमें भी आर्यक-मंच की नक्काशियाँ की गयी हैं। सबसे ऊपर एक हर्मिका मिलती है जिसके केंद्रीय भाग में अस्थियाँ गर्भित की गयी थीं।

अमरावती का शिल्प-वैभव विशेष रूप से उल्लेखनीय है। डॉ० वासुदेवशरण अग्रवाल के शब्दों में सातवाहन-युग का वैभव इस महान् स्तूप में मूर्तिमान् हो उठा था। स्तूप पट्टों पर अंकित लेखों में अब्दमाला (अब्जमाला) कहा गया है, जिसमें एक पंक्ति में कमल के फुल्ले एवं ताड़पत्र अंकित थे।

स्तूप के मस्तक पर चौकोर महाहर्मिका थी। इस देवसदन के ठीक बीच में मोटी यष्टि के अण्ड-भाग में गहराई तक प्रविष्ट थी और उसके ऊपर छत्र लगा था। हर्मिका के चारों ओर वेदिका की वेष्टिनी थी। अण्ड के पार्श्व भागों में पूजा करते हुए मालाधारी देवों की मूर्तियाँ थीं और उनके नीचे गाते-बजाते यक्ष थे।

डॉ० वासुदेवशरण अग्रवाल तथा अन्य विद्वानों ने अमरावती की कला को चार विभिन्न कालों में विभाजित किया है। प्रथम काल के शिलापट्टों पर आकारित दृश्यों में जटिलों का धर्म-परिवर्तन, बुद्ध की शरीर धातुओं का विभाजन, महाभिनिष्क्रमण, मारधर्षण, संबोधिप्राप्त बुद्ध का पूजन, चूड़ामह, भिक्षा-पात्र की पूजा (पात्रमह), हाथी आदि पशुओं द्वारा स्तूप-पूजा, बन्दरों द्वारा बुद्ध को मधु-प्रदान, बुद्धपादुका-पूजन तथा पूर्णघट का पूजन आदि (चित्र सं० 4)। द्वितीयकाल - (प्रथम शती) - सिद्धार्थ का अभिनिष्क्रमण, संबोधि-प्राप्त बुद्ध का पूजन, रामग्राम स्तूप का उद्घाटन, बुद्ध का धर्मोपदेश, बुद्ध द्वारा धर्मचक्र-प्रवर्तन, बोधिवृक्ष के प्रतीक संबोधित (चित्र सं० 5), स्तूप पूजा, बुद्ध द्वारा नागराज को धर्म कथन, मायादेवी का स्नान।

तीसरा काल (द्वितीय शती)—नलगिरि हाथी को वश में करना (चित्र सं० 6), राजगृह की सड़क पर भगदड़, बन्धुमान् द्वारा सोने की मञ्जूषा और चन्दन काष्ठ का प्रदान, बुद्ध के भिक्षापात्र का नृत्य-गीत के साथ देवलोक को ले जाया जाना, छद्दन्त जातक, अशोक-वाटिका में शुद्धोधन और मायादेवी, सोमणस्स जातक (सं० 505), राजकुमार द्वारा मिथ्या परिव्राजक की पहिचान, सर्वदक्ष अवदान जो शिवि जातक का दूसरा रूप है जिसमें राजा कबूतर की रक्षा के लिए अपना मांस-दान दे रहा है, बुद्ध के जीवन-दृश्य; जैसे—राजप्रसाद का परित्याग, संबोधिप्राप्त-बुद्ध, चूड़ामह अर्थात् देवों द्वारा बुद्ध के केशों का स्वर्ग को परिवहन, विदुर पण्डित जातक के दृश्य (चित्र सं० 7), स्तूप-पूजा, भद्दवग्गिय युवकों का धर्म-परिवर्तन, अवक्रांति अर्थात् बुद्ध का श्वेत हस्ती के रूप में अवतरण (चित्र सं० 8), मयूर द्वारा धर्मोपदेश, त्रयस्त्रिंश स्वर्ग में बुद्ध का अपनी माता को उपदेश, मांधातावदान (चक्रवर्ती मांधाता उसके सप्तरत्न, मांधाता

की देवों और नागों पर विजय, स्वर्ग में पारिजात वृक्ष के नीचे मांधाता, सुधर्मा सभा में मांधाता, मांधाता इन्द्र के अर्धासन पर), क्रोधावेश में उदयन की कथा, चक्रपूजा, अजातशत्रु द्वारा बुद्ध का दर्शन, सपेरा और उसका बन्दर, चुल्लधम्मपाल जातक (सं० 358), यश की दीक्षा, बुद्ध का अग्निप्रातिहार्य, हाथियों द्वारा बोधिवृक्ष की पूजा, अंगुलिमाल डाकू की कथा, बुद्ध की जीवन-घटनाएँ (राहुल का जन्म, बुद्ध का गृहत्याग, प्रथम धर्मोपदेश, यशोधरा, शुद्धोधन का दूत प्रेषण, बुद्ध का कपिलवस्तु में पुनरागमन), बुद्ध को मार द्वारा प्रलोभन, शरीर धातुओं का बँटवारा, लोसक जातक (सं० 41) जिसमें अभागे मित्तविन्दक की कथा है, सुमन नामक माली की कथा, कवि कुमारावदान, महिलामुख जातक (सं० 26), दूत जातक (260), मत्तङ्ग जातक (सं० 497), चुल्लकल की स्त्रियों द्वारा अपने पति की प्राप्ति, महापनाद जातक (सं० 487) आदि।

चौथा काल (तीसरी शती ई०)—बेसन्तर जातक, बुद्ध के जीवन दृश्य, मार, संबोधि, नागों द्वारा रक्षित रामग्राम स्तूप, नन्द की धर्म-दीक्षा, राहुल का उत्तराधिकार, माया का स्वप्न और उसका फलकथन आदि (वासुदेवशरण अग्रवाल-भारतीय कला-पृष्ठ 362-63)।

नगरीय जीवन के भव्य दृष्टान्त अमरावती की कला में भी देखे जा सकते हैं; उदाहरणार्थ—एक शिलापट्ट पर श्रावस्ती के सुप्रसिद्ध नगरोद्यान जेतवन विहार का उच्चित्रण मिलता है। इसमें बुद्ध की तीन कुटियाँ आकारित हैं—गन्धकुटी, कोसम्बकुटी एवं करोरिकुटी जहाँ श्रावस्ती-आगमन के समय बुद्ध निवास करते थे। उनके आसन के समक्ष आहत मुद्राओं के बिछाने का दृश्य प्राप्य है; जैसे कि साँची और भारहुत की कला में भी द्रष्टव्य है। बौद्ध परंपरा के अनुसार नगर-श्रेष्ठि अनाथ-पिण्डक ने राजकुमार जेत से इस उद्यान को क्रय करके बुद्ध को दान कर दिया था। शुंग-कालीन आहत मुद्राओं के ये सुन्दर उदाहरण हैं। दान-संबंधी एक लघु-लेख भी इस पर खुदा हुआ है। इस दृश्यांकन में तत्कालीन 'प्रवहण' (शिकरम-गाड़ी) की उकेरी प्राप्य है, जिसका साहित्य में वर्णन हुआ है। इसके अतिरिक्त महासोपान के उदाहरण का भी इस पर अंकन मिलता है।

अमरावती-स्तूप के एक खण्डित शिलापट्ट के दूसरे आधे के निचले भाग में चार लघु अलंकरण-बन्धों में कुशीनगर के अस्थि-युद्ध से संबंधित चार दृश्य प्राप्य हैं। प्रथम कवाट में कुशीनगर को मल्ल-सैनिकों द्वारा चारों ओर से बाणों के द्वारा घेर लेने का दृश्यांकन प्राप्य है। द्वितीय कवाट (ब) की अन्त्येष्टि के अवसर पर नृत्य एवं वाद्य का रूपांकन मिलता है। तृतीय (स) में अस्थि-युद्ध रूपायित है एवं चतुर्थ (द) में अस्थि-कलश को गजमस्तक पर रखे बुद्ध के शिष्य नरेशों द्वारा अपनी राजधानी की ओर प्रस्थान विवरण उपलब्ध है (चित्र सं० 9)। इस शिलापट्ट पर न्यूनतम क्षेत्र में अस्थि-युद्ध की विभिन्न अवस्थाओं का भव्य शिल्पांकन प्राप्य है। अमरावती के एक अन्य शिलापट्ट पर कोशल-नरेश प्रसेनजित हर्षित मुद्रा में अस्थि-कलश को लिये कुशीनगर के प्रधान द्वार से श्रावस्ती की ओर जाता दर्शाया गया है।[1]

यहाँ अमरावती का एक अन्य शिलापट्ट भी उल्लेखनीय है, जिसमें वत्स-नरेश उदयन के कौशाम्बी-स्थित राजप्रासाद के वास-गृह का अंकन प्राप्य है। इसमें वह अपनी रानियों से क्रुद्ध दर्शाये गये है, जो उसको अंधकार में रखकर बुद्ध का उपदेश सुनने राजमहल से बाहर निकल गयी थीं। घटना का पता चलने पर वे उसके वास-गृह में लौटती हैं तथा उससे क्षमा-याचना एवं अनुनय-विनय करती प्रदर्शित हैं। आग-बबूला उदयन बुद्ध को मारने के निमित्त बाण चलाता निरूपित है, जो कि उनके अलौकिक व्यक्तित्व से पराभूत होकर वापस लौटता देखा जा सकता है। शिव-राममूर्ति इसके विपरीत व्याख्या करते हुए यहाँ रानी

---

1. देखिये : लेखक का ग्रंथ-प्राचीन भारत में नगर तथा नगर जीवन पृष्ठ 351-52

सामावती के कुचक्र में सम्मिलित होने के अपराध का ज्ञान होने पर उदयन द्वारा उस पर बाण चलाने की घटना से इस उच्चित्रण का तादात्म्य करते हैं। सामावती क्षमा-याचना करती नतमस्तक हो जाती है और फलस्वरूप उस पर फेंका हुआ बाण बिना उसे कोई क्षति पहुँचाये वापस लौटता दिखाया गया है। इस जातक कथा का आख्यानात्मक विवरण प्रस्तुत करते हुए अमरावती शिल्पियों ने कौशाम्बी-राजप्रासाद-स्थित उदयन के शयन-कक्ष को बहुत सुन्दर ढंग से तराशने का सफल प्रयास किया है।

अमरावती के ही तुल्य नागार्जुनीकोण्ड-स्तूप के उत्कीर्ण शिलापट्ट शिल्पवैभव के निमित्त प्रख्यात हैं। इनमें से एक में गोलवृत्त के भीतर कपिलवस्तु में शुद्धोधन अपने दरबार में बैठे बालक सिद्धार्थ का जन्म-फल सुन रहे हैं। उनके सामने आसन पर वृद्ध ब्राह्मण भविष्यवक्ता असित हाथ में कुण्डली धारण किये भविष्यफल का कथन करते अपनी दो उँगलियों से संकेत करता है कि बालक बड़ा होने पर महाचक्रवर्ती या महायोगेश्वर बनेगा। यह उच्चित्रण ठाठ-बाट एवं वैभव के वातावरण से युक्त राजकीय दरबार को रूपायित करता है।[1]

नागार्जुनीकोण्ड

भरहुत, साँची एवं अमरावती की ही तरह वेंगी प्रदेश का नागार्जुनीकोण्ड का स्तूप भी भारतीय कलाकारों के कुशल उच्चित्रण को प्रमाणित करता है। यह आन्ध्र प्रदेश के गुण्टूर जनपद में स्थित है। गुण्टूर के पलनाड तालुके में, माचरला स्टेशन से 19 मील दूर कृष्णा नदी के दाहिने तट पर स्थित है। यह स्तूप काग उडावन सीध में अमरावती से साठ मील दूर है। नागार्जुनीकोण्ड के तीन ओर पहाड़ियों की रक्षापंक्ति है और चौथी ओर कृष्णा नदी है। अतः इक्ष्वाकु राजाओं ने इसे अपनी राजधानी के लिए चुना। उनके लेखों में इसका नाम विजयपुरी है। टॉलमी ने कृष्णा का नाम मैसोलो दिया है और उसे समुद्र में बहुत ऊपर तक नौ-संचार (जल-मार्ग) के योग्य बताया है। यह जलमार्ग से नागार्जुनीकोण्ड, अमरावती, जग्गय्यपेट्ट, घंटसाल, गुम्मडिडुरूं, वैजवाड़ा, भट्टिप्रोलु आदि को एक-दूसरे के साथ मिलाती थी।

सर्वप्रथम इस स्तूप की जानकारी 1926 में लगी। सौभाग्य से इसके अवशेष बस्ती से दूर बहुत घने जंगल में थे, जिसके कारण वे मानवीय विध्वंस से बच गये। लौंगहर्स्ट के उत्खनन (1927-31 ई०) के फलस्वरूप यहाँ अनेक विहार, वृत्तायत चैत्यघर, स्तूपों के खँडहर, लेख, सिक्के, धातु-मञ्जूषाएँ, मृत्पात्र, मूर्तियाँ और लगभग 400 से अधिक सुन्दर उत्कीर्ण शिलापट्ट प्राप्त हुए, जो अमरावती की शिल्प-शैली के सदृश हैं और अमरावती के चौथे युग की रूपायन के प्रतीक हैं। इनका निर्माण इक्ष्वाकु राजाओं के राजत्व-काल में हुआ। यह सब सामग्री स्थानीय संग्रहालय में सुरक्षित थी जो अब नागार्जुन-सागर बाँध बनने के कारण पहाड़ी के ऊपर नया संग्रहालय बनाकर उसमें सजा दी गयी है और इष्टका-निर्मित स्तूप को भी ज्यों-का-त्यों वहाँ ले जाया गया है। दक्षिणी भारत में यह शिल्प सामग्री संख्या और सौन्दर्य की दृष्टि से सर्वाधिक है।

सुप्रसिद्ध पुरातत्त्वविद् श्री रामचन्द्रन् ने 1934-40 ई० में उत्खनन का कार्य पुनः शुरू कराया और फिर दूसरी बार 1954 से 1959 तक नागार्जुन-सागर के निर्माण से पूर्व खुदायी का कार्य हुआ, जिससे और भी शिल्प-सामग्री, विहार, स्तूप, शिला-मण्डप, चैत्यगृह तथा हारीती, कार्त्तिकेय और शिव मन्दिर प्राप्त हुए।

---

1. देखिये : लेखक का ग्रंथ-प्राचीन भारत में नगर तथा नगर-जीवन, पृष्ठ 352

नल्लमलई या प्राचीन श्रीपर्वत की घाटियों में इक्ष्वाकु के समय के और भी बहुत-से अवशेष प्राप्त हुए हैं। इन राजाओं का मूल निवास सम्भवतः दक्षिण कोसल में था और वे पहले लगभग द्वितीय शती के द्वितीयार्द्ध भाग में सातवाहन राजाओं के सामन्त रहे और वहाँ से आकर उन्होंने स्वतन्त्र रूप में विजयपुरी में वासिष्ठीपुत्र श्री क्षान्तिमूल के समय अपनी राजधानी बनायी।

राजा क्षान्तिमूल वैदिक ब्राह्मण धर्म के अनुयायी थे, किन्तु उनकी रानियाँ बौद्ध धर्म की अनुयायी थीं और उन्हीं की प्रेरणा से विजयपुरी के बौद्ध स्तूपों एवं चैत्यगृह आदि का निर्माण हुआ।

ह्वेनसांग ने यहाँ के विहार के बारे में लिखा है : "यह विहार पंचभूमिक था और इसमें मण्डपों की लंबी वीथियाँ थीं। प्रत्येक खण्ड में चार विहार और चार मण्डप थे। प्रत्येक खण्ड के विहार में बुद्ध की सोने की काय-परिमाण मूर्ति थी जो कला का उत्तम नमूना थी (आकृति सं० 1)।"

अभिलेख एवं अन्य ऐतिहासिक सामग्री

यहाँ आयक खम्भों पर सत्रह लेख प्राप्त हुए हैं, जिनसे इक्ष्वाकुवंशीय राजाओं का वृत्तान्त ज्ञात होता है। राजा ब्राह्मणधर्मी थे, पर उनकी रानियाँ बुद्ध की भक्त थीं और उन्होंने ही स्तूपों और विहारों के निर्माण के लिए प्रेरणा और धन प्रदान किया। एक प्रतापी राजा ने क्षान्तिमूल के पुत्र वीरपुरिसदत्त के छठे राज्य संवत्सर में बहुत-सा धन व्यय करके महास्तूप का निर्माण कराया। इसी राजा का एक लेख जग्गय्यपेट्ट में मिला है, जो उसके राज्य-काल के बीसवें संवत्सर में लिखाया गया था। महाचेतिय के पूरब में क्षान्तिश्री ने राजा के अठारहवें वर्ष में एक चैत्यगृह और विहार का निर्माण कराया। इसी लेख में चतुःशाल से युक्त शैलमण्डप का उल्लेख किया गया है (चातुसाल परिगहितं सेल मंटवम्)। महाविहार का दान अपरमहाविनशैलिय आचार्यों की स्वीकृति के लिए किया गया था। वीरपुरिसदत्त की बुआ क्षान्तिश्री के अतिरिक्त और भी राजघराने की अनेक महिलाओं ने इन अवशेषों के निर्माण में भाग लिया। उपासिका बोधिसिरी ने एक अन्य चैत्यगृह का निर्माण कराया। यह अत्यन्त महत्त्वपूर्ण है क्योंकि बोधिसिरी के बड़े लेख में कहा गया है कि उसने अपना दान ताम्रपर्णी (सिंहल) के भिक्षुसंघ को दिया; कश्मीर, गन्धार, चीन, तोसलि (उड़ीसा), अपरान्त (कोंकण), वंग, निवास (कर्णाट), यवन (सम्भवतः अलसन्द या अलेक्जेंड्रिया) में धर्म प्रचार किया। उसने घंटसाल के स्तूप के पूर्वी द्वार पर एक शिलामण्डप का भी निर्माण कराया। उस पहाड़ी का नाम, जहाँ उसका स्तूप है, चुल्ल धम्मगिरि था और यह स्थान श्रीपर्वत के महाचेतिय से दो मील की दूरी पर है।

यहाँ से प्राप्त अभिलेखों में यत्र-तत्र वास्तुकला से संबंधित बहुत-से पारिभाषिक शब्द भी आये हैं; जैसे महाचेतिय, महाथूप, महाविहार, विहार, चेतियघर, चतुसाल (चतुःशाल) पधानसाला (ध्यान के लिए एकत्र होने का मुख्य मण्डप), बोधिरूक्ख पासाद (बोधिधर प्रासाद), सेल मंटव, ओवरक (भिक्षुओं की कोठरी), अलिंद (प्रवेश मण्डप या द्वार प्रकोष्ठ), तडाक (तटाक या पुष्करिणी), खनिय (पानीयपोढ़ि = पानी की द्रोणि), खम्भ, सेलखम्भ, सेलथम्भ, पट (शिलापट्ट), सुपट-संथर (पत्थर का फर्श), उनिस (= उष्णीष, किन्तु यहाँ स्तूप के शिलापट्टों के ऊपर शोभापट्टी के लिए भी यह शब्द प्रयुक्त हुआ है) और द्वार। रानियों ने वास्तुकर्म की पूर्ति के लिए नवकर्म्मिक नामक अधिकारी नियुक्त किये थे जैसा अमरावती में भी था। गन्धार के लेखों में भी इस अधिकारी का नाम आता है। बाद में इन्हें कर्म स्थानीय (हिन्दी कमठान) कहा जाने लगा। उसकी देख-रेख में कामकरने वाले संगतराश सेलवड्ढकि कहलाते थे, जिन्हें अमरावती लेखों में पाषाणिक कहा गया है। इन्हीं के साथ ईंटों की चिनाई करनेवाले वास्तु-विशेषज्ञ आवेसनि (आवेसनिन्) कहलाते थे।

महाचेतिय

उत्तरी भारतीय स्तूपों के भीतर ठोस ईंटों की चिनाई है, किन्तु नागार्जुनीकोण्ड का यह स्तूप चक्राकृति है, जिसमें नाभि, अर और नेमी के समान तीन भाग हैं। इनके बीच की पोली जगह मिट्टी, गिट्टी, कत्तल और इंटोरों के भराव से दृढ़ की जाती थी और सबसे अन्त में ईंटों का कंचुक चढ़ाया जाता था। स्तूप के मस्तक की ओर उठती हुई दीवारों की रचना छत्राकार जान पड़ती थी जिनका पिछला सिरा ऊँचा और आगे का नीचा होता जाता था। दीवारें ऐसी लगती थीं, मानो खुले हुए विराट छत्र की तीलियाँ हों और बीच का चौकोर या गोल स्तम्भ उन तीलियों को पकड़ रखने के लिए छत्र के भाले के सदृश था।

यहाँ के स्तूप छोटे-बड़े कई आकार के थे। सबसे छोटे का व्यास 20 फीट और सबसे बड़े महाचेतिय का 120 फीट है। छोटे स्तूपों में बीच की नाभि का रूप चौकोर स्तम्भ-जैसा किन्तु बड़े स्तूपों में वह गोल होता था। मिट्टी की भराई और ईंटों की चिनाई पूरी होने के बाद स्तूप पर मोटा गचकारी का खोल चढ़ाया जाता था। उसे 'सुधाकम्म' कहते थे। स्तूप के मस्तक पर हर्मिका में यष्टि और छत्र चढ़ाया जाता था, जिसके लिए 'छतकम्म' शब्द था। नीचे का भाग अधिष्ठान था और उसके ऊपर ऊँचा अण्ड भाग बनाया गया था, जिसकी ऊँचाई व्यास के अनुपात से लगभग 60 फीट से 90 फीट तक रखी जाती थी। अधिष्ठान की ऊँचाई के समतल चार आयक मंचों की रचना की जाती थी जिन पर पाँच-पाँच आयक खम्भ बनाये जाते थे। यह सभी आन्ध्र स्तूपों का विशेष लक्षण था।

नागार्जुनीकोण्ड में दो प्रकार के स्तूप उपलब्ध हुए हैं। इनमें कुछ तो सादे हैं और कुछ उकेरी सहित। स्तूप पट्टों पर जो उनकी आकृतियाँ हैं और जो वास्तविक अवशेष मिले हैं, उन दोनों से यह बात सिद्ध होती है। सादा स्तूपों का समापन सुधाकम्म से हो जाता था किन्तु कालक्रम से स्तूप के कलेवर को उत्कीर्ण शिलापट्टों को कंचुक से सजाने की प्रवृत्ति बढ़ी। यह शिलामय आच्छादन देवतात्मा स्तूप को पहनाया गया वस्त्र था, जिसे देवदूष्य कहते थे। इसी कारण स्तूपों के लिए 'दूष्यस्तूप' यह विशेषण प्रचलित हुआ (महावंस 31/11)। इस प्रकार के बृहत् स्तूप की रचना उस समय की जनता चमत्कार (ऋद्धि) समझती थी। सादा स्तूपों के ऊपरी अण्ड भाग पर सन्तानक माला का अलंकरण बनाया जाता था, जो सम्भवतः गचकारी के काम का था। स्तूप के अधिष्ठान भाग के चारों ओर वेदिका थी और आयक मंच की ऊँचाई पर भी वेदिका अलंकरण तथा कुछ जातक दृश्य उत्कीर्ण किये जाते थे।

पुरातत्त्वविदों के अनुसार नागार्जुनीकोण्ड का महास्तूप आरम्भ में उत्कीर्ण शिलापट्टों से अलंकृत न होकर सादा था। वह केवल इष्टिकामय स्तूप था (ईटों का नाप 20'' × 10'' × 10'')। उसका भीतरी गर्भ विशाल घनचक्कर जैसा था जिसमें नाभि से चारों ओर निकलती हुई आड़ी दीवारें नेमी तक बढ़ी हुई थीं। इस भीतरी भाग को ठोस भराव से पूरा करके बाहर ईंटों का खोल चढ़ाया गया और उस पर सुधाकर्म या गचकारी का काम बनाया गया। केवल आयक मंच और आयक खम्भ पाषाणघटित हैं। महास्तूप का व्यास 106 फीट और ऊँचाई 70 से 80 फीट तक थी। भूमितल पर 13 फीट चौड़ा प्रदक्षिणापथ था, जो काष्ठशिल्प की वेदिका से घिरा हुआ था और वेदिका स्तम्भों की आलम्बन पिंडिका या चौकी ईंटों की थी। आयक मंच 22 फीट लम्बा और 5 फीट चौड़ा था। इसी के समतल 7 फीट चौड़ा बीच का प्रदक्षिणापथ बना हुआ था। वह भी वेदिका से परिवेष्टित था। अण्ड के मस्तक पर हर्मिका थी, जिसके बीच में भारी शिलायष्टि थी। उसके ऊपर तीन छत्रों का 'छतकम्म' बनाया था। इनमें से सबसे निचला छत्र मानुषी (मानुष छत्र), बीच का देवो छत्र (दिव्य छत्र) और सबसे ऊपर का छत्र मोक्ष का सूचक (विमुक्ति छत्र) माना जाता था (महावंस 31/91)।

नागार्जुनीकोण्ड से मिले लेखों में कहा है कि महाचेतिय का निर्माण बुद्ध-पूजा के लिए किया गया

था। संभवतः उसकी मंजूषा में बुद्ध की शरीर-धातु का कोई अंश रखा गया रहा होगा। यह अनुमान होता है कि मूल स्तूप छोटा था और बाद में उसका विस्तार किया गया अर्थात् अल्पेसाख्य स्तूप को महेशाख्य स्तूप में परिवर्तित करने की युक्ति काम में लायी गयी जैसा कि दिव्यावदान में पाया जाता है। विस्तार का यह कार्य सम्भवतः क्षान्तिश्री ने कराया था।

मूर्तिशिल्प

अमरावती स्तूप की भाँति नागार्जुनीकोण्ड भी मूर्तिशिल्प से समृद्ध हैं। उत्कीर्ण शिलापट्टों में सौन्दर्य और विषय-बाहुल्य की विशेषता है। ये ऊर्ध्वपट्ट आयक मंच, अधिष्ठान और अण्ड भाग में लगे हुए थे अर्थात् स्तूप का कंचुक उन्हीं के द्वारा सजाया गया था। इनमें सर्वाधिक संख्या स्तूप पट्टों की है। आयक मंच के अग्रभाग में प्रायः बुद्धपट्ट लगाये गये हैं। अधिष्ठान के ऊपरी भाग में अण्ड पर लगे हुए शिलापट्ट 2 फीट चौड़े, उसे 4 फीट तक ऊँचे और कुछ उन्नतोदर या झुके हुए हैं जिससे वे अण्ड की गोलाई पर ठीक मढ़े जा सकें। ऊर्ध्वपट्टों की उकेरी को तीन भागों में बाँटकर अण्ड के चारों ओर सुहावटी निकाली गयी थी। शिलापट्टों के ऊपर कंचुक का शीर्ष भाग गचकारी के मोटे लेप से सम्पन्न किया गया। कभी-कभी इन पट्टों के ऊपर छोटी पट्ट-पंक्ति आड़े दाँव लगाकर उस पर पुष्करमाला अंकित की जाती थी। यह मालाधारी देवों की रक्षापंक्ति थी।

लौंगहर्स्ट द्वारा उत्खनन से प्राप्त शिला-पट्टों पर निम्न दृश्य अंकित मिले हैं—

1. तुषित स्वर्ग में देवों द्वारा बोधिसत्व से पृथिवी पर जन्म लेने की प्रार्थना। बोधिसत्त्व दाहिना पैर मोड़कर बायाँ पैर लटकाये अर्ध-महाराजलीलासन में बैठे हुए हैं। बोधिसत्त्व दाहिने हाथ की मुद्रा से देवों की प्रार्थना स्वीकार कर रहे हैं और उनके चारों ओर आठ देवता खड़े और बैठे हुए हैं। चित्रों का संपुंजन समभागों में हुआ है और मूर्तियों की वेश-भूषा और अलंकरण की उकेरी भी नेत्रों को सुखकर है। पट्ट के ऊर्ध्व भाग में तीन प्रकार की गोट है, पहली में कमल की लतर है, दूसरी में व्याघ्र पंक्ति है और तीसरी में त्रिरत्न माला है (लौंगहर्स्ट, नागार्जुनीकोण्ड स्तूप, फलक 19सी)।
2. श्वेत हाथी के रूप में बुद्ध का अवतरण (गर्भावक्रान्ति), देवों द्वारा बुद्ध की पूजा और बुद्ध के विमान का कन्धों पर परिवहन (वही, फलक 19-डी)।
3. **स्वप्न कथन**—राजा शुद्धोधन जन्मफल सुन रहे हैं। उनसे कहा गया कि बालक बड़ा होने पर महाचक्रवर्ती या महायोगेश्वर बनेगा। बायीं ओर शुद्धोधन और माया बैठे हैं। दाहिनी ओर माया के गर्भ की रक्षा के लिए चार देव बैठे हैं। सामने नीचे ब्राह्मण वेशधारी भविष्यवक्ता बैठा है। झारी लिये हुए बीच में इन्द्र हैं (आकृति सं० 2)।
4. **जन्म और बुद्ध की सप्तपदी**—रानी मायादेवी कुसुमित शालवृक्ष के नीचे खड़ी हैं। बायीं ओर चामरग्राही और पानी की झारी है जो प्रथम अभिषेक लिये है। दाहिनी ओर एक छत्रग्राहिणी स्त्री और दो चमर अदृश्य बुद्ध के लिए हैं। चार लोकपाल बुद्ध के सप्तपदी चिह्नों से अंकित लम्बा उत्तरीय लिये खड़े हैं। सप्तपदी की कल्पना प्राचीन वैदिक थी और बौद्धों ने वहीं से उस प्रतीक को ग्रहण किया। लौंगहर्स्ट, फलक 20बी में बुद्ध की सप्तपदी का सटीक अंकन है।
5. **वृद्ध ब्राह्मण असित का आगमन**—बुद्ध के जन्म से त्रयस्त्रिंश देवों के स्वर्ग में और कपिलवस्तु के राजप्रासाद में बड़ा हर्षोल्लास मनाया गया। वृद्ध ब्राह्मण असित बुद्ध जन्म का समाचार सुनकर

राजप्रासाद में आये और उन्होंने राजा की प्रार्थना पर जन्मकुंडली बनायी और बालक के महान् भविष्यफल का कथन किया। एक पट्ट पर बालक सिद्धार्थ को लेकर उसके माता-पिता कपिलवस्तु से बाहर शाक्यवर्धन चैत्य की पूजा करने जा रहे हैं (लौंगहर्स्ट, फलक 19ए)। चैत्य का अधिष्ठातृ यक्षदेवता स्वयं प्रकट होकर अञ्जलि मुद्रा में बालक को प्रणाम कर रहा है। बुद्ध के पदचिह्न कपड़े पर अंकित हैं, जिसके दोनों ओर चामरग्राही हैं। दाहिनी ओर मण्डप के नीचे तोरणयुक्त आसन पर राजा शुद्धोधन बैठे हुए हैं। उनके पीछे दो चामरग्राही और मायादेवी बैठी हैं। सामने जटाधारी ऋषि बैठे हैं, उनकी गोद में बालक बुद्ध हैं जो वस्त्र पर अंकित पदचिह्न से दिखाये गये हैं।

6. **अभिनिष्क्रमण**—पट्ट का दाहिना भाग तो अब खण्डित हो चुका है, किन्तु वाम भाग पर गौतम द्वारा छन्दक से लौटने के अनुरोध का दृश्य है। बोधिसत्त्व के पीछे एक व्याध है जिसके साथ उन्होंने वेश का परिवर्तन किया। अञ्जलिमुद्रा में तीन देवता बोधिसत्त्व (या बुद्ध) के कल्पित केशों को स्वर्ग ले जाने की प्रतीक्षा में हैं। पट्ट के दाहिने कोने में छन्दक और कत्थक घर लौटने की मुद्रा में हैं (लौंगहर्स्ट, फलक 19बी)।

7. **गौतम बुद्ध के उष्णीष को देवों द्वारा स्वर्ग में ले जाना और वहाँ उसके सम्मान में चूड़ामह उत्सव मनाना**—आन्ध्र स्तूपों की शिल्प कला में यह बड़ा प्रिय विषय था। केन्द्र में एक देव बुद्ध के जड़ाऊ उष्णीष की चंगेरी को अपने मस्तक पर उठाये हुए है, उसके साथ दो देव एवं पट्ट पर और भी बहुत-से सदामत्तक या नच्चक देव अंकित हैं, जो चूड़ामह के अवसर पर नृत्य में आत्मविभोर हो रहे हैं (लौंगहर्स्ट, फलक 22ए)।

8. **बुद्ध द्वारा मारघर्षण और संबोधि-प्राप्ति**—इस पट्ट पर दाहिनी ओर मार अपनी दो पुत्रियों के साथ बुद्ध को विचलित करने में असफल हो जाने से व्याकुल मुद्रा में हैं। बायीं ओर मार के आयुधधारी कुरूप अनुचर हैं। बीच में बोधिवृक्ष के नीचे पद्मासन में बैठे हुए छायामण्डलयुक्त बुद्ध हैं (लौंगहर्स्ट, फलक 22बी)।

   इसी प्रकार एक अन्य पट्ट पर नाग मुचलिन्द अपने फणटोप का छत्र बनाकर ध्यान में बैठे हुए बुद्ध को वृष्टि से बचा रहा है। बोधगया के समीप उरूविल्व ग्राम के एक सरोवर में नागराज मुचलिन्द का निवास स्थान था।

9. **बुद्ध द्वारा जनकल्याणार्थ धर्मोपदेश देने का संकल्प**—बोधि-प्राप्त करने के बाद बुद्ध 49 दिन तक बोधिवृक्ष के नीचे समाधि में बैठे रहे। यह दृश्य गान्धार कला के बाहर कम देखा जाता है। यहाँ कंकाल रूप में बुद्ध का अंकन परिचित था। सुजाता की दी हुई खीर खाकर बुद्ध इस संशय में पड़ गये कि वे अपने धर्म का उपदेश मानव जाति को दें या नहीं। देवों ने इसके पक्ष में अनुरोध किया और बुद्ध ने उनकी प्रार्थना स्वीकार कर ली। इस दृश्य में बुद्ध बोधिवृक्ष के नीचे पद्मासन में बैठे हुए देवों का निवेदन स्वीकार कर रहे हैं (लौंगहर्स्ट, फलक 23ए)।

10. बुद्ध ने प्रथम धर्मोपदेश का निश्चय करने के अनन्तर अपने पहले साथी पाँच भिक्षुओं के विषय में सोचा, जो उस समय वाराणसी के मृगदाव नामक बाह्योद्यान में थे। वे बोधगया से चलकर वाराणसी आये और वहाँ मृगदाव में, जिसे सारनाथ कहते हैं, धर्मचक्र प्रवर्त्तन किया (लौंगहर्स्ट, फलक 24ए)। दृश्य में बुद्ध ऊँचे पद्मासन में बैठे हैं। उनके आसन के समीप दो मृग हैं और दोनों तरफ दो चामरग्राही, दो भिक्षु और दो राजकुमार हैं। इस दृश्य में प्रथम उपदेश एवं यश की धर्मदीक्षा इन दोनों का सम्मिलित अङ्कन ज्ञात होता है।

1.1. **शिलपट्टों पर अंकित अन्य महत्त्वपूर्ण ये दृश्य हैं**—बुद्ध दो धातु मञ्जूषा लिये हैं, उनके सामने पानी की झारी लिये हुए नाग मूर्तियाँ हैं। ऐसी मञ्जूषाएँ स्तूप-गर्भ में मिलती हैं (लौंगहर्स्ट, फलक 24बी); राजा कप्पिल की धर्मदीक्षा (लौंगहर्स्ट, फलक 25ए); चक्रवर्ती सम्राट और उसके सप्तरत्न (लौंगहर्स्ट, फलक 30बी); आलवक (आटविक) यक्ष की धर्मदीक्षा (वही, फलक 31बी), सिद्धार्थ का महाधनुष पर प्रत्यञ्चा चढ़ाना; नलगिरि हाथी को वश में करना (वही फलक 32बी); दीपंकर द्वारा बुद्ध की पूजा (वही, 34ए); छह शाक्य राजकुमार और उपालि की धर्मदीक्षा (वही, फ० 24 बी)।

बुद्ध का नन्द के साथ स्वर्गगमन (वही, 35ए) पांशुप्रदान (अर्थात् पूर्व जन्म में बालक अशोक द्वारा बुद्ध के भिक्षापात्र में धूल की मुट्ठी डालना); बायीं ओर सिंह-मकर पर एक अत्यन्त सुन्दरी स्त्री खड़ी हुई है, जिसे आन्ध्रकला में सर्वश्रेष्ठ नारी मूर्ति माना जाना चाहिए और आन्ध्र की जनता उसे 'आन्ध्र सुन्दरी' के नाम से जानती होगी, सुवन और नागराज पण्णक (वही, फलक 37ए); अमरा और चार प्राज्ञ पुरुष, चापेय्य जातक (वही, 38बी); मान्धाता जातक (वही, 39ए-बी), नागराज अपलाल पर बुद्ध की विजय (40ए-बी); दसरथ जातक (45ए); महापदुम जातक (45बी); घट जातक (46ए), दीधिति कोसल-जातक (47ए), बोधिवृक्ष की पूजा करने का दृश्य (चित्र सं० 3), वामनकृति (चित्र सं० 4) शिवि जातक (42ए), पञ्चशिखगंधर्व और इन्द्र द्वारा बुद्ध का दर्शन (44ए-बी)।[1]

□□□

1. देखिये : अग्रवाल, वासुदेव शरण : भारतीय कला, पृ० 363-373

अध्याय-7
शैलोत्कीर्ण गुफाएँ
(सह्याद्रि-लयन)

सिद्ध-समालय

परिच्छेदान्तर में आलोचित है कि अशोक एवं उसके वंशजों ने गुहाओं (लेण = लयन) के निर्माण की परम्परा प्रारम्भ की थी। इसके निर्माण का अभिप्राय परिव्राजकों के आवास की सुव्यवस्था थी। पुर के जनरव एवं व्यस्त जीवन से सर्वथा दूरस्थ गिरिशृंखलाएँ सिद्धों एवं मुनियों के समुचित समाश्रय प्रारम्भ से ही सिद्ध हुई हैं। महाभारत के सभापर्व में राजगृह की पर्वतमालाओं को सिद्धों का समालय कहा गया है। उनमें मुनियों, महात्माओं एवं यतियों के आश्रम बने हुए थे तथा विभिन्न देवी-देवताओं के मन्दिर निर्मित थे।[1] महाभारत में ही सुराष्ट्र (गुजरात) में स्थित उज्जयन्त पर्वत (रैवतक = आधुनिक गिरिनार-श्रेणी) को सिद्धों का निवास-स्थान कहा गया है। इसके अनुसार ऋषि-सेवित पुण्यगिरि उज्जयन्त स्वर्गोपम वातावरण को धारण कर रहा था।[2] पर्वतमालाएँ सिद्धियों के उपयुक्त समाश्रय-भूमियाँ मानी जाती थीं। पारमार्थिक बौधायन ने कहा है कि पुर में रहनेवाले मनुष्य का नेत्र, वदन एवं शरीर कुण्ठित हो जाता है तथा फलस्वरूप वह सिद्धि-प्राप्ति के अयोग्य प्रमाणित होता है।[3] आध्यात्मिक जन नगर के अपमानों से बचने के निमित्त

---

1. ''एतेषु पर्वतेन्द्रेषु सर्वसिद्धसमालयाः।
यतीनामाश्रमश्चैव मुनीनां च महात्मनाम्॥
वृषभस्य तमालस्य महावीर्यस्य वै तथा।
गन्धर्वरक्षसां चैव नागानां च तथाऽलयाः॥''

महाभारत; सभापर्व, अध्याय 21, श्लोक 12-14।

2. ''उज्जयन्तश्च शिखरो क्षिप्रं सिद्धकरो महान्।
तत्र देवर्षिवीरेण नारदेनानुकीर्तितः॥
पुराणः श्रूयते श्लोकः तं निबोध युधिष्ठिर।
पुण्यौगिरौ सुराष्ट्रेषु मृगपक्षिनिषेविते॥
उज्जयन्ते स्म तप्तांगो नाकपृष्ठे महीयते॥''

महाभारत; 3, 88, 25-26।

3. ''पुरेरेणुकुण्ठित शरीरस्तत्परिपूर्णनेत्रवदनश्च।
नगरेवसन् सिद्धिमवाप्स्यति न तदस्ति॥''

बौधायन धर्मसूत्र; 2, 3, 53।

शान्तिमय वातावरण में चले आते थे (नगरपरिभवान्विमोक्तुम्)[1]। निर्जन स्थान में रहनेवाले व्यक्ति को जनाकीर्ण नगर वैसे ही लगता था; जैसे अग्नि की ज्वाला से लपटा हुआ गृह।[2]

काल-भेद

जनरव के वातावरण से सर्वथा दूर गिरिमालाओं में टंकित गुहाएँ शान्तिमय जीवन व्यतीत करने के निमित्त उपयुक्त स्थल हो सकती थीं। उनके तराशने का वास्तविक उद्देश्य यही था। पश्चिमी घाट (सह्याद्रि) ने तन्निमित्त सन्नियोजकों के ध्यान को विशेष रूप से आकृष्ट किया था। इसके प्रस्तर अधिक ठोस हैं। फलतः उनमें उत्कीर्ण गुफाएँ अधिक चिरन्तन सिद्ध हो सकती थीं। अशोक के समय तक पश्चिमी भारत में बौद्ध धर्म के समुचित प्रसार के संबंध में दृढ़ प्रमाण मिलने लगते हैं। तृतीय एवं द्वितीय शताब्दी ईसा पूर्व से यह धर्म दक्षिणापथ में सुव्यवस्थित होने लगा था। परिणामतः इस समय से पश्चिमी घाट (सह्याद्रि) के विविध केन्द्रों में शिला-टंकण का कार्य वेगवान् हो उठा। इनमें प्राप्त लेखों में इन्हें 'लेण' कहा गया है, जो संस्कृत के 'लयन' शब्द का प्राकृत समानार्थी (विश्रामस्थल) होता है। गुहा-टंकण का यह कार्य तृतीय शताब्दी ईसा पूर्व से द्वितीय शताब्दी ईसवी पर्यन्त लगभग 500 वर्षों तक चलता रहा। इस काल के बीच की गुहाएँ हीनयान-धर्म से संबंधित हैं। तदनन्तर महायान धर्म के व्यापक प्रसार के परिणामस्वरूप निर्माण का द्वितीय काल लगभग पाँचवीं शताब्दी ईसवी से प्रारम्भ हुआ, जो लगभग एक हजार ईसवी पर्यन्त क्रियाशील था। पञ्चशतक की इस अवधि को हम महायान-काल की संज्ञा प्रदान कर सकते हैं।

वास्तु-भेद

हीनयान-युग (लगभग 300 ई०पू०-200 ई०) में सह्याद्रि (पश्चिमी घाट) में आठ विविध केन्द्रों में टंकण का कार्य सम्पन्न हुआ, जो कालक्रम के अनुसार इस प्रकार हैं—(1) भाजा, (2) कोन्दाने, (3) पीतलखोरा, (4) अजन्ता (लयन-संख्या 10), (5) अजन्ता (लयन संख्या 9), (6) नासिक, (7) बेडसा तथा (8) कार्ले। इनके तिथिक्रम का निर्धारण अंशतः इनमें प्राप्त अभिलेखों पर अवलम्बित है। इनमें काष्ठ-प्रयोग की सीमा के आधार पर भी इनके कालानुक्रम पर यत्किञ्चित् प्रकाश पड़ता है। जिस गुहा के स्थापत्य में लकड़ी का उपयोग जितना ही प्रचुर है, वह उतना ही प्राचीन है। कालान्तर के लयनों में काष्ठ का प्रयोग उत्तरोत्तर कम होने लगा था। शैल वास्तु के इन दृष्टान्तों के दो विभिन्न रूप थे—(1) विहार तथा (2) चैत्य-गृह। ये दोनों ही पार्श्ववर्ती हुआ करते थे।

विहार भिक्षु-संघ का आवास-गृह था, जो ईंटों के द्वारा निर्मित समकालीन मठों का शैलोत्कीर्ण अनुसरण हुआ करता था। चैत्यगृह बौद्ध मन्दिर था, जहाँ विहारों में रहनेवाले भिक्षु पूजा हेतु एकत्र होते थे। पहले लघु परिमाण के विहार-निर्माण की परम्परा आरम्भ हुई, जिनके अभ्यन्तर में भिक्षुओं के आवास-निमित्त कुछ ही कोठरियों की व्यवस्था थी। पर कालान्तर में बड़े परिमाण के विहार निर्मित होने लगे, जिसके भीतर केन्द्रीय आँगन एवं चतुर्दिक् बरामदे एवं कोठरियाँ निर्मित होती थीं। इनमें से कुछ में तो एक ही श्रमण के विश्राम का प्रबन्ध था। पर अन्य तुलनात्मक दृष्टि से बड़ी थीं, जिनमें दो एवं कभी-कभी तीन भिक्षुओं

---

1. स्वप्नवासवदत्तम्, अङ्क 1।
2. ''तथापीदं शश्वत्परिचितविविक्तेनमनसा।
   जनाकीर्णं मन्ये हुतवहपरीतं गृहमिव॥''

   अभिज्ञानशाकुन्तलम्, अंक 5, श्लोक 11।

के भी आवास का सुप्रबन्ध था। इन विहारों के समक्ष भी स्तम्भ-युक्त बरामदे हुआ करते थे। इस प्रकार के बड़े विहार मञ्ज़िल-युक्त भी हैं। ये अपने समकालीन 'महाविहारों' के शैलोत्कीर्ण दृष्टान्त थे।

इन विहार-प्रकार की गुहाओं की भित्तियों पर कतिपय ऐतिहासिक लेख भी प्राप्य हैं, जिनमें राजकीय एवं व्यक्तिगत दानों के उल्लेख मिलते हैं। नासिक के गुहा-लेख (शक संवत् 41,42,45 = 119, 120 एवं 123 ई०) में क्षहरात क्षत्रप नहपान के जामाता उषवदात (ऋषभदत्त) के तीन सहस्त्र कार्षापणों के दान का वर्णन मिलता है। इसके नियम के अनुसार इस धनराशि से इस लयन (लेण) में रहनेवाले श्रमणों के वस्त्र (चीवरमूल्य) तथा भोजन (कृशान्नमूल्य) की व्यवस्था की जाती थी। नासिक के एक अन्य गुहा-लेख के अनुसार उषवदात (ऋषभदत्त) ने गोवर्धन के त्रिरश्मि पर्वत पर इस लयन (लेण) का निर्माण किया था। उसने इसमें रहनेवाले भिक्षु-संघ की आहार-व्यवस्था के निमित्त एक ग्राम तथा चार सहस्त्र कार्षापण (काहापण) दान में दिया था (एतो मम लेने वसतानं चातुदीसस भिखु-सघस मुखाहारो भविसती)। कार्ले के गुहा-लेख के अनुसार वलूरक (जो कार्ले का ही प्राचीन नाम था) में रहनेवाले बौद्ध परिव्राजकों के भोजन-वस्त्र की व्यवस्था के हेतु करजिक नामक ग्राम को इस स्थान के विहार को दानस्वरूप दिया गया था (वलूरकेसु लेण-वासिनं पवजितानं चातुदिसस सघस यापणथ गामो करजिको दतो)। कार्ले की गुहा-लेख में ही प्राप्य एक अन्य लेख के अनुसार वासिष्ठीपुत्र पुलुमावी के सेनापति सोमदेव ने वलूरक-लयन (कार्ले-गुहा) के बौद्ध संघ को एक ग्राम दान में दिया था (महारथिना सोमदेवेन ग्रामः दत्तः वलूरकसंघाय वलूरक-लयनस्य)। नासिक-गुहालेख के अनुसार वासिष्ठीपुत्र पुलुमावी के राज्यकाल के बाईसवें वर्ष (152 ई०) में इसके निवासी भिक्षुओं के लाभ-निमित्त इस नरेश ने सुदर्शन नामक ग्राम दान में दिया था (एतस दान-गामस सुदिसनस)। यज्ञश्री शातकर्णि के राज्य-काल के सातवें वर्ष (181 ई०) के नासिक-गुहालेख के अनुसार इस लयन में निवास करनेवाले भिक्षुओं के लिए दान दिया गया था (चातुदिसस च भिखुसघस आवसो दतो ति)।

चैत्यगृह का स्थापत्य

पीछे निर्दिष्ट किया जा चुका है कि शैल वास्तु का दूसरा रूप चैत्य मण्डप हुआ करता था। यह एक प्रकार का बौद्ध मन्दिर था, जिसके अभ्यन्तर में एक स्तूप (चेतिय = चैत्य) हुआ करता था। इसी को प्राचीन साहित्य में (उदाहरणार्थ—वाल्मीकि रामायण) में चैत्यगृह कहा गया है। रामायण के टीकाकार के अनुसार चैत्यगृह 'बुद्धायतन' (बौद्ध मन्दिर) था। इस कोटि की गुहाओं का मुख-भाग नक्काशियों द्वारा नीचे से ऊपर तक अलंकृत है। टंकण-व्यवस्था की दृष्टि से इसे हम दो वर्गों में विभक्त कर सकते हैं—(1) ऊर्ध्वभाग (उपरिक) तथा (2) नीचस्थ भाग (अवर)। ऊर्ध्वभाग में एक बृहत् मेहराबदार वातायन (गवाक्ष वातायन) निर्मित है। इसके द्वारा गुहा के भीतर सूर्य की रश्मियों के प्रवेश एवं वायु-संचरण का उपाय किया जाता था। वातायन के पार्श्ववर्ती भाग शिल्पियों द्वारा ज्ञात तत्कालीन विविध अलंकरण-प्रतीक की मालाओं द्वारा सुसज्जित है। शोभा-पट्टिकाओं के तक्षण का उद्देश्य गुहा-मुख के सौन्दर्य का विवर्धन था। अवर (नीचस्थ) भाग के केन्द्रीय स्थान पर एक तोरणयुक्त (मेहराबदार) प्रवेश-द्वार निर्मित होता था। इससे भीतर प्रवेश करते ही भीतर का समस्त दृश्य सामने आ जाता था। विशाल चैत्यगृहों में केन्द्रीय प्रवेश-द्वार के अतिरिक्त दो पार्श्व-द्वारों का भी निर्माण किया गया था। इस प्रकार की त्रिद्वार-व्यवस्था में केन्द्रस्थ द्वार संघ के सदस्यों के प्रवेश एवं बहिर्गमन-हेतु हुआ करता था। दोनों पार्श्वद्वारों में वामस्थ जनसाधारण के प्रवेश तथा दक्षिणस्थ बहिर्गमन के उद्देश्य से निर्मित था।

चैत्य-प्रकार की गुहा के भीतर तीन प्रमुख भाग वर्तमान थे—(1) आयताकार मण्डप, (2) अगल-

बगल के गलियारे तथा (3) स्तूप-भाग। यह निर्माण-व्यवस्था हिन्दू-मन्दिरों के विविध अंगों से समीकरणीय है। आयताकार मण्डप हिन्दू-देवालयों के मुखमण्डप के अनुरूप था तथा आधुनिक गिरजाघर के स्तम्भ-युक्त आयताकार कक्ष (नेव) का स्मरण दिलाता है। यही कारण है कि इस भाग के लिए तकनीकी शब्द 'नेव' प्रचलित हो गया। इस भाग में स्तम्भ-पूजा के उद्देश्य से संघ के श्रमण उपस्थित होते थे। पार्श्ववर्ती गलियारे हिन्दू-देवालयों के प्रदक्षिणापथ के तुल्य हैं तथा वर्तमान गिरजाघरों के 'ऐसिल्स' (Aislis) के समान हैं। अतएव चैत्यगृह का यह भाग इसी नाम से अभिहित है। मण्डप एवं गलियारे एक-दूसरे से स्तम्भों द्वारा पृथक् हैं। इन गलियारों से होकर स्तूप की परिक्रमा की जाती थी। स्तूप (चैत्य) वाला भाग हिन्दू देवालयों के गर्भगृह के तुल्य था, जहाँ देव-प्रतिमा स्थापित की जाती थी। स्तूप-पूजा का प्रतीक था। शैल-घटित होने के कारण उनमें कोई अस्थियाँ नहीं होती थीं। ये एकाश्मक भव्य चैत्य-पूजा के अभिप्राय थे। हीनयान धर्म से संबंधित होने के कारण उन पर बौद्ध धर्म के प्रतीकों के चिह्न (पादुका, न्यग्रोध एवं धर्मचक्र आदि) ही अंकित हुआ करते थे। पर बुद्ध अथवा बोधिसत्त्वों की आकृतियाँ उन पर नहीं अंकित की जाती थीं। स्तूप-भाग आधुनिक गिरिजाघर के 'ऐप्स' अर्द्धवृत्ताकार मंच का स्मरण दिलाता है। इस आकस्मिक समता के कारण कला के इतिहासकारों ने बौद्ध मन्दिरों के अन्तःस्थ उक्त तीनों भागों के लिए क्रमानुसार 'नेव', 'ऐसिल्स' एवं 'ऐप्स' की पारिभाषिक संज्ञा प्रदान की है।

उपर्युक्त वास्तु-व्यवस्था से स्पष्ट है कि चैत्य-गृहों के स्थापत्य-सिद्धान्त वस्तुतः वे ही थे, जो हिन्दू-देवालयों में प्राप्य हैं। सह्याद्रि बौद्ध मन्दिर काष्ठ के समकालीन दृष्टान्तों की पाषाणानुकृतियाँ हैं। आयताकार मण्डप की छत, नभमण्डल के वितान की भाँति अर्द्ध-वृत्ताकार हुआ करती थी। यह विशेषता वैदिक वास्तु-परम्परा के अन्तर्गत आती थी। पीछे इस बात का निर्देश किया जा चुका है कि वैदिक जनों के घरों की छत अर्द्धचन्द्र की भाँति हुआ करती थी। प्रारम्भिक चैत्यगृहों के मण्डप एवं प्रदक्षिणापथ की छतों में लकड़ी के पञ्जर एवं धरन भी बिठाये गये हैं, जो पूर्व कालों से चली आनेवाली वास्तु-परम्परा में आते थे। इससे लगता है कि जिन शिल्पियों ने इन गुहाओं का निर्माण किया, वे प्रधानतः 'तक्षक' (पत्थर पर नक्काशी करने-वाले कारीगर) थे। पर साथ ही वे 'वर्द्धकि' (लकड़ी के कारीगर) के कार्य से भी अवगत थे।

भाजा

बम्बई से पूना जाने वाले मार्ग पर लगभग 3 मील दक्षिण में यह स्थान वर्तमान है। मलवली नामक रेलवे स्टेशन से यह लगभग एक मील दूर पड़ता है। यहाँ शैल-घटित विहार एवं चैत्य, दोनों ही के दृष्टान्त प्राप्य हैं। पश्चिमी घाट (सह्याद्रि) की गुहाओं में ये सबसे प्राचीन हैं। वे आन्ध्र-शिल्पियों के लयन-निर्माण के प्राथमिक प्रयास का प्रतिनिधित्व करते हैं। भाजा का विहार ईंटों द्वारा निर्मित तत्कालीन बौद्ध मठ का पाषाणानुकरण है। इसके भीतर मण्डप एवं श्रमणों के निवास-निमित्त कोठरियाँ बनी हुई थीं। उनमें एक अथवा दो परिव्राजकों की शयन-पीठिकाएँ, पुस्तकों के रखने का स्थान तथा दीपक जलाने के हेतु आले बने हुए थे। इसमें प्राप्य एक प्रसिद्ध उच्चित्र में अश्वों द्वारा तीव्र गति से खींचे जाते हुए रथ में आरूढ़ सूर्य देव, अन्तरिक्ष में विचरण करते हुए निरूपित हैं। द्वितीय विश्रुत उच्चित्र में गजेन्द्राधिरूढ़ दम्पति उत्कीर्ण हैं। उनकी वेशभूषा अलंकृत है। इसमें काष्ठ-वास्तु के अनुकरण के प्रमाण स्पष्ट दृष्टिगोचर होते हैं। आकार में यह विहार छोटा है। इसका निर्माण अनुमानतः द्वितीय शताब्दी ईसा पूर्व के मध्य भाग में हुआ था।

भाजा की चैत्य-गुहा का मुखभाग कालचक्र के प्रभाव में काफी विनष्ट हो चुका है। गवाक्ष-वातायन, जिसके माध्यम से गुहा के भीतर वायु एवं प्रकाश के संचरण की व्यवस्था होती थी, क्षतिग्रस्त है। प्रवेश-द्वार के सामने से ही गुहा के भीतर का समस्त दृश्य दर्शक के सामने हो जाता है। इसका मुखमण्डप (नेव)

55 फीट लम्बा एवं 26 फीट चौड़ा है। दोनों ओर के गलियारे (ऐसिल्स) 3½ फीट के लगभग चौड़े हैं। ये प्रदक्षिणापथ के उद्देश्य की पूर्ति करते थे। इनमें काष्ठ-वास्तु के प्रचुर प्रमाण उपलब्ध होते हैं। यह विशेषता इस गुहा के निर्माण की तुलनात्मक प्राचीनता निर्धारित करती है। स्तूप एकाश्मक एवं अनलंकृत है। इसके विविध भाग—अंड, वेदिका एवं हर्मिका-शिल्पियों द्वारा सफलतापूर्वक उभाड़ दिये गये हैं (आकृति 1)।

कोन्दाने

स्थापत्य-विशेषता के आधार पर कोन्दाने के लयन (लेण) भाजा के अनुवर्ती प्रतीत होते हैं। इस केन्द्र के भी शैलवास्तु के दो रूप हैं—विहार एवं चैत्य-गृह। वहाँ के विहार का स्वरूप भाजा के विहार के ही तुल्य साधारण-सा था। हीनयान-वर्ग के विहार का यह यथार्थ उदाहरण माना जाता है। इसके भीतर 29 फीट लम्बा एवं 23 फीट चौड़ा स्तम्भयुक्त एक विशाल मण्डप मिलता है। परिव्राजकों की आवास-व्यवस्था के लिए इसमें कोठरियाँ बनी हुई हैं। यह विहार भी केवल एक ही मञ्जिल का है।

चैत्यगृह के भी वास्तुगत सिद्धान्त भाजा-चैत्यगृह के ही समान थे। इसमें भी काष्ठ-प्रयोग के प्रमाण प्राप्य हैं, जिससे व्यक्त होता है कि इसके शिल्पी न केवल पत्थर की गढ़ाई के कार्य में दक्ष थे, अपितु लकड़ी की कारीगरी का भी उन्हें उच्च ज्ञान प्राप्त था। भाजा एवं कोन्दाने के चैत्यगृहों के स्थापत्य में अन्तर दो दृष्टियों से था। प्रथम भेद यह था कि भाजा के शिल्पी काष्ठवास्तु के प्रति अपनी प्रवृत्ति को न्यून नहीं कर पाये थे। कोन्दाने के शिल्पियों ने प्रस्तर-वास्तु को तुलनात्मक दृष्टि से अधिक प्रधानता देते हुए लकड़ी का उपयोग कम कर दिया था। दूसरा अन्तर परिमाण की दृष्टि से है। कोन्दाने का चैत्यगृह 66 फीट लम्बा, 26½ फीट चौड़ा एवं लगभग 28 फीट ऊँचा है। परन्तु जहाँ तक इसके स्थापत्य का प्रश्न है, यह भाजा के चैत्यगृह के वास्तु की ही समकक्षता में आता है एवं अपनी विशेषता की दृष्टि से उसका अनुगामी प्रतीत होता है (आकृति 2)।

पीतलखोरा

यहाँ भी शैलवास्तु के दोनों ही रूप (विहार एवं चैत्यगृह) प्राप्य हैं। इसके स्थापत्य-सिद्धान्त पूर्व दृष्टान्तों के ही तुल्य हैं। यहाँ का चैत्यगृह 50 फीट लम्बा, 34½ फीट चौड़ा एवं 31 फीट ऊँचा है। इसमें भी वे ही परम्परित तीन भाग समुपलब्ध हैं—(1) मुखमण्डप (नेव), (2) प्रदक्षिणापथ (ऐसिल्स) तथा (3) चैत्य (ऐप्स)। इसका स्तूप (चैत्य) पर्याप्त रूप में विनष्ट हो चुका है। इसकी नक्काशी अनुमानतः भाजा एवं कोन्दाने के ही स्तूपों के तुल्य रही होगी। पीतलखोरा के चैत्यगृह में विकास का एक स्पष्ट दृष्टान्त परिलक्षित होता है। इसके प्रदक्षिणापथ (गलियारों) की छत की कड़ियाँ लकड़ी की न होकर शिला-निर्मित हैं। इस चैत्यगृह में काष्ठ-प्रयोग के दृष्टान्त, वस्तुतः नगण्य हैं।

अजन्ता (गुहा-संख्या 10)

यह लयन चैत्यगृह का दृष्टान्त है तथा शैली के आधार पर यह पीतलखोरा के चैत्यगृह के उपरान्त का लगता है। इसमें भी काष्ठ-प्रयोग सिद्धान्त-रूप में वर्जित है। यह इस बात का परिचायक है कि दक्षिणापथ के शिल्पी शिला-टंकण के क्षेत्र में दूरतर मजिष्टता अधिगत कर रहे थे। विशाल मापदण्ड के आधार पर निर्माण का यह एक अभिनव श्लाघनीय प्रयास था। यह चैत्यगृह 100 फीट लम्बा, 40 फीट चौड़ा एवं 33 फीट ऊँचा है। इसका स्तूप निम्न एवं ऊर्ध्व वेदिकाओं के टंकण से सुशोभित है। अपने समग्र रूप में यह चैत्य पूर्व दृष्टान्तों की तुलना में कहीं अधिक भव्य लगता है। हीनयान धर्म से संबंधित होने के कारण बुद्ध अथवा बोधिसत्त्वों के मानवीय विग्रह का अंकन इसमें सर्वथा अप्राप्य है।

अजन्ता (गुहा-संख्या 9)

यह शैलवास्तु का भव्यतर उदाहरण है। इसके स्थापत्य में द्रविड़-शिल्पियों ने कहीं अधिक कुशलता प्रदर्शित की थी। यह एक चैत्यगृह के रूप में है, जिसका मुखभाग अपने कला-सौन्दर्य द्वारा दर्शकों को तत्क्षण प्रभावित कर देता है। इसमें प्राप्य उच्चित्रों एवं टंकण की व्यवस्था तीन भागों में विभक्त की जा सकती है। सबसे निचले हिस्से के केन्द्रीय भाग में एक प्रवेश-द्वार है, जिसके दोनों ओर समान दूरी पर एक चौकोर वातायन उत्कीर्ण है। स्पष्ट है कि इनके निर्माण का उद्देश्य गुहा के भीतर प्रकाश-व्यवस्था ही रही होगी। दूसरे (मध्यवर्ती) भाग में गवाक्ष-वातायनों के दृष्टान्त उभाड़े गये हैं। इसी भाग में बाहर की ओर एक संगीतशाला भी बनी है। दोनों सिरों पर स्तूपों की भव्य आकृतियाँ बनी हैं। ये अपने समय के प्रतिनिधि स्तूप के उदाहरण माने जा सकते हैं। शिल्पियों ने इनके अंग-प्रत्यंग को बारीकी के साथ उत्कीर्ण किया है; उदाहरणार्थ अधःस्थ एवं ऊर्ध्व वेदिकाएँ, अर्द्धवृत्ताकार गुम्बद, देवसदन, यष्टि एवं छत्रावली।

सबसे ऊपरी हिस्से में एक बृहत् तोरणाकार गवाक्ष-वातायन निर्मित है, जिससे चैत्यगृह के भीतर स्वच्छ वायु एवं प्रकाश के संचरण की यथेष्ट व्यवस्था रहती थी। इस प्रधान गवाक्ष के दोनों किनारे एवं शीर्ष स्थान पर जालीदार लघु गवाक्षों के नमूने उत्कीर्ण हैं। इस गुहा के मुखभाग के प्रसंग में दो अन्य विशेषताएँ मुख्यतया उल्लेखनीय हैं। प्रथम तो यह कि इनमें काष्ठशिल्प का प्रयोग अत्यल्प है। दक्षिणापथ के शिल्पी इस समय तक पूर्वकाल की तुलना में अधिक परिपक्व हो चुके थे। फलतः वे इसे शिलाटंकित स्थापत्य का शुद्ध एवं मौलिक रूप प्रदान करना चाहते थे। उन्होंने अपने इस संकल्प की सम्पूर्ति में अभिमत सफलता प्राप्त की थी। दूसरी विशेषता गवाक्षों के सिरों में द्रष्टव्य है। पूर्वकालीन गुहाओं में अंकित गवाक्षों के निचले सिरे प्रलम्ब एवं चौड़े हैं, जबकि इस गुहा में उत्कीर्ण गवाक्षों के सिरे की ओर मुड़े हुए हैं (आकृति 3)।

गुहा के भीतर का मण्डप आयताकार है तथा उसकी छत अर्द्धवृत्ताकार है। कुछ लोगों का यह अनुमान है कि इसमें लकड़ी के पञ्जर भी बिठाये गये थे। परन्तु अनावश्यक होने के कारण उन्हें कालान्तर में हटा दिया गया। मण्डप के दोनों किनारों पर भीतरी बरामदे वर्तमान थे, जिसमें स्तम्भों के निर्माण में तक्षकों ने परिपक्वता प्रदर्शित की थी। जहाँ मण्डप समाप्त होता था, वहाँ अर्द्धवृत्ताकार चबूतरे पर एकाश्मक स्तूप बना हुआ था। इस स्तूप का स्थापत्य ठीक वही है, जो गुहा की बाहरी दीवाल पर अंकित उक्त स्तूपों में द्रष्टव्य है। दोनों ओर बरामदों को आगे बढ़ाकर स्तूप के पीछे दोनों ओर से घुमाकर एक-दूसरे से मिला दिये गये हैं। इस प्रकार वे प्रदक्षिणामार्ग का कार्य करते थे। इस चैत्यगृह का वास्तु इस बात का द्योतक है कि इन बौद्ध मन्दिरों के निर्माण के सिद्धान्त प्रायः वे ही थे, जो कि हिन्दू-मन्दिरों के। स्तूपवाला भाग गर्भगृह का प्रतिनिधित्व करता था, जहाँ प्रतिमा की स्थापना की जाती थी। किनारे के बरामदे प्रदक्षिणामार्ग के उद्देश्य की पूर्ति करते थे। इस गुहा में प्राप्य मूर्ति-शिल्प भी प्रभावोत्पादक है। इस गुहा की भीतरी दीवालों को कालान्तर में छठी शताब्दी में भित्ति-चित्रों से सुशोभित किया गया। इनके माध्यम से अजन्ता की चित्रशैली के विकास को समझने में सुयोग मिलता है।

नासिक का पाण्डुलेण

नासिक भारतवर्ष का एक अति प्रसिद्ध ऐतिहासिक स्थल है, जहाँ सातवाहन-नृपतियों के संरक्षण में गुहाओं का निर्माण हुआ था। वे ब्राह्मण मतावलम्बी थे, तथापि उन्होंने बौद्ध स्थापत्य (विहार, स्तूप एवं चैत्यगृह आदि) के निर्माण में अपना उत्साह प्रदर्शित किया, जो उनकी धार्मिक सहिष्णुता की नीति का परिचायक है। इन गुहाओं में प्राप्य सातवाहन-लेखों में इनके लिए लेण (लयन) शब्द आता है। इनके

अनुसार नासिक का प्राचीन नाम नासिक्य था; उदाहरणार्थ—कृष्ण के नासिक के गुहा-लेख में इस नाम का उल्लेख उपलब्ध होता है। नासिक की भौगोलिक स्थिति से प्रभावित होकर शान्ति-स्थल में आन्ध्र-नरेशों ने गुहाओं को अपने कुशल शिल्पियों द्वारा निर्मित कराया। इनमें अधिकांश विहार-कोटि की हैं, जो भिक्षुओं के एकान्तवास के अभिप्राय से तराशी गयी थीं। इनमें सामने बरामदा तथा भीतर छोटे-बड़े परिमाणों के कक्ष बने हुए हैं, जहाँ श्रमणों के आवास की सुख-सुविधा का प्रबन्ध था। इन विहारों में प्राचीन लेख भी उपलब्ध हैं, जो ऐतिहासिक दृष्टि से उपयोगी हैं।

विहारों के अतिरिक्त यहाँ चैत्यगृह का भी एक दृष्टान्त उपलब्ध है, जिसे 'पाण्डुलेण' की संज्ञा प्रदान की जाती है। इस चैत्यगृह की बाहरी दीवाल की शिल्पकारी अजन्ता संख्या-9 के ही तुल्य तीन भागों में विभक्त की जा सकती है। सबसे निचले भाग में मेहराबयुक्त द्वार (तोरणद्वार) का सुन्दर दृष्टान्त उपलब्ध होता है। इसके मध्यवर्ती भाग में बृहत् गवाक्ष-वातायन (Arched Sun-window) निर्मित है, जिसकी आकृति अजन्ता की गुहा संख्या-9 के बृहत् गवाक्ष के ही अनुरूप है। इसके दोनों ओर चित्ताकर्षक अलङ्करण-प्रतीक अंकित हैं; उदाहरणार्थ—(थब, सूचि एवं उष्णीष आदि परम्परित अङ्गों से युक्त) वेदिका, स्तम्भ (जिनके ऊपर अवाङ्मुख कमल, चौकोर पीठ एवं शीर्ष प्रतिमाएँ जो अशोक-कला की परम्परा के अन्तर्गत आती हैं), जालीदार वातायन (पालि-साहित्य का जालक वातपान), लघु तोरण-गवाक्ष आदि। सबसे ऊपरी भाग में भी शिल्पियों ने भव्य लघु गवाक्षों का निर्माण किया, जो बृहत् गवाक्ष की आकृति से अति साम्य रखते हैं (आकृति 4)।

गुफा के भीतर स्तम्भयुक्त एक मण्डप है, जिसकी छत नभमण्डल के वितान की भाँति अर्द्धगोलाकार (Barrel-vaulted) है। इसका स्थापत्य भी इस बात का दृष्टान्त है कि दक्षिणापथ के शिल्पी काष्ठ-वास्तु के प्रति आसक्ति को क्रमशः परित्यक्त कर प्रस्तर-वास्तु की अवस्था की ओर अग्रसर हो रहे थे। इसके गर्भगृह में प्राप्य एकाश्मक स्तूप ऊपर उठा हुआ (उच्छ्रित) है। यह विशेषता उत्तरी एवं दक्षिणी भारत के उत्तरकालीन स्तूपों में क्रमशः प्रधानता प्राप्त करती गयी। फलतः वे पूर्वकालीन अर्द्धगोल स्तूपों की तुलना में ऊँचे हो जाते हैं। तक्षण कला में प्रवीण शिल्पियों ने स्तम्भों के निर्माण एवं उनकी नक्काशी में अधिक कुशलता दिखायी। ये स्तम्भ पूर्वकालीन स्तम्भों की भाँति चौड़े एवं गुरु (भारी) न होकर पतले तथा अलंकरण-अभिप्रायों से युक्त हैं। उनकी चौड़ाई, लम्बाई का अष्टांश है। इनके निचले भाग में सबसे पहली बार पूर्ण कुम्भ तराशा गया। यह एक मांगलिक प्रतीक था तथा उस वास्तु-परम्परा में आता था, जिसके अनुसार लकड़ी के खम्भों को दीमकों अथवा नमी से बचने के उद्देश्य से उन्हें किसी बर्तन में खड़ा कर दिया जाता था। अनुमानतः इसमें एक संगीतशाला की भी व्यवस्था थी, जो गुफा के भीतरी भाग में वर्तमान थी। इसका सम्भावित निर्माण-काल प्रथम शताब्दी ईसा पूर्व रहा होगा।

बेडसा का चैत्यगृह

दाक्षिणात्य शिल्पियों ने कार्ली के समीपस्थ कलाकेन्द्र बेडसा में टंकण-कला के क्षेत्र में परिपक्वता का कहीं अधिक प्रमाण प्रस्तुत किया था। इसके प्रवेश-द्वार के समक्ष एक बरसाती (मुखमण्डप) उत्कीर्ण है। इसकी छत खम्भों पर टिकी है, जिनमें से कुछ अष्टभुज एवं कुछ चौकोर हैं। इन स्तम्भों का स्थापत्य चित्ताकर्षक है तथा अशोक की एकाश्मक प्रस्तर-कला (लाटों के वास्तु) से प्रभावित है। इनका आधार मंगल कलश के रूप में है। यह प्रतीक दक्षिणापथ के शैलवास्तु में क्रमशः अधिक रूढ़ पकड़ता गया। इनके शीर्षकों में मौर्य-शैली में अवाङ्मुख उत्पल-पत्र एवं उन पर वृत्ताकार पादपीठ अंकित हैं। इन गोल चौकियों पर अश्व-प्रतिमाएँ अथवा गज-प्रतिमाएँ उत्कीर्ण हैं, जिन पर पुरुष-युग्म आरूढ़ हैं। ये मानव विग्रही

आकृतियाँ ऐहिक हैं तथा अलंकरण-रूप में प्रदर्शित हैं। गजसमूह एवं अश्वसमूह पीठ-से-पीठ सटाये हुए हैं तथा अशोक की सारनाथ-कला शैली से प्रभावित हैं। गजारोही एवं अश्वारोही प्रतिमाओं का निर्माण आन्ध्र-शिल्पियों की कला की मौलिक देन थी।

इस बरसाती (मुखमण्डप) के अन्त में प्रवेश-द्वार वर्तमान है, जो मेहराबदार है। इस द्वार के ऊपर एक प्रमुख गवाक्ष (तोरणाकार बृहत् वातायन = सूर्य-गवाक्ष) बना हुआ है, जिसके दोनों किनारों पर जालीदार लघु गवाक्षों (जालक वातपान) के स्वरूप टंकित हैं। इसके अतिरिक्त वेदिकाओं, स्तम्भों एवं प्रासाद-मञ्जिलों के बहिर्रुप-संबंधी उच्चित्र भी छेनियों द्वारा शिल्पियों ने उभाड़ दिये हैं। इन अलंकरण-प्रतीकों द्वारा सुसज्जित इस चैत्यगृह का मुखभाग दर्शकों को बलात् आकृष्ट कर लेता है। लगता है कि इस गुहा की बाहरी दीवाल पर शोभा-पट्टिकाओं से सुसज्जित चित्रशिला का ही पर्दा मानो जड़ दिया गया हो।

चैत्यगृह के अभ्यन्तर में सादगी का वातावरण विद्यमान है। मण्डप का परिमाण साधारण कोटि का है। यह लम्बाई में 45½ फीट एवं चौड़ाई में 21 फीट के लगभग है। अभ्यन्तर मण्डप की छत मेहराबदार है। इसके आच्छादन (छत की भीतरी सतह) पर लकड़ी की कड़ियों (काष्ठ-पञ्जर) के रूप टंकित हैं। अगल-बगल के बरामदों (ऐसिल्स) के स्तम्भ अष्टभुज हैं तथा उनमें नक्काशी एवं अलंकरण का कार्य नहीं है, जिससे देखने में वे सादे लगते हैं। स्तूप एकाश्मक है। इस चैत्यगृह की भीतरी दीवालों तथा अनुमानतः स्तूप के मेधि एवं अंडभाग पर भी चित्रकारी का सुन्दर कार्य किया गया था।

कार्ले का चैत्यगृह

शिलाटंकित यह बौद्ध मन्दिर अपने वर्ग (अर्थात् हीनयान धर्म से संबंधित चैत्यगृह) का सर्वोत्कृष्ट उदाहरण है। इस स्थान का प्राचीन नाम 'वलूरक' था, जिसका उल्लेख वहाँ के गुहा-लेखों में बहुधा प्राप्य है; उदाहरणार्थ नहपान का गुहालेख तथा वासिष्ठीपुत्र पुलुमावी का लेख। कार्ले कार्ली नाम से भी प्रसिद्ध है। कुछ लोगों का अनुमान है कि वलूरक एलोरा का नाम था, जहाँ से भिक्षु यहाँ आकर वर्षा-ऋतु में निवास करते थे। परन्तु यह मत सही नहीं माना जा सकता। कार्ले के उक्त दोनों लेखों में वलूरक के स्थानीय भिक्षुसंघ का उल्लेख हुआ है, जिसे पुण्यार्जन-निमित्त दान दिया गया था। नहपानकालीन उक्त लेख के अनुसार उसके दामाद उषवदात (ऋषभदत्त) ने करजिक नामक ग्राम वलूरक के भिक्षु-संघ को प्रदान किया था। वासिष्ठीपुत्र पुलुमावी के उपर्युक्त लेख के अनुसार वलूरक-भिक्षुसंघ को इस नरेश के राज्य-काल में एक ग्राम (करदान से विहीन) प्रदान किया गया। इससे स्पष्ट है कि कार्ले का प्राचीन नाम वलूरक ही था। यह स्थान मुम्बई से लगभग 82 मील दूरस्थ है। यहाँ के गुहा-समूहों में तीन संघाराम और एक चैत्यगृह के रूप में है। इनका उल्लेख वहाँ के लेखों में हुआ है। इन्हीं गुहाओं में से एक का निर्माण सेतफरण के पुत्र उपासक हरफरण ने कराया था। इसमें प्राप्य लेख के अनुसार यह संघाराम अखिल देशवर्ती बौद्ध संघ के निवास-निमित्त था तथा इसमें नव कोठरियाँ विद्यमान थीं (नवगम माहासंघियानं परिगहो)। लेख की भाषा से लगता है कि वह कोई बौद्ध तीर्थयात्री था, जो उत्तरी भारतवर्ष से पर्यटनार्थ वहाँ आया हुआ था।

कार्ले के चैत्यगृह का मुखभाग अलंकरण-पट्टिकाओं, उत्कीर्ण भास्कर के विविध दृष्टान्तों एवं शैलोत्कीर्ण शिल्प के उत्कृष्ट नमूनों से एड़ी से लेकर चोटी तक सुसज्जित है। यह भाग, वस्तुतः, स्थापत्य एवं तक्षण कला—दोनों से ही सम्पन्न है। इसके स्थापत्य में दो विशेषताएँ विशेष रूप से विचारणीय हो जाती हैं—

1. इसमें मुख्य द्वार के अतिरिक्त दो सहायक द्वार (पार्श्ववर्ती द्वार) भी हैं। इस प्रकार इसमें प्रवेश-द्वारों की संख्या कुल तीन है। इनका निर्माण सोद्देश्य एवं संकल्पपूर्वक था। मुख्य द्वार

भिक्षु-संघ के सदस्यों के प्रयोग-निमित्त निर्धारित था। वे इसी द्वार से प्रविष्ट होकर अभ्यन्तर-मण्डप में पूजा-उपासना की दृष्टि से एकत्र होते थे। दोनों सहायक द्वार (पार्श्वद्वार) जनसाधारण के प्रयोग के अभिप्राय से निर्मित थे। बायीं ओर का सहायक द्वार संघेतर जन का प्रवेश-द्वार था तथा दायीं ओर का पार्श्व-द्वार उनके बाहर निकलने के निमित्त निर्दिष्ट था। वे बायीं ओर से प्रवेश कर किनारे के बरामदों से होते हुए स्तूप की परिक्रमा लगाकर दाहिनी ओर के गलियारे से होकर इसके समक्ष स्थित निष्क्रमण-द्वार से बाहर निकल आते थे। इस योजना के कारण भिक्षु-संघ के सदस्यों की शान्ति एवं एकाग्रता में किसी प्रकार का व्यवधान नहीं पड़ता था। यह व्यवस्था बौद्ध संघ के अनुशासन एवं अभियन्ताओं की पैनी सूझ-बूझ पर अभिमत प्रकाश डालती है। पार्श्वद्वारों के समक्ष समीप ही जलाशय बने हुए थे, जिनमें लोग हाथ-पैर को भली-भाँति धोकर शुद्धता की भावना लिये हुए इस बौद्ध देवालय के भीतर प्रवेश करते थे।

2. इसके प्रधान प्रवेश-द्वार के समक्ष दो सिंह-स्तम्भ निर्मित थे, जिनमें से एक अब भी अपने स्थान पर वर्तमान है। यह अशोककालीन सारनाथ-स्तम्भ से सादृश्य रखता है। इसकी ऊँचाई लगभग 50 फीट है तथा टंकित शिला के बेलन (सिलिंडर) पर अवस्थित है। इसके शीर्षक में पूर्ण-विकसित अधोमुख पद्म अंकित है। इसकी पंखुड़ियों को शिल्पियों ने सफलतापूर्वक उभाड़ दी है। चौकोर मञ्च (ऐबेकस) पर सिंह-प्रतिमाएँ टंकित हैं, जो सारनाथ की (पीठ-से-पीठ लगायी) व्याघ्र-मूर्तियों का बार-बार स्मरण दिलाती हैं। परन्तु साथ में यह भी उल्लेखनीय हो जाता है कि इस स्तम्भ के स्थापत्य में मौलिकताएँ भी परिलक्षित होती हैं; उदाहरणार्थ—इसका सिरा सोलह कोनों का है। विण्सेट स्मिथ, कुमारस्वामी एवं अपने पूर्ववर्ती विद्वानों का मतावलम्बन करते हुए पर्सी ब्राउन ने भी निर्दिष्ट किया था कि पश्चिमी जगत् में भी देवालयों के समक्ष स्तम्भ-निर्माण की परम्परा विद्यमान थी। सुमेर के नगरों में आज से लगभग पाँच हजार वर्ष पूर्व मन्दिर के सामने कभी-कभी स्तम्भ निर्मित होते थे, जो पूजा के विषय थे। मिस्र-देश में भी इस प्रकार की प्रथा विद्यमान थी। जेरूसलम के सालोमन-मन्दिर के प्रांगण में भी दो धातु-स्तम्भ वर्तमान थे। उक्त विद्वानों की अवधारणा है कि यह प्रथा-साम्य भारतीय शिल्पियों द्वारा विदेशी प्रथा के ग्रहण करने की ओर संकेत करता है। यह गुण-ग्राहकता विदेशी सभ्यताओं के साथ भारतीय सम्पर्क के कारण ही सम्पन्न हुई होगी।

उल्लेखनीय है कि इस प्रकार का मत-निर्धारण यथोचित प्रमाणपुष्ट नहीं है। हमारे देश में वैदिक काल में ही यज्ञ-भूमि अथवा वेदिका के भीतर स्तम्भ (यष्टि) बिठाये जाते थे। यही परम्परा भारतवर्ष में कालान्तर में भी विद्यमान थी; उदाहरणार्थ—साँची के महाचैत्य के एक तोरण के समक्ष सिंह-स्तम्भ निर्मित था, जो अशोक-कला की परम्परा में आता था। शुंग-काल में विदिशा में कई गरुड़-स्तम्भ स्थापित किये गये थे, जिनमें से उत्कीर्ण-लेख-सहित एक का दृष्टान्त (तक्षशिला के यवन-राज हेलिओडोरस द्वारा संकल्पित स्तम्भ) प्राप्य है। गुप्त-काल में देवालयों के समक्ष गरुड़-स्तम्भ स्थापित करने की परम्परा विद्यमान थी। यह प्राचीन भारतीय परम्परा अब भी चली आ रही है। इन दृष्टान्तों से स्पष्ट है कि भारत में देवालयों के समक्ष स्तम्भ-निर्माण की परम्परा की उत्पत्ति स्वदेशी थी, न कि किसी विदेशी सभ्यता की देन।

इन्हीं सिंह-स्तम्भों के पीछे कार्ले की गुहा का मुखभाग दृष्टिगोचर होता है, जो नक्काशी एवं पच्चीकारी के उत्कृष्ट नमूनों द्वारा अलंकृत है। दर्शक को आभास होता है, मानो नेत्रपटल के समक्ष विभिन्न

अलंकरणों से सुशोभित शिला-टंकित पर्दे का रूप वर्तमान हो। सर्वप्रथम मुख्य द्वार एवं दोनों पार्श्व-द्वारों की स्थापत्य-व्यवस्था प्रभावित करती है, जिसका उल्लेख पहले ही किया जा चुका है। प्रवेश-द्वार मेहराबदार है। इसके ऊपर तोरणाकार बृहत् वातायन (सूर्य-गवाक्ष) बना हुआ है। इसी के नीचे शिल्पियों ने कई छिद्र काट दिये थे, जिनमें चूल बिठाये गये थे। इन्हीं के सहारे लकड़ी का गलियारा जोड़ दिया गया था, जो संगीतशाला का कार्य देता था। विशिष्ट अवसरों पर यहाँ बैठकर वादक मधुर वाद्य बजाते थे। इस पर चढ़ने के निमित्त बायीं ओर के सिंह-स्तम्भ के पीछे से लकड़ी की सीढ़ियाँ प्रयोग में आती थीं। भारतीय देवालयों में संगीत एवं वाद्य के आयोजन की व्यवस्था एक प्राचीन भारतीय परम्परा थी।

मुखमण्डप के एक सिरे पर अलंकरण के कई स्पष्ट भाग शिल्पियों द्वारा उभाड़ दिये गये हैं। प्रत्येक भाग में सबसे नीचे की ओर ऐसी वेदिकाओं की आकृतियाँ उत्कीर्ण हैं; जो समकालीन प्रासादों, देवालयों एवं भव्य अट्टालिकाओं में प्राप्य रही होंगी। सबसे निचले भाग में गज-प्रतिमाएँ उत्कीर्ण हैं। तदुपरान्त द्वितीय, तृतीय, चतुर्थ एवं पंचम भागों में वेदिकाओं के अतिरिक्त स्तम्भों एवं चैत्य-गवाक्षों की आकृतियाँ भी उभाड़ी गयी हैं। कभी-कभी ये भाग प्रासाद-मुख अथवा भव्य राजमहलों के स्तम्भयुक्त बरामदों के स्वरूपों का स्मरण दिलाते हैं। मुखमण्डप के दूसरे सिरे में उत्कीर्ण-भास्कर के ज्वलन्त दृष्टान्त देखने को मिलते हैं (आकृति 5)।

गुहा के भीतर प्रवेश करने पर इनके तीन भाग परिलक्षित होते हैं—(1) अभ्यन्तर-मण्डप (नेव); (2) चैत्य (ऐप्स) तथा (3) प्रदक्षिणामार्ग (पार्श्ववर्ती गलियारे = ऐसिल्स)। ये तीनों स्थापत्यांग हिन्दू-मन्दिरों के अभ्यन्तर-भागों के समकक्ष हैं। ये क्रमशः उनके मुखमण्डप, गर्भगृह एवं प्रदक्षिणा-मार्गों से तुलनीय हैं। इस बौद्ध मन्दिर का अभ्यन्तर-मण्डप 124 फीट लम्बा, 47 फीट चौड़ा एवं 45 फीट ऊँचा है। पश्चिमी घाट के हीनयान चैत्यगृहों में सबसे विशाल परिमाण का यही 'लयन' माना जाता है। इसकी छत मेहराबदार है तथा इसमें लकड़ी के बल्लों की आकृतियाँ तराशी गयी हैं, जो कभी-कभी पक्के घरों की छतों में भी लगायी जाती थीं। इनका अंकन रोचक एवं ज्ञानवर्द्धक है। वे इस बात के प्रमाण हैं कि वैदिककालीन स्थापत्य-परम्पराएँ दक्षिणी भारत की वास्तुकला में काफी जड़ जमा चुकी थीं।

अभ्यन्तर-मण्डप जहाँ समाप्त होता है, ठीक उसी स्थान से छूते हुए घेरे में चित्ताकर्षक एकाश्मक स्तूप निर्मित है। इसकी एक विशेषता यह भी है कि यह अमरावती-शैली में न होकर साँची की स्तूप-शैली में आता है। यह एक उच्छ्रित कोटि का स्तूप है, जिसके मेधि एवं अंड आदि अंग-प्रत्यंग कुशलता के साथ टंकित हैं; यथा—भूमिगत एवं ऊर्ध्व वेदिकाएँ (बौद्ध साहित्य का चेतियावट्ट = चैत्यावर्त्त) तथा शिल्पाकृतियाँ। इसके शीर्ष-स्थान पर देवसदन, यष्टि एवं पद्मकोष-भाँति छत्र विराजमान हैं। चैत्यगृह के भीतर स्तम्भ-पंक्तियों की छटा कहीं अधिक अन्वेक्षणीय है। इनकी संख्या कुल 37 है, जिनमें 7 स्तूप के पीछे हैं तथा 15 स्तम्भ बायीं ओर के बरामदे एवं अन्य 15 स्तम्भ दाहिने बरामदे में अवस्थित हैं। एक दूसरे से अति सन्निकट होने के कारण वे घने लगते हैं। प्रत्येक दो स्तम्भों के बीच की दूरी उनकी चौड़ाई से थोड़ी ही अधिक है। स्थापत्य की दृष्टि से वे सिंह-स्तम्भों के उदाहरण हैं। उनकी नक्काशी में टंकणकारों ने उच्च परिपक्वता प्रदर्शित की है (आकृति 6)।

इन स्तम्भों के सबसे नीचे के हिस्से में तीन पंक्तियों में निर्मित एक चबूतरा है, जिस पर पूर्ण घट विलसित है। स्तम्भ अष्टभुज हैं। उनका ऊर्ध्वभाग अशोक की लाटों की निर्माण-शैली में आता है। उनके शीर्षकों पर औंधा पद्मकोष अपनी पंखुड़ियों के उभाड़-सहित प्रदर्शित है। इन पर चतुरस्र चौकियाँ तराशी गयी हैं। इन पर आसीन शीर्ष पशु-प्रतिमाएँ टंकित हैं। एक ओर की स्तम्भ-पंक्तियों के शीर्षकों पर बैठी हुई गज-प्रतिमाएँ उत्कीर्ण हैं। प्रत्येक स्तम्भ पर इनकी संख्या 2 है। वे अपना घुटना टेककर बैठे हुए हैं

तथा सूँड़ को बड़ी ही गरिमा के साथ मोड़े हुए हैं। प्रत्येक गज की पीठ पर सुन्दर अलंकरण एवं वेशभूषा से सुसज्जित पुरुष-युग्म आसीन हैं। दूसरी ओर की स्तम्भ-पंक्तियों के शीर्षकों में अश्वप्रतिमाएँ आसीन हैं, जिनके पृष्ठ पर दम्पति (जाया एवं पति) सुशोभित हैं। इस प्रकार के निर्माण के परिणामस्वरूप इस बौद्ध मन्दिर की छटा में अभिवृद्धि हो जाती है। शिल्पकार इस कोटि के निर्माण द्वारा राजकीय परिवार के सदस्यों एवं कुलीनों को देवायतन में नतमस्तक निरूपित करना चाहते थे (आकृति 7)।

इन स्तम्भों के अलंकरण-प्रतीक एवं विषय अशोक-स्तम्भों की विशेषताओं से सादृश्य रखते हैं और वे इस बात के प्रमाण हैं कि अशोक-कला एक प्रभावोत्पादक शैली के रूप में देश के प्रत्येक भाग में युग-युगान्तरों में पल्लवित हो रही थी। कार्ली-स्तम्भों में अंकित पशु-प्रतिमाओं एवं पुरुषाकृतियों की विविधता तक्षणकारों की प्रतिमा की ओर दर्शकों के ध्यान को बराबर आकृष्ट कर लेती है। जिन शिल्पियों ने इस चैत्यगृह में अलंकरण-पट्टिकाओं एवं शोभा-प्रतीकों तथा उच्चित्रों को उत्कीर्ण किया, वे उच्चकोटि के तक्षणकार थे। इसी प्रकार के कलाकारों की परिभाषा देते हुए शिल्पशास्त्रों में कहा गया है कि जो स्थूल एवं सूक्ष्म आकृतियों को शिलापट्ट पर उत्कीर्ण कर ले, वही कलाकार 'तक्षक' कहलाने का भागी हो सकता है (तक्षणात्स्थूलसूक्ष्माणां तक्षकः स तु स्मृतः)। कार्ले की कला में स्थूल एवं सूक्ष्म आदर्शों के टंकण के बहुविध प्रमाण उपलब्ध होते हैं। स्थापत्य एवं उत्कीर्ण भास्कर के कार्य की उत्कृष्टता के कारण यह चैत्यगृह पश्चिमी घाट (सह्याद्रि) के हीनयान बौद्ध मन्दिरों में सर्वश्रेष्ठ माना जाता है। इसी तथ्य को लक्ष्य में रखकर इसके एक प्राचीन लेख में कहा गया है कि यह जम्बूद्वीप में सर्वोत्कृष्ट था। अनुमान किया जाता है कि इस चैत्यगृह की भीतरी दीवालों में अपने मूल काल में भित्ति-चित्र भी बने थे, जो अब विनष्ट हो चुके हैं।

□□□

अध्याय-8
गुप्तकालीन कला

गुप्त-काल सांस्कृतिक चेतना के स्वाभाविक विकास, सामाजिक प्रगति, आर्थिक समुन्नयन एवं कलात्मक उत्थान का अप्रतिम ज्वलन्त युग था। समुद्रगुप्त 'पराक्रमाङ्क', चन्द्रगुप्त 'विक्रमादित्य', कुमारगुप्त 'महेन्द्रादित्य' तथा स्कन्दगुप्त 'क्रमादित्य'-सदृश मनस्वी गुप्त-सम्राटों के अनवरत प्रयास द्वारा पल्लवित एवं संवर्द्धित राष्ट्रीय साम्राज्य की स्थापना-क्रिया को ही गुप्त-प्रशस्तियों में 'धरणिबन्ध' की संज्ञा प्रदान की गयी है। उनके शस्त्र द्वारा रक्षित 'एकातपत्राङ्का' भारतभूमि के प्रबुद्ध नागरिक अनुकूल परिस्थितियों से लाभान्वित होकर शास्त्रचिन्ता एवं अन्य विविध रचनात्मक कृतियों में संलग्न हो उठे। गुप्त-सम्राट् यदि एक ओर अद्वितीय वीर एवं शस्त्रजीवी, तो दूसरी ओर विद्याव्यसनी, प्रज्ञावान्, प्रजावत्सल एवं कलानुरागी भी थे। उनके व्यक्तिगत उदाहरण एवं प्रेरणाओं के फलस्वरूप भारतीय मनीषा राष्ट्रीय जीवन के विविध दिशाओं में सक्रिय हो उठी, जिनमें वास्तुगत उपलब्धि भी एक उल्लेखनीय सफलता थी। देवसद्म, पुर-मापन, राजप्रासाद एवं उत्कृष्ट नागरिक शालाओं के निर्माण-संबंधी प्रचुर साहित्यिक एवं पुरातत्त्वीय गुप्तयुगीन प्रमाण उपलब्ध हैं।

देवालय

गुप्त-सम्राट् उदारचरित एवं धर्मसहिष्णु थे। स्वयं वैष्णव धर्मावलम्बी होते हुए भी सभी धर्मों एवं सम्प्रदायों को उन्होंने समादर की दृष्टि से देखा। प्रशासन-सिद्धान्तों के निर्धारण एवं उच्च नियुक्तियों के विषय में धर्मनिरपेक्षता के सिद्धान्त का इन सम्राटों ने अवलम्बन किया तथा नागरिकों के व्यवसाय एवं धर्मचयन में किसी प्रकार का हस्तक्षेप नहीं किया। इसी विशेषता को दृष्टि में रखकर चीनी यात्री फाहियान ने लिखा था कि इस समय व्यक्तिगत विषयों में भारतीय पूर्ण रूप से स्वतंत्र थे। फलतः इस उन्नत एवं समृद्ध युग में सभी धर्मों के देवालय वर्तमान थे, जिनके सम्बन्ध में वर्णन तत्कालीन अभिलेखों एवं साहित्य में यथेष्ट रूप में प्राप्य हैं। हमारे देश में देवलाय-निर्माण, सर्वप्रथम, इसी गौरवान्वित एवं ज्वलन्त काल में एक निर्धारित स्वरूप धारण करने में समर्थ हो सका था। इस समय के मन्दिरों में प्राप्य सामान्य स्थापत्य-विशेषताएँ, शिल्प-विकास के क्षेत्र में केन्द्रीय सत्ता के सक्रिय योगदान पर श्लाघनीय प्रकाश डालती हैं।

आभिलेखिक साक्ष्य

गुप्त-लेखों में राजकीय एवं वैयक्तिक प्रयास द्वारा निर्मित देवालयों के उल्लेख बहुशः प्राप्य हैं। वस्तुतः ऐसे अभिलेख मन्दिर-निर्माण के ही उपलक्ष्य में प्रचलित किये गये थे। समृद्ध नागरिकों एवं धर्मपरायण व्यक्तियों तथा आर्थिक श्रेणियों ने, यथावित्त, देवालयों का निर्माण कराया तथा उसकी स्मृति को चिरस्थायी बनाने के लिए मन्दिर के किसी शिलापट्ट पर दानविषयक लेख को उत्कीर्ण कराया। समुद्रगुप्त के एरण-

लेख में किसी मन्दिर-निर्माण का उल्लेख तो नहीं हुआ है, परन्तु लगता है कि जिस शिलापट्ट पर यह प्रशस्ति उत्कीर्ण है वह इस सम्राट् द्वारा निर्मित इस स्थान के किसी देवालय का वास्तुगत अङ्ग था। सम्भव है कि इस लेख के नष्ट भाग में उस मन्दिर के विन्यास का उल्लेख रहा हो। उदयगिरि के शैव गुहा-लेख (तिथि-विहीन) के अनुसार चन्द्रगुप्त विक्रमादित्य के सान्धिविग्रहिक सचिव शाब (उपनाम वीरसेन) ने भिलसा से दो मील उत्तर-पश्चिम उक्त पहाड़ी में एक शैव मन्दिर का निर्माण कराया था। कुमारगुप्त 'महेन्द्रादित्य'-कालीन बिलसद के प्रस्तर-स्तम्भलेख (गु०सं० 96 = 415 ई०) में ध्रुवशर्मा नामक ब्राह्मण के द्वारा स्वामिमहासेन के मन्दिर के निर्माण का उल्लेख मिलता है (स्वामिमहासेन-स्यायतने)। इसमें इसके परकोटे (चहारदीवारी) के प्रवेश-द्वार (प्रतोली) का मनोरम वर्णन प्राप्य है, जो उत्तुंग सोपान से युक्त भी था।[1]

पश्चिमी एवं पूर्वी मालवा से प्राप्त कई गुप्तकालीन अभिलेखों में देवालयों के काव्यात्मक निरूपण उपलब्ध हैं। कुमारगुप्त 'महेन्द्रादित्य' के माण्डलिक विश्ववर्माकालीन मालव संवत् 480 (423 ई०) के गंगधार (पश्चिमी मालवा के भूतपूर्व झालावाड़ रियासत के प्रमुख नगर झालड़ापाटण से 42 मील दक्षिण-पश्चिम में स्थित गंगधार नामक ग्राम) के लेख में विष्णु-मन्दिर एवं सप्तमातृकाओं के देवालयों की स्थापना का वर्णन मिलता है। इस अभिलेख के अनुसार विश्ववर्मा के मन्त्री मयूराक्षक के पुत्रों (विष्णुभट एवं हरिभट) ने विष्णु-मन्दिर का निर्माण कराया था। इसके सौन्दर्य का वर्णन करते हुए कवि लिखता है कि इस देवालय का शिखर अपनी उत्तुंगता के कारण कैलास की चोटी का स्मरण दिलाता था। इसकी दर्पण-तुल्य ओपदार पृष्ठतलों में विद्याधरों की प्रियतमाएँ अपने कमलवत् मुखों के प्रतिबिम्ब का दर्शन कर आह्लादित होती थीं।[2] स्वयं मयूराक्षक ने अपने नृपति एवं स्वकीय पुण्यार्जन-निमित्त उन सप्तमातृकाओं के मन्दिर (वेश्म) का निर्माण कराया, जो प्रमुदित होकर उच्च निनाद करती थीं (मातृणाञ्च प्रमुदित-धनात्यर्थ-निह्रादिनीनाम्) एवं तंत्र-बल द्वारा समुद्र में भी भयङ्कर तूफान खड़ा कर देती थीं (तंत्रोद्भूत-प्रवल-पवनोद्वर्त्तिताम्भोनिधीनाम्)[3]। कुमारगुप्त-महेन्द्रादित्यकालीन तुम्बवन (तुमैन, सम्प्रति मध्य प्रदेश के गुना जिले में स्थित) के लेख (गुप्त-संवत् 116 = 435 ई०) में श्रीदेव, हरिदेव, धनदेव, भद्रदेव एवं संघदेव नामक स्थानीय भ्राताओं ने इस स्थान पर विष्णु-मन्दिर का निर्माण किया था, जो गिरि-शृङ्ग की भाँति उत्तुंग था एवं जिससे चन्द्र-रश्मियों की छटा प्रस्फुटित होती थी।[4] इस मन्दिर के वास्तुगत अवशेष सागर-विश्वविद्यालय-कृत उत्खननों द्वारा हाल ही में प्रकाश में लाये गये हैं।

सामूहिक प्रयास द्वारा देवालय-निर्माण का रोचक वर्णन मालव-संवत् 529 (472-73 ई०) की मन्दसोर-प्रशस्ति में उपलब्ध होता है। इसके अनुसार लाट-प्रदेश (केन्द्रीय गुजरात) से बुनकरों (तन्तुवाय)

---

1. "कृत्वा नेत्राभिरामां मनुवसतिमिह स्वर्गसोपानरूपां।
कौबेरच्छन्दबिम्बां स्फटिकमणिदलाभास-गौरां प्रतोलीम्॥
प्रासादाग्रामिरूपं गुणवर-भवनं धर्मसञ्त्रं यथावत्॥"

बिलसद का लेख (गुप्त संवत् 96 = 415 ई० प्रथम कुमारगुप्तकालीन)

2. "विष्णोस्थानमकारयद्भगवतश्रीमान्मयूराक्षकः॥
कैलास-तुङ्ग-शिखर-अतिमस्य यस्य दृष्वाकृतिं प्रमुदितैर्धदनारविन्दैः।
विद्याधराः प्रियतमा-सहिताः सुशोभ-मादर्शिविम्बमिव यान्त्यवलोकयन्तः॥"

गंगधार का लेख; श्लोक 20 एवं 21 (मालव संवत् 480 = 426 ई०)

3. गंगधार का लेख ; श्लोक 23

4. तुमैन का लेख; गुप्त-संवत् 116 = 435 ईसवी

का एक समूह अपने शिल्प-सम्मान के समुचित खोज में दशपुर (आधुनिक मन्दसौर) में बस गया। किञ्चित् काल में ही उन्होंने प्रचुर द्रव्य अर्जित किया। उन बुनकरों की समिति (पट्टवाय-श्रेणी) ने शिल्पावाप्त (रेशमी वस्त्र-निर्माण द्वारा सञ्चित) धन से एक सूर्य-मन्दिर (दीप्तरश्मि-भवन) का निर्माण किया। इसका शिखर विस्तीर्ण एवं उत्तुङ्ग था। यह चन्द्रमा की धवल किरणों के समूह का विश्राम-स्थल था।[1] यह निर्माण-कार्य मालव-संवत् 493 (436 ई० में) प्रथम कुमारगुप्त के दशपुर-माण्डलिक एवं विश्ववर्मा के पुत्र बन्धुवर्मा के समय में किया गया था।[2]

शीघ्र ही इस मन्दिर का एक भाग टूट गया, जिससे इसके जीर्णोद्धार का प्रश्न सामने था। अनुमान किया जाता है कि हूणों के आक्रमणों के परिणामस्वरूप इस देवालय को क्षति का सामना करना पड़ा। एक अन्य सम्भावना यह भी हो सकती है कि बिजली के गिर जाने के कारण इसका शिखर टूट गया हो। पुनरुद्धार का यह कार्य उन्हीं बुनकरों की समिति (पट्टवाय-श्रेणी) ने अपने शिल्प द्वारा उपार्जित सामूहिक धन-कोष से मालव-संवत् 529 (472-73 ई०) में सम्पादित किया गया। नवीन योजना में यह मन्दिर कई शिखरों से विभूषित किया गया। काव्यात्मक ढंग से उक्त लेख में कहा गया है कि इसका प्रधान शिखर गगनचुम्बी था तथा इस पर सूर्य एवं चन्द्रमा की अमल रश्मियाँ विलास करती थीं।[3] यह प्रमाण सूचित करता है कि गुप्तकालीन नागरिक रचनात्मक कार्यों में कितनी अभिरुचि लेने लगे थे।

स्कन्दगुप्तकालीन जूनागढ़ के शिलालेख (गुप्त संवत् 138 = 457 ई०) में सुराष्ट्र प्रान्त के गिरिनगर (गिरिनार) के नगराधीश चक्रपालित नामक सुयोग्य एवं धर्मनिष्ठ कर्मचारी के द्वारा सुदर्शन-तटाक् के तट पर विष्णु-मन्दिर की स्थापना का उल्लेख मिलता है।[4] स्कन्दगुप्तकालीन इन्दौर (इन्द्रपुर) के ताम्रपट (गुप्त-संवत् 146 = 465 ईसवी) से ज्ञात होता है कि इस स्थान के नागरिक क्षत्रिय अचलवर्मा एवं भृकुण्टसिंह ने भगवान् सूर्य के मन्दिर की स्थापना की थी (प्रतिष्ठापितक-भगवते सवित्रे)। उक्त सम्राट् की भितरी-प्रशस्ति की उन्नीसवीं पंक्ति में शार्ङ्गी की प्रतिमा-स्थापना का वर्णन मिलता है। इसकी प्राण-प्रतिष्ठा किसी देवालय में की गयी होगी, जिसका उल्लेख सत्रहवीं पंक्ति में आता होगा, जो लेख से नष्ट हो चुकी है। इस लेख में कामना की गयी है कि सूर्य एवं चन्द्र की भाँति यह प्रतिमा सर्वदा चिरस्थायी रहे। इसका निर्माण स्वयं स्कन्दगुप्त ने ही अपने पिता के पुण्यार्जन एवं उनकी पुण्य स्मृति में की थी (पितुः पुण्याय

---

1. ''विस्तीर्ण्ण-तुङ्ग-शिखरं शिखरि-प्रकाश-मभ्युद्गतेन्दमल-रश्मि-कलापगौरं।
यद्भाति पश्चिम-पुरस्य-निविष्ट-कान्त-चूडामणि-प्रतिसमन्नयनाभिरामं॥''

मन्दसौर-प्रशस्ति (मालव-संवत् 529 = 472-73 ई०, श्लोक 30)

2. ''तस्मिन्नेव क्षितिपतिवृषे वंधुवर्म्मण्युदारे सम्यक्स्फीतं दशपुरमिदं पालयत्युन्नतांसे।
शिल्पावाप्तैर्द्धन-समुदयैः पट्टवायैरुदारं श्रेणीभूतैर्भवनमतुलं कारितं दीप्तरश्मेः॥''

वही, श्लोक 29।

3. ''संस्कारितमिदं भूयः श्रेण्या भानुमतो गृहं।
अत्युन्नतमवदातं नमः स्पृशन्निव मनोहरैश्शिखरैः।
शशिभान्वोरभ्युदयेष्वमल-मयूरवायतनभूतं॥''

वही, श्लोक 37 एवं 38

4. ''कारितमवक्रमतिना चक्रभृतः चक्रपालितेन गृहं।
वर्षशतेद्रष्टात्रिंशे गुप्तानां कालक्रमगणिते॥''

जूनागढ़ का शिलालेख (गुप्त संवत् 138 = 467 ई०, श्लोक 45)

पुण्यधीरिति)। उसने इसकी आर्थिक आवश्यकताओं की सम्पूर्ति के निमित्त एक ग्राम भी दान में दिया था (ग्राममेनं स विदधे पितुः पुण्याभिवृद्धये)।

बिहारशरीफ के स्तम्भ-लेख में पुरुगुप्त के किसी उत्तराधिकारी (बुधगुप्त अथवा नरसिंहगुप्त बालादित्य) द्वारा इस स्थान पर निर्मित स्वामिमहासेन (स्कन्द) एवं सप्तमातृकाओं (ब्राह्मी, माहेश्वरी, वाराही, वैष्णवी, कौमारी, ऐन्द्री एवं चामुण्डा) के मन्दिरों की अवस्थिति का उल्लेख प्राप्य है (स्कन्द-प्रधानैर्भुवि मातृभिश्च)। बुधगुप्तकालीन दामोदरपुर-ताम्रपट (तिथिविहीन) में देवकुल (मन्दिर) का उल्लेख मिलता है, जिसमें कोकामुखस्वामी (शिव) की प्रतिमा स्थापित की गयी थी। इस प्रतिमा पर देव-नाम भी उत्कीर्ण था (नामलिङ्ग)। इस देवालय के दो कोष्ठागारों (कोष्ठकाः द्वयं) का भी उल्लेख इसमें प्राप्य है। इस ताम्रलेख में एक अन्य देवकुल का भी सन्दर्भ उपलब्ध होता है, जिसमें श्वेतवराहस्वामी (विष्णु के वराह अवतार) की प्रतिमा स्थापित थी। इस मन्दिर के कोठार (कोष्ठिका) का भी उल्लेख इसमें प्राप्य है। लगता है कि इन दोनों देवालयों में प्रथम शैव मन्दिर एवं दूसरा वैष्णव मन्दिर था। मिहिरकुलकालीन ग्वालियर (प्राचीन गोपाहुये पुर) के शिलालेख में मातृचेट नामक नागरिक द्वारा निर्मित सूर्य-मन्दिर (भानु-प्रासाद) का वर्णन मिलता है। इसकी स्थापना गोपगिरि (गोपाद्रि) पर की गयी थी। यह देवालय प्रस्तर-वास्तु (शैलमय) का दृष्टान्त था।[1]

साहित्यिक वर्णन

उपर्युक्त आभिलेखिक साक्ष्यों से स्पष्ट है कि गुप्त-काल विभिन्न देवी-देवताओं के मन्दिरों के निर्माण का युग था। इस क्रिया में सम्राट्, माण्डलिक, राजपुरुष, आर्थिक श्रेणियों, नगर-श्रेष्ठियों तथा भक्तजनों ने यथावित्त योगदान किया था। यह क्रियाकलाप तत्कालीन समृद्धि एवं ऐश्वर्य के विकास का द्योतक है। गुप्तकालीन साहित्य में देवालयों से संबंधित धार्मिक रीति-प्रथाओं एवं सामाजिक उत्सवों के उल्लेख यत्र-तत्र मिलते हैं। उदाहरणार्थ मेघदूत में उज्जयिनी के महाकाल मन्दिर में सन्ध्या-काल में आरती उतारते समय नगाड़ों की गर्जन, वेश्याओं के नृत्य एवं धर्मनिष्ठों के समुदाय के एकत्र होने का मार्मिक वर्णन मिलता है। इस ग्रन्थ में नायक यक्ष सन्देशवाहक मेघ से कहता है कि जब तुम उज्जयिनी के नगर में पहुँचोगे, तो तुम्हें महाकाल का मन्दिर मिलेगा। वहाँ सायंकाल महादेव जी की सुहावनी आरती उतारी जाती है। उस समय तुम भी अपने गर्जन का नगाड़ा बजाना। तुम्हें अपने मन्द गम्भीर गर्जन का पूरा फल मिल जायगा।[2] उस समय वहाँ तुम्हें वेश्याएँ नाचती मिलेंगी। उनकी करधनी के घुँघरू बड़े मीठे-मीठे बज रहे होंगे। उनके कोमल हाथ, कंगन के नगों की चमक से दमकते हुए डंडोंवाले चँवर डुलाते-डुलाते थक गये होंगे।[3] इस वर्णन से लगता है कि उक्त रीति-प्रथाएँ शिव-मन्दिरों के अतिरिक्त अन्य देवालयों में भी प्रचलित रही होंगी।

---

1. ''नानाधातुविचित्रे गोपाह्य-नाम्नि भूधरे रम्ये।
कारितवान्शैलमयं भानोः प्रासादवरमुख्यम् ॥''

ग्वालियर-प्रशस्ति (तिथि-विहीन), श्लोक 9

2. ''कुर्वन्सध्याबलिपटहतां शूलिनः श्लाघनीया मामन्द्राणां फलमविकलं लप्स्यसे गर्जितानाम् ।''

मेघदूत, श्लोक 38

3. ''पादन्यासैः कृणितरशनास्तत्र लीलावधूतै रत्नच्छायाखचितबलिभिश्चामरैः क्लान्तहस्ताः।

वही, श्लोक 39।

मन्दिर-वास्तु का उद्भव एवं विकास

पहले मन्दिर के वास्तुगत लक्षणों के विषय में लोग स्पष्ट नहीं हो सके थे। प्राक्-गुप्तकला से आभासित होता है कि तरुवर की छाया में उसके चबूतरे पर अधिष्ठातृ-देव की प्रतिकृति को प्रतीक-रूप में प्रतिष्ठित की जाने की प्रथा देवोपासना के आरम्भिक स्वरूप का प्रतिनिधित्व करती थी। मन्दिर-वास्तु के उद्भव का यह प्रारम्भिक चरण माना जा सकता है। इस प्रकार की योजना में न तो ऊपरी छत थी और न शिलाभित्तिकाओं से घेरकर कक्ष-निर्माण की व्यवस्था ही प्राप्य थी। यह प्रथा अब भी चली आ रही है। अश्वत्थ (पीपल) के मंच (जगती) पर वासुदेव की प्रतीकोपासना इसी परम्परानुकूलता में आती थी, जिसका व्यापक प्रचलन अद्यावधि देखा जा सकता है। देवालय-निर्माण की यह व्यवस्था ऊर्ध्व संरचना (ऊर्ध्वप्रच्छादन-विन्यास) से विहीन एवं तल-विन्यास (भूमियोजना) तक ही सीमित थी।

मन्दिर-वास्तु के विकास का द्वितीय चरण उस अवस्था का द्योतक है, जबकि मञ्च के केन्द्रीय भाग पर उत्सेध-विन्यास (ऊर्ध्व-संरचना) को इसमें अवकाश प्रदान किया गया। इस व्यवस्था के अनुसार अधिष्ठातृ-देव की प्रतिकृति के चतुर्दिक् भित्तियाँ आच्छादन (ऊपरी छत) सहित निर्मित की गयीं। इन स्थापत्य-विशेषताओं से युक्त देवसदन के विकसित दृष्टान्त साँची, भरहुत, जगय्यपेट्ट, घण्टशाल एवं अमरावती आदि केन्द्रों की कला में उपलब्ध हैं। इनमें गोलगृह एवं कुब्जपृष्ठ आयताकार लघु घरों के नमूने देखने को मिलते हैं। अनुमानतः पूर्व-गुप्तकालीन देवालयों के स्वरूप इन्हीं की भाँति रहे होंगे। वस्तुतः इस समय तक निवासगृह एवं देवसद्म के आकार-प्रकार में विशेष अन्तर नहीं था, जैसा कि अन्यत्र भी प्रचलित था; उदाहरणार्थ क्रीट, मिस्र एवं मेसोपोटामिया आदि देशों में।

स्वतन्त्र स्थापत्य-विशेषताओं से देवालयों के निर्माण की परम्परा वस्तुतः गुप्त-काल से ही आरम्भ हुई। गर्भगृह, स्तम्भयुक्त मुखमण्डप, प्रदक्षिणा-पथ तथा सोपान-मण्डित जगतीपीठ आदि विशेषताएँ गुप्तकालीन चिन्तकों, व्यवस्थापकों, अभियन्ताओं एवं शिल्पियों की देन थीं। इस समय तक मन्दिर-स्थापत्य का एक निश्चित आदर्श स्थापित हुआ, जो कि कला एवं संस्कृति के क्रमिक विकास का परिणाम था। फलतः देश के विभिन्न कोनों में वर्तमान तत्कालीन मन्दिरों में समान वास्तुगत विशेषताएँ प्राप्य हैं, जो कि पूजाविधि एवं देवोपासना की व्यक्त मान्यताओं के प्रतीक हैं। गुप्त-काल के अन्त तक शिखर-निर्माण की परम्परा का प्रादुर्भाव भी हो चुका था। यह काल मन्दिर-निर्माण के विकास की उस अवस्था का प्रतिनिधित्व करता था, जिसमें उसके अंग-प्रत्यंग एवं विविध वास्तुगत विशेषताएँ निर्दिष्ट हो चुकी थीं।

हिन्दू अवधारणा के अनुसार पूर्ण-विकसित देवालय विराट् पुरुष (अदृष्ट जगत्-स्रष्टा) का दृष्ट स्वरूप है। इसी पुरातन अवधारणा को प्रतिबिम्बित करते हुए शिल्परत्न में कहा गया कि देवायतन (प्रासाद) को पुरुष (जगत्-स्रष्टा) की देह (काय) मानकर उसकी पूजा की जाय (प्रासादं पुरुषं मत्वा पूजयेन्मन्मवित्तमः)।[1] देवसद्म के विभिन्न वास्तुगत अङ्ग उस विराट् पुरुष के ही अवयव (अनुकाय) हैं (अनुमार्गाश्च कायः स्यादनुकायोऽथ कथ्यते)।[2] जगतीतल (मञ्च) उस 'सर्वतत्त्वमय' के चरण (पादुका; पदाम्बुज); मञ्च के केन्द्रीय भाग पर निर्मित भित्तियाँ (ऊर्ध्वप्रच्छादविन्यास; मँडोवर) उसके 'जंघा', 'कटि' एवं 'स्कन्ध'; प्रवेश-द्वार 'मुख', प्रतिमा 'जीव'; प्रदक्षिणापथ 'कायबन्ध', शिखर 'मस्तक', कलश अथवा स्तूपिका उसकी 'शिखा', इष्टकाएँ एवं शिलापट्टिकाएँ उसकी अस्थियाँ; श्वेतलेपन (सुधाशुक्ल) मांस-मज्जा; लौहकीलक

---

1. शिल्परत्न, अध्याय 16, श्लोक 114
2. वही, अध्याय 16, श्लोक 116

उसके दन्त एवं नख आदि (दन्तनखादिकम्) के द्योतक हैं।[1] अतएव देवालय का निर्माण नाना फलों का प्रदायक माना गया। उदाहरणार्थ अग्निपुराण में कहा गया है कि प्रतिमा, लिङ्ग एवं वेदी से युक्त देवप्रासाद-स्थापन से उसका प्रतिष्ठापक अनन्त युगों तक विविध आध्यात्मिक फलों से लाभान्वित होता है :—

'प्रतिमालिङ्गवेदीनां यावन्तः परमाणवः।
तावद्युगसहस्राणि कर्त्तुर्भोगभुजः फलम् ॥'

अग्निपुराण, अध्याय 102, श्लोक 30

'मन्दिर' शब्द की व्युत्पत्ति

यहाँ उल्लेखनीय हो जाता है कि देवालय के निमित्त 'मन्दिर' शब्द गुप्त-काल के अनन्तर प्रचलित हुआ। अर्थशास्त्र, महाभारत एवं रामायण में देवालय के लिए देवायतन, देवकुल, देवगृह तथा देवालय आदि शब्दों का प्रयोग मिलता है। गुप्तकालीन साहित्य एवं लेखों में मन्दिर के लिए 'प्रासाद', देवायतन, 'देवकुल', 'देवगृह' एवं देवधाम आदि शब्दों का प्रयोग प्राप्य है। मालव-संवत् 529 (472-73 ई०) की मन्दसौर-प्रशस्ति में (जिसमें प्रथम कुमारगुप्त का उल्लेख मिलता है) दशपुर के सूर्य-मन्दिर के लिए 'दीप्तरश्मि-प्रासाद' शब्द का उल्लेख हुआ है। अवधारणा यह थी कि राजप्रासाद की भाँति ही देवायतन का भी स्वरूप होना चाहिए। विदेशों में भी कहीं-कहीं (उदाहरणार्थ असीरिया में) देवालय, प्रासाद-अनुरूप निर्मित होते थे।

शिल्पशास्त्रों में उत्तरी देवालयों के लिए 'प्रासाद' एवं दक्षिणी देवालयों के लिए 'विमान' शब्द का उल्लेख मिलता है। देवालय के लिए 'प्रासाद' शब्द की उत्पत्ति का कारण उपर्युक्त है। देवालय के लिए 'विमान' शब्द का प्रचलन शास्त्रीय वर्णनों से ही स्पष्ट है। उदाहरणार्थ समराङ्गणसूत्रधार के अनुसार देवता विमान (रथ) में बैठकर अन्तरिक्ष में विचरण करते हैं। यही कारण है कि दक्षिण भारत में मन्दिरों को अब भी 'विमान' कहा जाता है। अमरकोश के अनुसार 'रथ' शब्द 'विमान' का पर्यायवाचक है। विचारणीय है कि महाबलिपुरम् (मामल्लपुरम्) के पल्लव-मन्दिरों को 'पल्लव-रथ' कहा जाता है। उत्तरी भारत के मन्दिरों के लिए 'प्रासाद' के स्थान पर 'मन्दिर' शब्द गुप्त-काल के उपरान्त से व्यवहृत होने लगा; उदाहरणार्थ—बाणकृत कादम्बरी एवं भट्टिकाव्य। उल्लेखनीय है कि कुमारसम्भव में भी एक स्थान पर 'मन्दिर' शब्द का सन्दर्भ प्राप्य है (प्रावेशयन्मन्दिरम्; सर्ग 5, श्लोक 55)। परन्तु यहाँ इस शब्द का प्रयोग देवालय के अर्थ में न होकर आवास अथवा राजमहल के लिए हुआ है। गुप्त-काल के उपरान्त से अद्यपर्यन्त उत्तरी भारत के मन्दिरों को बहुधा 'मन्दिर' शब्द की अभिधा दी जाती है।

शिखर की उत्पत्ति

हम पहले निर्दिष्ट कर चुके हैं कि गुप्त-काल के प्रारम्भिक मन्दिर सपाट छतवाले हैं। शिखर-निर्माण की परम्परा सर्वप्रथम गुप्त-काल के उत्तरार्द्ध में प्रारम्भ हुई। 'शिखर' शब्द का उल्लेख पहली बार मन्दसौर-प्रशस्ति (472-73 ई०) में हुआ है। यह समय गुप्त-काल के उत्तरार्द्ध का प्रतिनिधित्व करता है। शिखरयुक्त मन्दिर का प्रथम पुरातत्त्वीय उदाहरण देवगढ़ का मन्दिर है, जो कि गुप्त-काल के उत्तर भाग में निर्मित हुआ था। प्रश्न यह उठता है कि शिखर की व्युत्पत्ति किस प्रकार हुई?

---

1. शिल्परत्न, अध्याय 16, श्लोक 116-20

इस विषय में प्राचीन सामान्य अवधारणा विचारणीय हो जाती है, जिसके अनुसार देवधाम मृत्युलोक के परे अवस्थित है अथवा देवगण गिरिशृङ्गों पर निवास करते या अन्तरिक्ष में विचरण करते हैं। गगन-मण्डल में सुरलोक की अवस्थिति मानने के कारण देवायतन को अधिकाधिक उच्छ्रित करने की भावना जड़ पकड़ने लगी। इस आवश्यकता की सम्पूर्ति शिखर कर सकता था। गुप्तकालीन मन्दसौर-प्रशस्ति (मालव संवत् 529 = 472-73 ई०) शिखर अस्तित्व का प्राचीनतम आभिलेखिक साक्ष्य है। इसमें चौड़े (विस्तीर्ण) तथा गिरि-शृंग की भाँति 'उत्तुङ्ग' शिखर का वर्णन मिलता है, जो उदयकालीन सूर्य एवं विमल चन्द्र-रश्मियों का विश्राम-स्थल था (उद्गतेन्द्वमल-रश्मिकलाप-गौरम्)। इस लेख के अनुसार यह शिखर मालव-संवत् 493 (436 ई०) में ही बन चुका था। किसी कारण-विशेष से यह शिखर टूट गया। फलतः मालव-संवत् 529 (472-73 ई०) में इसका जीर्णोद्धार हुआ। इस बार गगन-चुम्बी शिखर निर्मित हुआ (नभः स्पृशन्निव)। इस साक्ष्य से शिखर-उत्पत्ति-संबंधी उक्त अवधारणा का समर्थन मिलता है, जिसके अनुसार देवगण गगननिवासी अथवा गिरि-शृङ्गों पर निवास करते हैं।

जहाँ तक शिखर के स्वरूप का प्रश्न है, इस विषय में कई मत-मतान्तर प्रतिपादित किये गये। एक मत के अनुसार शिखर के स्वरूप की उत्पत्ति देव-रथ के आकार से हुई। इन देव-रथों पर बाँस के लट्ठों को बैठाकर ऊँचाई पर उन्हें मोड़कर बाँध दिया जाता था तथा इस व्यवस्था के द्वारा उनका शीर्षक घुमावदार (कर्वीलीनियर) हो जाता था। उत्तरी भारत के शिल्पियों ने इसी आकार को आदर्श-रूप में ग्रहण कर लिया। फलतः आर्यावर्त्त के देवायतन-शिखर ऊपर की ओर घुमावदार (वक्ररेखी) हैं। एक अन्य मत के अनुसार शिखरों के आकार-प्रकार का निर्धारण प्रासाद-मञ्जिलों के रूप के आधार पर हुआ। यह दक्षिण भारत के शिखरों के विषय में अधिक चरितार्थ है, जो अपने विस्तार में क्रमानुसार घटती हुई (क्षीण) प्रासाद-मञ्जिलों की भाँति लगते हैं। दक्षिणी शिल्पशास्त्रों में द्वितल एवं त्रितल से लेकर एकादश-तल (ग्यारह मञ्जिलों से युक्त) तथा द्वादशतल (बारह मंजिलों से युक्त) शिखर-मण्डित विमानों (मन्दिरों) के वर्णन मिलते हैं। उल्लेखनीय है कि दक्षिण भारत में प्राचीन मन्दिरों के शिखर क्रमानुसार क्षीण होती हुई बहुधा ग्यारह अथवा बारह मञ्जिलों में विभक्त हैं। चोलों के संरक्षण में निर्मित मन्दिरों में शिखरतलविन्यास-योजना में निरूपित तल्लों (तलबन्ध) की संख्या इससे भी अधिक है।

पुरातत्त्वीय दृष्टान्त

विकास की अवस्थाएँ

उपलब्ध दृष्टान्तों से ज्ञात होता है कि गुप्तकालीन मन्दिर-वास्तु के विकास की तीन स्पष्ट अवस्थाएँ थी। प्रथम अवस्था में साधारण जगतीतल (मञ्च) पर वर्गाकार अथवा आयताकार गर्भगृह वर्तमान होता था, जिसमें अधिष्ठातृ-देव की प्राण-प्रतिष्ठा की जाती थी। उसके समक्ष मुखमण्डप भी विद्यमान होता था। इस प्रकार ये मन्दिर द्वि-अङ्ग (गर्भगृह एवं मुखमण्डप-संयुक्त) देवालय के दृष्टान्त थे। विकास की द्वितीय अवस्था में प्रदक्षिणापथ की भी व्यवस्था की गयी। इस प्रकार इस समय के देवालय तीन भागों से संयुक्त (अङ्ग अथवा त्रिरथ) मन्दिरों के दृष्टान्त थे। इन दोनों ही अवस्थाओं में मन्दिरों की छतें समतल थीं। विकास की तृतीय अवस्था में शिखर-विधान देखने को मिलता है तथा मुखमण्डप की संख्या कहीं-कहीं एक के स्थान पर चार कर दी गयी। इस व्यवस्था में हर प्रधान दिशा में एक मुखमण्डप को स्थान दिया गया जैसा कि देवगढ़ के मन्दिर के उदाहरण से स्पष्ट है। जगतीतल पर आने के लिए चतुर्दिक् सोपान-मालाएँ निर्मित की गयीं।

सामान्य वास्तुगत विशेषताएँ

निर्देश किया जा चुका है कि गुप्तकालीन शिल्पियों ने सोपान-युक्त जगतीपीठ (मञ्च) के केन्द्रीय भाग पर गर्भ-गृह का विन्यास किया, जिसमें देवप्रतिमा की स्थापना का प्रमाण मिलता है। जिन मन्दिरों के गर्भगृह के समक्ष मुखमण्डप प्राप्य है, उनमें प्रयुक्त स्तम्भों में मंगलघट एवं अन्य शुभ प्रतीक तराशे गये हैं। केवल भीतरगाँव एवं सिरपुर के मन्दिर ही इष्टका निर्मित हैं, पर अन्य गढ़ी हुई शिलापट्टिकाओं द्वारा विन्यसित हैं। विशेषता यह है कि इनमें जोड़ के मसालों का अभाव है तथापि ये शताब्दियों से एक-दूसरे से दृढ़तापूर्वक सम्पृक्त हैं।

गर्भगृह का प्रवेश-द्वार विविध अलंकरण-विधानों द्वारा सुसज्जित है। इस प्रकार के अलंकरण को 'द्वारमण्डन' कहा गया है। प्रवेश-द्वार के मुख्य अंग तीन थे—(1) सिरदल (उत्तरंग या शिरापट्टी), (2) द्वारशाखा (पार्श्व-स्तम्भ) एवं (3) चौखट (देहली)। सिरदल (शिरापट्टी) अपनी चौड़ाई में तीन से लेकर छह बन्धों में विभक्त हुआ करता था। सिरदल के केन्द्रीय भाग में जो नीचे से प्रारम्भ होकर ऊपर तक कई बन्धों को घेर लेता था, अधिष्ठातृ-देव की प्रतिमा (द्वारललाटबिम्ब) अंकित होती थी, जिससे स्पष्ट हो जाता था कि देवायतन किस आराध्य-देव से संबंधित था; उदाहरणार्थ, विष्णु-मन्दिर में गरुडासीन विष्णु-प्रतिमा अंकित हुआ करती थी। यह प्रतिमा इस तथ्य को अंकित करती थी कि यह मन्दिर 'विष्वोर्पित' होगा। इसके अतिरिक्त वैष्णव धर्म के विविध प्रतीक भी उन्हीं बन्धों में विष्णु-प्रतिमा के चतुर्दिक् अंकित होते थे।

शैव मन्दिरों में 'द्वारललाटबिम्ब' वाले भाग में शिव-प्रतिमा अंकित होती थी तथा पार्श्ववर्ती भागों में कार्त्तिकेय एवं गणेश आदि शिवसमूह के विविध देवी-देवताओं के चित्र बने होते थे। अवम, मध्यवर्ती एवं उपरिम बन्ध में विकसित कमल, राजहंस एवं कल्पलता आदि के अंकन प्राप्य थे। निचला बन्ध विविध बेलबूटों, पुष्पपत्रादि एवं कीर्तिमुखों के अलंकरणों से मण्डित थे। सिरदल की लम्बाई द्वारशाखा की चौड़ाई को पार करती हुई आगे बढ़ जाती थी। इन बढ़े भागों में गंगा एवं यमुना नदियों के देवी-रूप (मानवीय विग्रह) का निरूपण प्राप्य है। दक्षिण की ओर गंगा हाथ में पूर्ण घट धारण करती मकर पर खड़ी हैं तथा बायीं ओर यमुना पूर्ण घट धारण किये कूर्म पर विलसित हैं। उल्लेखनीय है कि इन पुण्य सरिताओं के मानवीय विग्रह-रूप को प्रदर्शित करती गुप्तकालीन मृण्मूर्तियाँ अहिच्छत्र से प्राप्य हैं, जो इस बात के प्रमाण हैं कि इस ऐतिहासिक युग तक इन देवियों के मानव रूप की पूजा भली-भाँति होने लगी थी।

कुमारस्वामी का अनुमान है कि इन सरिताओं के मानवीय विग्रह की कल्पना साँची के शालभञ्जिका-चित्रों में निरूपित स्त्री-रूप से अपनायी गयी होगी, जो कि त्रिभङ्ग मुद्रा में है। साँची-कला में देवी-चित्र (शालभञ्जिकाएँ) तोरण एवं स्तम्भों के कटान-विन्दु के समीप तराशी गयी हैं। उल्लेखनीय है कि गुप्त-काल में भी गंगा-यमुना के देवी-विग्रह का चित्रण-स्थान समान है। सिरदल एवं द्वार-स्तम्भों (पार्श्व-स्तम्भों) के सन्धि-स्थल के ठीक समीप इन सरिताओं का मानवीय रूप तराशा गया। विष्णुधर्मोत्तर में कहा गया है कि गंगा एवं यमुना नदियाँ अपने-अपने वाहनों सहित सशरीर दिखायी जायँ। ये त्रिभङ्ग मुद्रा में हों तथा ये अपने हाथों में पूर्ण कुम्भ धारण किये हों :—

''सरितां सशरीराणां वाहनानि प्रदर्शयेत्।
पूर्णकुम्भकराः कार्यास्तथा नमितजानवः॥''

(विष्णुधर्मोत्तर, तृतीय खण्ड, अध्याय 42, श्लोक 51)

इस पुराण में कहा गया है कि सिरदल के दक्षिणी ओर (भागे तु दक्षिणे) एक हाथ में श्वेत कमल

लिये (पद्मकरा) एवं दूसरे हाथ में व्यजनधारिणी (सचामरा) चन्द्रमुखी गौरवर्णा (चन्द्रगौरीवरानना) तथा मकर पर खड़ी देवी (मकरस्था) के रूप में गंगा का अंकन किया जाय और बायीं ओर (वामे) एक हाथ में चमर धारण किये (सचामरा) एवं दूसरे में नीलकमल लिये (नीलोत्पलकरा) नीलनीरज वर्णवाली (नीलनीरजसन्निभा) यमुना देवी का सौम्य रूप कछुए पर खड़ी (कूर्मस्था) अंकित किया जाय—

''भागे तु दक्षिणे गंगा मकरस्था सचामरा।
देवी पद्मकरा कार्या चन्द्रगौरीवरानना॥
वामे तु यमुना कार्या कूर्मस्था सचामरा।
नीलोत्पलकरा सौम्या नीलनीरजसन्निभा ॥''

(विष्णुधर्मोत्तर, तृतीय खण्ड, अध्याय 52, श्लोक 6-7)

समीकरणीय :

''कुम्भाब्जहस्ताश्वेताभा मकरेवाऽपि जाह्नवी।
कूर्मगा यमुना कुम्भाब्जकरा श्यामा च पूज्यते॥''

(अग्नि पुराण, अध्याय 50, श्लोक 16-17)

उल्लेखनीय है कि कतिपय गुप्तकालीन मन्दिरों में गंगा एवं यमुना अपने हाथों में पूर्ण कुम्भ के स्थान पर चँवर लिये प्रदर्शित हैं। इन नदी-देवियों के चामरधारी मानवीय विग्रह की कल्पना कुमारसम्भव में भी प्राप्य है। इस ग्रन्थ के अनुसार गंगा एवं यमुना अपना नदी रूप (समुद्रगा) छोड़कर महादेव जी पर चँवर (चमर) डुलाने लगीं। वे चँवर ऐसे लगते थे, मानो हंस उड़ रह हों।[1] इन वर्णनों से स्पष्ट है कि गुप्त-कला में ये देवियाँ अधिष्ठातृ-देव की द्वारपालिकाओं, परिचारिकाओं अथवा पत्नियों के रूप में निरूपित हैं। विष्णुधर्मोत्तर में वरुण देव की पत्नियों के रूप में 'मकरस्था' एवं 'पद्मधारिणी' गंगा तथा 'कूर्मस्था' एवं 'उत्पलधारिणी' यमुना के अंकन की अवधारणा प्राप्य है।[2] यहाँ उल्लेखनीय है कि गंगा-यमुना के विग्रह का अंकन कभी-कभी द्वार-शाखा के निचले भागों में भी हुआ है। अंकन की यह स्थिति उस अवस्था में होती थी, जब इन देवियों को प्रतिहारिणियों के रूप में चित्रित करना होता था।

प्रवेश-द्वार की अलंकरण-योजना में द्वार-शाखा (पार्श्वखम्भ अथवा उपान्त स्तम्भ) को विभिन्न उच्चित्रों द्वारा विशेष रूप से मण्डित किया जाता था। वाम-शाखा (बायीं ओर का स्तम्भ) एवं दक्षिणी शाखा (दक्षिणी स्तम्भ) विभिन्न अलङ्करण-मालाओं (शोभा-पट्टिकाओं) में विभाजित थी। पहले इनकी संख्या तीन

---

1. ''मूर्ते च गंगा-यमुने तदानीं सचामरे देवमसेविषाताम्।
समुद्रगारूपविपर्ययेऽपि सहंसपाते इव लक्ष्यमाणे॥''

कुमारसम्भव, सर्ग 7, श्लोक 42

2. ''जाया तु यमुना ज्ञेया सिद्धिर्भागीरथी द्विज।
वीर्यकालौ विनिर्दिष्टौ तथा मकरकच्छपौ॥
स्वर्गगंगाकरे पद्मं वद्धयामुनमुत्पलम्॥''

विष्णुधर्मोत्तर, तृतीय खण्ड, अध्याय 52, श्लोक 19-20

हुआ करती थी—(1) पत्रशाखा, (2) पुष्पशाखा एवं (3) रूपशाखा। पत्रशाखा के अन्तर्गत कल्पवृक्ष, कल्पलता अथवा लताजाल को उत्कीर्ण किया जाता था। कल्पवृक्ष एक मांगलिक प्रतीक था, जिसका अंकन मानव अभिलाषाओं की पूर्ति का दायक माना जाता था। इसके रस को निचोड़कर एक विशेष प्रकार का अनुलेप प्रस्तुत किया जाता था, जिसे महिलाएँ शृंगार-प्रसाधन के रूप में प्रयुक्त करती थीं। कालिदास ने इसीलिए कल्पवृक्ष (कल्पलता, कल्पवल्ली अथवा लतर) को मेघदूत में 'अबलामण्डन' (पुरललना) का शृङ्गार कहा है।[1]

कल्पवृक्ष (कल्पलता) से एक विशेष प्रकार की मदिरा भी प्रस्तुत की जाती थी, जिसे कालिदास ने 'कल्पवृक्षमधु', 'अनंगदीपक' अथवा 'रतिफल' कहा है।[2] इसका प्रयोग कामोद्दीपन के उद्देश्य से किया जाता था। कल्पवृक्ष से एक विशेष प्रकार का सूक्ष्म वस्त्र भी प्रस्तुत किया जाता था, जिसे प्राचीन ग्रन्थों में 'कल्पद्रुमदुकूल', 'कल्पतरु-अंशुक' अथवा 'कल्पलता-दुकूल' कहा गया है।[3] बाणभट्ट के अनुसार राज्यश्री अपने विवाह के अवसर पर कल्पलता के तत्त्वों से निर्मित महीन रेशमी वस्त्र (दुकूल) पहने थी, जो कि श्वास के झोंके से ही उड़ जाता था (निश्श्वासहार्य)। काव्य-वर्णनों के अनुसार अलकापुरी की महिलाएँ कल्पवृक्ष के पुष्पों एवं पत्रों से अपने को सजाती थीं। फलतः शिल्पियों ने देवालय की द्वारशाखा को लताजाल या पत्रवल्ली के उच्चित्रों द्वारा विशेष रूप से सजाया।

पुष्पशाखा-योजना में 'सनालपद्म' का अंकन किया गया। कालिदास के अनुसार उज्जयिनी के महाकाल-मन्दिर की द्वार-शाखा (द्वारोपान्त) पद्ममाल के अलंकरण से सुशोभित थी। पद्म एक वैदिक मांगलिक अभिप्राय था, जिसका स्थान भारतवासियों के सांस्कृतिक जीवन में सुविशेष था। देव-पूजा एवं आराधना में कमल का महत्त्व गुप्त-युग में विशेष था। कमल पुष्प से देवता की अर्चना एवं उससे प्राप्त फल का निरूपण करते हुए पद्मपुराण में कहा गया कि जो प्रफुल्ल पक्ष (सित एवं असित) के द्वारा कमलाकान्त (विष्णु) की अर्चना करता है, उसे इस भूमण्डल में कुछ भी दुर्लभ नहीं है :—

''प्रफुल्लापद्मपत्रेण सितेनाऽप्यसितेन वा
योऽर्चयेत्कमलाकान्तं तस्य किं भुविदुर्लभम्।''

(पद्मपुराण, द्वितीय खण्ड, अध्याय , श्लोक 88)

रूपशाखा में अलंकरण-कार्य मांगलिक रूपों एवं आकृतियों के द्वारा सम्पन्न किया जाता था; जिनमें पूर्णघट, स्वस्तिक, शंख एवं मंगल्य-विहग विशेष रूप से उल्लेखनीय हैं। मंगल-घट (पूर्ण कलश) एक मांगलिक वैदिक प्रतीक था। मत्स्यपुराण के अनुसार मूल द्वार को पत्रवल्ली-सहित कुम्भ के अंकन द्वारा अक्षत एवं जल की पूजा चढ़ाकर नित्य ही उसे अर्चित किया जाय :—

''कुम्भश्रीपर्णिवल्लीमिर्मूलद्वारं तु शोभयेत्।
पूजयेच्चापि तन्नित्यं बलिना चाक्षतोदकैः॥''

(मत्स्यपुराण, अध्याय 255, श्लोक 19)

---

1. ''सकलमबलामंडनं कल्पवृक्षः'' मेघदूत (उत्तरमेघ), 2
2. वही (उत्तरमेघ), 3
3. कुमारसम्भव, सर्ग 8, श्लोक 71

इस ग्रन्थ के अनुसार स्तम्भ के आधार अथवा शीर्षक पर पद्मयुक्त कुम्भ का निरूपण विशेष मंगलदायक है (पद्मवल्लीलताकुम्भपत्रदप्रणरूपिता)। रघुवंश में राजमन्दिर का उल्लेख मिलता है, जिसके द्वार की चौकियों पर मंगल-कलश रखे हुए थे (प्राग्द्वारवेदिविनिवेशितपूर्णकुम्भाम्)। इन वर्णनों से स्पष्ट है कि गुप्त-कला में मंगल-कलश का स्थान महत्त्वपूर्ण था।

भारतीय कला में मांगलिक प्रतीक स्वस्तिक का समादृत स्थान भारतीय इतिहास का एक सुविदित तथ्य है। मत्स्यपुराण में स्वस्तिक को कुशल एवं उत्थान का मूल माना गया है (क्षेमवृद्धिकरम्)।[1] रामायण में स्वस्तिक चिह्न से अंकित गृह को 'वर्द्धमानगृह' कहा गया है।[2] बृहत्संहिता में स्वस्तिक चिह्न से अंकित द्वारशाखा-युक्त गृह शुभकर माना गया है (स्वास्तिके शुभदम्)[3]। गगन-मण्डल में उड़ते तथा सरिताओं एवं सरोवरों में प्रस्फुटित पद्मों के बीच तैरते राजहंसों और सिकतामय तटों पर लीन हंस-मिथुन के वर्णन प्राचीन भारतीय साहित्य एवं अभिलेखों में अनेकत्र प्राप्य हैं। शिल्पशास्त्रों में द्वारशाखा को मांगलिक राजहंसों की आकृतियों के द्वारा अंकित करने का विधान मिलता है। शंख का उकेरना भी मंगलदायक माना जाता था। कालिदास के अनुसार महाकाल-मन्दिर की द्वारशाखा (द्वारोपान्त) पर शंख एवं पद्म के उच्चित्र वर्तमान थे (द्वारोपान्तेलिखिशंखपद्मौ च दृष्ठ्वा)। विष्णुधर्मोत्तर में द्वारशाखा को शंख एवं पद्म के अंकन द्वारा अलंकृत करने का विधान प्राप्य है (पार्श्वप्रासादयोस्तस्य शंखपद्मौ निवेशयेत्)।[4]

रूपशाखा-योजना के अनुसार पार्श्व-स्तम्भों में उत्कीर्ण रथिकाओं (आलों) में मानवयुग्म (मिथुन) एवं प्रमथ-चित्र (बौनों के चित्र) बने हुए थे। द्वार-शाखा पर मिथुन-चित्रों का अंकन भारतीय कला का एक विचित्र रहस्य है। उल्लेखनीय है कि कहीं-कहीं शिल्पशास्त्रों में नग्न मानवविग्रह-चित्रण को हेय दृष्टि से देखा गया है (नग्नं तपस्विलीलां च न कुर्यान्मानुषालये)।[5] इसके अनुसार भित्तियों पर संयत चित्रों का अंकन होना चाहिए (भित्त्यादौ तत्र लेख्यं स्याच्चित्रं चित्रतराकृतिः)।[6] इससे स्पष्ट है कि मिथुन-चित्रण अश्लील अंकन माना जाता था।

तथापि पूजा-केन्द्र देवालयों में मिथुनचित्र-प्रदर्शन को क्यों इतना महत्त्वपूर्ण स्थान प्रदान किया गया, यह इतिहास की एक गूढ़ पहेली है। इस समस्या पर प्रकाश डालते हुए समय-समय पर दार्शनिक व्याख्याएँ प्रस्तुत की गयीं। कतिपय के अनुसार मिथुन-चित्र सृष्टि के मूलाधार परम पुरुष एवं प्रकृति के मिलन के प्रतीक-स्वरूप हैं। इसका प्रतिपादन करते हुए गांगूली महोदय ने 'बृहदारण्यक उपनिषद्' के एक उद्धरण की ओर ध्यान आकृष्ट किया, जिसके अनुसार नर एवं नारी प्रजापति की काया के दो विभिन्न स्वरूप हैं, जिनका पारस्परिक मिलन सृष्टि की संरचना का कारक था। प्रजापति के नर-नारी-स्वरूप ही उपनिषदों में अज एवं अजा, सांख्य दर्शन में प्रकृति एवं पुरुष तथा पुराणों में उमा-महेश्वर कहलाये।[7]

इसी तथ्य का दूसरे रूप में अभिव्यक्ति रघुवंश में प्राप्य है, जिसमें कहा गया कि उमा एवं महेश्वर

---

1. मत्स्यपुराण, अध्याय 253, श्लोक 5
2. रामायण; 5, 4, 7
3. बृहत्संहिता; 52, 34
4. विष्णुधर्मोत्तर, तृतीय खण्ड, अध्याय 86, श्लोक 69
5. शिल्परत्न, अध्याय 46, श्लोक 10 (पूर्वार्द्ध)
6. वही, अध्याय 46, श्लोक 10 (उत्तरार्द्ध)
7. गांगूली ओ० सी०, मिथुन इन इंडियन आर्ट, पृष्ठ 60

(पार्वती-परमेश्वरौ) वाणी एवं अर्थ (वागर्थाविव) की भाँति संयुक्त (सम्पृक्त) हैं और इस रूप में संसार के रचयिता अथवा माता-पिता (जगतः पितरौ)।[1] कुमारसम्भव में कहा गया है कि ब्रह्मा सृष्टि के निर्माण के लिए अपने को स्त्री एवं पुरुष दो रूपों में बाँट लेते हैं (स्त्रीपुंसावात्मभागौ)। वे ही दोनों रूप संसार के माता-पिता हैं (तावेव पितरौ स्मृतौ)।[2]

लिंग एवं योनि विश्व के प्रजनन-शक्तियों के प्रतीक-रूप हैं। पुरुष एवं प्रकृति के मिलन की भाँति नर-नारी का संयोग एक यज्ञ है जिससे जीवन की उत्पत्ति होती है। छान्दोग्य-उपनिषद् के अनुसार नारी अग्नि है, उसका गर्भाशय ईंधन है, पुरुष का निमन्त्रण धूम्र है, कर्त्ता की लपट तथा इससे उद्भूत आनन्द अग्नि है जिसमें देवता द्रव्य डालते हैं। द्रव्य से ही जीवोत्पत्ति होती है। जगतीतल (प्रकृति) पर मन्दिर (पुरुष) की स्थापना पुरुष एवं प्रकृति के मिलन के प्रतीक हैं।[3]

अन्य मत के अनुसार पुरुषार्थ–चतुष्टय (अर्थ, धर्म, काम एवं मोक्ष) में 'काम' के महत्त्व का आभास इन मिथुन-चित्रों के द्वारा होता है। 'काम' (कामना अथवा इच्छा) ही मनुष्य को सचेष्ट करता है तथा यह कर्मण्यता, गतिशीलता एवं जीवन का प्रतीक है। काम-रहित होना निष्क्रियता एवं मृतप्राय होने का द्योतक है। मतान्तर के अनुसार मन्दिर के बाहर का अश्लील चित्रण मानव-वाराना का प्रतीक है तथा देवालय के भीतर का आध्यात्मिक वातावरण इन्द्रिय-दमन का प्रतिपादक है। कतिपय चिन्तकों का यह भी विचार है कि शाक्त मतावलम्बियों एवं कापालिकों की तान्त्रिक मान्यताओं के परिणामस्वरूप मिथुन-चित्रों के अंकन की परम्परा आविर्भूत हुई अथवा देवालय पर वज्राघात एवं दैवी प्रकोपों से रक्षण-निमित्त इन्हें उत्कीर्ण किया गया।[4] मेरा अपना मत यह है कि ये सिद्ध-मिथुनों अथवा गन्धर्व-मिथुनों एवं विद्याधर-युग्म के चित्र हैं, जिनका उल्लेख गुप्तकालीन साहित्य एवं लेखों में हुआ है। अफसद् के लेख में सिद्ध-मिथुनों का स्पष्ट वर्णन आता है। मत्स्य-पुराण में द्वार-तोरण (सिरदल) पर विद्याधर एवं विद्याधरियों तथा गन्धर्व-मिथुनों के चित्रण का उल्लेख मिलता है।[5] जहाँ तक प्रमथ-चित्रों के अंकन का प्रश्न है, यह एक मांगलिक कर्म समझा जाता था। गुप्त-मुद्राओं पर प्रमथ-चित्रों के अंकन प्राप्य हैं। रूपमण्डन में वामनाकार प्रतिहारों का अंकन शुभ माना गया है।[6] गुप्त-मुद्राओं में वामन (बौना सेवक) राजा के ऊपर छत्र का आवरण किये प्रदर्शित है।

द्वारशाखा के निचले भाग में पुरुष-द्वारपालों (प्रतीहार) एवं स्त्री-द्वारपालों (प्रतीहारी) के चित्र अंकित किये जाते थे। यह चित्रण भी रूप-शाखा-योजना के अन्तर्गत आता था। विष्णुधर्मोत्तर में कहा गया है कि

---

1. रघुवंश, सर्ग 1, श्लोक 1
2. कुमारसम्भव, सर्ग 2, श्लोक 7
3. भट्टाचार्य तारापद, कैनन्स ऑफ इंडियन आर्ट, पृष्ठ 232-33
4. भट्टाचार्य तारापद; वही, पृष्ठ 60
5. ''तोरणं चोपरिष्टात्तु विद्याधरसमन्वितम्।
   देवदुन्दुभिसंयुक्तं गन्धर्वमिथुनान्वितम्॥''

   मत्स्यपुराण; अध्याय 258, श्लोक 13-14
6. ''प्रतिहारांस्ततो वक्ष्ये चतसृणां दिशाक्रमात्।
   वामनाकाररूपास्ते कर्त्तव्याः सर्वतः शुभाः॥''

   रूपमण्डन, अध्याय 3, श्लोक 67

गर्भगृह के द्वारपार्श्वों की रथिकाओं (आलों) में मांगलिक रूप एवं प्रतीहारों के चित्र अंकित किये जायँ।[1] जिस धर्मविशेष से मन्दिर संबंधित होता था, द्वारपाल एवं उनके विविध आयुध उसी से संबंधित हुआ करते थे। उदाहरणार्थ शैव मन्दिरों में शिव के गणों का अंकन किया जाता था, जिनके हाथों में कपाल, डमरू, गदा, त्रिशूल एवं रुद्राक्ष हुआ करते थे। विष्णु के प्रतीहारों के हाथ में तर्जनी, शंख, चक्र, दंड, खंग, पद्म एवं चाप आदि हुआ करते थे। वराहमिहिर (गुप्तकालीन) का कथन है कि द्वारशाखा के चतुर्थांश में पुरुष-द्वारपालों (प्रतीहार) एवं स्त्री-द्वारपालों (प्रतीहारी) की आकृतियाँ तराशी जायँ तथा शेष तीन-चौथाई भागों में मंगल्य-विहग, श्रीवृक्ष, स्वस्तिक, मंगलघट, मिथुन, पत्रवल्ली एवं प्रमथ आदि की आकृतियाँ उत्कीर्ण करनी चाहिए।[2] उल्लेखनीय है कि यह अलंकरण-योजना गुप्तकालीन मन्दिरों की द्वारशाखाओं की मण्डनयोजना से पर्याप्त साम्य रखती है। तत्कालीन साहित्य में वर्णित एवं देवालयों के स्थापत्य में प्राप्य 'पत्रशाखा' एवं 'रूपशाखा' के समान मांगलिक प्रतीक इस बात के द्योतक हैं कि द्वारमण्डन के वास्तुगत अंग मान्यता प्राप्त आदर्श थे, जिन्हें गुप्तयुगीन शिल्पी अनिवार्य रूप से द्वार-पक्षों में तराशते थे।

यहाँ उल्लेखनीय हो जाता है कि शाक्त मन्दिरों के द्वारपक्ष के आलों में रूपशाखा-योजना के अन्तर्गत सप्त-मातृकाओं की आकृतियाँ तराशी जाती थीं। ऐसी व्यवस्था शैव मन्दिरों में कभी-कभी की जाती थी। गुप्त-अभिलेखों से ज्ञात होता है कि गुप्त-काल में सप्त-मातृका-मन्दिर वर्तमान थे। गंगधार-शिलालेख (मालव संवत् 480 = 423 ई०) से ज्ञात होता है कि प्रथम कुमारगुप्त के दशपुर (मन्दसौर)-माण्डलिक विश्ववर्मा ने सप्त-मातृकाओं (मातृणाञ्च) के मन्दिर का इस नगर (दशपुर) में निर्माण कराया था। बिहार शरीफ के (बुधगुप्त अथवा नरसिंहगुप्त-कालीन) स्तम्भ-लेख में स्कन्दप्रधान मातृकाओं के मन्दिर (स्कन्दप्रधानैर्भुवि मातृभिश्च) के निर्माण का उल्लेख मिलता है। कदम्ब एवं चालुक्य-लेखों में स्वामिमहासेन (स्कन्द) के साथ सप्त-मातृकाओं के उल्लेख प्राप्य हैं।[3] यह प्रवर्धमान शाक्त मत का द्योतक है।

सप्त-मातृकाओं की उत्पत्ति के विषय में पुराणों में वर्णित आख्यान के अनुसार अन्धकासुर के साथ युद्ध में शिव ने माहेश्वरी शक्ति का सृजन किया (पानार्थमन्धकास्रस्य सोऽसृजन्मातरस्तदा)।[4] इस उदाहरण का अनुसरण करते हुए ब्रह्मा एवं विष्णु आदि देवों ने भी अपनी-अपनी शक्तियों को जन्म दिया; उदाहरणार्थ—ब्राह्मी, वैष्णवी, कौमारी, माहेन्द्री, वाराही एवं चामुण्डा। इस प्रकार माहेश्वरी को लेकर मातृकाओं की संख्या सात हो गयी। इन माताओं के नाम संबंधित देवता के नामों के आधार पर निर्धारित हुए; उदाहरणार्थ ब्रह्मा से ब्राह्मी एवं विष्णु से वैष्णवी।

गुप्तकालीन साहित्य में सप्त-मातृकाओं को शिव के अनुचर के रूप में देखा गया। यही कारण है कि गुप्तकालीन शैव मन्दिरों में सप्त-मातृकाओं का चित्रण प्रायशः प्राप्य है। कुमारसम्भव में शंकर-विवाह-

---

1. ''मंगल्यं रूपकोपेतं तच्चकार्यं प्रयत्नतः।
   द्वारयोः सप्रतीहारं सगर्भग्रहं समम्॥''

   विष्णुधर्मोत्तर, तृतीय खण्ड, अध्याय 89, श्लोक 12

2. ''अथशाखाचतुर्भागे प्रतीहारी निवेशयेत्।
   शेषं मंगल्यविहगैः श्रीवृक्ष-स्वस्तिक-घटैः॥
   मिथुनैः पत्रवल्लीभिः प्रमथैश्चोपशोभयेत॥''

   बृहत्संहिता, अध्याय 56, श्लोक 14-15

3. सरकार, दिनेश चन्द्र, सेलेक्ट इंसक्रिप्शंस, पृष्ठ 317

4. पादटिप्पणी 4, मत्स्य पुराण, अध्याय 179, श्लोक 9

वर्णन के संबंध में कहा गया है कि कैलास पर्वत पर निवास करनेवाली सप्त-मातृकाओं ने शृङ्गार की अगणित सामग्रियाँ महादेव जी के समक्ष सजा दीं। उन्होंने माताओं के प्रति आदर भाव दिखाने के लिए उनका स्पर्श किया।[1] अपने तेजोमण्डल की चमक से गौर मुखवाली सुन्दर माताएँ जब अपने रथों पर बैठकर पीछे-पीछे चलने लगीं, तो रथों के झटके से उनके कर्णफूल हिलने लगे (स्ववाहनक्षोभचलावतंसा)। उस समय उनके मुख आकाश में ऐसे सुशोभित हो रहे थे जैसे ताल में कमल खिले हों (पद्माकरं चक्रुरिवान्तरिक्षम्)।[2]

सुवर्ण की भाँति देदीप्यमान उन मातृकाओं के पीछे-पीछे उजले खप्परों से देह को सजाये (कपालाभरणा) भद्रकाली जी भी आ रही थीं, जो ऐसी लग रही थीं मानो बगुलों से भरी (बलाकिनी), और दूर तक चमकती हुई बिजलीवाली नीली बादलों की घटा चली आ रही हो (नीलपयोदराजी)।[3] शैव मन्दिरों में सप्त-मातृकाओं के अतिरिक्त शिव के गणों की भी आकृतियाँ तराशी जाती थीं। कुमारसम्भव में शंकर-विवाह-वर्णन के प्रसंग में सप्त-मातृकाओं के साथ शिव के गणों का भी उल्लेख मिलता है। इसके अनुसार महादेव जी के आगे उनके गण चल रहे थे, जिनके द्वारा बजायी मंगल-तुरही की ध्वनि (मंगलतूर्यघोषः) ने देवताओं के विमानों की छतरियों में गूँजकर सूचना दी कि अब सबको अपने-अपने काम में जुट जाना चाहिए (शशंस सेवावसरं सुरेभ्यः)।[4] उल्लेखनीय है कि शैव मन्दिरों की द्वारशाखा में तराशे हुए महादेव-गण तुरही बजाते प्रदर्शित हैं। शिव-मन्दिरों के द्वारपक्ष के आलों में कभी-कभी भैरव-चित्र भी तराशे जाते थे।

सप्त-मातृकाओं के हाथ के आयुध एवं प्रतीक उन देवताओं से संबंधित हैं, जिनसे ये शक्तियाँ उद्भूत मानी गयीं (देवतुल्येन चिह्नेन यथारूपेण मातरः)[5]; उदाहरणार्थ—मातृका ब्राह्मी हंस पर आरूढ़, चतुर्वक्त्रा, ऊपरी दोनों हाथों में स्रुवा और पुस्तक तथा निचले हाथों में अक्षसूत्र एवं कमण्डलु धारण किये प्रदर्शित हैं। माहेश्वरी वृषभ पर स्थित, पञ्चवक्त्रा, त्रिलोचना, षड्भुजा, शुभ्र चन्द्र से सुशोभित जटाजूट धारण करने-वाली तथा अपने हाथों में कपाल, शूल, डमरू एवं खट्वांग धारण किये हैं (कपालमालिनीभीमा तथा खट्वांगधारिणी)[6]। वनमाला-धारिणी वैष्णवी का रूप विष्णु के समान है। गरुड़ पर स्थित इस देवी के चार अथवा छह हाथ (षड्भुजा) प्रदर्शित हैं। उनका एक हाथ वरद मुद्रा में है तथा अन्य हाथों में वे शंख, चक्र, गदा, शार्ङ्ग एवं खंग धारण किये हैं।

---

1. ''तावद्भवस्यापि कुबेरशैले तत्पूर्वपाणिग्रहणानुरूपम्।
प्रसाधनं मातृभिराहताभिर्न्यस्तं पुरस्तात्पुरशासनस्य॥
तद्गौरवान्मंगलमण्डनश्रीः सा पस्पृशे केवलमीश्वरेण।
स एव वेषः परिणेतुरिष्टं भावान्तरं तस्य विभोः प्रपेदे॥''

कुमारसम्भवम्, सर्ग 7, श्लोक 30-31

2. वही, सर्ग 7, श्लोक 38
3. ''तासां च पश्चात्कनकप्रमाणां काली कपालाभरणा चकासे।
बलाकिनी नीलपयोदराजी दूरं पुरःक्षिप्तशतह्रदेव॥''

वही, सर्ग 7, श्लोक 39

4. ''ततो गणैः शूलभृतः पुरोगैरूदीरितो मङ्गलतूर्यघोषः।
विमानशृंगाण्यवगाहमानः शशंस सेवावसरं सुरेभ्यः॥''

वही, सर्ग 7, श्लोक 40

5. विष्णुधर्मोत्तर, तृतीय खण्ड, अध्याय 73, श्लोक 32
6. वही, तृतीय खण्ड, अध्याय 73, श्लोक 30

कौमारी का रूप कुमार (स्कन्द-कार्तिकेय) की भाँति है। लाल वस्त्र धारण किये वे मयूर पर आसीन हैं। वे अपने हाथों में शूल, शक्ति एवं गदा धारण किये हैं। महिष पर स्थित वाराही का रूप वराह के समान दिखाया गया। वे अपने हाथों में घण्टा, चामर, गदा और चक्र को धारण किये प्रदर्शित हैं। वराह की भाँति दानवेन्द्र की विनाशिनी, समस्त लोकों पर कल्याण करनेवाली और व्याधि-विनाशिनी के रूप में उन्हें चित्रित किया गया। चामुण्डा बड़े दाँतोंवाली, क्षीणकाया, गर्त में घुसी नेत्रोंवाली, भयंकर-स्वरूपा एवं दस हाथोंवाली अंकित की जाने लगीं। उनकी दसभुजी प्रतिमा के दाहिने हाथ में मुशल, चक्र, बाण, अंकुश एवं खड्ग तथा बायें हाथ में खेट, पाश, धनुष, दण्ड एवं कुठार दिखाया गया। सर्पों को धारण करनेवाली, लाल एवं विकृत इस देवी का वाहन प्रेत था। इन्द्राणी को इन्द्र के सदृश तथा गज पर आसीन प्रदर्शित किया गया। अनेक नेत्रोंवाली इस देवी के हाथों में वज्र, शूल एवं गदा अंकित किया गया।

द्वार की देहली की मण्डन-योजना भी प्रभावोत्पादक है। इस पर उत्कीर्ण किये जानेवाले मांगलिक प्रतीकों में पूर्णकुम्भ, श्रीवृक्ष, शङ्ख, मत्स्य एवं मंगलमाला उल्लेखनीय हैं। गुप्तोत्तर काल में देहली-अलंकरण का यही आदर्श रूप था, जैसा कि समराङ्गणसूत्रधार से स्पष्ट है।[1] मंगलमाला आठ शुभ प्रतीकों से युक्त हुआ करती थी (कमल, कल्पवृक्ष, श्रीवत्स, वैजयन्ती, मीनयुगल, अंकुश, परशु एवं शङ्ख)। इसे सर्वविध मंगल के लिए राजा, सेनापति एवं सामुद्रिक सार्थवाह धारण करते थे। इसे कला में भी ऊँचा स्थान दिया गया। कभी-कभी 'मन्दार-माला' को भी अंकित किया जाता था। शाकुन्तलम् में 'मन्दार-माला' को पहनाने का उल्लेख मिलता है (मन्दारमाला हरिणा पिनद्धा)।

मंगलमाला के अतिरिक्त देहली में 'कीर्तिमुख' उकेरने की प्रथा लोकप्रिय थी। यह प्रतीक एक गोलवृत्त अथवा अर्द्धवृत्त के रूप में होता था, जिसके बीच 'सिंहमुख' अथवा 'व्यालमुख' अंकित हुआ करते थे। शिल्परत्न में 'व्यालमुख' (चीते के मुख) का उल्लेख हुआ है।[2] वायु-पुराण में द्वारमण्डन-योजना में 'सिंहमुख' के अंकन का वर्णन आता है (सिंहानांमुखम्)।[3] 'कीर्तिमुख' को शिल्पशास्त्रों में 'सिंहमुख' का पर्याय कहा गया है। मत्स्यपुराण में वर्णन मिलता है कि गोलवृत्तों में पत्रवल्ली से मण्डित सिंहमुख या व्याघ्रमुख उत्कीर्ण किये जायँ।[4] यहाँ कीर्तिमुखों की ओर संकेत हैं। कीर्तिमुखों में सिंहमुख, उसकी मूँछें, दन्तावली एवं विस्फारितं नेत्र शिल्पियों द्वारा तराशे जाते थे। जनमत में प्रतिष्ठित था कि 'कीर्तिमुख' सर्वमंगलदायक एवं अनिष्ट के निवारक होते हैं। मानसार के अनुसार गोलवृत्तों अथवा अर्द्धवृत्तों के भीतर

---

1. ''पूर्णकुम्भा कुशक्षत्र-श्रीवृक्षादर्शचामरैः।
   कार्यास्तु मंगलाद्वारे दामभिः शंखमत्स्ययोः॥''

   समरांगणसूत्रधार; 34, 27

2. ''प्रस्तरे वा गले वाथ कपोते वा विशेषतः।
   पादान्तरेषु युग्मैवाप्ययुग्मैर्व्यालैः पराङमुखैः।
   वलभ्यां भूतहंसैस्तु भूषयेच्चाखिलेष्वपि॥
   प्रत्युत्सेध वाथ त्रिपादं वार्धमेव वा।
   प्रतेरग्रं प्रकर्त्तव्यं पूर्ववत् पार्श्वयोर्द्वयोः॥''

   शिल्परत्न, अध्याय 19, श्लोक 122-124

3. वायुपुराण, अध्याय 101
4. ''पत्रवल्लीसमोपेतं सिंहव्याघ्रसमन्वितम्।''

   मत्स्यपुराण, अध्याय 258, श्लोक 14

सिंहों के अतिरिक्त हंस, देव एवं मानव चित्र भी अंकित किये जायँ। उनके चतुर्दिक् पत्र एवं लता आदि को अंकित कर सौन्दर्य को अधिकाधिक उभाड़ा जाय।[1]

'कीर्तिमुखों' के दोनों ओर कभी-कभी सुपर्ण अंकित मिलते हैं, जिनका वपु मानव-सदृश परन्तु पैर पक्षियों के समान है। एरण के विष्णु-मन्दिर की देहली में 'कीर्तिमुख' एवं 'सुपर्ण' दोनों ही अंकित थे। इसके अतिरिक्त कल्पवृक्ष, कल्लोल करते हंस, संपुटित, अर्द्धविकसित एवं पूर्ण विकसित पद्मों तथा पद्मवन में विहार करनेवाले गजों के अंकन भी प्राप्त हैं। देहली के नीचे चन्द्रशिला बनी होती थी। इस पर अर्द्धवृत्त-बन्ध तराशे जाते थे। प्रत्येक बन्ध के भीतर पद्म, हंस, गज, अश्व, सिंह एवं वृषभ की आकृतियाँ अलग-अलग तराशी जाती थीं। भारतीय कला के प्रसरण के साथ चन्द्रशिला-निर्माण की प्रथा बाह्य देशों में भी पहुँची; उदाहरणार्थ—अनुराधपुर से चन्द्रशिला का एक सुन्दर दृष्टान्त मिला है, जिस पर एककेन्द्रीय कई अर्द्धवृत्त बने हुए हैं। प्रत्येक दो अर्द्धवृत्तों के मध्यवर्ती बन्ध में पृथक् प्रतीक उत्कीर्ण हैं; यथा—गज, अश्व, सिंह एवं पत्रवल्ली आदि।

उपलब्ध दृष्टान्तों का परिचय

एरण का विष्णु-मन्दिर

वीना नदी के किनारे एरण से तीन गुप्तकालीन मन्दिरों के प्रमाण मिलते हैं—(1) विष्णु का मन्दिर, (2) वराह का मन्दिर तथा (3) नृसिंह-मन्दिर। जहाँ तक विष्णु-मन्दिर का प्रश्न है, यह वराह-मन्दिर के उत्तर एवं नृसिंह-मन्दिर के दक्षिण की दिशा में अवस्थित है। मूल-काल में इस मन्दिर के दो भाग थे—(1) गर्भगृह एवं (2) मुखमण्डप। जगतीतल पर निर्मित गर्भ-गृह (जिसका द्वार पूर्वी दिशा में है) आयताकार है तथा इसकी छत सपाट है। इसके समक्ष वर्तमान मुखमण्डप की छत भी समतल है। सम्प्रति यह केवल दो स्तम्भों पर टिका है। कनिंघम महोदय के माप के अनुसार गर्भगृह एवं मुखमण्डप मिलकर बाहर की ओर से 32 फीट 5 इञ्च लम्बे तथा 13 फीट 6 इञ्च चौड़े हैं। इस मन्दिर का गर्भ-गृह भाग 18 फीट लम्बा एवं 6 फीट चौड़ा है।[2] इसकी भित्तियाँ नष्टप्राप्य हैं। इस गर्भ-गृह के मध्य में विशालकाय विष्णु-प्रतिमा स्थापित है। इसका प्रवेश-द्वार गुप्त-शैली में उकेरियों से सुसज्जित है। सिरदल (शिरापट्टी) के 'ललाट-विम्ब' पर गरुडासीन विष्णु-प्रतिमा अंकित है। यह तथ्य इस बात का प्रमाण है कि यह देवालय विष्णु-पूजा से संबंधित था। यह उत्कीर्ण-प्रतिमा विष्णुधर्मोत्तर में वर्णित विष्णु-प्रतिमा की विशेषताओं का स्मरण दिलाती है।[3]

---

1. ''अथवा चित्रसंयुक्तं सर्वालंकारसंयुतम्।
नासिकावृत्तबाह्ये तु गवाक्षाकारं तु पत्रयुक्॥
तस्मादन्तर्गताश्चापि देवभूतादिरूपकैः।
व्यालहिंसादिहंसाद्यैद्रुमवल्यादिभूषितम्॥
तदूर्ध्वे कीर्त्तिवक्रं तु निर्गमाकृतिं भावयेत्॥''
मानसार, अध्याय 18, श्लोक 144-46
2. आर्क्यालॉजिकल सर्वे रिपोर्ट्स, जिल्द 10, पृष्ठ 85-86
3. ''गृधोरुजानुचरणः पक्षद्वयविभूषणः।
प्रभासंस्थान सौवर्णः कलापेन विवर्जितः॥
छत्रं च पूर्णकुम्भं च करयोस्तस्य कारयेत्॥

द्वारमण्डन-योजना के अनुसार द्वार-शाखा कई शोभा-पट्टिकाओं में विभाजित है। प्रत्येक में पृथक् अलंकरण-प्रतीक सुसज्जित हैं; उदाहरणार्थ पत्रलता, पुष्पमाला एवं शंख-पद्म। द्वार-शाखा के दक्षिणी पार्श्व-स्तम्भ के शीर्ष भाग में मकरस्था गंगा तथा वाम पार्श्व-स्तम्भ के शीर्ष-भाग में कूर्मस्था यमुना ललितमुद्रा में सुशोभित हैं। देहली की अलंकरण-योजना में प्रकृति के विविध रूप (यथा पत्रवल्ली, हंसयुग्म, संपुटित, अर्द्धविकसित एवं पूर्णविकसित पद्म) तथा कीर्तिमुख एवं सुपर्ण को विशेष स्थान प्रदान किया गया। देहली के नीचे चन्द्रशिला निर्मित है, जिसमें शंखमाला सुशोभित है। वाम पार्श्वस्तम्भ एवं दक्षिण पार्श्वस्तम्भ के निचले भागों में विष्णु के द्वारपालों (प्रतीहारों) की प्रतिमाएँ बनी हैं, जो किरीट, कुंडल, हार, भुजबन्ध, कंकण, मेखला, यज्ञोपवीत एवं वनमाल धारण किये हैं। गर्भगृह के सपाट छत के अत्तच्छादन पर शतदलकमल का अंकन प्राप्य है, जो गुप्तकालीन मन्दिर-स्थापत्य-योजना के अन्तर्गत आती थी।

मेरा व्यक्तिगत अनुमान यह है कि इस मन्दिर का निर्माण समुद्रगुप्त के काल में हुआ था। कनिंघम को एरण से इस सम्राट् का सुप्रसिद्ध लेख शिलाफलक पर उत्कीर्ण मिला, जो सम्प्रति राजकीय संग्रहालय कलकत्ता में सुरक्षित है। इस शिलाफलक की बनावट, स्वरूप एवं उसकी प्राप्ति की परिस्थितियों को देखकर कनिंघम का अनुमान था कि यह एरण के किसी देवालय का वास्तुगत अङ्ग था।[1] उसके अनुसार यह इस स्थान के उक्त विष्णु-मन्दिर के निर्माण में ही प्रयुक्त रहा होगा।[2]

लगता है, आटविक विजयों के उपरान्त एरण में अपनी सत्ता सुदृढ़ कर लेने के उपलक्ष्य में उसने विष्णु-मन्दिर का निर्माण किया। विष्णु उसके आराध्यदेव थे तथा उसकी राजमुद्रा गरुड-मुद्रा थी (गरुत्मदङ्क)। इसी देवालय की स्थापना के स्मरण में उसने एरण का अपना सुप्रसिद्ध लेख शिलाफलक पर उत्कीर्ण कराया होगा, जो कि योजनानुसार शिल्पियों द्वारा इस देवायतन के किसी स्तम्भ अथवा अन्य भाग में जड़ दिया गया होगा। इस लेख में वह एरण (ऐरिकिण प्रदेश) को अपना 'भोगनगर' कहता है (स्वभोगनगरे)। यदि उसने वहाँ अपने आराध्य देव के किसी मन्दिर का निर्माण किया हो, तो यह कोई आश्चर्य की बात नहीं हो सकती। इस लेख में उसने अपने पुत्र एवं पौत्रादि से युक्त राजनिवास (राजगृह) की चर्चा की है। सम्भव है कि उसने एरण को अपनी द्वितीय राजधानी बना ली हो, जहाँ उसका कोई राजकुमार सम्राट्-प्रतिनिधि (वाइसराय) के रूप में निवास करता रहा हो। इस प्रसंग में इस नगर में उसके राजपरिवार के सदस्य रहते हों, जिनकी पूजा-आराधना के उद्देश्य से उसने अपने अभियन्ताओं की सहायता से विशाल विष्णु-मन्दिर की स्थापना करायी हो। गर्भगृह में स्थापित विशाल विष्णु-मूर्ति को उसने उसी प्रकार उत्साहपूर्वक निर्मित कराया होगा, जिस प्रकार भितरी में स्कन्दगुप्त ने विशालकाय शार्ङ्गी (विष्णु)-प्रतिमा की स्थापना करायी थी।

---

contd...

करद्वये तु कर्तव्यं तथास्य रचिताञ्जलिः।
तथास्य भगवान्पृष्ठे छत्रकुम्भधरौ करौ॥
न कर्तव्यौ तु कर्तव्यौ देवपाद धरावुमौ।
किञ्चिल्लम्बोदरः कार्यः सर्वाभरणभूषितः॥''

विष्णुधर्मोत्तर, तृतीय खण्ड, अध्याय 54, श्लोक 2-5

1. आर्क्यालॉजिकल सर्वे रिपोर्ट्स, जिल्द 10, पृष्ठ 89
2. वही, पृष्ठ 89

एरण का नृसिंह-मन्दिर

एरण में अवस्थित पंक्तिबद्ध देवालयों में यह मन्दिर भी विशेष रूप से उल्लेखनीय है। नृसिंह-मन्दिर, विष्णु-मन्दिर के उत्तर में स्थित था तथा अपने युग का एक भव्य निर्माण रहा होगा। पर खेद की बात है कि समय की गति के प्रभावों के कारण यह अपने स्थान से लुप्त हो चुका है। इसके प्राप्त अवशेषों के आधार पर कनिंघम ने इसकी संरचना का प्रयास किया था। प्रारम्भिक मन्दिरों की भाँति यह भी द्वि-अंग (गर्भगृह एवं मुखमण्डप-युक्त) देवालय था। कनिंघम के अनुसार जगतीतल (मञ्च) पर निर्मित आयताकार एवं समतल छतवाला गर्भगृह 12 फीट 6 इंच लम्बा एवं 8 फीट 9 इंच चौड़ा रहा होगा तथा मुखमण्डप चार स्तम्भों पर आधारित था। गर्भगृह में नृसिंह-अवतार की एक विशाल प्रतिमा प्रतिष्ठित थी, जो कि ऊँचाई में 7 फीट रही होगी। दुर्भाग्यवश यह खण्डित अवस्था में है। कनिंघम का अनुमान है कि छत के टूट जाने के कारण यह प्रतिमा टूट गयी थी।[1] इसमें देवमुख सिंह-रूप में तथा शेष भाग मानव-रूप में प्रदर्शित हैं। सिंह का अधखुला मुख, बड़े नेत्र एवं कन्धों पर फैले घुँघराले बाल रौद्र रूप के परिचायक हैं। इस प्रकार का रूप-वर्णन विष्णुधर्मोत्तर में प्राप्य है।[2]

प्रवेश-द्वार के सिरदल (शिरापट्टी), द्वारशाखा एवं देहली विभिन्न अलंकारों से सुसज्जित थे। इसके विभिन्न भाग खण्डित हो जाने के कारण आस-पास बिखरे प्राप्त हुए हैं। इनसे ज्ञात होता है कि द्वारमण्डन की योजना गुप्त-शैली के अन्तर्गत थी। विभिन्न अलंकरण-पट्टिकाओं में पुष्प एवं पल्लवों का अलङ्करण, आलों एवं चौखटों में उकेरे हुए मानव-युग्म, लताकुञ्जों में कल्लोल करते राजहंस, कीर्तिमुख (वृत्तों के भीतर सिंहमुख एवं मानवमुख) तथा शंख एवं पद्म की मालाएँ सुशोभित थीं। गंगा एवं यमुना के नृ-विग्रह के अतिरिक्त अलंकृत केशधारी द्वारपालों (प्रतीहारों) के भी चित्र अंकित थे। मुखमण्डप के प्राप्त स्तम्भों में पीठ-से-पीठ मिलाए सिंहों, मंगलघट, गजलक्ष्मी के घटाभिषेक-दृश्य तथा पुष्प एवं पल्लवों के अलंकरण प्राप्य हैं। देहली की समीपस्थ चन्द्रशिला पर शंख-प्रतीक तराशे गये हैं। कनिंघम महोदय ने एक प्रस्तर-स्तम्भ पर गुप्त-ब्राह्मी में उत्कीर्ण एक लघु लेख में 'चन्द्र' पाठ किया था।[3] लगता है कि इससे तात्पर्य चन्द्रगुप्त विक्रमादित्य से है। सम्भव है कि यह देवालय इसी सम्राट् के राज्यकाल में निर्मित हुआ हो।

एरण का वराह-मन्दिर

इस मन्दिर का भी पता कनिंघम ने ही लगाया था। यह विष्णु-मन्दिर के दक्षिण की ओर अवस्थित था। सम्प्रति, यह अपने स्थान से लगभग लुप्त हो चुका है। केवल अधिष्ठातृ-देव की पश्वाकार वराह-मूर्ति मात्र अवशिष्ट रह गयी है। इसके प्रांगण में नृवराह-प्रतिमा भी थी, जो सम्प्रति सागर देवालय में सुरक्षित

---

1. आर्क्यालॉजिकल सर्वे रिपोर्ट्स, जिल्द 10, पृष्ठ 88
2. ''आलीढस्थानसंस्थानः सर्वाभरणभूषितः।
   ज्वालामालाकुलमुखो ज्वालाकेसरमण्डलः॥
   × × ×
   ज्वालामालाकुलवपुः शंखपद्मधरः प्रभुः।
   मूर्तिमत्पृथिवीहस्तन्यस्तपादोऽथ वोत्थितः॥''

   विष्णुधर्मोत्तर पुराण, तृतीय खण्ड, अध्याय 78, श्लोक 3 एवं 10
3. आर्क्यालॉजिकल सर्वे रिपोर्ट्स, जिल्द 10, पृष्ठ 88

है। विष्णुधर्मोत्तर में नृवराह एवं वराह (पशवाकृति)—दोनों के ही निर्माण का उल्लेख प्राप्य है।[1] प्राप्त अवशेषों के आधार पर कनिंघम ने इसकी विन्यास-योजना की संरचना का प्रयास किया था। यह मन्दिर द्वि-अंग (अर्थात् गर्भगृह एवं मुखमण्डप से संयुक्त) देवालय का दृष्टान्त था। उसके माप के अनुसार जगतीतल पर निर्मित आयताकार गर्भ-गृह का आन्तरिक भाग 31 फीट लम्बा एवं 15 फीट 6 इंच चौड़ा था। शिलाफलकों द्वारा निर्मित इसकी भित्तियाँ 2 फीट 6 इंच चौड़ी थीं। स्तम्भों पर आधारित मण्डप के जगतीतल (मञ्च) की ऊँचाई समान रही होगी। यह लगभग 9 फीट चौड़ा था। गर्भगृह और मण्डप को लेकर मन्दिर की बाहरी लम्बाई 42 फीट 6 इंच तथा चौड़ाई 20 फीट 6 इंच थी। मण्डप के दो स्तम्भों के उदाहरण प्राप्त हुए हैं, जिनमें से प्रत्येक 10 फीट ऊँचा है। ये आधार की ओर अठपहलू तथा मध्य भाग में षोडशपहलू हैं। प्रत्येक पहलू उकेरियों के कार्य से मण्डित है। अलंकरण-प्रतीकों में घटपल्लव एवं रज्जुघण्टिका उल्लेखनीय हैं।

कनिंघम का अनुमान है कि यह मन्दिर तोरण-द्वार से युक्त था, जिसमें शालभञ्जिका-चित्र सुशोभित थे जो कि साँची-तोरणों की भाँति तोरण-द्वार की धरण एवं स्तम्भ-शीर्ष के सन्धि-स्थलों पर निर्मित थे। इनमें से एक का खण्डित उदाहरण प्राप्य है, जिसमें वरांगना त्रिभंग-मुद्रा में खड़ी एक हाथ से वृक्ष-शाखा को नीचे झुकाती खड़ी है।[2] इस प्रमाण से हम कह सकते हैं कि गुप्त-कला में शालभञ्जिका-चित्रों को स्थान दिया जाता होगा। कालिदास ने अयोध्या-वर्णन के प्रसंग में 'स्तम्भ-योषित' (स्तम्भ-शीर्ष पर उत्कीर्ण देवी-प्रतिमा) का उल्लेख किया है, जो शालभञ्जिका चित्र की ओर संकेत करती है।

ऊपर कहा जा चुका है कि गर्भ-गृह में विष्णु की वाराही प्रतिमा प्रतिष्ठित है, जो पशु आकारवाली है। इसमें तोरमाण के शासन-काल के पहले वर्ष का लेख संस्कृत भाषा में आठ पंक्तियों में उत्कीर्ण है। इसमें विष्णु के वराह अवतार की चर्चा करते हुए इस वाराही मूर्ति को त्रिलोक रूपी महागृह का स्तम्भ कहा गया है (त्रैलोक्यमहागृहस्तम्भ)। इस लेख के अनुसार परमवैष्णव धन्यविष्णु ने, जो हूण-सम्राट् तोरमाण का माण्डलिक था, एरण में प्रस्तर-निर्मित इस बराह-मन्दिर (शिला-प्रासाद) का निर्माण माता-पिता के पुण्यार्जन-निमित्त (मातापित्रोः पुण्याप्यायनार्थम्) कराया था। इस लेख में विश्व-संरक्षक की (भगवतो जगतपरायणस्य नारायणस्य) 'बराह-मूर्ति' का उल्लेख मिलता है, जिसका प्रतिष्ठापन धन्यविष्णु ने कराया था।

इससे लगता है कि इस देवालय का निर्माण गुप्त-काल की उस अवस्था में हुआ, जबकि मध्य प्रदेश में गुप्त-हूण-सत्ताओं का संघर्ष चल रहा था। इस लेख से लगता है कि इस समय एरण गुप्तों के हाथ से निकलकर हूणों के आधिपत्य में आ गया था। एरण का बुधगुप्तकालीन लेख सूचित करता है कि इसके पूर्व धन्यविष्णु का अग्रज मातृविष्णु उक्त गुप्त सम्राट् का माण्डलिक था।

भूमरा का शिव-मन्दिर

यह स्थान मध्य प्रदेश में भूतपूर्व नागौद रियासत में स्थित है। इलाहाबाद-इटारसी लाइन पर उँचहरा एवं सतना स्टेशनों से यह अति सन्निकट है। इसको विशेष प्रसिद्धि में लाने का श्रेय कनिंघम एवं राखालदास

---

1. "नृवराहोऽथवा कार्यो ध्याने कपिलवत्स्थितः।
   द्विभुजस्त्वथ वा कार्यः पिण्डनिर्वहणोद्यतः॥
   समग्रकोऽरूपो वा बहुदानवमध्यगः।
   नृवराहो वराहो वा कर्तव्यः क्ष्माविधारणे॥"

   विष्णुधर्मोत्तर, तृतीय खण्ड, अध्याय 79, श्लोक 9 एवं 10।
2. आर्क्यालॉजिकल सर्वे रिपोर्ट्स, जिल्द 10, पृष्ठ 86

बनर्जी को है। प्रस्तर-निर्मित यह मन्दिर सपाट छत से युक्त है तथा इसके केवल दो ही भाग हैं—वर्गाकार गर्भगृह एवं मुखमण्डप। इसका द्वि-अंग देवालय होना इस बात का परिचायक है कि यह एक प्रारम्भिक गुप्त-मन्दिर था। इसकी भित्तियों में लगे पत्थरों में जुड़ाई का मसाला नहीं मिलता। गर्भ-गृह के प्रवेश-द्वार की नक्काशी गुप्त-शैली में हुई है। इसकी द्वार-शाखा का अलंकरण तीन भागों में विभक्त किया जा सकता है—(1) पत्रशाखा एवं (2 तथा 3) रूपशाखा। पत्रशाखा-अलंकरण केवल प्रथम भाग में प्राप्य है। इस अलंकरण-बन्ध में कल्पलता अंकित है, जो ऊपर बढ़ती डाट (शिरापट्टी) तक फैली उत्कीर्ण है। शेष दो भागों (रूपशाखाओं) में शैव धर्म से संबंधित प्रतीक एवं मांगलिक अभिप्राय तराशे गये हैं।

इस देवालय में एकमुखलिंग शिव-प्रतिमा स्थापित थी, जिसका उदाहरण प्राप्य है। यह बेलनाकार है। इसका विन्यास खोह के एकमुखलिंग के समान है। पर कहीं-कहीं इसकी उकेरी में विभिन्नता दिखायी देती है। शिव के जटाजूट में 'गवाक्ष-चूड़ामणि' (आभूषण-विशेष) तथा सर्पमालिका सुशोभित हैं। जटा के ठीक नीचे ललाट पर मणिमाला तराशी गयी है। शङ्कर का त्रिनेत्र उनके मस्तक पर अंकित है, जो कि खोह के मुख-लिंग में अप्राप्य है। गले में रुद्राक्ष तथा मांगलिक प्रतीकों से युक्त एक अन्य माला भी उत्कीर्ण है। दोनों ही कानों में रुद्राक्ष रूपी कर्णावतंस सुशोभित है। उनके जटाजूट की चन्द्रकला गुप्तकालीन मन्दसौर-लेख (मालव संवत् 524 = 472-73 ई०) में वर्णित 'शशिलेखा' का स्मरण दिलाती है :—

''अमलिनशशिलेखादंतुरं पिङ्गलानां
परिवहति समूहं यावदीशो जटानाम्।''

गुप्तकालीन मन्दिरों में विभिन्न पौराणिक देवी-देवताओं के निरूपण की परम्परा आरम्भ हो गयी थी। इस मन्दिर के उच्चित्रों में यम, सूर्य, कुबेर, ब्रह्मा, इन्द्र, कार्तिकेय एवं महिषासुर-मर्दिनी के शैल चित्रण उल्लेखनीय हैं। पौराणिक देवसमूह के अंकन की व्यवस्था कई गुप्तकालीन मन्दिरों में देखने को मिलती है; उदाहरणार्थ—खोह एवं नचनाकुठारा। कुमारसम्भव में ब्रह्मा के दरबार में इन्द्र को आगे करके, हाथ में पाश धारण किये वरुणदेव (पाणौ पाशः प्रचेतसः), कुबेर, पृथ्वी को कुरेदते हुए यम (यमोऽपि विलिखन्भूमिं), सूर्य तथा शशि-कला धारण करनेवाले शिव-प्रभृति-देवसमूह की उपस्थिति दिखायी गयी है।[1]

इस मन्दिर की द्वार-शाखा के ऊपरी भाग में गंगा एवं यमुना नदियों का चामरधारी स्त्री-वेश (नृ-विग्रह) तराशा गया है। कुमारसम्भव के एक वर्णन में ये दोनों नदियाँ अपना सरिता-रूप त्यागकर महादेव जी पर चँवर डुलाती नृ-विग्रह रूप में निरूपित हैं। वे चँवर ऐसे लगते थे, मानो हंस उड़ रहे हों।[2] विष्णुधर्मोत्तर में महादेव-मन्दिर के द्वार-पार्श्वों में गंगा-यमुना पूर्ण कुम्भ धारण किये अपने-अपने वाहनों (क्रमानुसार मकर एवं कूर्म) पर आरूढ़ त्रिभंगीमुद्रा में (नमितजानवः) निरूपित हैं।[3] अहिच्छत्र से दोनों ही सरिताओं के नृ-विग्रह के परिमाण मृच्चित्र प्राप्त हुए हैं। इन उदाहरणों से स्पष्ट है कि गुप्त-कला एवं स्थापत्य में इस प्रकार

1. कुमारसम्भव, सर्ग 2, श्लोक 21-26
2. ''मूर्ते च गंगायमुने तदानीं सचामरे देवमसेविषाताम्।
समुद्रगारूपविपर्ययेऽपि सहंसपाते इव लक्ष्यमाणे॥''
वहीं, सर्ग 7, श्लोक 47
3. ''सरितां सशरीराएणां वाहनानि प्रदर्शयेत्।
पूर्णकुम्भकराः कार्यास्तथा नमितजानवः॥''
विष्णुधर्मोत्तर, तृतीय खण्ड, अध्याय 42, श्लोक 51

के शैल चित्रण का स्थान विशिष्ट था। भूमरा के गर्भगृह की शिरापट्टी (सिरदल) के केन्द्रवर्ती भाग (ललाटबिम्ब) में शिव की भव्य प्रतिमा तराशी गयी है, जिससे स्पष्ट है कि यह मन्दिर शैव धर्म से संबंधित था। ललाटबिम्ब-उच्चित्रण को विशेष रूप से फलदायक माना जाता था। शैव-मन्दिरों में इस प्रकार की उकेरी की प्रथा अद्यावधि विद्यमान है।

नचना-कुठारा का शिव-मन्दिर

यह स्थान मध्य प्रदेश के भूतपूर्व रियासत अजयगढ़ में स्थित है। नचने की तलाई एवं नचना-गंज से वाकाटक-गुप्तकालीन लेख (वाकाटक पृथिवीषेण के माण्डलिक व्याघ्रदेव द्वारा उत्कीर्ण) प्राप्य हैं, जो इस बात के परिचायक हैं कि उस समय नचना एक प्रसिद्ध ऐतिहासिक स्थल रहा होगा। कनिंघम ने इस स्थान के देवालय की पहचान पार्वती-मन्दिर के रूप में की थी।[1] उसका अनुसरण करते हुए अभी तक लोग अधिकतर इसे पार्वती का ही मन्दिर मानते हैं। राखालदास बनर्जी पहले विद्वान् थे, जिन्होंने इसकी पहचान शिव-मन्दिर के रूप में की थी।[2] इसके गर्भगृह के प्रवेश-द्वार की डाट (उत्तरंग) के ललाटबिम्ब पर शिव-प्रतिमा उत्कीर्ण है, जिससे स्पष्ट है कि यह शैव धर्म से संबंधित था।

इस देवालय की भूरचना (तलच्छन्द) भूमरा-मन्दिर के भूमि-विन्यास के सदृश है। सोपानयुक्त चबूतरे पर गोल गर्भगृह है, जिसका व्यास 8½ फीट है। इसके चतुर्दिक् प्रदक्षिणा-पथ के भी होने का प्रमाण मिलता है। गर्भगृह के समक्ष स्तम्भयुक्त मुखमण्डप भी प्राप्य है। नक्काशी की दृष्टि से इसकी द्वार-शाखा महत्त्वपूर्ण है, जिसमें देवगढ़ के देवालय की भाँति कई अलङ्करण-बन्ध प्राप्य हैं। प्रत्येक बन्ध में मांगलिक प्रतीक (पत्रवल्ली, शंख, पद्म, स्वस्तिक एवं उड़ते राजहंस) अंकित हैं तथा रूपशाखा-योजना के अन्तर्गत रथिकाओं (आलों) में मिथुन-चित्र भी तराशे गये हैं (द्रष्टव्य चित्र सं० 1)।

गुप्तकालीन देवालयों में मिथुन-चित्रण एक विशेष जन-विश्वास की ओर हमारा ध्यान आकृष्ट करता है, जिसके अनुसार सृष्टि की कामना से (सिसृक्षया) ब्रह्मा ने अपने को स्त्री एवं पुरुष रूपी भागों में विभक्त कर लिया (स्त्रीपुंसावात्मभागौ)। ये दोनों ही भाग विधाता की भिन्न मूर्तियाँ हैं (भिन्नमूर्त्तेः)। स्त्री-पुरुष रूपी ये मूर्तियाँ सृष्टि की उत्पत्ति करती हैं (प्रसूतिभाजः)। अतएव वे जगत् के माता-पिता के द्योतक हैं (तावेव पितरौ स्मृतौ)।[3] गुप्त-देवालयों के मिथुन-चित्र जगत्-सृजन के प्रतीक हो सकते हैं। विष्णुधर्मोत्तर में वर्णन मिलता है कि महादेव के गर्भगृह के द्वारपार्श्वों पर विभिन्न मालाओं एवं आभूषणों से विभूषित विद्याधरों की आकृतियाँ सपत्नीक (विद्याधरियों-सहित) अंकित की जायँ।[4] गुप्तकालीन मन्दसौर के लेख (मालव संवत् 529 = 472-73 ई०) में विद्याधरियों एवं उनके 'रुचिर कर्णपूर' की चर्चा आती है (विद्याधरी-रुचिर-पल्लव-कर्णपूर) का उल्लेख मिलता है। अतएव सम्भव है कि गुप्त-देवालयों के युग्मचित्र विद्याधर एवं विद्याधरियों के युगल-चित्र हों।

विष्णुधर्मोत्तर में महादेव-मन्दिर के वर्णन प्रसंग में कहा गया है कि इसमें बौने पिशाच (पिशाचाः

---

1. आर्क्यालॉजिकल सर्वे रिपोर्ट्स, जिल्द 21, पृष्ठ 96
2. दी एज ऑफ इम्पीरियल गुप्ताज़, पृष्ठ 138-39
3. कुमारसंभव; सर्ग-2, श्लोक 7
4. ''रुद्रप्रमाणाः कर्त्तव्यास्तथा विद्याधरा नृप।
   सपत्नीकाश्च ते कार्या मांगल्यालंकारधारिणः॥''

   विष्णुधर्मोत्तर, तृतीय खण्ड, अध्याय 42, श्लोक 9

वामनाः), कुबड़ों (कुब्जाः) तथा ठिगनों (प्रमथ) के भी चित्र अंकित किये जायँ।[1] उल्लेखनीय है कि शिव-मन्दिर की द्वारशाखा की रथिकाओं (आलों) में प्रमथ-चित्र भी उत्कीर्ण हैं। विष्णुधर्मोत्तर में वर्णन मिलता है कि विभिन्न देवताओं के मन्दिरों में उनसे संबंधित गणों की आकृतियाँ तराशी जायँ (नानासत्त्वमुखाः कार्या देवतानां तथा गणाः)। वे अपने देव-विशेष से संबंधित वेश एवं आयुध धारण किये हों (नानावेशा महाराज नानायुधधरास्तथा) तथा विविध क्रीडाओं एवं कर्मों में रत हों (नानाक्रीडाप्रसक्ताश्च नानाकर्मकरास्तथा)[2]।

उल्लेखनीय है कि शैव मन्दिरों में शिव के गण अपने-अपने आयुध लिये क्रियाशील प्रदर्शित हैं। इस ग्रन्थ के अनुसार विष्णु के मन्दिर में विष्णु के गण अंकित हों (वासुदेवसभाः कार्या वासुदेवगणाः शुभाः)[3]। विचारणीय है कि शिव-मन्दिरों में प्रतीहार, सदृश आयुध (खप्पड़, तुरही एवं अक्षमाला) तथा विष्णु-मन्दिरों में प्रतीहार समान अस्त्र-शस्त्र (शंख, चक्र, गदा एवं पद्म) धारण किये प्रदर्शित हैं। विष्णुधर्मोत्तर के अनुसार विष्णु के प्रतीहारों के हाथों में नीलकमल एवं चन्द्रशुभ्र श्वेत कमल सुशोभित हो।[4] नचनाकुठारा से शिव की बेलनाकार एकमुखलिंग मूर्ति मिली है, जो जटाजूट, एकावली एवं चन्द्रकला से सुशोभित है तथा योगमुद्रा में अवस्थित होने के कारण खोह की मुखलिंग-प्रतिमा का स्मरण दिलाती है। संभव है कि यह शिव-लिंग इसी देवालय में स्थापित रहा हो।

खोह का शिव-मन्दिर

मध्य प्रदेश के भूतपूर्व नागौद रियासत में स्थित खोह गुप्त-काल में एक सुप्रसिद्ध ऐतिहासिक स्थल था। यहाँ से कुछ लेख प्राप्य हैं, जिनसे ज्ञात होता है कि यहाँ गुप्तों के माण्डलिक परिव्राजक महाराज राज्य करते थे। प्राप्त अवशेषों से ज्ञात होता है कि यहाँ किसी समय एक भव्य शिव-मन्दिर रहा होगा। इसमें स्थापित शिवलिंग-प्रतिमा आज प्रयाग-संग्रहालय में सुरक्षित है। यह अपनी कोटि का एक उत्कृष्ट एकमुख शिवलिंग का उदाहरण माना जा सकता है। इसमें बेलनाकार लिंग में तराशी गयी प्रतिमा में शिव ध्यानावस्थित एवं योग-मुद्रा में प्रदर्शित हैं। इसमें उनके गले की एकावली (रुद्राक्षमाला), कर्णावतंस, दो स्पष्ट बन्धों में विभक्त जटाजूट, चन्द्रकला एवं ध्यानमग्न आयत नेत्र दर्शनीय हैं।[5]

पहले उल्लिखित किया जा चुका है कि इस कोटि के शिवलिंग भूमरा एवं नचनाकुठारा से भी प्राप्य हैं। इसमें प्रदर्शित शिव की समाधि-मुद्रा की तुलना कुमारसंभव में वर्णित शिव-मुद्रा से की जा सकती है, जिसमें उन्होंने नवों इन्द्रियों के द्वार को रोककर (नवद्वार-निषिद्धवृत्ति) मन को समाधि से वश में करके (समाधिवश्यम् मनो) हृदय में रख लेते हैं (हृदि व्यवस्थाप्य)[6]। चन्द्रमा मानसजात माना जाता है (चन्द्रमा

---

1. "पिशाचाः वामनाः कुब्जाः प्रमथाश्च महीभुज।"

   विष्णुधर्मोत्तर, तृतीय खण्ड, अध्याय 42, श्लोक 12 (पूर्वार्द्ध)

2. वही, तृतीय खण्ड, अध्याय 42, श्लोक 12 (उत्तरार्द्ध) एवं 13
3. वही, तृतीय खण्ड, अध्याय 42, श्लोक 20
4. "तत्प्रभावाः स्मृताः सर्वेतदायुधधरास्तथा।
   नीलोत्पलश्यामाश्चन्द्रशुभ्रास्तथैव च॥"

   वही, तृतीय खण्ड, अध्याय 42, श्लोक 22

5. प्रमोदचन्द्र, स्टोन स्कल्पचर इन इलाहाबाद म्यूज़ियम, पृष्ठ 90
6. कुमारसम्भव, सर्ग 3, श्लोक 50

मनसोजातः)[1]। ज्ञानी अथवा जितेन्द्रिय मन को योग द्वारा वशीभूत करता है। इसे 'समाधिवश्यमानसयोग' कहा जा सकता है, जैसा कि कुमारसम्भव में निरूपित है तथा यही मुद्रा उक्त तीनों ही केन्द्रों के एकमुखशिवलिंग में निर्दिष्ट है।

कुमारसम्भव के उक्त वर्णन में शिव पत्थर की पाटियों से बनी चौकी (वेदिका) पर बिछे बाघम्बर पर समाधिस्थ हैं (शार्दूलचर्मव्यवधानवत्याम्)। उनका धड़ सीधा एवं अचल है (स्थिरपूर्वकायम्)। अपने दोनों कन्धों को झुकाकर अपनी गोद में खिले कमल के समान (राजीवभिवाङ्कमध्ये) दोनों हथेलियों को ऊपर किये (उत्तानपाणिद्वयसन्निवेशात्) बिना हिले-डुले बैठे हैं (पर्यङ्कबन्ध)। साँपों से उनकी जटा बँधी हुई है (भुजंगमोनद्धजटाकलापं), कानों में दुहरी रुद्राक्षमाला आभूषण के तुल्य टँगी है (कर्णावसक्त-द्विगुणाक्षसूत्रम्)। गले की नीली चमक से और भी अधिक साँवली दिखायी पड़नेवाली मृगछाला उनके शरीर पर गाँठ मार-कर कसी हुई है (कृष्णत्वचं ग्रन्थिमतीं दधानम्)। उनकी भौंहें तनी हुई हैं तथा निश्चल नेत्रों से वे नाक के अगले भाग पर दृष्टि जमाये बैठे हैं (लक्ष्मीकृतघ्राणम्)। शरीर के भीतर चलनेवाले सब पवनों को रोककर वे अचल बैठे हैं (अन्तश्चराणां मरुतां निरोधान्), जैसे बिना लहरोंवाला निश्चल ताल अथवा पवनरहित स्थान में खड़ी लौवाला दीपक विलसित होता है (निर्वात निष्कम्पमिव प्रदीपम्)। समाधि में बैठे हुए शंकर अपने उस अविनाशी आत्मा की ज्योति को अपने भीतर देख रहे थे (तमात्मनमात्मन्यवलोकयन्तम्)। खोह के एकमुखशिवलिंग में शिव की ध्यानमुद्रा, इस साहित्यिक वर्णन में प्राप्य शंकर की समाधि-मुद्रा अथवा योग-मुद्रा का बारंबार स्मरण दिलाती है।

इस देवालय के प्राप्तावशेषों से संकलित मूर्तियों में गणों के उच्चित्र उल्लेखनीय हैं, जो सम्प्रति प्रयाग की नगरमहापालिका के संग्रहालय में एकत्र हैं। साहित्यिक वर्णनों से भी लगता है कि शिव-मन्दिरों में गणों की आकृतियाँ तराशी जाती थीं। उदाहरणार्थ मेघदूत में उज्जयिनी के महाकाल-मन्दिर का वर्णन करते हुए यक्ष अपने संदेश-वाहक मेघ से कहता है कि जब तुम तीनों लोकों के स्वामी एवं चण्डी के पति महाकाल के मन्दिर को जाओगे, तो शिवजी के गण तुम्हें अपने स्वामी शङ्कर के कण्ठ के समान ही नीला देखकर तुझे बड़े आदर से निहारेंगे :—

''भर्त्तुः कण्ठछविरिति गणैः सादरं वीक्ष्यमाणः पुण्यं यायास्त्रिभुवनगुरोर्धाम चण्डीश्वरस्य''

(मेघदूत; 1, 37)

शिव-मन्दिरों की द्वार-शाखा में शङ्कर के गणों की आकृतियों के तराशने के साहित्यिक वर्णन मिलते हैं। शिव के प्रतीहारों में नन्दी, महाकाल, हेरम्ब, भृंगी, दुर्मुख, सित एवं असित नामक गणों के उल्लेख मिलते हैं, जिनके आयुध तर्जनी, त्रिशूल, डमरू, तुरही एवं गदा आदि थे। महाकाल-मन्दिर में शिव-गणों के अतिरिक्त सप्त-मातृकाओं की भी आकृतियाँ तराशी जाती थीं। सम्भव है कि इसकी द्वारशाखा में सप्त-मातृकाओं के भी उच्चित्र निर्मित रहे हों। लगता है कि यह मन्दिर गुप्तों के खोह-माण्डलिक महाराज हस्तिन् के द्वारा बनवाया गया हो, जो शैव मतावलम्बी था। खोह से प्राप्त उसके अभिलेख 'नमो महादेवाय' से प्रारम्भ होता है, जो उसके शैव मतावलम्बन के स्पष्ट प्रमाण हैं।

---

1. ऋग्वेद; 10, 90, 13। अग्रवाल वासुदेव शरण, स्टडीज़ इन इंडियन आर्ट, पृष्ठ 228

तिगवा का नृसिंह-मन्दिर

मध्य प्रदेश के जबलपुर जिले में स्थित यह देवालय गुप्तकालीन वास्तुगत विशेषताओं से मण्डित था। मञ्च (जगतीतल) पर निर्मित यह मन्दिर प्रत्येक दिशा में 12½ फीट था तथा इसके दो भाग थे; एक तो वृत्ताकार गर्भगृह जिसका व्यास 8 फीट था तथा दूसरा मुखमण्डप। गर्भगृह के भीतर नृ-सिंह प्रतिमा स्थापित थी (चित्र सं० 2)। विष्णुधर्मोत्तर के अनुसार नृसिंह का मुख सिंह के समान तथा शेष शरीर मानवाकार होना चाहिए। उनका वक्षःस्थल, कन्धा एवं गर्दन चौड़ा तथा कटि-प्रदेश क्षीण होना चाहिए। उनके जंघे पर हिरण्यकशिपु पड़ा हो तथा वे उसके वक्ष एवं उदर को विदारित करते अंकित हों। नीलकमल की आभा को धारणकरने वाले नृ-सिंह के मुख से अग्नि की लपटें निकलती दिखायी जायँ।[1] मत्स्यपुराण के अनुसार नरसिंह प्रतिमा अष्टभुजाओं से समन्वित हो। देव के मुख एवं नेत्र विस्फारित हों तथा उनका रूप रौद्र हो। दिति-सुत (हिरण्यकशिपु) को फाड़ने की क्रिया में उसकी अँतड़ियाँ बाहर निकल आयें तथा उसके मुख से रक्त निकलता हो।[2] विष्णुधर्मोत्तर के अनुसार नृ-सिंह प्रतिमा में उनका प्रभामण्डल दिखाया जाय तथा वे सम्पूर्ण आभूषणों से मण्डित हों।[3] गुप्तकालीन नृ-सिंह प्रतिमाओं से रौद्र सिंह-मुख, विस्फारित नेत्र एवं अलंकृत केश-सज्जा आदि अंकित किये जाते थे।

गुप्तकालीन विष्णु-प्रतिमाएँ उनके नृ-सिंह एवं नृ-वराह रूप में अधिक मिली हैं। गुप्त-लेखों में 'धरणिबन्ध' (पृथ्वी को बाँधने) का उल्लेख मिलता है। पौराणिक मतानुसार वराह वसुन्धरा को धारण करने-वाले हैं। नृ-सिंह दुष्टों के संहारक हैं। गुप्त-सम्राटों को उनकी प्रशस्तियों में 'असाधुओं' के लिए 'प्रलयहेतुपुरुष' कहा गया है। शकों एवं हूणों से उन्होंने भारतीय जनता की रक्षा की थी। अतएव नृ-सिंह एवं वराह-अवतारों में जनश्रद्धा अधिकाधिक प्रतिष्ठित थी, जिससे तत्संबंधी प्रतिमाएँ विशेष रूप से तराशी गयीं।

पुराणों के अनुसार विष्णु-मन्दिरों में उनके विभिन्न अवतारों एवं अन्य देवी-देवताओं की मूर्तियाँ तराशी जानी चाहिए। इस प्रकार के उच्चित्रण की अतिरोचक व्यवस्था का विवरण विष्णुधर्मोत्तर में प्राप्य है। इसके

---

1. "स एव भगवानविष्णुर्नरसिंहवपुर्धरः।
पनिस्कन्दकटिग्रीवः कृशमध्यः कृशोदरः॥
ज्वालामालाकुलमुखो ज्वालाकेसरमण्डलः।
हिरण्यकशिपोर्वक्षः पाटयन्नखरैः खरैः॥
नीलोत्पलाभः कर्त्तव्यो देवजानुगतस्वदा॥"

(विष्णुधर्मोत्तर, तृतीय खण्ड, अध्याय 78, श्लोक 1-4)

2. "नारसिंहं तु कर्त्तव्यं भुजाष्टकसमन्वितम्।
रौद्रं सिंहासनं तद्विदारितमुखेक्षणम्॥
स्तब्धपीनसटाकीर्णं दारयन्तं दितेः सुतम्।
विनिर्गतान्त्रजालं च दानवं परिकल्पयेत्॥
वमन्तं रुधिरं घोरं भ्रुकुटीवदनेक्षणम्॥"

मत्स्य पुराण, अध्याय 260, श्लोक 31-33

3. "नरसिंहोऽथवा कार्यः प्रभामण्डलदुर्दृशः।
सर्वाभरणसम्पन्नः कार्यो भूषणवर्जितः॥"

विष्णुधर्मोत्तर, तृतीय खण्ड, अध्याय 78, श्लोक 12

अनुसार विष्णु अपने वाहन गरुड पर आरूढ़ दिखाये जायँ (गरुडस्थितम्)। वे अपने वक्षःस्थल पर कौस्तुभ-मणि धारण किये हों (कौस्तुभोद्भासितारेकम्) तथा सम्पूर्ण आभूषणों से वे सुशोभित हों (सर्वाभरणधारिणम्)। यह विधाता का वैष्णवी रूप है, जो समस्त जगत् का पालन करती है (सात्त्विकी वैष्णवी ज्ञेया संसारपालिनी)। इसके अतिरिक्त चतुर्मुख ब्रह्मा की प्रतिमा तराशी जाय, जो पद्मासन लगाये हों (बद्धपद्मासनं) एवं कृष्णमृग-चर्म धारण किये हों (कृष्णाजिनाम्बरम्)। वे जटाधारी एवं चतुर्बाहु दिखाए जायँ तथा सात हंसों से जुते रथ पर आरूढ़ हों (जटाधरं चतुर्बाहुं सप्तहंसरथे स्थितम्)।

महादेव वृष पर आरूढ़ अंकित हों (देवदेवं महादेवं वृषारूढं तु कारयेत्)। उनके जटाजूट में चन्द्रकला सुशोभित हो (जटाकलापे महति तस्य चन्द्रकला भवेत्)। कपालमाली एवं त्रिनेत्र शंकर के हाथों में अक्षमाला एवं त्रिशूल हो। ब्रह्मा, विष्णु एवं महेश की मूर्तियाँ जगत्-स्त्रष्टा की त्रिमूर्तियाँ हैं (त्रिमूर्तेः)। विष्णु के दक्षिण में नृ-सिंह-प्रतिमा (नारसिंह तु दक्षिणम्) तथा उत्तर में वराह-प्रतिमा विद्यमान हो (वाराहमुत्तरम्)। इसमें विष्णु के चतुर्व्यूह रूप को भी अंकित करने का उल्लेख मिलता है। इस व्यवस्था में विष्णु के सिर एवं उनके कन्धों के पीछे संकर्षण, प्रद्युम्न एवं अनिरुद्ध को अपने-अपने गणों के साथ प्रदर्शित करने का विधान स्पष्ट रूप में किया गया है।[1] तिगवा एवं देवगढ़ के मन्दिरों का स्थापत्य इस बात का प्रमाण है कि विष्णु-मन्दिरों की रथिकाओं एवं सिरदल (उत्तरंग) पर उक्त विभिन्न देवी-देवताओं की आकृतियों का चित्रण किया जाता था। चन्द्रगुप्त 'विक्रमादित्य'-कालीन दशपुर-माण्डलिक नरवर्मा द्वारा निर्मित विष्णु-मन्दिर के वर्णन-प्रसंग में मन्दसौर-लेख (मालव संवत् 461 = 404 ई०) में विष्णु के साथ पौराणिक देवी-देवताओं की उपस्थिति का उल्लेख किया गया है। इसमें विष्णु की तुलना एक वृक्ष से की गयी है, जिसकी विभिन्न शाखाओं में लगे फल देवगण एवं सुन्दर पल्लव अप्सराओं का प्रतिनिधित्व करते हैं।[2]

तिगवा के गर्भमन्दिर की वाम द्वारशाखा, दक्षिण द्वारशाखा, देहली एवं सिरदल गुप्त-शैली में अलंकृत हैं। इसके द्वार-पार्श्व (पार्श्व-स्तम्भों) की रथिकाओं (आलों) में प्रमथ (वामन) प्रतीहारी-रूप में अंकित हैं। उल्लेखनीय है कि वे अपने हाथों में चक्र, गदा एवं पद्म धारण किये हैं, जो कि वैष्णव धर्म के प्रतीक हैं। रघुवंश में तलवार, गदा, पद्म, शार्ङ्ग (धनुष) एवं चक्र धारण किये प्रमथ प्रहरी के रूप में चित्रित हैं।[3] द्वारशाखा में गवाक्ष, पूर्णकुम्भ, कीर्तिमुख, पत्रवल्ली, स्वस्तिक, शंख एवं पद्म द्वार-मण्डन की क्रिया में अंकित हैं। सिरदल की दोनों छोरों पर मकरस्था गंगा एवं कूर्मस्था यमुना के चित्रण प्राप्य हैं। सिरदल के ऊपर चौकोर टोंड़े आगे की ओर निकले हुए हैं, जो काठ के टोड़ों के प्रस्तर अनुकरण हैं। इस प्रकार की व्यवस्था अधिक दृढ़ता लाने के उद्देश्य से की जाती थी। मुख-मण्डप के स्तम्भों में प्रचुर नक्काशी का

---

1. ''संकर्षणेन सहशास्तद्गणाश्च तथा स्मृताः।
प्रद्युम्नेनानिरुद्धेन तद्गणाः सहशास्तथा ॥''

विष्णुधर्मोत्तर, तृतीय खण्ड, अध्याय 42, श्लोक 21।

2. ''त्रिदशोदार-फलदं स्वर्गस्त्री-चारुपल्लवम् ।
विमानानेक-विटपं तोयदांबु-मधुस्त्रवम् ॥
वासुदेवं जगद्वासमप्रमेयमजं विभुम् ॥''

सरकार दि०चं०, सेलेक्ट इंसक्रिप्शंस, पृष्ठ 378

3. ''गुप्तं ददृशुरात्मानं सर्वाः स्वप्नेषु वामनैः।
जलजासिगदाशार्ङ्ग चक्रलाञ्छितमूर्तिभिः॥''

रघुवंश, सर्ग 10, श्लोक 60।

काम मिलता है। स्तम्भ का निचला भाग चौकोर और तदुपरान्त ऊपर की ओर अठपहल हो जाता है। मध्य भाग सोलह पहलोंवाला है। इनका शीर्षक तीन भागों में विभक्त किया जा सकता है। सबसे निचला भाग गोलाकार है। तदुपरान्त अशोक-शैली में वेदिका (चरण-चौकी) उकेरी गयी है, जिसकी बाजुओं में गवाक्ष-चित्रण अंकित हैं। वेदिका पर दो आसीन सिंह-प्रतिमाएँ उत्कीर्ण हैं। इस प्रकार मुखमण्डप के स्तम्भ 'सिंह-ध्वज' के उदाहरण हैं। दोनों सिंहों के बीच श्रीवृक्ष अंकित है। गर्भगृह के अन्तछादन पर प्रस्फुटित कमल (पद्माभरण) सुशोभित है। उल्लेखनीय है कि गुप्त-युगीन प्रतिमाओं के छत्र के अन्तःपटलों पर भी प्रफुल्ल पद्म अंकित किया जाता था। विकसित पद्म (शतदल कमल) एक मांगलिक वैदिक प्रतीक था।

भीतरगाँव का दशावतार-मन्दिर

यहाँ इष्टका-निर्मित देवालय का दृष्टान्त उपलब्ध हुआ है (चित्र सं० 3)। यह स्थान (ग्राम) कानपुर से 20 मील दक्षिण की ओर पड़ता है। इसका पता सबसे पहले राजा शिवप्रताप ने लगाया था, जिनका निमंत्रण पाने पर कनिंघम ने नवम्बर, 1877 ई० तथा तदुपरान्त फरवरी, 1878 ई० में वहाँ आकर इसके स्थापत्य का अध्ययन किया था। स्थानीय निवासियों से पता लगाने पर उन्हें ज्ञात हुआ कि जनपरम्परानुसार यहाँ पहले कभी एक नगर था, जिसका नाम पुष्पपुर (फूलपुर) था। इसके बीचोबीचवाले भाग को भीतरग्राम (आधुनिक भीतरगाँव = मध्यवर्ती जनसन्निवेश) कहा जाता था। इसके समीप ही (आधे मील दूर) एक दूसरा ग्राम है, जिसका नाम बारीगाँव (बाहरी गाँव) (बाह्य ग्राम = बाहरी जनसन्निवेश) है। यह पुष्पपुर (फूलपुर) नगर के बाहरी हिस्से में पड़ता था। भीतरगाँव एवं बारीगाँव— दोनों को मिलाकर बारी-भितरी कहते थे, जो एक ही पुर (जनसन्निवेश) के दो हिस्से थे। बारी-भितरी प्राचीन पुष्पपुर (फूलपुर) का आधुनिक प्रतिनिधि है। लगता है कि गुप्त-काल में यह कोई महत्त्वपूर्ण जन-सन्निवेश था।

भीतरगाँव में स्थित मन्दिर को 'देवल' (देवस्थान, देवकुल) कहते हैं। इस ग्राम के वृद्ध जनों ने कनिंघम को सूचित किया कि 1857 ई० के स्वतन्त्रता-संग्राम के कुछ पूर्व बिजली के गिरने के कारण इसका ऊपरी भाग काफी क्षति-ग्रस्त हुआ था। कनिंघम के माप के अनुसार यह मन्दिर वर्गाकार (66 फीट × 66 फीट) है। इसकी दीवाल 8 फीट चौड़ी है। इसका मुखमण्डप आयताकार (47 फीट × 36½ फीट) है। मन्दिर के दोनों ही भाग पकी ईंटों (18 × 9 × 3 इंच) द्वारा निर्मित हैं। इस मन्दिर में अर्द्धवृत्त महराब (डाट) के उदाहरण प्राप्य हैं। कनिंघम का अनुमान है कि ग्रामवासियों के अनुसार इसके बाहर चढ़ने-वाली सीढ़ियों के ऊपर भी एक अर्द्धवृत्त महराब (तोरणद्वार) बना हुआ था। इस तथ्य की सम्पुष्टि आस-पास बिखरी ईंटों की नक्काशी से होती है।

मन्दिर की बाहर भित्तियों की रथिकाओं (आलों) में उच्चित्रित मृत्फलक स्थापित हैं। पश्चिमी भित्ति की प्रधान रथिका में विष्णु के वराह-अवतार (नृ-वराह) की मृण्मूर्ति प्राप्य है, जिसमें वराह-मुख एवं मानव विग्रह प्रदर्शित किया गया है। इस कोटि की गुप्तकालीन वराह-प्रतिमाएँ (नृ-वराह) कई अन्य ऐतिहासिक स्थलों से भी प्राप्य हैं। उत्तरी भित्ति की रथिका में चतुर्भुजी दुर्गा का उच्चित्रित मृत्फलक प्राप्य है तथा दक्षिणी भित्ति की केन्द्रवर्ती रथिका में गणेश का चतुर्भुजी मृत्फलक उच्चित्र उपलब्ध है। इसके अतिरिक्त विष्णु-लक्ष्मी तथा शिव-पार्वती के भी मृच्चित्र वहाँ प्राप्य हैं। कनिंघम का अनुमान है कि यह देवालय विष्वोर्पित रहा होगा।[1] सम्भव है कि देवगढ़ के देवालय की भाँति यह भी दशावतार-मन्दिर रहा हो।

---

1. आर्क्यालॉजिकल सर्वे ऑफ इंडिया रिपोर्ट्स, जिल्द 11, पृष्ठ 40-42

अहिच्छत्र का 'ऐडूकरूप' मन्दिर

अहिच्छत्र भारत का एक प्रसिद्ध नगर था, जिसकी पहचान बरेली जिले में स्थित आधुनिक रामनगर से की जाती है। गुप्त-सत्ता के अभ्युदय के पूर्व यहाँ नागवंश की राजधानी थी। समुद्रगुप्त ने अपने आर्यावर्त्त-अभियान में इसके प्रभावशाली अच्युत नामक नरेश को दो पृथक् संग्रामों में उन्मूलित कर इस पुर को अपने राज्य में सम्मिलित कर लिया था। यहाँ एक सुविशाल इष्टकानिर्मित मन्दिर विद्यमान था, जिसके भग्नावशेष 1940 एवं 48 ई० के बीच उत्खननों द्वारा प्रकाश में आ सके थे। अमलानन्द घोष का कथन है कि स्थापत्य की दृष्टि से उत्तरी भारत का यह एक अद्वितीय मन्दिर था। इसका मंच (जगतीतल) बौद्ध स्तूपों की भाँति एक-दूसरे पर निर्मित कई गोल पीठिकाओं पर बना था, जिनका परिमाण क्रमशः छोटा होता जाता था। पीठिकाओं के बढ़े भाग बाह्य प्रदक्षिणा-पथ का कार्य देते थे। उत्खनन द्वारा इस मन्दिर का जगतीतल (मंच) ही, वस्तुतः प्रकाश में लाया जा सका था। यह देवालय कुषाणकालीन एक कुब्जपृष्ठ मन्दिर के स्थान पर निर्मित है। गुप्तकालीन उक्त देवसद्म के भद्रपीठ (जगतीतल) पर एक महापरिमाण शिवलिंग स्थापित है, जिसकी पहचान विष्णुधर्मोत्तर में वर्णित 'ऐडूकरूप' (कई तलों की पाठिका पर निर्मित उच्छ्रित स्तूपाकृति) से की जा सकती है।[1]

इष्टकानिर्मित इस देवालय की बाह्य भित्तियों की रथिकाओं में कई मृण्मूर्तियों के उदाहरण उपलब्ध हुए हैं। इनके शिल्प से ज्ञात होता है कि इस मन्दिर का रचना-काल 450 ई० से लेकर 650 ई० के बीच कभी रहा होगा। मृत्फलकों के उच्चित्र शैव पूजा से संबंधित हैं। एक उच्चित्र में कौपीन वेशधारी शिव भिक्षापात्र लिये प्रदर्शित हैं। उनके गले की माला में बघनख गुहे हुए हैं। इसे हम उनकी भिक्षाटन-मूर्ति कह सकते हैं। दूसरे उच्चित्र में वे अपने हाथों में डमरू लिये हैं। एक अन्य उल्लेखनीय मृत्फलक में शिव अपने गणों को मोदक वितरित करते निरूपित हैं। अधिकाधिक मोदक पाने के लिए गणों की पारस्परिक प्रतिस्पर्द्धा इसमें देखी जा सकती है। एक अन्य उच्चित्र में शिव का भैरव रूप प्रदर्शित है, जिसमें उनका रौद्र रूप देखते बनता है। उनका तृतीय नेत्र इसमें स्पष्ट अंकित है। उनकी कुटिल भौंहों (भृकुटी) एवं ललाट की त्रिबली से उनका रोष बारंबार आभासित होता है।

अन्य उच्चित्र में दक्ष का यज्ञ दिखाया गया, जिसे शिव के गण विनष्ट करने की चेष्टाओं में रत हैं। एक अन्य मृत्पट्टिका में शिव की दक्षिणामूर्ति प्रदर्शित है। इस फलक के उच्चित्र में मृगचर्म एवं वनमाल धारण किये वे हिमगिरि के उत्तुंग शिखर पर योगासन में ध्यानमग्न अंकित हैं। उनका एक हाथ उनके कटि-प्रदेश तथा दूसरा उनके वक्षःस्थल पर अवलम्बित है। ऊपरी दोनों हाथों में एक में जपमाला तथा दूसरे में 'अमृतघट' उत्कीर्ण है। उनके जटाजूट से निकलती गंगा की धारा का दृश्य भी प्रभावोत्पादक है। उनके बायीं ओर पार्वती अञ्जलि-मुद्रा में उनकी उपासना में संलग्न हैं।

एक अन्य मृत्फलक में मिथुन-चित्र उत्कीर्णित है, जिसमें पुरुष अपनी अर्द्धांगिनी का 'अधरपान' करता हुआ प्रदर्शित है। शिव-मन्दिर में यह मिथुन-चित्रण 'पार्वती-परमेश्वर' के 'सम्पृक्त' चित्रण का पुरातत्त्वीय दृष्टान्त माना जा सकता है। यह अंकन भी कुमारसम्भव के उस कथन का स्मरण दिलाता है, जिसके अनुसार स्त्री एवं पुरुष रूपी भाग विधाता की भिन्न मूर्तियाँ हैं (भिन्नमूर्तः), जो सृष्टि की उत्पत्ति करती हैं (प्रसूतिभाजः) और इस रूप में जगत् के माता-पिता के द्योतक हैं (तावेव पितरौ स्मृतौ)[2]।

---

1. एंशेण्ट इंडिया, जिल्द 4, पृष्ठ 167
2. कुमारसम्भव, सर्ग 2, श्लोक 7

अमलानन्द घोष का कथन है कि यह शिव-पार्वती के मिलन का दृश्य हो सकता है, जिसका सजीव वर्णन कुमारसम्भव में प्राप्य है।[1]

एक अन्य विशिष्ट मृत्पट्टिका में किन्नर-मिथुन का चित्र अंकित है। किन्नरी का ऊपरी भाग सुन्दरी स्त्री-सदृश एवं निचला भाग अलंकृत अश्व-रूप में है (नृ-अश्व विग्रह)। किन्नर, किन्नरी के पीठ (जो अश्व-पृष्ठ रूप में है) पर आरूढ़ है। दोनों के शिरोवेश अलंकृत हैं। इस युग्म की प्रणय-मुद्रा कलाकार द्वारा सफलतापूर्वक अंकित है। विष्णुधर्मोत्तर में दो प्रकार के किन्नर-युग्मों का वर्णन आता है—एक तो वह जिसमें शरीर अश्व का (हर्याविग्रहाः), किन्तु मुख मानव का हो (नृवक्राः) तथा दूसरा वह जिसमें शरीर मानव का (नृदेहाः), किन्तु मुख घोड़े का हो (अश्ववक्राः)। वे सम्पूर्ण अलंकारों को धारण किये हों (सर्वालंकारधारिण)[2]। उल्लेखनीय है कि अहिच्छत्र का किन्नरयुग्म-मृत्फलक प्रथम कोटि का है, जिसमें किन्नरी अश्वविग्रहा, सर्वालंकारभूषिता एवं स्त्रीवक्रा है।

एक दूसरे विशिष्ट मृत्फलक में रथ पर आरूढ़ दो राजकीय योद्धाओं के रूप प्रदर्शित हैं। अपने आयुध धनुष-बाण को सन्नद्ध किये एक-दूसरे पर आक्रमण-भाव में जिस कुशलता के साथ उनका रूप उभाड़ा गया है, वह कलाकार की मर्मज्ञता एवं हस्तलाघव का परिचायक है। यहाँ से प्राप्य मृत्फलकों में गंगा-यमुना की मृण्मूर्तियाँ (देवी-विग्रह रूप) उल्लेखनीय हैं, जो काय-परिमाण (आदमकद) रूप में उपलब्ध हैं। वे अपने-अपने वाहनों पर विराजमान (क्रमानुसार मकरस्था एवं कूर्मस्था) प्रदर्शित हैं। अपने हाथों में वे पूर्ण घट धारण किये हैं। दोनों ही देवियों की परिचारिकाएँ अपने हाथ में चामर लिये निरूपित हैं। कलाकारों ने उनके अधोवस्त्र, कञ्चुक, कण्ठाभरण, कर्णावतंस एवं केशविन्यास आदि को सफलतापूर्वक उभाड़ दिया है।

अमलानन्द घोष ने इस शिव-मन्दिर की तुलना 'ऐडूकरूपनिर्माण' (गोलाकार वेदिका पर स्थित स्तूप के स्वरूप) से की है, जिसका वर्णन विष्णुधर्मोत्तर में प्राप्त होता है।[3] इसके अनुसार त्रितलयुक्त वर्तुलाकार जगतीपीठ ('भद्रपीठत्रय' = त्रिवेदिकाओं से युक्त मञ्च) सर्वप्रथम निर्मित किया जाय। तदुपरान्त उसके केन्द्रीय भाग में विशाल परिमाणयुक्त 'लिंगरूप' (शिवलिंग) स्थापित किया जाय।[4] मेरा व्यक्तिगत अनुमान

---

1. ऐंशेण्ट इंडिया, जिल्द 4, पृष्ठ 170
2. ''नानारूपप्रमाणाश्च सर्वेषां योषितः स्मृताः।
   किन्नराः द्विविधाः प्रोक्ताः नृवक्राः हयविग्रहाः॥
   नृदेहाश्चाश्ववक्राश्च तथान्ये परिकीर्तिताः।
   अश्ववक्रास्तु कर्त्तव्याः सर्वालंकारधारिणः॥''

   विष्णुधर्मोत्तर, तृतीय खण्ड, अध्याय 42, श्लोक 13 एवं 14
3. ऐंशेण्ट इंडिया, जिल्द 4, पृष्ठ 167-70
4. ''भद्रपीठं बुधः कुर्यात्सोपानैः शोभनैर्युतम्।
   चतुर्भिर्यादवश्रेष्ठ यथादिशमरिन्दम॥
   तस्योपरिष्टादपरं भद्रपीठं तु कारयेत्।
   तस्योपरिष्ठादपरं ताहग्विधमरिन्दम्॥
   तस्योपरिष्टात्कर्त्तव्यं लिंगरूपं विजानता॥

   × × ×

   लिंगे महेश्वरो देवो वृत्ता यष्टिः पितामहः।
   गुणरूपेण विज्ञेयं भद्रपीठत्रयं तथा॥
   अधस्ताद्भुवनानां तु लिङ्गोपरि तथा नृप।

यह है कि इस प्रकार जो 'ऐडूकरूप' स्थापित होता था, उसका आकार अजन्ता के एकाश्मक बेलनाकार स्तूपों के तुल्य होता होगा जो कई तलों से युक्त वेदिका पर तराशे गये हैं।

'ऐडूकरूप' वस्तुतः बेलनाकार (सिलिंड्रिकल) लिंग था, जिसमें शिव का मुख उत्कीर्णित होता था (लिंगे महेश्वरो देवो)। विष्णुधर्मोत्तर के अनुसार इस प्रकार के शिव-मन्दिर में अन्य देवी-देवताओं की भी प्रतिमाएँ स्थापित होनी चाहिए; उदाहरणार्थ गणेश्वर, कुबेर, वरुण एवं अन्य लोकपाल। इस प्रकार के शिव-मन्दिर की स्थापना उक्त पुराण के अनुसार विशेष मंगलदायक होता है।[1] उपर्युक्त वर्णन से स्पष्ट है कि अहिच्छत्र के मन्दिर का वास्तु इन्हीं सिद्धान्तों को लेकर निर्धारित हुआ होगा और इस रूप में यह गुप्त-काल का अप्रतिम देवालय था।

भितरी का शार्ङ्गी (विष्णु) मन्दिर

गुप्त-काल में भितरी एक महत्त्वपूर्ण जनसन्निवेश था। यहाँ से सम्राट् स्कन्दगुप्त की सुप्रसिद्ध भितरी-प्रशस्ति (तिथि-विहीन) प्रकाश में आयी तथा तृतीय कुमारगुप्त-कालीन एक राजमुद्रा-लेख भी प्राप्त हुआ है। उक्त भितरी-प्रशस्ति (स्तम्भ-लेख) के अनुसार स्कन्दगुप्त ने अपने पिता प्रथम कुमारगुप्त की पुण्य स्मृति में वहाँ शार्ङ्गी की (शार्ङ्गिणः) प्रतिमा स्थापित करायी थी, जो महाकाय थी। काव्यात्मक ढंग से अभिलेख में कामना की गयी कि जब तक सूर्य-चन्द्र स्थित हैं, तब तक यह प्रतिमा स्थायी रहे। स्कन्दगुप्त ने इस प्रतिमा को एक ग्राम भी दान में दिया था। इस वर्णन से लगता है कि उक्त (शार्ङ्गी = विष्णु) मूर्ति सुविशाल रही होगी—

''कर्त्तव्या प्रतिमा काचित्प्रतिमां तस्य शार्ङ्गिणः।
सुप्रतीतश्चकारेमां यावदाचन्द्रतारकम् ॥
इह चैनं प्रतिष्ठाप्य सुप्रतिष्ठितशासनः।
ग्राममेनं स विदधे पितुः पुण्याभिवृद्धये॥
अतो भगवतो मूर्तिरियं यश्चात्र संस्थितः।
उभयं निर्दिदेशासौ पुण्याय पुण्यधीरिति॥''

विष्णुधर्मोत्तर में शार्ङ्गी-प्रतिमा के प्रतिष्ठापन-विधि का विस्तृत वर्णन प्राप्य है। इसके अनुसार इस 'भगवत मूर्ति' का प्रतिष्ठापक तथा इसकी स्थापना-विधि में भाग लेनेवाले ऋत्विक् एवं इस उत्सव के दर्शकगण विविध आध्यात्मिक फलों से लाभान्वित होते हैं—

लोकपालाश्च कर्त्तव्याः शूलहस्ताश्चतुर्दिशम्।
विरुदो धृतराष्ट्रश्च विरूपाक्षश्च यादवः॥
कुबेरश्च महातेजाः सूर्यवेशधराः शुभाः।
सर्वे कवचिनः कार्याः शुभाभरणभूषिताः॥''

विष्णुधर्मोत्तर, तृतीय खण्ड, अध्याय 84, श्लोक 2-14

1. ''ऐडूकरूपनिर्माणं शृणुष्व गदतो मम।
ऐडूके पूजनात्पूजा कृतास्य जगतो भवेत्॥''

विष्णुधर्मोत्तर, तृतीय खण्ड, अध्याय 84, श्लोक 1

''ऐडूकरूपं कथितं मयैतत्प्रजाहिताख्यं यदुवंशमुख्यं''

वही, तृतीय खण्ड, अध्याय 84, श्लोक 15

''अनेन विधिना कृत्वा स्थापनं शार्ङ्गिणो नरः।
सर्वकामानवाप्नोति विष्णुलोकं च गच्छति॥
ओषध्यः पवनं वृक्षा यत्किंचिदुपयुज्यते।
प्रतिष्ठायां हि तत्सर्वं विष्णुलोके महीयते॥
प्रतिष्ठां येऽपि पश्यन्ति क्रियमाणां नराधिप।
अभिनन्दन्ति ये भक्तास्तेपि स्वर्गाजिनो नराः॥''

(विष्णुधर्मोत्तर, तृतीय खण्ड, अध्याय 116, पृष्ठ 374)

मन्दसौर-प्रशस्ति (मालव संवत् 529 = 472-73 ई०) में भी शार्ङ्गी (विष्णु) का उल्लेख मिलता है, जिसमें उनके वक्षःस्थल पर कौस्तुभ-मणि (कौस्तुभमणिनेव शार्ङ्गिणो वक्षः) एवं गले में कमलमाल के सुशोभित होने का विवरण प्राप्य है (विकचकमलमालामसं-सक्तां च शार्ङ्गी)। स्कन्दगुप्त-कालीन उक्त भितरी-स्तम्भलेख में किसी देवालय का उल्लेख तो नहीं है, किन्तु इस प्रशस्ति के वर्णन से आभास होता है कि इस स्थान पर कोई विष्णु-मन्दिर अवश्य रहा होगा तथा उक्त (शार्ङ्गिणः) प्रतिमा इसके जगतीतल (भद्रपीठ) पर प्रतिष्ठित रही होगी जो कि गुप्त-काल की एक सुविख्यात वास्तु-परम्परा थी।

भितरी में काशी हिन्दू विश्वविद्यालय द्वारा हाल ही में जो उत्खनन हुए हैं, उनके द्वारा यह प्रतिमा प्रकाश में नहीं आ सकी। पर आंशिक रूप में उपलब्ध देवालय के अवशेषों से ज्ञात होता है कि यह विष्णु (शार्ङ्गी) मन्दिर, स्कन्दगुप्त द्वारा स्थापित स्तम्भ के अति सन्निकट विद्यमान था, जिस पर उसने उपर्युक्त प्रतिमा की स्थापना एवं इसे अर्पित ग्राम की घटना के उपलक्ष्य में अपनी प्रशस्ति (पूर्वा) उत्कीर्ण करायी। उत्खनन में देवालय का जगती-तल मात्र प्रकाश में आ सका, जो कि गढ़े हुए सुन्दर प्रस्तरों द्वारा सुशोभित था। गर्भगृह एवं शिखर भीतरगाँव के मन्दिर की भाँति इष्टकानिर्मित थे, जो नष्ट हो चुके हैं। इनमें प्रयुक्त अधिकांश ईंटें पार्श्ववर्ती ग्रामवासियों द्वारा निज निर्माण में उपयोग के लिए हटा दी गयीं।

अपने स्थान पर एक लगी ईंट पर 'श्रीकुमारगुप्तः' लेख मिलता है। पर इससे यह तात्पर्य निकालना उचित न होगा कि यह मन्दिर कुमारगुप्त-कालीन था। मात्र ईंटें ही इस सम्राट् के काल में निर्मित हुई होंगी। पर जहाँ तक उक्त देवालय के निर्माण का प्रश्न है, यह स्कन्दगुप्त-कालीन घटना थी। इसकी संरचना में कुमारगुप्त (महेन्द्रादित्य)-काल में निर्मित ईंटों का प्रयोग किया गया था। इसकी सुरक्षा-भित्ति (प्राचीर) इष्टकानिर्मित थी। स्तम्भ की सीध में 19.9 मीटर की लम्बाई तक इस दीवाल के अवशेष-मात्र उपलब्ध हुए हैं। यह देवालय भीतरगाँव के मन्दिर की भाँति 'त्रिरथ' (गर्भगृह, प्रदक्षिणापथ एवं मुखमण्डप-संयुक्त) का उदाहरण था।[1]

इस देवालय के प्रांगण से प्राप्त शिलाफलक-उच्चित्रों में कृष्णजन्म से संबंधित एक दृश्य उल्लेखनीय है।[2] इसमें नवजात शिशु (कृष्ण) को वसुदेव-देवकी, नन्द-यशोदा को समर्पित करते प्रदर्शित हैं। यह उच्चित्र देवगढ़-देवालय के एक उच्चित्रित शिलाफलक का स्मरण दिलाता है, जिसमें समान दृश्य का अंकन किया गया है। उल्लेखनीय है कि भितरी के स्तम्भ-लेख में कृष्ण एवं देवकी दोनों की ही चर्चा आती है। सम्भव है कि भीतरगाँव एवं देवगढ़ के मन्दिरों की भाँति इसमें भी विष्णु के विभिन्न अवतारों से संबंधित प्रतिमाएँ प्राप्य रही हों।

---

1. इंडियन आर्क्यालोजी, 1969-70, पृष्ठ 38-39
2. वही, 1968-69, पृष्ठ 38

देवगढ़ का दशावतार-मन्दिर

यह स्थान झाँसी जिले में वेत्रवती (बेतवा) के अर्द्धचन्द्राकार कटानवाले कगार पर स्थित है। इस जनपद की तहसील ललितपुर से 19 मील की दूरी पर स्थित यह स्थान एक ऐतिहासिक जनसन्निवेश रहा होगा। इसको प्रसिद्धि में लाने का श्रेय कनिंघम एवं दयाराम साहनी को है। यहाँ शताब्दियों तक हिन्दू एवं जैन-मन्दिर वर्तमान थे और सम्भवतः इसीलिए यह देवगढ़ (देवताओं का दुर्ग) कहलाता था। इनमें से अधिकांश के ध्वंसावशेषों पर जंगल उग आये हैं। यहाँ की देवालय-शृंखला में सबसे प्रसिद्ध दशावतार-मन्दिर रहा होगा, जो अपने स्थान पर अद्यपर्यन्त विद्यमान है। इसका यह नाम पड़ने का कारण था कि इसके प्रांगण में कृष्ण, नृ-सिंह, नृ-वराह, वामन एवं राम आदि विभिन्न अवतारों की प्रतिमाएँ मिलती हैं, जो कि मूल काल में इस मन्दिर की रथिकाओं में प्रतिष्ठित थीं। इस देवालय का उक्त नाम कनिंघम, दयाराम साहनी एवं माधव स्वरूप वत्स के द्वारा दिया गया था।[1] यह शृङ्ग-युक्त मन्दिर है, जो नागर शैली में निर्मित शैल शिखर से मण्डित देवसद्म का प्रथम पुरातत्त्वीय उदाहरण है (चित्र सं० 4)।

वासुदेवशरण अग्रवाल का अनुमान है कि इस मन्दिर का निर्माण चन्द्रगुप्त (विक्रमादित्य) के कनिष्ठ पुत्र गोविन्दगुप्त ने ही कराया था। दयाराम साहनी ने इस देवालय के प्रांगण में किसी स्तम्भ पर एक लघु लेख का पाठ किया था, जिसमें भागवत गोविन्द के दान की चर्चा की गयी थी (भागवतगोविन्दस्यदानम्)। डॉ० अग्रवाल के अनुसार इस लेख का गोविन्द, वस्तुतः, गुप्तवंशीय राजकुमार गोविन्दगुप्त ही था। इस राजवंश के सदस्य वैष्णव (भागवत) धर्मावलम्बी हुआ करते थे। अतएव वे अपने-आपको भागवत अथवा परमभागवत कहते थे।[2]

इस संबंध में विचारणीय हो जाता है कि इस लेख का गोविन्द यदि गोविन्दगुप्त होता, तो वह इसमें 'परमभागवत' कहा गया होता, जो उसके पिता एवं अग्रज के लिए अभिलेखों में उपाधि रूप में प्रयुक्त हुआ है। गुप्त-वंश के सदस्य समुद्रगुप्त एवं द्वितीय चन्द्रगुप्त के काल से ही अपने-आपको 'परमभागवत' कहने लगे थे। दूसरी बात यह भी ध्यान देने योग्य है कि उसके नाम के पूर्व कोई सम्मानसूचक शब्द ('श्री' अथवा भरसक 'महाराज' की ही उपाधि जो वैशाली मुद्रा-लेख में उसके लिए आती है) इस अभिलेख में प्रयुक्त हुआ होता। इस लेख का गोविन्द कोई साधारण नागरिक हो सकता था। दान-संबंधी उक्त लेख से तात्पर्य देवगढ़ के सम्पूर्ण मन्दिर के निर्माण से नहीं हो सकता। इसका वास्तविक आशय उसके द्वारा उस विशाल स्तम्भ के निर्माण से है, जिस पर उपर्युक्त लेख उत्कीर्ण है तथा जो इस मन्दिर के प्रांगण में ही स्थापित किया गया था। गुप्त-काल एवं उसके पहले से ही देवालयों के प्रांगण में गरुड-स्तम्भ (विष्णु-ध्वज) स्थापित करने की परम्परा प्रारम्भ हो गयी थी; उदाहरणार्थ—विदिशा (बेसनगर) में यवन दूत हेलिओडोरस ने गरुडध्वज की स्थापना की थी। इस स्तम्भ पर प्राप्य लेख में उसे 'भागवत' (हेलिओदोरेणभागवतेन) कहा गया है। स्पष्ट है कि वह राजपरिवार का सदस्य नहीं था। इसी प्रकार देवगढ़ के उक्त लेख का 'भागवत गोविन्द' भी राजकुल का व्यक्ति नहीं रहा होगा। गुप्त-काल में वैष्णव मतावलम्बी गोविन्द नाम प्रायः धारण करते होंगे, क्योंकि यह उनके आराध्य देव 'विष्णु' का बोधक था। स्कन्दगुप्त-कालीन जूनागढ़ के शिलालेख में चक्रपालित ने अपने को गोविन्दभक्त (गोविन्दपादार्पितजीवितेन) कहा है। इस युग में विष्णु एवं गोविन्द एक-दूसरे के पर्याय थे। देवगढ़ के लेख में गोविन्द के नाम के अन्त में गुप्त शब्द संयुक्त नहीं है। गुप्तराजवंश के सदस्यों के नाम गुप्तान्त हैं। अतएव वह गुप्त-वंशीय राजकुमार गोविन्दगुप्त से समीकरणीय नहीं हो सकता।

---

1. आर्क्यालॉजिकल सर्वे ऑफ इंडिया, संख्या 70, पृष्ठ 1-2
2. स्टडीज इन इंडियन आर्ट, पृष्ठ 224

इस देवालय का पादविन्यास भद्रपीठ (वेदिका) के रूप में है, जो कई तलों से युक्त है। इसकी बाजुओं में कई उच्चित्रित रथिकाएँ वर्तमान थीं, जिनमें दो अपने स्थान पर अब भी विद्यमान हैं। अन्य उच्चित्रित शिलाफलक या तो टूट गये या पार्श्ववर्ती ग्रामवासियों द्वारा निजी प्रयोग के लिए स्थानान्तरित किये गये। शिलापट्टों के उच्चित्र कृष्णावतार एवं रामावतार से संबंधित हैं। गुप्त-युग की कला, साहित्य एवं लेखों में विष्णु के कृष्णावतार से संबंधित प्रमाण मिलने लगते हैं। मेघदूत में मोरमुकुट से सुशोभित विष्णु के गोपवेश (कृष्ण-रूप) का उल्लेख मिलता है (बर्हेणेव स्फुरितरुचिना गोपवेषस्य विष्णोः)[1]। भितरी के स्तम्भ-लेख में कृष्ण की चर्चा आती है, जो शत्रुओं का दमन कर माता देवकी के पास पहुँचे थे (हतरिपुरिव कृष्णः देवकीमभ्युपेतः)। कृष्णावतार से संबंधित दृश्यों में कृष्ण-जन्म, नन्द-यशोदा द्वारा शिशु कृष्ण का लालन-पालन, कृष्ण की शकट-लीला तथा कृष्ण-सुदामा-मिलन उल्लेखनीय हैं।

रामावतार से संबंधित दृश्यों में राम एवं लक्ष्मण का धनुर्विद्या-अभ्यास, वनगमन, बालि-सुग्रीव-युद्ध, समुद्र पर सेतु-निर्माण तथा मूर्च्छित लक्ष्मण के उपचार-हेतु हनुमान् द्वारा संजीवनी बूटी का लाना उल्लेखनीय हैं। इस मन्दिर का भद्रपीठ (मञ्च) चौकोर है। विष्णुधर्मोत्तर में वासुदेव-मन्दिर के विन्यास में चतुरस्र (चौकोर) जगती (मञ्च बनाने का विधान मिलता है (एकत्र जगती कार्या चतुरस्रा मनोरमा)[2]। भद्रपीठ पर एक भव्य गर्भगृह निर्मित है, जो विष्णुधर्मोत्तर में वर्णित विष्णु-मन्दिर के गर्भमन्दिर से तुलनीय है (भवन्ति मेखलापृष्ठे तदादौ गर्भमन्दिरम्)[3]। गर्भगृह का सिरदल (शिरापट्टी), द्वारशाखा एवं देहली विविध शोभापट्टिकाओं एवं अलंकार-रूपों से मण्डित हैं। सिरदल के केन्द्रीय भाग (ललाटबिम्ब) में विष्णु की 'भोगासीन-प्रतिमा' तराशी गयी है। इसमें वे शेषनाग की कुंडली रूपी मंच पर आसीन योगमुद्रा में प्रदर्शित हैं। इसमें शेष का फण ही छत्र है। इस प्रकार की प्रतिमा का वर्णन गुप्तकालीन साहित्य में प्राप्य है।[4] विष्णुधर्मोत्तर में इस कोटि के उच्चित्र को 'परिवेश' कहा गया है। इसके अनुसार इसका निर्माता विष्णु के सायुज्य को प्राप्त करता है (अर्थात् उनमें विलीन हो जाता है)।[5] मन्दिर-वास्तु के प्रसंग में इस प्रकार के निर्माण की परम्परा अब भी चली आ रही है। सिरदल के दोनों कोनों पर कूर्मस्था यमुना एवं मकरस्था गंगा का चित्रण मिलता है (चित्र सं० 5)। द्वारशाखाओं में पत्रवल्ली, प्रमथ, श्रीवृक्ष, स्वस्तिक एवं विष्णु के प्रतीहारों के चित्र उत्कीर्ण

---

1. मेघदूत, 1, श्लोक 15
2. विष्णुधर्मोत्तर, तृतीय खण्ड, अध्याय 87, श्लोक 2
3. वही, तृतीय खण्ड, अध्याय 87, श्लोक 6
4. ''गारुडश्च तथा कार्यो धर्मज्ञ रचिताञ्जलिः।
   शेषभोगोपविष्टो वा कार्यो देवो मनोहरः॥
   तत्फणैरेव रचितं दुर्निरीक्ष्यं प्रभोर्मुखम्।
   शेषभोगोपविष्टस्य शून्यं करचतुष्टयम्॥''

   विष्णुधर्मोत्तर, तृतीय खण्ड, अध्याय 85, श्लोक 46 एवं 49

5. ''परिवेशः तथा कार्यः स्वर्गे वसति कामतः।
   ततः सायुज्यतामेति देवदेवस्य चक्रिणः॥
   फलं त्रैलोक्यदानस्य ध्रुवमाप्नोति मानवः।
   प्रासादेस्मिन्सकृत्कृत्वा सर्वेषामेव पूजनम्॥
   गन्धमाल्यनमस्कारधूपदीपान्नसम्पदा।

   वही, तृतीय खण्ड, अध्याय 85, श्लोक 45-47

हैं। इसके अतिरिक्त राजहंस एवं मंगलघट की भी आकृतियाँ अंकित हैं। विष्णुधर्मोत्तर के अनुसार द्वारपार्श्वों में हंस एवं पूर्णघट के चित्र भरपूर तराशे जायँ (हंसाकारस्तथा हंसो घटाकारस्तथा घटः)[1]।

देवालय की बाह्य भित्तियों (मडोवर) की रथिकाओं (आलों) के पार्श्व-स्तम्भ, शिरापट्टी (उत्तरंग) एवं देहली भव्यता के साथ उत्कीर्णित हैं। इनके मध्य में जो अंकन प्राप्य हैं, उनमें विष्णु से संबंधित कतिपय पौराणिक दृश्य यथा गजेन्द्रमोक्ष (चित्र सं० 6), नरनारायणतपश्चर्या एवं अनन्तशायी (शेषशायी) विष्णु के उच्चित्र उल्लेखनीय हैं। शेषशायी उच्चित्र में विष्णु के नाभिमण्डल से निकलते पद्म पर ब्रह्मा आसीन हैं। इस स्वरूप का वर्णन गुप्तकालीन साहित्य में प्राप्य है; उदाहरणार्थ—रघुवंश में कहा गया कि जिस समय देवता विष्णु भगवान् के दर्शन के लिए क्षीरसागर में पहुँचे, उस समय वे शेष-शय्या पर लेटे हुए थे। शेषनाग के फणों की मणियों से उनका शरीर और भी चमक उठा था (चित्र सं० 7)। उन्हीं के समीप कमल पर लक्ष्मी बैठी थीं, जिनके कमर में रेशमी वस्त्र सुशोभित था तथा जो विष्णु भगवान् के चरणों को अपने गोद में रखकर सहला रही थीं—

''भोगिभागासनासीनं ददृशुस्तं दिवौकसः।
तत्फणामण्डलोदर्चिर्मणिद्योतितविग्रहम् ॥
श्रियः पद्मनिषण्णायाः क्षौमान्तरितमेखले।
अंके निक्षिप्तचरणमास्तीर्णकरपल्लवे॥''

(रघुवंश, सर्ग 10, श्लोक 7-8)

गजेन्द्रमोक्ष के समय (चित्र सं० 8) अनन्तशय्या से विष्णु के उठने का वर्णन विष्णुधर्मोत्तर में प्राप्य है—

''विबुद्ध पुण्डरीकाक्षः शरणागतवत्सलः।
संसारसरसीभग्नभग्ननागकृतकृप॥
चक्रपर्यन्तच्छिनाग्रदुःस्वप्नग्राहदुर्धर।
संसेवितमहायोगनिद्रासम्मीलितेक्षण॥
शेषाहिभोगपर्यन्तविस्तीर्णशयनाच्युत।
तत्फणावलिरत्नांशुवितानककृतोत्तर॥
लक्ष्मीसंवाह्यमानांध्रिकमलद्वयराजित।
निर्णाशितमहादैत्य कृतक्षेमजगत्त्रय॥''

(विष्णुधर्मोत्तर, तृतीय खण्ड, अध्याय 107, श्लोक 5-8)

उक्त ग्रन्थ में विष्णु-मन्दिर के निर्माण-प्रसंग में शेषशायी विष्णु की प्रतिमा[2] की विशेषताओं का विशद

---

1. ''यथेष्ट काममाप्नोति नात्र कार्या विचारणा।''

विष्णुधर्मोत्तर, तृतीय खण्ड, अध्याय 86, श्लोक 99

2. ''कार्यचक्रं गदा कार्या सदेहा तत्समीपगा।
लक्ष्मीः कार्या तथा तस्य शेषभोगगत्रपि वा॥
शेषपर्यङ्कशयने कार्यो वा भगवान्हरिः।
ऐतावती समुद्भूते यथारूपो मयेरितः॥''

विष्णुधर्मोत्तर, तृतीय खण्ड, अध्याय 85, श्लोक 50-51

निरूपण प्राप्य है (विष्णुः भोगशयः कार्यः प्रासादे तत्र वा नृप)। इसके अनुसार विष्णु के समीप ही आभूषणों से सुशोभित लक्ष्मी का भी चित्र अंकित किया जाय (तत्र कार्याथवा लक्ष्मीर्जगत्रितयभूषणा)। विष्णु की प्रतिमा चतुर्भुजी होनी चाहिए (चतुरात्माथवा कार्यो देवदेवो जनार्दनः)। मँडोवर की रथिकाओं में इन्द्र, वरुण एवं कुबेर के उच्चित्र निर्मित हों (शक्रकीनाशवरुणैः सहितो वा धनेश्वरः)। किसी रथिका में ब्रह्मा, विष्णु एवं महेश की आकृतियाँ (त्रिमूर्ति) एक साथ बनी हों (प्रासादेऽस्मिंस्तु कर्त्तव्या ब्रह्मविष्णुमहेश्वराः), तो किसी के मध्य में राम एवं कृष्ण के स्वरूप अंकित हों (मध्यगा रामकृष्णयोः)। किसी रथिका (आले) में त्रिलोचन शिव, गणेश एवं कार्तिकेय के उच्चित्र अंकित हों (गणेशस्कन्दयोर्मध्ये कर्त्तव्यो वा त्रिलोचनः), तो किसी में कई बाँहोंवाली दुर्गा का उच्चित्र अंकित किया जाय (एकैव दुर्गा कर्त्तव्या बहुबाहुविभूषिता)[1]। गर्भ-मन्दिर के द्वार-पार्श्व पर गंगा-यमुना के देवी-रूप उत्कीर्ण हों (पार्श्वप्रासादयोः कार्या गंगा-कालिन्दीरेव च)। उन पर शंख एवं पद्म की आकृतियाँ तराशी जायँ (पार्श्व-प्रासादयोस्तस्य शंखपद्मौ निवेशयेत्)[2]। उल्लेखनीय है कि द्वारमण्डन एवं उच्चित्र-निर्माण के संबंध में विष्णुधर्मोत्तर में जो विवरण प्राप्य हैं, वे देवगढ़-मन्दिर के कला एवं स्थापत्य से पर्याप्त साम्य रखते हैं। इससे स्पष्ट है कि दशावतार-मन्दिरों में विभिन्न देवी-देवताओं की मूर्तियों को तराशना वाञ्छनीय था।

देवगढ़-मन्दिर के स्थापत्य में दो अन्य विशेषताएँ विचारणीय हो जाती हैं। पहली विशेषता यह है कि इसमें एक मुखमण्डप के स्थान पर चार मुखमण्डप निर्मित हैं। विष्णुधर्मोत्तर में भी वासुदेव-मन्दिर के निर्माण के प्रसंग में चार मण्डपों के विन्यास का उल्लेख मिलता है (चत्वारो मण्डपाश्चात्र कार्याः)[3]। दूसरी विशेषता यह है कि यह प्रथम प्रस्तर-निर्मित मन्दिर है, जिसमें शिखर-विन्यास प्राप्य है। इसका निचला भाग मात्र बचा है, किन्तु ऊपर का हिस्सा टूट गया है। सिरदल पर अंकित वास्तुचिह्नों के आधार पर कलाविदों ने शिखर की स्थापत्य-विधि की संरचना का प्रयास किया है। यह शिखर नागर शैली का प्रथम प्राप्य पुरातत्त्वीय उदाहरण है, जिसके वास्तुगत अंगों की संख्या आठ रही होगी। इस रूप में विष्णुधर्मोत्तर में वर्णित 'शिखराष्टक' (जंघा, कटि, शुकनास, अंडक, वेदिका, स्कन्द, कण्ठ एवं शिखा) से यह तुलनीय है।[4] देवालय के शिखर का यह संभावित स्वरूप विष्णुधर्मोत्तर में वर्णित विष्णु-मन्दिर के उस शिखर का स्मरण दिलाता है, जिसमें पताका एवं ध्वज सुशोभित हों तथा अपनी ऊँचाई के कारण जो गगनचुम्बी हों—

''सचक्राः सपताकाश्च सध्वजाश्च नराधिप।
खेऽमिषिक्त इवाभाति प्रासादोऽयं समुच्छ्रितः॥''

सौराष्ट्र के गुप्तकालीन मन्दिर

1. **चक्रभृत् गृह**—इस देवालय का उल्लेख स्कन्दगुप्त-कालीन जूनागढ़ के शिलालेख (गु०सं० 138 = 467 ई०) में मिलता है। इसके निर्माण का श्रेय गुप्त-कर्मचारी चक्रपालित को था, जिसकी नियुक्ति स्कन्दगुप्त के सौराष्ट्र-राज्यपाल पर्णदत्त के द्वारा गिरिनगर (गिरिनार =

1. विष्णुधर्मोत्तर, तृतीय खण्ड, अध्याय 86, श्लोक 26-30
2. वही, तृतीय खण्ड, अध्याय 86, श्लोक 68-69
3. वही, तृतीय खण्ड, अध्याय 87, श्लोक 9
4. वही, तृतीय खण्ड, अध्याय 87, श्लोक 16

जूनागढ़) के नगराधीश के रूप में की गयी थी। काव्यात्मक शैली में इस अभिलेख में कहा गया है कि गुप्त-संवत् में गणना करने पर जब 138 वर्ष व्यतीत हो गये थे (अर्थात् गु०सं० 138 = 467 ई०), उस समय अकुटिलमति चक्रपालित ने चक्रभृत-गृह (विष्णु-मन्दिर) का निर्माण किया था। लगता था मानो यह मन्दिर ऊर्जयत पर्वत के साथ ही ऊपर उठ आया हो। उस पुर के शीर्ष विन्दु पर स्वामित्व करता हुआ-सा यह देवालय सुशोभित था।[1] इससे लगता है कि गिरिनगर का यह देवालय ऊर्जयत (रैवतक पर्वत) के समीप स्थित था। स्थापना-काल के कई शताब्दियों पश्चात् यह मन्दिर विनष्ट हो गया। अनुमानतः इस घटना के उत्तरदायी मुसलमान आक्रमणकारी थे।[2] कालान्तर में इसके ध्वंसावशेष पर पंद्रहवीं शताब्दी में (लाट शैली में) दामोदर मन्दिर का निर्माण हुआ। भगवानलाल इन्द्रजी का कथन है कि इस देवालय के प्रांगण तथा इसकी सुरक्षा-भित्ति की नींव के उत्खनन में गुप्त शैली में विन्यसित कुछ प्राचीन प्रतिमाएँ मिलीं, जो मूलकाल में गुप्तकालीन मन्दिर (चक्रभृत गृह) में स्थापित रही होंगी। इनमें से दो प्रतिमाओं को गिरिनार-ब्राह्मणों ने अपने द्वारा निर्मित समीपस्थ बलदेव एवं रेवती के मन्दिरों में प्रतिष्ठित किया। स्कन्दगुप्त-कालीन उक्त विष्णु-मन्दिर (चक्रभृत गृह) का एक भित्ति-स्तम्भ मात्र अवशिष्ट है, जो दामोदर-मन्दिर में प्रवेश करते ही इसकी दाहिनी ओर की दीवार में मढ़ा हुआ देखा जा सकता है।[3]

2. **गोप मन्दिर**—गुजरात में वरदा की पहाड़ी पर स्थित एक गुप्तकालीन मन्दिर को प्रकाश में लाने का श्रेय बर्जेस[4] एवं तदुपरान्त एच०डी० संकालिया[5] को दिया जा सकता है। सूर्य-पूजा से संबंधित यह वर्गाकार प्रस्तरनिर्मित देवालय तीन कटिबन्धों में विभक्त पिरामिडाकार शिखर से संयुक्त था। बर्जेस के अनुसार इसके निर्माण का सम्भावित काल छठी शताब्दी ईसवी थी।[6] इस देवालय में चैत्य वातायन (गवाक्ष वातायन) के प्रमाण उपलब्ध होते हैं, जिनमें शुभाकृतियाँ अंकित हैं। गवाक्ष-वातायनों का निर्माण गुप्तकालीन स्थापत्य की एक उल्लेखनीय विशेषता थी। अतएव एच०डी० संकालिया ने इसका निर्माण-काल पाँचवीं शताब्दी माना है।[7] इसके गर्भ-गृह के चतुर्दिक् प्रदक्षिणापथ के भी होने के संकेत प्राप्य हैं।[8]

---

1. ''कारितमवक्रमतिना चक्रभृतश्चक्रपालितेन गृहं।
वर्षशतेऽष्टात्रिंशे गुप्तानां कालक्रमगणितेन॥
× × ×
सार्थमुत्थितभिवोर्जयतोऽचलस्य।
कुर्वत्प्रभुत्वभिव भाति पुरस्य मूर्ध्नि॥''
जूनागढ़ का शिलालेख (467 ई०), श्लोक 45-46।
2. सोमपुरा के०एफ०, दी स्ट्रक्चरल टेम्पुल्स ऑफ गुजरात, पृ० 75, पा० टि० 19
3. बाम्बे गजेटियर, 1, भाग 1, अध्याय 7, पृष्ठ 70; सोमपुरा के०एफ०, दी स्ट्रक्चरल टेम्पुल्स ऑफ गुजरात, पृष्ठ 74।
4. बर्जेस, ऐंटीक्विटीज ऑफ कच्छ एण्ड काठियावाड़, पृष्ठ 187
5. संकालिया, आर्क्यालॉजी ऑफ गुजरात, पृष्ठ 59
6. बर्जेस, ऐंटीक्विटीज ऑफ कच्छ एण्ड काठियावाड़, पृष्ठ 187
7. संकालिया, आर्क्यालॉजी ऑफ गुजरात, पृष्ठ 59
8. सोमपुरा के०एफ०, दी स्ट्रक्चरल टेम्पुल्स ऑफ गुजरात, पृष्ठ 74-75

3. **कडवार का दशावतार-मन्दिर**—वेरावल के समीप स्थित इस देवालय को प्रकाश में लाने का प्रथम श्रेय बर्जेस महोदय को दिया जा सकता है। उनके अनुसार यह शिखरयुक्त दशावतार-मन्दिर का एक उदाहरण था, क्योंकि इसकी द्वारशाखा की रथिकाओं में विष्णु के विभिन्न अवतारों की आकृतियाँ तराशी गयी हैं।[1] स्थापत्य-विशेषताओं एवं ललित अभिप्रायों की दृष्टि से एच०डी० संकालिया ने इस देवालय को गुप्तकालीन माना है।[2] इसका जगती-तल धरातल से 4.5 मीटर ऊँचा था। इसके आयताकार गर्भगृह के चतुर्दिक् प्रदक्षिणापथ की अवस्थिति के प्रमाण उपलब्ध होते हैं। गर्भगृह के समक्ष गुप्त-शैली में निर्मित छह स्तम्भों से युक्त एक मुखमण्डप भी वर्तमान था। गर्भ-गृह के भीतर संभवतः वराह-प्रतिमा प्रतिष्ठित थी। देवालय का शिखर नष्ट हो गया है। अवशिष्ट प्रमाण अभिव्यञ्जित करते हैं कि गुजरात का यह गुप्तकालीन मन्दिर अपने समय का एक प्रतिनिधि देवालय रहा होगा।[3]

कोटा का दर्रा-मन्दिर

इस देवालय को प्रकाश में लाने का श्रेय कोटा के डॉ० मथुरा लाल शर्मा तथा तदुपरान्त डॉ० ए०एस० अल्तेकर एवं डॉ० वासुदेवशरण अग्रवाल को दिया जा सकता है। यह एक पहाड़ी दर्रे में निर्मित था, जो कि मालवा को उत्तरी भारत से संयुक्त करता था। मध्यम परिमाण का यह देवालय एक ऊँचे आयताकार मञ्च (44 फीट × 74 फीट) पर विलसित है। इसके ऊपर आने के लिए दो ओर से सोपान बने हुए हैं। इसका गर्भ-गृह चार स्तम्भों पर टिका हुआ है, जो एक-दूसरे से 5½ फीट की दूरी पर अवस्थित है। पूर्ण विकसित पद्म का एक भव्य उदाहरण इसकी भीतरी छत पर तराशा गया है। गर्भगृह के समक्ष स्तम्भयुक्त मुखमण्डप वर्तमान था। डॉ० अग्रवाल का अनुमान है कि यह नान्दी-मण्डप का उदाहरण रहा होगा। 1950 ईसवी तक यह मुखमण्डप अपने समस्त अवयवों-सहित सुरक्षित था। इस समय तक मण्डप के प्राचीन स्तम्भ (संख्या में 4) अपने मूल स्थानों पर विद्यमान थे। इसके उपरान्त जीर्णोद्धार की क्रिया में सरकारी कर्मचारियों एवं अभियन्ताओं के अपरिपक्व निर्णय के कारण उन्हें हटाकर उनके स्थान पर नवीन स्तम्भों को स्थापित किया गया। प्राचीन स्तम्भों में एक के ऊपर डॉ० अल्तेकर ने गुप्त-लिपि में उत्कीर्ण गोपवर्मन नाम पढ़ा था। सम्भव है कि इस नान्दी-मण्डप के निर्माण में गोपवर्मन का ही योगदान रहा हो।

इस देवालय से लगभग 100 फीट की दूरी पर पश्चिम में एक चौरस शिवलिङ्ग (2 फीट 8 इंच) वर्तमान है। अनुमानतः मूल काल में यह इस शिव-मन्दिर के गर्भ-गृह में ही प्रतिष्ठित था। इस देवालय के समीप ही एक प्राचीन कुआँ भी है, जिसकी भीतरी तलों में पत्थरों की चिनाई की गयी है। इसके भीतर एक ओर जल तक उतरने के लिए प्रस्तर-सोपान भी निर्मित है। इसकी तिथि के विषय में कुछ निश्चयात्मक कहना दुष्कर है।[4]

---

1. बर्जेस, सोमनाथ एण्ड अदर मेडिवल टेम्पुल्स ऑफ गुजरात, पृष्ठ 76-77
2. संकालिया, आर्क्यालॉजी ऑफ गुजरात, पृष्ठ 56
3. सोमपुरा के०एफ०, दी स्ट्रक्चरल टेम्पुल्स ऑफ गुजरात, पृष्ठ 76-77
4. अग्रवाल वासुदेवशरण, स्टडीज़ इन इंडियन आर्ट, पृष्ठ 226-27।

सिरपुर का लक्ष्मण-मन्दिर

सिरपुर का प्राचीन नाम श्रीपुर था। यह स्थान मध्य प्रदेश के आधुनिक रायपुर से पूर्व एवं उत्तर की दिशा में 77 किलोमीटर की दूरी पर स्थित है। वहाँ जाने का मार्ग अब सुविधाजनक हो गया है। रायपुर से पक्की सड़क से 33 किलोमीटर पूर्व आरंग नामक ऐतिहासिक स्थान है। वहाँ से सिरपुर जाने के लिए पूर्व में 18 किलोमीटर दूर तुमगाँव तथा तदनन्तर 9 किलोमीटर पूर्व की ही दिशा में सिरपुर मोड़ पड़ता है। तदुपरान्त उत्तर की ओर एक पक्की सड़क गयी है, जिससे 17 किलोमीटर आगे बढ़ने पर सिरपुर अवस्थित है। वहाँ कुछ प्राचीन मन्दिरों के नमूने अब भी देखे जा सकते हैं; उदाहरणार्थ—लक्ष्मण-मन्दिर, राम-मन्दिर एवं जानकी-मन्दिर। पुरातत्त्वीय उत्खननों में कतिपय मठों के भी उदाहरण उपलब्ध हुए हैं। यहाँ के अवशेष प्रमाणित करते हैं कि गुप्त-काल में यह एक समृद्धपुर रहा होगा। हिन्दू-देवालयों की शैली विशुद्ध गुप्त-स्थापत्य के अन्तर्गत आती है। इनमें सबसे प्रधान देवालय लक्ष्मण-मन्दिर है जो कि ईंटों द्वारा निर्मित है। इष्टका-निर्मित अन्य मन्दिर (अर्थात् राम-मन्दिर एवं जानकी मन्दिर) परिमाण में इसकी तुलना में काफी छोटे हैं तथा खण्डित भी हैं। अपने वास्तुगत सिद्धान्तों द्वारा लक्ष्मण-मन्दिर भीतरगाँव के मन्दिर के स्थापत्य का स्मरण दिलाता है (चित्र सं० 9)। इस समय इस देवालय का केवल गर्भ-गृह ही बचा है, जिसका शिखर भीतरगाँव के देवमन्दिर-शिखर का समकक्ष है (चित्र सं० 10)। इसकी कला में भी शिल्पियों द्वारा ईंटों को तराशकर महराब की आकृतियाँ (आर्च डिजाइन) बड़ी ही कुशलता के साथ उभाड़ दी गयी हैं। गर्भगृह के प्रवेश-द्वार के बाजुओं (द्वार-पार्श्व), सिरदल (शिरापट्टी) एवं चौखट (देहली) में शुभाकृतियों एवं अभिप्रायों का अंकन मिलता है जो कि गुप्त-कला की विशेषता थी। गर्भ-गृह के समक्ष मुखमण्डप वर्तमान था, जिसकी छत तो टूट चुकी है, किन्तु प्रस्तर-स्तम्भ अपने स्थानों पर वर्तमान हैं। प्रस्तुत पंक्तियों के लेखक ने 1975 ई० में जब इस मन्दिर को देखा था, उस समय मूल स्थान से अलग हो गये इस मन्दिर के उच्चित्र एवं मूर्तियाँ आदि सन्निकट के एक लघु संग्रहालय में सुरक्षित देखने को मिले। ये पौराणिक दृश्यों का प्रतिनिधित्व करते हैं।

द्वयस्त्रवृत्तीय (वेसर शैली के) देवालय

कतिपय गुप्तकालीन देवालय बनावट की दृष्टि से बौद्ध चैत्य-गृहों की संरचना का स्मरण दिलाते हैं। ये आयताकार हैं तथा उनकी छत ढोलाकार अथवा गजपृष्ठ की भाँति लगती है। इस प्रकार के स्वरूप को वास्तुविषयक प्राविधिक ग्रन्थों में 'आयतवृत्त' कहा गया है। अर्द्धवृत्ताकार अथवा कुब्जपृष्ठ-सम देवालयों के लिए शिल्पशास्त्रों में 'द्वयस्त्रवृत्त' शब्द प्रयुक्त मिलता है। वे आगे एवं पीछे—दोनों ही ओर से अर्द्धवृत्त-सम लगते थे। इनकी छत के दोनों सिरों अथवा कभी-कभी बीच में भी मंगल कलश की भाँति लघु शिखरों के अभिप्राय की नक्काशी की जाती थी तथा बौद्ध देवालयों के समान इनका प्रवेशद्वार महराबदार हुआ करता था। इस प्रकार के देवालयों में सर्वप्रथम तेर अथवा तगर (शोलापुर) के मन्दिर (उत्तरेश्वर एवं कलीश्वर) उल्लेखनीय हैं। इनकी आकृति बौद्ध गुहामन्दिरों के तुल्य आयताकार है तथा छाजन बाहर से ढोलाकार (बेलनाकृति) लगता है। छत के दोनों सिरों की नक्काशी अपनी बनावट के द्वारा चैत्य-गवाक्षों का स्मरण दिलाती है। इष्टका-निर्मित इस देवालय का काल डॉ० कुमारस्वामी के अनुसार चतुर्थ शताब्दी के लगभग रहा होगा।

इस कोटि का इष्टका-निर्मित एक अन्य देवालय (कपोतेश्वर) चेजराला (कित्स्ना जनपद, आन्ध्र प्रदेश) में वर्तमान है, जो बौद्धायतनों की भाँति आयताकार है तथा जिसकी छत गजपृष्ठ-सम है। इसका निर्माण पाँचवीं शताब्दी के लगभग हुआ था। कुमारस्वामी एवं पर्सी ब्राउन के अनुसार तगर एवं चेजराला

के उक्त देवालय प्रारम्भ में बौद्ध धर्म से संबंधित थे तथा कालान्तर में इसके ह्रास एवं ब्राह्मण धर्म के विकास के साथ ये हिन्दू देवालयों में परिवर्तित हो गये थे।[1] मेरा व्यक्तिगत मत यह है कि वे बौद्ध चैत्य-गृहों के वास्तु से प्रभावित हैं, जिनकी छत ढोलाकार होती थी और जिनका प्रवेशद्वार महराबदार हुआ करता था। ऐहोले का दुर्गा-मन्दिर भी अपने स्थापत्य की दृष्टि से बौद्ध चैत्य-गृह का हिन्दू-रूपान्तर था। फलतः यह भी आयताकार है तथा इसकी छत ढोलाकार है। इस कोटि के देवालय का यह उदाहरण प्रस्तर-निर्मित था, जिसमें शैल वास्तु का आद्य रूप देखने को मिलता है। इसमें प्रस्तरखण्ड बिना गारे एवं मसाले के ही एक-दूसरे पर दृढ़तापूर्वक बिठा दिये गये हैं, जैसा कि कतिपय गुप्तकालीन देवालयों में द्रष्टव्य है। कुमारस्वामी ने इसका निर्माण-काल छठी शती माना है।

□□□

1. पर्सी ब्राउन, इंडियन आर्किटेक्चर, बुद्धिस्ट एण्ड हिन्दू, पृष्ठ 41

अध्याय-9

नागर, द्राविड़ तथा वेसर शैली

गुप्त-काल के उपरान्त शिल्पशास्त्रों में प्रासाद-विन्यास (देवालय-निर्माण) की तीन पृथक् शैलियों के स्पष्ट उल्लेख मिलने लगते हैं—नागर, द्राविड़ एवं वेसर।[1] विचारणीय है कि गुप्त-काल तक के साहित्य एवं अभिलेखों में इन शैलियों की कोई भी चर्चा नहीं मिलती। बृहत्संहिता, विष्णुधर्मोत्तर तथा अग्निपुराण के प्रारंभिक अध्यायों में मन्दिरों के प्रकारों का विवरण प्राप्य है। परन्तु उनमें न नागर, द्राविड़ एवं वेसर का उल्लेख है और न ही किन्हीं प्रादेशिक वास्तु-शैलियों का कोई सन्दर्भ मिलता है। परन्तु गुप्त-काल के अनन्तर के शिल्पशास्त्रों (यथा मानसार, मयमतम्, काश्यपशिल्प एवं शिल्परत्न) तथा आगमों (उदाहरणार्थ कारणागम, सुप्रभेदागम, दीप्तागम, अजितागम एवं कामिकागम) में उक्त तीनों स्थापत्य—शैलियों तथा उनके लक्षणों का विवरण मिलने लगता है। वह तथ्य इस बात का प्रमाण है कि इन शैलियों का उल्लेखनीय विकास गुप्त-काल के उपरान्त ही हुआ होगा। वास्तु के इन प्रकारों को गुप्तोत्तर-साहित्य में 'जाति-भेद', 'प्रासाद-भेद' अथवा 'विमान-भेद' कहा गया है। कारण यह है कि उत्तरी भारत में मन्दिरों को बहुधा 'प्रासाद' तथा दक्षिणी भारत में उन्हें 'विमान' कहते थे। ध्यातव्य है कि यद्यपि ये शिल्पशास्त्र वास्तु-अभियान्त्रिकी से संबंधित हैं, तथापि इनका प्रणयन गद्य के स्थान पर पद्य में हुआ है। कहीं-कहीं इनकी भाषा इस सीमा तक प्रतीकात्मक हो जाती है कि इनके अर्थ का बोधगम्य होना एक जटिल विषय हो जाता है।

प्रादेशिक शैलियाँ

कामिकागम, ईशानशिवगुरुदेवपद्धति, काश्यपशिल्प एवं शिल्परत्न में इन्हें प्रादेशिक वास्तु-शैलियों के रूप में देखा गया है। इन ग्रन्थों में दो प्रकार के क्रम मिलते हैं—(1) नागर, वेसर एवं द्राविड़ तथा (2) नागर, द्राविड एवं वेसर। स्तेला क्रैमरिश ने ठीक ही कहा है कि इनमें प्रथम भारत देश के भौगोलिक क्रम का द्योतक है तथा द्वितीय वास्तु-शैलियों के विकास-क्रम का परिचायक है। द्वितीय क्रम में प्रथम दो (नागर एवं द्राविड़) प्रधान वास्तु-शैलियों के द्योतक हैं तथा अन्तिम (वेसर) कालान्तर में इनके सम्मिश्रण से उद्भूत शैली होने का संकेत करता है।[2] उक्त प्राविधिक ग्रन्थों में दाक्षिणात्य शिल्पशास्त्र शिल्परत्न

---

1. ''नागरं द्राविडं चैव वेसरं च त्रिधा स्मृतम् ।''

   मयमतम् , अध्याय 19, श्लोक 35

   ''नागरं द्राविडं चैव वेसरं चेति तत् त्रिधा''

   शिल्परत्न, अध्याय 16, श्लोक 40

2. हिन्दू टेम्पुल, जिल्द 1, पादटिप्पणी 94 ।

मध्यकालीन अवश्य है। पर जैसा कि इसके सम्पादक टी० गणपति शास्त्री की उक्ति है इसमें पूर्व परम्पराओं का प्रतिबिम्ब मिलता है; अतएव गुप्त-काल के उपरान्त होनेवाले वास्तु-विकासों को समझने में इस शिल्पशास्त्र की उपयोगिता निर्विवाद है।

प्रादेशिक वास्तु-शैलियों के रूप में इन स्थापत्य-प्रकारों का वर्णन इस ग्रन्थ (शिल्परत्न) में यत्र-तत्र लाक्षणिक अथवा प्रतीकात्मक रूप में भी हुआ है। इनका यथार्थ चित्रण प्रस्तुत करने के संबंध में इस ग्रन्थ में कहा गया है कि हिमाद्रि (हिमालय) से लेकर कन्या (कन्याकुमारी) तक प्रसरित देश भारत नाम से विश्रुत है। जैसे मानव विग्रह त्रिगुणात्मक (वात, पित्त एवं कफ से संयुक्त) है, उसी प्रकार यह देश भी त्रिगुणात्मक (सात्त्विक, राजस एवं तामस) है। हिमालय से लेकर विन्ध्य पर्वत तक भूतल यदि 'सात्त्विक' है, तो विन्ध्य से कृष्णा-पर्यन्त वसुन्धरा 'राजस' है। पुनः कृष्णा से कन्यान्त (कन्याकुमारी तक) भूतल 'तामस' है। नागर 'सात्त्विक' है और 'भूसुर' जाति की है; अर्थात् यह वास्तु-शैली उत्तरी शैली है, जो हिमालय से लेकर विन्ध्य पर्वत तक प्रसरित है। द्राविड 'राजस' है अर्थात् 'नृप' जाति की है। इस रूप में इसे विन्ध्य शैल से लेकर कृष्णा के बीच की शैली अभिव्यञ्जित किया गया है। वेसर 'तामस' है और 'वैश्य' जाति की है। इस प्रकार यह कृष्णा से कन्याकुमारी तक की शैली है।

उल्लेखनीय है कि ठीक यही प्रतीकात्मक विवरण काश्यपशिल्प में भी प्राप्य है। इसके अनुसार हिमालय तथा विन्ध्य के अन्तर्गत प्राप्य वसुन्धरा 'सत्त्वा' है। विन्ध्याद्रि से कृष्णवेणी (कृष्णा)-पर्यन्त भूतल 'राजसारव्य' (राजस) है तथा कृष्णवेणी (कृष्णा) से कन्यान्त (कन्याकुमारी तक) भूतल 'तामस' है। नागर 'सात्त्विक' है अर्थात् हिमालय से 'विन्ध्य' के बीच की शैली है। वेसर 'तामस' है और इस रूप में इसका तादात्म्य कृष्णा से कन्याकुमारी के बीच की वास्तु-शैली से किया जा सकता है। 'द्राविड़' 'राजस' है और इस प्रकार यह विन्ध्यपर्वत से कृष्णा नदी के मध्य की शैली है।

शिल्परत्न का लेखक एक अन्य प्राचीन आचार्य-मत का भी उल्लेख करता है। इसके अनुसार जिस प्रकार ब्रह्मा, विष्णु एवं महेश आदि तीन देवता है (त्रयं ब्रह्मादि दैवतम्) तथा 'त्रियुग', 'त्रिवर्ण' एवं 'त्रिचक्र' की मान्यता लोकविश्रुत है, उसी प्रकार वास्तु भी तीन कोटि का है (त्रिधा)—नागर, द्राविड़ एवं वेसर। नागर हिमालय एवं विन्ध्याचल की मध्यवर्ती शैली है (नागरस्य स्मृतो देशो हिमवद्विन्ध्यमध्यगः), द्राविड़ वस्तुतः द्राविड़ क्षेत्र की प्रादेशिक शैली है (द्राविडस्योपचितो देशो द्राविडः) तथा वेसर विन्ध्य एवं आगस्त्य (नासिक) के बीच की शैली है (आगस्तस्यविन्ध्यमध्यस्थो देशो वेसरसम्मतः)।

स्पष्ट है कि इन दोनों आचार्य-मतों में थोड़ा अन्तर है। दोनों ही मान्यताएँ नागर को उत्तरी शैली (हिमालय से विन्ध्याचल की बीच की शैली) तो मानती हैं, परन्तु द्राविड़ एवं वेसर के विषय में मतभेद व्यक्त करती हैं। प्रथम मत के अनुसार द्राविड़ विन्ध्य से लेकर कृष्णा के बीच की शैली है, तो द्वितीय के अनुसार यह सुदूर दक्षिण (कृष्णा एवं कन्याकुमारी के बीच) की प्रादेशिक शैली है। प्रथम के अनुसार वेसर कृष्णा से कन्याकुमारी के बीच की शैली है, तो द्वितीय के अनुसार यह शैली विन्ध्य पर्वत एवं कृष्णा नदी के अन्तर्गत आती है।

अब प्रश्न यह उठता है कि उक्त दोनों प्रचलित मतों में हम किसको सही मानें। सौभाग्यवश इस शंका का समाधान कामिकागम एवं ईशानगुरुदेव-पद्धति द्वारा हो जाता है। कामिकागम (अध्याय 49, श्लोक 1-2) के अनुसार नागर, वेसर एवं द्राविड़ शैलियों के प्रचलन-क्षेत्र क्रमानुसार हिमालय से विन्ध्य, विन्ध्य से कृष्णा तथा कृष्णा से कन्याकुमारी हैं। ईशानगुरुदेव-पद्धति में नागर का प्रचलन-क्षेत्र हिमाद्रि से विन्ध्याद्रि, वेसर का परिसर विन्ध्याद्रि से आगस्त्य (नासिक) तथा द्राविड़ की व्यापकता कृष्णा से कन्याकुमारी पर्यन्त है। इससे स्पष्ट है कि वेसर-शैली वस्तुतः विन्ध्य पर्वत एवं कृष्णा तथा द्राविड़ शैली

कृष्णा से कन्याकुमारी के अन्तर्गत आती थीं। काश्यपशिल्प एवं शिल्परत्न के प्रणयन-काल (16वीं शती) तक वेसर-शैली का प्रचार कृष्णा से सुदूर दक्षिण में भी होने के कारण इन ग्रन्थों में कहा गया है कि कतिपय आचार्यों के अनुसार वेसर-शैली कृष्णवेण्वा (कृष्णा) से कन्याकुमारी के मध्य प्रचलित थी। इन तीनों प्रादेशिक शैलियों के विषय में अधोलिखित तालिका विचारणीय है—

क्र.सं.	शिल्पशास्त्र एवं आगम	नागर	वेसर	द्राविड़
1.	कामिकागम	हिमालय से विन्ध्य	विन्ध्याद्रि से कृष्णा	कृष्णा से कन्याकुमारी
2.	ईशानगुरु-पद्धति	,,	विन्ध्य से आगस्त्य	द्राविड़ देश
3.	विवरण	,,	,,	आगस्त्य से कन्याकुमारी
4.	शिल्परत्न प्रथम मत (1)	,,	,,	द्राविड़ देश
5.	शिल्परत्न द्वितीय मत (2)	,,	कृष्णा से कन्याकुमारी	विन्ध्य से कृष्णा
6.	काश्यपशिल्प	,,	,,	,,

जब विद्वानों का परिचय इन तीनों शैलियों से नहीं हुआ था, उस समय फर्गूसन एवं रोलैण्ड आदि विद्वानों ने प्राप्त उदाहरणों के आधार पर हिन्दू-मन्दिर-वास्तु-शैली का वर्गीकरण दो भागों में किया था—(1) इंडो-आर्यन शैली = उत्तरी शैली तथा (2) द्राविड़ शैली = दक्षिणी शैली। स्पष्ट है कि शिल्पशास्त्रों की नागर शैली से तात्पर्य उत्तरी भारत की शैली तथा द्राविड़ शैली से तात्पर्य दक्षिणी भारत की शैली से है। नागर, द्राविड़ एवं वेसर के क्रम से बोध होता है कि प्रथम दो (नागर एवं द्राविड़) अधिक प्राचीन तथा अन्तिम (वेसर) इन दोनों के उपरान्त विकसित हुई थी। वस्तुतः वेसर का उद्‌गम नागर एवं द्राविड़ शैलियों के सम्मिश्रण से हुआ था। यही कारण है कि शिल्पशास्त्रों में इसे 'मिश्रक' शैली कहा गया है। इस शैली के उदाहरण पट्टदकल के चालुक्य-मन्दिर हैं, जिनकी वास्तुगत विशेषताओं में उत्तरी एवं दक्षिणी—दोनों ही शैलियों का सामंजस्य मिलता है।

प्रसन्न कुमार आचार्य ने वेसर शैली की पहचान कलिंग-शैली से की है। वे इस बात की ओर ध्यान आकृष्ट करते हैं कि फर्गूसन एवं रोलैण्ड आदि के भी मतानुसार अपने मौलिक स्थापत्य-लक्षणों के कारण कलिंग-प्रदेश के मन्दिर उत्तरी भारत के मन्दिरों से पृथक् लगते हैं। कलिंग के मन्दिर वेसर शैली के अन्तर्गत निर्धारित किये जा सकते हैं, क्योंकि वेसर-शैली के देव-सद्म वृत्ताकार हैं। यह विशेषता उड़ीसा के मन्दिरों के आकार के विषय में चरितार्थ होती है। वहाँ की प्रतिमाएँ एवं देवालय गोल (वृत्ताकार) हैं। परन्तु डॉ० आचार्य का मत ग्राह्य नहीं हो सकता, क्योंकि शिल्पशास्त्रों में वेसर शैली को विन्ध्य पर्वत के दक्षिण की वास्तु-शैली के रूप में देखा गया है। दूसरी बात यह है कि सुप्रसिद्ध पश्चिमी लेख (होड़ल, बेलारी जनपद) में वास्तुकला की चार शैलियों का उल्लेख हुआ है—नागर, कलिंग, द्राविड़ एवं वेसर। इस स्पष्ट

साक्ष्य में कलिंग एवं वेसर को पृथक् शैलियों के रूप में देखा गया है। यहाँ यह भी विचारणीय हो जाता है कि उड़ीसा के शिल्पशास्त्रों (उदाहरणार्थ भुवनप्रदीप एवं शिल्पसारिणी) में इस क्षेत्र की मन्दिर-वास्तुशैली को कहीं भी वेसर शैली की संज्ञा नहीं दी गयी है।

शैलीगत विशेषताएँ

शिल्पशास्त्रों के अनुसार जो प्रासाद (देवालय) मूल से स्तूपिका-पर्यन्त 'चतुरस्त्र' (चौकोर) हैं, वे ही नागर हैं। चतुरस्त्र को ही अन्यत्र 'युगास्त्र', 'युगाश्र' एवं 'युगाश्रय' अथवा 'वेदास' एवं 'वेदाश्रय' भी कहा गया है। 'अष्टाश्र' (अष्टकोण) प्रासाद (देवालय) द्राविड़ जाति का है। 'अष्टाश्र' को अन्यत्र 'वस्वाश्र', 'अष्टाश्रक' या 'अष्टाश्रय' भी कहा गया है। द्राविड़ मन्दिर कभी-कभी 'षडाश्र' (छह कोनेवाला) भी हुआ करता था। इसी को कहीं-कहीं 'षडश्र', 'षडाश्रक' या 'षडाश्रय' भी कहा गया है। उल्लेखनीय है कि काश्यपशिल्प में द्राविड़ मन्दिर को 'त्रिविधक' (तीन प्रकार का) कहा गया है। पहले प्रकार में वेदिका अठकोण (वस्वाश्र) तथा शिखर एवं कण्ठ मण्डलाकार हुआ करते थे। दूसरे प्रकार के शिखर 'वस्वाश्र' (अठकोण) तथा कष्ठ 'युगाश्र' (वर्गाकार) होते थे। तीसरे प्रकार में देवालय पीठ (होम) से कलश (कुम्भलान्त) तक 'वस्वाश्र' (अठकोण) या 'षडश्र' (षड्कोण) हुआ करते थे।

वेसर शैली को कामिकागम में 'उभयात्मक' (नागर एवं द्राविड़ के सम्मिश्रण से उत्पन्न) कहा गया है। इसके अनुसार वेसर विमान (देवालय) 'विचित्रांग' हैं, क्योंकि योजना (विन्यास) में ये द्राविड़ हैं, परन्तु अंगरचना (क्रिया) की दृष्टि से ये नागर हैं। इस मिश्रण के कारण इसे कामिकागम में 'संकर' (द्विजाति से उद्भूत) कहा गया है। इसमें शिखर-तल (मंजिलें) क्रमानुसार 3, 5 या 7 होती हैं अथवा 2, 4 या 6 होती हैं। समराङ्गणसूत्रधार में वेसर की 'उभयात्मक' विशेषता के कारण ही इसे 'मिश्रक' (नागर एवं द्राविड़ का सम्मिश्रण) कहा गया है। स्पष्ट है कि इस स्थान पर संकेत पट्टदकल के देवालयों के सदृश मन्दिरों की ओर है, जो उत्तरी एवं दक्षिणी—दोनों ही शैलियों की विशेषताओं से युक्त हैं।

यहाँ उल्लेखनीय है कि कतिपय शिल्पशास्त्रों एवं आगमों में वेसर को स्थानीय वास्तुशैली के रूप में न देखकर मात्र आकार-भेद की दृष्टि से ही इसके पृथक् अस्तित्व को अवगत कराया गया है। वेसर-शैली के मन्दिर वृत्त, वृत्तायत, आयतवृत्त, द्वयस्त्र (द्वयश्र), द्वयश्रवृत्त अथवा वृत्ताश्रय हुआ करते हैं। इससे स्पष्ट है कि वेसर शैली के देवालय गोल, अण्डाकार, पीपानुमा, ढोलाकार अथवा बेलनाकार हुआ करते थे। इन्हें गजपृष्ठाकृति अथवा कुब्जपृष्ठ के रूप में भी देखा गया है। इन आकारों से भारतीय स्थापत्य का परिचय पहले से ही चला आ रहा था। नागार्जुनी एवं बराबर की गुफाओं में गोलम्बर (वृत्ताकार) एवं बेलनाकार (वृत्तायत) प्रकोष्ठों के उदाहरण प्राप्य हैं।

साँची एवं भारहुत की कला में भी कुब्जपृष्ठ अथवा गजपृष्ठ-सदृश भवनों के नमूने देखे जा सकते हैं। ऐहोडे (अयहोल) का दुर्गा-मन्दिर कुब्जपृष्ठ (द्वयस्त्र) है। परन्तु कालान्तर में वेसर शब्द का प्रयोग मिश्रित स्थानीय शैली के रूप में होने लगा, क्योंकि यह द्विजातीय (नागर एवं द्राविड़ का सम्मिश्रण) थी। कोशकारों के अनुसार वेसर का अर्थ नासिकाभूषण (नथिया, जो गोल हुआ करती है) या द्विजातीय (संकर) है। शिशुपालवध में वेसर का प्रयोग खच्चर (द्विजातीय पशु-विशेष) के रूप में हुआ है। मध्यकालीन कवि बिहारीलाल ने इस शब्द का प्रयोग नासिकाभूषण (गोल नथिया) के रूप में किया है ('नाकवासवेसर लह्यौ बसि मुक्तन के संग')।

प्रारम्भ में वेसर से तात्पर्य वृत्ताकार, आयतवृत्त, द्वयस्त्र अथवा वृत्तायत अलंकृत भवनों से था और इस रूप में इससे शैलीगत विशेषता का बोध होता है। इसका संबंध प्रादेशिकता अथवा क्षेत्रीयता से नहीं

था। कालान्तर में वेसर शब्द का प्रयोग मिश्रित वास्तु-शैली के रूप में होने लगा और इस शब्द का द्वितीयार्थ वर्णसंकर होने लगा।

दीप्तागम में वेसर को 'त्रिविध' (तीन प्रकार का) कहा गया है—वृत्त (गोल), वृत्तायत (अण्डाकार) तथा द्वयस्त्रवृत्त (ढोलाकार)। सुप्रभेदागम में वेसर को 'चतुर्विध' (चार प्रकार का) कहा गया है—वृत्त (गोल), आयतवृत्त (अंण्डाकार), आयतचतुरस्त्र (कुब्जपृष्ठ = ऐप्सिडल) तथा वृत्तचतुरस्त्र (बेलनाकार)। यहाँ वेसर के स्थापत्य-लक्षणों की ओर संकेत है। यहाँ उल्लेखनीय है कि द्वयस्त्र शब्द से ही वेसर शब्द की व्युत्पत्ति हुई।

यहाँ विचारणीय है कि गुप्तोत्तर-काल में स्थापत्य के अतिरिक्त समाज एवं साहित्य के क्षेत्रों में भी प्रादेशिक भेद विकसित हो रहे थे; उदाहरणार्थ सारस्वत, कान्यकुब्ज, सरयूपारीण, मैथिल एवं गौड़ ब्राह्मण अथवा वैदर्भी, गौड़ी, शौरसेनी, पाञ्चाली एवं मागधी आदि। शिल्परत्न में कहा गया है कि कतिपय आचार्यों के अनुसार प्रादेशिक वास्तुशैलियाँ होते हुए भी नागर, द्राविड़ एवं वेसर का प्रचार भारत के सभी क्षेत्रों में था (सर्वं सर्वदेशेषु)। इससे लगता है कि 16वीं शती तक (जो शिल्परत्न का प्रणयन-काल है) अन्योन्य प्रादेशिक प्रभावों एवं सांस्कृतिक संपर्कों के कारण सभी शैलियों के देवालय सभी क्षेत्रों में निर्मित होने लगे थे। यह स्थिति वैसी ही रही होगी, जैसे कालान्तर में नूतन परिस्थितियों के परिप्रेक्ष्य में कान्यकुब्ज, मैथिल, गौड़, सरयूपरीण एवं सारस्वत ब्राह्मण सभी क्षेत्रों में पाये जाने लगे।

□□□

अध्याय-10

चालुक्यकालीन कला

दक्षिण भारत के सुप्रसिद्ध राजवंश चालुक्य (पश्चिमी चालुक्य) अपनी राजनीतिक उपलब्धियों के अतिरिक्त कला एवं स्थापत्य के क्षेत्र में भी अपने योगदान के निमित्त उल्लेखनीय है। इनके काल में निर्मित मन्दिर कर्नाटक के बीजापुर जनपद में तीन स्थानों से मिले हैं—(1) ऐहोड़े, (2) बादामी, (3) पट्टदकल। प्रारम्भिकतम मन्दिरों के नमूने ऐहोड़े नामक केन्द्र से उपलब्ध हैं। यह स्थान पुलकेशिन द्वितीय की सुप्रसिद्ध प्रशस्ति (634 ई०) के निमित्त विश्रुत है, जिसमें इस चालुक्य नरेश का हर्ष के साथ रोमांचक युद्ध का विवरण मिलता है। इसमें इस तिथि की गणना शक संवत् के अतिरिक्त कलिसंवत् में भी की गयी है। ऐहोड़े के मन्दिर नागर-शैली (इंडो-आर्यन शैली) में निर्मित हैं, जिनमें छत सपाट है। केवल कुछ में ही कालान्तर में शिखर जोड़े गये थे।

यह केन्द्र अपने समय में भुवनेश्वर की भाँति मन्दिरों का नगर था। अपने उत्कर्ष-काल के दिनों में यहाँ 70 मन्दिर निर्मित थे, जिनमें से 35 एक ही शिखरयुक्त प्राकार (परकोटे) के भीतर बने थे। इस सुरक्षा-व्यवस्था एवं देवालयों की विशाल संख्या को देखते लगता है कि चालुक्य-काल में यह कोई महत्त्वपूर्ण केन्द्र था। ये मन्दिर चालुक्य-काल में मन्दिर-निर्माण के प्राथमिक प्रयास के द्योतक हैं। अतएव कतिपय कला-मर्मज्ञों का अनुमान है कि पश्चिमी चालुक्यों की प्रारम्भिक राजधानी ऐहोड़े में ही वर्तमान थी, जो कर्नाटक के बीजापुर जनपद में स्थित है तथा पर्यटकों के आकर्षण का एक उल्लेखनीय स्रोत है। जिस समय हेनरी कजेंस यहाँ इन मन्दिरों का सर्वेक्षण करने प्रथम बार आया था, उस समय ये धूल और मिट्टी की मोटी परतों से इतना ढक गये थे कि इनके स्थापत्य का ठीक पता भी नहीं चल पाता था। भारतीय सर्वेक्षण विभाग के क्रमिक प्रयास से इनका वास्तविक रूप निखरकर दर्शकों के समक्ष आ सका था।

हेनरी कजेंस के आगमन के समय स्थानीय लोगों ने अपने-अपने निवास या प्रयोग के निमित्त अपना सिक्का जमा रखा था। उस समय सर्वेक्षण के समय कजेंस ने प्रचलित नामों के आधार पर इनका नामकरण किया था। इन्हीं मन्दिरों की कोटि में ऐहोड़े लाड़खान का सुप्रसिद्ध मन्दिर भी आता था, जिसमें लाड़खान नामक एक मुसलमान पदाधिकारी ने अपना निवास बना लिया था। अतएव आज तक यह अपने तथाकथित अशुद्ध नाम (लाड़खान-मन्दिर) के नाम से विश्रुत है। इसी प्रकार एक समीपवर्ती चक्रगुड़ी नामक मन्दिर का नाम 'बढ़ईघर' के नाम से हेनरी कजेंस ने उल्लिखित किया था। नाम की इस अशुद्धता का कारण यह था कि इस देवालय में एक बढ़ई रहता था। अतएव तत्कालीन प्रचलित नाम 'बढ़ईघर' पड़ा था। इतिहासकारों ने प्रतिमाओं की प्राण-प्रतिष्ठा के आधार पर शुद्ध नाम ऐतिहासिक परिप्रेक्ष्य में निर्धारित किया।

आदि प्रयास होने के कारण इनके वास्तु में सरलता की छाप मिलती है। उत्तरी भारत के गुप्तकालीन

मन्दिरों के समान इनकी छत प्रायः सपाट मिलती है। कालान्तर में इनमें से कुछ में शिखर जोड़ा गया। इनमें भी प्रमुख अंग दो ही थे—(1) गर्भगृह, (2) मुखमण्डप। ऐहोड़े के मन्दिरों में तीन विशेष रूप से प्रसिद्ध थे—पहला तथाकथित लाड़खान का मन्दिर, (2) दुर्गा-मन्दिर तथा (3) हर्सिमल्लिगुडी मन्दिर (आकृति सं० 1)।

लाड़खान-मन्दिर

ऐहोड़ के इस प्राचीन नगर के मध्य भाग में चार मन्दिर एक उत्खनित पुष्करिणी के निकटवर्ती स्थलों पर बने हैं—(1) इस तटाक के उत्तर-पश्चिम भाग में लाड़खान मन्दिर; (2) गौड़र्गुडी। इनके अतिरिक्त उत्तरी दिशा में नागर शैली में निर्मित (3) सूर्य-नारायण मन्दिर; (4) दक्षिण किनारे पर चक्रगुड़ी का मन्दिर। बहुत समय तक यह उत्खनित पक्का तटाक मिट्टी से ऊपर तक ढक गया था, जो कि पुरातत्त्व सर्वेक्षण विभाग की कार्य-कुशलता के कारण स्वच्छ कर प्रकाश में लाया गया था। अनुमान है कि श्रद्धालुओं के धार्मिक स्नान के निमित्त यह निर्मित कराया गया था। मन्दिर में आराध्य देव की पूजा-अर्चा के पूर्व इसमें लोग शुद्धता-हेतु सर्वप्रथम स्नान करते थे। मन्दिर के प्रांगण में इस उद्देश्य से सरोवरों का निर्माण एक प्राचीन परम्परा थी, जिसकी व्यवस्था का प्रथम प्रमाण दक्षिणी मन्दिरों में सर्वप्रथम में ऐहोड़े में इस स्थल पर प्राप्य है (आकृति सं० 2)।

उक्त चारों मन्दिरों में सबसे विशाल लाड़खान का देवालय है और इसका आकार औरों से विभिन्न है। अपने समग्र रूप में यह आयताकार है, जिसमें सामने की ओर एक मुखमण्डप मिलता है जो प्रत्येक दिशा में 50 फीट है। इसमें कुल 12 स्तम्भ-प्राप्य हैं, जिनमें दो में गंगा (मकरस्था) एवं यमुना (कूर्मस्था) नदियों का देवी-विग्रह आकारित है। अन्य स्तम्भों में भी भव्य नवकाशियों का अलंकरण प्राप्य है, जिनमें यक्ष-मिथुन, रति एवं कामदेव, प्रेमी-युगल आदि रत्यात्मक उच्चित्रण उल्लेखनीय हैं। किन्नर-युग्म, ईहामृग, व्यजन, छत्र, पत्रवल्ली, प्रमथ एवं शिव-गणों की आकृतियों की भी नक्काशी इसकी कला में द्रष्टव्य है। एक अन्य स्तम्भ की कला में चालुक्य-राजवंश के प्रतीक—वराह, शंख, चक्र एवं दर्पण आदि के उच्चित्रण गोलाकार फलक पर देखने को मिलते हैं।

इस आयताकार मन्दिर के मुखमण्डप के भीतर की ओर गर्भगृह की अन्तः भित्ति आकारित है। इसके प्रवेश-द्वार की अलंकरण-योजना साधारण है। पार्श्व-स्तम्भों पर मात्र दो ही शाखाओं का सरल रूपांकन देखने को मिलता है। इनमें पत्रवल्ली एवं नाग तथा उनकी पूँछ को पकड़े गरुड़ शिल्पांकित हैं। नन्दी-वृषभ की आकर्षक प्रतिमा मुखमण्डप के केन्द्रीय भाग में देखने को मिलती है। छत पर एक ऊर्ध्व-गर्भगृह (सपाट छत से युक्त एवं चौकोर) निर्मित है, जहाँ पहुँचने के लिए प्रस्तर-सोपान की व्यवस्था है। ऊर्ध्व-गर्भगृह की भित्तियों में रथिकाएँ बनी हैं, जिनमें अर्धनारीश्वर (दक्षिण दिशा में आकारित रथिका के मध्य), सूर्य (पश्चिमी रथिका) एवं स्थानक चतुर्भुजी विष्णु (एक अन्य दक्षिणी रथिका में) उच्चित्रित हैं। सूर्य एवं विष्णु मुकुटधारी एवं अपने-अपने आयुधों सहित शोभायमान हैं। शीर्षस्थ गर्भगृह की भित्तियों में सूर्य एवं विष्णु की प्रतिमाओं के आकारित होने के कारण कतिपय विद्वान् इसे सूर्य-नारायण मन्दिर की संज्ञा देते हैं। परन्तु इसे अन्तिम नहीं माना जा सकता, क्योंकि हरि-हर का संयुक्त मूर्त्तन एवं नंदी वृषभ की विशाल प्रतिमा भी इसमें आकारित हैं। गंगा एवं यमुना के मानवीय विग्रह का उच्चित्रण भी इसकी कला में प्राप्य है। अतएव यह शैव मन्दिर होने का भी भ्रम उत्पन्न करता है। इस मन्दिर का निर्माण-काल बहुधा लोग पाँचवीं शती ई० मानते हैं और इस प्रकार यह एक प्रारम्भिक चालुक्य-मन्दिर माना जाता है।

दुर्गा-मन्दिर

ऐहोड़े का दुर्गा-मन्दिर प्रारम्भिक चालुक्य मन्दिरों में सबसे पूर्ण एवं अपनी निर्माण शैली की विशेषताओं तथा मौलिकता के कारण अति प्रसिद्ध है (आकृति सं० 3)। यह एड़ी से चोटी तक द्वयस्र (आयताकार) है। सान्धार-वर्ग (प्रदक्षिणायुक्त) के इस मन्दिर की शैलीगत विशेषता मुखमण्डप एवं गर्भगृह—दोनों में ही द्रष्टव्य हैं। इसके अभिप्रायों से युक्त अलंकरण-बन्धों एवं मालाओं से प्रत्येक दिशा में मंडित हैं, जिनमें कीर्तिमुख, मिथुन, व्यालमुख, गन्धर्व एवं किन्नर-युगल, लताजाल, मुक्तादाम, प्रफुल्लपद्म, मांगल्यविहग, पत्रवल्ली उल्लेखनीय हैं।

जगतीतल (अधिष्ठान) के ऊपर समान दूरी पर स्तम्भ पंक्तियाँ सुशोभित हैं, जिनके उभय-मुख देवाकृतियों एवं प्रतीहारों की आकृतियों से सुसज्जित हैं। जगती-तल पर स्तम्भमालाओं एवं आयताकार कक्ष के बीच का भाग मन्दिर के बाह्य प्रदक्षिणा-पथ के उद्देश्य की पूर्ति करता था। उत्तर की दिशा में गोलवृत्त के भीतर एक लघु लेख (जिनालयन) प्राप्य है, जिसमें सातवीं शताब्दी की लिपि का प्रयोग मिलता है। 'जिनालयन' से यह निष्कर्ष नहीं निकाला जा सकता कि यह कोई जैन मन्दिर था। सम्भव है कि यह किसी शिल्पी का नाम रहा हो। सामान्यतः यह छठी शती ई० का देवालय माना जाता है।

बाहर से देखने में इसका आकार आयताकार (84 × 36'') है। वस्तुतः यह बौद्ध चैत्यगृह का ब्राह्मण-प्रतिरूप है। मन्दिर के भीतर वायु एवं प्रकाश की व्यवस्था के निमित्त झँझरीदार खिड़कियाँ (परफोरेटेड विण्डो) आकारित हैं।

जगतीतल (अधिष्ठान) की दक्षिण दिशा में एक विशिष्ट प्रवेश-द्वार (प्रतोली-द्वार), जो कि 'प्रतोली-अधिष्ठान' का उदाहरण है, रूपायित है। इसके दोनों पार्श्वों में तीन अलंकरण-बन्ध अंकित हैं, जो 'त्रि-द्वार-शाखा' के उदाहरण हैं। प्रत्येक शाखा प्रतीक-विशेष से नख-शिख अलंकृत है। द्वार के सिरदल (शिरापट्टी) पर तीन क्षैतिज अलंकरण-बन्ध (हार) उच्चित्रित हैं, जिनमें से एक में ब्रह्मच्छन्द शिखरों का प्रतीकांकन प्राप्य है। ये संख्या में कुल छह हैं। लगता है कि यह प्रतोली द्वार कालान्तर में चालुक्य-नरेश विक्रमादित्य द्वितीय के समय (733-745 ई०) में निर्मित हुआ था, क्योंकि इस पर उनके समय के 'कुमार' नामक पदाधिकारी द्वारा उत्कीर्ण एक लेख मिलता है जिसमें आठवी शती ई० की लिपि का प्रयोग मिलता है। इस आभिलेखिक साक्ष्य के अनुसार यह प्रतोली-द्वार सूर्य-मन्दिर को अर्पित था। अतएव कतिपय का मत है कि यह देवालय, जिसे हम दुर्गा-मन्दिर की संज्ञा देते हैं, वस्तुतः सूर्य-मन्दिर था जो छठी शती ई० में ही निर्मित था। कालान्तर में आठवीं-शती ई० में कुमार नामक एक पदाधिकारी ने इस देवालय में अपने धार्मिक लाभ के निमित्त एक प्रतोली-द्वार संयुक्त कराया था।

देवालय के भीतर गूढ़-मण्डप के प्रवेश-द्वार के दोनों—पार्श्व छह शाखाओं में विभाजित हैं जिनके अलंकरण-प्रतीकों में नाग, पत्रवल्ली, मिथुन, लताजाल, मंगलघट एवं स्वस्तिक उल्लेखनीय हैं। शाखाओं के पाद-मूल में मिथुन (प्रेमी-युगल) प्रतीहार तथा अपने-अपने वाहनों (मकर एवं कूर्म) पर खड़ी गंगा-यमुना का देवी-रूप के उच्चित्रण उल्लेखनीय है। द्वारशाखा में आकारित एक अन्य दृश्यांकन में नाग की पूँछ को मुख में दृढ़ता से पकड़े गरुड़ उच्चित्रित हैं। इस मन्दिर की उत्तरी बाह्य भित्ति की केन्द्रीय रथिका में दुर्गा का रूपांकन हुआ है। अतएव इस मन्दिर को आरम्भ से ही दुर्गा-मन्दिर की संज्ञा दी गयी थी। बाह्य भित्तियों में शिल्पांकित अन्य रथिकाओं में नन्दी वृषभ, नृसिंह, वराह एवं गरुड़ारूढ़ विष्णु आदि देव-प्रतिमाएँ आकारित हैं। विष्णु के इस चतुर्भुज रूप में वे अपने हाथों में अपने आयुध, मस्तक पर चालुक्य शैली में किरीट मुकुट, कानों में कुंडल, केयूर तथा वनमाल के साथ सुशोभित हैं तथा उनके वाहन गरुड़ का मुख मानव मुख तथा पक्षी-विग्रह रूपायित है। चालुक्य-कला में विष्णु की यह एक प्रारम्भिक प्रतिनिधि प्रतिमा

मानी जा सकती है। मन्दिर के दक्षिण-पश्चिम भाग में सपाट छत के ऊपर लघु शिखर भी निर्मित है, जो उड़ीसा की पीढ़ा-शैली में बना है। यह कालान्तर में आठवीं शती ई० का उत्तरकालीन निर्माण लगता है, जिस समय उड़ीसा शैली का दक्षिण में प्रभाव पड़ने लगा था।

गौड़र्गुडी का मन्दिर

ऐहोड़े का यह भी एक उल्लेखनीय मन्दिर है, जिसका पता लगाने का श्रेय हेनरी कजेन्स को था (हेनरी, संख्या 13) लाड़खान के मन्दिर के समीप उत्तर-पूर्व दिशा में स्थित यह एक आयताकार देवालय है, जिसके भीतर वर्तमान स्तम्भयुक्त मुखमण्डप एवं गर्भगृह—दोनों ही आयताकार हैं। चालुक्य-मन्दिर परंपरानुसार इसकी जगतीपीठ की पार्श्वभित्तियाँ कई क्षैतिज अलंकरण-बन्धों में विभाजित हैं, जिनमें विविध प्रतीकांकन शोभा-पट्टिकाओं के रूप में सुशोभित हैं; यथा—कीर्तिमुख, अपूर्णघट, पत्रवल्ली, गन्धर्व, शंभुगण, मकर, ईहामृग, किन्नर-युग्म, चक्रवाक तथा मयूर आदि। जगतीपीठ पर प्रत्येक दिशा में स्तम्भ-पंक्तियाँ सुशोभित हैं। स्तम्भ-माला एवं मुखमण्डप तथा गर्भगृह के बीचवाला अधिष्ठान (जगतीतल)-भाग बाह्य प्रदक्षिणामार्ग के उद्देश्य की पूर्ति करता था, जैसा कि दुर्गा-मन्दिर के स्थापत्य-व्यवस्था में द्रष्टव्य है।

इस मन्दिर में एक स्थान पर एक लघु लेख उत्कीर्ण है, जिसके अनुसार ऐहोड़े का प्राचीन नाम 'आर्यपुर' था। इसके द्वारा इस नगर के निवासियों के द्वारा 'दुर्गा-भगवती' को दान का विवरण मिलता है। मुख-मण्डप की भीतरी छत पर भव्य रूपांकन किये गये थे। गर्भगृह का प्रवेश-द्वार 'पंच-शाखाओं' से मण्डित है। इन विभिन्न द्वारशाखाओं में लताजाल, पूर्णघट, ग्रासवराल, नाग, गरुड़ का मानवीय विग्रह तथा कल्पलता के प्रतीकांकन पृथक् शाखाओं में भव्यता के साथ तराशे गये हैं। द्वार-पार्श्व के पादमूल में गजलक्ष्मी एवं गंगा-यमुना के भव्य देवी-रूप तराशे गये हैं। प्रवेश-द्वार के सिरदल पर गरुड़ का एक अन्य प्रभावोत्पादक मानवीय विग्रह ललाट बिम्ब-भाग पर आकारित है, जिससे इसका वैष्णव मन्दिर होने का भ्रम होता है। गर्भगृह में दुर्गा की महिषमर्दिनी प्रतिमा की प्राण-प्रतिष्ठा के कारण इसे सामान्यतया लोग दुर्गा-मन्दिर मानते हैं। एक रुपांकन में दुर्गा क्षेमकरी वैष्णवी शक्ति के रूप में प्रदर्शित हैं, जैसा मार्कण्डेय पुराण में आख्यायित है। इसकी तिथि सामान्यतया पाँचवीं शताब्दी ईसवी मानी जाती है।

कुन्तीगुड़ी (कुन्ती) मन्दिर

ऐहोड़े का यह मन्दिर भी चालुक्य-शिल्पियों के निर्माण के आदि प्रयास का द्योतक है। वास्तुगत विशेषताओं की दृष्टि से यह लाड़खान के मन्दिर से काफी साम्य रखता है। इसके जगतीतल के पार्श्वों के अलंकरण-बन्ध तथा मन्दिर का आयताकार स्वरूप लाड़खान-देवालय के प्रतिरूपों से पर्याप्त समानता रखता है। पूर्वाभिमुख इस मन्दिर के बाह्य-स्तम्भ बनावट में चौकोर हैं तथा इनके मुख-भाग में मिथुन-उच्चित्रण द्रष्टव्य हैं। इसका गर्भगृह पीछे की भित्ति के केन्द्रीय भाग में आकारित है, जिसकी द्वार-शाखाओं पर शैव द्वारपाल अपने आयुधों सहित प्रदर्शित हैं; यथा त्रिशूल एवं खट्वांग। गर्भगृह की दक्षिण भित्ति पर रथिका के मध्य 'महेश' सुशोभित हैं। उनके इस चतुर्भुजी रूप में उनके विभिन्न आयुध; यथा डमरू, त्रिशूल, खट्वाङ्ग आदि का उच्चित्रण तथा उनकी नृत्य-मुद्रा देखते ही बनती है। नागोपवीत, रुद्रमाल, जटामुकुट एवं ललाट पर चन्द्रछटा आदि इस प्रतिमा के अन्य लक्षण हैं।

गर्भगृह की उत्तरी भित्ति में आकारित एक रथिका में विष्णु की चतुर्भुज स्थानक प्रतिमा द्रष्टव्य है। उनका किरीट-मुकुट, हाथों में विभिन्न आयुध (शंख, चक्र, गदा एवं पद्म), गलमाल, वनमाल तथा पार्श्व-

भाग में वैष्णव प्रतीहारों के अंकन रूपायित हैं। गौड़र्गुडी मन्दिर के गर्भगृह की भाँति इसके भी गर्भगृह के प्रवेश-द्वार 'पंचशाखायुक्त' है। प्रवेश-द्वार के उत्तरंग (सिरदल) ललाटबिम्ब पर गरुड़ की आसीन प्रतिमा रूपायित हैं। उत्तरंग के ऊपर आकारित क्षैतिज अलंकरण-बन्धों में अलंकृत 'कपोतनासी', 'कर्णकूट', 'मद्रशाला', मकरमुख से निकलते व्याल एवं गजलक्ष्मी के भव्य रूपांकन उल्लेखनीय हैं। गर्भगृह के समक्ष मुख-मण्डप के भीतरी छत पर तीन अलंकरण-बन्धों में उमामहेश्वर, ब्रह्मा एवं शेषशायी विष्णु उच्चित्रित हैं। सपाट-छत युक्त इस मन्दिर की तिथि वास्तुगत विशेषताओं की दृष्टि से प्रायः पाँचवीं शती ई० मानी जाती है।

मेगुटी का मन्दिर

ऐहोड़े में पहाड़ी की चोटी पर उत्तराभिमुख एक जैन मन्दिर निर्मित है, जिसका निर्माण चालुक्य-नरेश पुलकेशिन द्वितीय के आश्रित कवि रविकीर्त्ति ने 634 ई० में कराया था। यह मन्दिर मेगुटी के जैन मन्दिर के नाम से आख्यायित है। इस देवालय में मण्डप की दक्षिण-भित्ति पर पुलकेशिन द्वितीय की रविकीर्त्ति रचित प्रशस्ति उत्कीर्ण है, जिसमें 37 श्लोकों में उसके जीवनचरित एवं विजयों का विशद वर्णन मिलता है। इस अभिलेख के अनुसार रविकीर्त्ति जैन मतावलम्बी था। इसमें इस मन्दिर के लिए 'जिनेन्द्र-भवन' तथा 'जिनवेश्म' का उल्लेख मिलता है। प्रशस्ति के प्रथम श्लोक वृत्त में 'जिनेन्द्र' की स्तुति भी प्राप्य है। 'जिनेन्द्र' से तात्पर्य संभवतः 'वर्धमान महावीर' से है।

इस लेख की एक उल्लेखनीय विशेषता यह भी है कि इसमें रविकीर्त्ति ने मन्दिर की स्थापना के काल (634 ई०) की गणना एक ओर शक-संवत् (554) में की है, तो दूसरी ओर कलिसंवत् में इसमें तिथि का उल्लेख हुआ है (3735)। इस समय (634 ई० में) प्रचलित गणना के अनुसार महाभारत के युद्ध (भारतादाहवादितः) की प्रारम्भिक तिथि से 3735 वर्ष व्यतीत हो चुके थे; अर्थात् लोगों की स्पष्ट अवधारणा थी कि महाभारत का युद्ध 3101 ई० में प्रारम्भ हुआ था। इस प्रकार इस लेख का ऐतिहासिक महत्त्व भारतीय संवतों के इतिहास में तो है ही, पर इसके अतिरिक्त इसके द्वारा महाभारत-युद्ध की ऐतिहासिकता भी प्रमाणित होती है।

यह सान्धार वर्ग का साधारण जैन मन्दिर है, जिसका ऐतिहासिक एवं तक्षण-कला की दृष्टि से कोई विशेष महत्त्व नहीं है। इसके उपपीठ, अधिष्ठान, गूढ़मण्डप, मुखमण्डप एवं गर्भगृह की नक्काशी में कोई सजावट नहीं दिखायी देती। यह आयताकार एवं सपाट छत से युक्त है तथा अन्य मन्दिरों से यह अधिक लम्बा है। अनुमान किया जाता है कि अपने मूल काल (634 ई०) में इसके दो ही भाग थे—गर्भगृह एवं भीतरी मण्डप (गूढ़ मण्डप)। परन्तु कालान्तर से सातवीं शती ई० के अन्त में इसमें स्तम्भयुक्त मुखमण्डप जोड़ दिया गया। परन्तु इसके स्थापत्य में एकरूपता (सादगी) से लगता है कि इसका समस्त मन्दिर भागों का निर्माण जैन मतावंलबी रविकीर्त्ति ने साधारण व्यय के द्वारा एक ही समय कराया था (634 ई०)।

इसके जगतीपीठ के पार्श्व-भित्तियों पर उच्चित्रित प्रतीकों में मकर, चक्रवाक, किन्नर, नागशाखा, किन्नरी एवं लताजाल उल्लेखनीय हैं। रथिकाओं में स्थूलकाय वामयक्ष, हाथी, चैत्य गवाक्षों से झाँकते मुख मालाशाखा एवं विकसित पद्म आकारित हैं। देवालय की भित्तियों पर (जगतीपीठ पर निर्मित मँडोवर भाग) में जालीदार खिड़कियाँ तथा खुले वातायन शिल्पित हैं। इस प्रकार की व्यवस्था मन्दिर के भीतर वायु एवं प्रकाश-संचार की दृष्टि से की गयी थी। मुखमण्डप एवं गूढ़मण्डप के पार्श्व-स्तम्भ रुचक-कोटि के हैं (अनुत्तुंग), जिसके पादमूल तथा मस्तकभाग सादे एवं अनलंकृत हैं। गूढ़मण्डप के प्रवेश-द्वार की शाखाओं

में भी कोई अलंकरण-प्रयास नहीं मिलता। इसी भाँति गर्भगृह के प्रवेश-द्वार का चौखट, उत्तरंग (सिरदल) एवं पार्श्व-शाखाएँ सादी हैं। प्रवेश-द्वार की शिरापट्टी के केन्द्रीय भाग (ललाटबिम्ब) की उकेरी नष्ट है। इसी प्रकार गर्भगृह के भीतर प्रतिष्ठित जिन-प्रतिमा एवं प्रतीहारों की आकृतियाँ इतना विनष्ट हो चुकी हैं कि सही पहचान होने से रह जाता है। प्रशस्ति की शैली से लगता है कि रविकीर्त्ति एक उच्चकोटि का कवि था, जो अपने काव्य-यश के द्वारा कालिदास एवं भारवि के कीर्त्तिमान के अतिक्रमण की अभिलाषा रखता था। इस अभिलेख में हर्ष-पुलकेशिन-युद्ध का सजीव एवं रोमांचक वर्णन मिलता है। भारतीय इतिहास में इस दृष्टि से यह एक अनूठा साक्ष्य माना जाता है।

बादामी के चालुक्य मन्दिर

बादामी कर्नाटक राज्य के बीजापुर जनपद में ऐहोड़े से पंद्रह मील की दूरी पर है, जो कि चालुक्य राजवंश की सुप्रसिद्ध राजधानी थी। इसका प्राचीन नाम वातापि था। यहीं पर सुप्रसिद्ध चालुक्य-नरेश पुलकेशिन द्वितीय की राजधानी थी। जहाँ ऐहोड़े के मन्दिर नागर (इंडो-आर्यन) शैली में निर्मित हैं, वहाँ बादामी के मन्दिर द्राविड़ शैली में आकारित हैं। यह चालुक्य-राजधानी पहाड़ी किले का दृश्य उपस्थित करती है। यही कारण है कि पुलकेशिन के विरुद्ध इसके जीतने में हर्ष असफल सिद्ध हुआ था। यहाँ के मन्दिर दो प्रकार के हैं—(1) संरचनात्मक (मेसनरी आर्ट से उदाहरण) तथा (2) शैलोत्कीर्ण गुहा-मन्दिर।

प्रथम कोटि में पाँच संरचनात्मक मन्दिर (मेसनरी प्रकार) आते हैं—(1) उत्तरी शिवालय, (2) दक्षिणी शिवालय, (3) मालेगित्ति शिवालय, (4) जाम्बुलिंगेश्वर मन्दिर, (5) भूतनाथ मन्दिर। ये सभी मन्दिर बादामी के उत्तरी किले के आसपास स्थित हैं। द्वितीय कोटिवाले मन्दिर (गुहा-प्रकार) दक्षिणी पहाड़ी पर अवस्थित हैं, जिनकी संख्या चार है—(1) प्रथम गुहा-मन्दिर संख्यक एक (शैव), (2) गुहा-मन्दिर संख्या दो (वैष्णव), (3) गुहा-मन्दिर संख्या तीन (वैष्णव), (4) गुहा-मन्दिर संख्या चार (जैन)। ये सभी शैलोत्कीर्ण गुहा-मन्दिर दक्षिणी पहाड़ी की चोटी पर आकारित हैं।

प्रथम कोटि के देवालय द्राविड़ शैली के प्रतिनिधि विमान हैं। इनका निर्माण सातवीं शताब्दी ई० में हुआ था, जिस समय चालुक्य-शक्ति अपनी पराकाष्ठा पर पहुँच रही थी। इन द्राविड़ शैली के मन्दिरों में तीन उत्तरी पहाड़ी पर निर्मित थे—(1) उत्तरी शिवालय, (2) मालेगित्ति शिवालय, (3) दक्षिणी शिवालय। उत्तरी पहाड़ी और दक्षिणी पहाड़ी के बीच एक उत्खनित सरोवर विद्यमान है, जिसके उत्तर-पश्चिम कोने पर जम्बुलिंगेश्वर मन्दिर (द्राविड़ शैली, संख्या 4) तथा उत्तर-पूर्व कोने पर भूतनाथ मन्दिर (द्राविड़ शैली, संख्या 5) आकारित है। बादामी के सन्निकट एक अन्य उल्लेखनीय चालुक्यकालीन मन्दिर स्थित है, जिसे महाकूटेश्वर मन्दिर के नाम से पुकारा जाता है (आकृति सं० 4)।

बादामी का उत्तरी शिवालय

यह पूर्वाभिमुख मन्दिर उत्तरी किले की चोटी बना हुआ है। इसे शिवालय कहना भ्रान्तिमूलक होगा। वस्तुतः यह एक वैष्णव मन्दिर था, जिसकी बाह्य भित्तियों की रथिकाओं में वैष्णव मूर्तियाँ आकारित हैं। पुलकेशिन द्वितीय के काल का सांधार वर्ग का यह एक मन्दिर है (609-642 A.D.)। इस द्राविड़ विमान के जगतीतल (अधिष्ठान) के काष्ठ भाग में पश्चिम की दिशा में कृष्ण के जीवनचरित से संबंधित दृश्यांकन मिलते हैं; उदाहरणार्थ—नन्द-यशोदा के प्रासाद में बालक कृष्ण का जन्म, हलधर बलराम, बालक कृष्ण को गोद में रखकर खिलाती हुई यशोदा, गोपिकाएँ, कृष्ण की बाल-क्रीड़ा आदि। अधिष्ठान

के दक्षिणी काष्ठभाग पर रामचरित दृश्यांकित हैं; उदाहरणार्थ—रथिका के भीतर आकारित, राम, सीता एवं हनुमान्, राम, लक्ष्मण एवं चिंतामग्न सीता (पर्णकुटी में आसीन) एक अन्य रथिका के मध्य में रूपायित हैं।

मन्दिर के भीतर बाह्यमण्डप, गूढ़मण्डप एवं गर्भगृह आदि भाग मिलते हैं। मण्डप भाग में उच्चित्रित फलकों के भीतर मकर, किन्नर, ईहामृग, चक्रवाक, कीर्तिमुख एवं मत्स्य आदि के भव्य रूपांकन प्राप्य हैं। देवकोष्ठों में कृष्ण के द्वारा गोवर्द्धन धारण, कालियदमन, नृसिंह आदि के दृश्यांकन प्राप्य है। अधिष्ठान (जगतीतल) की उत्तरी एवं दक्षिणी भित्तियों पर विचित्र आकृतियोंवाले शंभु-गणों के दृश्यांकन रथिकाओं में प्रचुर रूप में मिलते हैं। इससे लोगों को इस मन्दिर के शिवालय होने का भ्रम हो गया था। इसकी कला में जगतीतल के पार्श्वों में व्यालमुख, सिंहमुख तथा हस्तिमुख भी आकारित हैं।

मन्दिर का शिखर द्राविड़ शैली का दृष्टान्त है, यह त्रितलछन्द-योजना के अन्तर्गत आता है (तीन मंजिलों से मण्डित शिखर-कोटि)। विमान की भू-योजना चतुरस्र (चौकोर) है। जैसा कि महाबलिपुरम् के द्राविड़ विमानों के वास्तु में भी द्रष्टव्य है। शिखर के मस्तक पर स्तूपिका आकारित है, जिसमें अलंकरण-प्रयास के दृष्टान्त नहीं मिलते। शैलीगत विशेषताओं के आधार पर बादामी में निर्मित आदि विमान देवालय का यह एक दृष्टान्त माना जा सकता है।

दक्षिणी शिवालय

इस देवालय को भी शिवालय कहना भ्रांतिमूलक है। यह मन्दिर वस्तुतः चालुक्य एवं पल्लव-इतिहास में बहुचर्चित गणपति का मन्दिर है, जो उत्तरी किले के दक्षिण-पश्चिमी छोर पर निर्मित था। इसके गर्भगृह में एक अण्डाकार पीठिका निर्मित है, जिस पर गणपति की वह उल्लेखनीय प्रतिमा स्थापित थी, जिसे शैव मतावलंबी तमिल आचार्य अप्पर के अनुसार पल्लव परमेश्वरवर्मा (672-700 ई०) के सेनापति ने बादामी पर आक्रमण के समय (678 ई०) यहाँ से हटाकर एक पल्लव-मन्दिर (उत्तर-पतीश्वर, तमिलनाडु) में स्थापित किया था। यह प्रतिमा वातापि (बादामी) गणपति के रूप में जानी जाती थी। इस समय अपने मूल-स्थान पर केवल पीठिका मात्र बची है, जो शास्त्रीय नियमों के अनुसार निर्मित है।

मन्दिर का जगतीतल (अधिष्ठान) इस समय मिट्टी से पूर्णतः दबी हुई है, जिस पर इस देवालय का खण्डित मुख-मण्डप तथा शिखर-युक्त गर्भगृह अवस्थित है। जगतीतल संभवतः सादे एवं अनलंकृत भित्ति-स्तम्भों से युक्त था, जिसका अनुमान अपने मूल-स्थान से अलग हो गये एवं पास में ही नीचे गिरे एक भित्ति-स्तम्भ की नक्काशी से होता है। इसकी भद्र-रथिकाओं में शैव प्रतीहार दृश्यांकित हैं। मुख-मण्डप के भीतरी स्तम्भों में घंटा-प्रतीक एवं अर्द्धवृत्त में उच्चित्रित प्रफुल्ल पद्माकृतियाँ द्रष्टव्य हैं।

शिखरयुक्त गर्भगृह के अलंकृत प्रवेश-द्वार का उत्तरंग खंडित है। इसके दोनों ही पार्श्व-भाग चार शाखाओं में विभाजित हैं, जिनमें प्रफुल्ल पद्म, पत्रवल्ली, मंगलघट एवं पुष्पित लता-जाल की उकेरियाँ मिलती हैं। अवशिष्टांशों से लगता है कि अपने मूल समय में अत्यंत अलंकृत एवं आकर्षक प्रवेश-द्वार का यह एक उदाहरण रहा होगा। गर्भ-गृह के मस्तक इस पर निर्मित देवालय का शिखर द्राविड़ शैली की लाक्षणिक विशेषताओं से युक्त है। त्रितल-युक्त शिखर के विभिन्न मंजिलों में कर्णकूट, भद्रशाला एवं अनलंकृत रथिकाएँ रूपायित हैं। मस्तक पर अठपहल स्तूपिका रूपायित है, जिसके सर्वोच्च विन्दु पर आमलक-प्रतीक का उच्चित्रण हुआ है। इस मन्दिर की कला में शंभुगणों एवं यक्षों की आकृतियाँ तराशी गयी हैं। इसमें एक स्थान पर कृष्ण-चरित रूपांकित था, जिससे संबंधित फलक अब बादामी के संग्रहालय में प्रदर्शित हैं। इस सान्धार मन्दिर का निर्माण-काल सातवीं शती ई० का प्रथमार्द्ध माना जाता था।

मालेगित्ति शिवालय

यह देवालय भी उत्तरी किले के भीतर निचले शिवालय के उत्तर-पश्चिम में शोभायमान है। इसे भी शिवालय की संज्ञा देना भ्रान्तिमूलक होगा। इसके गर्भ-गृह के उत्तरंग के केन्द्रीय भाग में सूर्य-प्रतिमा आकारित है तथा द्वार-शाखा के निचले भाग में दण्ड एवं पिंगल की आकृतियाँ उनके प्रतीहारों के रूप में उच्चित्रित हैं। अतएव इसे सूर्यनारायण-मन्दिर कहना कहीं अधिक उपयुक्त है। मूल काल में यह सूर्य-मन्दिर के ही रूप में बना होगा। गर्भगृह के भीतर मूल काल में एक पीठ भी बना था, जिस पर कालान्तर में एक शिवलिंग की प्राण-प्रतिष्ठा की गयी थी। अतएव इतिहासकारों ने इसे शिवालय के रूप में आकलित किया था।

इस देवालय के भी निर्माण का काल सामान्यतः सातवीं शती ई० ही माना जाता है क्योंकि इस समय की लिपि में इसके निर्माता प्रधान शिल्पी का नाम एक स्थान पर उत्कीर्णित है। इसके जगतीतल पर निर्मित वास्तुगत अंग प्रधानतः तीन हैं—(1) मुखमण्डप, (2) गूढ़मण्डप अत्यधिक अलंकृत है। रथिकाओं में अलंकृत देव-प्रतिमाओं में भूवराह, उमामहेश्वर, गणेश, ब्रह्मा, वैकुण्ठनाथ विष्णु, त्रिविक्रम, नरसिंह, तांडवेश्वर शिव, कार्तिकेय, कालारि, दुर्गाधर, वीणाधर गंधर्व, गरुडारूढ़ विष्णु, गंगा-यमुना देवियों के मानवीय विग्रह, हरिहर, यक्ष, शंभुगण तथा हवा में उड़ते विद्याधर उल्लेखनीय हैं।

गूढ़-मण्डप की उत्तरी भित्ति की एक रथिका में विष्णु के चतुर्भुजी रूप की नक्काशी मिलती है। इस उदाहरण में उनका किरीट-मुकुट, बाँहों में उनके आयुध, गले में वनमाल एवं यज्ञोपवीत तथा कानों में कुण्डल सुशोभित हैं। ऊर्ध्व-भाग में हवा में उड़ते विद्याधर तथा निम्न भाग में वैष्णव प्रतीहार रूपायित हैं। गूढ़मण्डप की पूर्वी भित्ति की एक रथिका में गरुड़ तथा अन्य में सूर्य-प्रतीहार पिंगल के उच्चित्रण द्रष्टव्य हैं।

शिखरयुक्त गर्भगृह इस देवालय का सबसे आकर्षक भाग माना जा सकता है। यह पंचशाखाओं से युक्त गर्भगृह का दृष्टान्त है, जिनमें पत्रशाखा, पद्मशाखा एवं नागशाखा, विशेष रूप से उल्लेखनीय हैं। इसके द्वार-पार्श्व के पादमूल में बायीं ओर रति एवं कामदेव तथा दक्षिण की ओर प्रीति एवं मन्मथ उच्चित्रित हैं। गर्भगृह का उत्तरंग पाँच अलंकरणबन्धों में विभाजित है, जिनमें से एक में गोलवृत्त के भीतर नाग की पूँछ को दृढ़ता के साथ अपने मुख में दबोच गरुड़ का अंकन प्राप्य है। द्राविड़ शैली में निर्मित्त यह देवालय द्वितल-विमान का उदाहरण है। प्रत्येक तल में षड्वर्ग कोटि के कूट एवं शाला-प्रतीकों के उच्चित्रण द्रष्टव्य हैं। शिखर के मस्तक पर अष्टाश्र (अठपहल) स्तूपिका रूपायित है। अपने समग्र रूप में यह मन्दिर उक्त अन्य दोनों मन्दिरों (तथाकथित शिवालय एवं दक्षिणी शिवालय) से अधिक पूर्ण एवं प्रभावोत्पादक है।

जम्बुलिंगेश्वर मन्दिर

यह देवालय बादामी नगर के भीतर सरोवर के उत्तर-पश्चिम कोने के समीप स्थित है। इसके मुखमण्डप के स्तम्भ पर उत्कीर्ण लेख से ज्ञात होता है कि इसका निर्माण राजामाता विनयावती द्वारा 699 ई० में कराया गया था। इस अभिलेख में इस देवालय का नाम 'त्रैपुरुष-देवायतन' उल्लिखित है। 'त्रैपुरुष' से तात्पर्य ब्रह्मा, विष्णु एवं शिव से है। मन्दिर के अधिष्ठान (जगतीतल) पर उभयनिष्ठ आयताकार मुखमण्डप एवं गूढ़मण्डप प्राप्य है, जिसके अभ्यन्तर में तीन पृथक् गर्भगृह आकारित हैं। पश्चिमी गर्भगृह में शिव-प्रतिमा, मध्यवर्ती गर्भगृह में ब्रह्मा की प्रतिमा एवं पूर्वी गर्भ-गृह में विष्णु की प्रतिमा की प्राण-प्रतिष्ठा प्राप्य है। इसी कारण इस देवालय को 'त्रैपुरुष-देवायतन' की संज्ञा दी गयी थी।

तीनों ही गर्भगृहों के प्रवेशद्वार पञ्च-शाखाओं से युक्त हैं, जिन पर मांगलिक प्रतीक आकारित हैं। द्वार-पार्श्व के पादमूल में गंगा-यमुना के देवी-विग्रह के पौराणिक रूपांकन प्राप्य हैं। इनके उत्तरंग क्षैतिज अलंकरण-बन्धों में विभक्त हैं। देहली सादी है, जिनके पादमूल-भाग पर चन्द्र-शिला प्रतिष्ठित है। तीनों ही गर्भगृहों के मस्तक पर आकारित द्राविड़ शिखर मूल-काल में इस 'त्रैपुरुष-देवायतन' को 'त्रिविमान' (तीन शिखरों से युक्त देवालय) का स्वरूप प्रदान करते थे। इस मन्दिर के वास्तुगत-अंगों में आकारित रथिकाओं एवं अलंकरण-बन्धों में गोलवृत्त के भीतर नागराज, गंधर्व, किन्नर, विद्याधर, यक्ष-मिथुन, शंभुगण, पत्रवल्ली, प्रतीहार, नंद्यावर्त्त, राजहंस, चक्रवाक, मयूर, अब्जमालधारी भारवाहक, व्यालमाला एवं हंसमाला दृश्यांकित हैं। इस देवालय के अवशिष्ट भाग इसके मूलकालीन अलंकृत समग्र रूप को आभासित करते हैं। मर्मज्ञों का अनुमान है कि इस देवायतन की कला ने कालान्तर के मन्दिर-वास्तु एवं तक्षण-कला को प्रभावित किया था। यह विशेषता चोल-पाण्ड्य एवं विजयनगर-साम्राज्य के संरक्षण में निर्मित मन्दिरों की निर्माण-विधि में स्पष्ट परिलक्षित होती है।

भूतनाथ मन्दिर

दोनों ही किलों (उत्तरी एवं दक्षिणी) के बीच उत्खनित बादामी-सरोवर की पूर्वी दिशा में सातवीं शती ई० का यह मन्दिर शोभायमान है। जम्बुलिंगेश्वर-मन्दिर की तुलना में यह उतना अलंकृत तो नहीं है, पर इसका पूर्ण रूप सुरक्षित है जिससे इसके वास्तुगत अंगों को समझने में सहायता मिलती है। जगतीतल पर निर्मित मंडोवर की बाह्यभित्तियाँ सादी एवं अनलंकृत हैं। इसके तीन भाग हैं—(1) मुखमण्डप, (2) गूढ़मण्डप एवं (3) शिखरयुक्त गर्भगृह। दोनों ही मण्डपों में जालीदार खिड़कियाँ वायु एवं प्रकाश के संचरण की व्यवस्था-निमित्त खोली गयी हैं। गर्भगृह के शीर्ष पर निर्मित शिखर 'त्रितल'-प्रकार (तीन मंजिलों में विभक्त) है। इनमें से प्रत्येक में 'कूटशाला' एवं 'भद्रशाला' प्रतीकांकन उपलब्ध हैं। इस शिखर की भी मंजिलें प्रासाद-मंजिलों की भाँति हैं और इस प्रकार द्राविड़ शैली की विशेषता के अन्तर्गत आती हैं। शीर्षस्थ भाग में स्तूपिका एवं विधानयुक्त कलश सुशोभित हैं। मन्दिर के भीतरी भाग में अठपहल स्तम्भ, गन्धर्व-युगल, किन्नर-युग्म, घटपल्लव उड़ते राजहंस व्यालमुख एवं प्रफुल्ल पद्म की आकृतियाँ उच्चित्रित हैं। इस मन्दिर में एक स्थान पर नवीं-दसवीं शती ई० का एक लघु लेख उत्कीर्णित है। परन्तु यह बाद की उकेरी है। वस्तुतः इस मन्दिर का निर्माण-काल शैलीगत विशेषताओं के आधार पर सातवीं शती ई० ही मानी जाती है।

शैलोत्कीर्ण गुहा-मन्दिर

बादामी (प्राचीन वातापि, वातापिनगरी अथवा वातापिपुरी) में यदि एक ओर उत्तरी किले के ऊपर एवं उसके नीचे सरोवर-तट पर कुल पाँच संरचनात्मक मन्दिर (मेसनरी आर्ट-प्रकार) निर्मित हैं, तो दूसरी ओर दक्षिणी किले के ऊपर चार शैलोत्कीर्ण गुहा-मन्दिर निर्मित हैं। नीचे से इन मन्दिरों तक जाने के निमित्त सीढ़ियाँ बनी हैं। इनमें एक (गुहा संख्या-1) शैव मन्दिर है, दो (गुहा संख्या-2 एवं 3) वैष्णव मन्दिर तथा एक अन्य (गुहा संख्या-4) जैन धर्म से संबंधित है। गुहा संख्या-3 में आकारित शैलोत्कीर्ण मन्दिर में शक-संवत् 500 (578 ई०) का एक लेख उत्कीर्ण मिलता है, जिससे इन मन्दिरों के तिथि-निर्धारण में सहायता मिलती है। शेष तीनों गुहा-मन्दिर सातवीं शती ई० में निर्मित हुए थे। ये सभी देवालय शिला को तराश करके बनाये गये हैं तथा 'तक्षक' वर्ग के शिल्पियों (संगतराशों) की छेनी की कुशलता के प्रमाण हैं।

जहाँ तक शैलीगत विशेषताओं एवं स्थापत्य-अंगों का प्रश्न है, इनमें मुखमण्डप तथा गर्भगृह—दो भाग उपलब्ध हैं। दोनों की बाह्य भित्तियों, स्तम्भों एवं भीतरी दीवालों पर भी देवाकृतियाँ उच्चित्रित हैं। गर्भ-गृह के प्रवेश-द्वार के उत्तरंग, द्वार-पार्श्व एवं देहली—तीनों पर ही प्रासंगिक उकेरियाँ उपलब्ध होती हैं। गुहा-मन्दिर 1 में बाहरी भित्ति पर आकारित नटराज की प्रतिमा सबसे महत्त्वपूर्ण है। इसमें वे 18 हाथों से युक्त हैं, जिनमें कई नृत्य-मुद्रा में तथा शेष में त्रिशूल, सर्प, परशु एवं डमरू द्रष्टव्य हैं। उनके दाहिने पार्श्व में नन्दी, वृषभ तथा दक्षिण पार्श्व में गणेश एवं प्रतीहार रूपायित हैं।

सबसे उल्लेखनीय विशेषता यह है कि इस रूपांकन में शिव के नृत्य के अवसर पर उनकी 81 मुद्राएँ बनती हैं, जिनका उल्लेख भरतमुनि के नाट्यशास्त्र में हुआ है (आकृति संख्या, गुहा के प्रवेश-द्वार पर लेखक)।

अन्य उल्लेखनीय उच्चित्रित प्रतिमाओं में नन्दी वृषभ पर आरूढ़ उमा-महेश्वर महत्त्वपूर्ण हैं। गुहा संख्या-2 में विष्णु की त्रिविक्रम-प्रतिमा एवं वराह-प्रतिमा उल्लेखनीय हैं। त्रिविक्रम-प्रतिमा अष्टभुजी है। विभिन्न भुजाओं में शंख, चक्र, गदा, धनुष-बाण, खड्ग, खेटक एवं पद्म उल्लेखनीय हैं। विष्णु का किरीट-मुकुट, कानों में कुण्डल, केयूर एवं वनमाल सुन्दरता से तराशी गयी हैं (आकृति संख्या 5, गुहा के प्रवेशद्वार पर लेखक)। वराह-प्रतिमा में वराह भू-देवी का उद्धार करते रूपायित हैं। अन्य उच्चित्रणों में शेषशायी विष्णु, गन्धर्व-युगल तथा लक्ष्मी का घटाभिषेक उल्लेखनीय है।

गुहा-संख्या 3 की वास्तुगत विशेषताएँ वे ही हैं, जो कि गुहा संख्या 1 एवं 2 में उल्लेखनीय हैं। उच्चित्रित वैष्णव प्रतिमाओं में शेषासीन विष्णु उल्लेखनीय हैं, जिनके मस्तक पर शेषनाग का आवरण प्राप्य होता है (आकृति संख्या 5)। अन्य उच्चित्रणों में नृसिंह विष्णु एवं विष्णु-लक्ष्मी उल्लेखनीय हैं। इस उदाहरण में शिवगणों की बौनी आकृतियाँ नृत्य, वादन एवं आमोद-प्रमोद में संलग्न प्रदर्शित हैं (आकृति संख्या 8)। नृसिंह-विष्णु का रौद्र रूप उनके व्याल-मुख एवं घूरती आँखों से प्रदर्शित होता है। इस चतुर्भुजी प्रतिमा में उनके एक हाथ में चक्र तथा अन्य में गदा अंकित है। वे इसमें प्रह्लाद का उद्धार करते प्रदर्शित हैं। इस गुहा की कला के एक अन्य उदाहरण में लक्ष्मी एवं विष्णु का उच्चित्रण देखा जा सकता है (आकृति संख्या 13)। गुहा-संख्या 5 जैन धर्म से संबंधित है। इसमें जैन तीर्थंकरों की प्रतिमाएँ तराशी गयी हैं। कालक्रम की दृष्टि से बादामी की चतुर्गुहा-शृंखला में यह अन्तिम उदाहरण है।

पट्टदकल

चालुक्य-कला का तृतीय उल्लेखनीय केन्द्र पट्टदकल नामक केन्द्र था, जो कि बादामी (वातापि) से केवल 10 मील की दूरी पर स्थित है। यहाँ सातवीं एवं आठवीं शती ई० में विशेषतः चालुक्य-नरेश विजयादित्य (696-733 ई०) तथा विक्रमादित्य द्वितीय (733-746 ई०) के राज्य-काल में जो चालुक्य-मन्दिर निर्मित हुए, वे इस राजवंश के संरक्षण में विकसित कला के विकास की पराकाष्ठा के द्योतक हैं। इस कला-केन्द्र की सबसे उल्लेखनीय विशेषता यह थी कि यहाँ नागर एवं द्राविड़ दोनों ही शैलियाँ साथ-साथ विकसित हो रही थीं। यहाँ तक कि नागर एवं द्राविड़ विमान आस-पास शोभायमान देखे भी जा सकते थे। पर्सी ब्राउन ने इस विशेषता की तुलना मध्यकालीन यूरोप में एक ही प्रांगण में निर्मित निकट पार्श्ववर्ती 'गोथिक' एवं 'रेनैसाँ' शैली के गिरजाघरों की स्थिति से की है (इंडियन आर्किटेक्टर, बुद्धिस्ट एण्ड हिन्दू, पृ० 68)। पट्टदकल के देवालयों में गलगनाथ, पापनाथ, जाम्बुलिंग, काड़सिद्धेश्वर एवं काशीविश्वनाथ नागर शैली के विमान के उदाहरण हैं (आकृति सं० 6, 7, 8), जबकि संगमेश्वर, विरूपाक्ष एवं मल्लिकार्जुन द्राविड़ विमान के उदाहरण हैं। नागर विमानों में सबसे प्रसिद्ध

पापनाथ का देवालय है तथा द्राविड़ समूह में संगमेश्वर, विरूपाक्ष एवं मल्लिकार्जुन सबसे अधिक उल्लेखनीय हैं।

पापनाथ मन्दिर

पापनाथ का मन्दिर कालक्रम की दृष्टि से पट्टदकल का प्रारम्भिकतम देवालय है, जिसका निर्माण सातवीं शती ई० के अन्तिम चरण में हुआ था। यह उस समय का प्रतिनिधित्व करता है, जब चालुक्य-राजधानी बादामी से पट्टदकल में स्थानान्तरित कर दी गयी थी। यह भौगोलिक स्थिति के कारण नागर शैली की विशेषताओं से प्रभावित है। देखने में यह एक आयताकार निर्माण है, जिसमें गर्भगृह, मुखमण्डप एवं संयोजक कक्ष (अन्तराल) तीन भाग हैं। गर्भगृह शिखरयुक्त है, जो मालवा शैली एवं कलिंग शैली (पीढ़ा प्रकार) से प्रभावित है। तीनों ही भाग 'मेसनरी आर्ट' के नमूने हैं, जो पट्टदकल में चालुक्य-शिल्पियों के आद्य प्रयास के द्योतक हैं। फलतः ठोस निर्माण के कारण प्रशंसनीय होते भी इसका शिल्प अंशतः सदोष भी है। इसमें इसके तीनों ही उपर्युक्त वास्तुगत अंगों की स्थिति असंगत है। प्रत्यक्षतः ये त्रि-अंग एक-दूसरे से असंपृक्त एक ही दिशा में फैले दिखायी देते हैं। संयोजक कक्ष तो अपने-आप में एक स्वतंत्र आयताकार मंडप-सदृश लगने लगता है। देवालय की बाह्य भित्तियों पर तीस रथिकाओं का अलंकृत रूपांकन प्राप्य है। इसमें आकारित देव-प्रतिमाओं द्वारा प्रारम्भ में इस देवालय के सूर्य-नारायण मन्दिर होने का आभास होता है, पर उत्तरकालीन शिल्पांकनों द्वारा इसके शैव मन्दिर के रूप में परिवर्तित होने के साक्ष्य मिलते हैं। अपने समग्र रूप में पट्टदकल में वर्तमान नागर समूह के मन्दिरों में यह सबसे प्रभावोत्पादक निर्माण आकलित किया जाता है।

संगमेश्वर

कालक्रम की दृष्टि से उक्त तीनों द्राविड़ विमानों में यह सबसे प्राचीन है। इसका प्रचलित नाम संगमेश्वर है (आकृति सं० 9)। इसका निर्माण चालुक्य-नरेश विजयादित्य ने कराया था। अतएव यह 'विजयेश्वर' नाम से भी प्रसिद्ध था। इसमें एक उत्कीर्ण लेख से ज्ञात होता है कि विजयादित्य ने इसका निर्माण 733 ई० में कराया था। पर लगता है कि इस सान्धार देवालय का पूर्ण निर्माण उक्त नरेश के काल में बीच में ही उसकी मृत्यु के कारण पूरा नहीं हो सका था। विशेष रूप से इसका गूढ़मण्डप अधूरा रह गया था, जिसे उसके उत्तराधिकारी विक्रमादित्य एवं कीर्त्तिवर्मा द्वितीय ने पूर्ण कराया था।

इस विमान के दो भाग हैं—(1) शिखरयुक्त गर्भगृह, (2) मण्डप। गर्भगृह प्रस्तर-निर्मित ठोस जगतीतल पर निर्मित है, जिसके पार्श्वों में व्याल-पंक्तियाँ एवं गजपंक्तियाँ आकारित हैं। गर्भगृह की बाह्य भित्तियों पर जालीदार खिड़कियाँ तथा रथिकाबिम्ब आकारित हैं, जिनमें गण, भूत, गन्धर्व एवं अप्सरा उच्चित्रित हैं। गर्भगृह के मस्तक पर उच्छ्रित शिखर त्रितल द्राविड़ प्रकार के शिखर का प्रतिरूप हैं। प्रत्येक तल पर देवाकृतियों की प्रचुर नक्काशी देखी जा सकती है। आदि तल के पार्श्व भागों पर शिव-परिवार एवं उनके अनुचर उच्चित्रित हैं; यथा—शिव-ताण्डव, गजान्तक, अन्धकवध, कंकालवध एवं अर्धनारीश्वर के पौराणिक दृश्यांकन। शैव प्रतिमाओं के अतिरिक्त इन पर वैष्णव प्रतिमाएँ भी उच्चित्रित हैं; यथा—स्थानक विष्णु एवं भूवराह।

शिखर के द्वितीय एवं तृतीय तलों पर उमा-महेश्वर, दक्षिणामूर्ति एवं विष्णु की प्रतिमाएँ आकारित हैं। गर्भगृह का प्रवेशद्वार पंचशाखाओं से युक्त है। द्वार-पार्श्व के निचले भाग में गंगा एवं यमुना नदियों के पौराणिक देवी-विग्रह एवं उनके प्रतीहार सुशोभित हैं। गर्भगृह के भीतर सिलिंडरनुमा शिव-लिंग की प्राण-

प्रतिष्ठा प्राप्य है। गूढ़मण्डप अपूर्ण रह गया है। इसकी बाह्य भित्तियों पर गज-पंक्तियाँ एवं व्याल-पंक्तियाँ भी रूपायित हैं। शैव मन्दिरों की परम्परा के अनुसार गूढ़मण्डप के समक्ष नान्दी-मण्डप भी शोभायमान है। शिखर के मस्तक पर एक स्तूपिका भी द्राविड़ शैली में निर्मित है।

विरूपाक्ष मन्दिर

इस शैव द्राविड विमान का निर्माण चालुक्य-नरेश विक्रमादित्य द्वितीय की प्रधान महिषी लोकमहादेवी ने 745 ई० में अपने पति की विजयों (प्रधानतः पल्लव राजवंश पर उल्लेखनीय विजय) के उपलक्ष्य में कराया था। इस प्रधान महिषी के नाम के आधार पर इस देवालय का नाम 'लोकेश्वर' पड़ गया था। विरूपाक्ष मन्दिर आधुनिक प्रचलित नाम है (आकृति सं० 10)। आभिलेखिक साक्ष्य के आधार पर जिस प्रधान शिल्पी के पर्यवेक्षण में इसके निर्माण का कार्य सम्पन्न हुआ था, उसका नाम 'सूत्रधार सर्वसिद्धाचार्य' था। उसका एक लघु लेख भी इसमें दक्षिण भित्ति पर उत्कीर्ण है, जिसके अनुसार उक्त चालुक्य-नरेश ने इसके निर्माण के पारिश्रमिक रूप में उसे तीन बार दान दिया था।

चालुक्य मन्दिरों में सर्वश्रेष्ठ इसी को आकलित किया गया है। आकार, योजना, रूपभेद, शिल्प वैभव तथा अलंकरण की उत्कृष्टता के कारण यह अन्य सभी मन्दिरों से बढ़-चढ़कर है। इसका निर्माण एक विशाल क्षेत्र के अन्तर्गत हुआ है, जिसके चतुर्दिक् एक प्रस्तर-प्राकार विद्यमान है। इसमें पूर्व एवं पश्चिम की दिशाओं में प्रभावोत्पादक प्रतोली द्वार बने हैं, जिनके मस्तक पर लघ्वाकार द्राविड़ शिखर निर्मित हैं। प्राकार के शीर्ष-विन्दु पर चतुर्दिक् कूट, पञ्जर एवं शाल के प्रचुर रूपांकन प्राप्य हैं। अपने समय में कुल मिलाकर इनकी संख्या 32 थी, पर अब इनमें मात्र आधे ही बचे हुए हैं।

इस संश्लिष्ट विमान के तीन अंग हैं—(1) गर्भगृह, (2) गूढ़मण्डप एवं (3) नान्दीमण्डप। गर्भगृह एक ऊँचे जगतीतल (अधिष्ठान) पर शोभायमान है, जिसकी बाह्य भित्तियों पर क्षैतिज अलंकरण-बन्ध विद्यमान है। प्रत्येक अलंकरण-बन्ध में विशेष उच्चित्रित प्रतीक विद्यमान हैं; यथा पत्रवल्ली, व्यालावली, सिंहमुख, गजपंक्ति, नाग-युग्म आदि। गर्भगृह के मँडोवर की बाह्य भित्तियों पर देवकोष्ठ आकारित हैं, जिनमें अधिकांश शैव समूह तथा कतिपय वैष्णव प्रकार की हैं। शैववर्ग में आनेवाली उच्चित्रित प्रतिमाओं में शिव की चतुर्भुज खड़ी प्रतिमा, नरेश, कपिल तथा वृषभान्तक वैष्णव प्रकार में विष्णु की चतुर्भुज समपाद प्रतिमा, जटायुवध एवं विराट् पुरुष उल्लेखनीय हैं। दक्षिण भित्ति पर एक देवकोष्ठ में हरिहर की सुप्रसिद्ध प्रतिमा आकारित है। यह एक चतुर्भुजी प्रतिमा है, जिसमें वामार्द्ध में विष्णु अपनी बाँहों में वैष्णव आयुध तथा दक्षिणार्द्ध में शिव अपनी बाँहों में शैव आयुध धारण किये हैं। अपने-अपने भागों में दोनों के वाहन भी रूपायित हैं। देवकोष्ठों में उच्चित्रित ये प्रतिमाएँ अपने-अपने वर्ग की उल्लेखनीय उदाहरण मानी जाती हैं।

गर्भगृह के भीतर पीठ पर शिव-लिंग की प्राण-प्रतिष्ठा मिलती है। इसका सिरदल कई क्षैतिज अलंकरण-बंधों में विभाजित है, जिनमें मकराकृतियों, शिव-लिंग की पूजा के दृश्यांकन, मालाधारी शिव-गण-कीर्त्तिमुख, हवा में उड़ते विद्याधर तथा गंधर्व-युगल आदि के भव्य उच्चित्रण प्राप्य हैं। गर्भगृह के द्वार-पार्श्व विभिन्न मांगलिक प्रतीकों के रूपांकन का दृश्य प्रस्तुत करते हैं। इनके निचले भाग में गंगा एवं यमुना नदियों के देवी-विग्रह के पौराणिक अंकन रूपायित हैं। गर्भगृह की भीतरी छत पर एक स्थान पर नरेश की भव्याकृति निरूपित है।

गर्भगृह के मस्तक पर द्राविड़ शैली का चतुष्तल शिखर शोभायमान है, जिसके विभिन्न तलछन्दों के पार्श्वों पर प्रतीकात्मक उकेरियों की भरमार मिलती है। इसके अतिरिक्त देवाकृतियाँ भी तराशी गयी हैं, जिनमें

शिव के विविध रूप (कपिल शिव, संभंग मुद्रा में विलसित शिव, भैरव, आलीदासन, अन्धकवध प्रकार), विष्णु के पौराणिक रूपायन (वराह, अष्टभुजस्वामी) लकुलीश एवं हरिहर आदि के उच्चित्रण प्राप्य हैं। किन्नर-युग्म, भूतमुख, व्यालमुख, वल्लिमंडल, विमानपाल, विद्याधर एवं हंसमाल के अंकन प्रत्येक तल की उच्चित्रण-योजना की अन्य उल्लेखनीय विशेषता है। सर्वोच्च विन्दु पर आकारित अठपहल (अष्टाश्र) स्तूपिका इस देवायतन की छटा को विवर्द्धित करती है।

इस मन्दिर के गूढ़मण्डप भाग की कला एवं स्थापत्य की दृष्टि से चालुक्य-शिल्पियों की कार्यकुशलता की उत्कृष्ट उपलब्धि का प्रतीक है। इसका जगतीतल गर्भगृह के अधिष्ठान के तुल्य ही उकेरियों से मण्डित हैं। इसके पार्श्व-तलों के क्षैतिज बन्धों में सिंहमुख, व्यालमुख एवं हस्तिमुख की मालाएँ आकारित हैं। मण्डय एक आयताकार मण्डप (हाइपो-स्टाइल हॉल) का प्रतिनिधित्व करता है, जिसके दोनों ही ओर स्तम्भमाला शोभायमान है। इस भाग में मिलनेवाले आभिलेखिक साक्ष्य से ज्ञात होता है कि इसका निर्माण बलदेव नामक स्थपति के पर्यवेक्षण में सम्पन्न हुआ था। प्रत्येक स्तम्भ पर विभिन्न रूपों के सुन्दर अंकन प्राप्य हैं; यथा देवमिथुन, गंधर्व-मिथुन, रावणानुग्रह एवं कैलास-हरण का दृश्यांकन, गजेन्द्रमोक्ष, किन्नर-मिथुन, हंसमाल, पत्रवल्ली, लताजाल, चक्रवाक-मिथुन एवं ईहामृग। अन्य शिल्पित आकृतियों में विष्णु, नरेश (ऊर्ध्वजानु), राम-सीता-लक्ष्मण, गणेश, कार्त्तिकेय, हरिहर, त्रिविक्रम, हरि-गौरी, अर्द्धनारीश्वर, लिंगोद्भव, नृसिंह द्वारा हिरण्यकशिपु-वध, अष्टभुज शिव, जटायुवध, वृषभान्तक शिव, शिव-पार्वती एवं नन्दी आदि। महाभारत एवं रामायण की कथाओं के विविध उच्चित्रण इसकी कला की अन्य विशेषताओं में उल्लेखनीय हैं। इस मन्दिर की भित्तियों पर नटराज शिव की 81 मुद्राएँ प्राप्य हैं (द्रष्टव्य आकृति सं० 8 एवं 11)। इसी प्रकार लक्ष्मी के साथ विष्णु की प्रतिमा भी नयनाभिराम है (आकृति सं० 12)। इसी प्रकार एक प्रतिमा नन्दी के साथ शिव की उल्लेखनीय है (आकृति सं० 13)।

नान्दी मण्डप विरूपाक्ष मन्दिर का एक महत्त्वपूर्ण अंग है, जो पूर्व की ओर एक स्वतंत्र अधिष्ठान पर निर्मित है। इसकी पार्श्व-भित्तियों पर चतुर्दिक् हस्ति-पंक्ति, व्याल-मुख एवं सिंहमुखमाल पृथक् अलंकरण बन्धों में रूपायित हैं। इसका प्रवेश-मार्ग पश्चिम दिशा में वर्तमान है। इसके स्तम्भों पर अप्सराओं, गंगा-यमुना के देवी-विग्रह, मिथुन, मंगलघट एवं खड्‌गधारी विद्याधर रूपायित हैं। मण्डप के बीच में शिव-वाहन नन्दी-वृषभ की विशाल प्रतिमा प्राप्य है। द्राविड़ कला के सुप्रसिद्ध मन्दिरों में विरूपाक्ष देवालय का स्थान महत्त्वपूर्ण है, जिसकी कला का प्रभाव कालान्तर के द्राविड़ विमानों के वास्तु पर स्पष्ट रूप में पड़ा था।

मल्लिकार्जुन-मन्दिर

पट्टदकल में द्राविड़ शैली में निर्मित्त यह एक अन्य विशिष्ट मन्दिर माना जाता है। इस देवालय के एक स्तम्भ पर उत्कीर्ण लेख से ज्ञात होता है कि 755 ई० में इसका निर्माण त्रैलोक्य महादेवी नामक प्रधान महिषी ने कराया था। इसीलिए इस अभिलेख में इस मन्दिर का एक अन्य नाम त्रैलोक्येश्वर भी कहा गया है। वास्तुकला की दृष्टि से यह विरूपाक्ष मन्दिर के स्थापत्य से पर्याप्त साम्य रखता है। इसके भी वे ही तीन भाग हैं—(1) शिखरयुक्त गर्भगृह, (2) गूढ़मण्डप और (3) नान्दी मण्डप। ये तीनों ही भाग चतुर्दिक् प्राकार-परिवेष्टित हैं। कुल मिलाकर इस विमान का आकार विरूपाक्ष के मन्दिर के विस्तार के ही अनुरूप हैं। दोनों में अन्तर केवल इतना ही है कि जितना अधिक अलंकरण एवं सजावट विरूपाक्ष मन्दिर में मिलता है, उतना इस देवालय में नहीं प्राप्य है।

गर्भगृह के अधिष्ठान एवं मँडोवर विरूपाक्ष के समरूप हैं। चौखटा पंचशाखाओं से युक्त है, जिनमें

पत्रशाखा एवं मिथुनशाखा उल्लेखनीय हैं। द्वारपार्श्व के निम्न भाग में गंगा एवं यमुना के पौराणिक देवी रूप अंकित हैं। इनके अतिरिक्त एक ओर शैव द्वारपाल नन्दी और दूसरी ओर महाकाल उच्चित्रित हैं। विमान का शिखर चतुष्तल है। आदि तल में उमा-महेश, लकुलीश, हरिहर, अर्द्धनारीश्वर, परशु एवं त्रिशूलधारी शिव, परशु-त्रिशूल एवं नागधारी शिव, गजान्तक, नरेश, वृषभान्तक, भिक्षाटन एवं गजान्तक शिव-रूप उच्चित्रित है। द्वितीय एवं तृतीय तलों में भी समान रूपांकन प्राप्य हैं। चतुर्थ तल अपेक्षाकृत सादा एवं अनलंकृत है। शिखर के मस्तक पर स्तूपिका द्राविड़ शैली में रूपायित हैं (द्रष्टव्य आकृति सं० 14)।

गूढ़मण्डप आयताकार विशाल कक्ष (हाइपोस्टाइल हॉल) के रूप में विरूपाक्ष-मण्डप का स्मरण दिलाता है। इसके स्तम्भों, भीतरी छत एवं अधिष्ठान-पार्श्व पर उकेरियों की प्रचुरता मिलती है; उदाहरणार्थ—महिषमर्दिनी दुर्गा, गंधर्व, किन्नर एवं विद्याधर युग्म, मिथुन उच्चित्रण एवं शिवगण आदि। इनके अतिरिक्त लिंग-पूजा, आश्रम का दृश्यांकन, पत्रवल्ली, लताजाल, रामायण, महाभारत एवं पौराणिक-कथाओं की उकेरियाँ भी प्रभावोत्पादक हैं। देवाकृतियों में हरिहर, परशु एवं त्रिशूलधारी कपिल एवं अन्धकान्तक उल्लेखनीय हैं। गूढ़मण्डप की भीतरी छत पर नरेश, नागराज, गजलक्ष्मी, हरिगौरी एवं प्रफुल्ल पद्म की आकृतियाँ तराशी गयी हैं। नंदी-मण्डप का जहाँ तक प्रश्न है, कुछ लोगों ने इसे विरूपाक्ष मन्दिर के नन्दी-मण्डप से अधिक पूर्ण एवं भव्य आकलित किया है। इसकी कला में गजधर, हंसधर, व्यालधर एवं सिंहमुख के अंकन द्रष्टव्य हैं। मुक्तादाम, पत्रावली, गंधर्व, किन्नर एवं अप्सरा आदि का रूपायन इसकी छटा को विवर्द्धित करते हैं। नन्दी वृषभ की प्रतिमा अपने पूर्व रूप को सँजोये अपने स्थान पर शोभायमान है। अपने समग्र रूप में पट्टदकल के मन्दिर चालुक्य-कला की एक विकसित अवस्था के परिचायक हैं।

❑❑❑

अध्याय-11

पल्लव कला

दक्षिणी भारत में सुप्रसिद्ध पल्लव राजवंश के संरक्षण में कला एवं स्थापत्य का जो पल्लवन एवं संवर्द्धन हुआ, वह भारतीय संस्कृति के इतिहास में सीमा-चिह्न की भाँति अविस्मरणीय रहेगा। विशेष रूप से लगभग 600 ई० से 900 ई० तक की तीन शताब्दियों की कालावधि में इनके प्रश्रय में आकारित शैलमन्दिरों, शिल्पांकनों एवं मूर्तन के उल्लेखनीय दृष्टान्त सुदूर दक्षिण में पूर्वी समुद्र-तट के पार्श्ववर्ती क्षेत्रों में अब भी शोभायमान हैं। शैली की दृष्टि से इनका वर्गीकरण मूलतः दो वर्गों में किया जा सकता है—(1) शैलोत्कीर्ण (रॉक-कट) देवालय तथा (2) संरचनात्मक (स्ट्रक्चरल) मन्दिर। प्रथम वर्ग के मन्दिर पूर्णतया चट्टानों में उत्कीर्ण हैं तथा 'तक्षक' वर्ग के शिल्पियों (स्टोन-स्कल्पटर) की छेनी के चमत्कार हैं। इन्हें हम एकाश्मक (मोनोलिथिक) भी कह सकते हैं। इस वर्ग के शिल्पी संगतराश थे, जो चट्टानों को तराशने की प्रक्रिया में पूरे मन्दिर के स्वरूप को उभाड़ते एवं देव-प्रतिमाओं तथा उच्चित्रों को रूपायित करते थे तथा दूसरे वर्ग के मन्दिर गढ़े हुए प्रस्तर खण्डों को पृथक् रूप में तराशकर एक-दूसरे पर बैठाये गये हैं एवं 'स्थपतियों' (वास्तु-शिल्पी) एवं 'तक्षक' (संगतराश)—दोनों के सम्मिलित प्रयास के योगदान हैं। प्रथम वर्ग के शैलोत्कीर्ण मन्दिर जो पूर्णतया एकाश्मक (मोनोलिथिक) प्रकार के हैं, इनका वर्गीकरण स्पष्टतया दो अवस्थाओं में किया जा सकता है—(1) प्रथम अवस्था में मण्डपम् प्रकार के मन्दिर आते हैं, जिनका निर्माण पल्लव-नरेश महेन्द्रवर्मा के काल में हुआ था, जो कला और संस्कृति के महान् संरक्षक थे। इस शैली के जन्मदाता होने के कारण इसका नाम महेन्द्र शैली पड़ गया। 'मण्डपम्' प्रकार के मन्दिर का समग्र आकार 'मण्डप'-तुल्य लगता है, जिसमें गर्भगृह (सैन्कटम् सैंक्टोरियम्) सबसे भीतरी दीवाल पर रूपायित हैं। दूसरे प्रकार में 'मण्डपम्' और 'रथ' प्रकार के मन्दिर आते हैं, परन्तु दोनों ही एकाश्मक (मोनोलिथिक) हैं। 'मण्डपम्' की आकृति समग्र रूप से मण्डप-तुल्य होती थी। 'रथ' प्रकार में आनेवाले एकाश्मक मन्दिर सामान्य जनभाषा में 'रथ' कहलाते हैं, जो महाबलिपुरम् (तमिलनाडु) में तराशे गये हैं तथा पाण्डवों के नाम से विश्रुत हैं। इसके जन्मदाता पल्लव-नरेश नरसिंह वर्मा प्रथम थे। इनकी उपाधि 'मामल्ल' (महामल्ल) थी। अतएव इस शैली को मामल्ल शैली भी कहते हैं।

'मण्डपम्' प्रकार के मन्दिरों की संख्या कुल 14 हैं तथा इनके निर्माण का श्रेय पल्लव महेन्द्रवर्मा (580-630 ई०) को है। ये एकाश्मक (मोनोलिथिक) देवालय अपनी सादगी के लिए प्रसिद्ध हैं और तमिलनाडु में चिंगलीपुत्त, आर्काट, त्रिचनापल्ली, बैज़वाड़ा, गुंटूर तथा नेलोर जनपद में स्थित हैं। महेन्द्रवर्मा की उपाधि 'विचित्रचित्त' एवं 'तक्षित' आदि थे। अतएव इनका नाम उसकी उपाधियों पर आधारित है। इनमें प्रायः संस्कृत में लेख भी उत्कीर्ण हैं, जिनसे उनका काल-निर्धारण इस पल्लव-नरेश के राज्यकाल में निर्धारित होता है। शैलघटित वास्तु की दिशा में इन मन्दिरों द्वारा पल्लवों के प्राथमिक प्रयास का द्योतन होता है।

इनका मुहार आयताकार मण्डप का दृश्य प्रस्तुत करता है, जो स्तम्भ-शृंखलाओं से मण्डित हैं।

बनावट की दृष्टि से ये गोल एवं वजनी हैं तथा इनका व्यास 2 फीट के लगभग है। इनकी छत, ऊँचाई की न्यूनता के कारण सामान्य (औसतन 7 फीट) है। इनमें कोई नक्काशी या उच्चित्रण नहीं मिलता। इनके शीर्षक भी अनलंकृत एवं सादे हैं। यहाँ तक कि छत के भार को सँभालने के निमित्त स्तम्भ के मस्तक पर कोष्ठक या बन्धनी (कार्नीस) का भी इनमें अभाव मिलता है। इनकी छत भी सपाट है तथा मस्तक भाग में ग्रीवा, शिखर, कलश या स्तूपिका आदि अंग के उच्चित्रण नहीं मिलते। अन्तरतम भित्ति के केन्द्रीय भाग में गर्भगृह टंकित मिलता है, जिसमें शिव या विष्णु की प्रतिमा का उच्चित्रण प्राप्य है।

कालक्रम की दृष्टि से प्रथम महेन्द्र मण्डप मंडगपट्टु का 'त्रिमूर्ति' नामक देवालय है, जिसका दूसरा नाम 'लक्षितायतन' भी है क्योंकि लक्षित महेन्द्रवर्मा की एक उपाधि थी। इसके उपरान्त उसके राज्य (तोण्डइमण्डलम्) में 13 अन्य देवालयों का निर्माण हुआ, जिनमें विष्णु या शिव की प्रतिमाओं की प्राण-प्रतिष्ठा उच्चित्रों के माध्यम से उभाड़ी गयी है। इनमें से कुछ में महेन्द्रवर्मा के लेख मिलते हैं, जिनसे ज्ञात होता है कि इनका नामकरण उसकी किसी उपाधि-विशेष के आधार पर पड़ा था।

महेन्द्रवर्मा के राज्यकाल के उत्तर भाग में निर्मित मन्दिरों में 'उण्डवल्ली' (गुंटूर) तथा भैरवकोण्ड (नेलोर) के मण्डप आते हैं, जिनकी संख्या 8 है। इनकी निर्माण-शैली में पूर्वकाल की सरल नक्काशी की परम्परा की तुलना में अन्तर देखने को मिलता है। गर्भगृह की जहाँ पहले संख्या 1 थी, वहाँ अब बढ़कर कभी 2 या 3 होने लगी। इनका आकार रथिका तुल्य लगता है, जिसमें देव-प्रतिमाएँ रूपायित होती थीं। स्तम्भों के शीर्ष-भाग में बन्धनी (कार्नीस) छत के भार-वहन के निमित्त टंकित की जाने लगीं। स्तम्भ कहीं गोल पर कहीं अठपहल देखने को मिलते हैं तथा इनके आधार पर सिंह की आकृति शिल्पित की गयी है, जो पल्लवों की शक्ति या इसके संस्थापक नरेश सिंहवर्मा के प्रतीक हैं। तदुपरान्त पल्लव-मन्दिरों की स्तम्भ-कला में सिंह-प्रतिमा का टंकण एक उल्लेखनीय विशेषता के रूप में विकसित हुआ।[1]

ऊपर इस बात का उल्लेख किया जा चुका है कि पल्लव-नरेश नरसिंह वर्मा प्रथम (630-670 ई०) के काल में जो एकाश्मक मन्दिर निर्मित हुए, वे मण्डप एवं रथ दो प्रकारों में आते हैं। इनका निर्माण उसके द्वारा उसकी राजधानी महाबलिपुरम् में प्राप्य है, जो एक ही चट्टान को खूबसूरती के साथ तक्षक वर्ग के शिल्पियों द्वारा तराशकर उभाड़े गये थे। पल्लव काल में यह पूर्वी समुद्र तट पर स्थित एक प्रसिद्ध बंदरगाह था। यह स्थान मद्रास से 59 किलोमीटर दक्षिण में अवस्थित है तथा विदेशी पर्यटकों के भी आकर्षण का केन्द्र-विन्दु है। चूँकि नरसिंह वर्मा की उपाधि मामल्ल (महामल्ल) थी, अतएव उसके काल में महाबलिपुरम् का नाम मामल्लपुरम् प्रचलित हुआ तथा उसके द्वारा प्रवर्तित नवीन शैली का नाम मुख्यतः मामल्ल शैली पड़ गया।

मामल्ल-शैली के पल्लव-मन्दिर शैल-वास्तु के विकास के चरम-विन्दु का प्रतिनिधित्व करते हैं। विशेषतः महाबलिपुरम् की मुख्य पहाड़ी पर तराशे हुए रथ-प्रकार के मन्दिरों की कला में शिल्प वैभव की पराकाष्ठा इनकी एड़ी (अधिष्ठान) से चोटी (शिखर) तक प्रतिबिम्बित है। इनकी संख्या कुल 9 है, परन्तु सामान्य भाषा में ये सप्तरथ (सेविन पैगोडा) के रूप में विख्यात हैं। परंपरित अवधारणा के अनुसार देवता रथ में बैठकर अंतरिक्ष में विचरण करते हैं, अतएव रथ के रूप में इनका सामान्य नाम प्रचलित हो गया। इनमें से पाँच एकाश्मक रथ मुख्य पहाड़ी के दक्षिण छोर पर एक स्थान पर निर्मित हैं, जो पाण्डवों के नाम से विख्यात हैं—(1) धर्मराज रथ (चित्र सं० 1), (2) भीम रथ (चित्र सं० 2), (3) अर्जुन रथ (चित्र सं० 3), (4) द्रौपदी रथ (चित्र सं० 4) एवं (5) नकुल-सहदेव रथ (चित्र सं० 5)। इनके अतिरिक्त गणेश

---

1. स्टडीज इन इण्डियन टेम्पुल आर्किटेक्चर; के०आर० श्रीनिवासन का लेख; पृ० 200-201।

रथ (चित्र सं० 6) पहाड़ी के उत्तरी छोर पर तथा शेष पहाड़ी के पश्चिमी छोर पर उच्चित्रित हैं—एकाश्मक रथ बलैयणकुट्टई (संख्या-7), उत्तरी पिडरी (संख्या-8) तथा दक्षिणी पिडरी संख्या-9)।

इनके वास्तुगत अंगों की बनावट की विशेषताओं को देखते हुए पहले विद्वानों की अवधारणा थी कि इनके निर्माण की कल्पना बौद्ध वास्तु से ली गयी थी। उन्होंने इनका वर्गीकरण दो भागों में किया—(1) विहार-प्रकार के रथ तथा (2) चैत्यगृह-प्रकार के रथ। विहार-प्रकार के रथों में धर्मराज रथ, अर्जुन रथ, बड़ैयणकुट्टई रथ, उत्तरी पिडरी रथ तथा दक्षिणी पिडरी रथ। ये रथ चौकोर हैं, जिनमें चतुर्दिक् बरामदे निर्मित हैं। इनको तलयुक्त विमान भी कहा गया है, जिनमें शीर्ष पर एक के ऊपर दूसरे क्रमशः कई मंजिल बने हैं, जो आकार में क्रमानुसार क्षीण होते जाते हैं और 'पैलेस स्टोरीज' (प्रासाद-तल शृंखला) का स्मरण दिलाते हैं। सर्वोच्च विन्दु पर इनमें अठपहल (अष्टाश्र) स्तूपिका प्राप्य है।

चैत्य-प्रकार के रथों में भीम रथ, नकुल-सहदेव रथ एवं गणेश-रथ आते हैं। ये आयताकार बौद्ध चैत्य-मण्डपों का स्मरण दिलाते हैं। इनमें भी तल विधान तो मिलता है, परन्तु इनके छतों का आकार बैरेल-वाल्टेड (बेलनाकार या पीपानुमा) है। विविध तलों पर लघ्वाकृतियाँ, 'मोटिफ-सीरीज' (प्रतीक-शृंखला) के रूप में चारों ही ओर उभाड़ी गयी हैं। इन रथों में केवल द्रौपदी-रथ सबसे अलग गोलम्बर के रूप में अंकित है तथा वैदिक गोलगृह का स्मरण दिलाता है।

परन्तु कालान्तर में इन एकाश्मक रथ मन्दिरों का जब शिल्पशास्त्र-विषयक अध्ययन हुआ तब वास्तविकता का ठीक ज्ञान हुआ। इन शिल्पशास्त्रियों में एम०ए० ढाकी, के०आर० श्रीनिवासन एवं सौन्दरराजन विशेष रूप से उल्लेखनीय हो जाते हैं। शिल्प-विषयक साक्ष्य के आधार पर इन विद्वानों ने इनका वर्गीकरण सुप्रसिद्ध नागर, द्राविड़ तथा वेसर शैलियों में किया, जिनका शिल्प-शास्त्रों में प्रचुर उल्लेख मिलता है। जिनको पहले लोग विहार प्रकार का रथ मानते थे, उनकी गणना इन विद्वानों ने द्राविड़ शैली में की; यथा—धर्मराज-रथ, अर्जुन-रथ, बलैयणकुट्टई-रथ, उत्तरी पिडरी रथ तथा दक्षिणी पिडरी रथ। इसी प्रकार जिन रथों को पहले विद्वानों ने चैत्य-मण्डप प्रकार में परिगणित किया था, उनकी पहचान वेसर-शैली के अन्तर्गत की गयी, जिनमें भीमरथ, नकुल-सहदेव रथ एवं गणेश रथ आते हैं। ये आयताकार होने के अतिरिक्त कुब्ज-पृष्ठ भी हैं, जो कि वेसर शैली की विशेषता है। शिल्पशास्त्रों में वेसर शैली की विशेषता हस्ति-पृष्ठ की भाँति कुब्जपृष्ठ निर्दिष्ट की गयी है। नकुल-सहदेव रथ के समक्ष एक महाकाय हस्ति-प्रतिमा अंकित है, जिसकी पीठ सहदेव-रथ की कुब्जपृष्ठाकृति की छत का स्मरण दिलाती है। जहाँ तक द्रौपदी रथ की छत का प्रश्न है, इसकी गणना नागर शैली के अन्तर्गत की गयी। शिल्प-शास्त्रों के अनुसार नागर-प्रासाद वृत्त या गोलवृत्त (गोलम्बर) की भाँति होता था। वस्तुतः इन रथों की चौकोर, आयताकार तथा वृत्ताकार शैलियाँ वैदिक परम्परा के अन्तर्गत आती थीं। वैदिककालीन गृह इन तीनों ही प्रकार के हुआ करते थे।

धर्मराज रथ (एकाश्मक)

यह मुख्य पहाड़ी पर निर्मित शृंखलाबद्ध पाँच एकाश्मक मन्दिरों में, जो पाण्डवों के नाम पर विश्रुत हैं; दक्षिण की ओर से सबसे पहले पड़ता है। द्राविड-शैली में निर्मित यह एकाश्मक मन्दिर 'त्रितल विमान' का एक अच्छा उदाहरण है। इसका ऊर्ध्वभाग तीन मंजिलों में विभाजित है और प्रत्येक भाग एक विशेष उद्देश्य की पूर्ति करता है। यह प्रासाद तृतीय मंजिल तक नागर शैली में चतुरस्र (चौकोर) हैं, परन्तु ग्रीवा (गलभाग) एवं मस्तक जिस पर स्तूपिका बनी है, अठपहल (अष्टाश्र) है, जो कि द्राविड़ शैली की विशेषता है। निम्न भाग में चतुरस्र नागर एवं ऊर्ध्व भाग में द्राविड़ शैलियों के प्रयोग के कारण शिल्पशास्त्री इसे

'विष्णुच्छन्द मिश्रक विमान' का उदाहरण मानते हैं, जो एक ओर विष्णु एवं शिव की प्रतिमाओं के विविध प्रकारों से मण्डित था, तो दूसरी ओर इसमें अंशतः नागर एवं अंशतः द्राविड़ शैलियों के प्रयोग प्राप्य हैं। परन्तु यहाँ स्पष्टीकरण अनिवार्य है कि चूँकि इस प्रासाद के स्कन्ध, ग्रीवा एवं मस्तक (स्तूपिका) अठपहल (अष्टाश्र) हैं; अतएव यह विमान मुख्यतः द्राविड़ शैली का प्रासाद माना जाता है।[1] सबसे निचली मंजिल (आदि तल) में चारों ही दिशाओं में इसमें प्रवेश-द्वार निर्मित हैं! इसकी कला चतुर्दिक् मामल्ल शैली में मंडित शीर्षकों से युक्त स्तम्भ-मालाओं से दर्शकों को प्रभावित करती है। इन स्तम्भों के निचले भाग में सिंह की आकृतियाँ तराशी गयी हैं (सिंहपाद)। इसके मुख मण्डप में प्रदक्षिणा पथ प्राप्य है। अतएव यह सान्धार वर्ग के विमान का उदाहरण हो जाता है।

इस मन्दिर के चारों ही कोनों (कर्ण) पर दोमुखी रथिकाएँ आकारित हैं, जिनके बीच में शिव की समपाद प्रतिमाएँ शिल्पित हैं और इस रूप में रथिका-बिम्ब का स्मरण दिलाते हैं। इन रथिकाओं के पार्श्वों पर उच्चित्रित स्तम्भों के निचले भाग में सिंह-आकृतियाँ तराशी गयी हैं। ये पार्श्व-स्तम्भ भी सिंहपाद स्तम्भ के उदाहरण हैं। उल्लेखनीय है कि मामल्ल-शैली में शिल्पित महेन्द्रकालीन उदाहरणों की तुलना में ये अधिक अलंकृत हैं। इनके शीर्ष भाग पर बन्धनी (कार्नीस) के विभिन्न नमूने द्रष्टव्य हैं। जलनिर्हरण की दृष्टि से किन्नरी-मुख प्रणाल (नालियाँ) बनी हैं, जिन पर शिव के गण पंक्तिबद्ध रूपायित हैं। शिल्पशास्त्रीय भाषा में इस प्रकार के उच्चित्रण को भूतमाल की संज्ञा दी जाती है।

तलच्छन्द-योजना के क्रम में टंकित देवायतन का द्वितीय तल लघ्वाकार सिंहपाद स्तम्भों पर टिका हुआ रूपायित है। इस भाग में शिखर-प्रतीकों की शृंखला (माला) देखी जा सकती है। इनके ऊपर चैत्य गवाक्षों की उकेरियाँ द्रष्टव्य हैं, जिनके भीतर झाँकते देव-मस्तक या नन्दी-वृषभ-मस्तकों के शिल्पांकन उल्लेखनीय हैं। इस त्रितल विमान की तीसरी मंजिल में समान प्रतीक उच्चित्रित हैं। पिरामिडनुमा इस विमान के मस्तक पर अठपहल (अष्टाश्र) स्तूपिका (स्तूपी) शोभायमान है, जो कि द्राविड़ प्रासाद की लाक्षणिक विशेषता थी।

यहाँ उल्लेखनीय है कि पल्लव-परम्परानुसार इस एकाश्मक धर्मराज रथ में मन्दिर के निर्माता नरसिंह वर्मा का आदमकाय रूप शिल्पित है। इस पल्लव सम्राट् के मस्तक पर पल्लव शैली में किरीट आकारित है। इसमें उसकी उपाधि श्रीमेघ-त्रैलोक्य-वर्द्धन-विधि, श्रीनरसिंह-भुवनभाजनः; पृथिवीश्वरः; अप्रतिहतशासनः आदि अंकित है। शिव-प्रतिमाओं के विभिन्न प्रकारों में चण्डेशशासनानुग्रह; वृषभान्तक; (नन्दीवृषभ के पृष्ठ पर अवलम्बित हस्त-मुद्रा में शिव) तथा गंगाधर आदि उल्लेखनीय हैं। गंगाधर-प्रकार में शिव का चतुर्भुजी रूप प्रदर्शित है, जिसमें वे अक्षमाल धारण किये अपने पश्चिम भाग में आकारित गंगा की आराधना में संलग्न प्रदर्शित हैं। एक स्थान पर चतुर्भुज शिव अपने एक हाथ से भक्त अर्जुन को सुप्रसिद्ध पौराणिक पाशुपतास्त्र अपने वरदान रूप में प्रदान करते रूपांकित हैं।

अन्य शिव मूर्तनों में वीणाधर, नाट्यदक्षिणामूर्ति, कंकालमूर्ति, सोमारकन्द उल्लेखनीय हैं। सोमारकन्द-प्रकार के मूर्तनों में शिव-उमा ललितासन में विराजमान एवं बालरूप स्कन्द-कार्तिकेय को गोद में धारण किये हुए प्रदर्शित हैं। अन्य देव-प्रतिमाओं में विष्णु, ब्रह्मा, हरिहर, अर्द्धनारीश्वर एवं सूर्य उल्लेखनीय हैं। विष्णु की मूर्तियों में द्विभुजी एवं चतुर्भुजी मूर्तियाँ उल्लेखनीय हैं, जिनमें वे शंख, चक्र एवं गदा धारण किये रूपायित हैं। एक स्थान पर कृष्ण त्रिफणधारी कालियनाग का दमन करते प्रदर्शित हैं। अर्द्धनारीश्वर प्रकार में शिव

---

1. एनसाइक्लोपीडिया ऑफ इण्डियन टेम्पुल आर्किटेक्चर, साउथ इण्डिया लोवर, द्राविड़ देश, जिल्द 1, भाग 1, पृष्ठ 35, के०आर० श्रीनिवासन का लेख।

और पार्वती का संयुक्त मूर्तन शिल्पित है, जिसमें वामार्द्ध में उमा तथा दक्षिणार्द्ध में शिव आकारित हैं। उमार्द्ध में पार्वती का केशपाश, कर्णपूर एवं स्त्रीरूप वक्ष तथा शिवार्द्ध में शिव का जटाजूट एवं नागोपवीत प्रदर्शित हैं। उनके दाहिने पार्श्व में वाहन नन्दी वृष रूपायित है तथा एक हाथ वरद मुद्रा में है। हरिहर प्रकार में वामार्द्ध में विष्णु तथा दक्षिणार्द्ध में शिव अपने वाहन, आयुध एवं शिरोवेश (जटाजूट एवं किरीट) के साथ शिल्पित हैं। यह उदाहरण सुदूर दक्षिण में हरिहरोपासना एवं वैष्णव तथा शैव सम्प्रदायों में सद्भावना का परिचायक है। सूर्य की प्रतिमा में वे किरीटधारी एवं अपनी प्रतिमाशास्त्रीय लाक्षणिक विशेषताओं-सहित शोभायमान हैं। देवेतर मूर्तनों में द्वारपालों के उच्चित्रण तथा कपिमुख एवं नरमुख प्रणालक (नालियाँ) उल्लेखनीय हैं।

भीम रथ (एकाश्मक संख्या-2)

पंचरथ समूह के श्रृंखला-क्रम में द्वितीय स्थान पर भीम रथ आता है, जो वेसर शैली में निर्मित है, जहाँ धर्मराज-रथ द्राविड़ शैली में निर्मित है, वहाँ भीम रथ वेसर में। जहाँ धर्मराज रथ का भू-विन्यास स्तूपिका पर्यन्त वर्गाकार है, वहाँ भीम रथ एड़ी से गलभाग तक आयताकार है। यह एक तल-विमान का उदाहरण है, जिसकी छत बैरेल-वाल्टेड (बेलनाकार) है, जो अपने आयताकार आधार पर चार सिंहपाद स्तम्भों की श्रृंखला एवं दोनों सिरों पर दो भित्ति स्तम्भों पर टिकी है। इस देवालय में भी उच्चित्रण के प्रतीक धर्मराज रथ के ही तुल्य हैं। इसकी कला में चैत्य गवाक्षों एवं शिखर-प्रतीकों के उच्चित्रण उन्हें अपनी लाक्षणिक शैली में रूपायित करते हैं। छत के दोनों सिरों पर त्रिकोणीय महराब तराशे गये हैं, जिसकी तुलना 'मुखपट्टी' से की जा सकती है। इनके दोनों छोर पर मकराकृतियाँ तराशी गयी हैं। इनके शिल्प में विविध आकारों एवं अभिप्रायों के अंकन द्रष्टव्य हैं। भीम रथ की कला में अप्सराओं एवं युग्मों की उकेरियाँ भी उल्लेखनीय हैं। छत की पीठ पर उसकी रीढ़ को उभारा गया है, जिस पर स्तूपिकाओं की लघ्वाकृतियाँ श्रृंखलाबद्ध रूपायित हैं। गर्भगृह नीचे के मुखमण्डप में निर्मित था, जिसके चतुर्दिक् प्रदक्षिणापथ के भी चिह्न मिलते हैं। इस प्रकार यह रथ भी सान्धार (प्रदक्षिणापथ युक्त) देवालय की कोटि में आता था। संभवतः इसमें मूल प्रतिमा शेषशायी विष्णु की थी, जो अपूर्ण है। अगल-बगल आकारित धर्मराज रथ एवं भीम रथ की कला में द्राविड़ एवं वेसर शैलियों की लाक्षणिक विशेषताओं में अन्तर स्पष्ट रूप में परिलक्षित हैं।

अर्जुन रथ (एकाश्मक संख्या-3)

श्रृंखला-क्रम में तृतीय स्थान पर अर्जुन रथ उल्लेखनीय है, जो द्राविड प्रासाद का उदाहरण है। इसकी तुलना 'त्रितल-विमान' (तीन मंजिलों से युक्त देवालय) से की जा सकती है। भू-विन्यास में सबसे नीचे बारी-बारी से सिंह तथा गज-आकृतियाँ तराशी गयी हैं। पूरा देवालय इनके पीठ पर आधृत प्रदर्शित है। इसकी तुलना हम शिल्पशास्त्रों के सिंहधर (सिंह-पंक्ति) तथा गज-धर (हस्ति-पंक्ति) से की जा सकती है, जिनका उच्चित्रण मन्दिर-कला में मांगल्य प्रतीक के रूप में देखा गया है। देव-प्रासाद के अधिष्ठान (जगती-तल) के भार का वहन करते हस्ति-समूह या सिंह-समूह कुछ अन्य कला-केन्द्रों में भी द्रष्टव्य हैं। पूर्व की दिशा में आदि तल के पूर्वी मुख भाग पर पाँच रथिकाएँ तराशी गयी हैं। केन्द्रीय (भद्ररथिका) रथिका में इन्द्र हस्ति-पृष्ठ पर आरूढ़ प्रदर्शित हैं, जो पूर्वी दिशा के अधीश्वर हैं। उसके दक्षिण पार्श्व की रथिका (सलिलान्तर रथिका) में देवी-आकृतियाँ रूपायित हैं। वाम पार्श्व की रथिका (सलिलान्तर रथिका) में एक दण्डधारी ऋषि अपने शिष्य के साथ रूपांकित हैं। बायीं एवं दायीं (सलिलान्तर) रथिकाओं के भीतर प्रतीहार दर्शाये गये हैं। दक्षिण मुख-भाग पर भी इसी प्रकार पाँच रथिकाएँ उच्चित्रित हैं। मध्यवर्ती रथिका में शिव का वृषभांकित

रूप प्रदर्शित है। इस दृश्यांकन में उनका दक्षिण हस्त नन्दी-वृषभ की पीठ पर न्यस्त है। वाम रथिका में राजकीय युगल तथा दक्षिण रथिका में भी राजकीय युग्म के दृश्यांकन प्राप्य हैं। बायें एवं दाहिने के दोनों कोनों (कर्ण भागों) पर तराशी रथिकाओं के भीतर प्रतीहार अपने आयुधों-सहित उच्चित्रित हैं। उत्तरी दिशा में भद्र (केन्द्रीय) रथिका में गरुड़ की पीठ पर खड़े विष्णु तथा पार्श्ववर्ती (सलिलान्तर) रथिकाओं में राजकीय दम्पति उच्चित्रित हैं। कर्ण रथिकाओं में प्रतीहार अपने आयुधों-सहित रूपायित हैं।

इस रथ के पश्चिमी भाग में मुखमण्डप आकारित है, जो सिंहपाद स्तम्भों एवं भित्ति-स्तम्भों पर अवलम्बित है। द्वितीय एवं तृतीय तलों (शिखर मंजिलों) की अलंकार-योजना में शिव के गण, उड़ते हुए राजहंस (मांगल्य विहग) एवं कुछ अन्य प्रतीक रूपायित हैं। शीर्ष विन्दु पर अष्टाश्र (अठपहल) स्तूपिका शोभायमान है, जिस पर पिरोयी हुई मोतियों की मालाएँ (मुक्तादाम) ऊपर से नीचे की ओर लटकती हुई पिरोयी गयी हैं। गर्भ-गृह के पार्श्व स्तम्भों (द्वार-शाखा) की अलंकरण-योजना में मांगल्य प्रतीकों के अतिरिक्त सिरे पर प्रतिहारियों का रूपांकन द्रष्टव्य है। सिरदल के ललाट बिम्ब पर शंकर का त्रिशूल उकेरा गया है। रथ के पृष्ठ भाग में शिव के वाहन नन्दी वृष की बृहत्काय प्रतिमा रूपायित है।

द्रौपदी रथ (एकाश्मक संख्या-4)

इसका आकार गोलम्बर (गोलगृह) के तुल्य है और वैदिक काष्ठ गोलगृह की परम्परा में इसका स्वरूपांकन आता था। इस रथ को हम नागर शैली के अन्तर्गत परिगणित कर सकते हैं, जिसका एक लक्षण वृत्ताकार भी होता था। रथ मन्दिरों में अद्वितीय बनावटवाला द्रौपदी रथ सुदामा एवं बराबर (गया, बिहार) की पहाड़ियों के भीतर तराशे गये गोल गृह का स्मरण दिलाता है। कतिपय समीक्षकों ने पंचरथ-समूह में सर्वाधिक भव्य, पूर्ण एवं प्रभावोत्पादक द्रौपदी रथ को ही माना है। इसके तीन ओर मकर तोरण (प्रवेश-द्वार) आकारित हैं। पश्चिमी दिशा में इसकी बाह्य भित्ति पर वाम एवं दक्षिण रथिकाओं के भीतर द्वारपालों की आकृतियाँ तराशी गयी हैं। पूर्व एवं उत्तर की दिशा में बाह्य भित्तियों पर उच्चित्रित रथिकाओं में दुर्गा की आकृतियाँ तराशी गयी हैं। इनमें से पूर्वी भित्ति पर आकारित दुर्गा महिषासुर का दमन करती प्रदर्शित हैं। देवालय के भीतर गर्भगृह चतुर्भुजी दुर्गा के समक्ष नतमस्तक उपासक दृश्यांकित हैं, जिनमें से एक खंगधारी भक्त सिर काटकर देवी को चढ़ाने के भाव में रूपायित है। रथ के समक्ष सिंह प्रतिमा उच्चित्रित है।

नकुल-सहदेव रथ (एकाश्मक संख्या-5)

पंचरथ समूह क्रम में इस पाँचवें एकाश्मक देवालय का नाम यमलभ्राता नकुल-सहदेव के नाम पर पड़ा था। यह द्वितल विमान है, जो वेसर (द्वयश्र) शैली में आकारित है। यह ऐप्सिडल (गजपृष्ठ भाँति कुब्ज-पृष्ठ) है एवं अपने स्वरूप द्वारा शिल्पशास्त्रों में वर्णित हस्ति पृष्ठाकृति वेसर शैली का बारम्बार स्मरण दिलाता है। पहले स्पष्ट किया जा चुका है कि वेसर शब्द द्वयस्त्र से उद्भूत है, जिसे शिल्प ग्रन्थों में आयतवृक्ष, वृत्तायत या गजपृष्ठ की भाँति कुब्जपृष्ठ कहा गया है। इसकी आयताकार भू-योजना को देखकर कुछ कलाविदों ने चैत्याकार कहा है तथा बौद्ध आयत चैत्य मण्डपों से इसकी तुलना की है। इसका आदि तल अपने मुख-भाग की ओर विस्तारित है। इसका त्रिकोणीय मुहार दो सिंहपाद स्तम्भों पर आश्रित प्रदर्शित है। इसके आदि एवं द्वितीय तलों में प्राप्य शिल्पांकन अन्य रथों की समता में सरल हैं। फलतः उनमें विशेष अलंकरण का प्रयास नहीं मिलता। इसके पार्श्व में भूतल पर एक भीमकाय हस्ति-प्रतिमा उच्चित्रित है, जिसका कुब्ज-पृष्ठ इस रथ के शिखर के हस्ति-पृष्ठ की भाँति आकार से तुलनीय है।

गणेश रथ (एकाश्मक संख्या-6)

महाबलिपुरम् के रथों में सबसे सुन्दर गणेश रथ है। इसकी गणना वेसर (द्वयश्र) शैली में निर्मित रथों से की जाती है। इसका निर्माण पहाड़ी के उत्तरी छोर पर हुआ था। इसकी बेलनाकार छत भीम रथ के छत के आकार से तुलनीय है तथा यह त्रितल विमान का उदाहरण है। इसकी बेलनाकार छत के दोनों सिरों पर त्रिकोणीय मुख-पट्टियाँ आकारित हैं, जिनमें से एक में मानव मुख के सिर पर त्रिशूल उच्चित्रित है। स्पष्ट है कि यह एक शैव मन्दिर का उदाहरण था। छत के पृष्ठ भाग पर भीम रथ की भाँति लघ्वाकार स्तूपिका की शृंखला (संख्या में-9) आकारित है, जो देखने में अधिक पूर्ण एवं प्रभावोत्पादक है। तीनों ही तलों (मंजिलों) में विभिन्न आकृतियाँ उच्चित्रित हैं, जिनमें चैत्य गवाक्ष (कुडू) की मालाएँ, भित्ति स्तम्भ एवं मांगल्य विहग उल्लेखनीय हैं। मुखमण्डप एवं उसके भीतर गर्भगृह एवं प्रदक्षिणा पथ, द्वारशाखाओं पर द्वारपाल एवं सिंहपाद स्तम्भ का टंकण उल्लेखनीय है। गर्भगृह के भीतर शिवलिंग आकारित है। इससे भी इसका शैव मन्दिर होना प्रमाणित होता है। गर्भगृह में पार्श्ववर्ती ग्रामवासियों ने आधुनिक काल में एक गणेश-प्रतिमा स्थापित कर दी है। फलतः यह गणेश रथ के रूप में आख्यायित हुआ।

दक्षिणी पिडरी-रथ (एकाश्मक संख्या-7)

पहाड़ी के उत्तरी-पश्चिमी छोर पर तीन एकाश्मक रथ टंकित हैं—(1) वडैयणकुट्टई, (2) दक्षिणी पिडरी एवं (3) उत्तरी पिडरी। इस समूह में क्रमानुसार दक्षिणी पिडरी सर्वप्रथम उल्लेखनीय है। यह द्वितल विमान है, जिसके स्वरूप में धर्मराज रथ एवं अर्जुन रथ का सामंजस्य प्राप्य है। जहाँ तक भू-विन्यास का प्रश्न है, यह आयताकार है और यह विशेषता इस मन्दिर की ग्रीवा तक प्राप्य है। परन्तु जहाँ तक इसके शिखर का प्रश्न है, इसमें बेलनाकार एवं स्तूपिका दोनों के ही स्वरूपों का सम्मिश्रण मिलता है। सर्वोच्च विन्दु के पृष्ठ भाग पर मोतियों की झालरों के अंकन का प्रदर्शन मिलता है। इस रथ के जगती-पृष्ठ की नक्काशी अपूर्ण है, परन्तु शिखर तलों में उच्चित्रण का कार्य अपने अन्तिम रूप में प्राप्य है। इसके प्रत्येक तल की हर दिशा में कर्णकूट एवं भद्रशाला के प्रतीक उच्चित्रित हैं। शिखर-तलों के क्रमानुसार क्षीण होते आकार भी द्रष्टव्य हैं, जो द्राविड़-शैली में निर्मित शिखर-तलों के उदाहरण माने जा सकते हैं। चैत्य-गवाक्षों से झाँकते मुख, उड़ते राजहंसों की पंक्तियाँ एवं अलंकरण-प्रतीक इसकी कला के सौन्दर्य की अभिवृद्धि करते हैं।

बड़ैयणकुट्टई रथ (एकाश्मक संख्या-8)

यह दक्षिणी पिडरी रथ के दक्षिण दिशा में स्थित है तथा वेसर (द्वयश्र) शैली का उदाहरण है। यह त्रितल विमान का उदाहरण है। जगती तल की बाह्य भित्तियों में उच्चित्रण का कार्य अपूर्ण है तथा इसी प्रकार आदि तल में आकारित रथिकाओं में उकेरी का काम पूरा होने से रह गया है। द्वितीय तल में कर्णकूट एवं भद्रशाला के प्रतीकांकन प्रत्येक दिशा में प्राप्य हैं। पंजर कोष्ठकों में राजहंसों की पंक्तियाँ द्रष्टव्य हैं। शिखर के पृष्ठ भाग पर लटकती मालाएँ, चैत्य-गवाक्ष एवं विविध अलंकरण-प्रतीक रूपायित हैं।

उत्तरी पिडरी रथ (एकाश्मक संख्या-9)

यह देवालय दक्षिणी पिडरी रथ के उत्तर भाग में स्थित है एवं वेसर शैली (द्वयश्र शैली) का उदाहरण है। दक्षिणी भित्ति को छोड़कर अन्य दीवालों में उच्चित्रण का कार्य अपूर्ण रह गया है। इसके मुखमण्डप में भी अलंकरण एवं नक्काशियाँ अधूरी रह गयी हैं। इस रथ के द्वितीय एवं तृतीय तलों में तराशे हुए

उदाहरणों में चैत्य गवाक्ष एवं मोतियों की झालरें उल्लेखनीय हैं। शिखर के पृष्ठ-तल की अलंकरण-योजना में नक्काशियों का कार्य शिल्पियों के कला-कौशल का परिचायक है। यद्यपि उच्चित्रण का कार्य पूर्ण होने से काफी पीछे रह गया है तथापि यह देवालय भी मामल्ल शैली में निर्मित एकाश्मक रथ का एक लाक्षणिक उदाहरण माना जा सकता है।

मामल्ल मण्डप

मामल्ल एकाश्मक मण्डपों की बनावट भी सामान्यतः महेन्द्र-मण्डपों के ही तुल्य है। अन्तर केवल इस दृष्टि से है कि इसमें पूर्वकालीन सादगी के स्थान पर अलंकरण प्रयास के प्रमाण मिलते हैं। वजनदार चौड़े महेन्द्र-मण्डप के स्तम्भों की तुलना में ये पतले हैं तथा इनमें नक्काशियाँ अधिक मिलती हैं। स्तम्भ के आधार पर बने सिंह (चित्र सं० 7) अपने मस्तक पर भार का वहन करते प्रदर्शित हैं। स्तम्भों के शीर्ष भाग पर कोष्ठक (कार्नीस) उच्चित्रित हैं। सुप्रसिद्ध मण्डपों में कृष्ण मण्डप एवं कोटिकाल-मण्डप उल्लेखनीय हैं, जिनके उदाहरण महाबलिपुरम् से ही मिलते हैं। इन मण्डपों की एक विशेषता यह भी है कि इनका उत्कीर्णन पहाड़ी में तराशी हुई गुफा के भीतर की ओर किया गया है, जिसमें अन्तःस्थ भित्ति पर गर्भगृह आकारित है।

गुहा की बाह्य भित्ति पर कृष्ण के द्वारा गोवर्द्धन धारण का सुप्रसिद्ध पौराणिक दृश्य रूपायित है। गोकुल में दुर्भावना से प्रेरित इन्द्र के द्वारा सृजित भयंकर झंझावात एवं वृष्टि से गोपजनों की रक्षा-निमित्त कृष्ण अपने बायें हथेली पर गोवर्द्धन-पर्वत को धारण कर लेते हैं। इस आश्चर्यजनक दृश्य को गोपजन एवं गोपियाँ स्तब्ध एवं हतप्रभ चकित हो एकटक देखती रह जाती हैं। कृष्ण का दक्षिण हस्त वरद मुद्रा में है। कृष्ण के दक्षिण पार्श्व में बलराम एक ग्वाल के स्कन्ध पर अपना दाहिना हाथ रखे प्रदर्शित हैं। एक दूसरा गोप पास में खड़ी धेनु को दुहता हुआ तथा नवजात बछड़े को अपनी मातृता को प्रस्फुटित करती दुही जाती हुई वह गाय बछड़े को चाटती रूपायित है। पास में ही एक गोपी रस्सी से बरे हुए छींके में दूध के मटकों को सँभालती तथा अपने मस्तक पर भूसे के बोझ को संतुलित करती शिल्पांकित है।

इस दृश्यांकन में प्रमुदित गोपजन बाँसुरी बजाते, जंगल से लौटता लकड़हारा अपने कन्धे पर कुल्हाड़ी को रखे तथा गोकुल के गोपजन अपने मस्तक पर दूध के मटके रखे हुए निर्भीक एवं प्रमुदित तथा इन्द्र के कुचक्र से अप्रभावित अपने स्वाभाविक मुद्रा में उकेरे गये हैं। इस मूर्तन में इन्द्र द्वारा गोपियों के साथ छेड़खानी के इस तूफानी कुचक्र की विफलता अभिव्यंजित है। गोवर्धन-पर्वत के ऊपर उगे हुए वृक्ष एवं उनकी छाया में बैठे सिंह एवं हाथी तथा विभिन्न जीवों से युक्त समस्त पर्वतीय स्वाभाविक वातावरण को सफलता के साथ तराशने का अभिनन्दनीय प्रयास किया गया है। कुछ कला-मर्मज्ञों ने गोकुल की रक्षा के निमित्त गोवर्धन धारण का सबसे उत्कृष्ट उदाहरण इसी उच्चित्रण को माना है। यहाँ तक कि एलोरा के उदाहरण से भी इसी को श्रेष्ठ आकलित किया है।

जहाँ तक कोटिकाल-मण्डप का प्रश्न है, इसका भी स्थापत्य मामल्ल शैली के मण्डपों के अन्तर्गत आता है। इसका मुखभाग सिरों पर आकारित दो भित्ति-स्तम्भों द्वारा प्रदर्शित है। भीतरी भित्ति पर टंकित रथिका-तुल्य गर्भगृह में दुर्गा की प्रतिमा आकारित है। इसके पार्श्व-स्तम्भों पर स्त्री-परिचारिकाएँ, प्रतिहारिणी-रूप में उच्चित्रित हैं। इसकी उकेरियों से लगता है कि यह अपने समय में दुर्गा मन्दिर के रूप में पूजित था। इसमें एक लघु लेख 'श्रीवामांकुश' मिलता है। सम्भव है कि यह नरसिंह वर्मा की कोई उपाधि रही हो।

शिला-भित्ति पर रूपायन

शिला-भित्ति पर खुले आकाश के नीचे दृश्य-संकुल रूपायन पल्लव कला की एक उल्लेखनीय विधा थी, जो भारतीय कला के इतिहास में मर्मज्ञों द्वारा सदा से ही प्रशंसित रही है। इस प्रकार के चट्टानी शिल्प वैभव के उत्कीर्णन को स्थानीय प्रयोग में 'तीर्थम्' कहा जाता है। इसका तात्पर्य एक ऐसे तीर्थ से है, जहाँ पहुँचने पर विविध कोटि के प्राणी एवं जीव-जन्तु अपने पारस्परिक राग-द्वेष एवं भेदभाव को विस्मृतकर सद्भावना तथा प्रेम को अपने जीवन का लक्ष्य बनाते हैं। इस प्रकार का एक चट्टानी रूपायित दृश्यांकन मामल्लपुरम् में द्रष्टव्य है जो पर्यटकों के आकर्षण का केन्द्र-विन्दु है। इस शिला-भित्ति के मध्यवर्ती भाग में एक गहरी एवं चौड़ी-दरार मिलती है, जिसके दोनों ही पार्श्व शिला-फलकों पर प्रदर्शित अद्भुत रूपायन बरबस दर्शकों को रीझ लेता है। दरार के बीच नाग एवं नागी शिल्पांकित हैं, जिसमें उनके कटि-प्रदेश के नीचे का भाग नाग रूपी है, परन्तु ऊपरी भाग मानव मुखी है, जिनके सिर पर फणों का विस्तृत आवरण प्राप्य है। दोनों ही हाथ जोड़े नागों की आकृतियाँ पूजाभाव में विभोर हैं। दरार के दोनों ही ओर देवगण, पशु जगत्, नागों, कपियों, सिंह एवं हरिण उच्चित्रित हैं। दरार के उभय पार्श्वों में शिल्पांकित आकृतियाँ बहुत तेजी के साथ दरार की ओर गतिशील-सी रूपांकित हैं। दरार के बीच का मूर्तन गंगावतरण (चित्र सं०-8) के प्रतीक का द्योतक है।

दक्षिणार्द्ध में ऊपर की ओर एक वृद्ध तपस्वी रुद्राक्ष की गलमाल धारण किये मात्र एक पैर के बल पर खड़े तथा दूसरे पैर को तिर्यक् मोड़े प्रदर्शित है, जिसकी दाढ़ी एवं नीचे की ओर लटकते बाल बड़े ही कुशलता के साथ तराशे गये हैं। लोगों ने इसे बहुधा शिव के पाशुपतास्त्र प्राप्ति के निमित्त 'अर्जुन-तपस्या' का बोधक माना है। तपोरत एवं ध्यानमग्न उस मनस्वी के दक्षिण पार्श्व में त्रिशूलधारी शिव अपने गणों के साथ दृश्यांकित हैं। शिवायुध को लोगों ने प्रायः पाशुपतास्त्र से समीकृत किया है, जिसे अर्जुन ने कठोर तपस्या के फलस्वरूप शिव से वरदान रूप में प्राप्त किया था।

'अर्जुन-तपस्या विषयक' इस उच्चित्रण को बहुधा लोग 'किरातार्जुनीयम्' के वर्ण्य-विषय से सम्बद्ध करते हैं। इस परम्परा के अनुसार पाशुपतास्त्र की प्राप्ति के निमित्त किरात वेशधारी शिव ने अर्जुन की परीक्षा ली थी। उन्हें किरात समझकर अर्जुन ने वध का प्रयास किया, परन्तु उनके सभी बाण निष्फल सिद्ध हुए। दोनों में युद्ध का क्रम देरी तक चलता रहा। अर्जुन के शौर्य से प्रसन्न होकर शिव ने अपना वास्तविक रूप धारणकर उन्हें वरदानस्वरूप पाशुपतास्त्र दिया था। इस युद्ध-परम्परा का उल्लेख सर्वप्रथम महाभारत में मिलता है, जिसके अनुसार पाण्डु पुत्र अर्जुन ने इस अस्त्र की प्राप्ति के निमित्त कठोर तप किया था। सुप्रसिद्ध महाकवि भारवि (छठी शती ई०) ने तो 'किरातार्जुनीयम्' नामक महाकाव्य ही लिख डाला था, जो संस्कृत साहित्य की अनूठी निधि है। पाशुपतास्त्र विषयक 'अर्जुन-तप' भारतीय कला का एक लोकप्रिय विषय था। पूर्वी चालुक्य-कला का उदाहरण विजयवाड़ा का स्तम्भ (10वीं शती ई०) इस अर्जुन तप का एक भव्य दृश्यांकन हमारे समक्ष प्रस्तुत करता है। थंजाउर (तंजौर) के सुप्रसिद्ध चोल सम्राट् राजराजेश्वर-निर्मित बृहदीश्वर के मन्दिर के गोपुरम् (10वीं शती ई०) की कला में भी अर्जुन-तप रूपायित है।

परन्तु इस अर्जुन-तपस्या विषयक पौराणिक दृश्यांकन से सहमति कुछ तथ्यों के अभाव में मेरे अनुसार संगत नहीं लगती। पहली बात तो यह है कि मामल्लपुरम् की पल्लव-कला में शिल्पांकित तपस्वी बहुत ही वृद्ध लगता है। उसके रूप से बार-बार वयोवृद्ध एक ऐसे तपस्वी का आभास होता है, जिसकी झुर्रियों निकल आयी हैं तथा लम्बी दाढ़ी, मूँछें एवं सिर के बाल काफी सफेद हो चुके हैं। इस रूपांकन से किसी वीरवर का रूप आभासित नहीं होता। दूसरे यह भी विचारणीय है कि शिकारी (किरात) का छद्म वेश धारण किये शिव एवं वीरवर अर्जुन के घमासान युद्ध का उच्चित्रण इस दृश्यांकन में अप्राप्य है।

वस्तुतः यह दृढ़ संकल्प तपस्वी भगीरथ का रूपांकन है, जिसमें गंगावतरण का व्रत साधे हुए वे एक पैर पर खड़े एवं एकाग्र ध्यानमग्न हैं। जल से सम्बद्ध नाग-नागियों के रूप तथा सरित-कूल पर मन्दिर एवं पवित्र जल में स्नानोपरान्त वस्त्रों को निचोड़ते मुनिजनों की आकृतियों का शिल्पांकन किसी पवित्र सरिता की प्रतीकात्मकता का बोध कराते हैं। ऊपर से नीचे की ओर गिरती जलधार-सहित, पृथ्वी पर भगीरथ की तपस्या से आकाश से उतरती भागीरथी (गंगा) का बोधक है। जलधार के समीपस्थ एक मन्दिर द्राविड़ शैली के शिखर से युक्त प्रदर्शित है। मन्दिर के दाहिने पार्श्व में जटाजूटधारी वृद्ध तपस्वी योग मुद्रा में ध्यान-मग्न है। इसी तरह इस देवालय के वाम पार्श्व में भी दो तपस्वी पद्मासन लगाये पूजा-ध्यान में मग्न हैं।

दरार के दोनों ही ओर निम्न भाग में तपोवन का दृश्य प्रदर्शित है, जिसके शान्तिमय वातावरण राग-द्वेष विवर्जित हैं। इसमें शाश्वत विरोधयुक्त स्वभाववाले जीव एक-दूसरे से निर्भीक एवं सद्भावयुक्त चित्रित हैं; उदाहरणार्थ—विश्राम करते मृग एवं बाघ तथा बिल्ली-चूहों का शिल्पांकन। गजराज के सूँड़ के समीप एक बिडाल (बिल्ला) अपने शरीर को सीधा ऊपर ताने एवं दोनों हाथों को कंधे के ऊपर तानकर अंजलिबद्ध एवं ध्यानमग्न रूपायित है। इस बिलाव के पास चहकते-कूदते चूहे निर्भीक भाव में प्रदर्शित हैं। कुछ लोगों ने इसे आख्यानात्मक 'बैडालव्रतिक' का दृश्यांकन माना है, जिसमें बिल्ला अपनी दुर्भावना पर आवरण डालने के लिए सद्भावना एवं ध्यान का छद्म रूप धारण किये हुये है। परन्तु यह मानना पूरे परिवेश के आलोक में अग्राह्य है। वस्तुतः यह शिल्पांकित दृश्यांकन तपोवन का बोध कराता है, जहाँ सद्भावना एवं प्रेम का वातावरण प्रधान होता है। बाणभट्ट ने उज्जयिनी की नागरिकशालाओं में यक्ष, किन्नर, सुर-असुर, गंधर्व एवं विभिन्न जीव-जन्तुओं से युक्त चित्रांकन की तुलना ऐसे फलक से की है, जो साक्षात् विश्वरूप को ही प्रदर्शित करता है (प्रदर्शित-विश्वरूप)। यदि एक ओर अजन्ता के भित्ति-चित्र पर 'दर्शित विश्वरूप' के उदाहरण हैं, तो दूसरी ओर मामल्लपुरम् की शिलाभित्ति पर आकारित यह रूपायन 'दर्शित-विश्वरूप' का मूर्तन-स्वरूप है। इस रूपायन में मन्दिर के समीप स्नानोपरान्त एक भक्त सूर्य-नमस्कार विषयक अंजलिबद्ध मुद्रा में सूर्य को एकटक निहारता ध्यानमग्न प्रदर्शित है। अंजलिमुद्रा की अवस्थिति एवं सूर्य की ओर सीधा सिर करके एकटक देखते तपस्वी का यह रूपांकन इस बात का द्योतक है कि परम्परानुसार गंगा मध्याह्न (दिन में) में भूतल पर अवतरित हुईं थीं।

शैल रूपायन के कुछ अन्य दृष्टान्त

चट्टानी-भित्ति पर एक अन्य दृश्यांकन एक कपि-परिवार का प्रतिनिधित्व करता है, जिसमें एक बन्दर की जोड़ी एक-दूसरे के बाल को हेरते हुए शिल्पित हैं, जबकि उनके परिवार के बच्चे माता-पिता की गोद में खेलते दिखाये गये हैं। इस कोटि के एक अन्य मूर्तन में गज-परिवार रूपायित है। यह चट्टानी दृश्य गणेश रथ के पास शिल्पांकित है। इस समूह में माँ-बाप अपने दो नवजात शिशुओं के साथ पारिवारिक मुद्रा में प्रमुदित दिखाये गये हैं। इस कोटि के एक अन्य मूर्तन में कृष्ण मक्खन की गेंद हाथ में लिये प्रदर्शित हैं। कुछ उदाहरणों में खुले आकाश में रोटी सेंकने की भट्ठियाँ बनी हैं। इन्हीं में से एक 'भीम का चूल्हा' नाम से विश्रुत है।

संरचनात्मक मन्दिर

अब तक पल्लव-नरेशों के संरक्षण में निर्मित एकाश्मक मन्दिरों (मण्डप एवं रथ) की चर्चा की गयी, जो एक ही विशाल चट्टान को तराशकर खूबसूरती के साथ रूपायित हैं। इनकी कला में पल्लव-संगतराशों की छेनी पर अद्भुत अधिकार का चूड़ान्त निदर्शन मिलता है। इसके उपरान्त आठवीं शती ई० से पल्लव-नरेश नरसिंह वर्मा द्वितीय, राजसिंह (700-729 ई०) के संरक्षण में एक नवीन शैली का उद्गम हुआ,

जिसका नाम इस नरेश की ही उपाधि पर 'राजसिंह शैली' पड़ा। इस प्रकार के निर्माण में सुनियोजित ढंग से गढ़े प्रस्तर खण्डों को एक-दूसरे पर बैठाकर किया गया है और इस प्रकार इनका स्वरूप (स्ट्रकचरल) संरचनात्मक प्रकार का हो जाता है जिनके उदाहरण मामल्लपुरम् (महाबलिपुरम्) एवं पल्लव राजधानी कांजीवरम् (कांची) में प्राप्य हैं। इन प्रस्तर निर्मित मन्दिरों में चिनाई (मेसनरी आर्ट) का सुन्दर उदाहरण प्राप्य है।

सागर-तट मन्दिर (शोर टेम्पुल)

मामल्लपुरम् मन्दिरों में सर्वप्रसिद्ध सागर-तट मन्दिर (शोर टेम्पुल) चित्र सं० 9 नाम से प्रसिद्ध है, जो समुद्र के ठीक किनारे पूर्व चर्चित शिलाभित्ति पर आकारित तथाकथित 'अर्जुन-तपस्या'-विषयक दृश्यांकन के ठीक पास समुद्र-तट के किनारे बने होने के कारण इसका नाम 'शोर-टेम्पुल' पड़ा था। इसका निर्माण समुद्र-व्यापारी, सार्थवाह, सायांत्रिकों एवं व्यापारियों की सुविधा के लिए विशेष रूप से किया गया था। महाबलिपुरम् (मामल्लपुरम्) के बंदरगाह होने के कारण इस प्रकार की स्थिति के मन्दिर की अत्यन्त आवश्यकता थी। इसके पास ही एक प्रकाश-गृह (लाइट-हाउस) निर्मित है, जो रात्रि में बंदरगाह की गोदी में जहाजों के किनारे सुगमता से लगने के लिए अच्छी प्रकाश-व्यवस्था के उद्देश्य की पूर्ति करता था।

जिस समय इस मन्दिर का पता चला, इसकी चहारदीवारी एक ओर से बालू की परतों से बुरी तरह ढक गयी थी, जिसकी सफाई के उपरान्त इसका रूप निखरकर सामने आया। के०आर० श्रीनिवासन इसकी प्रशंसा करते हुए लिखते हैं कि यह देवायतन न केवल राजसिंह शैली के चूड़ान्त निदर्शन का प्रतिनिधि है, अपितु समस्त पल्लव-कला का सर्वश्रेष्ठ उदाहरण है।[1] यह एकाश्मक मन्दिर-निर्माण-परम्परा से हटकर संरचनात्मक देवालय (स्ट्रक्चरल देव सदन) को आकारित करने के प्रयास का ही न केवल द्योतक है, अपितु इसकी कला में मौलिकता की छाप इसके वास्तुगत अंगों में बारम्बार परिलक्षित होती है।

यहाँ, प्रथमतः विचारणीय यह है कि यह अपने-आप में मात्र एक ही मन्दिर न होकर एक ऐसा संश्लिष्ट देवालय (टेम्पुल काम्प्लेक्स) है, जिसमें एक-दूसरे से सम्पृक्त मन्दिर-समूह की भावना परिलक्षित होती है। दूसरे, द्रष्टव्य है कि इसके अंग-प्रत्यंग में शिल्पशास्त्रीय नियमों एवं सिद्धान्तों का अक्षरशः पालन मिलता है। इसकी भू-योजना तथा उच्छ्राय मामल्लपुरम् के धर्मराज-रथ की कला से प्रत्यक्षतः प्रभावित लगती है, पर इसके होते भी संश्लिष्ट संरचना होने के कारण इसका बहिर्रुप लंबोतरा है। यह अपने समग्र रूप में 'त्रिमन्दिर समूह' का बोधक है, जिसका एक सीधी रेखा में निर्मित होने के कारण आयताकार (लंबोतरा) रूप का द्योतन होना स्वाभाविक ही है। एक सीधी पंक्ति में इस प्रकार का निर्माण बाद की कला में भी देखा जा सकता है। इसी समय से मन्दिर के चतुर्दिक् प्राकार के निर्माण की परम्परा आविर्भूत हुई।

जैसा कि पहले ही कहा जा चुका है कि द्राविड शैली में निर्मित समुद्र-तट पर स्थित यह मन्दिर एक ही क्रम में आनेवाले तीन सम्पृक्त देवालयों का समूह है। सर्वप्रथम एक छोटे आकार का पश्चिमाभिमुख मन्दिर आता है, जिसका शिखर तीन मंजिलों में विभक्त है। पल्लव नरेश राजसिंह के नाम के आधार पर यह 'राजसिंहेश्वर' के नाम से प्रसिद्ध है। यह 'त्रितल-विमान' का उदाहरण माना जाता है, जिसके शिखर पर एक स्तूपिका आकारित है। बड़े आकारवाला पूर्वाभिमुख विमान 'दाक्षिणसिंहेश्वर' नाम से विश्रुत है,

---

1. एनसाइक्लोपीडिया ऑफ इण्डियन टेम्पुल आर्किटेक्चर, साउथ इण्डिया लोवर, द्राविड़ देश, पृष्ठ 56।

क्योंकि यह इस पल्लव नरेश की एक दूसरी उपाधि थी। इन दोनों के बीच एक संयोजक सपाट छतयुक्त मण्डप मिलता है, जिसमें शेषशायी विष्णु की एक लेटी हुई प्रतिमा विद्यमान है। इससे स्पष्ट है कि 'मण्डप' वाला भाग वैष्णव धर्म को अर्पित था, जबकि पार्श्ववर्ती 'राजसिंहेश्वर' एवं 'दाक्षिणसिंहेश्वर' नामक शिखर-युक्त मन्दिर शैव धर्म को अर्पित थे। 'दाक्षिणसिंहेश्वर' मन्दिर का शिखर पाँच मंजिलों में विभक्त है तथा इसके शीर्ष-विन्दु पर एक स्तूपिका प्राप्त है।

इन दोनों ही देवालयों के विभिन्न मंजिलों में कीर्त्तिमुख, चैत्यवातायनीय आले, पशु-आकृतियाँ एवं विभिन्न प्रतीक आकारित हैं। बड़े पैमाने पर बना हुआ 'क्षत्रियसिंहेश्वर' मन्दिर के पूर्वाभिमुख होने का आधार यह हो सकता है कि प्रातःकालीन प्रथम सूर्यरश्मियों से यह स्वच्छ एवं पवित्र हो सके तथा जहाजों के समुद्र-तट के समीप पहुँचते समय उसके यात्री इस शैवायतन के दर्शन से लाभान्वित हो सकें। इस तट मन्दिर के चतुर्दिक् बने प्राकार के उष्णीष पर नन्दी वृषभ की आकृतियाँ शिल्पित हैं, जैसा कि थंजाउर के बृहदेश्वर मन्दिर के परकोटे पर भी देखा जा सकता है। समुद्र-तट की दिशा में अधिष्ठान पर बराबर दूरी पर दहाड़ती सिंह-आकृतियाँ भी उच्चित्रित हैं। समुद्र-तट पर स्थित यह मंदिर सागर में उठती हुई लहरों के थपेड़ों का सामना करता हुआ एक सहस्राब्द से भी अधिक काल से अपने स्थान पर शोभायमान है। आगे की क्षति को रोकने के निमित्त सागर के किनारेवाले भाग में विभिन्न उपायों एवं व्यवस्था के निमित्त अभियन्ताओं का प्रयास अद्यतन जारी है। मन्दिर में आकारित स्तम्भ पल्लव शैली में निर्मित 'सिंह-स्तम्भों' के उदाहरण हैं। स्तम्भों के आधार भाग में शिल्पित सिंह अपने मस्तक पर पूरे मन्दिर के भार का वहन करते रूपायित है।

इस मन्दिर की कला में 'स्फिंक्स' (नृ-पशु मिश्रित विग्रह) भी रूपायित हैं। इस प्रकार के संयुक्त मूर्तन में शिल्पित आकृति का मुख-भाग सिंह तथा नीचे का भाग मानव विग्रह रूप में उच्चित्रित है। इस कोटि का सिंह-मुख एवं नृविग्रह का संयुक्त मूर्तन 'स्फिंक्स' शैली में आता है। ये प्रतीक साक्षात् पल्लव-नरेश राजसिंह की शारीरिक उपस्थिति के बोधक हैं। इसके भीतर 'प्रणालकों' (परनाले) का निर्माण किया गया था, जिसके माध्यम से देवालय के भीतर स्वच्छता-निमित्त जल भरने एवं तदुपरान्त उसके बाहर निकालने की व्यवस्था थी।

मन्दिर के प्रधान गर्भगृह की द्वारशाखाएँ विभिन्न उकेरियों से सजी हैं। इसके भीतर एक शिवलिंग की प्राण-प्रतिष्ठा मिलती है, जिसके पीछे पल्लव-कला की परम्परा के अनुसार 'सोमारकन्द' परिवार शिल्पित है। मुखमण्डप की भित्तियों की रथिकाओं में भी 'सोमारकन्द'-दृश्य आकारित हैं। प्रतिमाशास्त्रीय नियमों के अनुसार शिल्पित अन्य देवाकृतियों में 'त्रिपुरान्तक शिव', 'दक्षिणामूर्ति शिव', 'महिषासुरमर्दिनी दुर्गा', नन्दी-वृषभ, शेषशायी विष्णु तथा संबंधित प्रतीहारों एवं द्वारपालों की आकृतियाँ रूपायित हैं। पूर्वाभिमुख 'क्षत्रिय सिंह-पल्लवेश्वर' नामक मन्दिर के सामनेवाले भाग में प्राकार के भीतर बलिपीठ की पार्श्वभित्तिका पर उत्कीर्ण छह संस्कृत छंदों में नरसिंह वर्मा द्वितीय (राजसिंह) की प्रशस्ति प्राप्य है, जिसमें उसकी शक्ति, पराक्रम एवं मानवीय गुणों का गुणानुवाद प्राप्य है। एक अन्य लेख में इसकी विभिन्न उपाधियाँ (राजसिंह, पल्लवेश्वर, क्षत्रियसिंह–पल्लवेश्वर) आदि उत्कीर्ण हैं।

महाबलिपुरम् (मामल्लपुरम्) के अतिरिक्त पल्लव-कला का अन्य विश्रुत केन्द्र कांची (कांजीवरम्) भी था। कालक्रम के अनुसार निर्माण की यह अवस्था महाबलिपुरम् के उक्त मन्दिरों के निर्माण के उपरान्त आती है। कांची (कांजीवरम्) के मन्दिर राजसिंह शैली में निर्मित हैं तथा इनके निर्माण का श्रेय पल्लव-नरेश नरसिंह वर्मा द्वितीय (राजसिंह, 700-728 ई०) को ही है। सागर-तट मन्दिर के सन्दर्भ में इस बात का निर्देश किया जा चुका है कि इस शैली का नामकरण उक्त नरेश की उपाधि 'राजसिंह' के आधार पर हुआ है।

ये मन्दिर भी 'स्ट्रक्चरल' (संरचनात्मक) कोटि में आते हैं। कांची (कांजीवरम्) पल्लवों की राजधानी थी तथा यह कला के अतिरिक्त साहित्य एवं संस्कृति का भी उल्लेखनीय केन्द्र था।

राजसिंह-शैली में निर्मित कांची के देवालयों में कैलासनाथ का मन्दिर सर्वप्रथम उल्लेखनीय है, जो द्राविड़ शैली का एक प्रतिनिधि मन्दिर माना जाता है। इसके तीन प्रमुख अंग हैं—(1) शिखरयुक्त गर्भगृह, (2) मण्डप तथा (3) गोपुर-विमान। तीनों ही भाग एक सीधी रेखा में निर्मित हैं और उनके चतुर्दिक् एक प्राकार मिलता है। शिखरयुक्त गर्भगृह 'राजसिंह विमान' के नाम से प्रसिद्ध है। इसके बुनियादी भाग पर इस पल्लव-नरेश राजसिंह (नन्दिवर्मा द्वितीय) का एक लेख भी प्राप्त है, जो कि इसके निर्माता होने का स्पष्ट साक्ष्य है। यही भाग मन्दिर का प्रमुख अंग है, जिसके चारों कोनों एवं बीच में सात लघ्वाकार द्राविड़ विमान पंक्तिबद्ध बने हुए हैं। प्रधान भाग पूर्वाभिमुख है, जिसके गर्भगृह में शिव-प्रतिमा प्रतिष्ठित है। गर्भगृह के पीछे की भित्ति में 'सोमारकन्द-फलक' शिल्पित हैं। इसके जगती-तल पर रथिकाएँ बनी हैं, जिनमें शैव प्रतिमाएँ उच्चित्रित हैं। लघ्वाकार विमानों के भीतर भी शैव धर्म से संबंधित प्रतिमाएँ उच्चित्रित हैं।

जगती-तल की बाह्य भित्तियों में रथिकाएँ बनी हैं, जिनमें देव प्रतिमाएँ, नृत्य करते शिवगण एवं विविध अलंकरण-प्रतीक रूपायित हैं। दक्षिण भित्ति के उल्लेखनीय रथिका-बिम्बों के अन्तर्गत उमा-महेश्वर, वराह-सहित लिंगोद्भव, ब्रह्मा, विष्णु एवं हवा में उड़ते युग्म उल्लेखनीय हैं। पश्चिमी भित्ति की रथिकाओं में संध्या, नृत्य-मूर्ति, ऊर्ध्व-ताण्डव मूर्ति, नाचते गण, ब्रह्मा-विष्णु-शिव, बाहर नन्दी वृषभ एवं वाद्य बजाते गायकों का उच्चित्रण द्रष्टव्य है। उत्तरी भित्ति पर त्रिपुरान्तक शिव, दुर्गा एवं गण, भैरवी, कौशिकी एवं ज्येष्ठा रथिकाओं के मध्य में रूपायित हैं। कर्णभाग में सम्पृक्त विमानों की कला में व्यालपाद एवं सिंहपादों के भव्य उदाहरण शिल्पित हैं। इन दृश्यांकनों में स्तम्भों के पादमूल पर व्याल (दहाड़ते व्याघ्र) एवं सिंह अपने मस्तक पर पूरे स्तम्भ-भार (चित्र सं० 10) का वहन करते आकारित हैं। ये प्रतीक राजसिंह की शक्ति के प्रतीक हैं। अन्य भागों में योग-दक्षिणामूर्ति, भिक्षाटन प्रकार, त्रिपुरारी, शिव-योगीश्वर एवं गंगाधर आदि शिव मूर्त्तियाँ उल्लेखनीय हैं।

जगती-तल पर उच्छ्रित मंडोवर की बाह्य भित्तियों में आकारित रथिकाओं के मध्य में हरिहर, गणेश एवं आराधना-मुद्रा में देवगण (दक्षिण भित्ति में), नरेश, गणेश तथा वीणाधर-शिव एवं दुर्गा (उत्तरी भित्ति) तथा शिव की नृत्य-मुद्रा प्रकार की मूर्तियाँ (पश्चिमी भित्ति) पल्लव शैली में रूपायित हैं।

इस मन्दिर का शिखर सात-तलों (सप्त-तलछन्द) में विभाजित है। आदि तल (प्रथम) में कर्ण-विन्दुओं पर शाला-शिखर एवं कूट-शिखर के प्रतीकांकन प्राप्य हैं तथा इनके मध्य में लघु विमानों के स्वरूप पंक्तिबद्ध तराशे गये हैं। द्वितीय तल की अलंकरण-योजना में कूट-शिखर एवं शाल-शिखर के प्रतीकांकन तथा इनके मध्यवर्ती भाग में शिल्पियों द्वारा आकारित अलंकरण-योजना देखते ही बनती है। अन्य क्रमिक तलों (तृतीय, चतुर्थ, पंचम, षष्ठ एवं सप्तम) में भी कर्णकूट एवं भद्रशाला के प्रतीकात्मक अंकनों के उदाहरण प्रदर्शित हैं। ये सभी मंजिलें क्रमानुसार आकार में क्षीण होती रूपायित हैं, जो द्राविड़ शिखर की उल्लेखनीय विशेषता थी। सर्वोच्च विन्दु पर आकारित स्तूपिका के पार्श्व भागों में शिवाकृति (पूरब की ओर), दक्षिणामूर्ति-प्रकार (दक्षिण), विष्णु (पश्चिम दिशा में) तथा ब्रह्मा (उत्तर) में पल्लव-तक्षकों द्वारा बड़ी कुशलता के साथ उभाड़े गये हैं।

'रामेश्वर-विमान (जो कि इस देवालय का प्रधान अंग है) के मुखभाग की ओर 'मण्डप' वाला भाग आकारित है, जो 'राजसिंह मण्डप' के नाम से प्रसिद्ध है। इस मुहार पर स्तम्भ पंक्तियाँ सुशोभित हैं तथा दोनों पार्श्व-भित्तियों पर भित्ति स्तम्भ उच्चित्रित हैं। इन स्तम्भों के पादमूल में भी सिंह एवं व्याल आकृतियाँ तराशी गयी हैं, जो पल्लव-तक्षण-परम्परा के अन्तर्गत आती हैं। पूरब की बाह्य भित्ति पर रथिकाओं में

द्वारपाल मकरतोरणों के सहित प्रदर्शित हैं। दक्षिण भित्ति पर लक्ष्मी एवं सरस्वती तथा उत्तरी भित्ति पर दुर्गा एवं ज्येष्ठा की आकृतियाँ रथिकाओं के मध्यांश में शिल्पित हैं। मण्डप की छत सपाट है।

इस मन्दिर का तृतीय भाग 'गोपुर-विमान' संज्ञक है। इसका निर्माण वस्तुतः राजसिंह के उत्तराधिकारी महेन्द्र वर्मा तृतीय के समय में हुआ था। अतएव यह 'महेन्द्रवर्मेश्वर विमान' नाम से जाना जाने लगा। यह भाग 'राजसिंहेश्वर मण्डप' के सामने पड़ता है। इसका शिखर दो तलों (मंजिलों) में विभाजित हैं। इस कारण यह 'द्वितल-विमान' भी कहलाता है। इसके शिखर का आकार आयताकार जैसा लगता है, जो वेसर शैली का प्रभाव लगता है। शिखर के दोनों ही तलों में अन्य शिखरों की भाँति कूटशिखर एवं शाला-शिखर की माला (हार) के प्रतीकांकन अनुपलब्ध हैं। दूसरे तल पर शिव-वाहन, नन्दी वृषभ एवं गणों की 'आकृतियाँ शिल्पित' हैं। मंडोवर की भित्तियों पर शिव की भिक्षाटन मूर्ति (दक्षिण) सोमारकन्द (पश्चिम) एवं संहार-ताण्डव-नृत्य-रूप (उत्तर की दिशा में) शिल्पायित हैं। भीतर की भित्तियों पर 'सोमारकन्द', दुर्गा, भगवती, त्रिपुरान्तक, गरुडारूढ़-विष्णु, नृसिंह, त्रिविक्रम, किरातार्जुन-युद्ध, कल्याण सुन्दर, वीणाधर, भैरव, भिक्षाटन एवं रावणानुग्रह आदि शिव एवं विष्णु के रूप-प्रकार उच्चित्रित हैं। इसके भी स्तम्भ व्याघ्रपाद एवं व्यालपाद प्रकार के हैं। 'राजसिंहेश्वर मण्डप' एवं 'महेन्द्रेश्वर विमान' के बीच में लघ्वाकार द्राविड़ विमानों की माला शोभायमान हैं। सम्पूर्ण मन्दिर-भाग एक प्राकार द्वारा परिवेष्ठित है, जिसके उष्णीष पर नन्दी-वृषभ एवं दहाड़ते सिंहों की आकृतियाँ सागर-तट मन्दिर की सुरक्षा-भित्ति पर रूपायित हैं।

कांची (कांजीवरम्) में स्थित बैकुण्ठपेरूमाड़ मन्दिर संरचनात्मक (स्ट्रक्चरल) कोटि का एक अन्य उल्लेखनीय देवालय है, जिसका निर्माण नन्दिवर्मा द्वितीय (राजसिंह) ने कराया था। चूँकि यह विष्णु को समर्पित है, अतएव विष्णुगृह (परमेश्वर विष्णुगृहम्) नाम से भी यह विश्रुत है। यह चतुरस्त्र पंचतल विमान का उदाहरण इसलिए माना जाता था कि इसकी भू-योजना चौकोर (चतुरस्त्र) तथा शिखर पाँच मंजिलों (पंच तल) में विभाजित है। विभिन्न मंजिलों में वैष्णव देवाकृतियों के अंकन की प्रचुरता के कारण यह 'विष्णुच्छन्द शिखर' का दृष्टान्त माना जाता है। इस मन्दिर की कला की उल्लेखनीय विशेषता यह है कि इसमें जगतीतल से लेकर शिखर-तलों की बाह्य भित्तियों तक 'अलंकार-देवता' के उच्चित्रण की प्रचुरता परिलक्षित होती है।

पश्चिमाभिमुख इस देवायतन से संपृक्त 'मण्डप' की भित्तियों पर भी इस कोटि की अलंकरण-योजना इसकी कला की एक उल्लेखनीय विशेषता है। मन्दिर के इन दोनों अंगों (शिखरयुक्त गर्भगृह एवं मण्डप) के चतुर्दिक् प्राकार के चारों ही दिशा में 'गोपुरम्' शैली में प्रवेश-द्वार आकारित हैं। अलंकरण-देवता के उच्चित्रण-योजना में जगतीतल के पार्श्वों में विष्णु-प्रतिमा के विभिन्न प्रकार रथिकाओं में उच्चित्रित हैं। भित्ति-स्तम्भ के पादमूल में व्याल एवं सिंह-आकृतियाँ आकारित हैं, जो अपने सिर पर समस्त भार का वहन करती प्रदर्शित हैं। शिखर के पंच तल भी इसी प्रकार व्याल स्तम्भ एवं सिंह स्तम्भ से मंडित हैं। शिखर के विभिन्न तलों के चारों दिशाओं में रथिकाओं के भीतर समपाद विष्णु, वैकुण्ठनाथ (आसीन), पद्मसंभव, विष्णु, ऋष्यनुग्रह, भक्तानुग्रह, गरुडारूढ़ ब्रह्मानुग्रह, गोवर्धनधारी विष्णु, विष्णु-वराह, गजेन्द्र मोक्ष, रथारूढ़ राम, भरत, लक्ष्मण एवं शत्रुघ्न, मधुकैटभ से युद्ध करते गरुडारूढ़ विष्णु, अष्टभुज त्रिविक्रम विष्णु, कोदण्डपाणि राम, राक्षसों का संहार करते चतुर्भुज विष्णु, अष्टभुज-नृसिंह, वैष्णव प्रतीहार, धेनुकासुर का वध करते हुए कृष्ण, कालिय दमन, दानवों का वध करते गरुडासीन अष्टभुज विष्णु, शेषशायी विष्णु एवं मधुकैटभ-वध की कथा, राक्षस का वध करते ब्रह्मा आदि रूपायित हैं। गर्भगृह के भीतर विष्णु-प्रतिमा के तीन प्रकार (आसीन, समपाद एवं शेषशायी रूप) शिल्पित हैं।

मण्डप के भीतर एवं बाहर भी इसी प्रकार देव कोष्ठ शिल्पित हैं, जिनमें विष्णु की आसीन, समपाद,

अनन्तशायी रूप आदि वराह (चित्र सं० 11), वामनावतार एवं सप्तर्षि के दृश्यांकन प्राप्य हैं। इसके अतिरिक्त कूटशाल, भद्रशाल एवं जालीदार वातायन प्रतीकांकन-रूप में अलंकृत हैं। इस देवालय के बाहर का प्राकार एवं चारों प्रदक्षिणापथ की वेदिकाओं को लेकर यह 'पंच-प्रदक्षिणा' प्रकार के मन्दिर का उदाहरण हो जाता है। कला के समीक्षकों ने राजसिंह शैली के कांची मन्दिरों में सर्वश्रेष्ठ इसी को माना है। के०आर० श्रीनिवासन ने इसे सर्वाधिक आकर्षक एवं चुम्बकीय (मैग्नम ओपस) माना है।[1] इसकी कला एवं स्थापत्य के विभिन्न भागों में समन्वय एवं समष्टि का एक नव रूप प्रस्तुत होता है। जहाँ कांची के कैलासनाथ मन्दिर के विभिन्न वास्तुगत अंग एक सीधी रेखा में स्थित होने के कारण इसका लंबोतरा अनियोजित रूप प्रस्तुत करते हैं, वहाँ वैकुण्ठपेरूमाड़ के मन्दिर से समग्रता एवं स्थापत्य विषयक ऐक्य का भाव प्रस्फुटित होता है। शीर्ष विन्दु पर एक अठपहल (अष्टाश्र) स्तूपिका रूपायित है, जिसके पार्श्व भागों का अलंकरण प्रभावोत्पादक है। अपने समग्र रूप में यह मन्दिर पल्लव कला का सर्वोत्कृष्ट उदाहरण होने के अतिरिक्त द्राविड़ विमान की लाक्षणिक विशेषताओं से नख-शिख तक संयुक्त है।

पल्लव नरेश नन्दिवर्मा द्वितीय (राजसिंह) के उपरान्त नवीं शताब्दी का काल (लगभग 800-900 ई०) पल्लव कला के ह्रास काल का प्रतिनिधित्व करता है। इसका सबसे बड़ा कारण पल्लव शक्ति की पतनोन्मुखता है। उसके तात्कालिक उत्तराधिकारी दन्तिवर्मा (796-846 ई०) के समय में राष्ट्रकूट नरेश गोविन्द तृतीय ने पल्लव राज्य के उत्तरी हिस्से में गहरा धक्का दिया तथा राजधानी कांची को छीनकर राष्ट्रकूट-राज्य में सम्मिलित कर लिया। दन्तिवर्मा के उत्तराधिकारी नन्दिवर्मा तृतीय (846-859 ई०) ने लुप्त समृद्धि के पुनरुद्धार की चेष्टा की, परन्तु उसका दूरगामी प्रभाव पड़ने से रह गया। उसके उत्तराधिकारी नृपतुंग वर्मा का 41 वर्षीय राज्य-काल घरेलू एवं बाह्य शत्रुओं के कुचक्रों एवं आक्रमणों का इतिहास है। उसके सौतेले भाई कम्पवर्मा के साथ अनबन का लाभ राष्ट्रकूटों, पश्चिमी-चालुक्यों, चोलों एवं पाण्ड्यों ने उठाया। नवीं शती ई० के उत्तरार्द्ध में अन्तिम पल्लव शासकों (अपराजितवर्मा एवं नन्दिवर्मा चतुर्थ) के काल में चोलों एवं पाण्ड्यों की सामरिक योजनाओं एवं आक्रामक नीतियों के कारण पल्लव-शक्ति नाम मात्र तक सीमित रह गयी थी।

नवीं शती ई० में निर्मित पल्लव-मन्दिरों की निर्माण-शैली की संज्ञा बहुधा इतिहासकारों द्वारा नन्दिवर्मा शैली प्रदान की जाती है। इस कोटि के विद्वान् मानते हैं कि इसके जन्मदाता पल्लव-नरेश नन्दिवर्मा तृतीय थे। पर इस प्रकार की अभिधा भ्रामक है। कारण यह है कि इस काल की पल्लव कला शैली में कोई भी मौलिकता नहीं दिखायी देती है। वस्तुतः परम्परानुसार चली आनेवाली शैली का यह अनुकरण या पुनरुत्पादन मात्र है। इस अवधि के भीतर निर्मित कोई भी मन्दिर प्रभावोत्पादक नहीं है। आकार में भी सभी औसत कोटि के हैं। पल्लव-राजधानी कांची में लगभग एक शताब्दी (8वीं से 9वीं शती ई०) के इस काल-सम्पुट में मात्र दो ही मन्दिर बन सके थे—(1) मुक्तेश्वर और (2) मातंगेश्वर।

मुक्तेश्वर का मन्दिर 'समचतुरस्त्र-त्रितल-वेसर विमान' का उदाहरण है। इसकी भू-योजना चौकोर (चतुरस्त्र) है तथा शिखर वेसर शैली का उदाहरण है, जो कि तीन मंजिलों (तलों) में विभक्त है। इसका जगतीतल ग्रैनाइट (कणाश्म) निर्मित है तथा शेष भाग बलुएदार पत्थरों (सैण्ड स्टोन) द्वारा बना है। पश्चिमाभिमुख इस मन्दिर में गर्भगृह एवं मुखमण्डप—दोनों ही भाग जगतीतल के ऊपर एक-दूसरे से सम्पृक्त हैं। दोनों भागों के स्तम्भों के आधार पर दहाड़ते सिंहमुख एवं व्यालमुख आकारित हैं, जो पल्लव शैली में निर्मित भित्तिस्तम्भों की नक्काशी की विशेषता में द्रष्टव्य थे। विभिन्न तलों में कर्णकूट, भद्रशाला एवं

1. इण्डियन टेम्पुल आर्किटेक्चर, साउथ इण्डिया लोवर, द्राविड देश, पृष्ठ 68।

चैत्य गवाक्ष की आकृतियाँ रूपायित हैं। बाह्य भित्तियों में रथिकाएँ उच्चित्रित हैं, जिसमें देवाकृतियाँ तक्षित हैं। मुक्तेश्वर मन्दिर 'धर्ममहादेवी ईश्वरम्' नाम से भी आख्यायित है। मातंगेश्वर का मन्दिर मुक्तेश्वर के समरूप है। यह भी 'समचतुरस्त्र-त्रितल-वेसर-विमान' का उदाहरण है, जिसमें जगतीतल, शिखर, गर्भगृह, मुखमण्डप एवं भित्तियाँ तथा स्तम्भों की नक्काशी समान है।

नवीं शताब्दी में निर्मित अन्य मन्दिरों में चार अन्य उल्लेखनीय हैं—(1) उत्तरमेरूर (चिंगलीपुत्त) का सुन्दरवरदमेरूमाड़ का मन्दिर, (2) तिरूपत्तूर (तिरुचिरापल्ली) का कैलासनाथ मन्दिर, (3) उत्तरमेरूर (चिंगलीपुत्त) का वैकुण्ठपेरूमाड़ का मन्दिर तथा (4) तिरूत्तनि (चिंगलीपुत्त) का विरत्नेश्वर मन्दिर।

सुन्दरवरदमेरूमाड़ (चिंगलीपुत्त) का मन्दिर

इसका निर्माण पल्लव-नरेश दन्तिवर्मा (796-846 ई०) के राज्यकाल में हुआ था। इसकी स्थापत्य-शैली में कोई नवीनता नहीं मिलती। यह भी 'समचतुरस्त्र-त्रितल-विमान' का उदाहरण है, जिसका आकार औसत कोटि का है। भू-योजना में यह चौकोर है तथा द्राविड़ शैली में निर्मित इसका शिखर तीन मंजिलों (तलों) में विभक्त है। इसका जगतीतल (अधिष्ठान) ग्रैनाइट (कणाश्म)-निर्मित है। इसके आदितल में कर्णकूट, भद्रशाला एवं चैत्य गवाक्षों के प्रतीकांकन मालाबद्ध हैं। इसी प्रकार द्वितीय एवं तृतीय तल में समान प्रतीक रूपायित हैं, जिसमें विष्णु की अनन्तशायी, समपाद एवं आसीन प्रतिमाएँ आकारित हैं। ग्रीवा एवं स्तूपिका अठपहल हैं। गर्भगृह एवं मुखमण्डप में देवी, देवताओं, प्रतीहार एवं वैष्णव प्रतीकों के रूपांकन उपलब्ध होते हैं।

कैलासनाथ (तिरुचिरापल्ली) का मन्दिर

इसका निर्माण पल्लव-नरेश नन्दिवर्मा तृतीय (846-859 ई०) के राज्यकाल में हुआ था। यह कांची में स्थित कांची के कैलासनाथ मन्दिर (राजसिंहेश्वर) का अनुकरण है, जो नन्दिवर्मा द्वितीय (राजसिंह) के समय में बनाया गया था। यह 'समचतुरस्त्र-चतुस्तल-द्राविड़-विमान' का उदाहरण है, जो सान्धार (प्रदक्षिणापथयुक्त) प्रकार का था। जगतीतल (अधिष्ठान) के ऊपर पाँच 'देवकोष्ठ' बने हुए हैं, जो रथिकाओं के बीच उच्चित्रित हैं। इस प्रकार के पंच 'देवकोष्ठ' इसकी सभी दिशाओं में द्रष्टव्य हैं। केन्द्रीय 'देवकोष्ठ' सबसे अधिक चौड़ा, दोनों ओर (पार्श्व भाग) 'देवकोष्ठ' तुलनात्मक दृष्टि से कम चौड़े तथा कर्णविन्दु (कोनों) पर बने 'देवकोष्ठ' की चौड़ाई पार्श्व 'देवकोष्ठों' से भी कम है। ऊपर की चारों शिखर-मंजिलों में इसी प्रकार प्रत्येक दिशा में पंच 'देवकोष्ठ' बने हैं। इसके गर्भ-गृह में शिवलिंग स्थापित है और अपने समग्र रूप में यह लिंगपीठ का उदाहरण है। देवकोष्ठकों के भीतर शैव मूर्तियाँ रूपायित हैं; यथा 'लिंगोद्भव', 'ताण्डवशिव', 'कालारिमूर्ति', 'दक्षिणामूर्त्ति' आदि। प्रत्येक तल के हार (मालाबद्ध रूपायन-योजना) में 'कर्णकूट' एवं 'भद्रशाल' के प्रतीकांकन उल्लेखनीय हैं। ग्रीवा एवं स्तूपिका द्राविड़ शैली की लाक्षणिक विशेषताओं से युक्त है।

वैकुण्ठपेरूमाड़ (चिंगलीपुत्त) का मन्दिर

इसका भी निर्माण पल्लव-नरेश दन्तिवर्मा के काल में हुआ था। यह देवालय काफी नष्ट हो चुका है। केवल उपपीठ एवं अधिष्ठान बचे हुए हैं, जो ग्रैनाइट (कणाश्म) निर्मित हैं। अवशेषों से ज्ञात होता है कि इसके भी स्थापत्य में कोई मौलिकता नहीं थी। इसके उत्सेध (जगतीतल पर निर्मित मंडोवर) में लगता है कि ईंटों का भी प्रयोग किया गया था, जो कि इसके अंशतः इष्टका-निर्मित होने का भी प्रमाण है। जहाँ

तक शिखर की विशेषताओं का प्रश्न है, इसके विनष्ट होने के कारण इसके वास्तुगत अंगों का ज्ञान होने से रह जाता है।

विरत्नेश्वर (चिंगलीपुत्त) का मन्दिर

आभिलेखिक प्रमाण के आधार पर ज्ञात होता है कि इसका निर्माण पल्लव अपराजितवर्मा के राज्यकाल के सोलहवें वर्ष में हुआ था। यह 'एकतल विमान' का उदाहरण है, जिसके शिखर में मात्र एक ही मंजिल द्रष्टव्य है। इसके स्कन्धभाग तक का निर्माण 'समचतुरस्र' (चौकोर) है। परन्तु शिखर (ग्रीवा एवं स्तूपिका) वेसर शैली में आकारित हैं। प्रभावोत्पादकता से विहीन एवं शिल्प वैभव से पूर्णतया रहित साधारण कोटि का यह मन्दिर पल्लव-शैली की सान्ध्य-वेला का द्योतक है।

यद्यपि नवीं सदी ई० के अन्त में पल्लव-कला का अपनी मूलभूमि में इतिश्री हो गया, तथापि ध्यातव्य है कि यह कला-परम्परा कालान्तर में भी सजीव एवं प्रभावोत्पादक सिद्ध हुई। दक्षिण भारत में चोलों के संरक्षण में निर्मित मन्दिरों की कला पर पल्लव-कला का स्पष्ट प्रभाव देखा जा सकता है। यहाँ तक कि विजयनगर साम्राज्य में भी निर्मित मन्दिरों के स्थापत्य एवं तक्षण कला में भी पल्लव-कला की मूलभूत विशेषताओं का प्रभाव देखा जा सकता है। दक्षिण-पूर्व एशिया (विशेषतः इण्डोनेशिया) के मन्दिरों के वास्तु और शिल्प वैभव पर पल्लव-कला का दूरतर प्रभाव पड़ा था।

❑❑❑

अध्याय-12

राष्ट्रकूट कला

एलोरा का कैलास-मन्दिर

स्थापना

इस मन्दिर के निर्माण का श्रेय राष्ट्रकूट-नृपति कृष्ण प्रथम को है, जिसने 758 ईसवी से 773 ईसवी तक राज्य किया था। इसी नरेश ने 'शुभतुंग' एवं 'अकालवर्ष' की उपाधियाँ, अपनी विजयों के उपलक्ष्य में धारण की थीं। कतिपय का अनुमान है कि इस देवालय के निर्माण का कार्य वस्तुतः उसके पूर्वगामी महत्त्वाकांक्षी शासक दन्तिदुर्ग के ही द्वारा प्रारम्भ करा दिया गया था तथा उसके उत्तराधिकारी कृष्ण प्रथम ने, जो वस्तुतः उसका पितृव्य था तथा जिसकी विजय-योजनाओं से वह सक्रिय रूप से संबंधित था, इस मन्दिर की संरचना बड़े ही धूमधाम एवं तैयारियों से करायी थी। उसने चालुक्य-नरेश कीर्तिवर्मा को परास्त कर दिया था तथा अपने कुछ अन्य प्रतिद्वन्द्वियों के विरुद्ध उसे आशातीत सफलता उपलब्ध हुई थी। अपनी ज्वलन्त विजयों के उपलक्ष्य में अपने आराध्य देव के आयतन के निर्माण में उसने विलक्षण उत्साह प्रदर्शित किया। फलतः उसके संरक्षण में जिस भव्य नव-मन्दिर का निर्माण हुआ, वह भारतीय स्थापत्य एवं तक्षणकला की परिपक्वता का चूड़ान्त निदर्शन है। निपुण राष्ट्रकूट तक्षणकारों द्वारा तराशकर संरचित यह मन्दिर महाशैलवास्तु का अप्रतिम दृष्टान्त है। कैलासनिवासी शंकर के निवास योग्य इस मन्दिर को उत्कृष्टता का रूप प्रदान करने के निमित्त भरपूर प्रयास किया गया। रसातल में उत्तुङ्ग कैलास-मन्दिर के निर्माण की यह प्रथम श्लाघनीय परिचिन्तना थी।

अभिनव प्रयास

यह मन्दिर वस्तुतः द्राविड़ शैली के अन्तर्गत आता है। इसके नाना भाग एवं उपभाग काञ्ची के कैलासनाथ मन्दिर एवं पट्टदकल के विरूपाक्ष मन्दिर के विविध अंगों द्वारा अंशतः प्रभावित हैं। परन्तु जहाँ तक मौलिकता का प्रश्न है, इसमें कोई भी सन्देह नहीं कि इसकी स्थापत्य-कल्पना वास्तु का एक अभिनव उदाहरण था। इसके निर्माण की योजना द्रविड़-प्रदेश के अभियन्ताओं की सूझ-बूझ का उत्कृष्ट परिचायक है। सम्पूर्ण मन्दिर का निर्माण एक गड्ढे के भीतर किया गया, जो स्थापत्य की दृष्टि से आयताकार हाते के तुल्य लगता है। शिलासंघात में तराशा हुआ उन्नत एवं आसेचनक यह देवालय शैलवास्तु के एक नूतन प्रयास का प्रतिनिधित्व करता है।

दक्षिणापथ के शिल्पियों ने इसके पूर्व पर्वतमालाओं के गर्भ में टंकण-क्रिया द्वारा गुहा-मन्दिरों के निर्माण पर अपनी चेष्टाओं को केन्द्रित किया था। इस देव-प्रासाद की कला निर्दिष्ट करती है कि जिन शिल्पियों ने इसका विन्यास किया था, वे वस्तुतः शैलवर्द्धकि (तक्षक) ही थे जिन्होंने अपनी तक्षणक्रिया

द्वारा ऐसा स्वरूप प्रस्तुत किया, जो आह्लादवर्द्धक, नयनाभिराम एवं सफलता का आश्चर्यजनक दृष्टान्त था। 'क्षणे क्षणे यों नवतामुपैति तदेव रूपं रमणीयतायाः' (क्षण-प्रतिक्षण जो नवीनता को प्राप्त हो, वही रमणीयता का वास्तविक लक्षण हैं)—कविवर माघ की इस उक्ति का उदाहरण इस मन्दिर के शिल्प में स्पष्टतः परिलक्षित है। इसके कतिपय प्रशंसकों का तो यहाँ तक कहना है कि यही देवालय सम्पूर्ण देश में अपने समय का सर्वश्रेष्ठ कलात्मक कृतित्व माना जा सकता है। शिल्पियों ने इसके निर्माण द्वारा प्रतिपादित किया कि इससे भव्य अथवा दूततर श्रेष्ठ निर्माण भविष्य में असम्भव है तथा समकालीन जगत् में यह अनूठा एवं अद्वितीय था। इस मन्दिर के निर्माण की कल्पना एक सूक्ष्म मौलिक योजना के अन्तर्गत आती थी तथा जिस विश्वकर्मा ने इसके विन्यास का खाका खींचा एवं अपने सुयोग्य पर्यवेक्षण में अपने सहायक शिल्पियों को आद्योपान्त निर्दिष्ट किया था, वह हमारे देश का अप्रतिम प्रतिभासम्पन्न एक विलक्षण कलाकार था। राष्ट्रकूट-नृपतियों के अदम्य उत्साह, अथक परिश्रम, विलक्षण धैर्य एवं कार्यक्षेत्र में चूड़ान्त सफलता का प्रतीक यह आयतन आज दिन भी दर्शकों को अपनी छटा द्वारा सद्यः आकृष्ट कर लेता है।

विन्यास-योजना

शैलवर्द्धिकियों ने सर्वप्रथम एक आयताकार गड्ढा टंकित किया, जो 300 फीट लम्बा एवं 175 फीट चौड़ा था। यह इस देवालय के हाते का कार्य देता था। इसी गर्त के धरातल पर मन्दिर का अंग-प्रत्यंग तराशा गया। निर्माण की यह कल्पना भारतीय कला की एक अभिनव सफलता थी। इस मन्दिर की निर्माण-योजना चार भागों में विभक्त की जा सकती है—(1) मन्दिर का प्रमुख भाग, (2) प्रवेश-द्वार, (3) नान्दी-मण्डप तथा (4) प्राङ्गणस्थ विविध अतिरिक्त देवालय। प्रमुख भाग 150 फीट लम्बा एवं 100 फीट चौड़ा है तथा एक चबूतरे पर निर्मित है जो धरातल से 25 फीट की ऊँचाई पर है। देखने से लगता है, यह (जगतीपीठ) मानो मन्दिर की कोई निचली मञ्जिल हो। ऊपर चढ़ने के उद्देश्य से इसके चतुर्दिक् सीढ़ियाँ निर्मित हैं। इस चबूतरे के किनारों पर भीमकाय हाथियों की आकृतियाँ उत्कीर्ण हैं। वे वारणराज (सशक्त गजों) का स्मरण दिलाती हैं। आभास होता है, ये दिग्गज अपनी पीठ पर मानो मन्दिर (विमान) के भार को सँभाले हों।

इस मन्दिर के भीतर एक स्तम्भ-युक्त मण्डप वर्तमान है, जिसमें खम्भों की संख्या 16 है। यह मण्डप 70 फीट लम्बा एवं 62 फीट चौड़ा है। मण्डप एवं गर्भगृह के बीच एक गलियारा भी है। मण्डप पश्चिम की दिशा में वर्तमान है। सबसे ऊपर एक शिखर है, जो चार मञ्जिलों में विभक्त है। प्रत्येक मञ्जिल की ऊपरी सतह पर शिल्पाकृतियों के उत्कृष्ट नमूने प्राप्य हैं। शीर्ष स्थान पर स्तूप का गुम्बद (अंड) की भाँति निर्मित मिलता है। एड़ी से चोटी तक यह मन्दिर 95 फीट ऊँचा है तथा भास्कर कला के उत्कृष्ट उदाहरणों से विभूषित है। इसकी भित्तियों के साज, स्तम्भों पर बने उच्चित्र, दीपक जलाने के उद्देश्य से दीवालों में निर्मित आले तथा इसी प्रकार तक्षणकारी की अन्य उल्लेखनीय विशेषताएँ नयनाभिराम एवं प्रभावोत्पादक हैं।

इस मन्दिर का प्रवेशद्वार दो मञ्जिलों से युक्त है। दोनों में ही देवालय के पहरेदारों के आवास की व्यवस्था की गयी थी। इस द्वार के माध्यम से भक्तजन सरलतापूर्वक मन्दिर के भीतर प्रविष्ट होते थे। जहाँ तक नान्दी-मण्डप का प्रश्न है, यह देवालय के मुख्य भाग के समक्ष इससे अलग निर्मित हुआ था। यह 20 फीट का एक वर्गाकार भवन है। इसका आधार शिल्पकारी से सुसज्जित था। इसकी ऊँचाई कुल 50 फीट है। देवालय के साथ यह एक सेतु द्वारा आबद्ध है। नान्दी-मण्डप के दोनों ओर दो ध्वजस्तम्भ निर्मित हैं, जो 50 फीट ऊँचे हैं। इनके शीर्षक पर शंकर का त्रिशूल बना हुआ है। सुसज्जित शिल्पाकृतियों

के कारण ये काफी भव्य लगते हैं। नान्दी-मण्डप की छत पर पद्म का स्वरूप उत्कीर्ण किया गया है। इसके केन्द्रीय स्थान पर एक लघु चौकोर गुम्बद (अंड) निर्मित है। चारों कोनों पर दहाड़ते हुए चार सिंहों की प्रतिमाएँ बनी हुई हैं। इनकी उकेरी में तक्षणकारों ने उच्चकोटि की सफलता अधिगत की है। ये सिंह-प्रतिमाएँ चारों दिग्पालों की द्योतक हैं।

छत के किनारों पर विविध ऊँचाई के छोटे भवन भी टंकित किये गये हैं। नान्दी-मण्डप के स्थापत्य एवं शिल्पकला में भी दक्षिणापथ के शैलवर्द्धकियों ने मौलिकता एवं अपनी निपुणता का विलक्षण परिचय प्रदान किया है। इसकी सम्पूर्ण निर्माण-योजना राष्ट्रकूट-शिल्पियों की एक अभिनव कल्पना थी। जिस पुनीत लक्ष्य को लेकर उन्होंने इसे टंकित किया, उसकी पूर्ति में उनकी सफलता के विषय में किसी भी आलोचक को कोई संशय नहीं होना चाहिए। द्राविड़ विधा में निर्मित इस मन्दिर में स्तम्भ-निर्माण भी इसी शैली के अन्तर्गत आती है। पर साथ ही यत्र-तत्र उरुरी शैली का भी इसमें प्रभाव दृष्टिगोचर होता है; यथा-पत्रवल्ली अथवा पत्रगुच्छक एवं मंगलकलश की नक्काशी आदि।

शिल्पाकृतियाँ

कैलास मन्दिर के सभी भाग सज्य उच्चित्रों एवं अलंकरण-प्रतीकों से भरपूर हैं। नान्दी-मण्डप की छत पर उत्कीर्ण सिंह-प्रतिमाएँ भावाभिव्यक्ति की दृष्टि से उत्कृष्ट कला के देदीप्यमान दृष्टान्त हैं। क्रोधावस्था में एक-दूसरे को देखकर दहाड़ते हुए इन सिंहों का विकृत चित्त एवं रौद्र रूप अरण्य में शेरों के युद्ध-ललकार के भयावह दृश्य का स्मरण दिलाता है (आकृति 1)। मन्दिर के मुख मण्डप एवं नान्दी-मण्डप को संयुक्त करनेवाले सेतु पर निर्मित शिखर में उत्कीर्ण सिंह-प्रतिमा भी कला का एक भव्य उदाहरण है। इसमें वह महिष (भैंसे) को नीचे दबाकर उसे फाड़ता हुआ निरूपित है। द्राविड़ शैली में निर्मित प्रमुख मन्दिर के शिखर की चारों मञ्जिलों में व्याघ्र की आकृतियाँ विभिन्न मुद्राओं में टंकित हैं। इसी प्रकार गजों की भी आकृतियाँ, कैलास-मन्दिर के विभिन्न अंगों में नीचे से ऊपर तक प्रचुर रूप में टंकित हैं। गज एवं सिंह राष्ट्रकूट-शक्ति के प्रतीक हैं (आकृति 2)।

वृषभ-प्रतिमाएँ भी प्रचुर रूप में निर्मित हैं तथा उनकी स्वाभाविकता एवं रोचकता प्रभावोत्पादक है। नान्दी-मण्डप में उत्कीर्ण वृषभ-मूर्तियाँ सबसे भव्य हैं। देवालय के शिखर की विभिन्न मञ्जिलों पर भी वृषभ-आकृतियाँ प्रचुर रूप में प्राप्य हैं (आकृति 3)। साहित्य एवं शिलालेखों में वर्णित 'प्रफुल्लपद्माभरण' (अर्थात् अलंकरण-प्रतीक के रूप में खिला हुआ कमल) के रूप बहुशः उत्कीर्ण हैं। गंगा, यमुना एवं सरस्वती नदियों के विग्रह-रूपों का प्रदर्शन गंगा-यमुना की घाटियों में इस राजवंश के शक्ति-विस्तार से संबंधित सफलताओं के द्योतक हैं। एक स्थान पर गगन-मण्डल में विचरण करते हुए सूर्य-देव का उच्चित्र निरूपित है। इसमें विशेषता यह है कि सात के स्थान पर दो ही अश्व रथ में जुते हुए हैं। पञ्चानन (ब्रह्मा) उनके सारथी हैं। सूर्य तीर छोड़ते हुए प्रदर्शित हैं। इस दृश्य को चारों ओर से देवता, यक्ष, किन्नर एवं गन्धर्व विस्मय के साथ देखते हुए निरूपित हैं। इस प्रकार का चित्रण भारतीय कला में अन्यत्र अनुपलब्ध है (आकृति 4)।

एक अन्य प्रसिद्ध उच्चित्रण में युद्ध के दृश्य दिखाये गये हैं। चतुरंगिणी सेना की युद्ध-संलग्नता से संबंधित कम-से-कम 5 दृश्य इसमें प्राप्य हैं। कतिपय कला-मर्मज्ञों का अनुमान है कि ये दृश्य महाभारत एवं रामायण की कलाओं से संबंधित हैं। इस उच्चित्रण के द्वारा तत्कालीन सैन्य विज्ञान पर भी श्लाघनीय प्रकाश पड़ता है (आकृति 5)। एक अन्य उच्चित्रण में रावण के द्वारा कैलास पर्वत को हिला देने का दृश्य सफलतापूर्वक टंकित है। दशानन की बलिष्ठ बीसो भुजाएँ उद्देश्य-पूर्ति में कार्यशील हैं। कैलास निवासी शिव की एकाग्रता गिरि-कम्पन के कारण यत्किञ्चित् भग्न हो जाती है। उमा भयभीत हो शङ्कर का सहारा

लेती प्रदर्शित हैं (आकृति 6)। पीछे निर्दिष्ट किया जा चुका है कि जिन कलाकारों ने कैलास-मन्दिर का निर्माण किया, वे मूलतः तक्षक (शिलाटंकण के मर्मज्ञ) थे। अतएव भास्करकला के अप्रतिम उत्कृष्ट नमूनों को उभाड़ने में किसी प्रकार की कठिनाई का अनुभव नहीं हुआ।

प्राङ्गणस्थ देवालय

इस मन्दिर के प्रांगण में किनारे की शिलाभित्तियों को टंकित कर गौण देवालय तराशे गये हैं, जो कालान्तर के निर्माण हैं। इनमें से कुछ जैन धर्म से संबंधित हैं। इससे लगता है कि ये सहायक देवालय उस समय निर्मित हुए, जब राष्ट्रकूट वंश ने जैन धर्म को प्रश्रय देना प्रारम्भ किया। अनुमानतः उनका निर्माण 800 ईसवी के लगभग से प्रारम्भ हुआ। उदाहरणार्थ इस राजकुल का अमोघवर्ष (उपनाम 'शर्व', जिसने 'वीरनारायण' एवं 'अतिशयधवल' की उपाधियाँ भी धारण की थीं) जैन धर्म का प्रकाण्ड उन्नायक था। उसका राज्याभिषेक 814 ईसवी में सम्पन्न हुआ था।

कालान्तर में निर्मित इन देवालयों में नन्दी-गुहा, इन्द्र-सभा, जगन्नाथ-सभा एवं छोटा कैलास उल्लेखनीय हैं। नन्दी-गुहा एक गुहा-मन्दिर के रूप में तराशी गयी है। इसका मुखभाग दुमंजिले बरामदे के रूप में है, जो शिला के भार को सँभालते हुए प्रदर्शित है। सबसे निचले भाग में दोनों ओर विशाल गज-प्रतिमाएँ तराशी गयी हैं। इसके अतिरिक्त दो द्वारपालों की भी मूर्तियाँ टंकित हैं। सामने के स्तम्भों में पूर्ण घट एवं पद्म प्रतीक अंकित हैं। स्थान-स्थान पर मानव युग्म-प्रतिमाएँ भी उत्कीर्ण हैं। भीतर की ओर ताखों में गंगा, यमुना एवं सरस्वती की प्रतिमाएँ उभाड़ी गयी हैं, जो क्रमशः मकर, कूर्म एवं कमलासनों पर विराजमान हैं। ये मूर्तियाँ त्रिभंग मुद्रा में निर्मित हैं, जो एक उल्लेखनीय विशेषता है। विचारणीय है कि विष्णुधर्मोत्तर पुराण में भी सरिताओं की मानव विग्रही प्रतिमाओं की त्रिभंगी मुद्रा का वर्णन प्राप्य है :—

> **''सरितां सशरीराणां वाहनानि प्रदर्शयेत्।**
> **पूर्णकुम्भकराः कार्यास्तथा नमितजानवः।।''**

विष्णुधर्मोत्तर; 3, 42, 51 ।

> **''भागे तु दक्षिणे गंगा मकरस्था सचामरा।**
> **देवी पद्मकराः कार्या चन्द्रगौरी वरानना।।**
> **वामे तु यमुना कार्या कूर्मसंस्था सचामरा।**
> **नीलोत्पलकरा सौम्या नीलनीरजसन्निभा।।''**

विष्णुधर्मोत्तर; 3, 52, 6-7 ।

इन्द्र-सभा शीर्षक देवायतन भी गुहामन्दिर के रूप में तराशा गया है। एलोरा का यह एक सर्वश्रेष्ठ गुहामन्दिर माना जाता है। इसका भी संबंध जैन धर्म से है। इसका मुहार दुमञ्जिला है, जिनमें अलंकरण-प्रतीकों से युक्त सुन्दर स्तम्भ लगे हुए हैं। ऊपरी मञ्जिल में जैन तीर्थंकरों एवं सिद्धों की मूर्तियाँ तराशी गयी हैं। निचली मञ्जिल में मुखमण्डप एवं गर्भगृह निर्मित हैं, जिसमें सिंहपृष्ठ पर आरूढ़ महावीर की प्रतिमा उत्कीर्ण है। गर्भगृह की छत की भीतरी चादर प्रफुल्ल पद्म के रूप में प्रदर्शित है। गर्भगृह के प्रवेश-द्वार के समक्ष 30 फीट ऊँचा एक ध्वज-स्तम्भ भी विद्यमान है। इसके समीप एक गज-प्रतिमा उत्कीर्ण है।

इस गुफा के सबसे प्रसिद्ध उच्चित्र में इन्द्र की सभा का एक दृश्य दिखाया गया है, जिसके आधार

पर इसका यह नाम (इन्द्र-सभा) पड़ गया था। इन्द्र ऐरावत गज पर आरूढ़ हैं। इन्द्राणी उनके समक्ष अंकित हैं। इन्द्र के अगल-बगल दो सेवक खड़े हैं। वे मुकुट धारण किये हुए हैं। उनके मस्तक के ऊपर अर्द्ध वृत्ताकार रूप में पुष्पमाला भी उत्कीर्ण है, जिसके दोनों ओर दो सुन्दर मयूर वर्तमान हैं। इन्द्र तीर्थङ्करों की पूजा की भावना में निरूपित हैं। इस शैल चित्रण के माध्यम से जैन धर्म की श्रेष्ठता प्रतिपादित करने की चेष्टा की गयी है।

जगन्नाथ-सभा भी समीप ही तराशी गयी है। यह भी एक दुमञ्जिला निर्माण है। सबसे निचली मञ्जिल में तीन देवालय तराशे गये हैं। इनमें से प्रत्येक में मुखमण्डप एवं गर्भगृह प्राप्य हैं। ऊपरी मञ्जिल में एक विशाल कक्ष (हॉल) बना हुआ है, जो 57 फीट लम्बा एवं 40 फीट चौड़ा है। सबसे भीतरी भाग में एक गर्भगृह निर्मित है। इन देवालयों से थोड़ा अलग 'छोटा कैलास' नामक मन्दिर है, जो मूल कैलास मन्दिर की अनुकृति है। यद्यपि शिल्पियों ने इसके मंच, मंडप, स्तम्भ-समूह एवं शिखर की विशेषताओं के अनुकरण की चेष्टा की है, परन्तु वे अपने लक्ष्य में उतना सफल नहीं उतर पाये हैं। इसका निर्माण भी कुछ अपूर्ण-सा लगता है तथा प्रधान कैलास मन्दिर की तुलना में यह फीका पड़ जाता है। इसका परिमाण तुलनात्मक दृष्टि से छोटा है तथापि, समग्र रूप में ये प्रांगणस्थ देवालय भी मूल कैलास मन्दिर के वातावरण को चित्ताकर्षक एवं प्रभावोत्पादक बनाने में श्लाघनीय योग प्रदान करते हैं।

□□□

अध्याय-13

चोल कला

द्राविड़ शैली का श्लाघनीय विकास प्रतिभाशाली चोलवंशियों के संरक्षण में सम्पन्न हुआ था। 10वीं शताब्दी ईसवी से लेकर 12वीं शताब्दी के मध्य भाग तक लगभग ढाई सौ वर्षों की अवधि में इस राजकुल के सतत प्रश्रय के फलस्वरूप विविध मन्दिरों का निर्माण सम्पन्न हुआ। इस काल के बीच राजराज प्रथम एवं राजेन्द्र गंगइकोण्ड-सदृश सफल सम्राटों के प्रोत्साहन के कारण स्थापत्य का बहुविध विकास घटित हो रहा था। इस राजवंश के नरेश सफल विजेता एवं कुशल प्रशासक होने के अतिरिक्त कला एवं संस्कृति के उत्थान के विख्यात उन्नायक भी थे। उनकी अनुकरणीय प्रेरणाओं एवं प्रबल निष्ठा के परिणामस्वरूप विशाल मापदण्ड पर जिन देवालयों का निर्माण हुआ, वे उत्कृष्ट स्थापत्य के अभिनव दृष्टान्त थे।

संरचनात्मक अवस्था

10वीं शताब्दी के प्रथमार्द्ध (950 ईसवी) तक वास्तुकला के क्षेत्र में चोल-शासित भू-प्रदेश में कोई उल्लेखनीय विकास नहीं हो सका था। इस समय तक चोल-स्थापत्य वस्तुतः संरचनात्मक अवस्था में ही था। इस ऐतिहासिक तथ्य का कारण यह था कि इस समय तक यह राजवंश शक्ति-संघटन एवं सत्ता-प्रसार की दिशा में अनवरत संलग्न था। वे अपनी चेष्टाओं एवं राजकीय साधनों को कलात्मक विकास पर केन्द्रित नहीं कर सके थे। फलतः इस कालावधि में जिन देवालयों का निर्माण हुआ, वे साधारण परिमाण के हैं। उनके वास्तु में कोई विशेष मौलिकता भी नहीं मिलती। वे बादामी एवं पट्टदकल के चालुक्य-मन्दिरों एवं महाबलिपुरम् के पल्लव-रथों के स्थापत्य द्वारा स्पष्ट प्रभावित हैं। उनके उदाहरण पुडुकोट्टई एवं आर्काट आदि विशिष्ट स्थलों से प्राप्य हैं। उनकी श्रेणी में विजयालय, मुकुन्देश्वर, सुन्दरेश्वर, पेननगुडी, विसलौर एवं तिरुप्पुर के देवालयों के नामोल्लेख किये जा सकते हैं। यद्यपि वे सामान्य परिमाण के आयतन हैं तथा विशेष सीमा तक प्रभावोत्पादक होने से वञ्चित रह जाते हैं, तथापि चोल-देवालयों की निर्माण-विधि के क्रमिक विकास के अध्ययन की दृष्टि से रोचक एवं ज्ञानवर्द्धक सिद्ध होते हैं। उनके मुखमण्डप एवं शिखर द्राविड़ शैली के साधारण नमूने हैं तथा उनका स्थापत्य चोल-शिल्पियों के उत्कृष्ट निर्माण-संबंधी प्राथमिक प्रयास के द्योतक हैं।

कुरंगनाथ-मन्दिर

इसका निर्माण चोल-नृपति परान्तक प्रथम के द्वारा कराया गया, जिसने 46 वर्षों तक (907 ई०–953 ई०) राज्य किया था। वह अपने राजवंश का एक विशिष्ट विजेता प्रमाणित हुआ था। मदुरा-विजय के उपरान्त उसने मदुरान्तक (मदुरा-विनाशक) एवं मदुराइ-कोण्ड (मदुरा अपहारक) की उपाधियाँ धारण की थीं। पाण्ड्य एवं सिंहल-नरेशों के विरुद्ध भी उसने उल्लेखनीय सफलता प्राप्त की थी। चोल-अभिलेखों

में उसकी उपलब्धियों एवं विजयों के अनुकूल उसकी विविध उपाधियाँ प्राप्य हैं; उदाहरणार्थ पंडितवत्सल (प्रज्ञानुषंग), कुञ्जरमल्ल (हाथियों से लड़नेवाले), देवेन्द्र चक्रवर्ती, वीरनारायण तथा परकेसरी वर्मा आदि। उसके द्वारा निर्मित कुरंगनाथ-मन्दिर त्रिचनापल्ली जिले में श्रीनिवासनलुर में स्थित है। अतएव इस स्थान-नाम द्वारा भी यह देवालय विश्रुत है। इसका नाम कुरंगनाथ-मन्दिर पड़ने का कारण यह था कि प्राण-प्रतिष्ठा-समारोह के सम्पादन के पूर्व ही दैवयोग से अभ्यन्तर-प्रविष्ट एक कुरंग (बन्दर) ने इसे अपवित्र कर दिया था। परिणामतः प्रतिमा प्रतिष्ठापन की क्रिया के निमित्त यह अयोग्य समझा गया तथा कुरंगनाथ (वानराधीश) मन्दिर के नाम से प्रख्यात हो गया।

पूर्वकालीन मन्दिरों की तुलना में यह कहीं अधिक महत्त्वपूर्ण है तथा चोल-स्थापत्य के विकास की मध्यवर्ती अवस्था का द्योतक है। इस देवालय का परिमाण मध्यम श्रेणी का है (50 फीट × 45 फीट)। इसका गर्भगृह 25 फीट लम्बा एवं 20 फीट चौड़ा है तथा मुखमण्डप 25 फीट लम्बा एवं लगभग इतना ही चौड़ा भी है। इसका शिखर 50 फीट ऊँचा है। द्राविड़ शैली की प्रथा के अनुसार इसमें कई कटिबन्ध प्राप्य हैं। शीर्ष-स्थान पर स्तूपिका (अंड)-सदृश आकृति प्राप्य है, जो दक्षिणी शिखरों की एक प्रमुख विशेषता थी। बाहर से ही देवालय के गर्भगृह एवं मुखमण्डप पृथक् दृष्टिगोचर होते हैं; तथापि इस मन्दिर के स्थापत्य से समग्रता, पूर्णता एवं समष्टि की अवधारणा प्रतिबिम्बित होती है (आकृति 1)।

इसके स्तम्भों के निर्माण में चोल-शिल्पियों ने अपने मौलिक दृष्टिकोण का परिचय दिया था। मौर्य शैली के आधार पर दक्षिण की कला में भी स्तम्भ-शीर्षकों पर अवाङ्मुख कमल के अंकन की प्रथा चली आ रही थी। परन्तु इस देवालय के स्तम्भ-शीर्षकों में कमल को सीधा उत्कीर्ण किया गया, जो एक नवीन विशेषता थी। वे साहित्य में वर्णित 'प्रफुल्ल पद्म' का स्मरण दिलाते हैं। कमल के मुख पर कलशाकृतियाँ अंकित हैं, जिन पर गोलाकार चौकी बिठाकर खिला हुआ प्रसून का स्वरूप तराशा गया। सबसे ऊपर चतुरस्र पीठिका अंकित की गयी। इस अभिनवता के कारण श्रीनिवासनलुर के स्तम्भ-शीर्षक मौलिकता का रूप प्रदर्शित करते हैं (आकृति 2)।

इस मन्दिर की बाहरी दीवालों पर विविध अर्द्धकाय देवप्रतिमाएँ तराशी गयी हैं, जो गोथिक गिरजाघरों के आलों में सुशोभित संतमूर्तियों की नक्काशी का स्मरण दिलाती हैं। इस मन्दिर का स्थापत्य अभिव्यञ्जित करता है कि इस समय तक चोल-स्थपतियों ने प्रशस्त निर्माण की सफल पृष्ठभूमि प्रस्तुत कर ली थी। यद्यपि यह देवालय चालुक्य एवं पल्लव-कलाओं से प्रभावित है, तथापि स्थान-स्थान पर नवीनता का पुट भी सँजोये हुए है।

बृहदेश्वर-मन्दिर

इस देवालय का निर्माण कुरङ्गनाथ-मन्दिर के उपरान्त हुआ था। इसकी स्थापना का श्रेय राजराज प्रथम (985 ई०–1014 ई०) को था, जो अपने कुल का भूषण था। उसके राज्य-काल के 29वें वर्ष की तंजौर-प्रशस्ति में उसके जीवनचरित एवं विजयों की विस्तृत गाथा समुपलब्ध होती है। यशस्वी विजेता, सफल प्रशासक एवं महान् साम्राज्य-निर्माता के रूप में उसकी ख्याति चतुर्दिक् व्याप्त हो चुकी थी। उसने चोल-मार्त्तण्ड, सिंगलान्तक (सिंहलद्वीप के शासक का विनाशक) एवं केरलान्तक (केरल का विनाशक) की उपाधियाँ धारण की थीं। वह शिव का अनन्य भक्त था। अतएव 'शिवपादशेखर' की उपाधि से भी वह विभूषित था। अपनी शक्ति, ऐश्वर्य एवं उत्कर्ष के प्रतीक तथा आराध्य देव के प्रति कृतज्ञताज्ञापन-स्वरूप इस विशाल देवालय का उसने निर्माण कराया, जो तंजौर (थंजाउर) के बृहदेश्वर के मन्दिर के नाम से प्रख्यात है। राजराज के नाम के आधार पर यही देवालय 'राजराजेश्वर' (अर्थात् राजराज के आराध्य

देव शिव) मन्दिर के नाम द्वारा भी लोकविश्रुत हुआ था।

इस मन्दिर का निर्माण एक बृहद् योजना द्वारा सम्पन्न हुआ। इसकी लम्बाई लगभग 180 फीट है तथा इसका पिरामिडाकार शिखर 190 फीट ऊँचा है। इसकी तुलना में उड़ीसा का लिंगराज-मन्दिर ही कुछ अंशों में आ सकता है, जिसका शिखर 160 फीट ऊँचा है। तंजौर (थंजाउर) के देवालय का सबसे प्रभावोत्पादक भाग इसका शिखर ही माना जा सकता है। मन्दसौर (प्राचीन) दशपुर के सूर्य-मन्दिर के निर्माण-प्रसंग में इस स्थान के शिलालेख (472 ईसवी) में विस्तीर्ण एवं उत्तुंग शिखर का निरूपण मिलता है, जिस पर मार्तण्ड-रश्मियाँ विहार करती थीं (विस्तीर्णतुङ्ग शिखरस्खलितांशुजालः)। बृहदेश्वर के मन्दिर का शिखर इस कोटि के शृङ्ग का ज्वलन्त पुरातत्वीय उदाहरण हैं। इस देवालय का निर्माण 1000 ईसवी के लगभग हुआ था। इसका शिखर वोरसेस्टर के गिरजाघर के केन्द्रीय शिखर की विशालता का स्मरण दिलाता है। स्थापत्य-योजना एवं निर्माण की उत्कृष्टता की दृष्टि से कुरङ्गनाथ का मन्दिर इसके समक्ष फीका पड़ जाता है। इस मन्दिर का प्रांगण एक विशाल आयताकार घेरे के अन्तर्गत आता है, जो 500 फीट लम्बा एवं 250 चौड़ा है।

यह देवालय इस विशाल हाते के केन्द्रीय भाग में अवस्थित है। इसकी निर्माण-योजना को हम चार भागों में विभक्त कर सकते हैं—(1) मुख्य मन्दिर (विमान), (2) मुखमण्डप, (3) नान्दी-मण्डप तथा (4) महामण्डप (वृहत् सभाभवन)। मन्दिर के ये विविभ प्रधान भाग एक सीध में स्थित हैं तथा उनका निर्माण एक ही समय सुनियोजित विधान के आधार पर किया गया था। चारों भागों की लम्बाई मिलकर 180 फीट के बराबर है। इसमें सन्देह नहीं कि भूतल से शीर्ष-विन्दु तक इसके निर्माण में चोल-कलाकारों ने उच्च कला का परिचय दिया था। इसका गर्भगृह 82 फीट लम्बा एवं 50 फीट ऊँचा है। इसकी चोटी पर वर्तमान शिखर 13 कटिबन्धों में विभक्त है। यह नीचे मोटा तथा ऊपर क्रमानुसार पतला होता गया है। इसके सर्वोच्च स्थान पर द्राविड़ शैली में गुम्बद (स्तूपिका-शीर्षक) निर्मित है (आकृति 3)। इसकी सुरक्षा-भित्ति में द्वार (गोपुर) बने हुए थे।

देवालय की भित्तियों के आलों में शिव-प्रतिमाएँ तराशी गयी हैं। उल्लेखनीय है कि कतिपय अन्य देवी-देवताओं की भी आकृतियाँ इनमें यत्र-तत्र प्राप्य हैं; उदाहरणार्थ एक आले में काली की प्रतिमा निर्मित है, जो 'महिषमर्दिनी' वेश में है। विचारणीय है कि उनके हाथों में वैष्णव प्रतीक विद्यमान हैं; उदाहरणार्थ एक हाथ में वे शंख धारण किये प्रदर्शित हैं (आकृति 4)। एक स्थान पर एक नर्तकी की आकृति उत्कीर्ण है। सम्भवतः यह मन्दिर के देवदासी की प्रतिमा है। वह अपने हाथ में फूल की माला धारण किये है तथा विभिन्न आभरणों से सुसज्जित है।

गर्भ-गृह की भित्तियाँ चित्रों से भी सुसज्जित हैं; उदाहरणार्थ एक चित्र में शिव कैलास में निवास करते हुए प्रदर्शित हैं। अन्य दृश्यों में उनका 'नटराज' एवं 'त्रिपुरान्तक' रूप निरूपित है। गण, गन्धर्व एवं अप्सराओं के भी चित्र इसकी भित्तियों पर उन्मीलित हैं। इन चित्रों की निर्माण-विधि अजन्ता शैली के अन्तर्गत आती है। कलाकार की वर्तिका (पेन्सिल) एवं तूलिका (ब्रश) के प्रयोग के सूक्ष्म नमूने इनमें प्राप्य हैं। यह मन्दिर अपने समय का एक समृद्ध देवालय था। इसकी आर्थिक सहायता के उद्देश्य से चोल-सम्राट् द्वारा कुछ ग्रामों की आमदनी भेंटस्वरूप इसे प्रस्तुत की गयी थी। इस मन्दिर के प्रशंसकों ने इसकी गणना हमारे देश के सर्वोच्च देवालयों में की है। कतिपय के अनुसार दक्षिणापथ का सबसे भव्य एवं पूर्ण मन्दिर यही था। इतना तो निर्विवाद है कि इसका रम्य एवं उत्तुंग शृङ्ग (शिखर) स्थापत्य का एक अभिनव अनूठा दृष्टान्त था, जो दर्शक को दूर से ही बरबस आकृष्ट कर लेता था। राजराज, जो अपने नाम के ही अनुसार गुणयुक्त भी था, इसके निर्माण द्वारा अपनी शक्ति का दृढ़ प्रतीक छोड़ना चाहता था। इसकी संरचना द्वारा वह अपने

आराध्य देव (शिव) के ऐसे आलय का दृष्टान्त प्रस्तुत करना चाहता था, जो अपने पूर्वकालीन सभी मन्दिरों की तुलना में सबसे भव्य एवं खरा उतरे। यह स्वीकार करना पड़ेगा कि वह अपने दृढ़ निश्चय एवं संकल्प में सर्वथा सफल सिद्ध हुआ।

गंगइकोण्डचोलपुरम्-मन्दिर

उसका उत्तराधिकारी पुत्र राजेन्द्र 'गंगइकोण्ड' (1012 ई०-1044 ई०) यशस्वी पिता का प्रतापी उत्तराधिकारी था। राजराज के साम्राज्य-प्रशासन में वह युवराज के रूप में भाग ले चुका था। अतएव प्रशासकीय योग्यताओं एवं व्यावहारिक अनुभवों से वह पहले से ही सम्पन्न था। अपने पिता के उत्कृष्ट उदाहरण का सुयोग्य अनुसरण, उसने अपने श्लाघनीय दिग्विजय तथा कला एवं संस्कृति के संरक्षण द्वारा किया था। उसके जीवनचरित एवं उपलब्धियों की विस्तृत गाथा तिरुवालंगाडू एवं तिरूमलाई की प्रशस्तियों में प्राप्य है। उसने एक नवीन राजधानी बनायी, जो 'गंगइकोण्डचोलपुरम्' के नाम से विश्रुत हुआ। यह स्थान आधुनिक कुंभकोनम् से 15 मील की दूरी पर अवस्थित है।

अपने वर्चस्वी पिता से भी वह कहीं अधिक उत्कृष्ट एवं प्रखर विजेता प्रमाणित हुआ था। कलिंग-देश में आधिपत्य को सुदृढ़ करते हुए बंगाल में उसने महीपाल को आक्रान्त कर दिया था। उसने दक्षिण-पूर्व एशिया (मलाया एवं सुमात्रा) पर भी आक्रमण किया था, जो इतिहास के पृष्ठों में कडारम-अभियान के नाम से प्रख्यात है। उसने समुद्र-पार इस देशान्तर में शैलेन्द्र राजवंश को गहरा धक्का दिया था। इस चोल-आक्रान्ता की यह सैन्य सफलता विजिगीषु-नीति का एक नूतन भारतीय दृष्टान्त था। उत्तरी शक्तियों के विरुद्ध अपनी सफलताओं के उपलक्ष्य में उसने अपनी राजधानी में एक सरोवर खुदवाया था, जिसे 'चोलगंगम्' कहते हैं। पुण्यसलिला भागीरथी (गंगा) का अभिषेक कर इसके अमल जल को उसने इस नवनिर्मित तटाक् में डलवा दिया था। जलाशय (चोलगंगम्) के नामकरण का यह ऐतिहासिक स्रोत था। यह सम्राट् हमारे समक्ष एक बहुत बड़े अधिपति के रूप में अवतरित होता है। उसने प्रशंसनीय विजयों तथा कला एवं संस्कृति के क्षेत्र में उपलब्धियों के उपलक्ष्य में गंगइकोण्ड, कडारंगोण्ड एवं पण्डितचोल की उपाधियाँ धारण की थीं।

अपनी सैन्य सफलताओं की स्मृति में उसने अपनी राजधानी में एक नवीन देवालय स्थापित किया, जो गंगइकोण्डचोलपुरम्-मन्दिर के नाम से विश्रुत है। इसका निर्माण 1025 ईसवी तक पूरा हो चुका था। बृहदेश्वर-मन्दिर से भी वह इसे भव्य एवं प्रभावोत्पादक रूप प्रदान करना चाहता था। सुरक्षा की दृष्टि से यह एक आयताकार परकोटे (प्राचीरबन्ध) द्वारा परिवेष्टित था, जो 340 फीट लम्बा एवं 110 फीट चौड़ा था। इसमें यथास्थान द्वार (गोपुरम्) एवं बुर्ज (अट्टालक) बने हुए थे। यह स्थापत्य-व्यवस्था शिल्पशास्त्रों में वर्णित 'प्रासादमापन' (राजमहल-निर्माण) का स्मरण दिलाती है। इसका प्रधान द्वार (प्रवेश-गोपुर) पूर्वी दिशा में विद्यमान था।

इस हाते के बीच में स्थित देवालय तीन भागों में विभक्त है—(1) गर्भगृह (विमान), (2) मण्डपम् तथा (3) अन्तराल। गर्भ-गृह एक आश्चर्यजनक निर्माण है, जो प्रत्येक दिशा में 100 फीट है। इसके ऊपर द्राविड़ शैली में निर्मित शिखर वर्तमान है, जिसके स्थापत्य के सिद्धान्त बृहदेश्वर-मन्दिर के शिखर के ही तुल्य हैं। इसे भी हम उन्हीं तीन भागों में विभक्त पाते हैं। लगता है कि शिखर का यही त्रिभागीय स्वरूप चोल-मन्दिर के शिखर-स्थापत्य का प्रामाणिक आदर्श मान लिया गया। सबसे निचला भाग चतुरस्त्र (चौकोर) है, जिसे आधार बनाकर मध्यवर्ती भाग निर्मित है। यह नीचे चौड़ा तथा ऊपर क्रमानुसार पतला होता गया है। यह कुल 8 कटिबन्धों में विभक्त है, जबकि बृहदेश्वर के शिखर का मध्यवर्ती भाग

13 कटिबन्धों में विभक्त है। चोटी पर द्राविड़ शैली में गुम्बद (स्तूपिका-शीर्ष) उत्कीर्ण है, जो बृहदेश्वर के शीर्षस्थ गुम्बद के स्थापत्य से पर्याप्त साम्य रखता है। शिखर पिरामिडाकार है और 150 फीट ऊँचा है।

मुखमण्डप 175 फीट लम्बा एवं 95 फीट चौड़ा है। इसके वास्तु में मौलिकता इस अर्थ में मिलती है कि इसमें 150 स्तम्भ प्राप्य हैं। यह स्थापत्य-विशेषता दक्षिण भारत में एक सहस्त्र स्तम्भों (सहस्त्रथूण) से युक्त मण्डपों के निर्माण के श्रीगणेश का प्रतिनिधित्व करती है। गर्भगृह एवं मण्डप को अन्तराल (संयोजक कक्ष) द्वारा परस्पर मिला दिया गया है। इस मन्दिर का स्थापत्य कुछ अर्थों में बृहदेश्वर के वास्तु से बढ़-चढ़कर है; उदाहरणार्थ बृहदेश्वर-मन्दिर के विभिन्न अङ्ग एक-दूसरे से पृथक् निर्मित हैं, जिसके इससे वास्तु में सम्पूर्णता अथवा एकत्व की अवधारणा निखरने से वञ्चित रह जाती है। इसके प्रतिकूल गंगइकोण्डचोलपुरम् के मन्दिर के विभिन्न भाग एक केन्द्रीय निर्माण-योजना के अङ्ग प्रतिभासित होते हैं। इससे मन्दिर का समग्र रूप दर्शक पर स्थापत्य-समन्वय एवं समष्टि का प्रभाव उत्पन्न करता है और इस अर्थ में इसका सौन्दर्य बृहदेश्वर के मन्दिर से कहीं अधिक निखर उठा है।

यह मन्दिर अपनी तक्षण-कला के लिए भी प्रख्यात है। देवालय की भित्तियों में निर्मित आलों में शिव के जीवन से संबंधित दृश्य शिल्पियों द्वारा भव्यता के साथ टंकित हैं। नटराज एवं उनके गणों की भी आकृतियाँ उनमें तराशी गयी हैं। इसके अतिरिक्त गणेश, पार्वती, यक्षों एवं दानवों की मूर्तियों को भी इस देवालय की शिल्पकारी में स्थान प्रदान किया गया है। अभिलेखीय साक्ष्य के अनुसार इस मन्दिर के प्रांगण में पाठशाला भी विद्यमान थी, जिसमें विविध विषयों में पारंगत 14 आचार्यों से 340 छात्र शिक्षोपार्जन करते थे। वेद, व्याकरण, मीमांसा एवं न्याय आदि का इनमें प्रशिक्षण होता था। इस विद्यालय की आर्थिक आवश्यकताओं की सम्पूर्ति के निमित्त कई ग्राम इसे दान में दिये गये थे। शिक्षा एवं विद्वत्ता के आदर के कारण यह सम्राट् अपनी उपाधि (पंडित चोल) को सर्वथा चरितार्थ करता था। इसमें सन्देह नहीं कि इन दोनों मन्दिरों (बृहदेश्वर एवं गंगइकोण्डचोलपुरम्-देवालय) के रूप में द्राविड़ शैली अपने अभ्युदय की पराकाष्ठा पर पहुँच चुकी थी। ये देवायतन चोलों की शक्ति एवं कलाप्रेम को चिरस्मरणीय बनाने के हेतु पर्याप्त हैं।

□□□

अध्याय-14

खजुराहो कला

पूर्वमध्यकालीन बुन्देलखण्ड में एक शक्तिशाली शासन सत्ता की स्थापना करनेवाले चन्देल नरेशों की धार्मिक राजधानी खजुराहो थी। मध्य प्रदेश के छतरपुर जनपद में स्थित खजुराहो, जिला मुख्यालय से 40 कि०मी० तथा महोबा जनपद से 30 कि०मी० की दूरी पर स्थित है। यहाँ पर प्राप्त विस्तृत भग्नावशेषों से ज्ञात होता है कि यह मन्दिर नगर चन्देलों के काल में लगभग 15 कि०मी० की परिधि में विस्तीर्ण रहा होगा। 9वीं से 12वीं शताब्दियों के मध्य यहाँ अनेक मन्दिरों का निर्माण हुआ। परम्परा के अनुसार इन मन्दिरों की संख्या 85 के लगभग थी, किन्तु अब उनमें से केवल 30 मन्दिरों के ही अवशेष प्राप्त हैं। खजुराहो के मन्दिर नागरवास्तु शैली के सर्वोत्तम निदर्शन हैं। ये मन्दिर बुन्देलखण्ड में विद्यमान साम्प्रदायिक सद्भाव का द्योतन करते हैं, क्योंकि यहाँ पर निर्मित मन्दिर शैव, वैष्णव एवं जैन धर्मों से संबंधित हैं। फर्गूसन ने ठीक ही कहा है कि इन मन्दिरों का निर्माण उस समय हुआ जब चन्देल राज्य में पूर्ण साम्प्रदायिक सामंजस्य स्थापित था। प्रतिद्वन्द्विता मात्र कलात्मक अभिव्यक्ति में रही होगी ताकि कलाकार सर्वोत्तम कृति प्रस्तुत कर सकें।

खजुराहो के मन्दिरों में स्थापत्य कला की निम्नलिखित विशेषताएँ विशेष उल्लेखनीय हैं :

1. सभी मन्दिर प्रस्तरनिर्मित ऊँचे चबूतरे अथवा जगती पर बने हैं। उड़ीसा शैली से हटकर इन मन्दिरों के चतुर्दिक् परकोटे का अभाव है।
2. इन मन्दिरों की अधिकतम ऊँचाई 100 फीट है।
3. इन मन्दिरों में गर्भगृह, मण्डप एवं अर्द्धमण्डप की योजना प्राप्त होती है। परवर्ती विकसित मन्दिरों के गर्भगृह के समक्ष अन्तराल व महामण्डप भी बनाये गये तथा गर्भगृह के चतुर्दिक् प्रदक्षिणापथ का समावेश भी किया गया। कतिपय मन्दिरों में अर्द्धमण्डप के सामने मकरतोरण पाये जाते हैं।
4. यहाँ के कुछ मन्दिर पंचायतन वर्ग के हैं। इनमें जगती अथवा चबूतरे के चारों कोनों पर सहायक देवताओं के छोटे-छोटे मन्दिर प्राप्त होते हैं। कहीं-कहीं मण्डप के समक्ष देववाहन के लिए अन्य देवालय का भी निर्माण किया गया है।
5. खजुराहो के मन्दिर सांधार और निरंधार दोनों प्रकार के हैं। प्रदक्षिणापथ ढके हुए हैं और इनकी दीवारों में ऊपर की ओर आलिन्द वातायन का निर्माण किया गया है।
6. इन मन्दिरों में अर्धमण्डप से गर्भगृह क्रमशः ऊँचा होता हुआ पाया जाता है।
7. गर्भगृह की योजना भूतल पर निर्मित रथों के कारण वृत्ताकार-सी दिखती है। यहाँ पर निर्मित अधिकांश मन्दिर सप्तरथ प्रकार के हैं।
8. खजुराहो के मन्दिरों के ऊर्ध्वविन्यास में तीन अंग मिलते हैं—

(1) जगती के ऊपर निर्मित पीठ,

(2) मण्डोवर अथवा मुख्य दीवार तथा

(3) शिखर।

मण्डोवर अथवा मुख्य दीवार के भी तीन अंग हैं—

(अ) वेदीबन्ध—इसके अन्तर्गत पत्थर की तराशी पट्टियाँ बनायी जाती थीं, जिन्हें खुर, कपोत, कलश एवं कुम्भ कहा जाता है।

(ब) जंघा—यह मन्दिर का मध्य भाग है।

(स) वराण्डिका—यह छत की निचली मुँडेर अथवा कार्निसवाला भाग है।

9. खजुराहो में बने कुछ मन्दिरों के शिखर अपनी शैली के लिए विशेष उल्लेखनीय हैं। मन्दिर के दीवार के मध्य भाग के ऊपरी भाग से छत का प्रारम्भ होता है, जो कि उत्तुंग शृंगों की श्रेणियों से बनी हैं। इसका स्वरूप मेरु या कैलास पर्वत के समान है। अलग-अलग भागों की छतें भी अलग-अलग हैं। अर्धमण्डप के ऊपर बना शिखर सबसे नीचा है तथा मण्डप, अन्तराल एवं गर्भगृह के शिखर क्रमशः ऊँचे होते गये हैं।

10. यहाँ के मन्दिरों के मुख्य शिखर कर्वीलीनियर शैली (Curviliner Style) के हैं। बेंजामिन रोलाँ के अनुसार "नागर वास्तुशैली की परिणति खजुराहो के शिखरों में निहित है।" इन शिखरों का विशेष महत्त्व अंगशिखरों के कारण है, जिन्हें 'उरूशृंग' कहा जाता है। यह मुख्य कक्ष के निचले भाग से प्रारम्भ होकर क्रमशः ऊपर उठता है एवं जहाँ इसका समापन होता है, वहाँ से दूसरा उरूशृंग प्रारम्भ होकर ऊपर उठता जाता है। फलतः इस क्रम में नीचे से लगभग शीर्ष भाग तक खजुराहो के मन्दिरों में मुख्य शिखर के चतुर्दिक् उरूशृंगों की शृंखला प्राप्त होती है। ज्ञातव्य है कि उड़ीसा शैली के मन्दिरों में इन उरूशृंगों का सर्वथा अभाव है।

11. खजुराहो के मन्दिरों के सभी शिखरों के शीर्ष आमलक, स्तूपिका एवं कलशावली से सुशोभित हैं।

12. यहाँ के मन्दिरों के मण्डप 25 वर्ग फीट में विस्तृत हैं। अतः वास्तुकारों ने इस छोटे भाग में ऊपरी छत को सँभालने के लिए चार स्तम्भ खड़े किये हैं।

13. खजुराहो के अधिकांश मन्दिरों के निर्माण में पन्ना की खदान से प्राप्त गुलाबी अथवा हल्के-पीले पत्थरों का प्रयोग किया गया है।

14. यहाँ के मन्दिर नाना अलंकरणों से सुसज्जित हैं। इनके बाह्य एवं आन्तरिक दोनों भागों की अनेक अलंकरण मूर्ति अभिप्रायों से सुशोभित की गयी है।

15. खजुराहो के मन्दिरों का प्रवेशद्वार पूर्व अर्थात् प्राची दिशा में निर्मित किया गया है।

16. यहाँ पर निर्मित मन्दिरों के सभी शिखर अन्दर की ओर से खोखले बनाये गये हैं।

17. खजुराहो के बड़े आकार के मन्दिरों में अन्तराल एवं मण्डप के मध्य महामण्डप भी निर्मित किया गया है।

उपर्युक्त विशेषताओं के आलोक में तलविन्यास एवं अंग संयोजन की दृष्टि से खजुराहो के मन्दिरों में मन्दिरवास्तु की नागरशैली की चरम परिणति परिलक्षित होती है।

मन्दिरों का निर्माणक्रम एवं काल

आज से कई दशक पूर्व कलाइतिहासविद् सरसी कुमार सरस्वती ने यह मत प्रस्तावित किया था कि खजुराहो के मन्दिरों का निर्माण मात्र एक शताब्दी के भीतर अर्थात् 950 ई० से 1050 ई० के मध्य हुआ, परन्तु अधिकांश विद्वान् इस मत से सहमत नहीं हैं। कृष्णदेव के अनुसार खजुराहो में मन्दिरों का सर्वप्रथम निर्माण 850 ई० के लगभग तथा अन्तिम मन्दिर के निर्माण का काल 1100 ई० के आस-पास मानना अधिक यौक्तिक प्रतीत होता है। आजकल अधिकांश विद्वान् इन मन्दिरों का निर्माणकाल 9वीं शताब्दी से 12वीं शताब्दी के मध्य मानना अधिक तर्कसंगत मानते हैं।

वास्तुशिल्पीय विशेषताओं, मूर्तियों की बनावट, अलंकरण, साज-सज्जा तथा अभिलेखीय साक्ष्यों के आलोक में खजुराहो के मन्दिरों के निर्माण के दो बड़े काल-स्तर दिखायी देते हैं। प्रारम्भिक काल में बने मन्दिरों में चौंसठ योगिनी, लालगुआ महादेव, ब्रह्मा, मातंगेश्वर और वराह मन्दिर आदि सम्मिलित किये जा सकते हैं। इसका कालस्तर विकसित मन्दिर वास्तु का प्रतिनिधित्व करता है, जिसमें खजुराहो के शेष मन्दिरों का निर्माण किया गया। चौंसठयोगिनी मन्दिर खजुराहो का सर्वप्रथम निर्मित मन्दिर है, जिसे पूर्णरूपेण स्थानीय कणाश्म प्रस्तर से निर्मित किया गया है। इस संवर्ग का सबसे बड़ा एवं बाद का बना मन्दिर मातंगेश्वर मन्दिर है, जिसे लाल बलुए पत्थर से बनाया गया है। बाद में बने खजुराहो के शेष सभी मन्दिर पूर्णतया बलुए पत्थर से ही निर्मित किये गये हैं। परवर्ती मन्दिर पूर्ववर्ती मन्दिरों से आकृति, आयोजना मूर्ति-शिल्प, साज-सज्जा एवं अलंकरण आदि की दृष्टि से भिन्न हैं। द्वितीय निर्माण कालस्तर के मन्दिरों में लक्ष्मण मन्दिर प्रथम तथा दूलादेव मन्दिर सबसे अन्त में निर्मित माना जाता है।

खजुराहो मन्दिर-वास्तु शैली की मौलिकता एवं विशिष्टता लक्ष्मण मन्दिर से प्रारम्भ होती है और कन्दरिया महादेव मन्दिर में अपने विकास के चरमस्तर पर पहुँच जाती है। इस प्रकार खजुराहो मन्दिर वास्तुशैली में सर्वप्रथम विशिष्ट योजना एवं अलंकरण की जो प्रक्रिया शुरू हुई, वह क्रमशः पार्श्वनाथ, विश्वनाथ, जगदम्बी एवं चित्रगुप्त मन्दिर-शिल्प को निखारती हुई कन्दरिया महादेव मन्दिर में अपनी परम उत्कृष्टता को प्राप्त हुई। कन्दरिया महादेव मन्दिर के निर्माण के बाद खजुराहो शैली का अवसान काल शुरू हुआ और दूलादेव मन्दिर के निर्माण में आकर पतन को प्राप्त हो गया।

मन्दिर-समूह

खजुराहो के मन्दिरों को अध्ययन की सुविधा की दृष्टि से क्रमशः पश्चिमी, पूर्वी एवं दक्षिणी समूहों में विभक्त किया जा सकता है।

पश्चिमी समूह के मन्दिर

पश्चिमी समूह के मन्दिर है—चौसठ योगिनी, ब्रह्मा और लालगुआ–महादेव, वराह, मातंगेश्वर, लक्ष्मण, विश्वनाथ, नन्दी, पार्वती (आकृति सं० 1), चित्रगुप्त, जगदम्बी, कुबेरमठ एवं कन्दरिया महादेव आदि। कृष्णदेव प्रभृति विद्वानों का मत है कि इन मन्दिरों का निर्माण संभवतः इसी क्रम में लगभग 850-1100 ई० के मध्य हुआ होगा।

चौंसठयोगिनी मन्दिर

चौंसठयोगिनी मन्दिर चन्देलों द्वारा खजुराहो में निर्मित प्रथम मन्दिर है। यह मन्दिर ग्रेनाइट पत्थर (कणाश्म) से निर्मित किया गया है, जिसकी आयताकार जगती 18 फीट है। इसमें 120 फीट × 60 फीट वाले खुले आँगन के चारों ओर 64 छोटे-छोटे कक्ष निर्मित किये गये हैं। प्रत्येक कक्ष में एक योगिनी की मूर्ति तथा सबसे बड़े कक्ष में अष्टभुजी देवी की मूर्ति स्थापित थी। प्रत्येक कक्ष के ऊपर पृथक् शिखर बनाया गया था। वर्तमान में यह मन्दिर भग्नावस्था में अवलोक्य है।

ब्रह्मा और लालगुआ

महादेव मन्दिर चौंसठयोगिनी मन्दिर के पूर्व में स्थित है। ब्रह्मा मन्दिर में विष्णु की मूर्ति स्थापित थी, जिसे श्रद्धा से लोग ब्रह्मा पुकारा करते थे तथा जिसके स्थान पर आजकल चतुर्मुख शिवलिंग विराजमान है, इन मन्दिरों का शेष शरीर तो ग्रेनाइट पत्थर से बना है, परन्तु शिखर बलुए पत्थर से निर्मित है। इनके शिखर पिरामिडिल अथवा बेलनाकार हैं।

वराह मण्डप

वराह मण्डप आकार में छोटा है, जो 14 सादे स्तम्भों पर आधारित आयताकार मण्डप के रूप में है। इस मन्दिर की छत स्तूपाकार है। इसके गर्भगृह में वराह विष्णु की एक विशाल प्रतिमा स्थापित है।

मातंगेश्वर मन्दिर

मातंगेश्वर मन्दिर पूर्णतया बलुए पत्थर से निर्मित है तथा आकार में सादा है। इस मन्दिर के तीन पार्श्वों के भद्र प्रक्षेपणों में खजुराहो शैली में विशिष्ट कक्षासन प्रकार के वातायन बनाये गये हैं। इसके हर एक प्रक्षेपण में एक-एक देवकुलिका है, जो चन्देल कला शैली की विशिष्टता की द्योतक है। इस मन्दिर में विकसित मन्दिरों के प्राथमिक लक्षण मिलते हैं। इसका गर्भगृह त्रिरथ प्रकार का है। इसके सामने अन्तराल और अर्द्धमण्डप है। मन्दिर के गर्भगृह में एक महाकाय शिवलिंग स्थापित है।

लक्ष्मण मन्दिर

लक्ष्मण मन्दिर पश्चिमी समूह के मन्दिरों में पूर्ण विकसित शिल्प का सर्वप्रथम प्रतिनिधित्व करता है। यह पंचायतन प्रकार का सान्धार मन्दिर है। इसका निर्माण बलुए पत्थर से किया गया है। इसका निर्माण 950 ई० के लगभग चन्देल नरेश यशोवर्मन ने करवाया था। यह वैष्णव मन्दिर है। 98 फीट लम्बे और 45 फीट चौड़े मन्दिर के अधिष्ठान की जगती के चारों कोनों पर चार छोटे-छोटे मन्दिर बने हुए हैं। शिल्प और वास्तु की दृष्टि से इस मन्दिर को खजुराहो का सर्वोत्कृष्ट मन्दिर माना जाता है। भूतल विन्यास पर प्रदक्षिणापथ से युक्त गर्भगृह, अन्तराल, महामण्डप एवं अर्द्धमण्डप की सुन्दर योजना इस मन्दिर में दर्शनीय है। अर्द्धमण्डप के सामने मकरतोरण विद्यमान हैं। इस मन्दिर का गर्भगृह पंचरथ प्रकार का है तथा शिखर अनेकाण्डक है जिसमें सुन्दर चैत्यगवाक्ष निर्मित हैं (आकृति सं० 2)।

विश्वनाथ मन्दिर

विश्वनाथ मन्दिर भी खजुराहो का एक विकसित एवं शिल्प-सज्जा की दृष्टि से विशिष्ट है। यह पंचायतन प्रकार का शैव मन्दिर है। इसके प्रदक्षिणापथ की दीवार में तीन ओर वातायन एवं आलिन्द गवाक्ष

बने हुए हैं। कृष्णदेव के अनुसार यह मन्दिर कन्दरिया महादेव मन्दिर से पहले निर्मित किया गया था। नन्दी मन्दिर एवं विश्वनाथ मन्दिर एक ही जगती पर एक-दूसरे के सम्मुख अवस्थित हैं। अधिष्ठान के उत्तरी तथा दक्षिणी ओर सुन्दर सोपान निर्मित है। ऊपरी सोपान मार्गों के पार्श्वों में एक-एक हाथी शोभायमान हैं। पंचायतन प्रकार का यह सान्धार प्रासाद विश्वनाथ शिवलिंग को समर्पित है। नन्दी पर सवार शिव की एक प्रतिमा इस मन्दिर के ललाटबिम्ब पर भी विराजमान है। यह मन्दिर कन्दरिया महादेव मन्दिर की तरह तलच्छंद योजना में बना है। मन्दिर से उपलब्ध एक लेख के अनुसार इसका निर्माण चन्देल नरेश धंग ने 1002 ई० में करवाया था (आकृति सं० 3)।

कन्दरिया महादेव मन्दिर

कन्दरिया महादेव मन्दिर चौंसठयोगिनी मन्दिर के उत्तर में स्थित है। यह खजुराहो में विद्यमान मन्दिरों में विशालतम तथा शिल्प की दृष्टि से श्रेष्ठतम है। यह 109 फीट लम्बा 60 फीट चौड़ा तथा 160 फीट ऊँचा है। यह ऊँचे अधिष्ठान पर निर्मित है। इसके छह प्रमुख क्षैतिज अंग हैं—(1) अर्द्धमण्डप, (2) मण्डप, (3) महामण्डप, (4) अन्तराल, (5) गर्भगृह तथा (6) प्रदक्षिणापथ। हिमालय की गिरिशृंखलाओं की तरह क्रमशः ऊपर उठता हुआ यह मन्दिर कैलासवासी शिव का सहसा स्मरण कराता है। यह सान्धार अर्थात् प्रदक्षिणापथयुक्त मन्दिर है। इसका गर्भगृह सप्तरथ है। मूर्तिपट्टों एवं लहरों (Modes) ने इस मन्दिर में लय एवं गति उत्पन्न कर दिया है। इस विशाल मन्दिर में लगभग 900 मूर्तियों का मूर्तन सजीवता एवं संवेदना से भरपूर है। जंघे के ऊपर मन्दिर के वरण्डिका में जीवंत लहरें हैं तथा वहीं से शिखर का निर्माण क्रमशः ऊपर उठता हुआ किया गया है। शिखर आकार में विशाल है तथा अप्रतिम सौन्दर्ययुक्त है। उसका 85 अंग शिखरों के साथ आश्चर्यजनक सौन्दर्योत्पादक तादात्म्य देखते ही बनता है। सभी अंग शिखर क्रमशः ऊपर उठकर अन्ततः मुख्य शिखर में जाकर एकाकार हो गये हैं। इस मन्दिर के शिखर पर विराजमान विशाल आमलक एवं कलश सम्पूर्ण वास्तुयोजना में इतना अनुपातयुक्त एवं सुन्दर बन पड़ा है, जिसे देखकर हर कोई आनन्दित हुए बिना नहीं रह सकता है। गर्भगृह की ही तरह अन्तराल मण्डप और अर्द्धमण्डप के ऊपर भी अलग-अलग कोणिक शिखर बने हुए हैं, जिनके ऊपर आमलक एवं कलश मुख्य शिखर से पूर्णतया आनुपातिक तादात्म्य रखते हैं। इस मन्दिर का मुख्य शिखर गर्भगृह के ऊपर स्थित है, जो परमभव्य एवं शालीन है (आकृति सं० 4)।

कन्दरिया महादेव मन्दिर का अन्तःभाग भी बाह्य भाग की भाँति अलंकृत एवं वैविध्यपूर्ण है। सबसे पूर्व में विशाल एवं दीर्घ सोपानमाला से सुशोभित प्रवेशद्वार है, जो प्रस्तर स्तम्भों से निर्मित होते हुए भी हस्तिदन्तोत्कीर्ण कलाकृति अथवा झूलती हुई लता की भाँति अलंकृत है। मण्डप एवं गर्भगृह को आवृत्त करता महामण्डप बड़े झरोखे से अलंकृत है। गर्भगृह के प्रवेशद्वार पर मिथुनशाला विशेष उल्लेखनीय है। मन्दिर के चबूतरे पर रुचिपूर्ण एवं भव्य गढ़ाई की गयी है, जिनमें हाथियों, घोड़ों, शिकारियों, वादकों, गायकों, नर्तकों, आराधकों तथा मिथुनरत आकृतियों का प्रदर्शन किया गया है। इसकी दीवालों पर तीन पंक्तियों पर अत्यधिक मूर्तियाँ मूर्तित हैं जिन पर देवी-देवता, शैल बाहुओं पर अप्सराओं एवं युगल आकृतियों को एवं पट्टिका पर व्यालों, नागकन्याओं का मंजुल अंकन देखते ही बनता है। मन्दिर की बाह्य भित्तियों पर मिथुन युग्म परस्पर प्रगाढ़ आलिंगन में इस प्रकार तन्मय हैं, मानो इससे परे जगत् की कोई सत्ता ही नहीं है। ये मूर्तियाँ अश्लील हैं। अश्लील होते हुए भी मन्दिर-वास्तु रचना की दृष्टि से इन मूर्तियों की निजी विशेषता उल्लेखनीय है। मन्दिर के भीतर देव प्रतिमा मोक्ष का प्रतीक है। वहीं बाहरी भित्तियों पर मिथुन एवं रति क्रियारत अश्लील आदि शृंगारिक मूर्तन माया से आवृत्त संसार का प्रतीक है। कृष्णदेव के अनुसार

कन्दरिया महादेव मन्दिर का निर्माण चन्देल नरेश विद्याधर के शासनकाल के अन्तिम चरण (1025-50 ई०) में कराया गया था। उनके अनुसार "अपने पूर्ण विकसित तलविन्यास, डिजाइन संतुलन एवं अद्वितीय शिल्पकला व स्थापत्य के कारण यह केवल मध्य भारत के भवन निर्माण कला का उत्कृष्ट, विकसित एवं सुगढ़ उदाहरण ही नहीं, वरन् भारतीय मन्दिर कला (स्थापत्य कला) की सर्वोत्कृष्ट रचना है।"

पूर्वी समूह के मन्दिर

खजुराहो में पूर्वी समूह के अन्तर्गत छह जैन मन्दिरों का उल्लेख किया जा सकता है, जो वास्तु एवं मूर्तिकला की दृष्टि से नयनाभिराम हैं। इस समूह का सबसे अधिक उल्लेखनीय मन्दिर पार्श्वनाथ है। इसके गर्भगृह में प्रथम तीर्थंकर आदिनाथ का प्रतीक वृषभ स्थापित किया गया है, जो अपनी कलात्मकता तथा विशालता के कारण उल्लेखनीय है। 1860 ई० में इसमें पार्श्वनाथ की प्रतिमा स्थापित की गयी। इस मन्दिर की उत्तरी बाहरी दीवार विविध दैनन्दिन विषयों से संबंधित मूर्तांकन के कारण अत्यन्त आकर्षक है। इस समूह के अन्य महत्त्वपूर्ण मन्दिर हैं—घंटई मन्दिर, आदिनाथ मन्दिर, ब्रह्मा का मन्दिर, वामन मन्दिर तथा जावरी मन्दिर आदि (आकृति सं० 5)।

दक्षिणी समूह के मन्दिर

इस समूह में हिन्दू एवं जैन, दोनों धर्मों से संबंधित मन्दिर सम्मिलित हैं। इनमें विशेष दर्शनीय दूलादेव एवं चतुर्भुज मन्दिर है। दूलादेव मन्दिर शिव को तथा चतुर्भुज मन्दिर भगवान विष्णु को समर्पित है। चतुर्भुज मन्दिर सान्धार होते हुए भी पंचरथ तथा पंचांग है। दूलादेव मन्दिर (1100-1150 ई०) खजुराहो शैली की अन्तिम रचना है। यह निरंधार अर्थात् प्रदक्षिणापथरहित शिव का सप्तरथ मन्दिर है।

खजुराहो मूर्तिशिल्प की विशेषताएँ

खजुराहो मन्दिर कला का विशिष्ट पक्ष इसकी प्रभूत मूर्तिशिल्प सज्जा में आलोकित होता है। यहाँ के मन्दिरों पर अंकित मूर्तिशिल्प को तीन वर्गों में विभक्त किया जा सकता है : (1) देवी-देवताओं की मूर्तियाँ, (2) सुरा-सुन्दरी, अप्सरा, देवांगना एवं मिथुन मूर्तियाँ, (3) रोजमर्रा के जीवन से संबंधित दृश्य, जिनमें सामाजिक उत्सव, जुलूस, गोष्ठियाँ, उत्कृष्ट कोटि के व्याल (आकृति सं० 6) तथा युद्ध आदि के दृश्य आदि। खजुराहो मिथुन मूर्तियों के कारण विश्वविख्यात है। यहाँ की काम कला-सम्बन्धी उत्कट भावों से सम्बन्धित मूर्तियाँ दर्शकों के आकर्षण का केन्द्र हैं। इस प्रकार के कला अंकन के पीछे मूल अभिप्राय क्या था, यह अद्यावधि पूर्णतया अनुत्तरित है। उपासना को समर्पित मन्दिरों में वासनारत मूर्तियों का अंकन सदैव चर्चा, कौतूहल, रहस्य एवं चिन्तन का विषय बन गया है। यहाँ पर अंकित मूर्तियों में प्रेमी-प्रेमिका को कामलीला की अनेक मुद्राओं में दर्शाया गया है। सामान्य नायक-नायिका को कौन कहे, योगी को भी कामलीला में नायक की तरह रत प्रदर्शित किया गया है। यहाँ की अनेक मूर्तियों में अंकित काम-प्रवृत्ति केवल मानव वर्ग में ही नहीं, अपितु मानव-पशु, पशु-पशु एवं अन्य अप्राकृतिक संभोगों के द्वारा प्रदर्शित किया गया है। खजुराहो के कन्दरिया महादेव (कन्दर्पारि महादेव), लक्ष्मणेश्वर एवं विश्वनाथ मन्दिरों के महामण्डप में मंडोवर के ऊपरी भाग में लगे शिलाफलकों पर काम-संबंधी अभिप्रायों का अंकन मिलता है। इसी प्रकार लक्ष्मणेश्वर मन्दिर के अधिष्ठान पर बनी मूर्तियों में भी ऐसे अनेक दृश्य अंकित हैं। खजुराहो के मन्दिरों के अनेक भाग ऐसी मूर्तियों से अलंकृत देखे जा सकते हैं।

देवांगना देसाई तथा कृष्णदेव प्रभृति विद्वानों का यह कथन यथोचित है कि खजुराहो के मन्दिरों पर कामलीला-संबंधी मूर्तियाँ अन्य मूर्तियों के अनुपात में अति अल्प हैं, फिर भी, वे अपनी विविध काम-मुद्राओं के कारण विश्वविख्यात हैं। उपासना के पावन मन्दिर की भित्तियों पर वासना के मूर्तिमान अंकन के पीछे क्या कारण हो सकते हैं? यह विचारणीय है। विद्वानों का एक बड़ा वर्ग इस प्रकार के मूर्तन के ऊपर मध्ययुगीन कौल-कापालिक शैव परम्परा का प्रभाव मानता है। प्रायः यह विचार प्रस्तुत किया जाता है कि इन काम-लीलारत मूर्तियों में कौल-कापालिक सम्प्रदाय में सद्यः प्रविष्ट योगी की वाममार्गी दीक्षा के सामान्य दृश्यों को प्रदर्शित करने का प्रयास किया गया है।

मिथुन एवं रतिक्रीड़ारत मूर्तियों का अंकन ईसा की 10वीं से 13वीं शताब्दी के मध्य बने अधिकांश मन्दिरों पर दिखायी देता है। उड़ीसा में कोणार्क, पुरी तथा भुवनेश्वर के मन्दिरों पर, गुजरात में नीलकंठ मन्दिर, लिंबोजी माता मन्दिर, मोढेरा (बड़ोदरा, गुजरात) का सूर्यमन्दिर, राजस्थान में अम्बिका माता मन्दिर, मध्य प्रदेश में खजुराहो के अतिरिक्त सोहागपुर तथा दक्षिण भारत के अधिकांश मन्दिरों पर रतिक्रीड़ारत मूर्तियाँ उकेरी गयी हैं। मन्दिरों पर मिथुन एवं रतिमूर्तियों के निर्माण का विधान मध्यकालीन शिल्पग्रन्थों में भी प्रदान किया गया है। शिल्पप्रकाश[1] में 'मिथुनबन्ध' मूर्तियों की विशद चर्चा की गयी है। कौल सम्प्रदाय से सम्बद्ध इस ग्रन्थ में लिखा गया है कि "वह स्थान जहाँ कामकला से संबंधित मूर्तियाँ न हों, त्याज्य है।" लगभग इसी प्रकार का निर्देश महाराज भोजप्रणीत समरांगण सूत्रधार[2] में भी मिलता है। उक्त ग्रन्थों में मन्दिर की भित्तियों पर कामकला मूर्तियों के अंकन को शास्त्रीय मान्यता प्रदान की गयी है।

सुप्रसिद्ध इतिहासविद् **विन्सेण्ट स्मिथ** के अनुसार खजुराहो की कामलीलारत मूर्तियों का निर्माण चन्देल नरेशों की देख-रेख में उनके आदेशानुसार किया गया। इसके विपरीत कलाविद् **पर्सी ब्राउन** का मत है कि चन्देल नरेशों ने खजुराहो के स्थपतियों एवं कलाकारों को ऐसी मूर्तियों के निर्माण का आदेश न देकर केवल आश्रय एवं प्रश्रय दिया था। लेकिन केवल चन्देलों के शासनकाल में ही खजुराहो के मन्दिरों में कामकला-प्रधान मूर्तियों के निर्माण के पीछे इस राजवंश की प्रमुख भूमिका को अस्वीकार नहीं किया जा सकता है। कलाविद् **ली बौन** के अनुसार इन मूर्तियों की रचना मन्दिरों के अलंकरण के लिए की गयी थी, न कि कलाकारों की व्यक्तिगत भावना अथवा कला के प्रदर्शन के रूप में। **हैवेल** के विचार में खजुराहो के विशाल मन्दिरों में बनी मूर्तियों में प्रतिष्ठित देवता की विश्वव्यापी सार्वभौम सत्ता तथा सार्वभौम यथार्थ को जीवन्त किया गया है। कलामर्मज्ञा **स्टेला क्रैमरिश** के अनुसार कामलीला प्रधान खजुराहो की मूर्तियाँ भक्तजनों को दिखाने के लिए नहीं, अपितु उनके अस्तित्व की मात्र अनुभूति कराने के लिए की गयी थी। परन्तु कलाइतिहासविद् प्रमोदचन्द्र इन मूर्तियों के निर्माण में कौल-कापालिक सम्प्रदाय के प्रभाव को प्रबल कारण मानते हैं। ज्ञातव्य है कि इस सम्प्रदाय के कामलीला प्रधान अनुष्ठानों का वर्णन चन्देलकालीन कवि कृष्ण मिश्र द्वारा लिखित 'प्रबोध चन्द्रोदय' में भी मिलता है। किन्तु कुछ विद्वान खजुराहो की मूर्तियों में प्रदर्शित योगियों की पहचान कौल-कापालिक योगियों से करने में कठिनाई महसूस करते हैं। खजुराहो की कामलीला प्रधान मूर्तियों पर कुछ विद्वान् योगिनी कौल सम्प्रदाय का प्रभाव स्वीकार करते हैं, जिसके प्रमुख केन्द्र भेड़ाघाट, रानीपुर, झरियाल तथा खजुराहो आदि थे। परन्तु यह मत भी विशेष तर्कसंगत नहीं माना जा सकता है क्योंकि खजुराहो अथवा अन्य केन्द्रों के मन्दिरों पर बनी कामलीलाप्रधान अथवा मिथुन मूर्तियाँ वैष्णव, शैव, जैन, सूर्य, चामुण्डा आदि विविध देव-देवी मन्दिरों की भित्तियों पर प्रदर्शित की गयी हैं।

---

1. शिल्पप्रकाश, 1.548-49
2. समरांगणसूत्रधार, 34.33

कलाइतिहासविद् वासुदेवशरण अग्रवाल का कथन है कि मध्यकालीन भारतीय समाज में अनेक विकृत दर्शनों का प्रचलन था तथा इन्हें धार्मिक मान्यता भी मिल चुकी थी। इन्हीं विकृत दर्शनों एवं धर्मों के प्रभाव के फलस्वरूप रतिक्रीड़ारत मूर्तियों को मध्यकालीन मन्दिरों में उकेरा गया। मन्दिरों से संबंधित अभिलेखों में वर्णित 'विश्वरूप' उल्लेख इस बात को इङ्गित करता है कि मानव जीवन की समस्त गतिविधियों तथा जगत् की सम्पूर्ण गतिक क्रिया-कलापों से संबंधित दृश्यांकनों को मन्दिर में बननेवाली मूर्तियों में प्रतिष्ठित किया गया है। कुछ विद्वान्, यह मानते हैं कि ऐसी मूर्तियों की रचना मन्दिरों को दानवी प्रकोप से बचाने के लिए किया गया था।

खजुराहो कला की सुप्रसिद्ध व्याख्याता देवांगना देसाई कामलीलाप्रधान मूर्तियों की व्याख्या चन्देल-युगीन मध्यकालीन सामाजिक परिवेश में करती हैं। उनका मानना है कि तत्कालीन सामन्तवादी आदर्शों पर आधारित चन्देल शासन एवं समाज में इस वर्ग की जीवनधारा तथा व्यक्तिगत रुचियों को ध्यान में रखकर कलात्मक निर्माण किये गये होंगे। फलतः सामन्ती समाज की रुचियों के अनुरूप कामलीला-संबंधी मूर्तियों का मन्दिरों में शिल्पांकन सम्भव हुआ होगा। कुछ इसी प्रकार का विचार एन०एन० भट्टाचार्य का भी है, जो यह मानते हैं कि इस प्रकार की मूर्तियाँ समृद्ध वर्ग की विलासितापूर्ण मनोवृत्ति को प्रतिबिम्बित करती हैं। उनका कहना है कि खजुराहो के मन्दिरों पर जितने भी रतिलीला-संबंधी दृश्य हैं, वे वात्स्यायनकृत 'कामसूत्र' प्रभृति ग्रन्थों में वर्णित कामलीला की परम्परा में काल्पनिक दृश्यांकन हैं तथा उनमें तांत्रिक साधना-पद्धति का अभाव है। परन्तु यह कहना भी पूर्णतया अनुचित होगा कि तत्कालीन मूर्तिकला पर तांत्रिक प्रभाव नहीं था क्योंकि मध्य प्रदेश के मुरैना जनपद में स्थित पठावली में देवता के निकट रतिक्रीड़ा दृश्यांकन, अम्बरनाथ में नग्नदेवी की प्रतिमा के एक ओर रतिक्रीड़ा का दृश्य तथा अगल-बगल नर्तक एवं गायक मण्डल का शिल्पांकन उल्लेखनीय है। कतिपय विद्वान् यह मत व्यक्त करते हैं कि मन्दिर के भीतर एवं बाहर सुन्दरतम ढंग से बनायी गयी सुरसुन्दरियाँ एवं मिथुनमूर्तियाँ मानव के वास्तविक जीवन की अनुकृति प्रतीत होती हैं, जिन्हें ऊर्ध्व लोकों के देव-देवी स्वरूप में उकेरने का प्रयास किया गया है।

खजुराहो कला और विशेष रूप से उपर्युक्त कामलीला संबंधी मूर्तियों के विषय में सुप्रसिद्ध कलाविद् कृष्णदेव का मत विशेष उल्लेखनीय है। वे मन्दिरों पर इस प्रकार के मूर्तन को न तो अस्वाभाविक मानते हैं और न ही अश्लील। उनके अनुसार भारत की समृद्ध सांस्कृतिक चिन्तन परम्परा में पुरुषार्थ चतुष्टय अर्थात् धर्म, अर्थ, काम एवं मोक्ष को जीवन का सर्वोपरि लक्ष्य स्वीकार किया गया है। चन्देलयुगीन सामाजिक चिन्तन में मोक्ष-प्राप्ति के उद्देश्य से निर्मित होनेवाले मन्दिरों में काम-विषयक दृश्यों का अंकन स्वस्थरूप से स्वीकार्य प्रतीत होता है। अतः तत्कालीन मन्दिरों पर अंकित मिथुन मूर्तियों को मलिन न मानकर इन्हें उपासक तथा सर्जक दोनों के मन में निहित मांगलिक धारणा की अभिव्यक्ति मानना यौक्तिक प्रतीत होता है। खजुराहो की रतिलीलाप्रधान मूर्तियों की सर्जना के मूल कारणों की सर्वाधिक तर्कसंगत मीमांसा प्रो० गोविन्दचन्द्र पाण्डेय ने प्रस्तुत की है। उनके अनुसार इस कोटि की मूर्तियों के निर्माण में हमारी प्राचीन साहित्यिक परम्परा साकार हुई है। उनका कथन है कि अतिप्राचीन काल से ही भारतीय चिन्तन की दोनों परम्पराओं अर्थात् साहित्य एवं कला में रत्यात्मक संदर्भ भरपूर प्राप्त होते हैं। साहित्य में 'कामसूत्र' आदि ग्रन्थों में इस प्रवृत्ति की पराकाष्ठा पहले से ही देखने को मिलती है, कला-सर्जना में इसका रूपांकन कोणार्क एवं खजुराहो आदि मन्दिरों पर बाद में हुआ। अस्तु, खजुराहो की रत्यात्मक मूर्तियाँ वात्स्यायनकृत 'कामसूत्र' का ही रूपांकन मानी जा सकती हैं।

□□□

अध्याय-15
उड़ीसा की कला

कलिंग की नागर शैली

कला एवं स्थापत्य की दृष्टि से कलिंग देश के इतिहास में 8वीं शती ई० से लेकर 13वीं शती तक का काल (750 ई०-1250 ई० का काल सम्पुट) अत्यन्त महत्त्वपूर्ण है। पाँच सौ वर्षों की इस कालावधि में उड़ीसा में कला के तीन केन्द्र थे—(1) भुवनेश्वर, (2) कोणार्क एवं (3) पुरी। प्रारम्भ में जेम्स फर्गूसन, हेनरी कजेंस तथा हैवेल आदि अभियन्ताओं ने उड़ीसा के प्रारम्भिक मन्दिरों का अध्ययन अपने प्राथमिक सर्वेक्षण के आधार पर किया और परिणामतः इनकी गणना उन्होंने 'इंडो-आर्यन' (उत्तरी) शैली के अन्तर्गत की थी। परन्तु उन्हें न ही उन शिल्प-ग्रन्थों के विषय में कोई परिचय था जिनके आधार पर इनका वास्तुगत स्वरूप निर्धारित हुआ था और न ही उन शिल्पियों की आन्तरिक सूझ-बूझ का ही ज्ञान था, जिन्होंने इन्हें रूपायित किया था। पर वे भी इस बात को स्वीकार करते थे कि कलिंग देश (उड़ीसा) के मन्दिर एक पृथक् एवं स्वतंत्र शैली में बने हुए हैं तथा उत्तरी भारत के अन्य मन्दिरों की निर्माण-शैली से वे सर्वथा विभिन्न हैं। इनकी वास्तुकला का शिल्पशास्त्रीय अध्ययन न होने के कारण उनका यह प्राथमिक प्रयास भ्रान्तिमूलक एवं सदोष था।

शिल्पशास्त्रों के आधार पर कलिंग शैली का अध्ययन सर्वप्रथम प्रसन्न कुमार आचार्य ने किया था। चूँकि मानसार में वेसर शैली में बने प्रतिरूपों को वृत्त कहा गया है और भुवनेश्वर के मन्दिर अपनी चौड़ाई में एड़ी से शीर्ष तक गोल हैं, अतएव उन्होंने कलिंग-शैली को वेसर शैली का उदाहरण माना, जो कि एक विशेष प्रकार की प्रादेशिक शैली थी। वेसर शब्द द्वयस्त्र (ऐप्सिडल = बेलनाकार) से उद्भूत है और यह प्रादेशिक शैली-भेद जैसा न होकर एक निर्मित स्वरूप (स्ट्रक्चरल-फार्म) का द्योतक था जो कि वृत्त (गोल), वृत्तायत अथवा आयतवृत्त (बेलनाकार) तथा कभी-कभी मिश्रित आकार का बोधक था। इस प्रकार के मन्दिर भारत के प्रत्येक भाग में विद्यमान थे। इस कोटि के मन्दिरों में नागर और द्राविड़ शैलियों का सम्मिश्रण मिलता था और इस रूप में वे मिश्रित (वेसर) प्रकार के थे। संस्कृत-कोशों में भी वेसर शब्द संकर या मिश्रित जाति का बोधक होता था।

1912 ई० में सर्वप्रथम मनमोहन गांगूली नामक उड़ीसा के एक अभियन्ता ने स्थानीय शिल्पियों के परंपरित ज्ञान के आधार पर पता लगाया था कि कलिंग देश के मन्दिर वहाँ के पूर्व-प्रचलित शिल्पशास्त्रों के नियमों के आधार पर निर्मित हैं। श्री गांगूली ने ही उड़िया शिल्पशास्त्र 'भुवनप्रदीप' का पहली बार पता लगाया, जिसमें मन्दिर-निर्माण से संबंधित विस्तृत सूचनाएँ प्राप्य हैं। इसके आधार पर एक ग्रन्थ (उड़ीसा एण्ड हर रिमेन्स शीर्षक) भी उन्होंने लिखा, जिसमें भुवनेश्वर के मन्दिरों के वास्तुशिल्प पर प्रकाश डाला गया है। यह ग्रन्थ कोलकाता से उन्होंने 1912 ई० में प्रकाशित किया था। तदुपरान्त उड़ीसा के एक-दूसरे अभियन्ता निर्मल कुमार बोस ने वहाँ के देवालयों का अध्ययन अपने सर्वेक्षण के अनुभवों तथा शिल्प

विषयक ज्ञान के आधार पर किया तथा कोलकात से 'कैनन्स ऑफ उड़ीसन आर्किटेक्चर' शीर्षक अपना ग्रन्थ 1932 ई० में उन्होंने प्रकाशित किया था। उड़ीसा के मन्दिर-वास्तु पर यह दूसरा श्लाघनीय ग्रन्थ है, जिसमें शिल्प-विषयक सामग्री और देव-मन्दिरों के 'व्यावहारिक' निर्माण-कला के बीच सामंजस्य प्राप्य है। श्री बोस ने 'भुवनप्रदीप' की कई पाण्डुलिपियों का पता लगाया था। इनमें से कुछ भुवनेश्वर, कुछ पुरी एवं कटक और उनके आसपास उड़ीसा के सामन्त-कुलों तथा परंपरित शिल्पियों के परिवार से प्राप्त हुए थे। इन पाण्डुलिपियों का तुलनात्मक अध्ययन करते हुए उन्होंने 'भुवन-प्रदीप' के संभावित कलेवर का परिचय भी अपने उक्त ग्रन्थ में प्रदान किया था।

तदुपरान्त एलिस बोनर एवं सदाशिवरथ शर्मा ने शिल्पसारिणी नामक उड़ीसा की ही शिल्पविषयक एक पाण्डुलिपि का पता लगाया था। यह पाण्डुलिपि वस्तुतः सदाशिवरथ शर्मा के ही परिवार में मिली थी, जिसको उनके एक सुदूर पूर्वज ने अपने निजी प्रयोग के लिए प्रस्तुत किया था। इसके आधार पर एक्स-ट्रैक्ट्स फ्राम दी शिल्पसारिणी शीर्षक लेख एलिस बोनर ने स्टडीज़ इन इंडियन टेम्पुल आर्किटेक्चर नामक ग्रन्थ में प्रकाशित किया, जिसको प्रमोदचन्द्र (शिकागो विश्वविद्यालय) के संपादकत्व में 'अमेरिकन इंस्टीट्यूट आफ इंडियन स्टडीज' ने 1975 ई० में प्रकाशित किया था। इस ग्रन्थ के आधार पर भुवनेश्वर के मन्दिरों के स्थापत्य का शिल्पशास्त्रीय अध्ययन प्राप्त होता है। तत्पश्चात् उड़ीसा की कतिपय पाण्डुलिपियों के आधार पर एलिस बोनर तथा सदाशिवरथ शर्मा ने सन टेम्पुल ऑफ कोणार्क शीर्षक ग्रन्थ को प्रकाशित किया। इसके अनन्तर कलिंग के मन्दिरों का शिल्पशास्त्रीय अध्ययन देवला मित्रा द्वारा 'इन्साइक्लोपीडिया ऑफ इंडियन टेम्पुल आर्किटेक्चर', जिल्द 2, भाग-1 तथा भाग-2 में क्रमशः 1988 ई० एवं 1991 ई० में अमेरिकन इंस्टीट्यूट ऑफ इंडियन स्टडीज़, आक्सफोर्ड यूनिवर्सिटी प्रेस दिल्ली द्वारा प्रकाशित किया गया। इन प्रकाशनों से स्पष्ट है कि कलिंग-क्षेत्र के मन्दिर स्थानीय प्रचलित शिल्पशास्त्रों के नियमों के अनुसार निर्मित हैं तथा इनके आलोक में ही उड़ीसा की प्राचीन कला का अध्ययन उचित होगा।

इन मन्दिरों का निर्माण लगभग 500 वर्षों की कालावधि (750-1250 ई०) में हुआ था। उड़ीसा के प्रारम्भिक मन्दिरों में केवल दो ही भाग होते थे—(1) देउल, उड़िया उच्चारण देउड़ (शिखरयुक्त गर्भगृह) तथा (2) जगमोहन (सभा-भवन)। परन्तु कालान्तर के मन्दिरों में दो भाग और जोड़े गये—(1) नाट मन्दिर (नृत्यशाला) तथा (2) भोग मन्दिर (पूजा-मण्डप)। इस प्रकार इनकी संख्या कुल चार हो जाती है—(1) देउल (देउड़) (शिखरयुक्त गर्भगृह), (2) जगमोहन (सभा-भवन), (3) नाट मन्दिर (नृत्यशाला) तथा (4) भोग मन्दिर (पूजा-गृह)। ये चारों भाग एक सीधी रेखा में वर्तमान हैं (आकृति सं० 9)।

काल-क्रम की दृष्टि से इन्हें तीन कालखण्डों में साधारणतया विभक्त किया गया है :

1. **प्रारम्भिक काल (750-900 ई०)**–इस कालखण्ड के अन्तर्गत 7 मन्दिर आते हैं, जो सभी भुवनेश्वर में ही प्राप्य हैं—परशुरामेश्वर, वेतालदेउड़, उत्तरेश्वर, ईश्वरेश्वर, गणेश्वर, भारतेश्वर एवं लक्ष्मणेश्वर। इनका निर्माण शैलोद्भव एवं भौमकर राजवंशों के काल में हुआ था। शैलोद्भव कुल शशांक का माण्डलिक था। परन्तु कालान्तर में माधवराज द्वितीय के काल में यह स्वतंत्र हो गया था।

2. **मध्य काल (900-1100 ई०)**—इस कालखण्ड में मुक्तेश्वर (975 ई०), लिंगराज (लगभग 1100 ई०), ब्रह्मेश्वर (1075 ई०) एवं रामेश्वर के मन्दिर (1075 ई०) भुवनेश्वर में निर्मित हुए थे। इनके अतिरिक्त जगन्नाथ मन्दिर (1100 ई०) पुरी में निर्मित हुआ था। इनका निर्माण भौमकर एवं सोमवंशी राजकुलों के द्वारा कराया गया था।

3. **परवर्ती काल** (1100-1170 ई०)—इस कालखण्ड में अधिकतर मन्दिर भुवनेश्वर में ही निर्मित हुए—अनन्तवासुदेव, सिद्धेश्वर, केदारेश्वर, मेघेश्वर, सारिदेउड़, सोमेश्वर एवं राजारानी (रजराणियाँ)। इनके अतिरिक्त सुप्रसिद्ध सूर्यमन्दिर कोणार्क में निर्मित हुआ था। इनका निर्माण गंग-वंश के राज्यकाल में हुआ था।

शैलीगत विशेषताओं की दृष्टि से इन्हें 'भुवनप्रदीप' में चार भागों में विभक्त किया गया है—(1) रेखा (उड़िया उच्चारण रेख), (2) भद्र-प्रकार, (3) खाखड़ा एवं (4) गौड़ीय। रेखा (रेख)—प्रकार के मन्दिर एड़ी से चोटी तक गोल तथा प्रलम्ब-सम होते थे, जिन पर आमलक (आँवला)-सदृश आकृति तराशी जाती थी। परन्तु दूसरे प्रकार (भद्र) में इन मन्दिरों की योजना चौकोर होती थी तथा शिखर पीढ़ा-शैली में निर्मित होते थे। देखने में ये एक-दूसरे पर बिठाये हुए पीढ़े की भाँति लगते हैं, जो परिमाण में क्रमानुसार छोटे होते जाते हैं। रेखा (रेख) एवं भद्र-प्रकार के मन्दिर कलिंग-प्रदेश में काफी लोकप्रिय थे। ये सबसे अधिक संख्या में भुवनेश्वर में मिलते हैं।

तीसरे प्रकार के देवालय (खाखड़ा-प्रकार) का नामकरण खखारू के आधार पर हुआ था, जिसका अर्थ उड़िया भाषा में कोंहड़ा होता है। फलतः इस प्रकार के मन्दिर कुल मिलाकर आयताकार तथा ऊपरी भाग में कुब्जपृष्ठ (कर्वीलीनियर) हुआ करते थे। परन्तु ये संख्या में अत्यल्प (कुल छह) हैं। इसका सबसे प्रसिद्ध उदाहरण भुवनेश्वर का वेतालदेउड़ का मन्दिर है। गौड़ीय शैली का प्रचलन खाखड़ा से भी अधिक नगण्य था तथा उड़ीसा की मन्दिर-कला पर इस शैली का कोई विशेष प्रभाव नहीं पड़ सका था। इसके मात्र दो ही उदाहरण मिलते हैं, जो पुरी में विद्यमान हैं। ये कोई प्रभावोत्पादक नहीं हैं, अतएव बहुधा लोग इन्हें कोई महत्त्व नहीं देते। पर चूँकि 'भुवनप्रदीप' में इसका उल्लेख एक स्वतंत्र शैली के रूप में हुआ है, अतएव उड़ीसा के शैली-प्रकार के अन्तर्गत इसका सन्दर्भन वाञ्छनीय हो जाता है। परन्तु विशेषतः प्रथम तीन प्रकार (रेखा, भद्र एवं खाखड़ा) अध्ययन की दृष्टि से महत्त्व रखते हैं।

इन मन्दिरों के वास्तुगत अंगों के नाम उड़िया भाषा में प्रचलित हैं। जहाँ तक रेखा प्रकार का प्रश्न है, उड़िया में इसका शुद्ध उच्चारण रेख होता है। स्थापत्य की दृष्टि से इनका क्षैतिज विभाजन चार भागों में किया जा सकता है—(1) जगतीतल (पिष्ट), (2) बाड़ (जंघा), (3) गंडि (स्कन्ध) एवं (4) मस्तक। रेखा (प्रकार) के मन्दिरों में जगतीतल (पिष्ट) का प्रायः अभाव मिलता है। इसका सबसे ज्वलन्त उदाहरण भुवनेश्वर का लिंगराज मन्दिर है। यह देवालय भूमि को सीधे फाड़कर ऊपर उगता हुआ दिखायी देता है। बाड़ (जंघा) आकार में गोलाई लेकर प्रलम्ब-सम ऊपर उठता पाँच अलंकरण-बंधों में विभक्त है—(1) प्रभाग (पाद); (2) तलजंघ (जंघे का निम्न भाग); (3) बंधन (गोल मोड़, तल एव उपरजंघ) को एक-दूसरे से विभक्त करता है; (4) उपरजंघ (जंघ का ऊपरी भाग) तथा (5) बरण्ड जंघ एवं स्कन्ध का विभाजक अलंकरण-बंध। गंडि (स्कन्ध भाग) ऊपर ऊँचाई में लम्बवत् निर्मित है और शीर्ष विन्दु पर चिपटा हो जाता हैं। पूरा दृश्य देवरथ के चतुष्कोणीय विन्दुओं पर गाड़े एवं ऊपर मुड़े बाँस के लट्ठों के आकार का स्मरण दिलाता है। गंडि के ऊपर मस्तक कई गोल भागों में विभक्त हो जाता है—(1) बेकी (गलभाग); (2) आमलक (आँवले की भाँति); (3) खपुरी (खोपड़ी या आधी खोपड़ी जो आँवले को ढँक देती है); (4) कलश (जलकलश) तथा (5) आयुध (देवायुध)।

भद्र या पीढ़ा प्रकार के मन्दिर भी उन्हीं चार परम्परित वास्तुगत भागों में विभक्त हैं—(1) पिष्ट (जगतीतल), (2) बाड़ (जंघ), (3) गंडि (स्कन्ध), (4) मस्तक। प्रायः पिष्ट (जगतीतल) का इस प्रकार के देवालयों में अभाव मिलता है। बाड़ (जंघा) रेखा-देवालय की भाँति प्रलम्ब-सम है तथा इसमें वे ही उपभाग

मिलते हैं; उदाहरणार्थ—पाभाग, तल-जंघ, बन्धना, उपरजंघा एवं बरण्ड; परन्तु गंडि (स्कन्ध-भाग) रेखा शैली से विभिन्न है। रेखा-शैली गंडि-भाग जहाँ प्रलम्ब है, वहाँ पीढ़ा-शैली के देवालय एक-दूसरे के ऊपर दृढ़ता के साथ बैठाये हुए तथा क्रमानुसार परिमाण में क्षीण होते पीढ़ा का स्मरण दिलाते हैं। दक्षिण के विमान-शैली में बने पिरामिडनुमा शिखरों का ये स्मरण दिलाते हैं, जो क्रमानुसार क्षीण होते प्रासादमंजिलों में विभक्त होने के आकार के तुल्य लगते हैं। गंडि के ऊपर मस्तक-भाग पाँच प्रमुख उपभागों में विभक्त हो जाता है; यथा बेकी एवं घंटा (गल-भाग), आमलक, खपुरी, जलकलश, देवायुध।

पहले इस बात का निर्देश किया जा चुका है कि खाखड़ा-प्रकार के मन्दिर आयताकार एवं उनका मस्तक बेलनाकार-छत सदृश होता है। खाखड़ा शब्द से तात्पर्य उड़िया शब्द खखारू से है, जिसका अर्थ कोंहड़ा होता है। देश के अन्य भागों (विशेषतः दक्षिण भारत के) वेसर शैली के देवालयों का ये स्मरण दिलाते हैं, जिनकी छत पीपेनुमा या बेलनाकार-सदृश है। इनकी पीठ पर लघ्वाकार आमलक अथवा कलशाकृतियाँ तराशी गयी हैं।

भुवनेश्वर के प्रारम्भिक काल के मन्दिरों में वास्तुविदों के अनुसार परशुरामेश्वर का मन्दिर प्राचीनतम है। इसके निर्माण की निश्चित तिथि का निर्धारण तो कठिन है, परन्तु इसके गर्भगृह के सिरदल के ऊपर एक उत्कीर्ण लघु लेख की लिपि के आधार पर इसका संभावित काल 8वीं शती ई० का मध्य भाग हो सकता है। इसका परिमाण औसत कोटि का है। इसका गर्भगृह नीचे मात्र 20 फीट का ही है तथा जगमोहन (सभामण्डप) की लम्बाई 48 फीट है। सम्पूर्ण मन्दिर केवल 44 फीट ऊँचा है। परन्तु यह अपने नयनाभिराम अलंकरण के लिए उड़ीसा की कला में विशेष महत्त्व रखता है। इसका गर्भगृह 'त्रिरथ' शैली में निर्मित है। भूतल को फाड़कर चिमनी की भाँति उगता यह मन्दिर (देउड़) एड़ी से चोटी तक भव्य उच्चित्रणों से मण्डित है। गर्भगृह एवं जगमोहन के शैर्षिक अलंकरण-बन्धों में आले तराशे गये हैं, जिनमें आख्यानात्मक शैव उच्चित्रण द्रष्टव्य हैं। प्रसिद्ध शिल्पांकित उदाहरणों में रावणानुग्रह-मूर्ति, रावण द्वारा कैलास पर्वत को अपनी तपश्चर्या द्वारा हिला देने का प्रयास; इस अवसर पर भयाक्रांत पार्वती, गणेश एवं कार्तिकेय को शिव द्वारा सँभालने की मुद्रा, शिव का नटराज रूप तथा कीर्तिमुख के भीतर लकुलीश की ध्यानमग्न मुद्रा के रूपांकन आदि उल्लेखनीय हो जाते हैं। दक्षिणी राहा के 'चैत्य गवाक्ष' में शिव की 'भिक्षाटन-मूर्ति' का उच्चित्रण प्राप्य है, जिसमें वे पार्वती के निमित्त भिक्षा-पात्र हाथ में लिये हैं। पूर्वी राहा के 'चैत्य गवाक्ष' में लकुलीश अपने शिष्यों सहित रूपांकित हैं तथा उत्तरी राहा के 'चैत्य-गवाक्ष' में 'महिषासुरमर्दिनी' की उकेरी द्रष्टव्य है।

यह एक रेखा (रेख) प्रकार का मन्दिर है, जिसमें इसके सभी भाग एवं उपभाग देखे जा सकते हैं; यथा बाड़ (पाभाग, जंघा एवं बरंड), गंडि (पंचभूमि में विभाजित), शैर्षिक अलंकरण-बंध (कर्णिका पग, अनुराहा पग एवं राहा पग) तथा मस्तक (बेकी, आमलक, खपुरी एवं कलश) आदि। इन विभिन्न भागों एवं उपभागों में कुछ अन्य भी उल्लेखनीय हैं; यथा व्याल (नतमस्तक सिंह की पीठ पर खड़ा एवं अपने दहाड़ते मुख को पीछे मोड़ता सिंह), लतरजाल, पक्षी, हर्षोल्लास में डूबे संगीतज्ञ एवं नर्तक उल्लेखनीय हो जाते हैं। बरण्ड की बाह्य भित्तियों में तराशी गयीं रथिका बिम्बों के भीतर एक स्थान पर सिंहासन पर आसीन गणेश का चतुर्भुजी स्वरूपांकन (अपने निचले बायें हाथ में धारण किये पात्र में रखे लड्डुओं को सूँड़ से स्पर्श करते एवं ऊपर के बायें हाथ में परशु को धारण किये हुए) तथा एक अन्य रथिका-बिम्ब के भीतर मयूर के पृष्ठ पर आरूढ़ तथा एक हाथ में शक्ति एवं दूसरे में मातुलंग धारण किये कार्तिकेय प्रदर्शित हैं। मन्दिर के गर्भगृह के सिरदल पर शिव-पार्वती परिणय, अग्नि-कुण्ड में स्रुवा से घी डालते ब्रह्मा, उनके बगल में सूर्य आदि देवगण रूपायित हैं। गर्भ-गृह के सिरदल पर अष्टग्रह आकारित हैं।

परशुरामेश्वर मन्दिर का जगमोहन लम्बा एवं आयताकार है तथा सम्भवतः बाद में जोड़ा गया है। दोनों ओर झुकी छत सपाट है और पत्थर की पट्टिकाओं से ढकी है। इसमें प्रवेश के लिए दो पार्श्वों में तीन द्वार बने हुए हैं। जगमोहन की कला में शिव, सूर्य, अर्द्धनारीश्वर, शिव-पार्वती, हरिहर, यम, वरुण, कैलास, गंगा-यमुना नदियों के पौराणिक देवी-विग्रह, वीरभद्र एवं गणेश के बीच सप्तमातृकाएँ एवं लकुलीश रूपायित हैं। मन्दिर (गर्भगृह) के मस्कभाग में रेखा-देउड़ के लाक्षणिक भाग द्रष्टव्य हैं; यथा बेकी (कण्ठ), आमलक, खपुरी, कलश एवं देवायुध (आकृति सं० 2)।

आरम्भिक काल के भुवनेश्वर-मन्दिरों का दूसरा उल्लेखनीय देवालय 'वैताल देउड़' नामक है, जिसकी निर्माण-शैली अद्वितीय है। पहले इस बात का उल्लेख किया जा चुका है कि यह 'खाखड़ा' प्रकार शिल्प के अन्तर्गत आता है, जिसका अर्थ उड़िया में कोंहड़ा होता है। इसका मस्तक-भाग बेलनाकार है और शीर्ष-विन्दु पर बेलनाकार (कर्वीलीनियर)-सा लगता है। कुल मिलाकर इसका शीर्ष कोंहड़े की आकृति का स्मरण दिलाने लगता है। उड़िया भाषा के कुछ विशेषज्ञों का अनुमान है कि 'वेताल-देउड़' का शुद्ध उच्चारण 'पोइताड़' हो सकता है, जो कि 'पोइत' एवं 'आड़' शब्दों के संयोग से बना है। उड़िया में 'पोइत' शब्द का प्रयोग 'पोत' (पानी के जहाज या नाव) के अर्थ में होता है। 'आड़' का अर्थ समान होता है (अर्थात् जलपोत या नौका की भाँति)।

उल्लेखनीय है कि जलपोत को उल्टा कर देने पर उसका बेलनाकार (कर्वीलीनियर, आयताकार किन्तु दोनों सिरों पर मोड़ लिया हुआ) स्वरूप उभड़ उठता है (आकृति सं० 3)।

प्रारम्भिक मन्दिरों की भाँति इसके भी केवल दो ही भाग हैं—(1) एक तो 'खाखड़ा' शैली में निर्मित गर्भगृह (देउड़) तथा (2) जगमोहन (सभामण्डप)। गर्भगृह की बाह्य भित्तियों पर अलंकरणों का भरमार देखा जा सकता है। बाड़-भाग के चतुर्दिक् आकारित रथिका-बिम्बों में अर्द्धनारीश्वर का चतुर्भुजी रूप, हरिहर, चार भुजाओं से युक्त पार्वती (पूर्णघट, अक्षमाल एवं त्रिशूल आदि धारण किये), अष्टभुजी महिषासुरमर्दिनी देवी (सर्प, धनुष-बाण, ढाल-तलवार, त्रिशूल, वज्र) भयंकर भैंसे को त्रिशूल से चीरती हुई दर्शायी गयी हैं (आकृति सं० 4)। इस भाग में आकारित उच्चित्रणों में कुछ सामाजिक विषयों के दृश्यांकन भी उल्लेखनीय हो जाते हैं; यथा अपने बालों को सँवारती सुन्दरी, पुष्प-गुच्छक धारण किये नायिका, वृक्ष की डाल को झुकाती ललना एवं अपने शृंगार को दर्पण में निहारती युवती आदि। अन्य अलंकरणों में चैत्य गवाक्ष एवं कीर्तिमुखों की भीतर लकुलीश, दहाड़ते सिंह को पैरों से दबाता खड्गधारी युवक, हरिहर एवं पार्वती आदि उल्लेखनीय हैं। वरण्ड-भाग में आखेट के निमित्त निकलता शस्त्रधारी-दलबल, जंगली हाथियों को पकड़ने की क्रिया में संलग्न शिकारियों का समूह, लता-गुल्म एवं वल्लरी आदि आलंकारिक अभिप्रायों के उच्चित्रण भी द्रष्टव्य हैं। गंडि-भाग पर ऊपर-नीचे दो चैत्य-गवाक्षों में भव्य अलंकरण मिलते हैं। इनमें से निचले उदाहरण में सूर्य की आसीन प्रतिमा आकारित है, जो अपने हाथों में लाक्षणिक आयुध धारण किये हुए हैं। उनके दोनों पार्श्वों में उषा एवं प्रत्यूषा रूपायित हैं, जो धनुष की प्रत्यंचा पर बाण का संधान किये हुए हैं। सामने की ओर सारथी अरुण सूर्य-रथ को हाँकते प्रदर्शित हैं। ऊपरी उदाहरण में दशभुजी नटराज का भव्य दृश्यांकन उपलब्ध होता है। इन दोनों ही उच्चित्रणों में शिल्पियों ने छेनी के सफल प्रयोग का उल्लेखनीय प्रदर्शन किया है।

इस देवालय का जगमोहन भी आयताकार है। इसका अलंकृत गर्भगृह दो द्वार-शाखाओं में विभाजित है, जिनमें आलंकारिक अभिप्राय एवं मांगलिक आकृतियाँ तराशी गयी हैं। गर्भगृह के भीतर चामुण्डा की एक विशालकाय अष्टभुजी प्रतिमा आकारित है। स्थानीय लोग 'कपालिनी' के नाम से इसकी पूजा करते हैं। इसमें वे शव पर आसीन (शवारूढ़ा), रौद्ररूपा (कराली), आगे निकले दाँतोंवाली (दंष्ट्रा), अंदर की

ओर सिकुड़े पेट (निर्मांसा) एवं धँसे नेत्रोंवाली (कोटराक्षी) प्रदर्शित हैं। उनके दाहिने ओर उलूक एवं बायीं ओर श्रृंगाल रूपायित हैं। अपने गले में मुंडमाल धारण किये वे अपने भयंकर रूप में उभड़कर दर्शक पर प्रभाव डालती शिल्पांकित है। गर्भगृह के भीतर की दीवालों में रथिकाएँ तराशी गयी हैं, जिनमें शिव-पार्वती, सप्तमातृकाएँ, कुबेर, वीरभद्र, गणेश एवं कालभैरव आदि उच्चित्रित हैं। मन्दिर की कला पर तांत्रिक प्रभाव परिलक्षित होता है। प्रवेश-द्वार के सिरदल पर गजलक्ष्मी एवं उमा-महेश्वर के स्वरूप तराशे गये हैं। स्थापत्य एवं तक्षण-कला की विशेषताओं के आधार पर इस देवालय का निर्माण-काल 8वीं शताब्दी का मध्य भाग माना जाता है। इसकी सम्पुष्टि द्वारशाखा पर उत्कीर्ण एक लघु लेख की लिपि के आधार पर भी होती है।[1]

मध्यवर्ती काल (द्वितीय अवस्था) के मन्दिरों में सर्वप्रथम मुक्तेश्वर का मन्दिर उल्लेखनीय है, जिसका निर्माण-काल आनन्द कुमारस्वामी ने 950 ई० के लगभग माना है। यह एक छोटे आकार का मन्दिर है, जिसकी ऊँचाई मात्र 35 फीट है। गर्भगृह मात्र 7 फीट है। परन्तु छोटे आकार का होते हुए भी यह अपने निर्माण की उत्कृष्टता तथा भव्य एवं चित्ताकर्षक रूप के लिए प्रसिद्ध है। फर्गूसन ने तो इसे उड़िया 'वास्तुकला का रत्न' कहा था। पूर्वकालीन मन्दिरों की तुलना में उड़िया वास्तुकला का इसमें एक विकसित रूप सामने उभड़कर आता है। एड़ी से चोटी तक मन्दिर के अंग-प्रत्यंग मनमोहक उकेरियों से सज्य हैं। लगता है कि शिल्पि-संघ इसके रग-रग के सौष्ठव को उभाड़ने में अपने कला-ज्ञान का निःशेष परिचय प्रस्तुत करना चाहता था। स्थापत्य के बदलते लक्षणों में से कुछ विशेष रूप से यहाँ उल्लेखनीय हो जाते हैं—(1) चैत्यगवाक्ष के केन्द्रीय भाग में टंकित 'कीर्तिमुख' अभिप्राय जिसमें सिंह-वक्त्र से निकलती लोहे की जंजीर जिसका टंकण उड़ीसा की कला में पहली बार देखने को मिलता है; (2) प्रवेश-द्वार के चौखटे के सिरदल पर अष्टग्रह के स्थान नवग्रह का अंकन; इस समय से केतु को नवग्रह के रूप में स्थान दिया गया, जबकि इसके पूर्व इसको छोड़कर गर्भगृह के प्रवेश-द्वार के शिरापट्टी पर 8 ही ग्रहों को स्थान दिया दिया जाता था; (3) मयूर पृष्ठाश्रयी कार्तिकेय तथा गणेश एवं उनकी सवारी के रूप में मूषक का उच्चित्रण। इस समय ये अलंकरण के नवीन प्रतीक के रूप में उड़ीसा की कला में जोड़े गये (आकृति सं० 5)।

इस देवालय का गर्भगृह (देउड़) तथा जगमोहन (सभामण्डप) एक लघु ऊँचाईवाले जगतीतल (पिष्ठ) पर आकारित हैं। गर्भगृह रेखा-शैली (रेख) की लाक्षणिक विशेषताओं से युक्त है तथा बाड़ एवं गण्डिभाग (जंघा से लेकर स्कन्ध तक) प्रलम्ब-सम उच्छ्रित हैं। इसमें अंग-शिखर, प्रधान-शिखर के पृष्ठतल पर ही कई अलंकरण-बंधों में उच्चित्रित हैं। उड़ीसा के अंग-शिखरों (उरू-श्रृंग) की अलंकरण-योजना, इस रूप में अन्य शैलियों से पृथक् है। उनमें ये प्रधान-शिखर के अंग से ऊपर उगते स्वतंत्र रूप में खड़े दिखायी देते हैं। मुक्तेश्वर के मन्दिर के स्कन्ध-भाग तक बाह्य-भित्तियों में चतुर्दिक् आकारित रथिकाओं, गोल-वृत्तों एवं चैत्यगवाक्षों में सामाजिक दृश्यांकन भी द्रष्टव्य हैं; यथा विभिन्न मुद्राओं में संलग्न नायिकाएँ, सिंह या गज के साथ द्वन्द्व युद्ध में उन्हें पछाड़ते योद्धा नृत्य-मण्डली, मकर-पृष्ठ पर बैठा उसे छेड़ने के प्रयास में रत बन्दर, आलंकारिक अभिप्राय-रूप में लतर-जाल एवं पत्रवल्ली। धार्मिक अलंकरण-योजनाओं में गंगा-यमुना के पौराणिक देवी-विग्रह, नटराज के आकर्षक रूपायन, नाग-नागी (आकृति सं० 6), सप्तमातृकाएँ, वीरभद्र एवं गणेश, श्रद्धा-सुमन अर्पित करते भक्तगण तथा आश्रमों में हवन करते ऋषिगण आदि जगमोहन (सभामण्डप) आयताकार हैं तथा इसके स्कन्ध-भाग पर मंडित शिखर भद्र (पीढ़ा) शैली में आकारित है। इस मन्दिर के चारों कोनों पर चार और देवालय कर्णप्रासाद के रूप में बने हैं तथा इस प्रकार यह देवालय

1. इन साइक्लोपीडिया ऑफ इंडियन टेम्प्रस आर्किटेक्चर नार्थ इंडिया, एम.ए.ढाकी द्वारा संपादित 7, पृ. 416.

पंचायतन प्रकार का दृष्टान्त है। मस्तक-भाग के ऊपर बेकी, आमलक, खपुरी, जलकलश एवं शीर्ष-विन्दु पर देवायुध आकारित हैं। इस मन्दिर के चतुर्दिक् एक चहारदीवारी भी मिलती है, जिसके प्रधान दिशा में एक अत्यन्त आलंकारिक तोरण-द्वार अपने निर्माण की भव्यता के कारण दर्शक को प्रभावित करता है (आकृति सं० 7)।

तदुपरान्त भुवनेश्वर का लिंगराज-मन्दिर विशेष रूप से उल्लेखनीय है। यदि इसे उड़ीसा के मन्दिर-वास्तु का मुकुटमणि तथा उड़िया शिल्पियों के परंपरित कला-ज्ञान का चूड़ान्त निदर्शन कहा जाय, तो कोई अत्युक्ति न होगी। इसके एक ही सीध में चार भाग स्पष्ट रूप में परिलक्षित होते हैं— (1) शिखरयुक्त गर्भ-गृह (रेखा-देउड), (2) जगमोहन (सभा-मण्डप), (3) नाट-मन्दिर (नृत्यशाला) एवं (4) भोग-मन्दिर (पूजा-गृह)। अनुमानतः प्रथम दो (देउड़ एवं जगमोहन) पहले तथा तृतीय (नृत्यशाला) एवं चतुर्थ (भोगमन्दिर) कालान्तर में जोड़े गये। ये समस्त भाग चतुर्दिक्-निर्मित एक आयताकार सुरक्षा-प्राकार के बीच में बने हैं, जो 520 फीट लम्बा और 465 फीट चौड़ा है।

परम्परा के अनुसार इसका निर्माण केसरी-नामान्त सोमवंशी नरेशों के राज्य-काल में हुआ था। परन्तु इस जनश्रुति को हम श्रद्धेय एवं प्रामाणिक नहीं मान सकते। इसका खंडन एक आभिलेखिक साक्ष्य से हो जाता है। जगमोहन (सभा-मण्डप) में एक स्थान पर उत्कीर्ण लेख के अनुसार गंग-वंशी अनन्तवर्मा चोड़गंग नामक नरेश के शासन-काल में (1114-15 ई० में) वस्तुतः इसका निर्माण हुआ था। इस अभिलेख में एक ग्राम के दान का उल्लेख मिलता है, जिसका उद्देश्य 'कृत्तिवासस्' (शिव) के मन्दिर में निरन्तर दीप प्रज्वलित करने के व्ययभार का वहन था। इस लेख के प्रमाण से इतना स्पष्ट है कि इसके निर्माण की अन्तिम काल-सीमा इसी को (अर्थात् लगभग 1114-15 ई०) मानना प्रमाण-संगत होगा। अपने मूल काल में इस शैव देवालय का वास्तविक नाम 'कृत्तिवासस्-प्रासाद' (शिव-मन्दिर) रहा होगा, जो कालान्तर में वर्तमान नाम (लिंगराज मन्दिर के नाम) से विश्रुत हो गया। इस मन्दिर के प्रांगण के भीतर प्रधान देवालय की आकृति के अनुरूप छोटे-बड़े आकार के कुछ और भी मन्दिर पूजा के प्रतीक-रूप में भक्तजनों द्वारा आध्यात्मिक लाभ के निमित्त जोड़े गये। यह स्थिति ठीक उसी प्रकार थी, जिस प्रकार बौद्ध तीर्थों में प्रधान स्तूप के चतुर्दिक् छोटे-छोटे स्तूप विभिन्न उत्तर-कालों में धर्मावलंबियों द्वारा आध्यात्मिक लाभ-निमित्त निर्मित किये गये थे। इससे लगता है कि यह केन्द्र बहुत बड़ा तीर्थ-स्थल माना जाता था। लिंगराज मन्दिर के देवता त्रिभुवनेश्वर (भुवनेश्वर) हैं और इस कारण मन्दिरों का यह नगर भुवनेश्वर नाम से प्रख्यात हुआ।

शिखरयुक्त गर्भगृह (देउड़) पंचरथ रेखा-प्रासाद का उदाहरण है। उसकी भूयोजना में जगतीतल (पिष्ट) का अभाव मिलता है। धरातल को फाड़कर चिमनी की भाँति ऊपर उगता हुआ एड़ी से चोटी तक इसकी क्षैतिज गोलाई द्रष्टव्य है। उल्लेखनीय है कि इसका भीतरी भाग किसी भी ठोस भराव से रिक्त है। इस देवालय का सबसे भव्य निर्माण इसका उत्तुंग शिखर है, जो अपनी ऊँचाई (160 फीट) और सौन्दर्य से चतुर्दिक् प्रभावित करता दर्शकों को आकृष्ट कर लेता है (आकृति सं० 8)। थंजाउर (तंजौर) के बृहदेश्वर मन्दिर के शिखर को छोड़कर अन्य किसी की भी तुलना में यह उच्चतम माना जा सकता है। कला-मर्मज्ञों ने निर्माण की उत्कृष्टता के कारण इसे भुवनेश्वर का ही नहीं, अपितु समस्त भारत का सर्वश्रेष्ठ मन्दिर आकलित किया है।

शिखर की मंडन-योजना में लघु शिखराकृतियाँ या अंग-शिखर (टावर-मोटिफ) के रूप शैर्षिक अलंकरण-बंधों में उच्चित्रित हैं। जंघा से लेकर गंडि तक उकेरियों से सज्य बनाने का मनोवैज्ञानिक प्रयास देखते ही बनता है। अलंकरण-योजना में रथिकाओं एवं गवाक्षों में सूर्य, गणेश, कार्तिकेय, पार्वती, अर्द्धनारीश्वर, शिव, ब्रह्मा, नटराज एवं अष्टदिग्पाल आदि देवी-देवताओं के उच्चित्रण उल्लेखनीय हैं।

धार्मिक विषयों के अतिरिक्त सामाजिक विषयों को प्रचुर रूप में तराशा गया है; उदाहरणार्थ नृत्य, वाद्य, संगीत, मृगया एवं विभिन्न मुद्राओं में सलंग्न नायिकाओं के दृश्यांकन। इनमें पैर में चुभे काँटे को निकालती, वृक्षशाखाओं को अवनमित करती, प्रिय पक्षी के साथ मनोविनोद करती, शृंगार को दर्पण में निहारती, ललाट पर सिन्दूर लगाती, गलमाल के सिरे को हाथ से स्पर्श करती ललनाओं के रूपांकन उल्लेखनीय हैं।

इन आलंकारिक उच्चित्रणों द्वारा चतुर्दिक् प्रभावित करते शिखर के मस्तक पर बेकी, आमलक, खपुरी, कलश एवं देवायुध के रूपायन इसकी कला की अन्य विशेषताएँ हैं। इस शिखरयुक्त रेखा-प्रासाद (देउल) के समक्ष जगमोहन पीढ़ा (भद्र) शैली का उदाहरण है। इसके सामने सीधी रेखा में बने नाटमन्दिर (नृत्यशाला) एवं भोगमन्दिर (पूजागृह) आदि के वास्तुगत अंगों में आकारित नखशिख-उच्चित्रण के उल्लेखनीय दृष्टान्तों के प्रदर्शन दर्शकों के मन को मोह लेते हैं (आकृति सं० 9)। इसी प्रकार भुवनेश्वर के मन्दिरों में '**राजारानी मन्दिर**' भी विशेष उल्लेखनीय है। यह यहाँ के मन्दिरों में सबसे अलग है। मन्दिर को एक खेत में बनाया गया है। इसका निर्माण एक विशेष प्रकार के पत्थर से किया गया है, जिसे लोग 'रजरनियाँ पत्थर' कहते हैं। 'रजरनियाँ' का शुद्ध रूप 'राजारानी' है (आकृति सं० 10)।

इस बात का पहले उल्लेख किया जा चुका है कि भुवनेश्वर के अतिरिक्त उड़ीसा में वास्तुकला के दो और भी केन्द्र थे, एक तो पुरी तथा दूसरा कोणार्क। मध्यकालीन उड़िया मन्दिरों में पुरी का जगन्नाथ वैष्णव मन्दिर पूजा की दृष्टि से वस्तुतः आज भी सबसे अधिक प्रसिद्ध है। पुरी की गणना हिन्दुओं के चार धामों में की जाती है। अतएव पूजा-परम्परा आज भी अक्षुण्ण है। यह मन्दिर आकार में भुवनेश्वर के सभी मन्दिरों से बड़ा है। यहाँ तक कि लिंगराज मन्दिर की तुलना में भी इसका विस्तार अधिक है। उपलब्ध प्रमाणों के अनुसार मूलकाल में इसके स्थान पर कलिंग-विजय के उपलक्ष्य में चोड़गंग ने 1030 ई० में एक विजय-स्तम्भ निर्मित कराया था। परन्तु कालान्तर में 1100 के लगभग इस स्थल पर एक मन्दिर का निर्माण किया, जिसके प्रारम्भ में दो ही भाग थे— शिखरयुक्त गर्भगृह (देउड़) एवं जगमोहन (सभा-मण्डप)। 14वीं-15वीं शताब्दी के लगभग नाटमन्दिर (नृत्यशाला) एवं भोगमन्दिर (पूजा-मण्डप) संयुक्त कर दिये गये। अपने सम्पूर्ण रूप में उड़िया शैली में ही भुवनेश्वर के मन्दिर की शैलीगत विशेषताएँ इसमें भी उपलब्ध हैं। मन्दिर के ये चारों ही भाग एक पंक्ति में निर्मित हैं, जिनकी लम्बाई कुल मिलाकर 310 फीट एवं चौड़ाई 80 फीट है। शिखर की ऊँचाई लिंगराज-मन्दिर की तुलना में भी कहीं अधिक है (210 फीट)।

इसकी एक विशेषता यह है कि यह तीन प्राकारों से परिवेष्टित है। इसके पीछे भावना यह है कि यह विराट् पुरुष (जगन्नाथ) का व्यक्त रूप है, जिसके गले में प्रतीक-स्वरूप, तीन मालाएँ पहनायी गयी हैं जो भारतीय परम्परा के अनुसार एक शुभ लक्षण है। बाहरी प्राकार 665 फीट लम्बा एवं 640 फीट चौड़ा तथा 20 फीट ऊँचा है। इनमें चारों दिशाओं में शिखरयुक्त चार प्रवेश-द्वार हैं, जिनकी निर्माण-शैली द्राविड़ शैली के गोपुरम् से विभिन्न है। परन्तु परिमाण में सबसे अधिक होते हुए भी इसमें वह पूर्णता नहीं आ पायी जो कि लिंगराज-मन्दिर में द्रष्टव्य है। कुछ आलोचकों का तो यहाँ तक कहना है कि भुवनेश्वर-मन्दिरों की तुलना में यह निम्न-कोटि का निर्माण है। जुड़ाई के मसालों के प्रयोग एवं स्थापत्य-विषयक प्रभावोत्पादकता की कमी तथा उल्लेखनीय तकनीक के अभाव के कारण इसकी वास्तु-शैली की कड़ी आलोचना कतिपय समीक्षकों ने की है। परन्तु सहसा इस प्रकार के निष्कर्ष पर आ जाना न्यायसंगत न होगा। इस संबंध में ध्यातव्य है कि भौगोलिक स्थिति (सामुद्रिक वात एवं समुद्री तूफान के प्रायशः उठान) के कारण सदियों के अन्तर के फलस्वरूप प्रस्तरों को तराशकर उभाड़ी गयी इसकी मूलकालीन आभा क्रमशः विलुप्त होती चली गयी। इस देवालय के विस्तीर्ण प्रांगण में प्रधान देवालय के चतुर्दिक् छोटे-बड़े

आकार एवं परिमाण के लघु मन्दिर उत्तर काल में समय-समय पर धर्मार्थियों द्वारा निर्मित किये गये। यह उस बौद्ध परंपरा का स्मरण दिलाता है, जिसके अनुसार मुख्य स्तूप के चतुर्दिक् लघु आकारवाले स्तूप आध्यात्मिक लाभ-निमित्त भक्तजनों के द्वारा निर्मित किये गये थे। इस निर्माण-प्रथा का कारण इसका विशिष्ट धार्मिक केन्द्र होना था। परंपरित अवधारणा के अनुसार पुरी हिन्दुओं के चार पवित्र धाम के अन्तर्गत आता था।

कोणार्क का सूर्य मन्दिर

जगन्नाथपुरी से 20 मील की दूरी पर स्थित कोणार्क का सूर्य-मन्दिर कला की दृष्टि से अद्वितीय है। इसे 1250 ई० में नरसिंहदेव ने बनवाया था। परन्तु काल के अन्तराल में यह लगभग ध्वस्त हो चुका है। अपने ध्वस्तावस्था में भी इसे देखकर इसकी भव्यता एवं अकूत कलात्मकता का अनुमान किया जा सकता है। अब इसका जीर्णोद्धार कर दिया गया है। यह देवालय भग्नावस्था में अधिक समय रहने के कारण काला पड़ गया है, जिसे देखकर पाश्चात्य विद्वानों ने इसका नाम ब्लैक पगोडा (काला पिरामिड) रख दिया था। जगन्नाथ मन्दिर उचित रख-रखाव में बराबर रखे जाने के कारण बहुत सुरक्षित बना रहा। उसकी चूने से पुताई होती थी, अतएव उसका नाम विदेशी विद्वानों ने ह्वाइट पगोड़ा (सफेद-पिरामिड) रख दिया। सूर्य-मन्दिरों में यह सबसे प्रसिद्ध माना जाता है। इससे पूर्व निर्मित सूर्य-मन्दिरों में मार्तण्ड मन्दिर कश्मीर (9वीं शताब्दी) एवं गुजरात का मढेरा मन्दिर (1026 A.D.) भी प्रसिद्ध माने जाते हैं, परन्तु कोणार्क की प्रसिद्धि इनमें सबसे अधिक है, जिसका निर्माण 1250 ई० में हुआ।

कोणार्क मन्दिर का निर्माण उस पौराणिक अवधारणा पर किया गया है जिसमें सूर्य देव अंतरिक्ष में अपने वाहन रथ पर विचरण करते हैं। इस रथ को सात घोड़ों द्वारा खींचा जाता हुआ कोणार्क मन्दिर में प्रदर्शित किया गया है। इस मन्दिर का निर्माण एक बड़े चूबतरे पर किया गया है, जिसके दोनों पार्श्वों में रथ के पहिए तराशे गये हैं। इस मन्दिर में बने रथ में 12 बड़े पहिये आकारित किये गये हैं, जिनकी ऊँचाई 12 फीट व्यास 10 फीट है (आकृति सं० 11)। इन पहियो को दोनों पार्श्व में छह-छह की संख्या में 10 से 12 फीट की समान दूरी पर रूपायित किया गया है। इस देवालय का निर्माण कलिंग के गंग नरेश नरसिंहदेव ने करवाया था। इस मन्दिर में उड़ीसा के अन्य बड़े मन्दिरों की भाँति नाटमन्दिर, भोग-मन्दिर, जगमोहन तथा देउल भाग निर्मित किये गये थे। परन्तु अब इसका केवल जगमोहन तथा खण्डित देउल भाग ही सुरक्षित है, शेष भाग ध्वस्त हो चुके हैं। इसका देउल अथवा विमान अपने निर्माणकाल में जमीन से लगभग 225 फीट ऊँचा था। इसी प्रकार इस मन्दिर का बड़ा हॉल अर्थात् जगमोहन 100 फीट लम्बा तथा 100 फीट ऊँचा है। इस मन्दिर का विशाल प्रांगण 865 फीट लम्बा तथा 540 फीट चौड़ा है (आकृति सं० 12)।

कोणार्क शब्द कोण अर्थात् कोना तथा अर्क अर्थात् सूर्य शब्दों के योग से बना है। इसका तात्पर्य सूर्य का कोना होता है। इस मन्दिर के निर्माता नरसिंहदेव ने उड़ीसा के पुरी जिले में सूर्य की रश्मियों की दृष्टि से सबसे उपयुक्त भौगोलिक स्थल कोणार्क को इस रथ मन्दिर के निर्माण का स्थल चुना था। यह मन्दिर अपनी स्थापत्य कला के साथ-साथ भव्यतम मूर्तिकला के लिए जगत् प्रसिद्ध है।

कोणार्क का सूर्य मन्दिर अपने समय में बहुत ही भव्य माना जाता था। सम्राट् अकबर के दरबार में रहनेवाला सुप्रसिद्ध लेखक अबुल फजल (1561 ई०) ने इस मन्दिर को देखकर लिखा था कि जो लोग बहुत ही छिद्रान्वेषी होते हैं, वे भी इस मन्दिर की कला को देखकर प्रशंसा किये बिना नहीं रहते। कला

की दृष्टि से इस मन्दिर में बने रथ के पहिये तथा अश्व बड़े ही सुन्दर ढंग से तराशे गये हैं (आकृति सं० 13)।

अधिकांश विद्वान् यह मानते हैं कि इस देवालय में तंत्रयान के प्रभाव के कारण मिथुन उच्चित्रण किये गये हैं, जिनको देखकर आपाततः दर्शक पर अच्छा प्रभाव नहीं पड़ता है। परन्तु इस मन्दिर की रचना समग्रता में इतनी मनोरम एवं भव्य है कि दर्शक इसे देखकर प्रशंसा किये बिना रह भी नहीं सकता है।

कोणार्क के सूर्य मन्दिर-निर्माण सम्बन्धी अनेक महत्त्वपूर्ण सूचनाएँ विगत कुछ दशक पूर्व प्राप्त **'बयचकड'** नामक एक प्राचीन उड़िया बही से प्राप्त होती हैं। इस बही में मन्दिर-निर्माण सम्बन्धी आय-व्यय, शिल्पी वर्ग तथा उनकी विशेषताओं आदि का ब्यौरा दिया गया है। इस बही से पता चलता है कि मन्दिर का निर्माण विशाल पैमाने पर किया गया था। इसके निर्माण पर राजकोष से भारी व्यय हुआ था। इसमें प्रदत्त विवरण के अनुसार इस मन्दिर के निर्माण के लिए देश के कोने-कोने से कई सहस्र शिल्पियों को आमंत्रित किया गया था तथा सम्पूर्ण शिल्पीय कार्य के अधिष्ठाता के रूप में सदाशिव सामंतराय महापात्र नामक प्रसिद्ध स्थपति को सूत्रधार नियुक्त किया गया था। उसी ने इस मन्दिर के गर्भगृह में स्थापित महाभास्कर (सूर्य) प्रतिमा का निर्माण किया था।

'बयचकड' बही से यह भी पता चलता है कि मूर्तिकला के विभिन्न आयामों से जुड़े अलग-अलग शिल्पी वर्ग नियुक्त किये गये थे, जिनके नाम थे—चित्रकार, जारीकार, चुनुर, पाथुरिया, कारीगर, बखानिया तथा शिल्पीनायक आदि। इनमें प्रत्येक का अलग-अलग कार्य निर्दिष्ट था। कोणार्क में तमिलनाडु प्रदेश के मदुरै नगर से भी शिल्पी आये थे, जिन्हें पत्र एवं वल्लरी उकेरने का कार्य सौंपा गया था। परन्तु बाद में इनका कार्य संतोषजनक न पाये जाने के कारण इन्हें मदुरा वापस भेज दिया गया था। उपर्युक्त बही के सूचनानुसार निर्दिष्ट समय पर कार्य पूरा करने के लिए शिल्पियों को ठेका दिया जाता था। कोणार्क मन्दिर के निर्माण में लगाये गये शिल्पियों में स्त्रियाँ भी सम्मिलित थीं। 'बयचकड' बही में सूना नामक एक 'पाचुरियानी' नारी शिल्पी का बड़ा रोचक वर्णन किया गया है। यह नारी शिल्पी तोरण-सज्जा में सिद्धहस्त थी। सूना तथा अन्य नारी शिल्पियों का पुरुष शिल्पियों के सन्निकट ही आवास-स्थल बनवाया गया था। बयचकड बही के विवरण से ज्ञात होता है कि सूना का किसी स्थपति से प्रगाढ़ प्रणय स्थापित हो गया था जिसकी लोक चर्चा बहुत अधिक थी। इस प्रणय सम्बन्ध के कारण शिविर-स्थल पर अनेक समस्याएँ पैदा हो गयी थीं जिनका अन्ततोगत्वा समाधान किया गया।

कोणार्क के सूर्य मन्दिर का मूर्ति शिल्प अनुपम है। उपर्युक्त उड़िया बही से ज्ञात होता है कि अधिष्ठान के दोनों ओर रथ में जुते सातों घोड़ों की प्रतिमा नारायण महापात्र नामक प्रसिद्ध स्थपति ने निर्मित किया था। इसी तरह गदाधर महापात्र नामक स्थपति की देखरेख में अरुण स्तम्भ, अश्वारूढ़ प्रतिमा (हरिदाश्व), मिथुनों की विशाल मूर्तियाँ, विमान की आठ हाथ परिमाण की अलसकन्या मूर्तियाँ, पीढ़ा के तलों की गायन-नृत्य मुद्रा की मूर्ति तथा नटेश शिव आदि भव्यतम मूर्तियों का निर्माण सम्पन्न हुआ था। उपर्युक्त बही के विवरणानुसार गंगा महापात्र नामक शिल्पी की देखरेख में जगमोहन के पीढ़ा शिखर की 06 विशालकाय संगीतज्ञों की प्रतिमाएँ, 03 दिग्पाल प्रतिमाएँ तथा 10 दिग्पाल-पत्नी प्रतिमाओं का रूपायन हुआ था। इसी प्रकार सूर्य की 03 विशाल मूर्तियाँ विमान की तीन दिशाओं में निर्मित प्रेक्षणिकाओं में निर्मित की गयी थीं। 'बयचकड' बही की सूचनानुसार विश्वनाथ महापात्र नामक शिल्पी ने स्वयं अपने निर्देशन में कोणार्क मन्दिर के निर्माता गंगनरेश नरसिंहवर्मन तथा उनके परिवार एवं दरबार आदि को कुल 24 शिलाफलकों पर शिल्पांकित किया था।

कोणार्क के सूर्य मन्दिर की भित्तियों की मूर्त्तियाँ अनेकानेक सामाजिक दृश्यों को आलोकित करती

हुई रूपायित की गयी हैं। उदाहरणार्थ एक फलक पर एक सुन्दरी बाला जो कि वृक्ष के नीचे चित्रभंग मुद्रा में खड़ी है, वीणा वादन करती हुई प्रदर्शित की गयी है। कतिपय फलकों पर गंग नरेश नरसिंह देव को धनुर्विद्या का अभ्यास करते हुए दिखाया गया है। इसी प्रकार यत्र-तत्र धार्मिक विषय भी रूपायित देखे जा सकते हैं। जैसे एक फलक पर भैरव का चित्रण है। अन्य सामाजिक उच्चित्रणों में किसी में नायक बाँसुरी बजा रहा है तो किसी में नायिका मृदंग बजाती हुई प्रदर्शित की गयी है। एक फलक पर उन्मत्त हाथी का दृश्यांकन है। ऐसे ही कतिपय फलकों पर युद्ध अथवा सैन्य-यात्रा का उच्चित्रण मिलता है। ज्ञातव्य है कि ये सारे दृश्य मन्दिर की बाह्य भित्तियों पर उच्चित्रित मिलते हैं।

कोणार्क मन्दिर की भित्तियों पर नवग्रह अपने पौराणिक स्वरूप में अपने आयुधों के साथ उकेरे गये हैं। मन्दिर के चौकठ का द्वारपाश एवं अन्तरंग नाना प्रकार के उच्चित्रणों से सजे हुए हैं। अन्य उच्चित्रणों में पत्रवल्ली, नाग-नागिन, यक्ष-यक्षिणियाँ, वामन आकृतियाँ, किन्नर-किन्नरियाँ, विद्याधर एवं विद्याधरियाँ, वाद्य-नट, चँवरधारिणी, शंख, दीपशिखा, घंटी एवं घंटा, नर्तक एवं नर्तकियाँ संगीतज्ञ (वादन मुद्रा में), केशसज्जा, साधु, मकर, चन्द्र शिला, शृंगारिक मुद्रा में मिथुन, साधु एवं सुन्दरी की युगल मूर्तियाँ एवं रतिरत मूर्तियाँ उल्लेखनीय हैं।

□□□

सहायक ग्रन्थसूची

(क) मूलभूत संस्कृत, पालि तथा प्राकृत आदि ग्रन्थ

अग्निपुराण : सम्पादक—हरिनारायण आप्टे, आनन्दाश्रम मुद्रणालय, पुण्याख्यपत्तन, शालिवाहन, शकाब्द 1822.

अभिज्ञानशाकुन्तलम् : सम्पादक—शारदारंजन रे, प्रकाशक—दी सिटी बुक सोसायटी, कलकत्ता, 1908.

अमरकोश : सम्पादक—पण्डित शिवदत्त, प्रकाशक—निर्णयसागर मुद्रणालय, बम्बई 1929.

अर्थशास्त्र : सम्पादक—यौली, प्रकाशक —मोतीलाल बनारसीदास, बनारस, 1923.

अष्टाध्यायी : सम्पादक—सतीशचन्द्र बसु, बनारस, 1897.

आश्वलायन गृह्यसूत्र : सम्पादक—महामहोपाध्याय गणपति शास्त्री, गवर्नमेण्ट प्रेस, त्रिवेन्द्रम, 1923.

उत्तररामचरितम् : सम्पादक—पी० वी० काणे, तृतीय संस्करण, बम्बई, 1929.

ऋतुसंहार : सम्पादक—वासुदेव लक्ष्मण शास्त्री, प्रकाशक—निर्णयसागर प्रेस, 1922.

कथासरित्सागर : सम्पादक—पण्डित दुर्गाप्रसाद, निर्णयसागर यन्त्रणालय, बम्बई, 1920.

कादम्बरी : सम्पादक—मथुरानाथ शास्त्री, प्रकाशक—निर्णयसागर यन्त्रणालय, बम्बई, 1948.

कामसूत्र : सम्पादक—दुर्गाप्रसाद, निर्णयसागर यन्त्रणालय, बम्बई, द्वितीय संस्करण.

काव्यप्रकाश : सम्पादक—हरदत्त शर्मा, पूना ओरियेण्टल सिरीज़, पूना, 1935.

काव्यमीमांसा : सम्पादक—सी० डी० दलाल तथा आर० अनन्त कृष्ण, बड़ौदा, 1917.

कुमारसम्भव : सम्पादक—भारद्वाज गंगाधर शास्त्री, प्रकाशक—विद्याविलास प्रेस, बनारस, द्वितीय संस्करण.

कूर्मपुराण : नीलमणि मुखोपाध्याय, कलकत्ता, 1990.

गरुड़पुराण : क्षेमराज श्रीकृष्णदास, बम्बई, 1906.

गौतमधर्मसूत्र : सम्पादक—हरिनारायण आप्टे, आनन्दाश्रम यन्त्रणालय, पुण्याख्यपत्तन, 1910.

चारुदत्त : सम्पादक—गणपति शास्त्री, त्रिवेन्द्रम, 1914.

दशकुमारचरितम् : सम्पादक—काले, प्रकाशक—ओरियेण्टल पब्लिशिंग कम्पनी, बम्बई, 1917.

दिव्यावदान : सम्पादक—कावेल, कैम्ब्रिज, 1886.

नवसाहसांकचरितम् : सम्पादक—पं० वामन शास्त्री, प्रकाशक—गवर्नमेण्ट सेण्ट्रल बुक डिपो, बम्बई, 1895.

नाट्यशास्त्र : सम्पादक—रामकृष्ण कवि, ओरियेण्टल इंस्टीट्यूट, बड़ौदा, 1934.

नारदस्मृति : सम्पादक—यौली, कलकत्ता, 1885.

नैषधीयचरितम् : सम्पादक—महामहोपाध्याय पण्डित शिवदत्त, प्रकाशक—निर्णयसागर यन्त्रणालय, बम्बई, 1907.

पद्मपुराण : सम्पादक—विष्णुनारायण, पूना, 1893.

पपंचसूदनी : सम्पादक—आई० वी० हानर,लन्दन, 1938.

पराशरस्मृति : सम्पादक—महामहोपाध्याय चन्द्रकान्त तर्कालंकार, प्रकाशक—बैप्टिस्ट मिशन प्रेस, कलकत्ता, 1892.

पवनदूत : सम्पादक—सी० आर० चक्रवर्ती, प्रकाशक—संस्कृत-साहित्य-परिषद्, श्याम बाजार, कलकत्ता.

प्रतिमामानलक्षणम् : सम्पादक—फणीन्द्रनाथ बोस, प्रकाशक —मोतीलाल बनारसीदास, बनारस, 1929.

प्रियदर्शिका : निर्णयसागर यन्त्रणालय, बम्बई, शालिवाहन शकाब्द, 1806.

बुद्धचरितम् : कावेल, आक्सफोर्ड, 1893.

बृहत्संहिता : सम्पादक—सुधाकर द्विवेदी, बनारस, 1895.

बृहस्पतिस्मृति : सम्पादक—के० पी० रंगास्वामी आयंगर, बड़ौदा, 1941.

बोधिसत्वावदानकल्पलता : सम्पादक—शरत्चन्द्रदास, प्रकाशक—बैप्टिस्ट मिशन प्रेस, कलकत्ता, 1918.

बौधायनधर्मसूत्र : सम्पादक—श्रीनिवासाचार्य, मैसूर, 1907.

ब्रह्मपुराण : क्षेमराज श्रीकृष्णदास, बम्बई, 1906.

ब्रह्मवैवर्तपुराण : श्री वेंकटेश्वर प्रेस, बम्बई.

ब्रह्माण्डपुराण : श्री वेंकटेश्वर प्रेस, बम्बई, 1906.

भट्टिकाव्यम् : सम्पादक—शारदारंजन रे, प्रकाशक—कुमुदरंजन रे, 17 भवानीदत्त लेन, कलकत्ता.

भासनाटकचक्र : सम्पादक—सी० आर० देवधर, प्रकाशक—ओरियेण्टल बुक एजेंसी, पूना.

मत्स्यपुराण : सम्पादक—हरिनारायण आप्टे, प्रकाशक—आनन्दाश्रम मुद्रणालय, पुण्याख्यपत्तन, 1907.

मनुष्यालयचन्द्रिका : सम्पादक—गणपति शास्त्री, प्रकाशक—गवर्नमेण्ट प्रेस, त्रिवेन्द्रम, 1917.

मनुस्मृति : सम्पादक—गंगानाथ झा, इण्डियन प्रेस, प्रयाग, 1932.

मयमतम् : सम्पादक—गणपति शास्त्री, प्रकाशक—गवर्नमेण्ट प्रेस, त्रिवेन्द्रम, 1919.

महाभारत : सम्पादक—विष्णुसुकथंकर, 1942.

महाभाष्य : सम्पादक—कीलहार्न, द्वितीय संस्करण, गवर्नमेण्ट सेण्ट्रल प्रेस, बम्बई.

मानसार : सम्पादक—डॉक्टर प्र० कु० आचार्य, प्रकाशक —आक्सफोर्ड यूनिवर्सिटी प्रेस.

मार्कण्डेयपुराण : श्री वेंकटेश्वर प्रेस, बम्बई.

मालविकाग्निमित्रम् : सम्पादक—एस० कृष्णराव, मद्रास, 1930.

मिलिन्दपञ्हो : सम्पादक—ट्रेकनर, लन्दन, 1980.

मुद्राराक्षस : सम्पादक—आर० के० ध्रुव, प्रकाशक—पूना ओरियेण्टल बुक एजेंसी, तृतीय संस्करण, 1930.

मृच्छकटिक : सम्पादक—आर० डी० करमारकर, द्वितीय संस्करण, 1950.

याज्ञवल्क्यस्मृति : सम्पादक—नारायण शास्त्री, चौखम्बा संस्कृत सिरीज़ ऑफिस, बनारस.

युगपुराण : सम्पादक—डी० आर० मनकद, चारुतर प्रकाशन, वल्लभविद्या नगर, 1951.

युक्तिकल्पतरु : सम्पादक—पण्डित ईश्वरचन्द्र शास्त्री, ओरियेण्टल सिरीज़ कलकत्ता, 1917.

रघुवंश : सम्पादक—शंकर पण्डित, प्रकाशक—गवर्नमेण्ट सेण्ट्रल बुक डिपो, 1897.

रत्नावली : सम्पादक—गिरीश विद्यारत्न यन्त्रालय, कलकत्ता, शकाब्द 1821.

राजतरंगिणी : दुर्गाप्रसाद, बम्बई, संवत् 1984.

रामायण : सम्पादक—टी० आर० कृष्णाचार्य, प्रकाशक—निर्णयसागर प्रेस, बम्बई, 1905.

ललितविस्तर : सम्पादक—आर० एल० मित्र, कलकत्ता, 1877.

लिंगपुराण : श्री वेंकटेश्वर प्रेस, बम्बई.

वराहपुराण : सम्पादक—पण्डित हृषीकेश शास्त्री, प्रकाशक—गिरीश विद्यारत्न प्रेस, कलकत्ता.

वसिष्ठ धर्मशास्त्रम् : सम्पादक—ए० ए० फूहरर, बम्बई, 1883.

वायुपुराण : सम्पादक—राजेन्द्र लाल मित्र, कलकत्ता, 1880.

वास्तुविद्या : सम्पादक—गणपति शास्त्री, प्रकाशक—गवर्नमेण्ट प्रेस, त्रिवेन्द्रम, 1913.

विक्रमांकदेवचरितम् : सम्पादक—बूलर, प्रकाशक—गवर्नमेण्ट सेण्ट्रल बुक डिपो, बम्बई, 1875.

विष्णुधर्मोत्तर महापुराण : प्रकाशक—क्षेमराज श्रीकृष्णदास, बम्बई, 1934.

विष्णुपुराण : श्री वेंकटेश्वर यन्त्रालय, बम्बई.

विष्णुसंहिता : सम्पादक—टी० गणपति शास्त्री, त्रिवेन्द्रम, 1926.

शिल्परत्न : सम्पादक—गणपति शास्त्री, प्रकाशक—गवर्नमेण्ट प्रेस, त्रिवेन्द्रम, 1922.

शिशुपालवध : सम्पादक—पण्डित दुर्गाप्रसाद, निर्णयसागर मुद्रणालय, बम्बई.

समरांगणसूत्रधार : सम्पादक—गणपति शास्त्री, प्रकाशक— बड़ौदा सेण्ट्रल लाइब्रेरी, 1924.

सौन्दरनन्दकाव्य : सम्पादक—हरिप्रसाद शास्त्री, बैप्टिस्ट मिशन प्रेस, कलकत्ता, 1910.

स्कन्दपुराण : सम्पादक—क्षेमराज श्रीकृष्णदास, बम्बई, 1909.

स्वप्नवासवदत्तम् : सम्पादक—टी० गणपति शास्त्री, प्रकाशक—गवर्नमेण्ट प्रेस, त्रिवेन्द्रम, 1912.

हर्षचरितम् : सम्पादक—ए० ए० फूहरर, प्रकाशक—गवर्नमेण्ट सेण्ट्रल प्रेस, बम्बई.

(ख) अनूदित ग्रन्थ

गरुड़पुराण (सेक्रेड बुक्स ऑफ़ दी हिन्दूज़, भाग 9, सम्पादक—बी० डी० बसु, प्रकाशक—दी पाणिनि ऑफिस, भुवनेश्वरी आश्रम, बहादुरगंज, प्रयाग 1911).

जातक—(कावेल, कैम्ब्रिज, 1905).

मत्स्यपुराण, भाग 1—(सेक्रेड बुक्स ऑफ़ दी हिन्दूज़, भाग 17, अनुवादक—ए तालुकेदार ऑफ़ अवध, प्रकाशक—दी पाणिनि ऑफिस, भुवनेश्वरी आश्रम, बहादुरगंज, प्रयाग, 1916).

मत्स्यपुराण, भाग 2—(सेक्रेड बुक्स ऑफ़ दी हिन्दूज़, भाग 20, अनुवादक—ए तालुकेदार ऑफ़ अवध, प्रकाशक—दी पाणिनि आफिस, भुवनेश्वरी आश्रम, बहादुरगंज, प्रयाग, 1917).

मिलिन्दपञ्हो—(सेक्रेड बुक्स ऑफ़ दी ईस्ट, भाग 35, अनुवादक—रिज डेविड्स, प्रकाशक—आक्सफोर्ड यूनिवर्सिटी प्रेस, 1890).

शुक्रनीतिसार—(अनुवादक—विनयकुमार सरकार, सम्पादक—बी० डी० बसु, प्रकाशक—दी पाणिनि ऑफिस, भुवनेश्वरी आश्रम, बहादुरगंज, प्रयाग, 1914).

(ग) विदेशी यात्रियों के विवरण

अल्बरुनीज़ इण्डिया, सखाऊ, पापुलर एडीशन, 1914.

ऑन य्वान् च्वांग, वाटर्स, 1905.

इण्डिया ऐज़ डिसक्राइब्ड इन क्लैसिकल लिटरेचर वेस्टमिंस्टर, 1901.

इनवेज़न ऑफ अलेक्ज़ेण्डर, मेक्रिण्डिल, प्रथम संस्करण, वेस्टमिंस्टर, 1893.

फाह्यान, लेग्गे, आक्सफोर्ड, 1886.

फाह्यान, गाइल्स, लन्दन, 1877.

बुद्धिस्ट रेकर्ड, बील, लन्दन, 1906.

मेगस्थनीज़ ऐण्ड एरियन, मेक्रिण्डिल, लन्दन, 1877.

लाइफ़ ऑफ़ य्वान् च्वांग, बील, लन्दन, 1914.

(घ) आधुनिक लेखकों के ग्रन्थ

(1)

अर्बन डिके इन इण्डिया, रामशरण शर्मा, मुंशी राममनोहर, दिल्ली, 1987.

अर्बनाइज़ेशन इन ऐंशेण्ट इण्डिया, विजयकुमार ठाकुर, अभिनव पब्लिकेशन्स, दिल्ली, 1981.

आर्किटेक्चर ऑफ दी हिन्दूज़, रामराज, लन्दन.

इण्डियन शिपिंग : राधाकुमुद मुकर्जी, लन्दन, 1912.

इण्डिया एज़ नोन टू पाणिनि—वासुदेवशरण अग्रवाल, प्रकाशक—लखनऊ विश्वविद्यालय, 1953.

इण्डोलॉजिकल स्टडीज़ भाग 3, ला० बि० च०, गंगानाथ झा रिसर्च इंस्टीट्यूट, 1954.

उज्जयिनी इन ऐंशेण्ट इण्डिया : विमलाचरण लाहा, पब्लिश्ड बाई दी आर्क्यालॉजिकल डिपार्टमेण्ट, ग्वालियर गवर्नमेण्ट, 1944.

एजूकेशन इन ऐंशेण्ट इण्डिया : अल्तेकर, प्रकाशक—नन्दकिशोर ब्रदर्स, बनारस, तृतीय संस्करण, 1948.

ऐंशेण्ट इण्डियन एजूकेशन : राधाकुमुद मुकर्जी, लन्दन, 1947.

ऐंशेण्ट टाउन्स ऐण्ड सिटीज़ इन गुजरात एण्ड काठियावाड़, अल्तेकर, प्रकाशक—ब्रिटिश इण्डिया प्रेस, मेजगाँव, 1926.

कारपोरेट लाइफ़ इन ऐंशेण्ट इण्डिया, मजूमदार र० च०, प्रकाशक—कलकत्ता विश्वविद्यालय, 1922.

कौटिल्य : नारायणचन्द्र वन्द्योपाध्याय, बानी प्रेस, कलकत्ता.

टाउन प्लैनिंग इन ऐंशेण्ट डकन—अय्यर.

टाउन प्लैनिंग इन ऐंशेण्ट इण्डिया, बि० बि० दत्त, कलकत्ता, 1925.

डिक्शनरी ऑफ़ पाली प्रापर नेम्स, मललसेकर, लन्दन, 1937.

डिक्शनरी ऑफ़ हिन्दू आर्किटेक्चर, आचार्य प्र० कु०, प्रकाशक—आक्सफोर्ड यूनिवर्सिटी प्रेस, लन्दन.

दी वैदिक हरप्पन्स, भगवान सिंह, आदित्य प्रकाशन, नयी दिल्ली, 1995.

दी सिटी इन अर्ली हिस्टारिकल इण्डिया, ए० घोष, शिमला, 1989.

पब्लिक ऐडमिनिस्ट्रेशन इन ऐंशेण्ट इण्डिया, प्रभानाथ बनर्जी, लन्दन,1916.

पेरिप्लस ऑफ़ दि ईरीथियन सी, स्काफ़, प्रकाशक—लांगमैंस ग्रीन एण्ड क०, लन्दन, 1912.

फ्रंटियर्स ऑफ़ दी इंडस सिविलाइजेशन, सम्पादक—बी० बी० लाल एवं एस० पी० गुप्ता, प्रकाशन—बुक्स एण्ड बुक्स, नयी दिल्ली, 1984.

बुद्धिस्ट इण्डिया : रिज़ डेविड्स, कलकत्ता, 1950.

भारत की मौलिक एकता : वासुदेवशरण अग्रवाल, भारती भण्डार, प्रयाग.

भारतीय वेषभूषा : भारती भण्डार, प्रयाग, प्रथम संस्करण, संवत् 2007.

राष्ट्रकूटाज़ एण्ड देयर टाइम्स, पूना ओरियेण्टल सिरीज़, संख्या 36, पूना, 1934.

लोकल गवर्नमेण्ट इन ऐंशेण्ट इण्डिया—रा० कु० मुकर्जी, आक्सफोर्ड प्रेस, 1920, द्वितीय संस्करण.

वैदिक इण्डेक्स—मेकडानल, एण्ड कीथ, 1912.

सम ऐंशेण्ट इण्डियन सिटीज़ : पिगट.

सार्थवाह, मोतीचन्द्र, बिहार राष्ट्रभाषा परिषद्, पटना, 1953.

सिटीज, आर्ट्स एण्ड कामर्स अंडर दी कुषाणाज़, कामेश्वर प्रसाद, 1984, आगम प्रकाशन, दिल्ली.

सेलेक्ट इंस्क्रिप्शन्स, सरकार दिनेशचन्द्र, प्रकाशक—कलकत्ता विश्वविद्यालय, 1942.

सोशल लाइफ़ इन ऐंशेण्ट इण्डिया, हरेनचन्द्र चकलदार, कलकत्ता 1929.

स्टेट इन ऐंशेण्ट इण्डिया : बेनीप्रसाद, इण्डियन प्रेस, 1922.

हरप्पन सिविलाइज़ेशन, ग्रिगोरी एल० पोसेल, अमेरिकन इंस्टीट्यूट ऑफ इण्डियन स्टडीज़, नयी दिल्ली, 1982.

हर्षचरित : एक सांस्कृतिक अध्ययन, वासुदेवशरण अग्रवाल, बिहार राष्ट्रभाषा परिषद्, पटना, 1953.

हिन्दू पॉलिटी—जायसवाल, का० प्र०, प्रकाशक—बंगलोर पब्लिशिंग कम्पनी, द्वितीय संस्करण, 1943.

हिस्ट्री ऑफ़ इण्डियन एण्ड इण्डोनेशियन आर्ट, आनन्द के० कुमारस्वामी, लन्दन, एडवर्ड गोल्डस्टन, 1927.

हिस्ट्री ऑफ इण्डिया : इलियट एण्ड डाउसन, लन्दन, 1877.

हिस्ट्री ऑफ बंगाल : मजूमदार, भाग 1, प्रकाशक—ढाका विश्वविद्यालय, प्रथम संस्करण, 1943.

हिस्ट्री ऑफ़ बनारस : अल्तेकर, बनारस, 1937.

(2)

अग्रवाल, वासुदेवशरण,

गुप्त कला, लखनऊ, 1948.

देवी-माहात्म्य : दी ग्लोरिफिकेशन ऑफ दी ग्रेट गॉडेसेज़, वाराणसी, 1963.

भारतीय कला, वाराणसी, 1966.

मथुरा कला, अहमदाबाद, 1964.

शिव-महादेव, दी ग्रेट गॉड शिव, वाराणसी, 1968.

हर्षचरित एक सांस्कृतिक अध्ययन, बिहार राष्ट्रभाषा परिषद्, पटना, 1953.

अग्रवाल, यू०,

खजुराहो स्कल्पचर्स एण्ड देयर सिगनिफिकेन्स, न्यू दिल्ली, 1964.

अग्रवाल, पी०के०,

सम वाराणसी इमेजेज ऑफ़ गणपति एण्ड देयर आइकोनोग्रैफिक प्रॉब्लेम, आर्टिबस एशिया, 39, 2, 1970.

अग्रवाल वासुदेवशरण,

टेराकोटा फिगरिन्स ऑफ अहिच्छत्र, पृथ्वी प्रकाशन, वाराणसी, 1982.

अवस्थी, अवधबिहारी लाल,

स्टडीज़ इन स्कन्द पुराण, भाग 4; ब्रह्मैनिकल आर्ट एण्ड आइकोनोग्रैफी, लखनऊ, 1976.

अवस्थी, रामाश्रय,

खजुराहो की देव-प्रतिमाएँ, आगरा, 1967.

आचार्य, पी०के०,

ए डिक्शनरी ऑफ़ हिन्दू आर्किटेक्चर, आक्सफोर्ड.

मानसार ऑन आर्किटेक्चर एण्ड स्कल्पचर्स, संस्कृत टेक्स्ट विथ क्रिटिकल नोट्स, आक्सफोर्ड.

आप्टे, वी०एस०,

दी प्रेक्टिकल संस्कृत-इंग्लिश डिक्शनरी, भाग 1-2, पूना, 1957-59.

एजाजुद्दीन, एफ०एस०,

पहाड़ी पेण्टिंग एण्ड सिख प्रोटैट्स इन दी लाहौर म्यूजियम, लन्दन, 1972.

एलिस बोनर एण्ड सदाशिव रथ,

न्यू लाइट ऑन दी सन टेम्पुल ऑफ कोणार्क, चौखम्बा संस्कृत संस्थान, वाराणसी, 1972.

ओहरी, वी०सी०,

आर्ट्स ऑफ हिमाचल, शिमला, 1975.

कँवर लाल,

इम्मार्टल खजुराहो, एशिया प्रेस, दिल्ली, 1965.

कजिन्स, जेम्स एच०,

डिस्क्रिप्टिव लिस्ट ऑफ़ एक्जहिबिट्स इन दी आर्क्यालाजिकल सेक्शन ऑफ दी नागपुर म्यूजियम, इलाहाबाद, 1914.

काला, एस०सी०,

स्कल्पचर्स इन दी इलाहाबाद म्यूजिसिपल म्यूजियम, इलाहाबाद, 1946.

कालिया, आशा,

दी आर्ट ऑफ़ एशियन टेम्पुल्स, अभिनव पब्लिकेशन्स, नयी दिल्ली, 1982.

कीथ, ए०बी०,

रेलिजन एण्ड फिलॉसफी ऑफ़ दी वेदाज़, कैम्ब्रिज, 1925.

कुमार, पुष्पेन्द्र,

शक्ति कल्ट इन ऐंशेण्ट इण्डिया, वाराणसी, 1974.

कृष्ण देव,

गाइड टू खजुराहो म्यूजियम, आ० सं० इं०, दिल्ली.

टेम्पुल्स ऑफ़ खजुराहो, ऐंशेण्ट इण्डिया, सं० 15, 1959.

टेम्पुल्स ऑफ़ नार्थ इण्डिया, दिल्ली, 1969.

कुमारस्वामी, आ०,

ओरिजन ऑफ़ दी बुद्ध इमेजेज़, बॉस्टन म्यूजियम ऑफ़ आर्ट बुलेटिन.

कैटलॉग ऑफ़ इण्डियन कलेक्शन इन दी म्यूज़ियम ऑफ फाइन आर्ट्स, बॉस्टन, भाग 2, स्कल्पचर, बॉस्टन, 1923.

डांस ऑफ़ शिव, नयी दिल्ली, 1974.

हिस्ट्री ऑफ़ इण्डियन एण्ड इण्डोनेशियन आर्ट, लन्दन, 1927.

कृष्णा, नन्दिता,

दी आर्ट एण्ड आइकोनोग्रैफी ऑफ़ विष्णु-नारायण, बम्बई, 1980.

क्रैमरिश, स्टेला,

इण्डियन स्कल्पचर्स, कलकत्ता, 1933.

इण्डियन स्कल्पचर्स इन दी फिलाडेल्फिया म्यूजियम ऑफ़ आर्ट, फिलाडेल्फिया, 1960.

दी आर्ट ऑफ़ इण्डिया, लन्दन, 1955.

दी हिन्दू टेम्पुल, भाग 1, 2, कलकत्ता, 1946.

गंगवार, क्षेत्रपाल,

हरिहरोपासना और मध्यकालीन हिन्दी साहित्य, इलाहाबाद, 1979.

गांगुली, डी०एस०,

कोणार्क, कलकत्ता, 1956.

उड़ीसन स्कल्पचर एण्ड आर्किटेक्चर, कलकत्ता, 1956.

गांगुली, मनमोहन,

उड़ीसा एण्ड हर रिमेन्स, कलकत्ता, 1912.

गुप्ता, पी०एल०,

पटना म्यूज़ियम कैटलॉग ऑफ ऐंटीक्वीटीज़, पटना, 1965.

गुप्ते, आर०एस०,

आइकोनोग्रैफी ऑफ हिन्दू, बुद्धिस्ट एण्ड जैन्स, बम्बई, 1972.

गेटी, एलिस,

दी गॉड्स ऑफ़ नार्दर्न बुद्धिज्म, नयी दिल्ली, 1978.

गणेश, नयी दिल्ली, 1972.

गोंडा, जे०,

आस्पेक्ट्स ऑफ अर्ली विष्णुइज़्म, नयी दिल्ली, 1969.

गोयट्ज, एच०,

सूर्य ऐज़ दी सुप्रीम गॉडहेड, प्रोफेसर गोड़े कमेमोरेशन वाल्यूम; सम्पादक एच०एल० हरियप्पा एण्ड एम०एम० पटकर, पूना, 1960.

धाल, यू०एन०,

गॉडेस लक्ष्मी, ओरिजिन एण्ड डेवलपमेण्ट-ए स्टडी ऑफ़ दी गॉड्स ऑफ़ ब्यूटी एण्ड वेल्थ, नयी दिल्ली, 1978.

घोषाल, एस०एन०,

दी ऐटीच्यूड ऑफ दी निर्गन्थाज़ टूअर्ड्स अदर रेलिजस सेक्ट्स ऐज़ ग्लीण्ड फ्राम दी यूवासगदसाज, मन्थली बुलेटिन ऑफ़ दी एशियाटिक सोसाइटी, जिल्द 8, अंक 5, मई 1979.

चन्द्र, जगदीश,

बिब्लियोग्रैफी ऑफ़ इण्डियन आर्ट, हिस्ट्री एण्ड आर्क्यालॉजी, नयी दिल्ली, 1978.

चन्द्र प्रमोद,

स्टोन स्कल्पचर्स इन दी इलाहाबाद म्यूजियम, अमेरिकन इंस्टीट्यूट ऑफ़ इण्डियन स्टडीज़, रामनगर, वाराणसी, पब्लिकेशन सं० 2.

चन्द्र, मोती,

स्टोन स्कल्पचर्स इन दी प्रिंस ऑफ़ वेल्स म्यूजियम, बम्बई, 1974.

चन्द्र लोकेश,

नीलकंठ लोकेश्वर ऐज़ दी बुद्धिस्ट एपोथिओसिस ऑफ़ हरि-हर, नयी दिल्ली, 1979.

चम्पकलक्ष्मी, आर०,

वैष्णव आइकोनोग्रैफी इन दी तमिल कंट्रीज, नयी दिल्ली, 1981.

जायसवाल, सुवीरा,

दी ओरिजन एण्ड डेवलपमेण्ट ऑफ़ वैष्णविज़्म, 1967.

ज़िमर, एच०,

मिथ्स एण्ड सिम्बल्स इन इण्डियन आर्ट एण्ड सिविलाइज़ेशन, न्यूयार्क, 1946.

जेनास, ई०,

खजुराहो, हेग, 1960.

जैश, पी०,

हिस्ट्री ऑफ़ शैविज़्म, कलकत्ता, 1974.

हिस्ट्री एण्ड इवोल्यूशन ऑफ़ वैष्णविज़्म इन ईस्टर्न इण्डिया, कलकत्ता, 1982.

जोशी, एन०पी०,

कैटलॉग ऑफ़ दी ब्रह्ममैनिकल स्कल्पचर्स इन दी स्टेट म्यूज़ियम, लखनऊ, भाग 1, लखनऊ, 1972.

डाउजन, जे०,

ए क्लैसिकल डिक्शनरी ऑफ़ हिन्दू माइथोलॉजी एण्ड रेलिजन, ज्यॉग्रफी, हिस्ट्री एण्ड लिटरेचर, लन्दन, 1957.

डेनेक, एम०एम०,

इण्डियन स्कल्पचर; मास्टर पीसेज़ ऑफ़ इण्डियन, खमेर एण्ड चम्पा आर्ट, लन्दन, 1963.

ढाकी, एम०एम०,

एन्साइक्लोपीडिया ऑफ़ इण्डियन टेम्पुल आर्किटेक्चर साउथ इण्डिया, लोअर द्रविड़ देश, दिल्ली, 1983.

तिवारी, एस०पी०,

हिन्दू आइकोनोग्रैफी, नयी दिल्ली, 1979.

थापर, डी०आर०,

आइकन्स इन ब्रान्ज़, बम्बई, 1961.

दुबे, हरिनारायण,

पुराण-समीक्षा, इण्टरनेशनल इंस्टीट्यूट फार डेवलपमेण्ट एण्ड रिसर्च, इलाहाबाद, 1984.

देगुल्कर, जी०बी०,

टेम्पुल आर्किटेक्चर एण्ड स्कल्पचर ऑफ़ महाराष्ट्र, नागपुर, 1974.

देव, एस०बी०,

'सम अर्द्धनारी फॉर्म्स ऑफ़ विष्णु' भारती, 10-11, 1966-68.

देसाई, कल्पना शरण,

आइकोनोग्रैफी ऑफ़ विष्णु, नयी दिल्ली, 1973.

पाठक, वी०एस०,

हिस्ट्री ऑफ़ शैव कल्ट्स इन नार्दर्न इण्डिया फ्राम इंस्क्रिप्शन्स, वाराणसी, 1960.

पाणिग्रही, के०सी०,

आर्क्यालॉजिकल रिमेन्स ऐट भुवनेश्वर, कलकत्ता, 1961.

पाण्डे, दीनबन्धु,

हिन्दू देव प्रतिमा-विज्ञान, वाराणसी, 1978.

पाण्डे, डी०बी०,

नोट्स ऑन इण्डियन आइकोनोग्रैफी, वाराणसी, 1978.

पाल, प्रतापादित्य,

दी आर्ट ऑफ़ नेपाल, भाग 1, स्कल्पचर, 1974.

वैष्णव आइकोनोलॉजी इन नेपाल, 1976.

दी आइडियल इमेज़ेज, 1978.

दी सेक्रेड एण्ड सेकुलर इन इण्डियन आर्ट सेलेक्टेड फ्रॉम दी लास ऐंजल्स काउंटी म्यूज़ियम ऑफ़ आर्ट, कैलिफोर्निया, 1974.

पुसाल्कर, ए०डी०,

स्टडीज़ इन दी एपिक्स एण्ड पुराणाज़, बम्बई, 1955.

बनर्जी, आर०डी०,

ईस्टर्न इण्डियन स्कूल ऑफ़ मेडिवल स्कल्पचर्स, न्यू दिल्ली, 1933.

बनर्जी, जे०एन०,

दी डेवलपमेण्ट ऑफ़ हिन्दू आइकोनोग्रैफी, कलकत्ता, तृतीय संस्करण, 1974.

दी सो-कॉल्ड त्रिमूर्ति ऑफ़ एलिफेण्टा, पेरिस, 11, 2.

पौराणिक एण्ड तांत्रिक रेजिलन, कलकत्ता, 1966.

रेलिजन इन आर्ट एण्ड आर्क्यालॉजी, लखनऊ, 1968.

बर्थ, ए०,

दी रेजिलन्स ऑफ़ इण्डिया, नयी दिल्ली, 1969.

बोस, निर्मल कुमार,

कैनन्स ऑफ़ उड़ीसन आर्किटेक्चर, कलकत्ता, 1932.

भट्टसाली, एन०के०,

आइकोनोग्रैफी ऑफ़ बुद्धिस्ट एण्ड ब्रह्मैनिकल स्कल्पचर्स इन दी ढाका म्यूजियम, वाराणसी, 1972.

भट्टाचार्य, दि०च०,

आइकोनोलॉजी ऑफ़ कम्पोजिट इमेजेज, नयी दिल्ली, 1980.

तांत्रिक, बुद्धिस्ट, आइकोनोग्रैफिक सोर्सेज़, नयी दिल्ली, 1974.

द कम्पोजिट इमेज ऑफ वासुदेव एण्ड लक्ष्मी, जर्नल ऑफ़ दी एशियाटिक सोसायटी, 8, 1966.

'ब्राह्मणदेव-विष्णु : ए कम्पोजिट फॉर्म ऑफ़ विष्णु एण्ड कार्त्तिकेय' ज०ए०सी०, 17, 1-4, 1975.

स्टडीज़ इन बुद्धिस्ट आइकोनोग्रैफी, नयी दिल्ली, 1978.

भट्टाचार्य, बी०,

इण्डियन बुद्धिस्ट आइकोनोग्रैफी, कलकत्ता, 1958.

शैविज़्म एण्ड दी फैलिक वर्ल्ड, भाग 1, 2, 1975.

भट्टाचार्य, बी०सी०,

इण्डियन इमेजेज़, कलकत्ता, 1921, भाग 1.

जैन आइकोनोग्रैफी, लाहौर, 1939.

भट्टाचार्य, यू०सी०,

कैटलॉग एण्ड गाइड टू राजपूताना म्यूज़ियम, अजमेर, जयपुर, 1960-61.

भण्डारकर, आर०जी०,

वैष्णविज़्म, शैविज़्म एण्ड अदर माइनर रेलिजस सिस्टम, वाराणसी, 1965.

मकबूल अहमद,

खजुराहो एरोटिक्स एण्ड टेम्पुल आर्किटेक्चर, दिल्ली, 1982.

मजूमदार, आर०सी०,

इण्डियन कल्चर इन साउथ-ईस्ट एशिया, 1970.

हिन्दू कालोनीज़ इन फार ईस्ट, कलकत्ता, 1973.

हिस्ट्री ऑफ़ बंगाल, जिल्द (हिन्दू पीरियड), पटना, 1970.

मजूमदार, आर०सी० एण्ड पुसाल्कर ए०डी०,

दी एज ऑफ़ इम्पीरियल कन्नौज, भाग 4, बम्बई, 1955.

दी एज ऑफ़ इम्पीरियल यूनिटी, भाग 2, बम्बई, 1951.

दी क्लैसिकल एज, भाग 3, बम्बई, 1954.

दी वैदिक एज, भाग 1, लन्दन, 1950.

दी स्ट्रगिल फार इम्पायर, भाग 5, बम्बई, 1957.

मजूमदार, एन०जी०,

ए गाइड टू दी स्कल्पचर्स इन दी इण्डियन म्यूज़ियम (भाग 1, 2), दिल्ली, 1937.

मजूमदार, बी०,

ए गाइड टू सारनाथ (द्वितीय संस्करण), नयी दिल्ली, 1947.

मनकद, डी०आर०,

प्रतिमा-विज्ञान, मध्य प्रदेश हिन्दी अकादमी, भोपाल, 1972.

माथुर, वी०के०,

इण्डियन आर्ट, राष्ट्रीय संग्रहालय, 1983.

मार्शल, जे०ए०,

ए गाइड टू तक्षशिला, कलकत्ता, 1918.

ए गाइड टू साँची, कलकत्ता, 1955.

मित्रा, आर०एल०,

बुद्ध गया, दिल्ली, 197.2.

मित्रा, देवला,

कोणार्क, आ०स०इ०, नयी दिल्ली, 1976.

खजुराहो, आ०स०इ०, नयी दिल्ली, 1975.

भुवनेश्वर, आ०स०इ०, नयी दिल्ली, 1973.

मिश्र, इन्दुमती,

प्रतिमा-विज्ञान, मध्य प्रदेश हिन्दी अकादमी, भोपाल, 1972.

मुंशी, के०एम०,

इण्डियन टेम्पुल स्कल्पचर्स, नयी दिल्ली, 1956.

मुकर्जी, आर०के०,

दी कास्मिक आर्ट ऑफ इण्डिया, बम्बई, 1965.

मुखर्जी, प्रभात,

दी हिस्टारिकल स्टडी ऑफ़ मेडिवल वैष्णविज़्म इन उड़ीसा, नयी दिल्ली, 1981.

मूर्ति, शिवराम,

एपिग्रैफिकल इकोज़ ऑफ़ कालिदास, मद्रास, 1944.

मैकडॉनल एण्ड कीथ, ए०बी०,

वैदिक इण्डेक्स, जिल्द 1, 2, वाराणसी, 1958.

मैकडोनल, ए०ए०,

दी वैदिक माइथालोजी, वाराणसी, 1963.

लेक्चर्स इन कम्पेरेटिव रेलिजन, कलकत्ता, 1925.

हिस्ट्री ऑफ़ संस्कृत लिटरेचर, लन्दन, 1928.

मैक्समूलर, एफ०,

ओरिजन एण्ड ग्रोथ ऑफ़ रेलिजन, लन्दन, 1978.

हिस्ट्री ऑफ़ ऐंशेण्ट संस्कृत लिटरेचर, इलाहाबाद, 1926.

मोनियर, विलियम्स, एम०,

ए संस्कृत इंग्लिश डिक्शनरी, आक्सफोर्ड, 1956.

रेलिजस लाइफ एण्ड थॉट इन इण्डिया, लन्दन, 1883.

यादव, वी०एन०एस०,

सोसायटी एण्ड कल्चर इन नार्दर्न इण्डिया इन दी ट्वेल्फ्थ सेन्चुरी, इलाहाबाद, 1973.

राय, एस०एन०,

पौराणिक धर्म और समाज, इलाहाबाद, 1967.

राय, यू०एन०,

गुप्त सम्राट् और उनका काल (बृहत्संस्करण), इलाहाबाद, 1986.

प्राचीन भारत में नगर तथा नगर-जीवन, इलाहाबाद, 1965.

रायचौधरी, एच०सी०,

पोलिटिकल हिस्ट्री ऑफ़ ऐंशेण्ट इण्डिया, कलकत्ता, 1982.

मैटेरियल्स फार दी स्टडी ऑफ़ दी अर्ली हिस्ट्री ऑफ़ दी वैष्णव सेक्ट, कलकत्ता, 1936.

राव, टी०ए०जी०,

एलिमेण्ट्स ऑफ़ हिन्दू आइकोनोग्रैफी, मद्रास, 1914-16.

रासेनफील्ड, जे०एम०,

दी डायनेस्टिक आर्ट ऑफ़ दी कुषाणाज़, कैलिफोर्निया, 1967.

वर्मा, रत्नेश कुमार,

खजुराहो के जैन मन्दिरों की मूर्तिकला, पार्श्वनाथ विद्याश्रम शोध-संस्थान, वाराणसी, 1984.

वाजपेयी, के०डी०,

इण्डियन न्यूमिस्मेटिक स्टडीज़, अभिनव पब्लिकेशन्स, 1976.

कल्चरल हिस्ट्री ऑफ़ इण्डिया, पूना प्रकाशन, दिल्ली, 1985.

सागर थ्रू दी एजेज़, सागर, 1964.

हिस्ट्री एण्ड कल्चर ऑफ़ मध्य प्रदेश, बी०जी० इंस्टीट्यूट ऑफ़ लर्निंग एण्ड रिसर्च, अहमदाबाद, 1984.

वेंकटरमैया, एन०,

रुद्र-शिव, मद्रास, 1941.

शाह, प्रियबाला,

विष्णु धर्मोत्तर पुराण, तृतीय खण्ड, जिल्द 1, 2, 1961.

शिवराममूर्ति, सी०,

इण्डियन स्कल्पचर, नयी दिल्ली, 1961.

ए गाइड टू दी आर्क्यालॉजिकल गैलरीज ऑफ़ दी इण्डियन म्यूजियम, कलकत्ता, 1954.

नटराज इन आर्ट, थॉट एण्ड लिटरेचर, नयी दिल्ली, 1974.

संस्कृत लिटरेचर एण्ड आर्ट, मिरर्स ऑफ़ इण्डियन कल्चर, आ०सं०इ०, 73.

शुक्ल, डी०एन०,

हिन्दू कैनन्स ऑफ़ आइकोनोग्रैफी, लखनऊ, 1958.

श्रीवास्तव, ए०के०,

कैटलॉग ऑफ़ इण्डो-ग्रीक क्वायन्स इन दी स्टेट म्यूज़ियम, लखनऊ, 1969.

श्रीवास्तव, बी०,

आइकोनोग्रैफी ऑफ़ शक्ति, वाराणसी, 1978.

सरकार, ए०,

शिव इन मेडिवल इण्डियन लिटरेचर, कलकत्ता, 1974.

सरकार, दि०च०,

लक्ष्मी एण्ड सरस्वती इन आर्ट एण्ड लिटरेचर, कलकत्ता, 1970.

सेलेक्ट इंस्क्रिप्शन्स, जिल्द 1, 2, दिल्ली, 1882.

सरस्वती, एस०के०,

ए सर्वे ऑफ़ इण्डियन स्कल्पचर्स, नयी दिल्ली, 1975.

अर्ली स्कल्पचर्स ऑफ़ बंगाल, कलकत्ता, 1962.

सहाय, भगवंत,

आइकोनोग्रैफी ऑफ़ माइनर हिन्दू एण्ड बुद्धिस्ट डीटीज़, नयी दिल्ली, 1975.

सिद्धान्तशास्त्री, आर०के०,

शैविज़्म थ्रू दी एजेज़, नयी दिल्ली, 1974.

सिंह, शिव बहादुर,

ब्रह्मैनिकल आइकन्स इन नार्दर्न इण्डिया, न्यू दिल्ली, 1977.

सेनगुप्ता, नीलिमा,

कल्चरल हिस्ट्री ऑफ़ कपिशा एण्ड गांधार, संदीप प्रकाशन, दिल्ली, 1984.

सौन्दर राजन के०वी०,

आर्ट ऑफ़ साउथ इण्डिया, दक्कन, संदीप प्रकाशन, दिल्ली, 1980.

स्मिथ, एच०डी०,

वैष्णव आइकोनोग्रैफी, मद्रास, 1969.

स्मिथ, वी०ए०,

ए हिस्ट्री ऑफ़ फाइन आर्ट इन इण्डिया एण्ड सीलोन, बम्बई, 1969.

क्वायन्स ऑफ़ ऐंशेण्ट इण्डिया, जिल्द 1, दिल्ली, 1972.

हांडा, डी०,

ओसियाँ, हिस्ट्री, आर्क्यालोजी, आर्ट एण्ड आर्किटेक्चर, दिल्ली, 1984.

हाज़रा, आर०सी०,

स्टडीज इन उपपुराणाज़, जिल्द 1, 2, कलकत्ता, 1902.

स्टडीज़ इन दी पुराणिक रेकर्ड्स ऑन हिन्दू राइट्स एण्ड कस्टम्स, नयी दिल्ली, 1975.

हार्ले, जे०सी०,

गुप्त स्कल्पचर्स, आक्सफोर्ड, 1974.

हॉपकिन्स, ई० डब्ल्यू०,

एपिक माइथोलॉजी, स्ट्रेसबर्ग, फ्रांस, 1915.

दी रेलिजन्स ऑफ़ इण्डिया, बॉस्टन, 1908.

हेरास, एच०,

दी प्राब्लेम ऑफ़ गणपति, नयी दिल्ली, 1972.

हेस्टिंग्स, जेम्स,

इनसाइक्लोपीडिया ऑफ रेलिजन एण्ड एथिक्स, जिल्द 7, एडिनबर्ग, 1914.

हैवेल, ई० बी०,

आइडियल्स ऑफ़ इण्डियन आर्ट, लन्दन, 1911.

ऐंशेण्ट एण्ड मेडिवल आर्किटेक्चर ऑफ़ इण्डिया,

दी मैथेमेटिकल बेसिस ऑफ़ इण्डियन आइकोनोग्रैफी, रूपम् संख्या 30 जनवरी, 1920.

हैण्डबुक ऑफ़ इण्डियन आर्ट, वाराणसी, 1972.

(ङ) अनुसंधान-पत्रिकाओं के लेख

अर्ली इण्डियन आर्किटेक्चर, पैलेसेज़ (आनन्द के० कुमारस्वामी) ईस्टर्न आर्ट, जिल्द 3, 1931.

अर्ली इण्डियन आर्किटेक्चर, सिटीज़ एण्ड सिटीगेट्स, आनन्द के० कुमारस्वामी, ईस्टर्न आर्ट, जिन्द 2, 1930.

आयरन एण्ड अर्बनाइज़ेशन इन अर्ली हाफ दी फर्स्ट मिलेनियम बी० सी०, लेखक का अनुसंधान-लेख, इण्डियन हिस्ट्री, कांग्रेस, अनामलाइनगर, 1984.

उज्जयिनी थ्रू दी एजेज़, लेखक का अनुसंधान-लेख, उत्तर-भारती, जिल्द 9, भाग 1, अप्रैल, 1962.

ऋग्वेद एण्ड मोहनजोदड़ो, लक्ष्मणस्वरूप, इण्डियन कल्चर, 1937.

ए फ्रेश इन्वेस्टीगेशन ऑफ़ दी इम्पीरियल गुप्ता कैपिटल, लेखक का अनुसंधान-लेख, के० पी० जायसवाल कमेमोरेशन वाल्यूम, पटना, 1981.

ऐंशेण्ट इण्डियन विलेज एण्ड सिटी—ए रिलेशनल असेस्मेण्ट, लेखक का अनुसंधान-लेख प्रोफेसर के० डी० वाजपेयी फेलिसिटेशन वाल्यूम, आगम प्रकाशन, दिल्ली 1987.

किंग भोज 'ऑन सिटी आर्किटेक्चर', लेखक का अनुसंधान-लेख, जर्नल ऑफ इलाहाबाद हिस्टारिकल सोसाइटी, 1964.

कौशाम्बी, इन ऐंशेण्ट इण्डिया, बि० च० लाहा, आ०स०रि०, संख्या 60.

गेम्स ऐण्ड ऐम्यूज़मेण्ट्स इन अष्टाध्यायी, इण्डियन कल्चर, 1949, सितम्बर, वासुदेवशरण अग्रवाल।

टाउन प्लैनिंग एण्ड हाउस बिल्डिंग एन ऐंशेण्ट इण्डिया, इण्डियन हिस्टॉरिकल क्वार्टर्ली, के० रंगचारी, 1927, भाग 3.

टाउन्स एण्ड सिटीज़ इन महाभाष्य, पी० वी० काणे, जर्नल ऑफ़ दि बाम्बे ब्रांच ऑफ़ दि रॉयल एशियाटिक सोसाइटी, दिसम्बर, 1951.

नगरों का आर्थिक जीवन तथा संगठन, लेखक का अनुसन्धान-लेख, हिन्दुस्तानी, भाग 22, अंक 2, 1961.

दी बृहत्कथाश्लोकसंग्रह ऑन मैरीन आर्क्यालोजी इन दी गुप्ता एज, लेखक का अनुसंधान-लेख, सम्पादक—एस० आर० राव रीसेंट ऐडवांसेज इन मैरीन आर्क्यालोजी, गोवा, 1990.

दी सिटी ऑफ़ प्रयाग इन लीजेण्ड एण्ड हिस्ट्री, लेखक का अनुसन्धान-लेख, दी जर्नल ऑफ़ दी इलाहाबाद हिस्टारिकल सोसाइटी, जुलाई 1962.

द्रोणीमुख एण्ड लोथल, रोल ऑफ़ यूनिवर्सिटीज़ एण्ड रिसर्च इंस्टीट्यूट इन मैरीन आर्क्यालोजी, धारवाड़, सम्पादक—एस० आर० राव, गोवा—1994 (लेखक का अनुसंधान-लेख).

पतंजलि एण्ड वाहीक ग्रामाज़ : : वासुदेवशरण अग्रवाल, इण्डियन कल्चर, भाग 6, 1939-40.

पांचालाज एण्ड देयर कैपिटल ऐट अहिच्छत्र, बी० सी० लाहा, अ० स० रि०, संख्या 68.

पाटलिपुत्र इन ऐंशेण्ट इण्डिया, लेखक का अनुसन्धान-लेख, यूनिवर्सिटी ऑफ़ इलाहाबाद स्टडीज़, 1957.

पाटलिपुत्र इन दी गुप्ता एज, लेखक का अनुसन्धान-लेख, कृष्णदेव फेलिसिटेशन वाल्यूम, जिल्द 2, दिल्ली, 1990.

प्राचीन उज्जयिनी : एक ऐतिहासिक परिचय, लेखक का अनुसन्धान-लेख, हिन्दुस्तानी, भाग 21, अंक 1, 1960.

प्राचीन पाटलिपुत्र, लेखक का अनुसन्धान-लेख, हिन्दी अनुशीलन, भारतीय हिन्दी परिषद्, प्रयाग, मार्च 1958 ई० का अंक.

प्राचीन भारत में नगर-शासन, हिन्दुस्तानी, जिल्द 24, अंक 3 तथा 4, 1963, लेखक का अनुसन्धान-लेख.

प्राचीन भारत में नागरिक जीवन तथा साहित्य और शिक्षा : लेखक का अनुसन्धान-लेख, हिन्दी अनुशीलन, वर्ष 16, अंक 1-2.

प्राचीन भारतीय नगर-निर्माण-कला, लेखक का अनुसंधान-लेख, सम्मेलन-पत्रिका, कला-अंक, 1958.

श्रावस्ती इन इण्डियन लिटरेचर, डॉक्टर बी० सी० लाहा, आ० स० रि०, संख्या 50.

सर्वाइवल्स ऑफ कौटिल्य ट्रेडीशन इन ऐंशेण्ट इण्डियन आर्किटेक्चर, उत्तर-भारती, जिल्द 11, संख्या 1, अप्रैल, 1964, लेखक का अनुसन्धान-लेख.

सिटी आर्किटेक्चर, लेखक का अनुसन्धान-लेख, उत्तर-भारती, जिल्द 8, संख्या 2, अगस्त, 1961.

सिटी आर्किटेक्चर एण्ड प्लैनिंग इन शुंग एज़, लेखक का अनुसन्धान-लेख, शुंग आर्ट इलाहाबाद म्यूज़ियम, इलाहाबाद, 1991.

सिटी आर्किटेक्चर ऐज़ डेप्क्टिड इन अपराजितपृच्छा ऑफ़ भुवनदेव, लेखक का अनुसन्धान-लेख, जर्नल ऑफ दी यू० पी० हिस्टारिकल सोसाइटी, 1959, जिल्द 7, भाग 1 तथा 2.

सिटी आर्किटेक्चर, प्रोसीडिंग्स ऑफ इण्डियन हिस्ट्री कांग्रेस, त्रिवेन्द्रम सेशन, 1958 (लेखक का अनुसन्धान-लेख).

सिविक ऐडमिनिस्ट्रेशन इन ऐंशेण्ट इण्डिया, लेखक का अनुसन्धान-लेख, उत्तर-भारती, जिल्द 10, संख्या 1, अप्रैल, 1963.

(च) पुरातत्त्व-सामग्री

इण्डस वैली सिविलाइज़ेशन, मार्शल, लन्दन, 1931.

इण्डस सिविलाइज़ेशन, सर मार्टिमर ह्वीलर, प्रकाशक—कैम्ब्रिज यूनिवर्सिटी प्रेस, 1953.

एक्सकैवेशंस ऐट तक्षशिला, आ० स० रि० 1915 : 16, पृष्ठ 1-39.

एक्सकैवेशंस ऐट पाटलिपुत्र, आ० स० रि० 1912 : 13, पृष्ठ 53-87.

एक्सकैवेशंस ऐट तक्षशिला, आ० स० रि० 1912 : 13, पृष्ठ 1-53.

एक्सकैवेशंस ऐट भीटा, आ० स० रि० 1911 : 12, पृष्ठ 29-95.

एक्सकैवेशंस ऐट कसया, आ० स० रि० 1905 : 06, पृष्ठ 61-86.

एक्सकैवेशंस ऐट कसया, आ० स० रि० 1906 : 07, पृष्ठ 44-86.

एक्सकैवेशंस ऐट सारनाथ, आ० स० रि० 1907 : 08, पृष्ठ 43-81.

एक्सकैवेशंस ऐट कसया, आ० स० रि० 1910 : 11, पृष्ठ 63-73.

एक्सकैवेशंस ऐट बसाढ़, आ० स० रि० 1903 : 04, पृष्ठ 81-123.

एक्सकैवेशंस ऐट हड़प्पा, आ० स० रि० 1928 : 29, पृष्ठ 76-83.

एक्सकैवेशंस ऐट सारनाथ, आ० स० रि० 1907 : 08, पृष्ठ 73-81.

ऐशेंण्ट इण्डिया, संख्या 5.

ऐंशेण्ट इण्डिया, संख्या 10-11.

तक्षशिला, भाग 1, सर जॉन मार्शल, कैम्ब्रिज यूनिवर्सिटी प्रेस, 1951.

तक्षशिला, भाग 2, सर जॉन मार्शल, कैम्ब्रिज यूनिवर्सिटी प्रेस, 1951.

तक्षशिला, भाग 3, सर जॉन मार्शल, कैम्ब्रिज यूनिवर्सिटी प्रेस, 1951.

दी मानुमेण्ट ऐट साँची, आ० स० रि० 1913 : 14, पृष्ठ 1-10.

नालन्दा ऐण्ड एपिग्रैफिकल मैटिरियल्स, आ० स० रि०, 1942, संख्या 66.

नोट्स आन एक्सकैवेशंस ऐट कसया, आ० स० रि० 1904-05 पृष्ठ 43-49.

नालन्दा, आ० स० रि० 1931, पृष्ठ 67-94.

□□□

शब्दानुक्रमणिका

अ

आ

इ

ई

उ

ऊ

ऋ

ए

ऐ

ओ

क

ख

ग

घ

च

झ

ट

ड

त

थ

द

ध

न

फ

ब

भ

य

र

ल

व

श

ह

□□□

आकृतियां

अध्याय-3

वैदिक कला

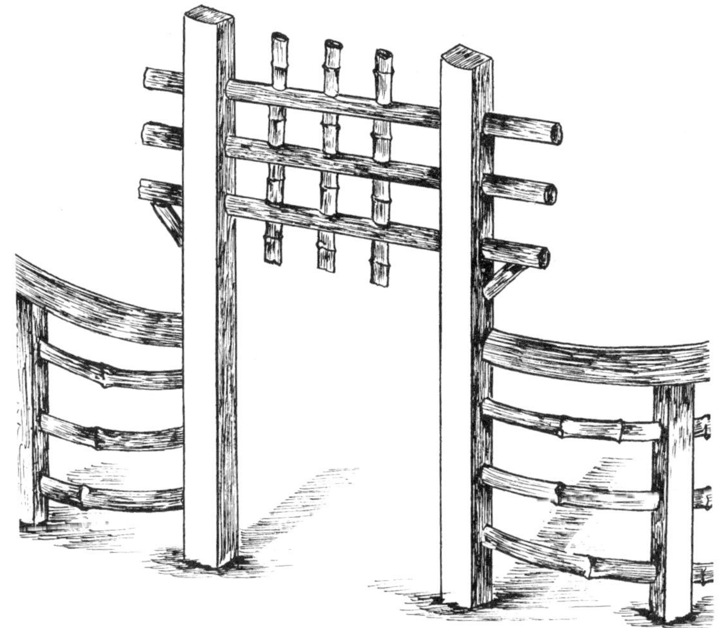

आकृति सं0 1 : ग्रामद्वार

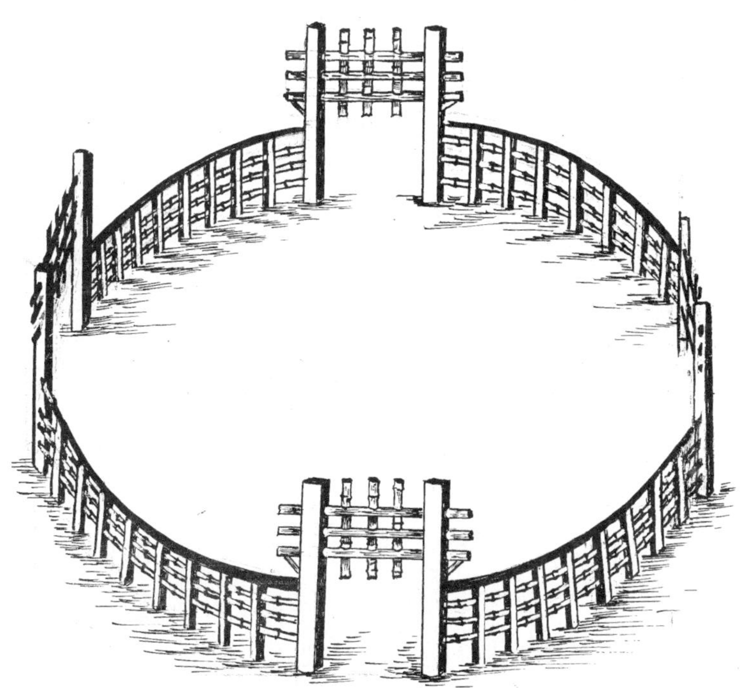

आकृति सं0 2 : ग्रामद्वार एवं वेदिका

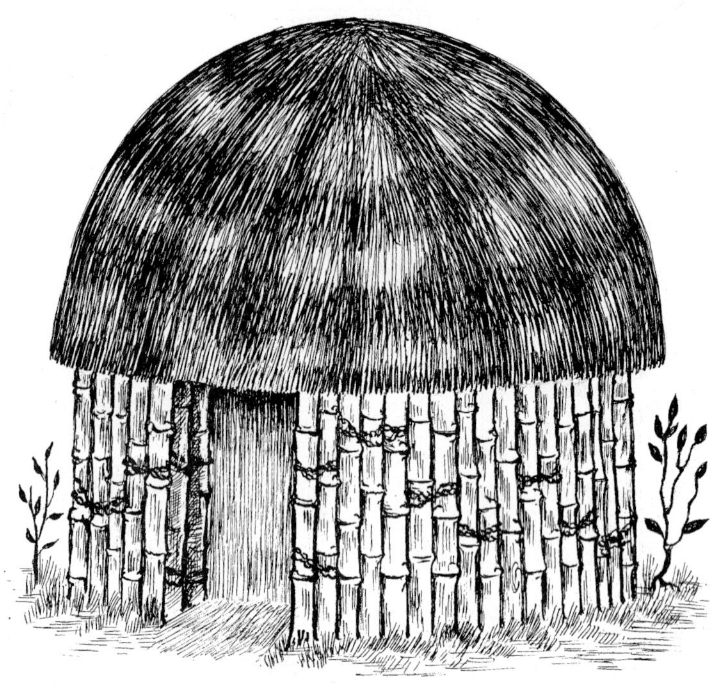

आकृति सं0 3 : वैदिक गोल काष्ठगृह

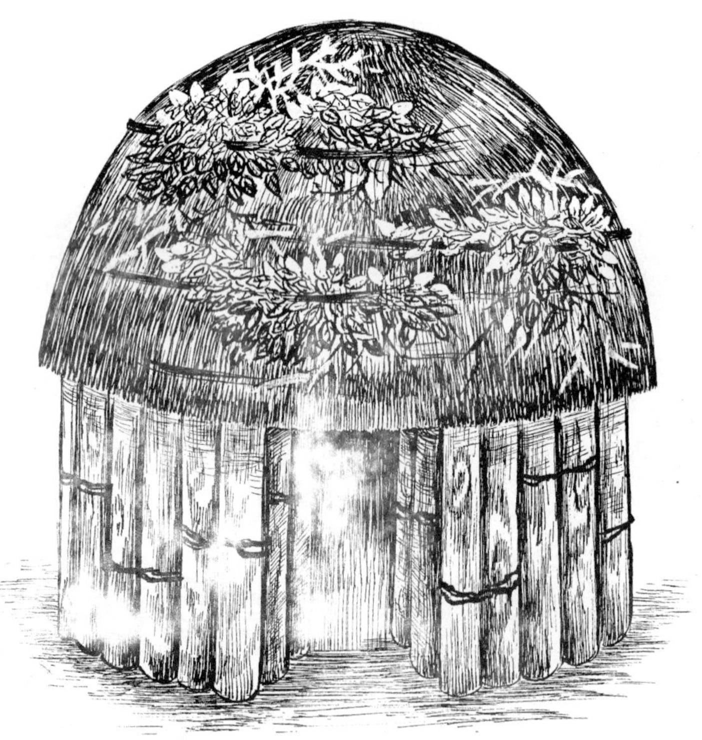

आकृति सं0 4 : गोलम्बर अथवा गोलगृह एवं लट्ठे की दीवार

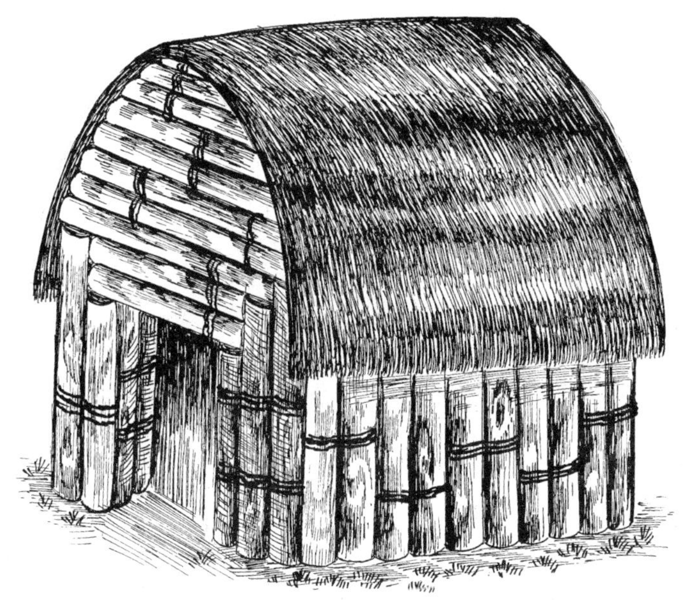

आकृति सं0 5 : आयताकार गृह

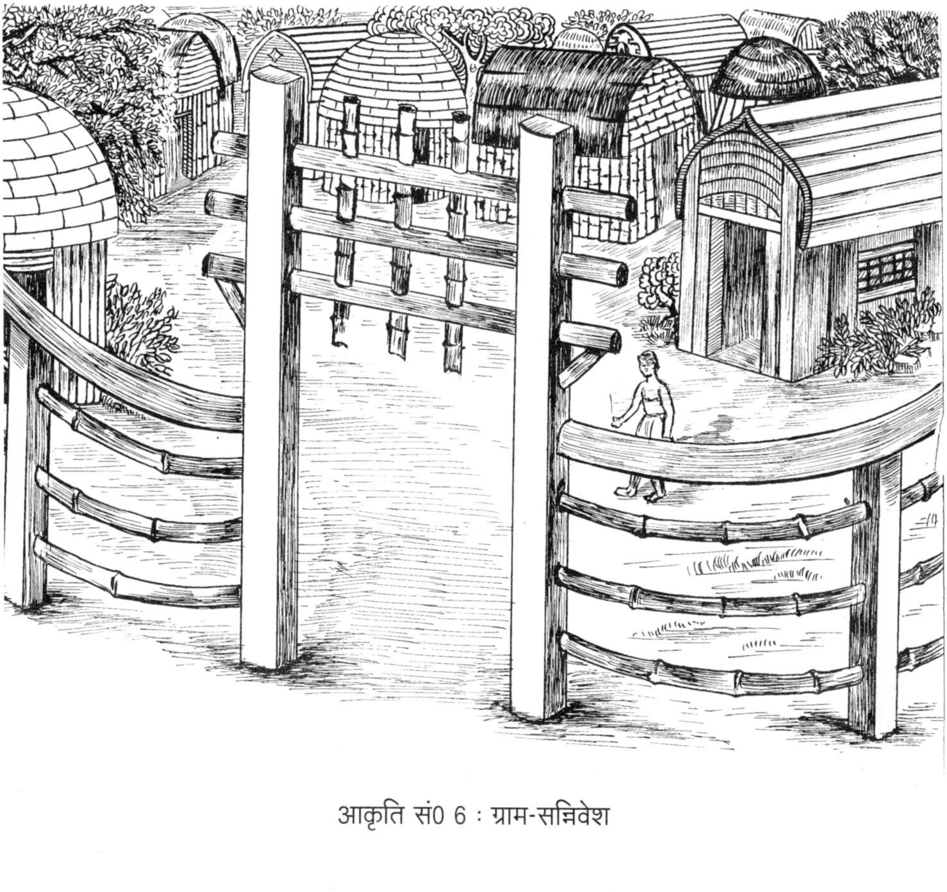

आकृति सं0 6 : ग्राम-सन्निवेश

अध्याय -5

मौर्यकालीन कला

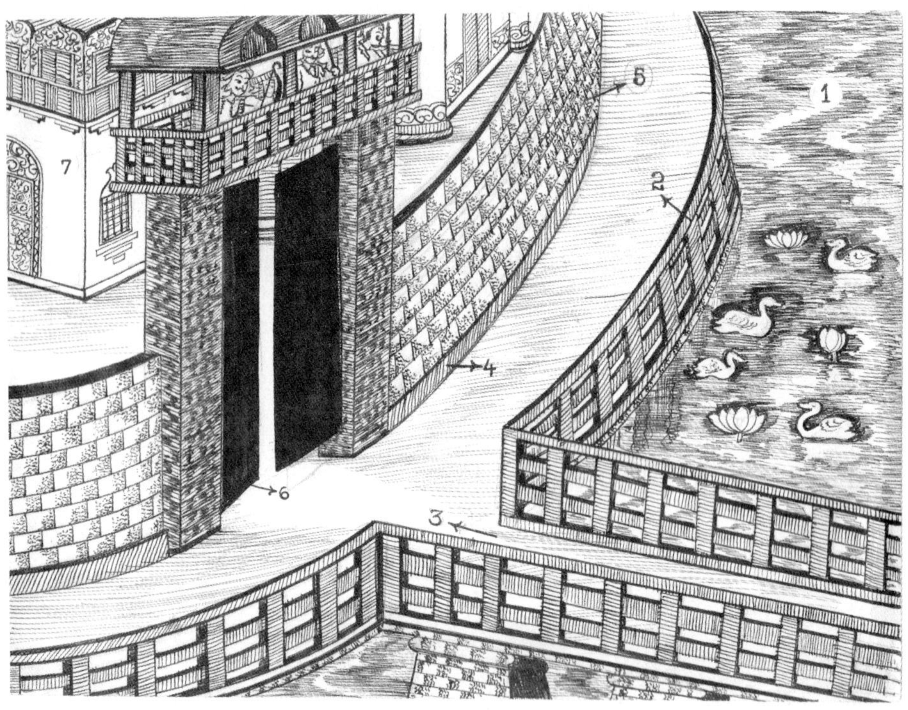

आकृति सं0 1 : जल परिखा

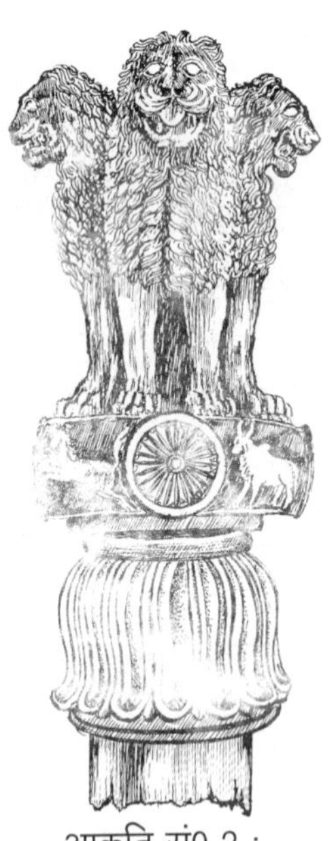

आकृति सं0 2 :
सारनाथ का अशोक स्तम्भशीर्ष

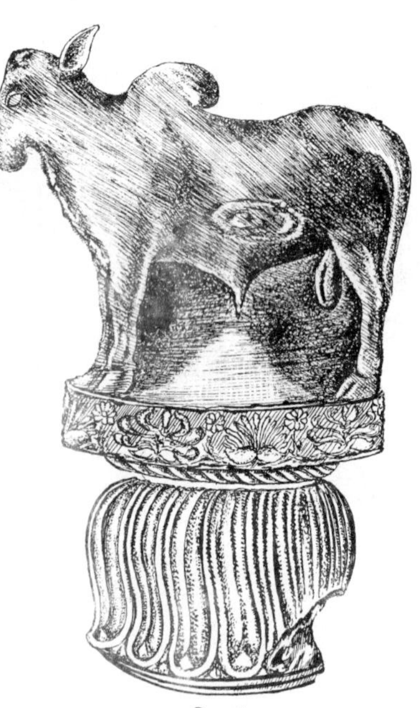

आकृति सं0 3 :
रामपुरवा स्तम्भशीर्ष का वृषभ

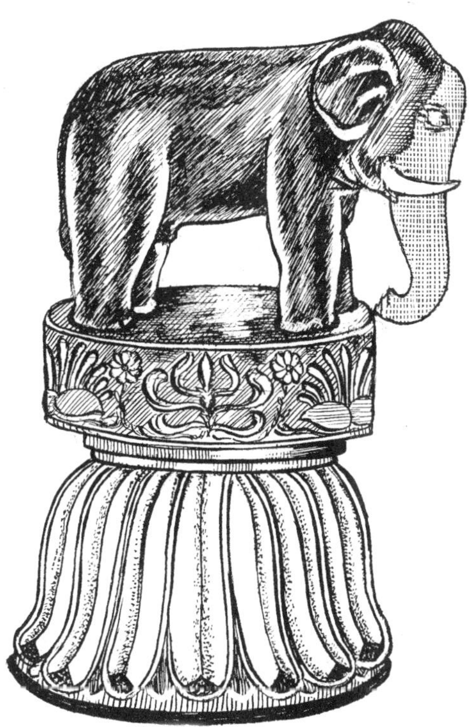

आकृति सं0 4 : संकिसा स्तम्भशीर्ष का गज

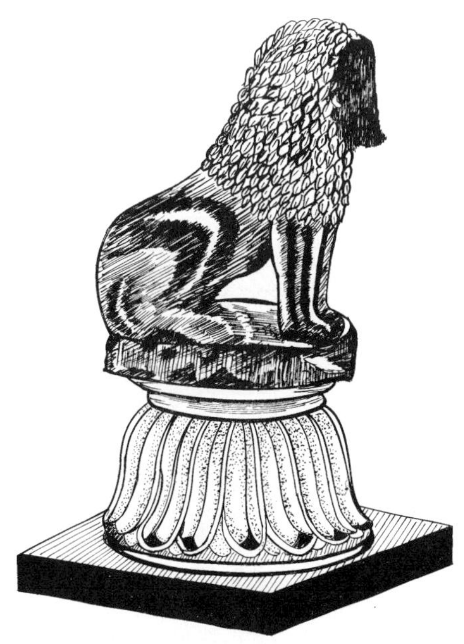

आकृति सं0 5 : रामपुरवा स्तम्भशीर्ष का सिंह

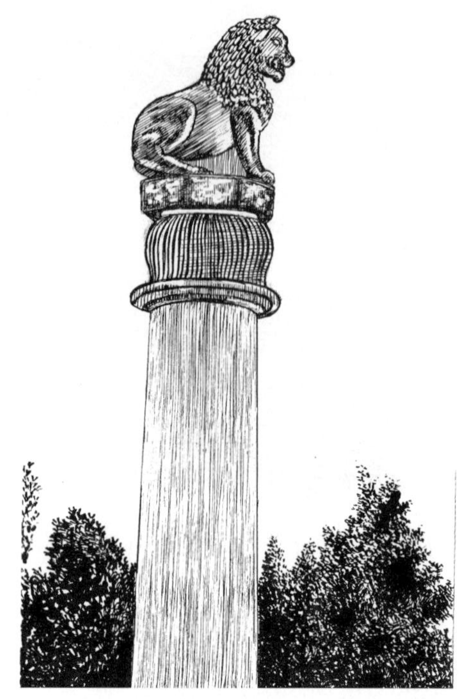

आकृति सं0 6 : लौरिया नन्दनगढ़ का स्तम्भशीर्ष पर सिंह

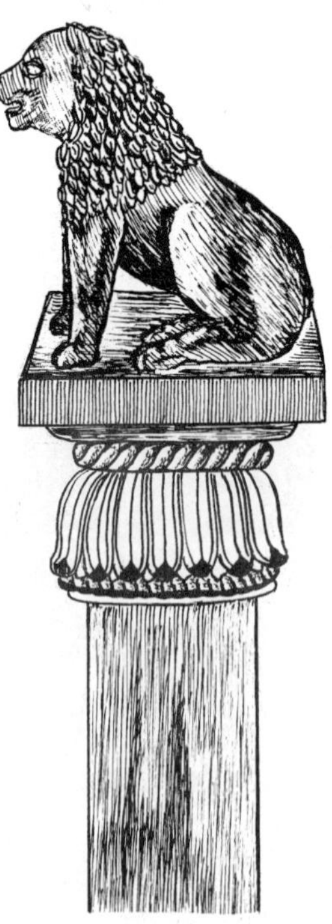

आकृति सं0 7 : वखिरा स्तम्भशीर्ष पर सिंह

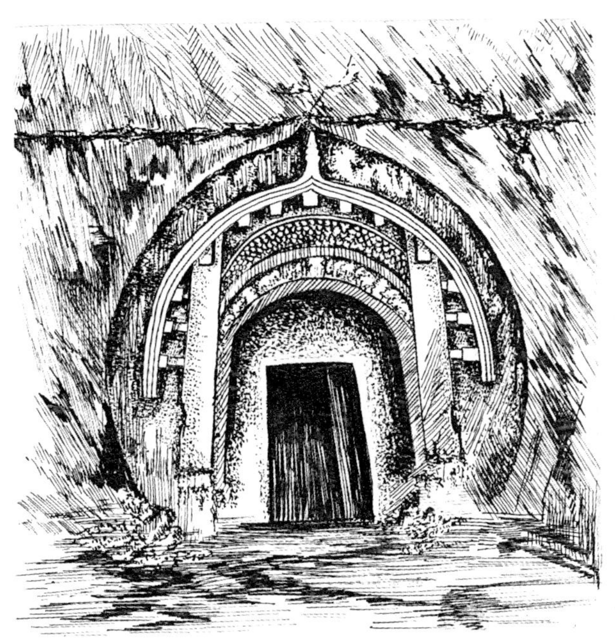

आकृति सं0 8 : लोमश ऋषि-गुफा

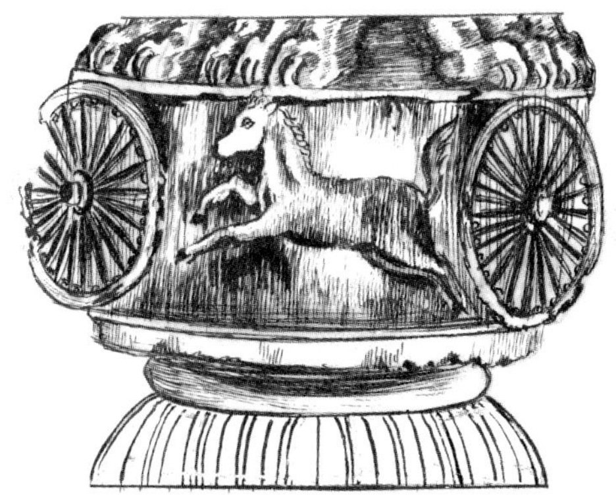

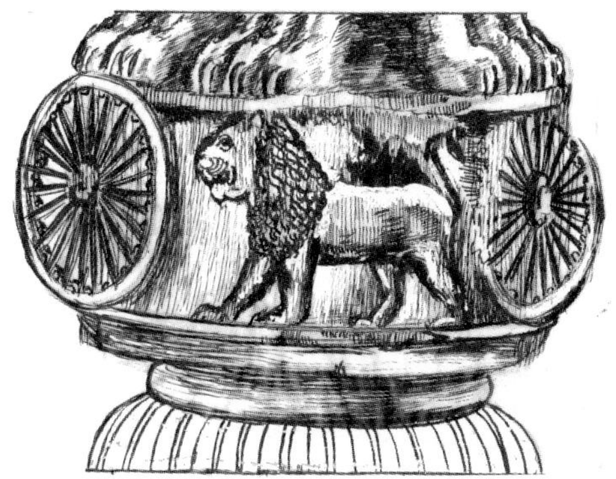

आकृति सं0 9 : सारनाथ स्तम्भशीर्ष

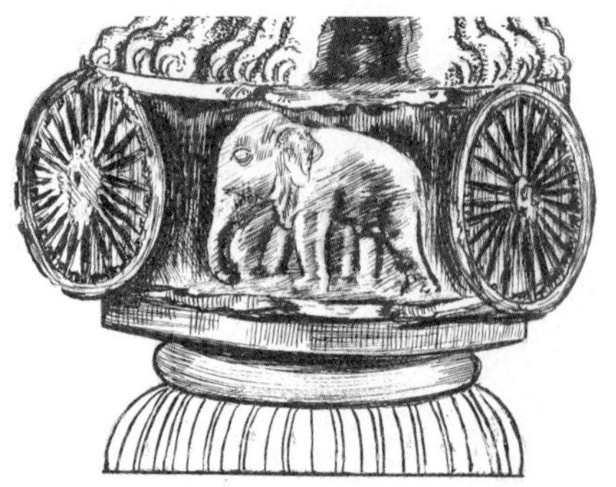
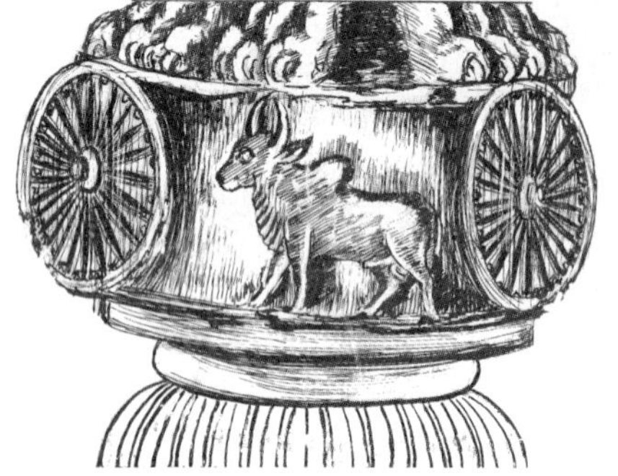

आकृति सं0 10 : सारनाथ स्तम्भशीर्ष

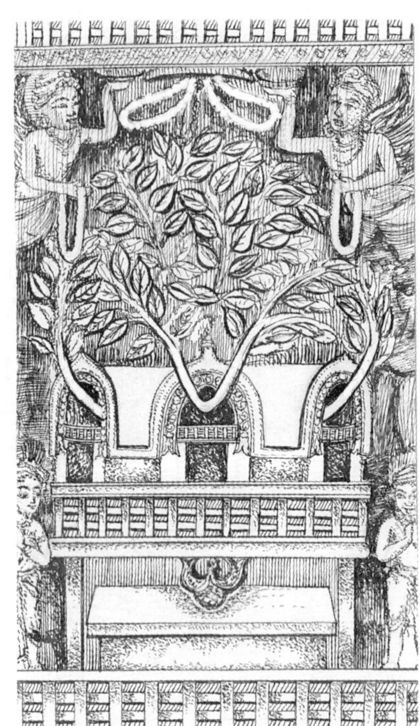

आकृति सं0 11 : बोधिमण्ड

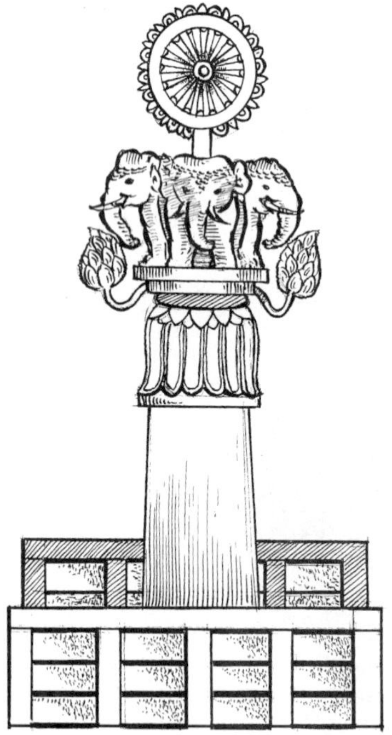

आकृति सं0 12 : शिलामय गजस्तम्भ

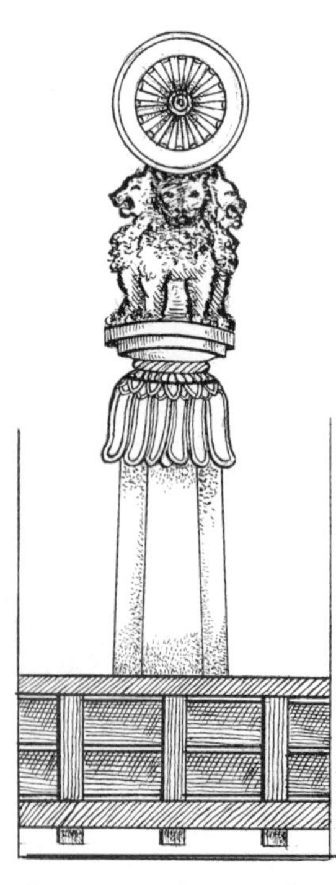

आकृति सं0 13 : शिलामय सिंहस्तम्भ

अध्याय - 6

शुङ्ग - सातवाहनकालीन कला

भरहुत स्तूप

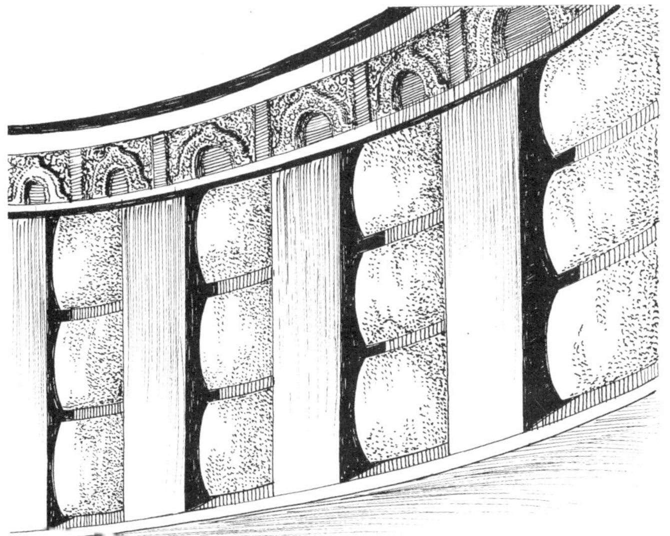

आकृति सं0 1 : भरहुत वेदिका

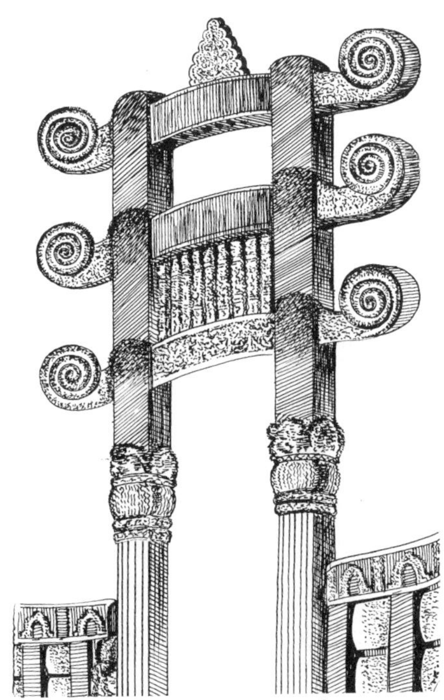

आकृति सं0 2 : भरहुत तोरण

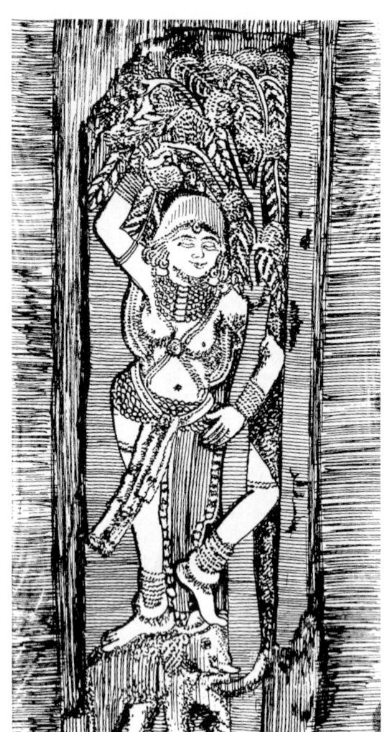

आकृति सं0 3 : शालभञ्जिका

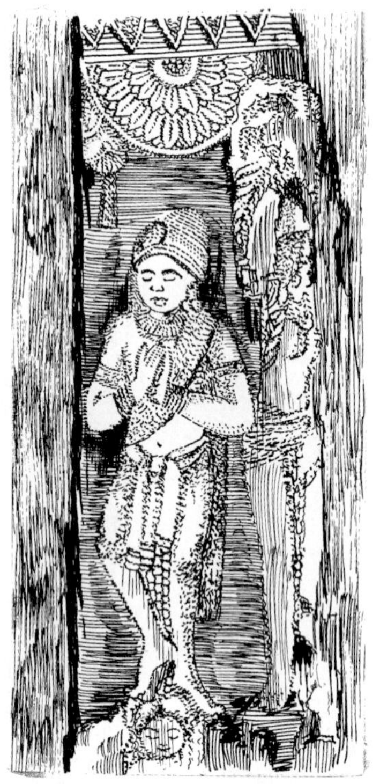

आकृति सं0 4 : यक्षाधिपति कुबेर

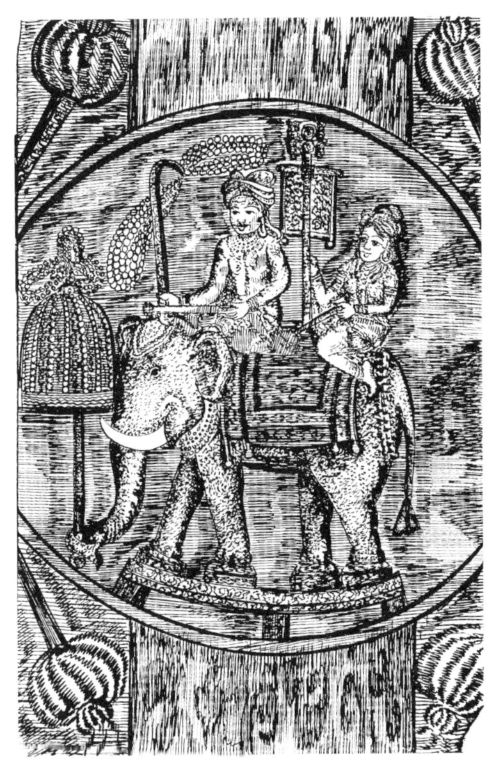

आकृति सं0 5 : वेदिका स्तम्भ, राजारानी हाथी पर सवार

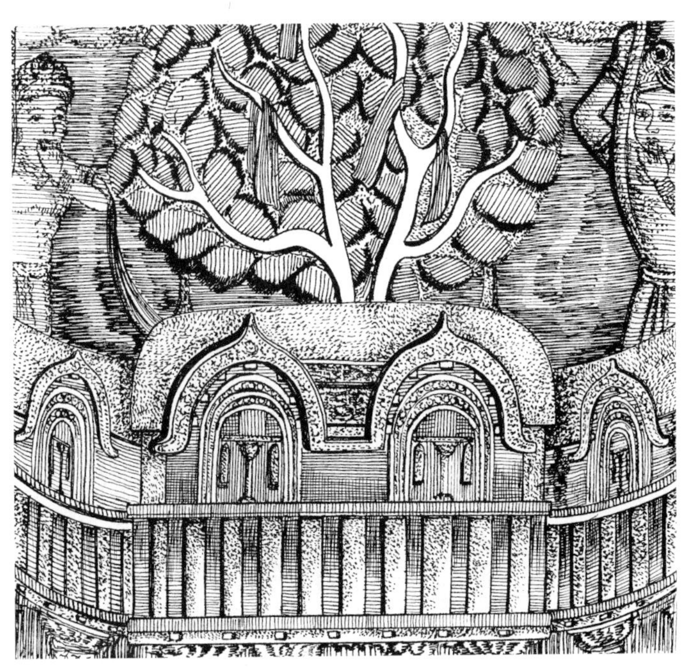

आकृति सं0 6 : भरहुत, बोधिवृक्ष

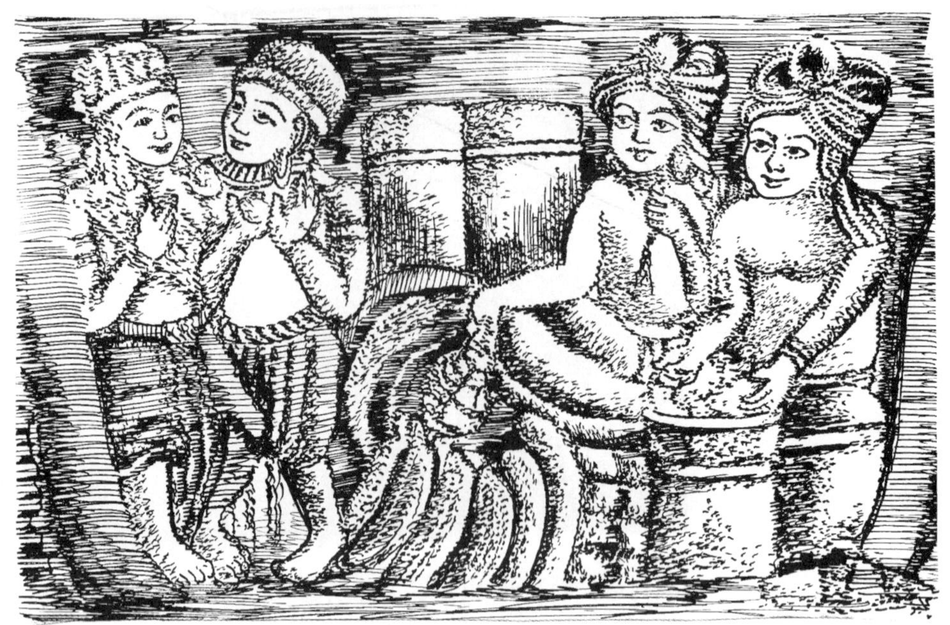

आकृति सं0 7 : भरहुत, दुकान का दृश्य

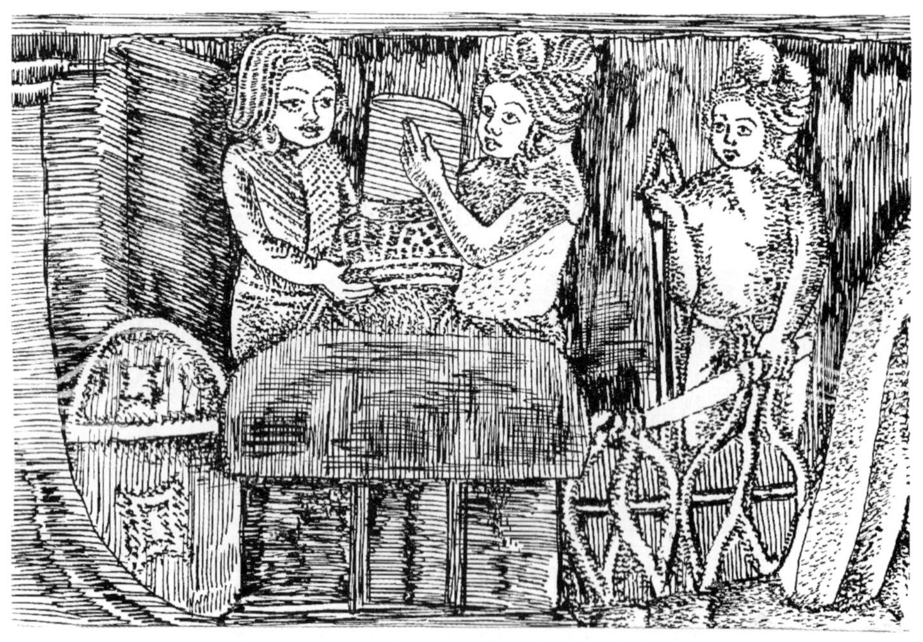

आकृति सं0 8 : भरहुत, शुंगयुगीन क्रेता- विक्रेता की पगड़ी

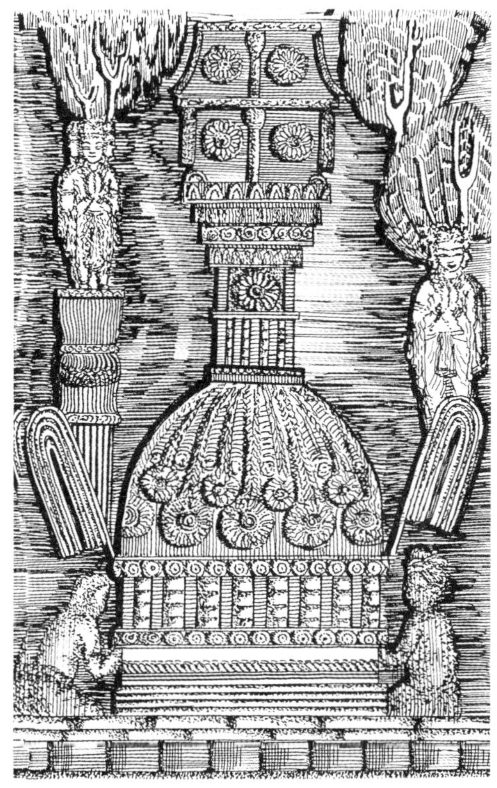

आकृति सं0 9 : भरहुत, स्तूप का स्वरूप

साँची स्तूप

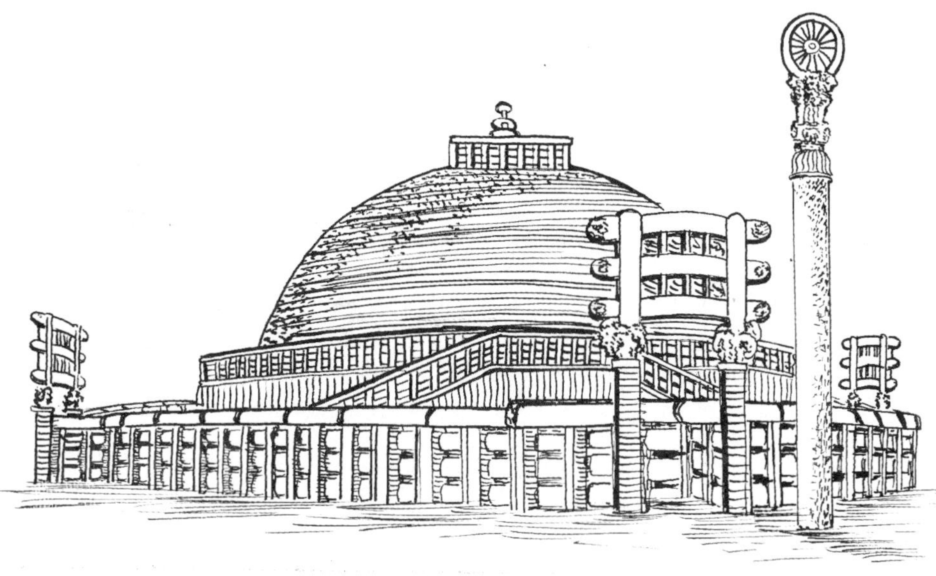

आकृति सं0 1 : साँची, स्तूप सं0 1

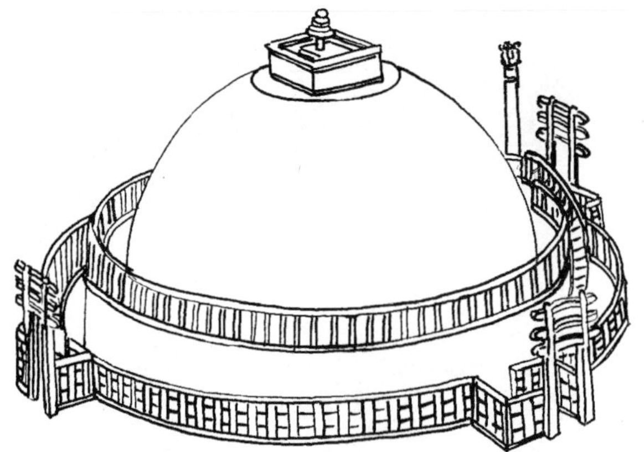

आकृति सं0 2 : तोरणाद्वार सहित स्तूप

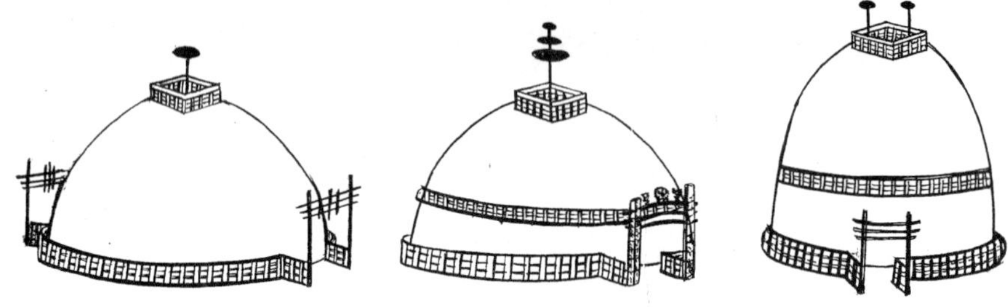

आकृति सं0 3 : साँची, स्तूप भेद

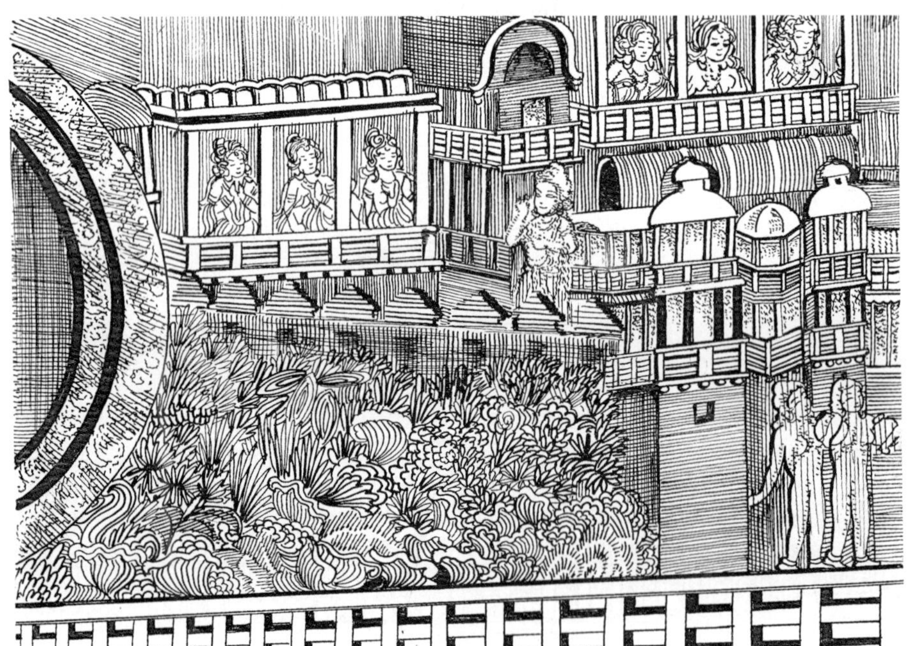

आकृति सं0 4 : जेतुत्तर साँची, उत्तरी तोरण

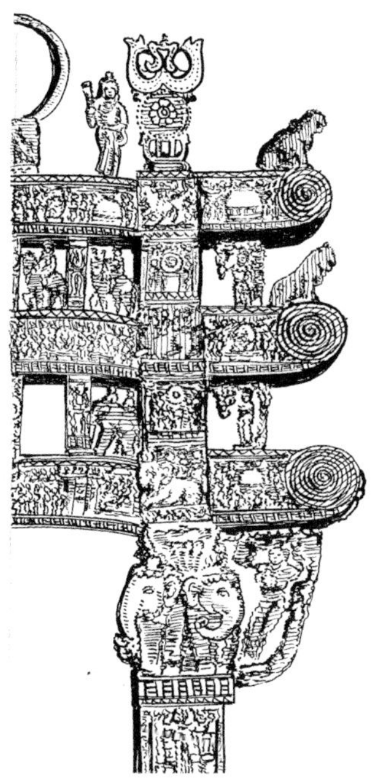

आकृति सं0 5 : साँची, उत्तरी तोरण

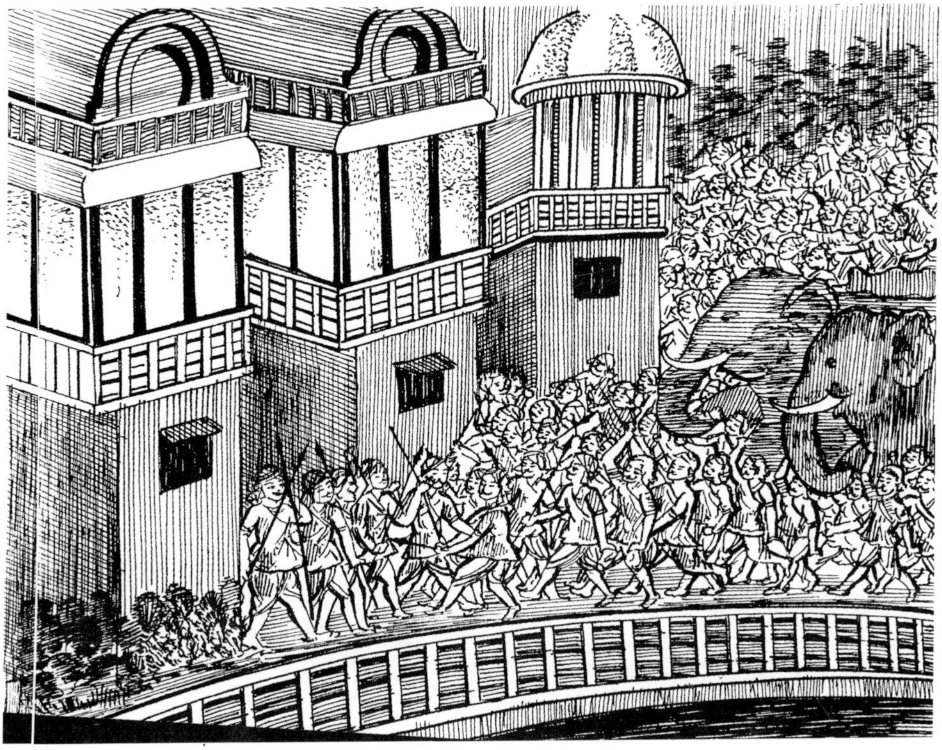

आकृति सं0 6 : साँची, कुशीनगर का दृश्यांकन

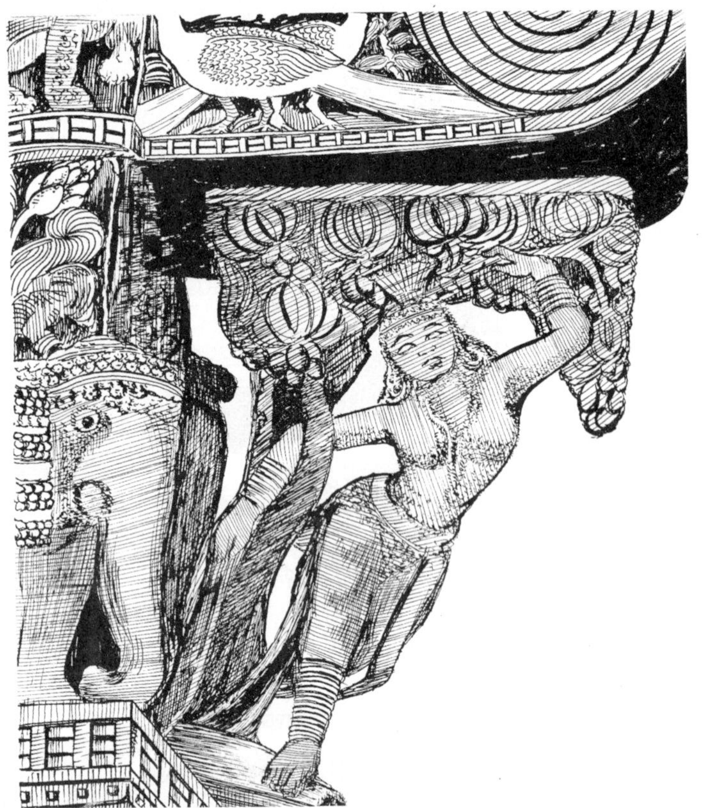

आकृति सं0 7 : साँची, तोरण द्वार के दक्षिणी कोष्ठक में निर्मित शालभंजिका

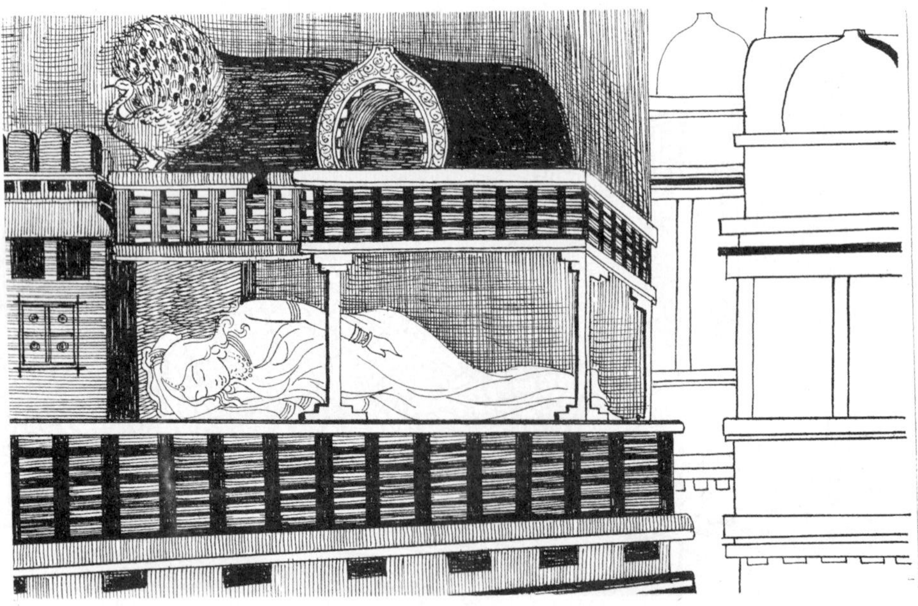

आकृति सं0 8 : साँची, पूर्वी तोरण, कपिलवस्तु नगर एवं माया के स्वप्न का उच्चित्रण

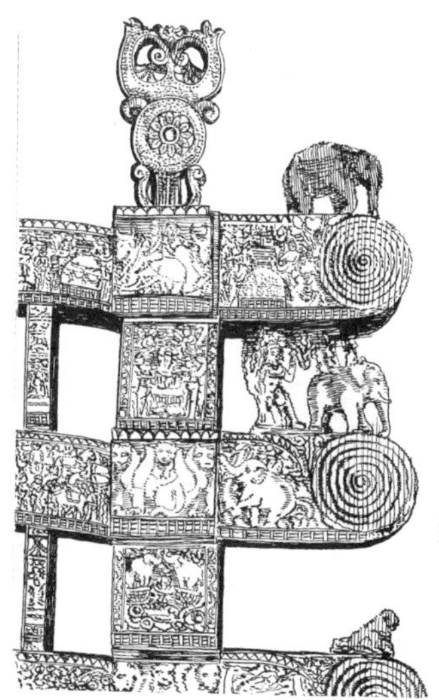

आकृति सं0 9 : साँची, पूर्वी तोरण

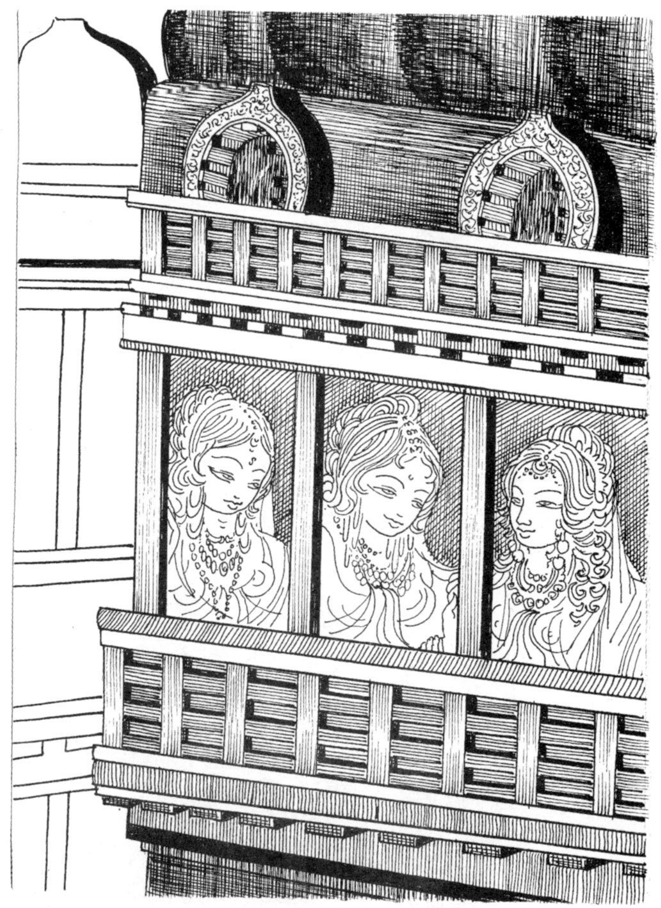

आकृति सं0 10 : साँची, राजप्रासाद का चित्रण

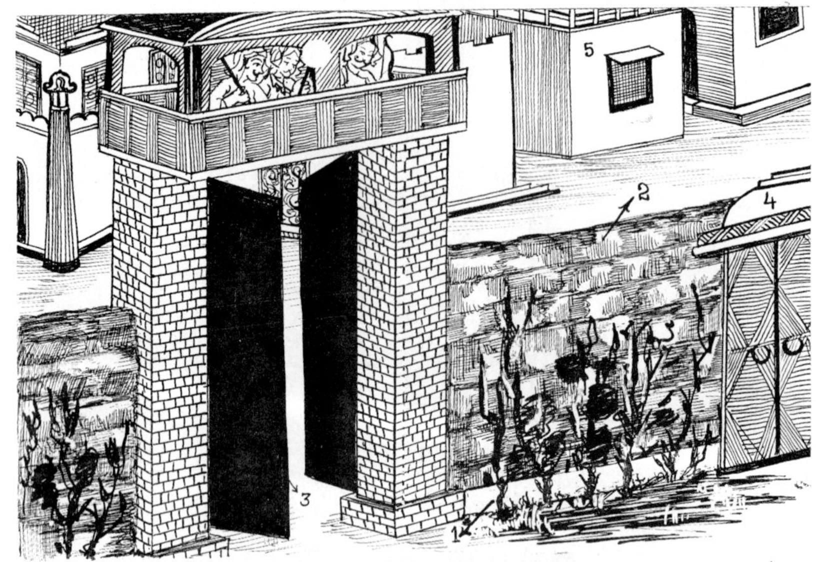

आकृति सं0 11 : साँची, द्वारबुर्ज पर बैठे सशस्त्र प्रहरी

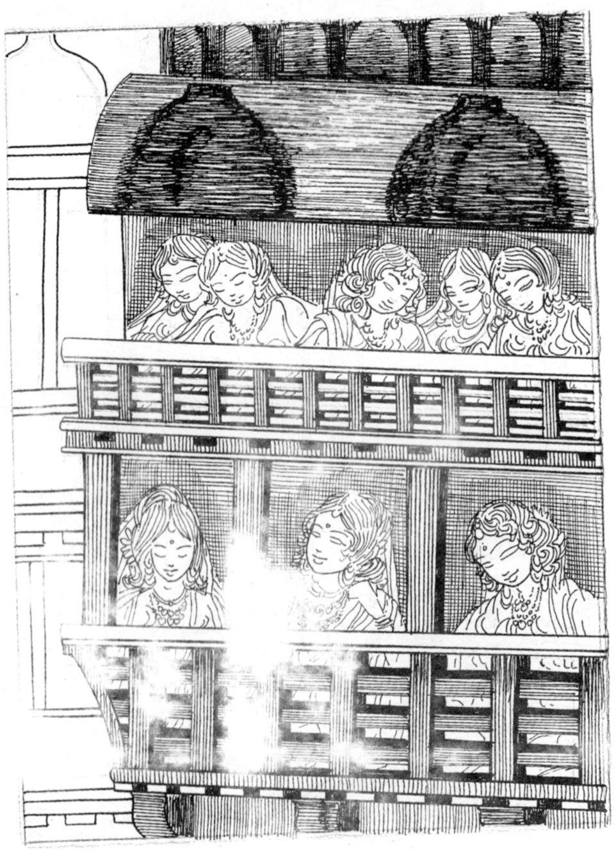

आकृति सं0 12 : साँची, पूर्वी तोरण का एक दृश्य

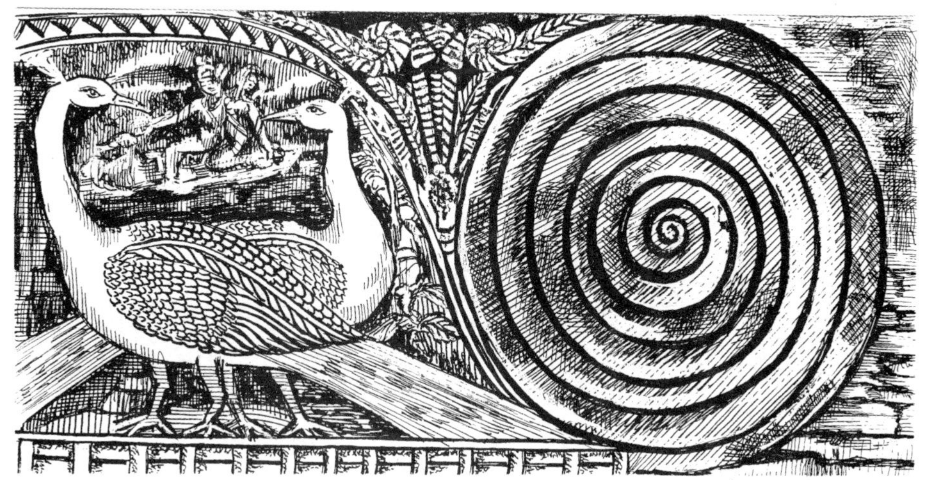

आकृति सं0 13 : साँची, पूर्वी तोरण का एक दृश्य

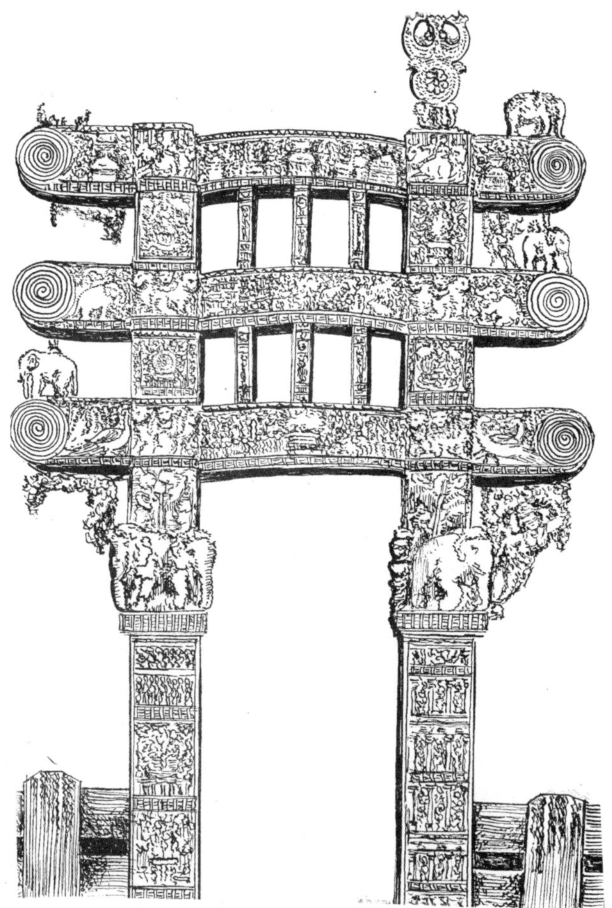

आकृति सं0 14 : साँची, पूर्वी तोरण द्वार

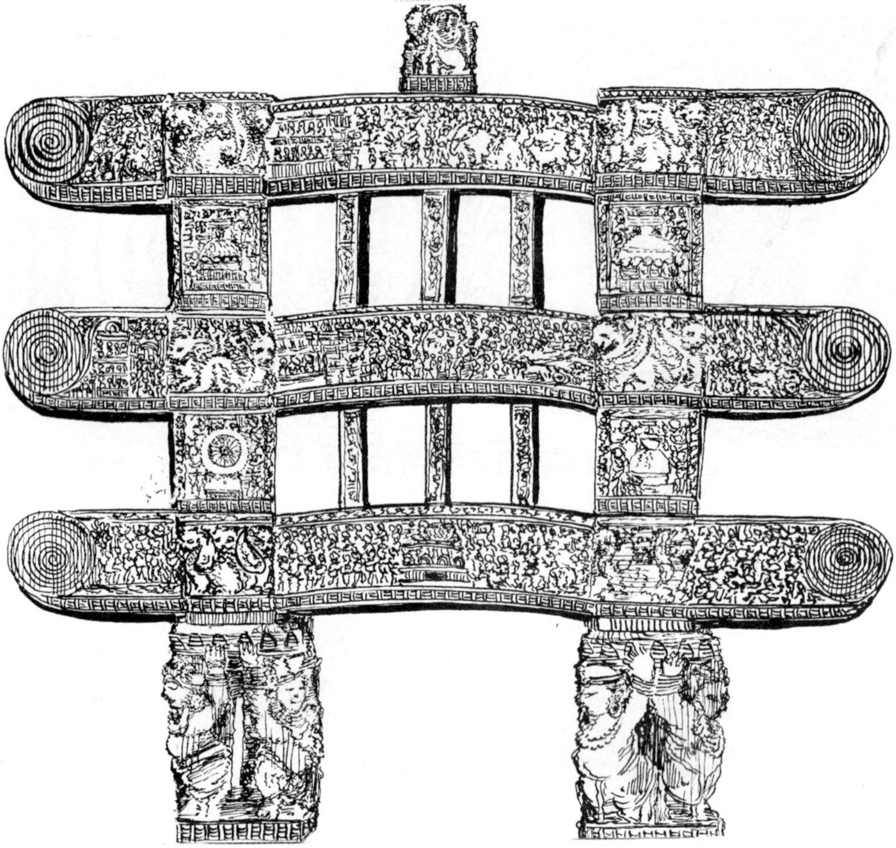

आकृति सं0 15 : साँची, पश्चिमी तोरण

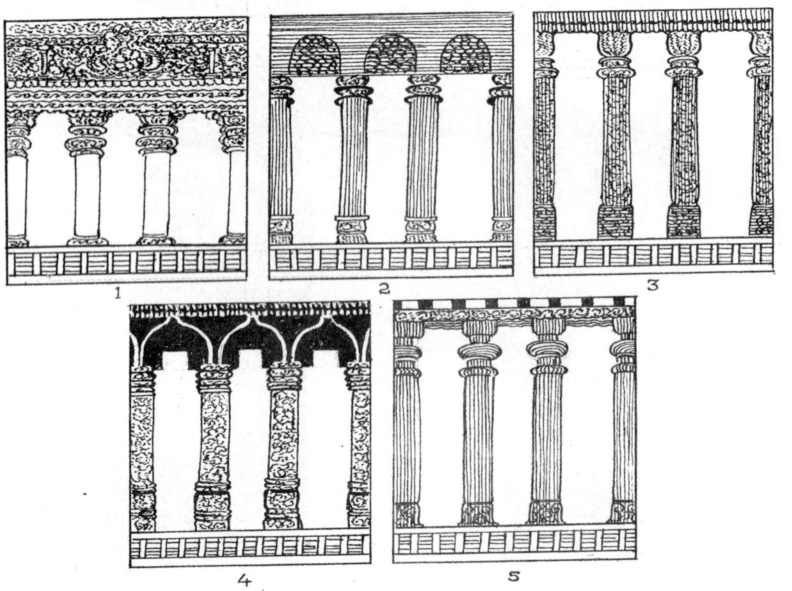

आकृति सं0 16 : साँची, विभिन्न प्रकार के बरामदे का दृश्यांकन

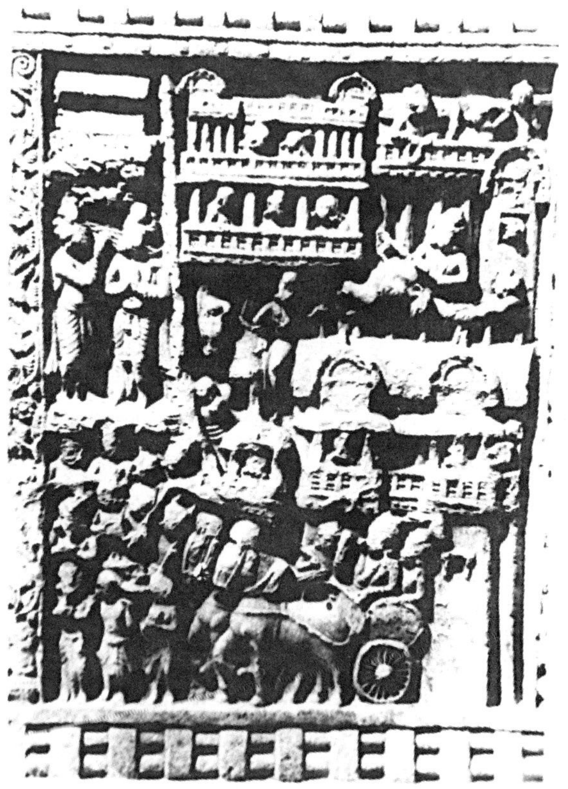

आकृति सं0 17 : अजातशत्रु के रथ के आगे वाद्य बजाते राजगृह के नागरिक

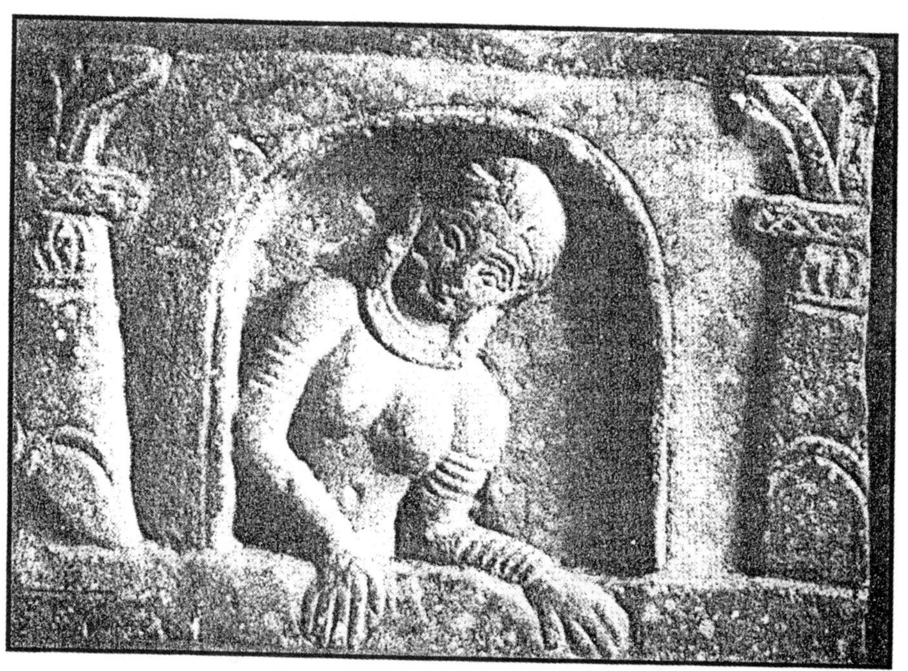

आकृति सं0 18 : वातायन में बैठी सुन्दरी मथुरा

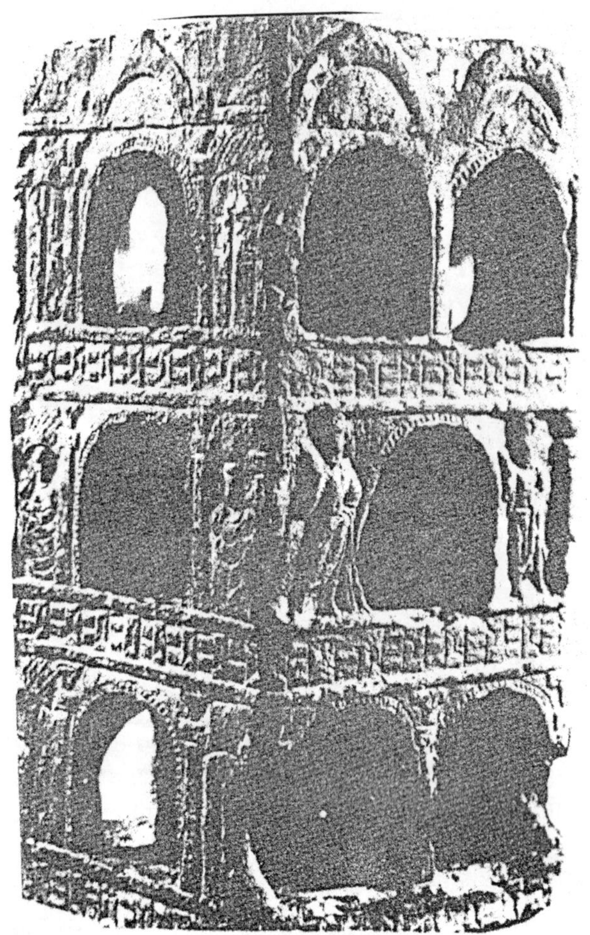

आकृति सं0 19 : तीन तलों में विभाजित प्रकाश स्तम्भ मथुरा

अमरावती स्तूप

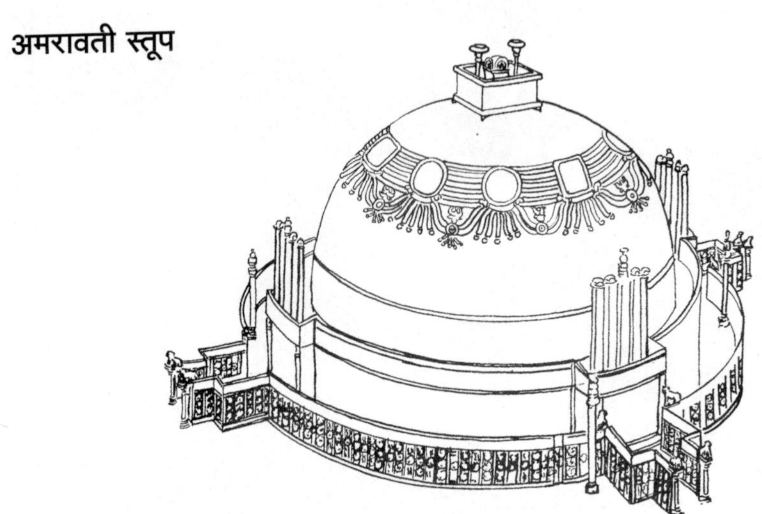

आकृति सं0 1 : अमरावती, स्तूप का दृश्य

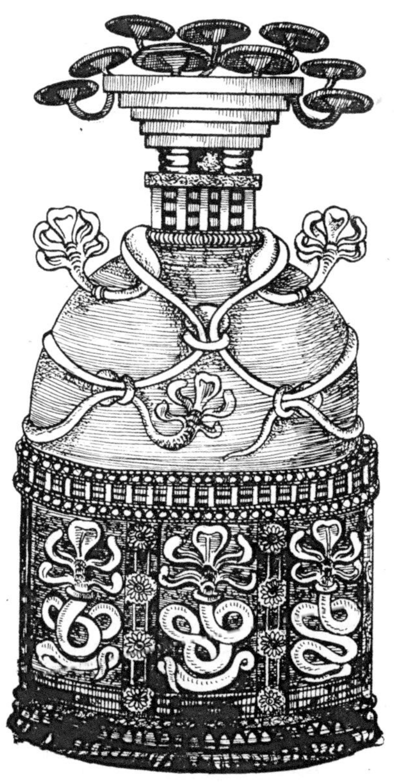

आकृति सं0 2 : अमरावती, स्तूप का अलंकृत स्वरूप

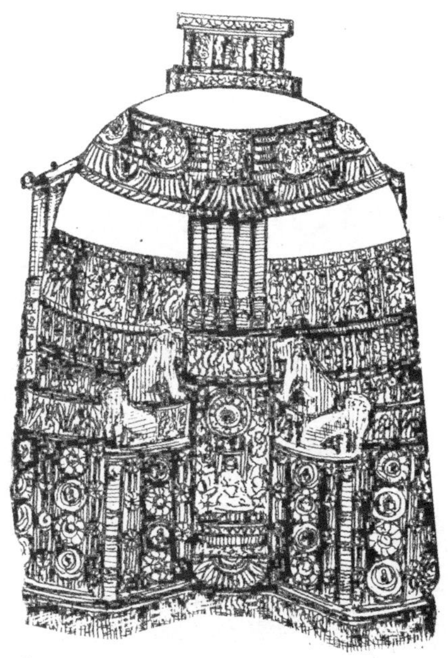

आकृति सं0 3 : अमरावती, स्तूप का अलंकृत स्वरूप

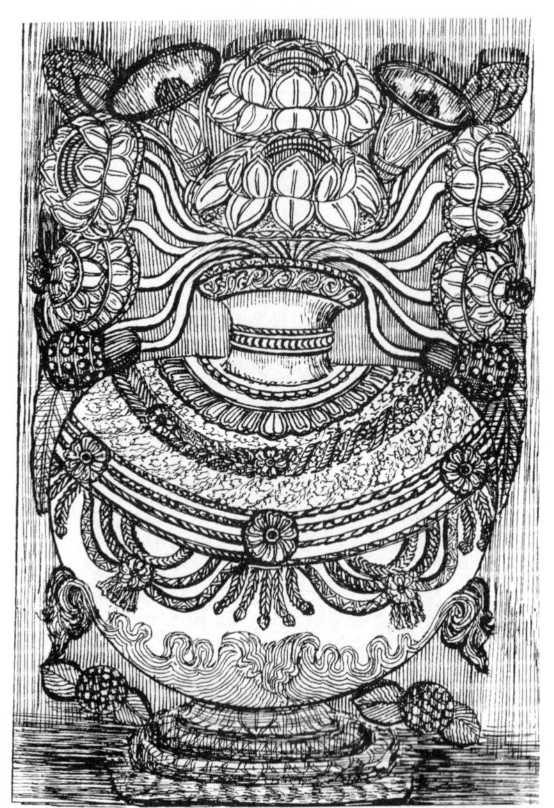

आकृति सं0 4 : अमरावती, पूर्णवट-पूजन

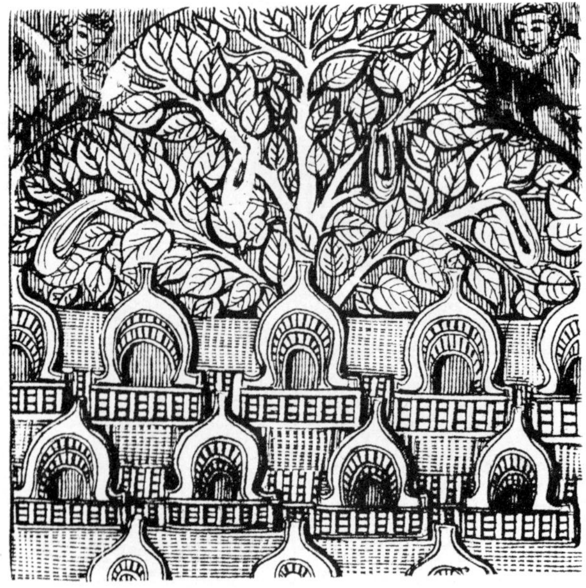

आकृति सं0 5 : अमरावती, संबोधि वृक्ष

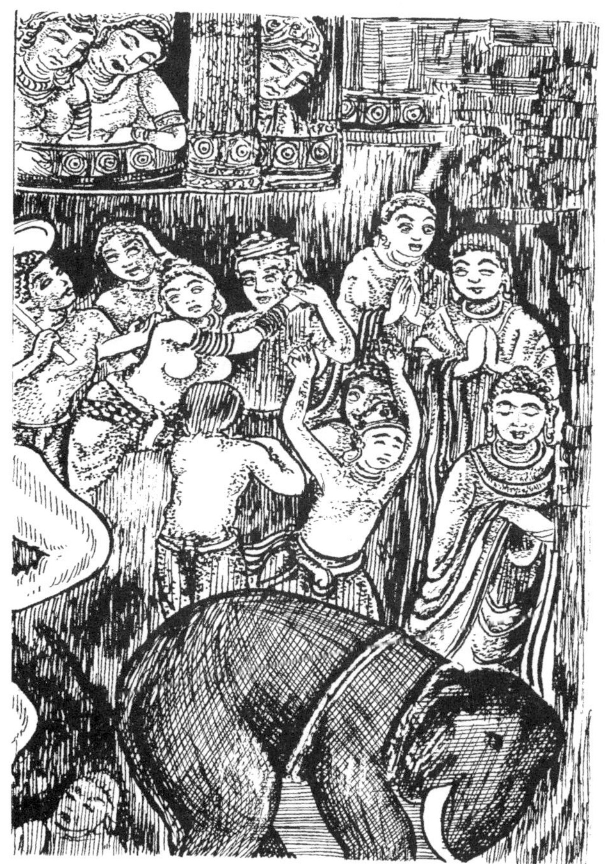

आकृति सं0 6 : अमरावती, नलगिरि हाथी का नतमस्तक होना

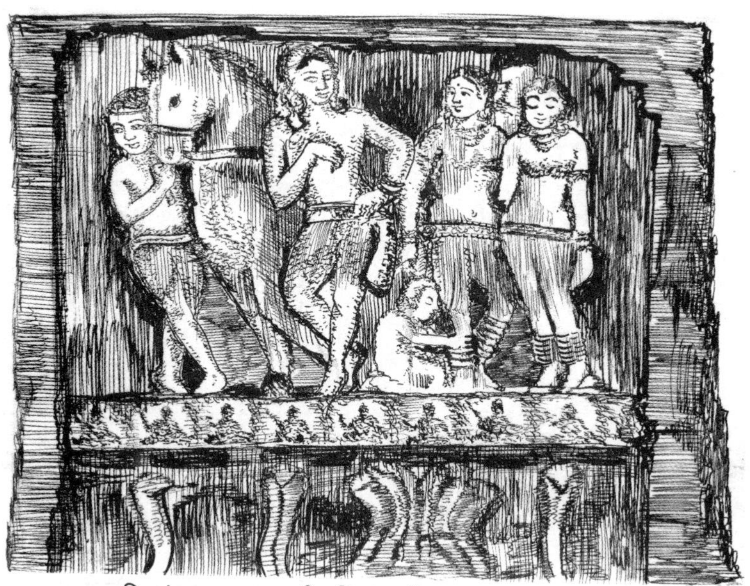

आकृति सं0 7 : अमरावती, विधुर पण्डित जातक-कथा एक दृश्य

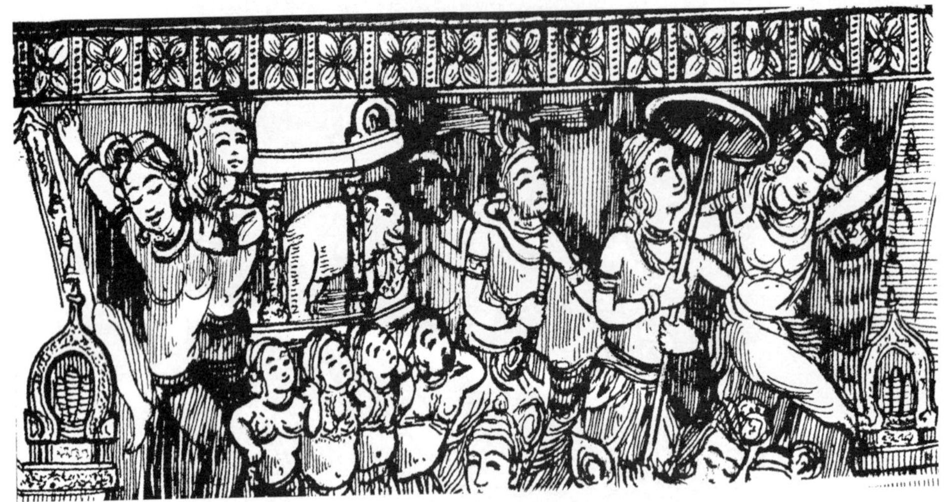

आकृति सं0 8 : अमरावती, बुद्ध का पृथ्वी पर अवतरण

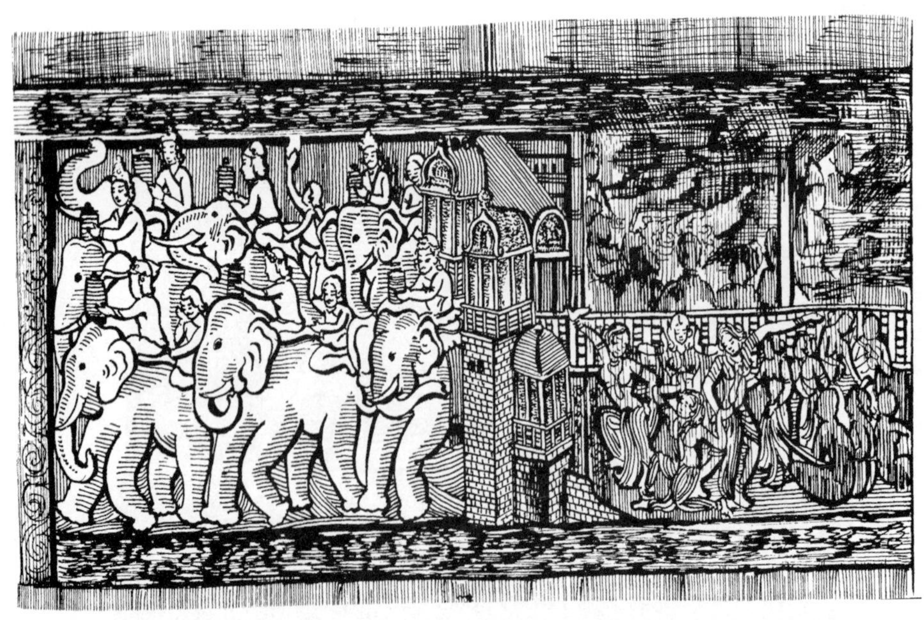

आकृति.सं0 9 : अमरावती, गजमस्तक पर अस्थि रखते हुए बुद्ध के शिष्यगण

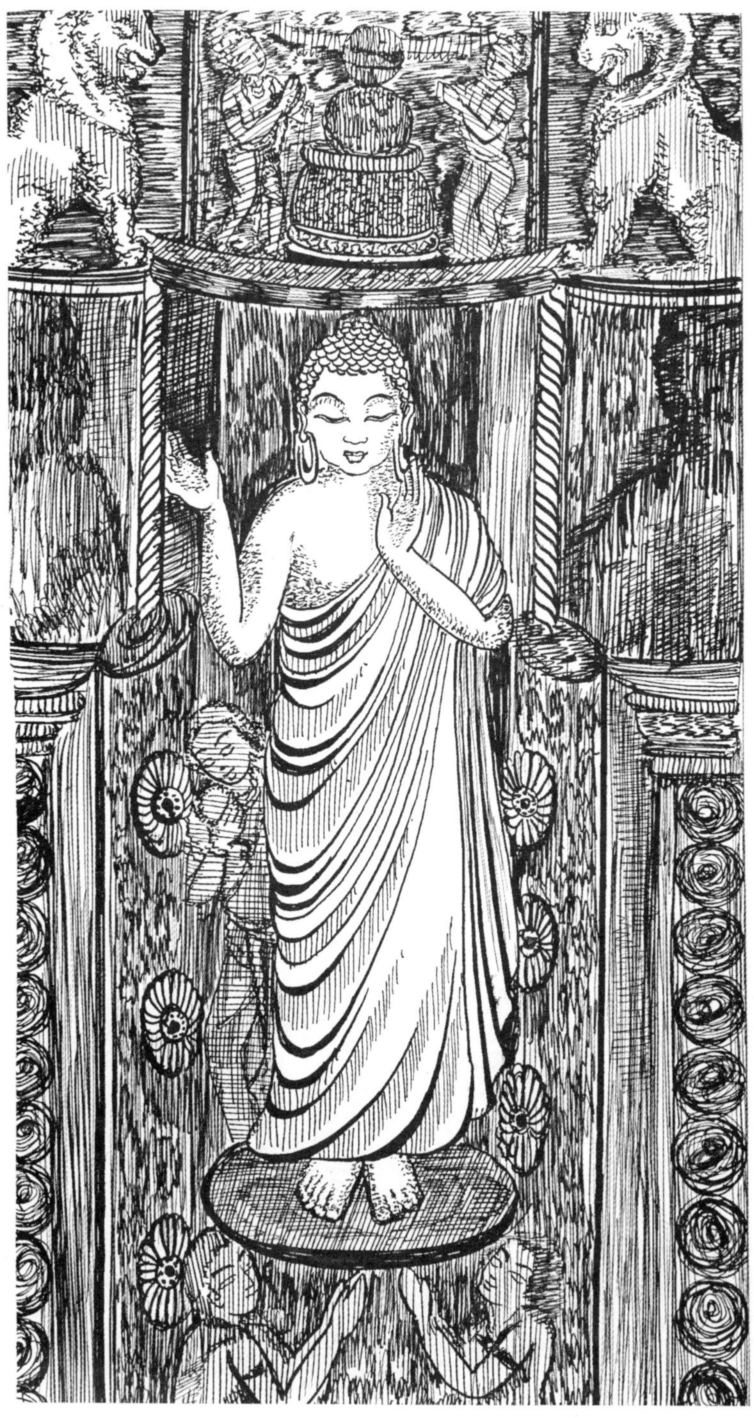

आकृति सं0 1 : नागार्जुनीकोण्ड, तुषित स्वर्ण से गौतम बुद्ध का उतरना

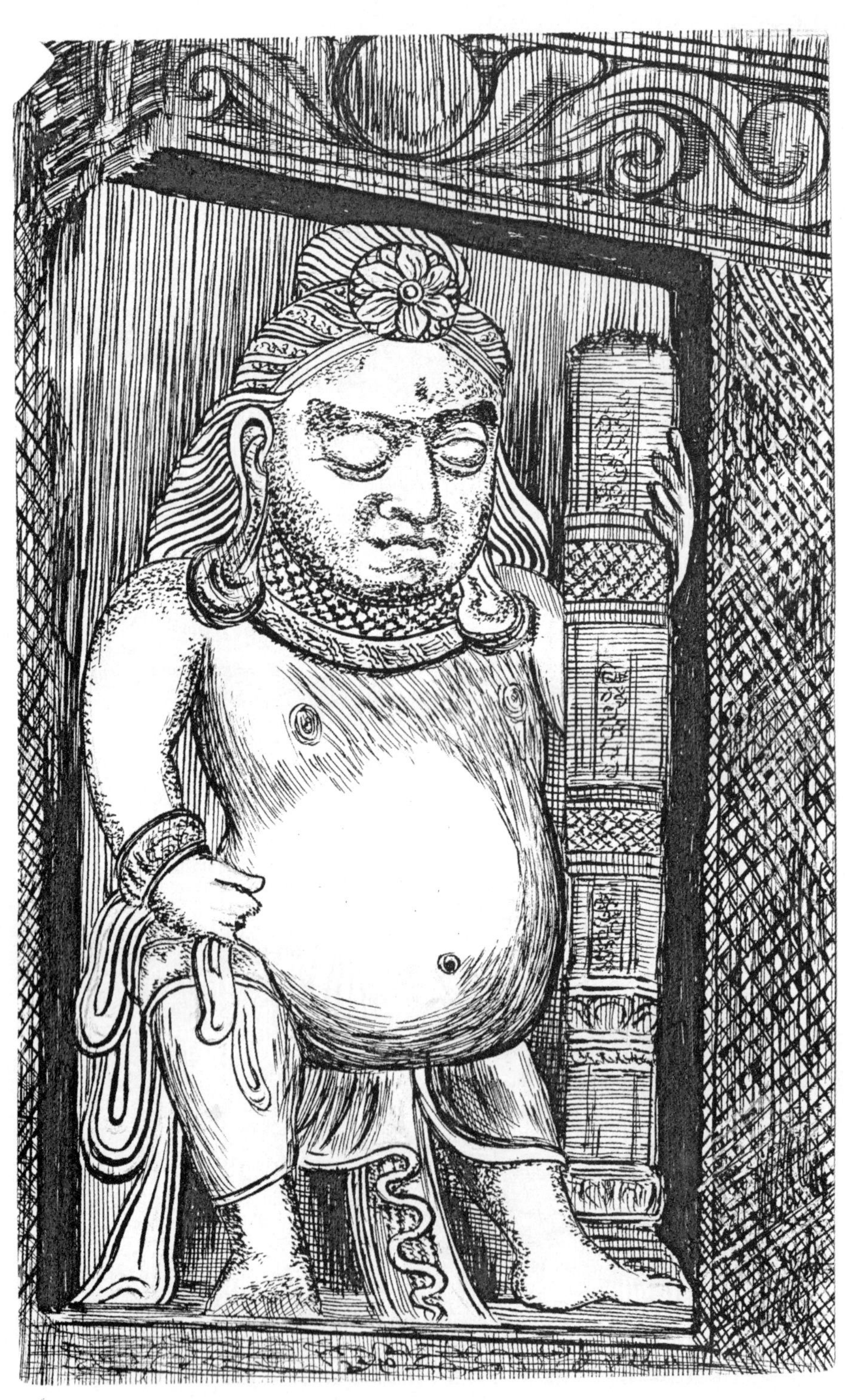

आकृति सं0 2 : नागार्जुनीकोण्ड, ब्राह्मण वेषधारी भविष्यवक्ता

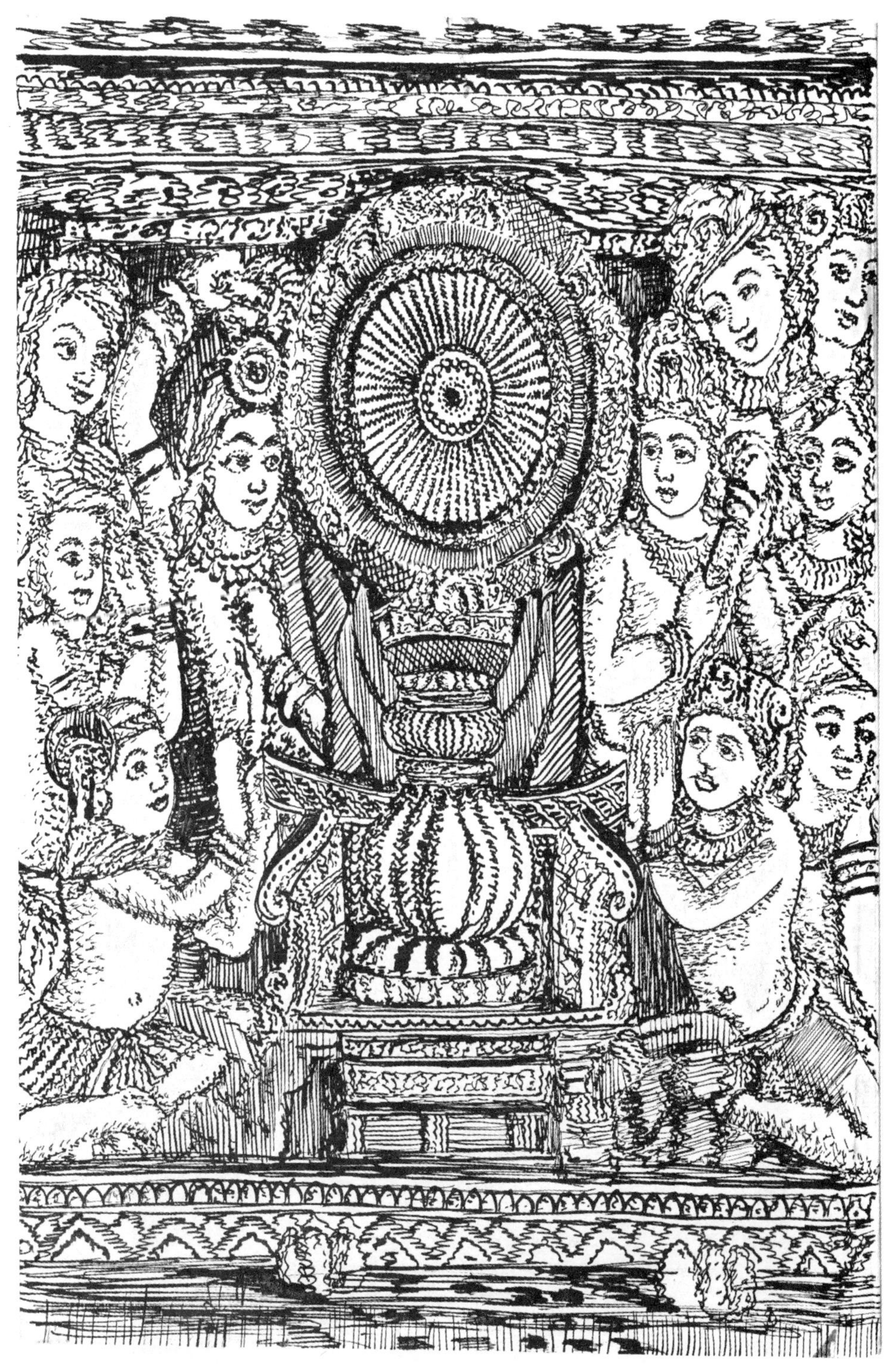

आकृति सं0 3 : नागार्जुनीकोण्ड, बोधिवृक्ष की पूजा का दृश्य

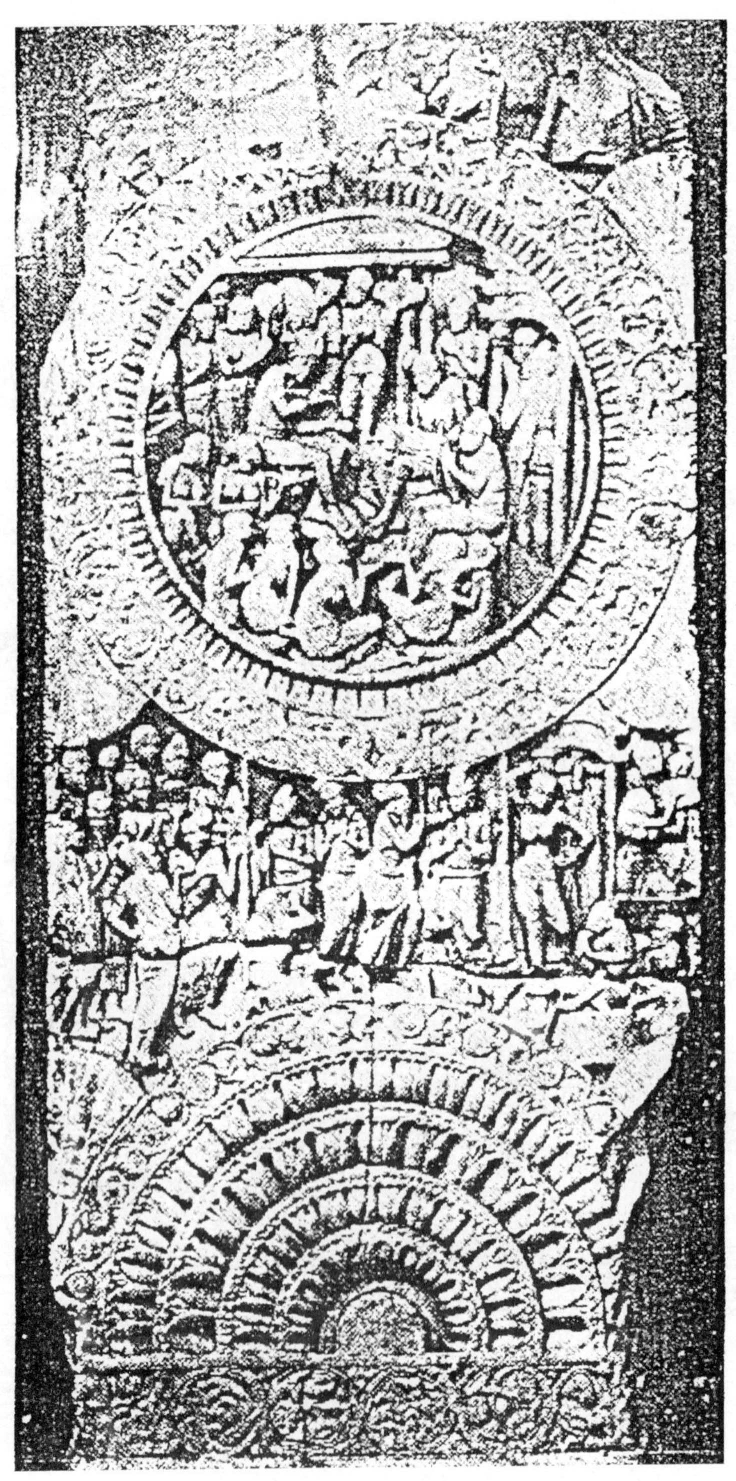

आकृति सं0 4 : नागार्जुनीकोण्ड, वामनाकृति

अध्याय - 7

शैलोत्कीर्ण गुफाएँ

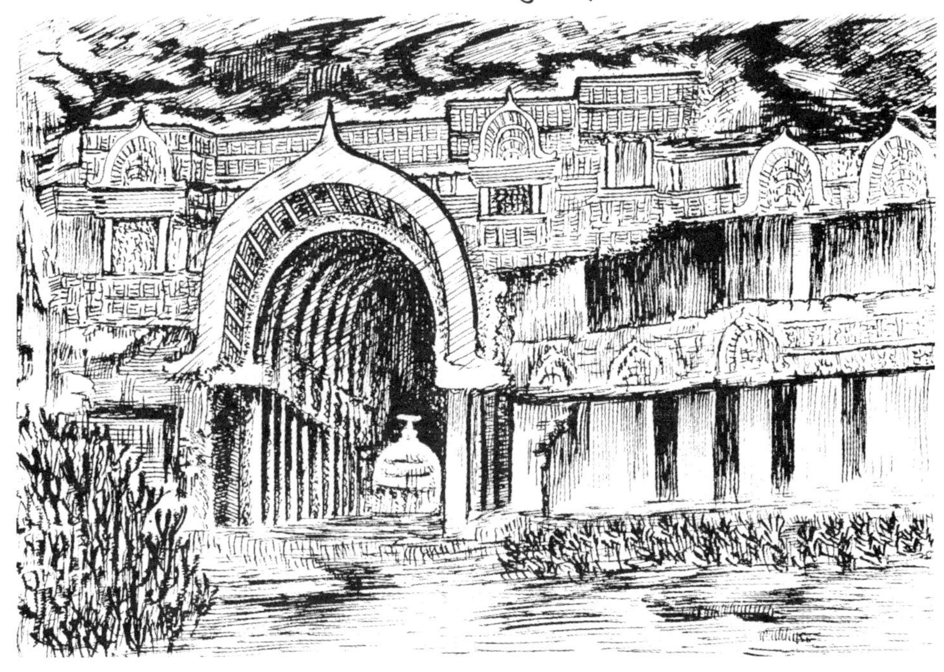

आकृति सं0 1 : भाजा की चैत्यगुहा

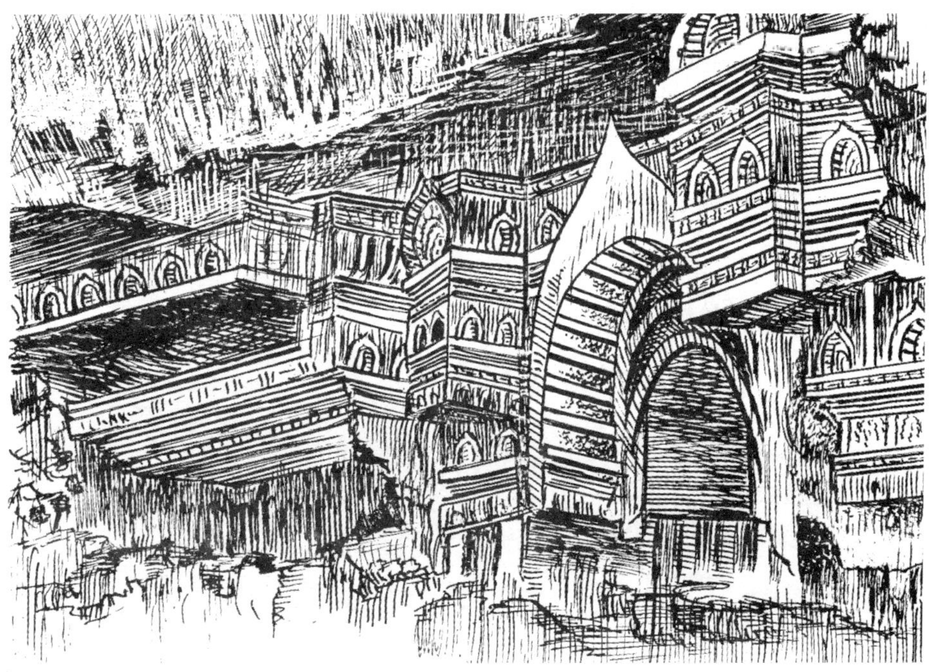

आकृति सं0 2 : कोन्दाने का चैत्यगृह

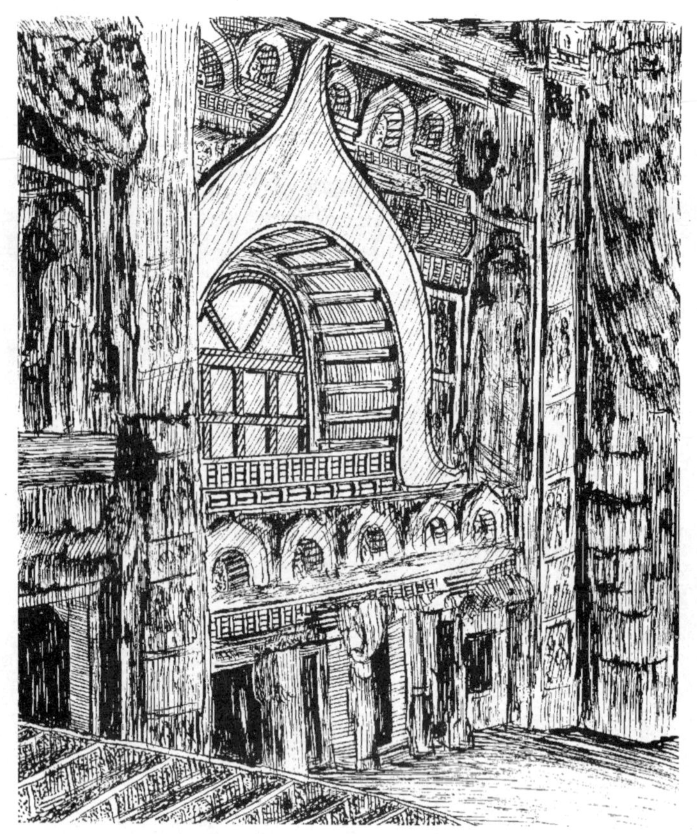

आकृति सं0 3 : उत्कीर्ण गवाक्ष अजन्ता

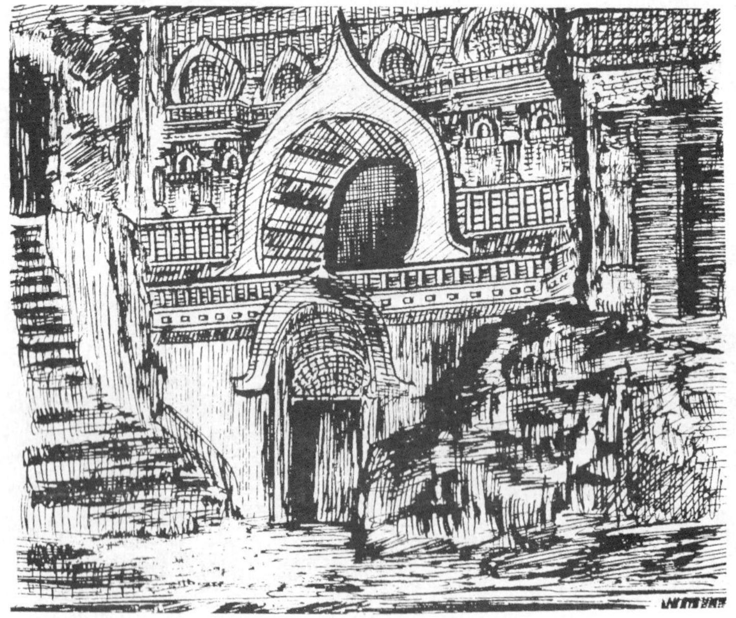

आकृति सं0 4 : नासिक का गवाक्ष

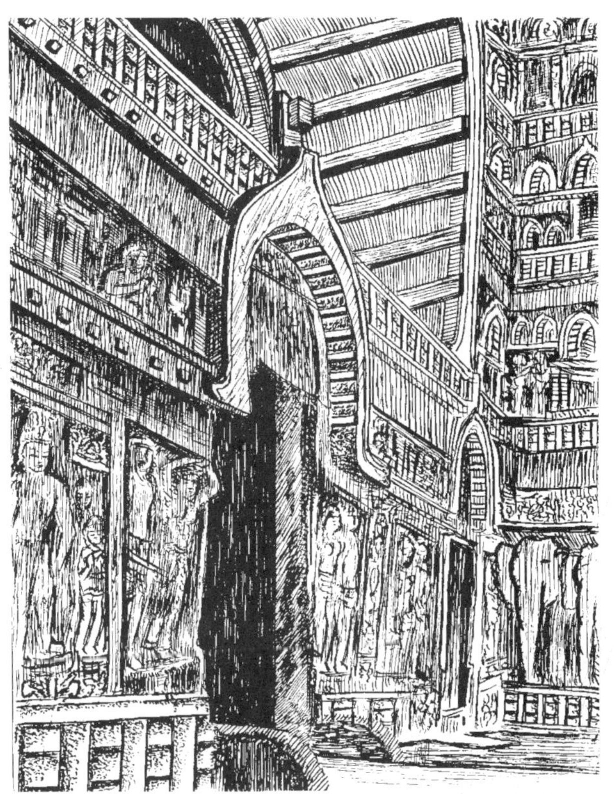

आकृति सं0 5 : उत्कीर्ण भास्कर

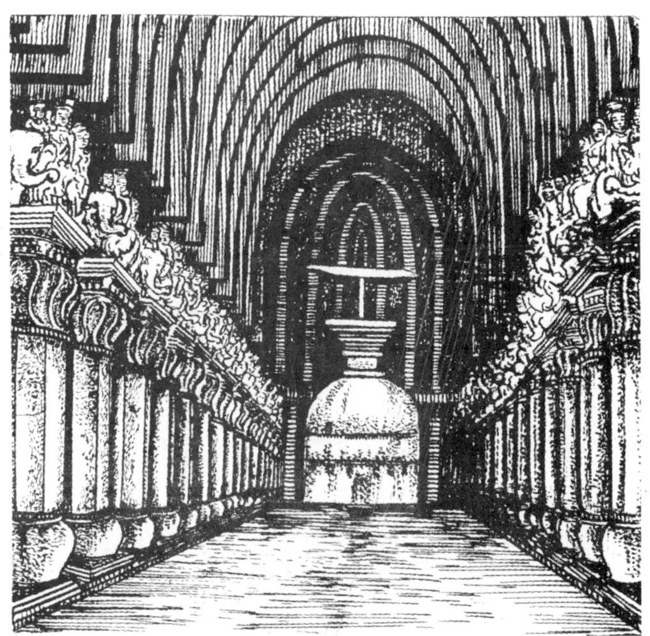

आकृति सं0 6 : नक्काशीयुक्त स्तम्भ (कार्ले)

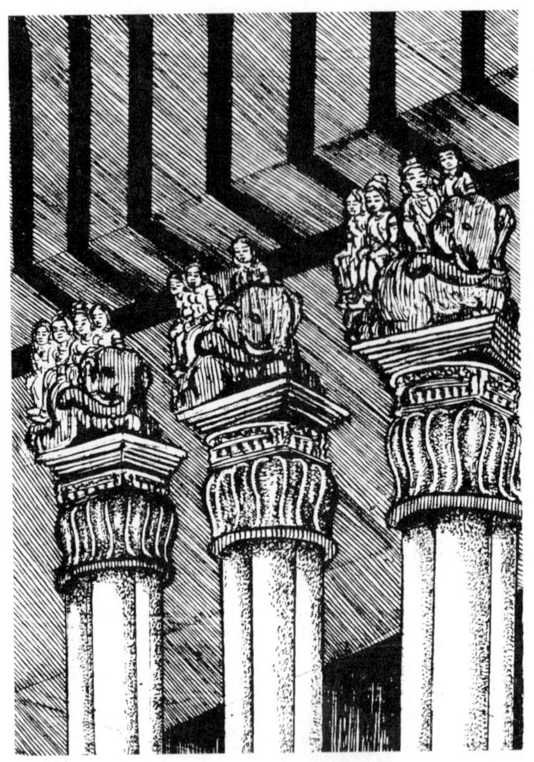

आकृति सं0 7 : स्तम्भ के ऊपर हस्तिपृष्ठ पर दम्पति

अध्याय - 8

गुप्तकालीन कला

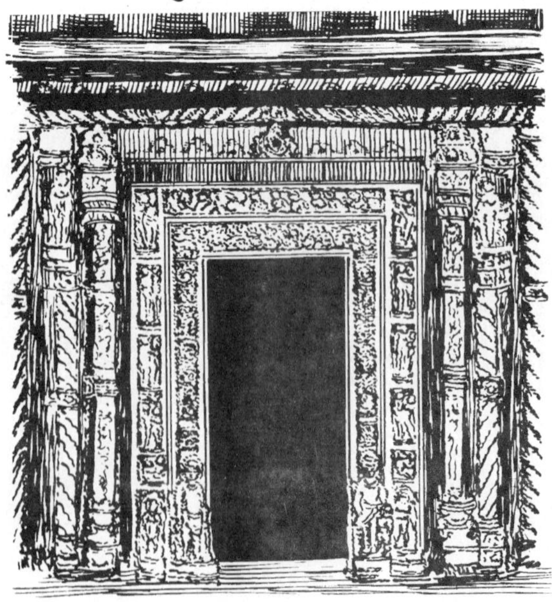

आकृति सं0 1 : नचना कुठारा का शिव-मंदिर

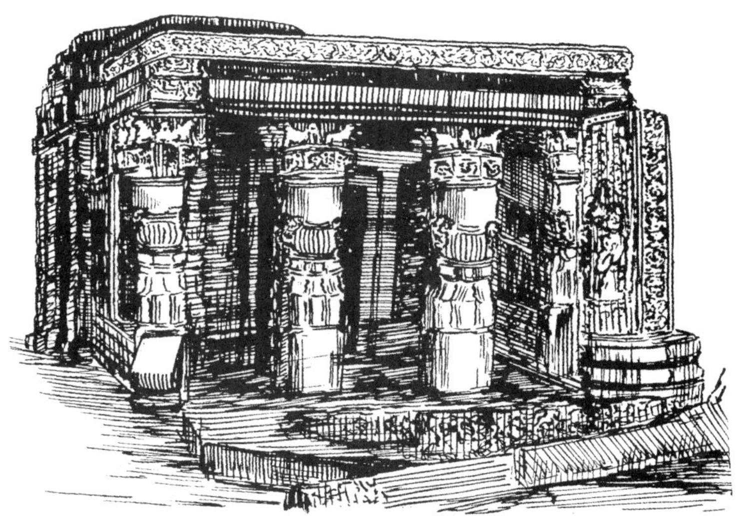

आकृति सं0 2 : तिगवा का नृसिंह-मंदिर

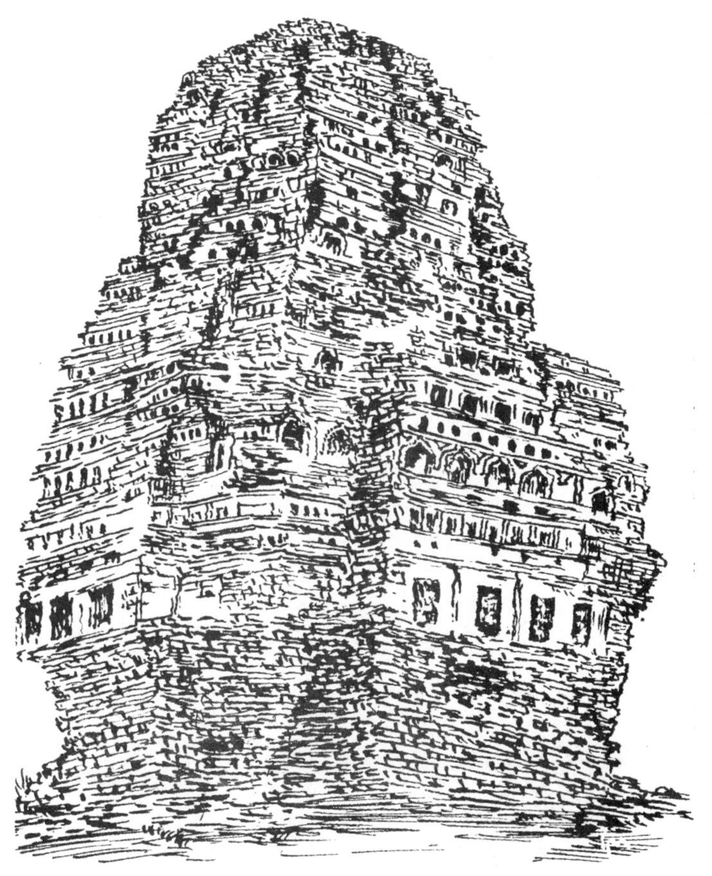

आकृति सं0 3 : भीतरगाँव का दशावतार मंदिर

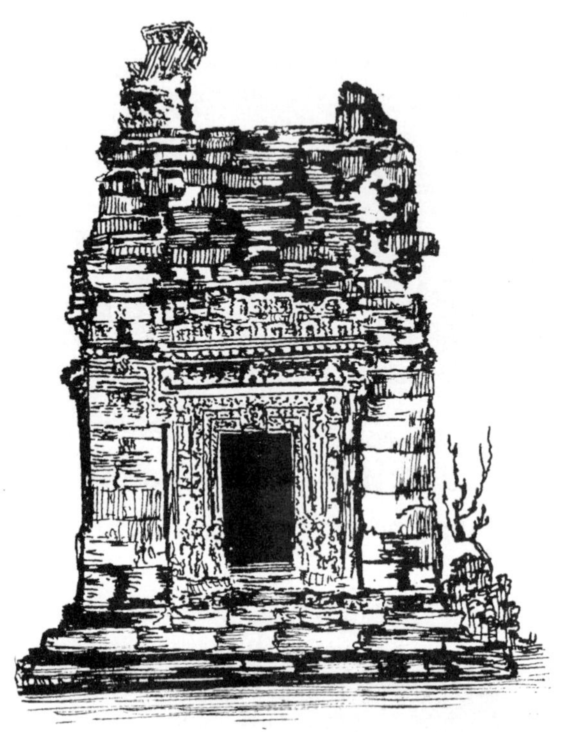

आकृति सं0 4 : देवगढ़ का दशावतार मंदिर

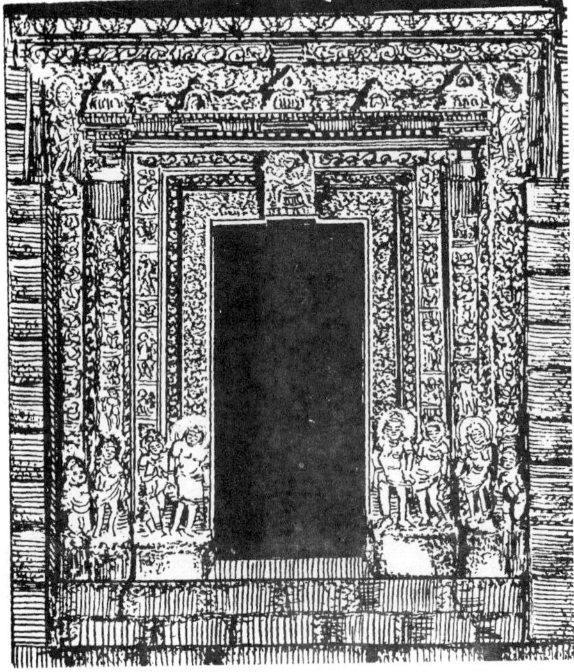

आकृति सं0 5 : देवगढ़ दशावतार मंदिर का द्वार

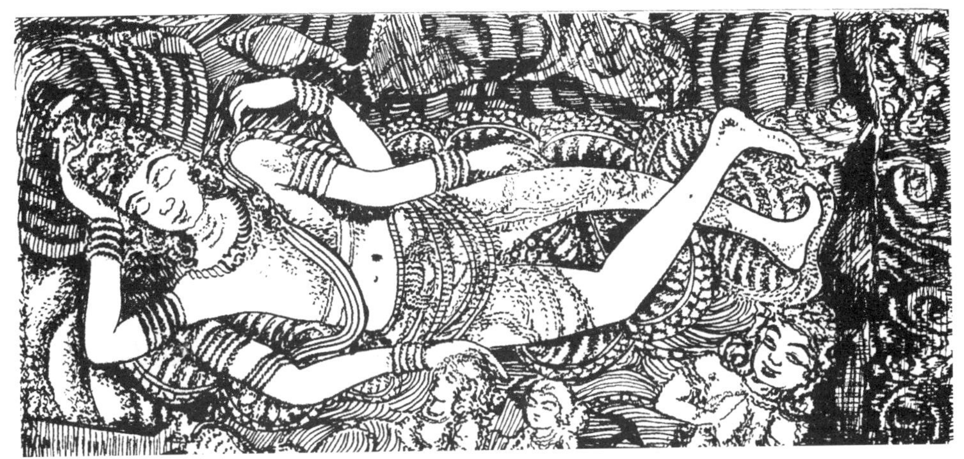

आकृति सं0 5 : शेषशायी विष्णु (मेगुटी मंदिर)

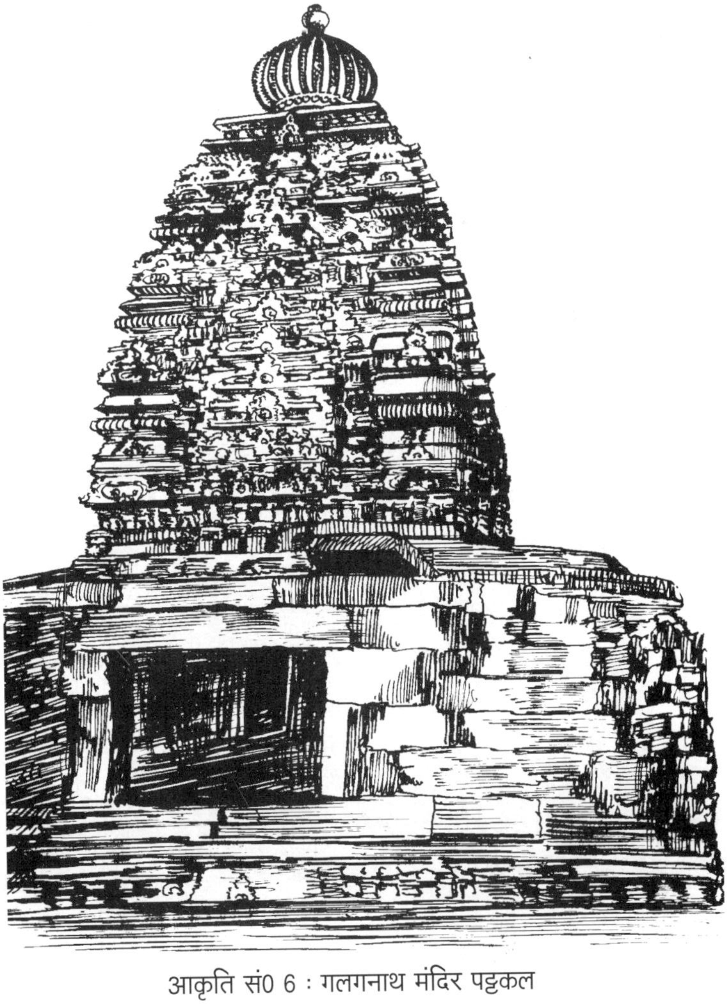

आकृति सं0 6 : गलगनाथ मंदिर पट्टकल

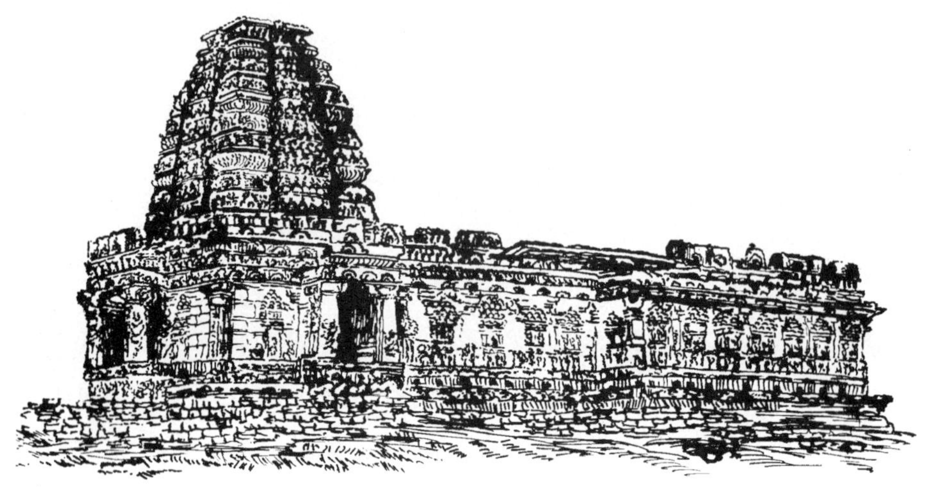

आकृति सं0 7 : पापनाथ मंदिर पट्टकल

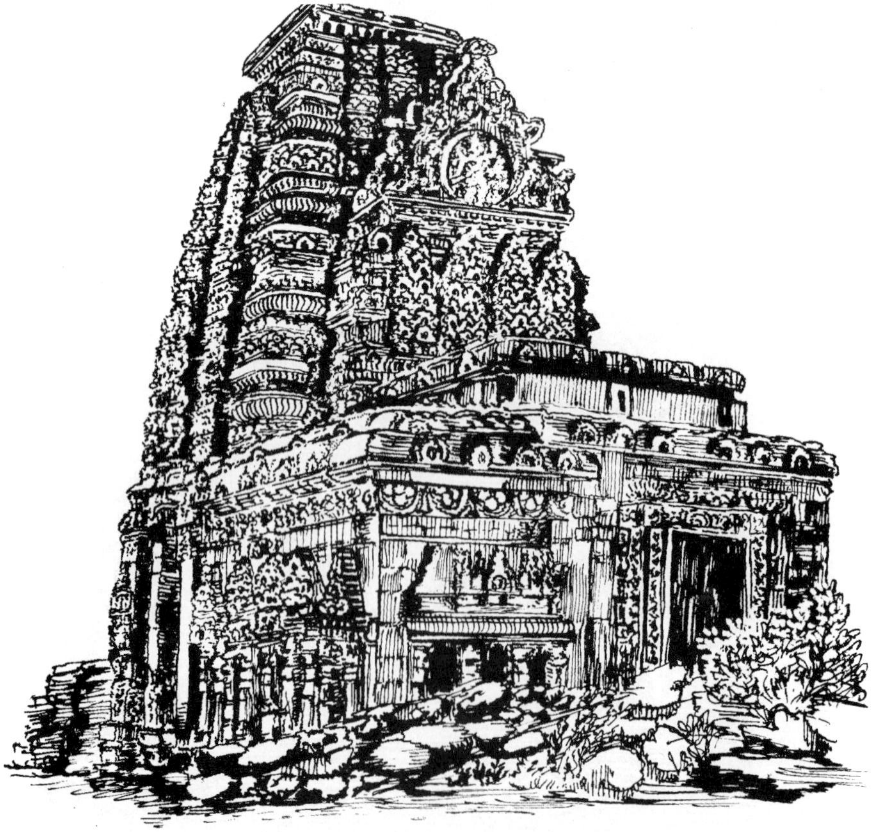

आकृति सं0 8 : काशी विश्वनाथ मंदिर

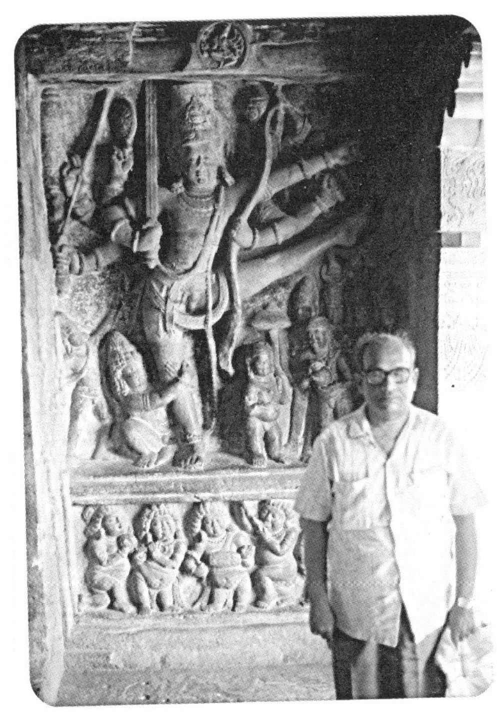

आकृति सं0 9 : नाचते हुए शिवगण बौने साथ में लेखक

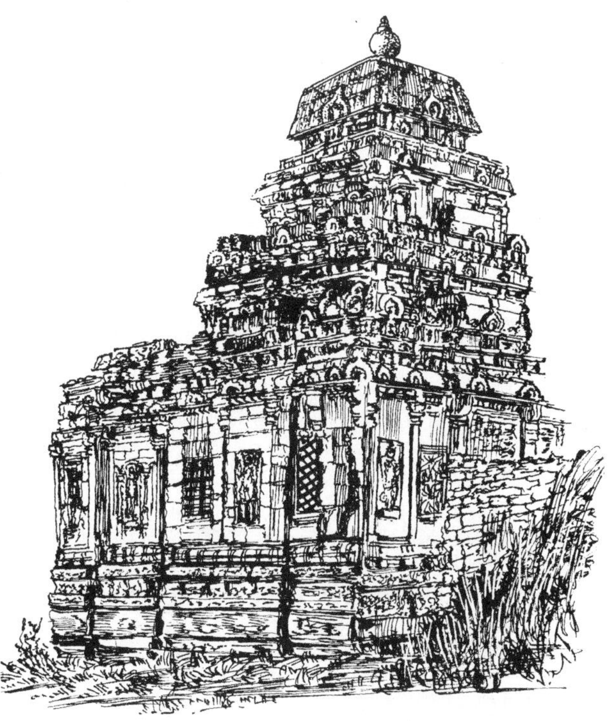

आकृति सं0 10 : संगमेश्वर मंदिर

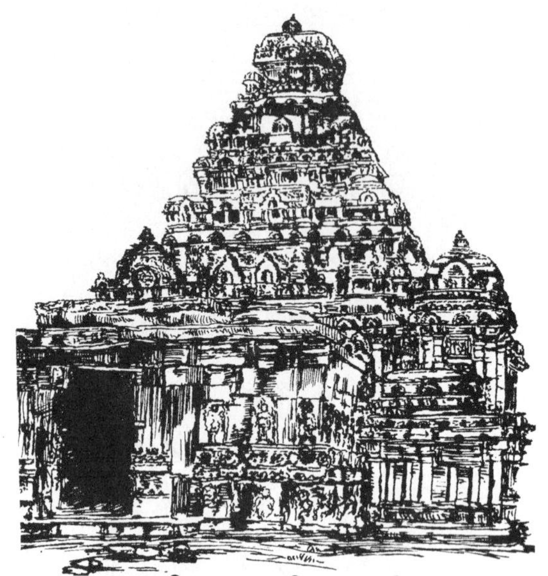

आकृति सं0 11 : विरूपाक्ष मंदिर

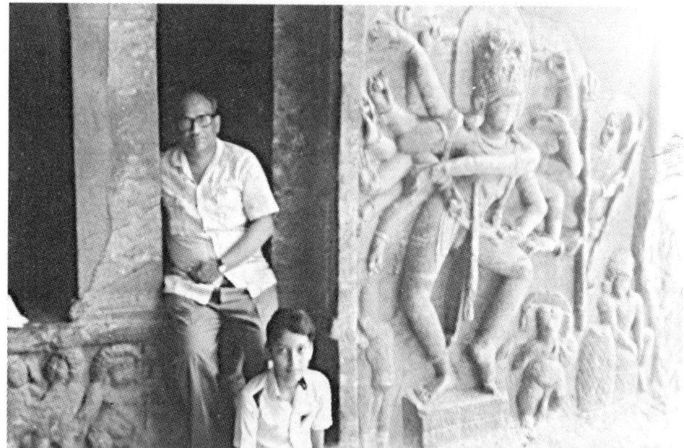

आकृति सं0 12 : नटराज शिव की प्रतिमा के साथ लेखक

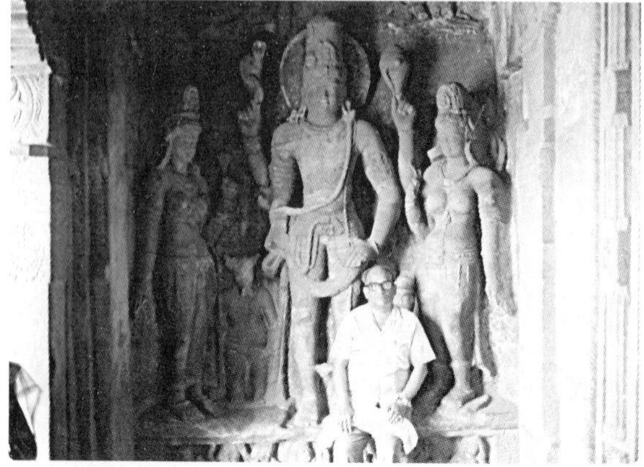

आकृति सं0 13 : विष्णु एवं लक्ष्मी प्रतिमा के साथ लेखक

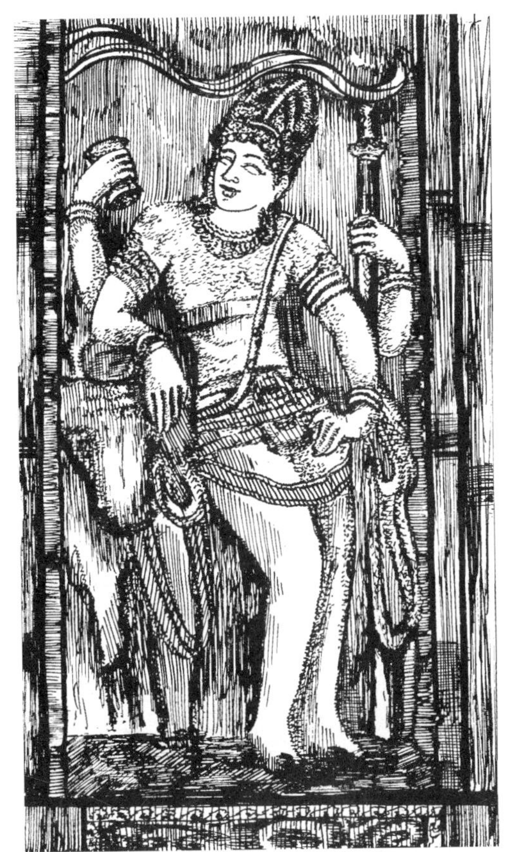

आकृति सं0 14 : नन्दी के साथ शिव पट्टकल

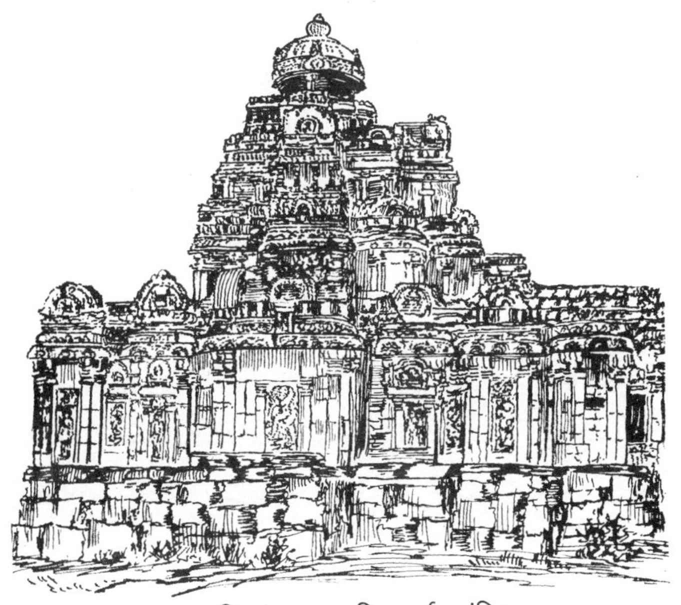

आकृति सं0 15 : मल्लिकार्जुन मंदिर

अध्याय - 11

पल्लव कला

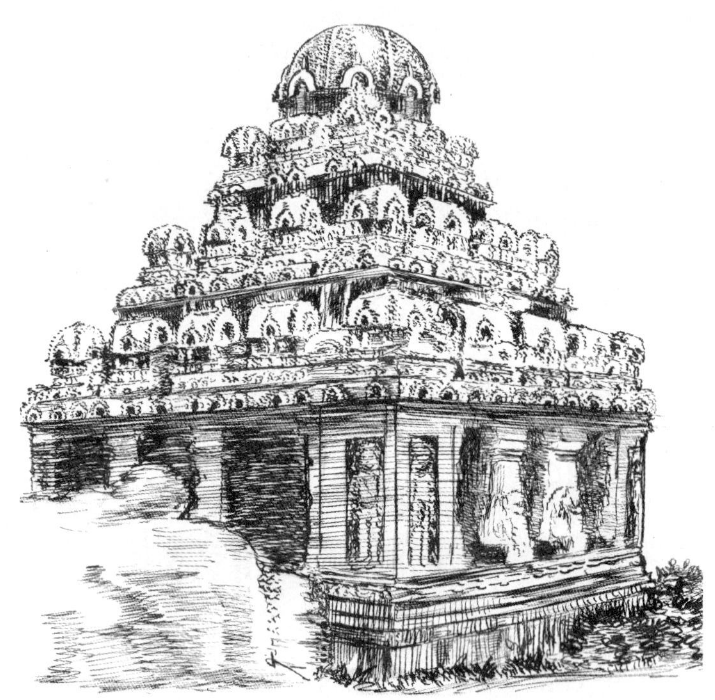

आकृति सं0 1 : धर्मराज-रथ

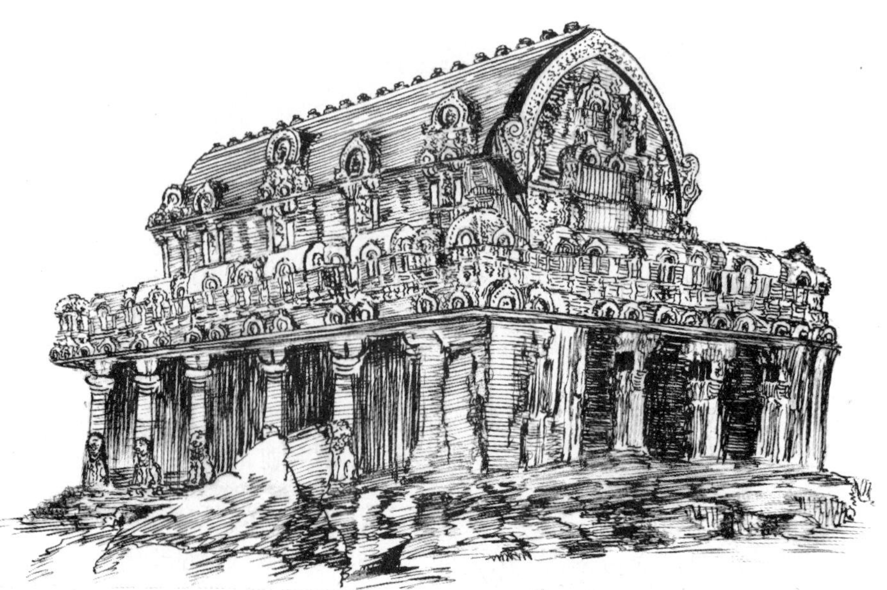

आकृति सं0 2 : भीमरथ

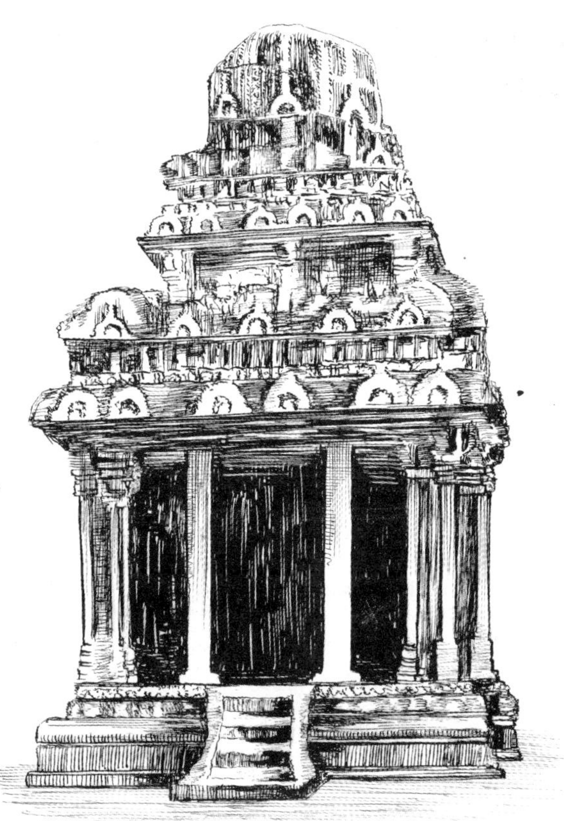

आकृति सं0 3 : अर्जुन रथ

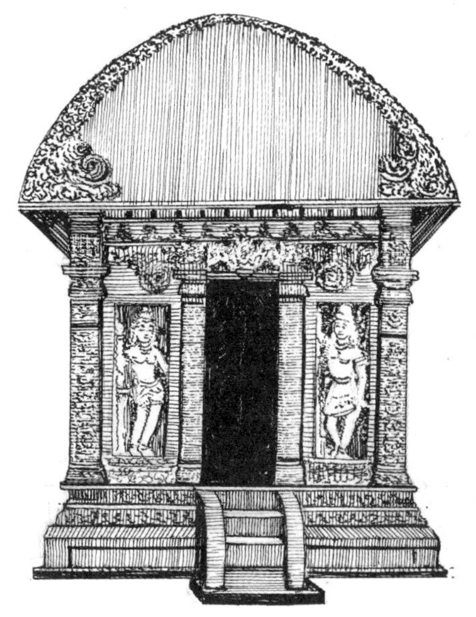

आकृति सं0 4 : द्रौपदी रथ

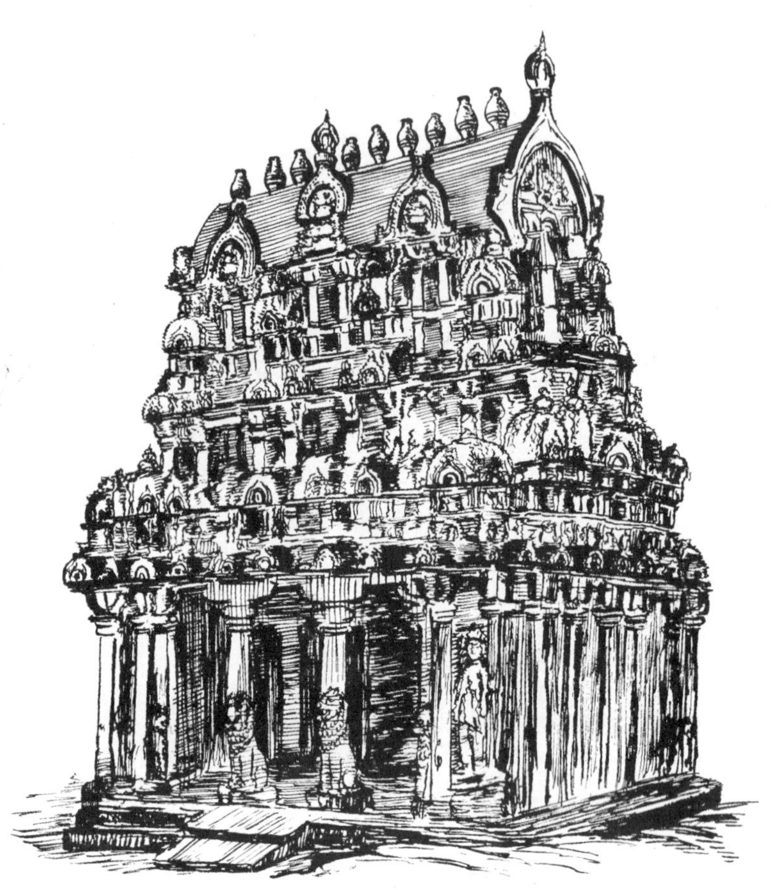

आकृति सं0 5 : गणेश रथ

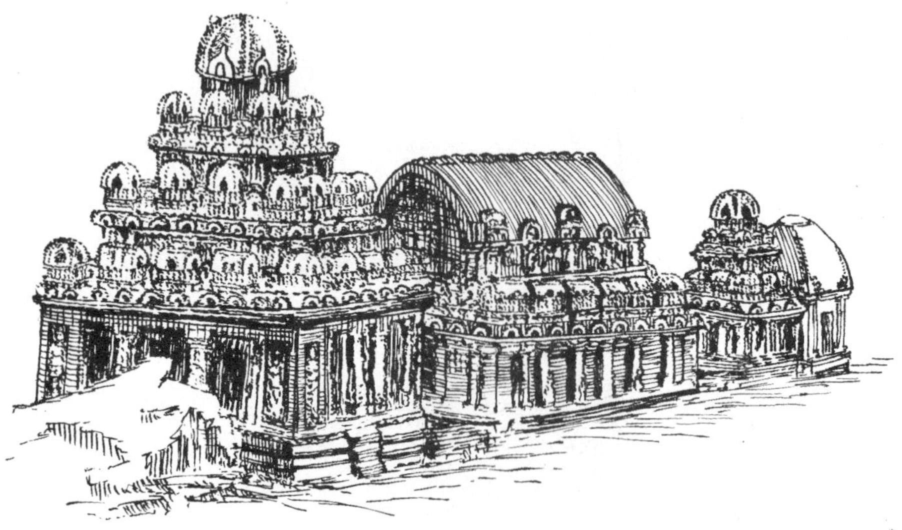

आकृति सं0 6 : एकाश्मक रथ

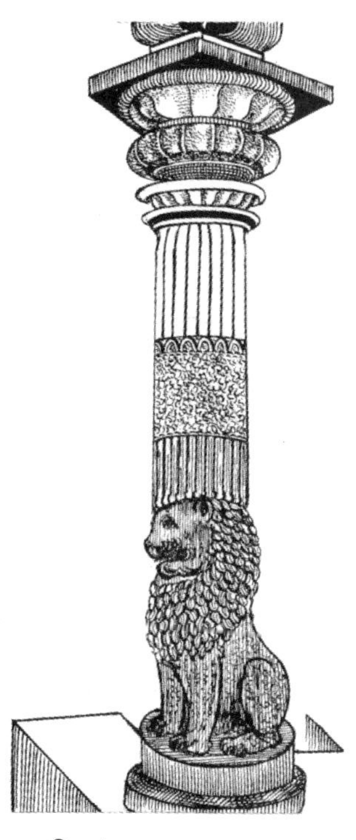

आकृति सं0 7 : स्तम्भ भार वहन करते सिंह

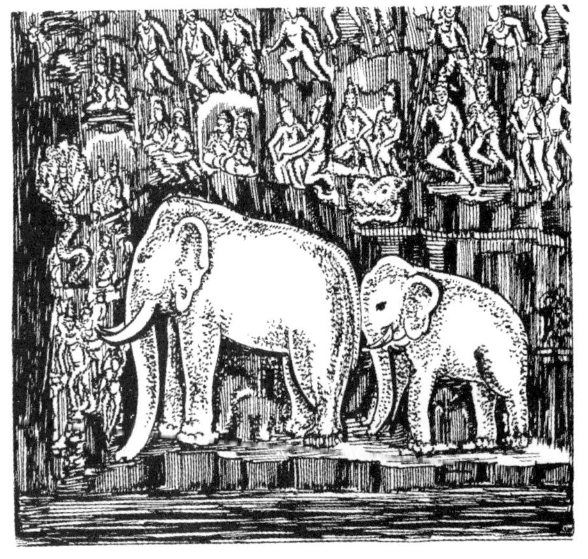

आकृति सं0 8 : गंगावतरण

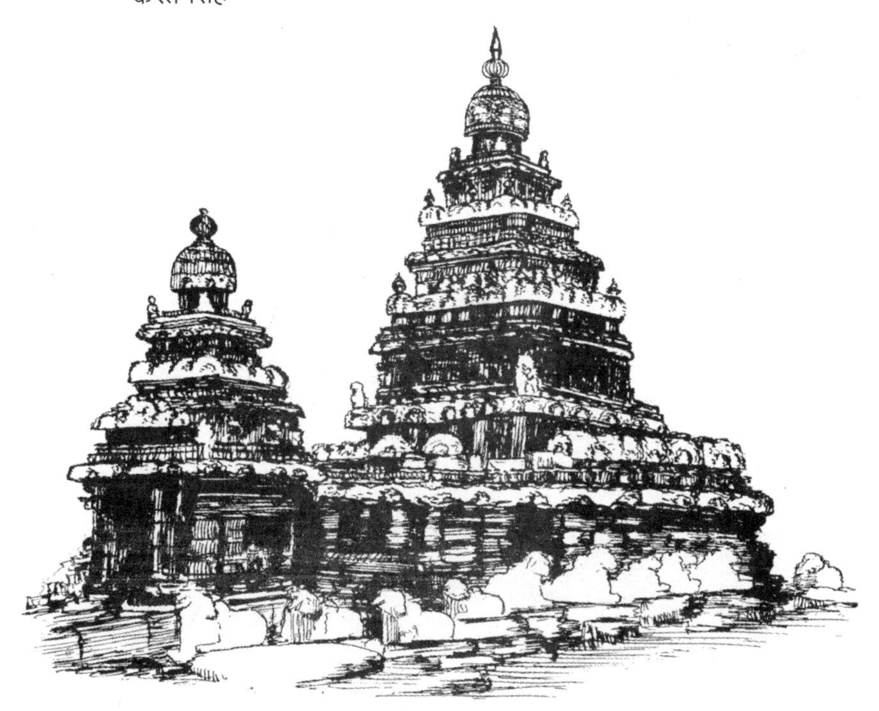

आकृति सं0 9 : सागर-तट मंदिर (शोर-टेम्पुल)

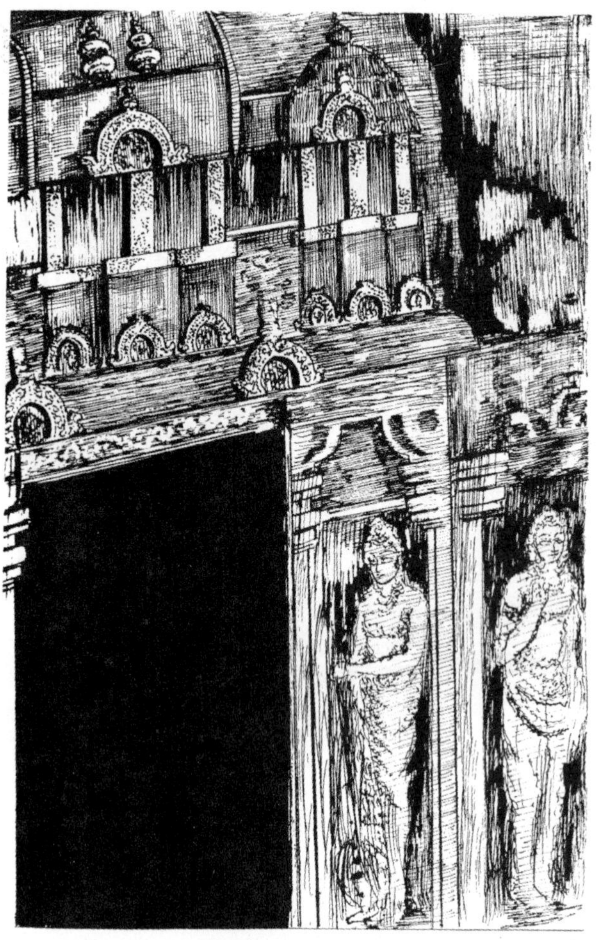

आकृति सं0 10 : त्रिमंदिर समूह मामल्लपुरम्

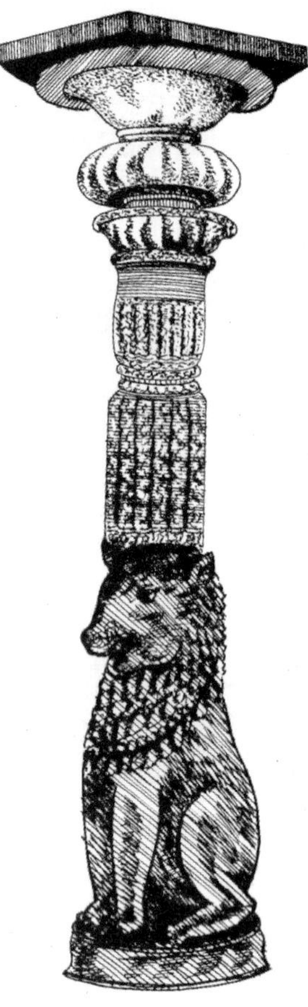

आकृति सं0 11 : स्तम्भ भार वहन करते दहाड़ते व्याल मामल्लपुरम्

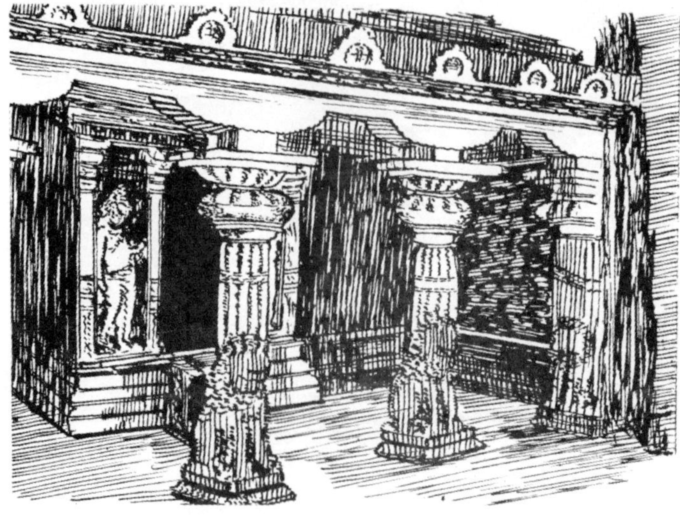

आकृति सं0 12 : वराहमण्डप मामल्लपुरम्

अध्याय - 12

राष्ट्रकूट कला

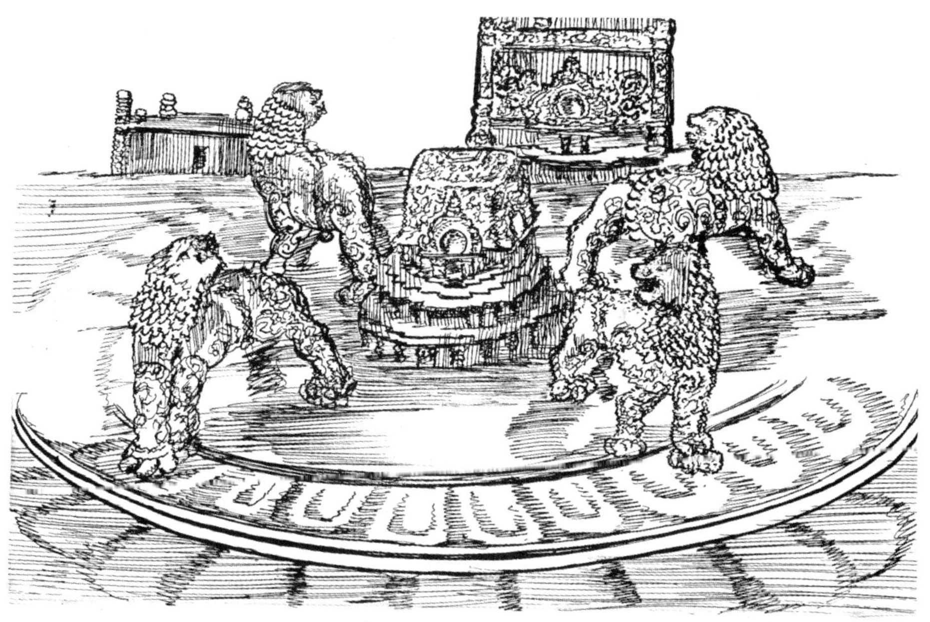

आकृति सं0 1 : कैलास मंदिर शिखर का विवरण

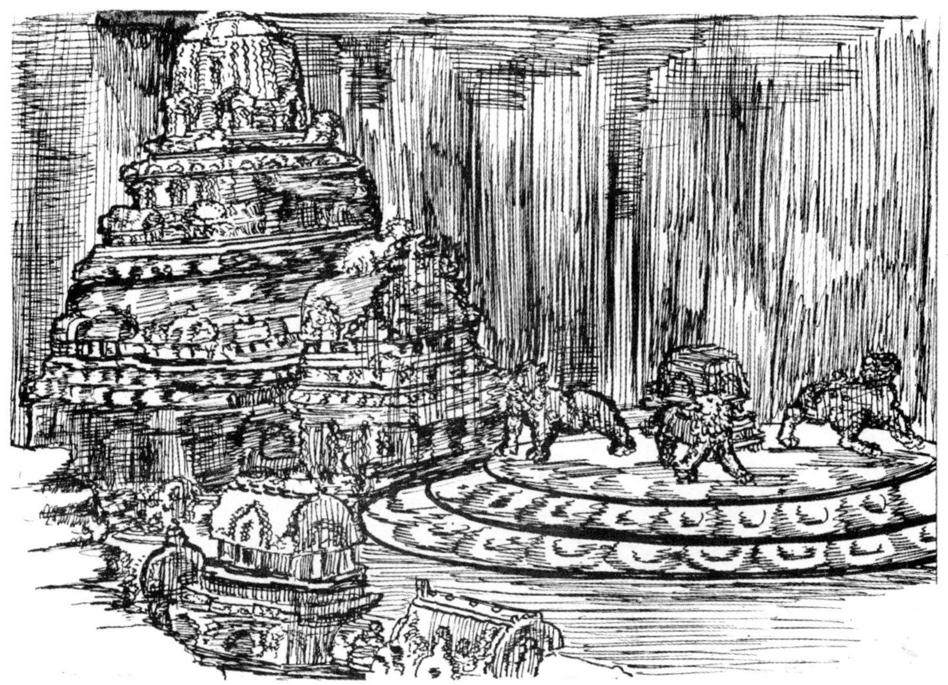

आकृति सं0 2 : गज एवं सिंह राष्ट्रकूट शक्ति के प्रतीक

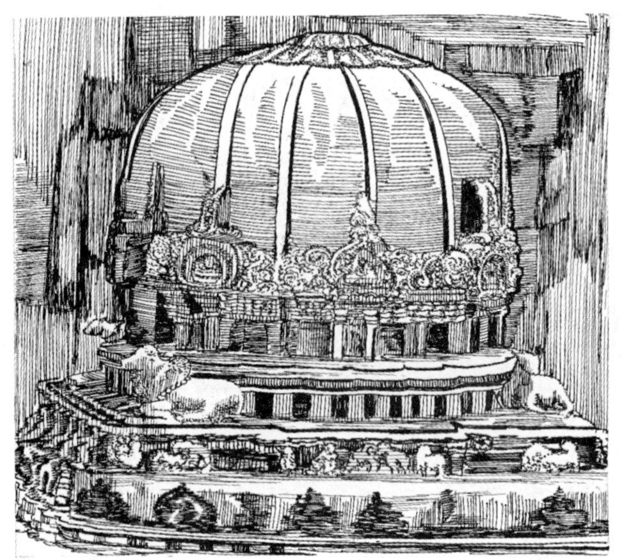

आकृति सं0 3 : कैलास मंदिर के गुम्बद उच्चित्रित विवरण

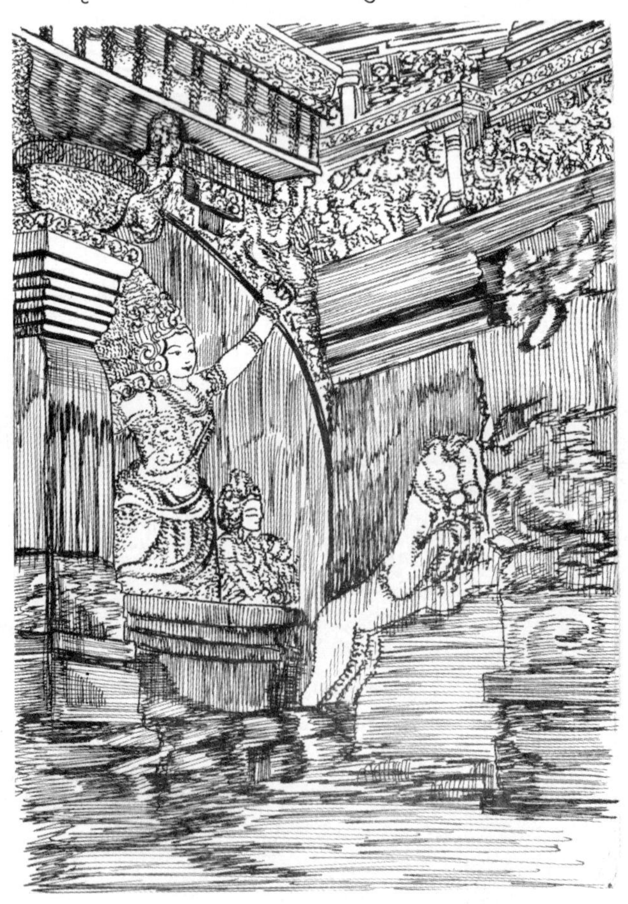

आकृति सं0 4 : सूर्य अपने रथ पर आरूढ़

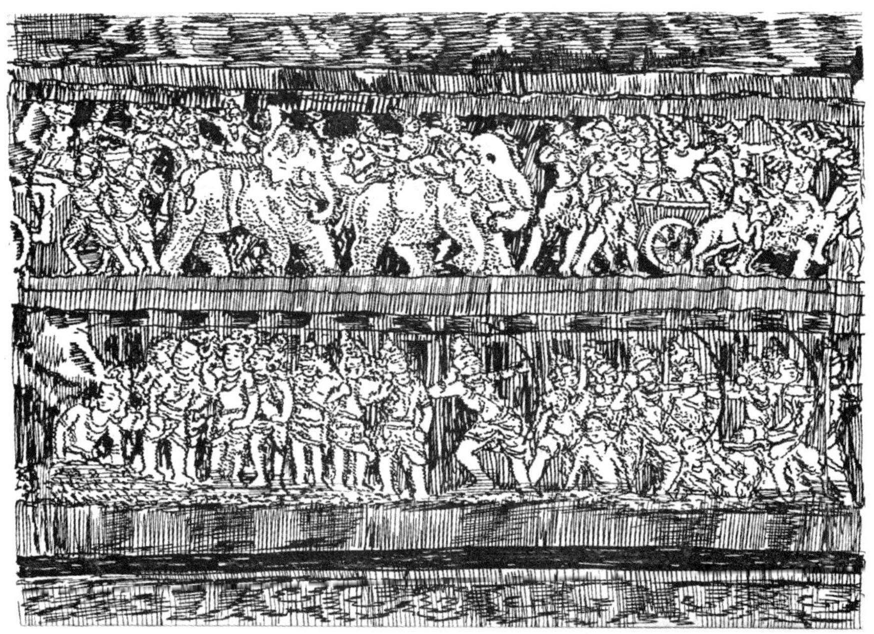

आकृति सं0 5 : युद्ध का दृश्यांकन

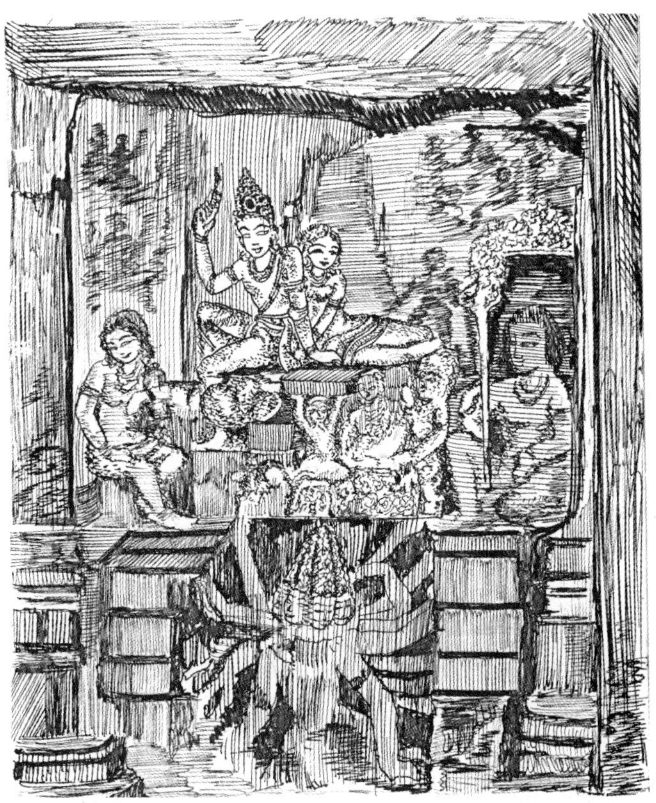

आकृति सं0 6 : रावण की कैलास पर्वत हिलाने की चेष्टा

अध्याय - 13

चोल कला

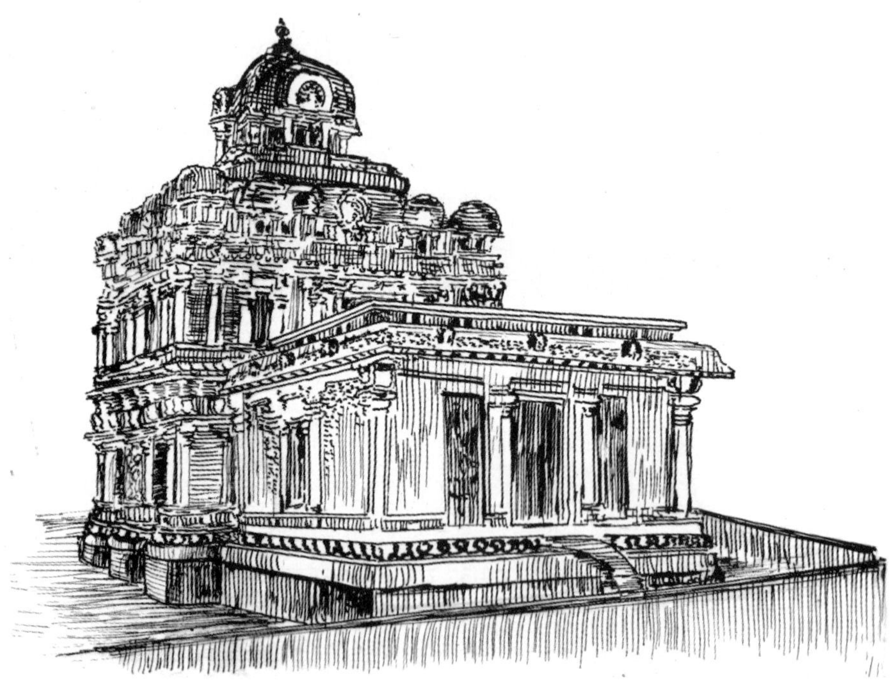

आकृति सं0 1 : कुरंगनाथ मंदिर

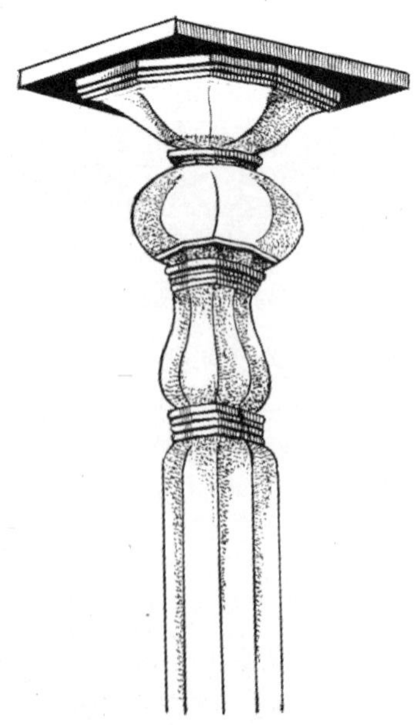

आकृति सं0 2 : श्रीनिवासनलुर (कुरंगनाथ) मंदिर का स्तम्भ शीर्षक

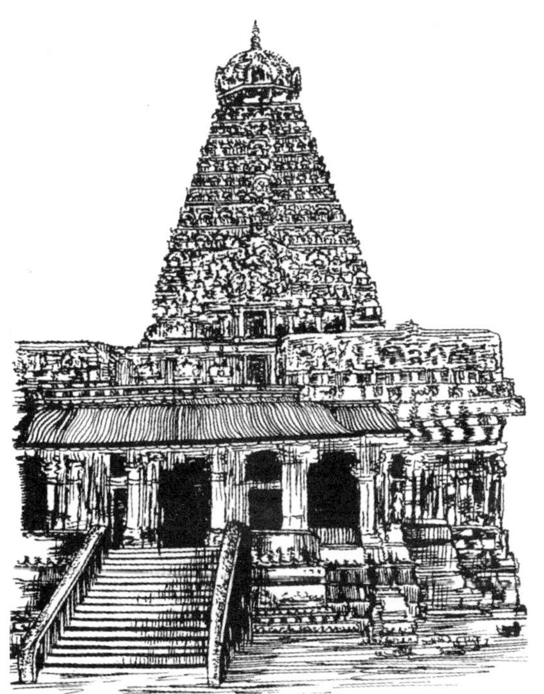

आकृति सं0 3 : बृहदेश्वर मंदिर

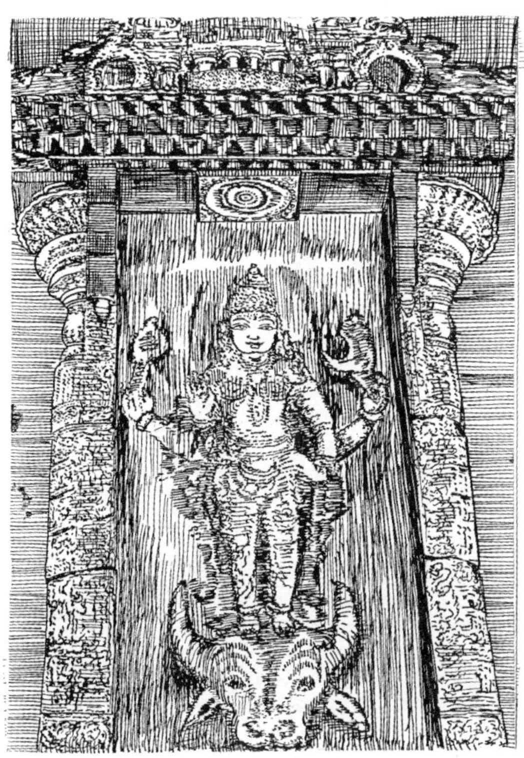

आकृति सं0 4 : महिषमर्दिनी

अध्याय - 14

खजुराहो कला

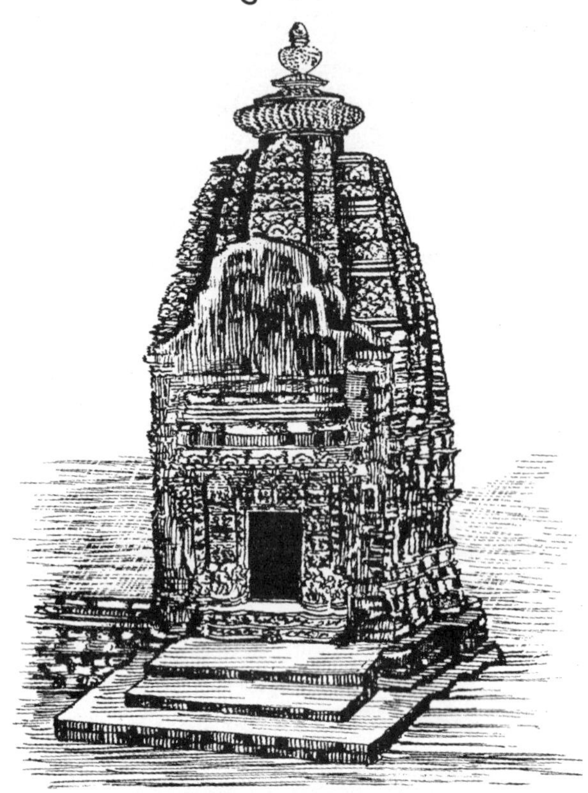

आकृति सं0 1 : पार्वती मंदिर (खजुराहो)

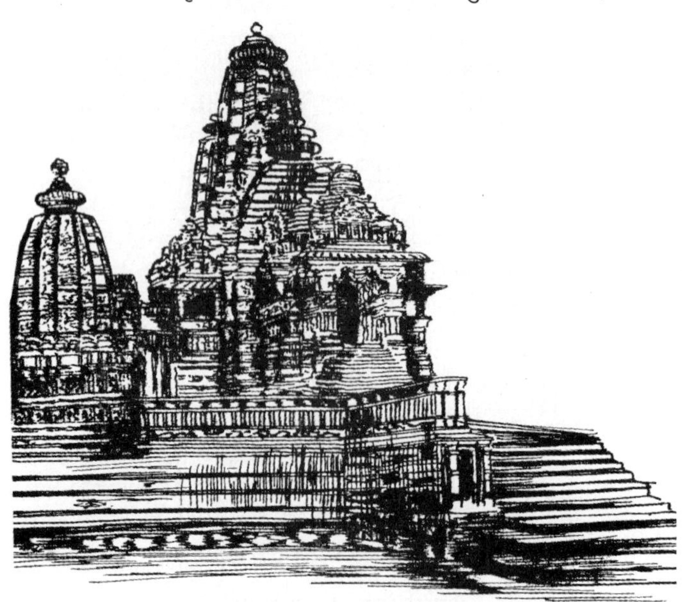

आकृति सं0 2 : लक्ष्मण मंदिर (खजुराहो)

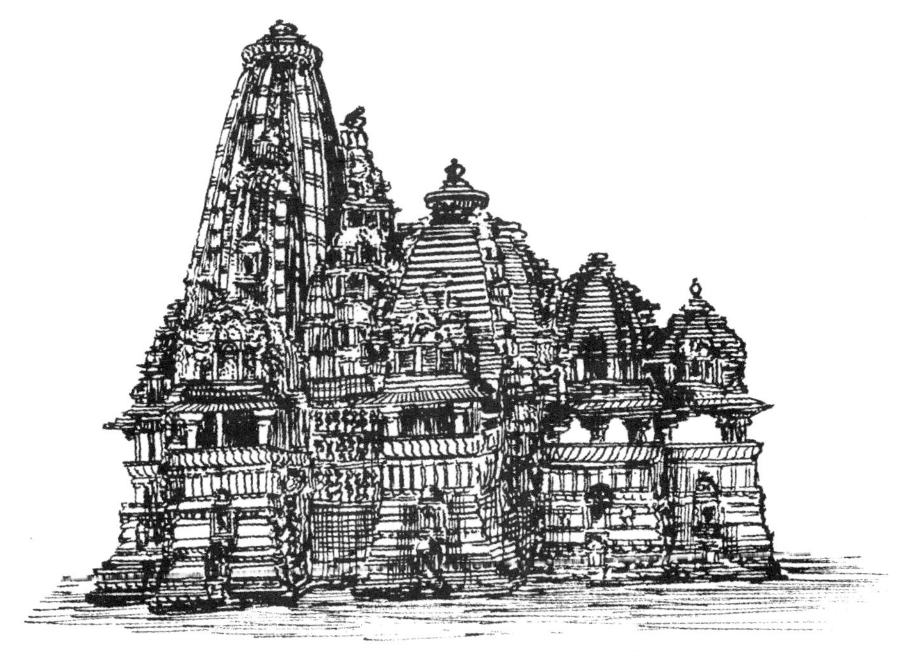

आकृति सं0 3 : विश्वनाथ मंदिर (खजुराहो)

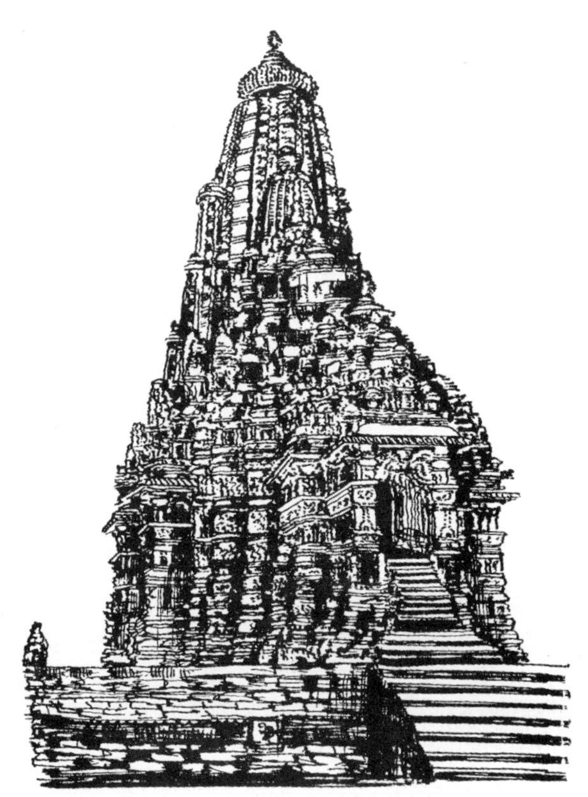

आकृति सं0 4 : कन्दरिया महादेव मंदिर (खजुराहो)

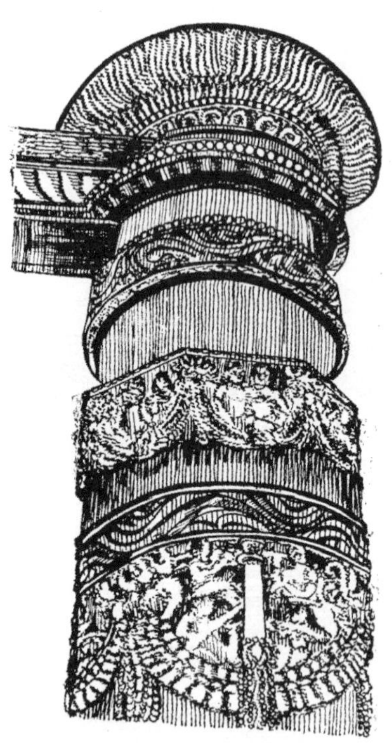

आकृति सं0 5 : घण्टई मंदिर का अलंकृत स्तम्भ (खजुराहो)

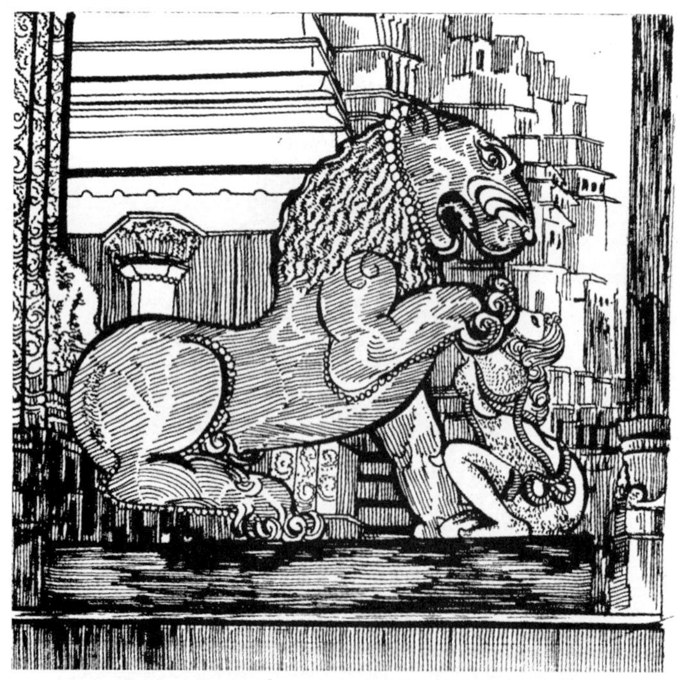

आकृति सं0 6 : उत्कृष्ट कोटि का व्याल (खजुराहो)

अध्याय - 15

उड़ीसा की कला

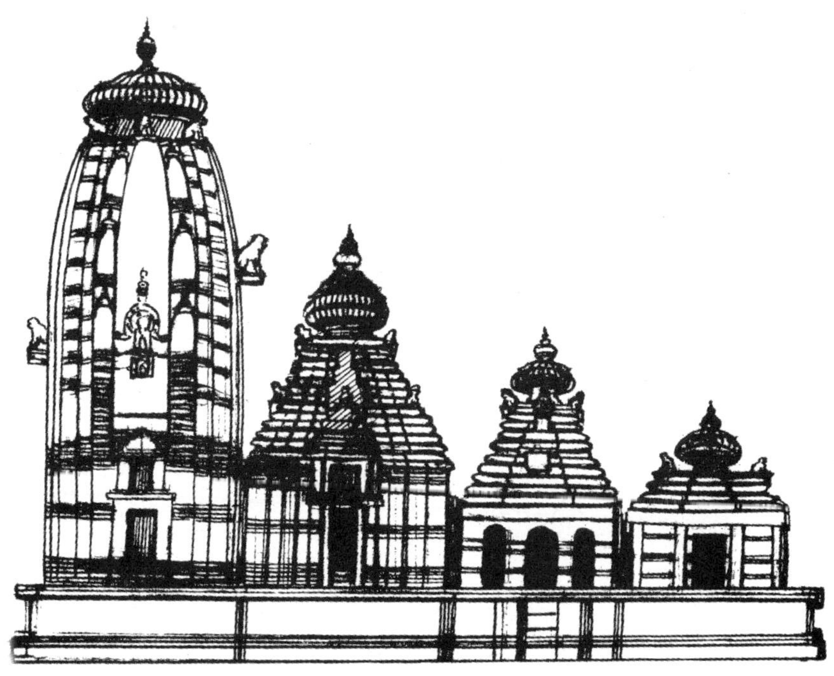

आकृति सं0 1 : उड़ीसा के मंदिर के प्रमुख अंग

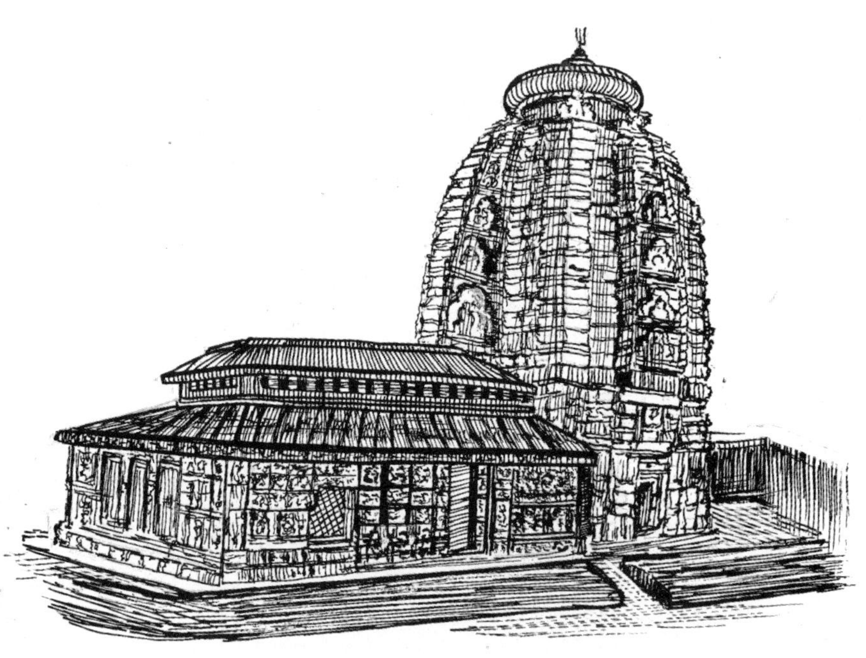

आकृति सं0 2 : परशुरामेश्वर मंदिर (भुवनेश्वर)

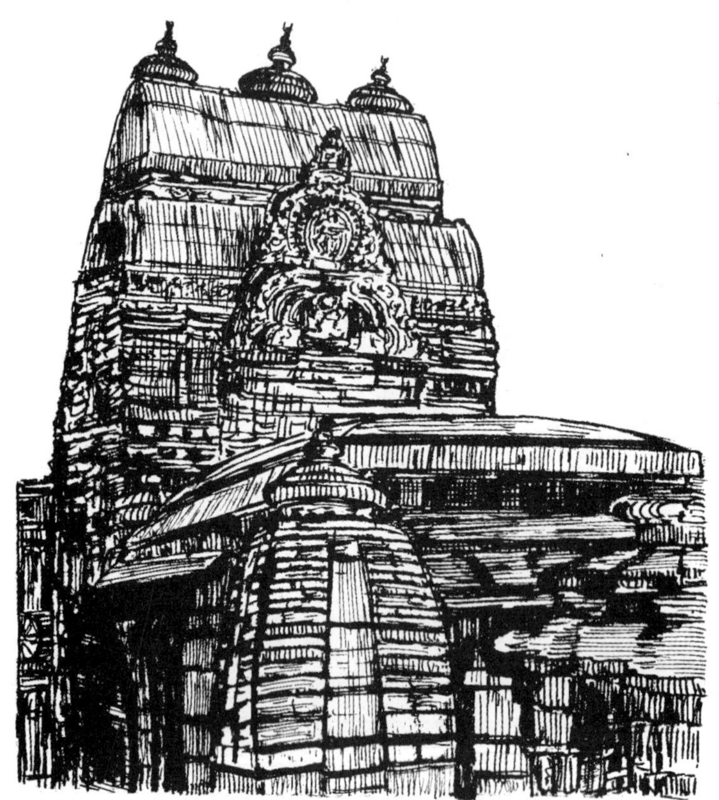

आकृति सं0 3 : बेताल देउड़ मंदिर

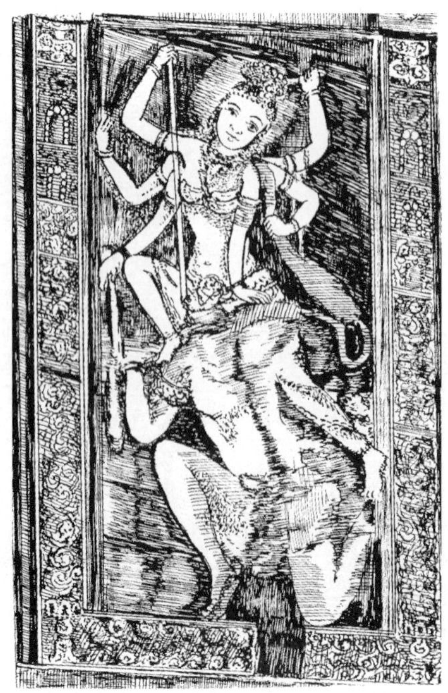

आकृति सं0 4 : दुर्गा महिषासुरमर्दिनी बेताल देउड़, पुरी

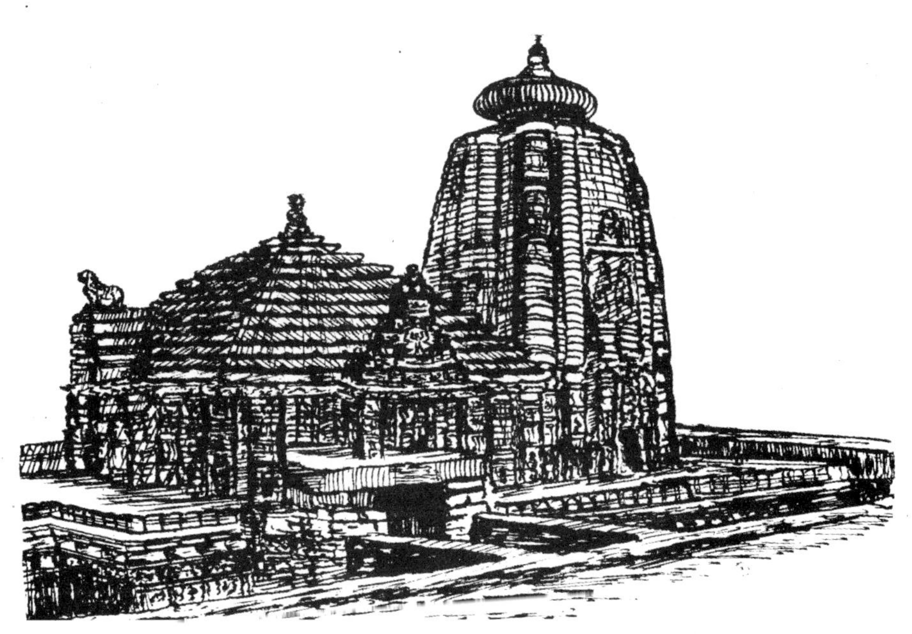

आकृति सं0 5 : मुक्तेश्वर मंदिर

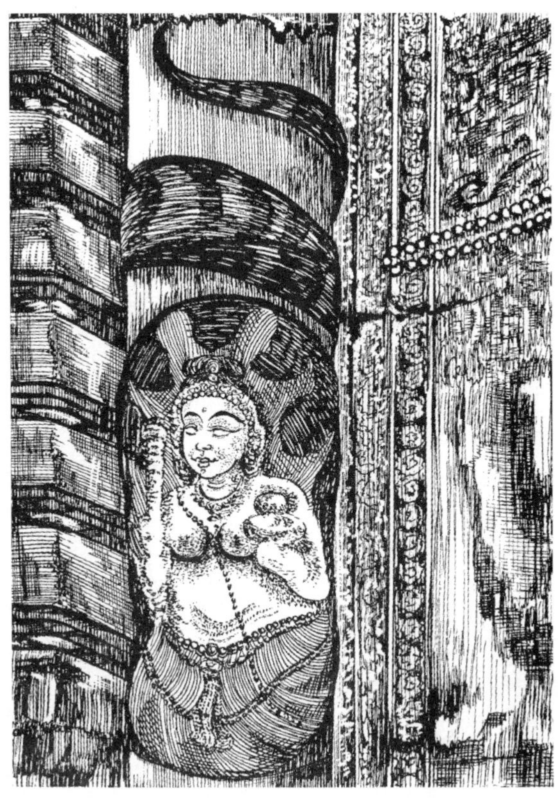

आकृति सं0 6 : नाग-नागिनी (भुवनेश्वर)

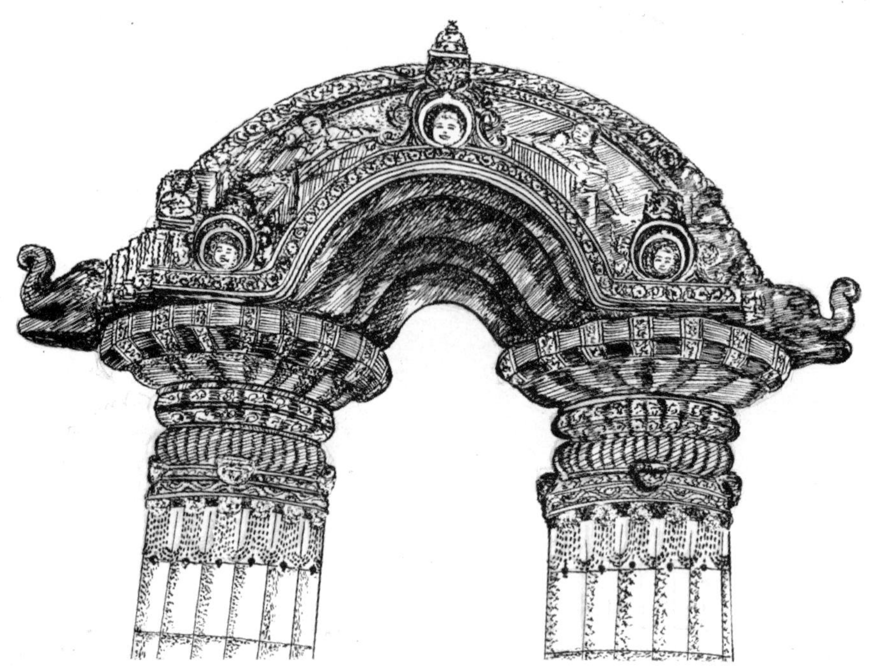

आकृति सं0 7 : मुक्तेश्वर मंदिर का तोरण द्वार

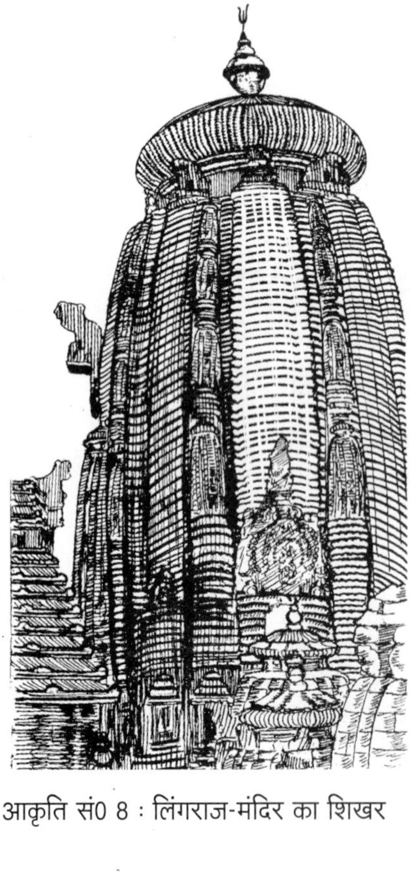

आकृति सं0 8 : लिंगराज-मंदिर का शिखर

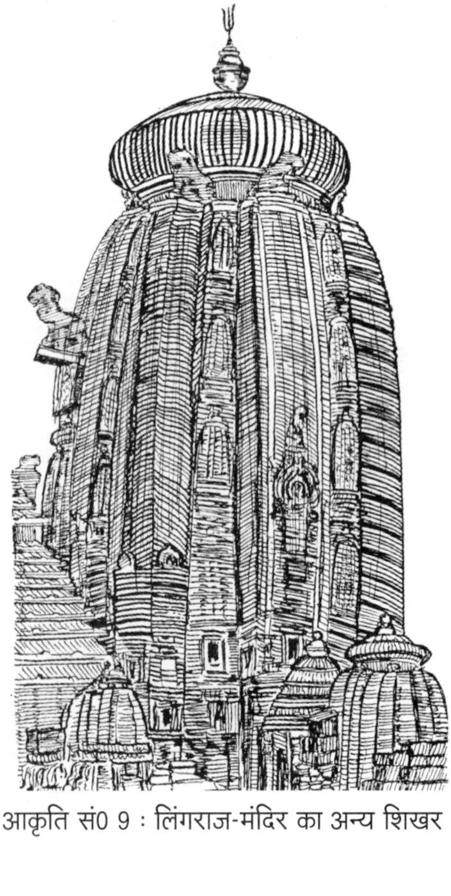

आकृति सं0 9 : लिंगराज-मंदिर का अन्य शिखर